公路工程试验检测技术

主　编　李新军

副主编　范大宇　李方才　杨　勇

主　审　万德臣

山 东 大 学 出 版 社

前　言

近年来，随着国民经济实力的不断提高，我国的公路建设尤其是高速公路的建设发展迅猛，可以说我国已经进入了公路建设的黄金发展时期，一些新型的路面结构类型、桥梁结构、新材料和新工艺也得到了较成功的应用。

作为公路工程施工技术管理的重要组成部分，公路工程试验与检测技术在工程建设中起到了极其重要的作用，并得到了充分的重视。公路工程试验与检测不仅为工程设计提供参数，同时还为工程施工的质量控制、竣工验收评定及公路养护管理、新材料和新技术的推广等提供科学的依据。

公路工程试验检测技术主要是研究道路与桥梁隧道的实验检测原理、方法和应用。它融试验检测理论知识、操作技能及相关基础知识于一体，涉及的知识面较广，包含的内容和项目也多，内容更新更快。本书结合公路工程实际，参考国家最新规范和规程，介绍了材料、道路、桥梁、隧道工程等的试验检测原理、方法和应用，具有较强的工程应用性。在介绍基本原理和应用的过程中力求反映国内外的检测技术和我国有关的新标准、新规范。

本书可供公路工程施工技术、公路工程试验检测技术人员使用，也可作为高等院校土木工程及相关专业教材。

本书由山东黄河工程集团有限公司李新军任主编，山东黄河工程集团有限公司范大宇、杨勇，山东黄河勘测设计研究院李方才任副主编，山东黄河工程集团有限公司徐辉统稿。其中第一、五、七章及参考文献由山东黄河工程集团有限公司杨勇、邵明学、崔吉平、潘建峰、张峰和山东黄河勘测设计研究院霍建涛编写；第二、三章由山东黄河工程集团有限公司范大宇、徐辉编写；第四、六章由山东黄河工程集团有限公司李新军、申兰丽编写；第八、九章由山东黄河勘测设计研究院李方才、张兴鹏编写。

山东交通学院土木工程学院万德臣教授、王琨副教授审阅了本书，并提出了许多建设性意见，在此表示衷心的感谢。

编　者

2012 年 7 月

目 录

第一章　公路工程试验检测技术基础知识

本章主要介绍试验检测的目的和意义、试验检测规程、对试验检测人员的要求和试验数据处理方法。

第一节　概　述

一、试验检测的意义

公路交通作为我国经济建设中重点投资建设的行业，正以前所未有的规模和速度向前发展，目前，我国高速公路通车里程近 3 万千米，公路通车总里程已达 181 多万千米，建成各类桥梁达 28.4 万座，先后在长江、黄河、珠江等河流上建成一批大跨径、深水基础的桥梁，已经修建特大桥 1580 多座，使我国在大跨径悬索桥、斜拉桥、拱桥和连续刚构桥建设方面跨入世界先进行列。可以预计今后公路工程建设仍将保持一段高速发展时期，公路工程建设质量也将越来越受到重视。随着公路建设管理体制的改革，利用世界银行贷款和采用多渠道筹集资金建设的项目越来越多。工程建设普遍实行招投标和工程监理制度，形成政府管理、社会监督和企业自检的质量保证体系，而各级质量监督部门、建设监理机构以及承担建设施工任务的企业控制质量的主要手段则是依据国家和交通部颁布的有关法规、技术标准、规范和规程进行的试验检测。

公路工程试验检测机构的职能是对公路工程项目或产品进行检测，根据检测的结果判断公路工程质量或产品质量状态。因此，完善工程试验检测机构的工作制度、制定试验检测工作细则、配置合理的试验检测人员对公路工程试验检测工作具有重要的现实意义。

桥涵试验检测技术是大跨径桥梁施工控制、新桥型结构性能研究、各类桥涵施工质量控制和评定工作的重要手段。认真做好桥涵试验检测工作，对推动我国大路径桥梁建设水平，促进桥涵工程质量水平的提高具有十分重要的意义：

第一，对于在施工中的大跨径悬索桥、斜拉桥、拱桥和连续刚构桥，为了使结构达到或接近设计的几何线形和受力状态，施工各阶段需对结构的几何位置和受力状态进行监测，根据测试值对下一阶段控制变量进行预测和制订调整方案，以实现对结构的施工控制，而试验检测是施工控制的重要手段。

第二，对于各类常规桥涵，试验检测则是控制施工质量的主要手段。对于一个建设项目，施工前首先要试验鉴定进场的原材料、成品和半成品构件是否符合国家质量标准和设计文件的要求，对其作出接收或拒绝决定；从桥位放样到每一工序和结构部位的完成，均须通过试验检测判定其是否符合质量标准要求，经检验符合质量标准后才可进行下一工序施工，否则，就必须采取补救措施或返工。桥涵施工完成后需进行全面检测和质量等级评定，必要时还需进行荷载试验，以对结构整体受力性能是否达到设计文件和标准规范的要求作出评价。

第三，对于新桥型结构、新材料、新工艺，必须通过试验检测鉴定其是否符合国家标准和设计文件的要求，同时为完善设计理论和施工工艺积累实践资料。

第四，试验检测又是评价桥涵工程质量缺陷和鉴定工程事故的手段。通过试验检测为质量缺陷或事故判定提供实测数据，以便准确判别质量缺陷和事故的性质范围和程度，合理评价事故损失，明确事故责任，从中总结经验教训。

公路工程试验检测工作是公路工程施工技术管理中的一个重要组成部分，同时，也是公路工程施工质量控制和竣工验收评定工作中不可缺少的一个主要环节。通过试验检测能充分利用当地原材料，迅速推广应用新材料、新技术和新工艺；能用定量的方法科学地评定各种材料和构件的质量；能合理地控制并科学地评定工程质量。因此，公路工程试验检测工作对于提高工程质量、加快工程进度、降低工程造价、推动公路工程施工技术进步，起着极为重要的作用。公路工程试验检测技术融试验检测基本理论和测试操作技能及公路工程相关学科基础知识于一体，是工程设计参数确定、施工质量控制、施工验收评定、养护管理决策制定的主要依据。

二、试验检测方法和规程

1.试验检测方法(按检测目的分类)

(1)作为学术研究手段进行的试验检测

(2)作为设计依据参数进行的试验检测

(3)作为工程质量控制检查或质量保证进行的试验检测

(4)作为竣工验收评定进行的试验检测

(5)作为积累技术资料进行的养护管理或后评估试验检测

(6)作为工程质量事故调查分析进行的试验检测

2.现行交通部部颁公路工程试验检测规程

(1)《公路土工试验规程》(JTJ051-1993)

(2)《公路工程沥青及沥青混合料试验规程》(JTJ052-2000)

(3)《公路工程水泥混凝土试验规程》(JTJ053-1994)

(4)《公路工程石料试验规程》(JTJ054-1994)

(5)《公路工程金属材料试验规程》(JTJ055-1983)

(6)《公路工程水质分析操作规程》(JTJ056-1984)

(7)《公路工程无机结合料稳定材料试验规程》(JTJ0057-1994)

(8)《公路工程集料试验规程》(JTJ058-2000)

(9)《公路路基路面现场测试规程》(JTJ059-1995)

(10)《公路土工合成材料试验规程》(JTJ/T060-1998)

三、试验检测工作细则

每项试验检测方法应根据国家或部颁有关现行最新技术标准、操作规程和有关行业工作规范制定详细的实施细则。

1.制定实施细则的必要性

由于有些标准规定得不细，而有些质检机构的检测操作人员可能是刚刚上岗，虽然已通过本单位的考核，但不一定很熟练。更重要的是质检机构的工作就像工厂生产产品一样，每一步都应该按工艺要求进行详细的实施，为此必须制定有关实施细则。

2.实施细则的内容

(1)技术标准、规定要求

(2)抽样方法及样本大小

(3)检测项目、被测参数大小及允许变化范围

(4)检测仪器设备的名称、型号、量程、准确度

(5)检测人员组成和检测系统框图

(6)对检测仪器的检查标定项目和结果

(7)对检测仪器和样品或试件的基本要求

(8)从保证计量检测结果可靠角度出发对环境条件的检查项目范围的规定

(9)在检测过程中发生异常现象的处理办法

(10)在检测过程中发生意外事故的处理办法

(11)检测结果计算整理分析方法及允许变化范围的规定

凡要求对整体工程项目或新产品进行质量判断的检测项目，均应进行抽样检测。凡送样检测的产品，检测结果仅对样品负责，不对整体产品质量作任何评价。

四、试验检测原始记录

原始记录是试验检测结果的如实记载，不允许随意更改，不许删减。原始记录应印成一定格式的记录表，其格式根据检测的要求不同可以有所不同。原始记录表应主要包括：产品名称、型号、规格；产品编号、生产单位；检测项目、检测编号、检测地点；温度、湿度；主要检测仪器名称、型号、编号；检测原始记录数据、数据处理结果；检测人、复核人；试验日期等。

记录表中还应包括所要求记录的信息及其他必要信息，以便在需要时能够判断检测工作在哪个环节可能出现差错。同时根据原始记录提供的信息，能在一定准确度内重复所做的检测工作。试验检测原始记录一般不得用铅笔填写，内容应填写完整，应有试验检测人员和计算校核人员的签名。

原始记录如果确须更改，应在作废数据上画两条水平线，将正确数据填在其上方，更改人要签字盖章。原始记录应集中保管，保管期一般不得少于两年。原始记录也可以保存在计算机硬盘中。原始记录经过计算后的结果，即检测结果必须有人校核，校核者必须

在本领域有5年以上工作经验。校核者必须认真核对检测数据,校核量不得少于所检测项目的5%。校核完毕后,校核者必须在试验检测记录和报告中签字,以示负责。

试验检测记录数据整理时应注意:

(1)记录数据时,应确定数据的有效位数,根据检测数据异常值的判定方法区分可剔除异常值和不可剔除异常值。经过整理后的数据应填入原始记录的相应部分。

(2)检测数据的有效位数应与检测系统的准确度相适应,不足部分以"0"补齐,以便测试数据位数相等。

(3)同一参数检测数据个数少于3且用算术平均值法时,建议采用数理统计方法,求算代表值。

(4)对于每一单元内检测结果中的异常值用格拉布斯法。检测各实验室平均值中的异常值用狄克逊法。

第二节　试验检测工作制度

工作制度是否健全,制度能否坚持贯彻执行,反映了一个单位的管理水平。对质检机构来说,它必然会影响到检测工作的质量。为了保证检测质量,从全面质量管理的观点出发,应对影响检测结果的各种因素(包括人的因素和物的因素)进行控制。

一、岗位责任制

岗位责任制是质检机构的一项重要制度,它应明确组织机构框图中列出的各部门的职责范围和权限。各部门的职责范围应对"质量检测机构计量认证评审内容及考核办法"中规定的管理功能、技术功能全部覆盖,做到事事有人管。明确各部门的质量职责,明确各类人员的职责,尤其对检测中心负责人、技术负责人、质量负责人和各部门负责人、各项目负责人、计量检定负责人、检测报告签发等项人员,应明确其职责范围、权限及质量责任。

1.各部门的职责

(1)检测办公室

安排检测计划,对外签询检测合同;收发及保管文件;发送及登记检测报告;收发保管及检后处理样品:购置检测仪器设备及标准件;收检测费,进行财务管理;打印试验检测报告,复制资料;负责人事管理及保卫、安全、卫生及日常管理工作;制定各类人员的培训计划,并组织人员考核。

(2)检测资料室

收集、保管国内外用于试验检测的产品标准、检测规范、检测细则、检测方法和计量认证规程、暂行校验方法及专用设备鉴定资料;保管检测报告、原始记录;保管产品技术资料、设计文件、图纸及其他有关资料;保存抽样记录、样品发放及处理记录;保存全部文件及有关产品质量检测的政策、法令、法规。

(3)仪器设备室

负责计量标准器具和标准件的计量检定及日常维护保养；负责全部试验检测仪器设备的维修及保养等工作，及时检查在用检测仪器的状况；负责新购置检测仪器设备的验收工作；保管试验检测仪器设备的维修、使用、报废记录；保管检测仪器设备的计量检定证书和试验检测仪器设备的说明书；建立并保管检测仪器设备台账；负责大型精密设备的日常维修；制定试验检测仪器设备检定周期表并付诸实施。

2.各类人员的岗位职责

(1)试验检测中心主任

贯彻执行上级有关的政策、方针、法规、条例和制度；确定本单位的方针和目标，决定本单位的发展规划和工作计划；对中心的检测工作计划完成情况及检测工作的质量负责；建立健全质量管理体系和质量保证体系，切实保证能公正、科学、准确地进行各类检测工作；协调各部门的工作，使之纳入全面质量管理的轨道；批准经费使用计划、奖金发放计划；批准检测报告；主持事故分析会和质量分析会；督促、检查各部门岗位责任制的执行情况；考核各类人员的工作质量；主管中心的人事工作及人员培训考核、提职、晋级工作；检查质量管理手册的执行情况，主持质量管理手册的制定、批准、补充和修改。

(2)试验检测技术负责人

在中心主任领导下，全面负责中心的技术工作；掌握本领域检测技术的发展方向，制定测试技术的发展计划；批准测试大纲、检测实施细则、检测操作规程、非标准设备和检测仪器的暂行校验方法；主持综合性非标准检测系统的鉴定工作：深入各试验检测室，随时了解并解决检测过程中存在的技术问题；组织各类人员的培训、负责各类人员的考核；签发检测报告。

(3)试验检测质量保证负责人

全面负责检测工作质量，定期向中心主任和技术负责人报告测试工作质量情况；负责质量事故的处理；负责检测质量争议的处理并向中心主任和技术负责人报告结果：制定质量政策及方针；检查各类人员的检测质量、工作质量；负责质量管理手册的贯彻执行。

(4)试验检测室主任

对本室工作全面负责；确定本室的质量方针及质量目标，组织完成各项试验检测任务；掌握本专业国内外的现状及发展趋势，根据需要和可能，提出新的检测方案；提出计量检测仪器设备的购置、更新、改造计划；提出计量检测仪器设备的维修、降级和报废计划；负责本室各类人员的技术培训和考核；对本室各类事故提出处理意见；审查本室制定的检测大纲、检测细则；审阅各类检测报告及原始记录；考核本室人员的工作情况及质量状况；对本室人员晋级提出建议；负责本室的行政管理事务。

(5)试验检测人员

对各自负责的试验检测工作的质量负责；严格按照检测规范、检测大纲、实施细则进行各项检测工作，确保检测数据的准确可靠；上报检测仪器设备的核定、维修计划，有权拒绝使用不合格检测仪器或超过检定周期的仪器；不断更新专业知识，掌握本专业检测技术及检测仪器的发展趋势和现状；按期填写质量报表，填写检测原始记录及检测证书；有权拒绝行政或其他方面的干预；有权越级向上级领导反映各级领导违反检测规程或对检测数据弄虚作假的现象；按时填写仪器设备操作使用记录；严格遵守检测人员纪律和实验室管理制度。

(6)资料保管人员

负责做好保密工作，严格遵守保密制度，不得随意复制散发检测报告，不得泄露原始数据，不得做损害用户的事；负责办理各类资料入库时登记手续，并且登记分类进行，入库手续齐全，送交人、整理人、接收人均应签名；负责各类资料的查找工作，为检测人员做好技术服务工作；负责随时收集最新的技术标准、检测规程、规范、细则、方法；负责对过期资料的销毁工作，应严格履行报批手续，并造册登记入档；丢失检测资料应视为质量事故处理，负责填写事故报告，并视情节轻重接受必要的处分；负责做好防火、防盗、防蛀工作，以防资料的损坏。

(7)样品保管人员

负责样品入库时外观检查、封样标记完整性检查并清点数量，核实无误后，登记入库，入库登记本应有样品保管人员签字；负责样品分类管理，未检、已检样品应有明显的标记，不同单位送交的样品应有区分标志；负责样品桶、样品箱、样品袋的清洁完好，不得用留有他物或未经清洗的用具存放样品；样品保管人员应将各类样品立账、设卡，做到账、物、卡三者相符；负责保存样品室的环境条件符合该样品的贮存要求，不使样品变质、损坏，不使其降低或丧失性能；负责样品的领取和发放，领取者和发放者都应检查样品是否完好并签名；负责样品的检后处理及备用样品的处理，应按有关规定办理手续，经办人及主管人员应签名；负责做好样品保管室的防火、防盗工作。

二、检测仪器的管理制度

专管共用的检测仪器设备的保管人由中心试验检测确定，使用人在使用仪器设备前应征得保管人同意并填写使用记录。使用前后，由使用人和保管人共同检查仪器设备的技术状态，经确认以后，办理交接手续。

专管专用的仪器设备的使用人即为保管人。

仪器设备的保管人应参加新购进仪器验收安装、调试工作，填写并保管仪器设备档案，填写并保管仪器设备使用记录；负责仪器设备降级使用及报废申请等事宜。

使用贵重、精密、大型仪器设备者，均应经培训考核合格，取得操作许可证。精密、贵重、大型仪器设备的安放位置不得随意变动，如确实须要变动，事先应征得仪器设备室的同意。重新安装后，应对其安装位置、安装环境、安装方式进行检查，并重新进行检定或校准。

仪器设备保管人应负责所保管设备的清洁卫生，不用时，应罩上防尘罩。长期不用的电子仪器，每隔三个月应通电一次，每次通电时间不得少于半小时。

检测仪器设备不得挪作他用，不得从事与检测无关的工作。

仪器设备室除对所有仪器设备按周期进行计量检定外，还应进行不定期的抽查，以确保其功能正常，性能完好，精度满足检测工作的要求。

全部仪器设备的使用环境均应满足说明书的要求。

1. 仪器设备的借用

(1)计量标准器具一律不外借，一般不能直接用于检测。

(2)试验检测中心内部仪器的借用,由各室自行商定,但仪器设备所有权的调动应经中心领导同意,并在设备技术档案上备案。

(3)外单位借用仪器设备应办理书面手续。

2.仪器设备购置、验收、维修、降级和报废

计量标准器具的购置由仪器设备室提出申请,试验检测中心主任批准后交办公室办理。测试仪器设备、标准物质的购置计划由各检测室提出,仪器设备室审核,经试验检测中心主任批准后交办公室办理。计量标准器具、标准物质、仪器设备到货后验收合格的仪器设备,由仪器设备室填写设备卡片。测试仪器设备的维修由仪器设备室归口管理。各专业检测室根据检测仪器设备的技术状态和使用时间,填写仪器设备维修申请书,由仪器设备室在规定时间内进行维修。在计量检定中发现仪器设备损坏或性能下降时,由仪器设备室直接进行维修,维修情况应填入设备档案。修理后的仪器设备均由仪器设备室校定结果,分别贴上合格(绿)、准用(黄)或停用(红)标志,其他人员均不得私自更改。

材料试验机、疲劳试验机、振动台等试验设备的清洗和换油工作由各专业检测室的设备保管人负责,并在设备档案内详细记载。

凡降级使用的仪器设备均应由各专业检测室提出申请,由仪器设备室确定其实际检定精度,提出使用范围的建议,经试验检测中心主任核准批准后实施。降级使用情况应记入设备档案。

凡报废的仪器设备均应由各专业检测室填写"仪器设备报废申请单",经确认后,由试验检测中心主任批准,并放入设备档案。已报废的仪器设备,不应存放在实验室内,其档案由资料室统一保管。

三、检测事故分析报告制度

1.检测过程中按事故处理的情况

(1)样品丢失,零部件丢失,样品损坏。

(2)样品生产单位提供的技术资料丢失或失密。

(3)由于检测人员、检测仪器设备、检测条件不符合检测工作的要求或检验方法有误而造成的检测结论错误。

(4)检测过程中发生人身伤亡。

(5)检测过程中发生仪器设备损坏。

2.事故的分类

凡违反上述各项规定所造成的事故均为责任事故。人身伤亡情况分成小事故、大事故和重大事故。

3.发生事故后的处理要求

大或重大事故发生后,应立即采取有效措施,并保护现场,通知有关人员处理事故。

事故发生后3天内,由发生事故部门填写事故报告单,报告办公室。

事故发生后5天内,由中心负责人主持,召开事故分析会,对事故的直接责任者作出处理,对事故作善后处理并制定相应的办法,以防类似事故再次发生。

大或重大事故发生后1周内,试验检测中心应向上级主管部门补交事故处理专题报告。

四、技术资料文件的管理制度

长期保存的技术资料由资料室负责收集、整理、保存，其他各项技术资料由主管部门整理、填写技术资料目录，并对卷内资料进行编号，由资料室装订成册。技术资料入库时应办理交接手续，统一编号，填写资料索引卡片。检测人员需借阅技术资料，应办理借阅手续。与检测无关的人员不得查阅检测报告和原始记录。检测报告和原始记录不允许复制。

资料室工作人员要严格为用户保守技术机密，否则以违反纪律论处。

超过保管期的技术资料应分门别类造册登记，经中心主任批准后才能销毁。

长期保存的技术资料有：国家、地区、部门有关产品质量检测工作的政策、法令、文件、法规和规定；产品技术标准、相关标准、参考标准（国外和国内的）、检测规程、规范、大纲、细则、操作规程和方法（国外的、国内的或自编的）；计量检定规程、暂行校验方法；仪器设备说明书、计量合格证，仪器、仪表、设备的验收、维修、使用、降级和报废记录；仪器设备明细表和台账；产品检验委托书、设计文件及其他技术资料。

定期保存的技术资料有：各类原始记录；各类检测报告；用户反馈意见及处理结果；样品入库、发放及处理登记本。保管期不少于两年。

五、实验室管理制度

1. 实验室是进行检测、检定工作的场所，必须保持清洁、整齐、安静。

2. 实验室内禁止随地吐痰、吸烟、吃东西。禁止将与检测工作无关的物品带入实验室。在恒温恒压室内，禁止喝水、用湿布擦地、开启门窗。

3. 要求换鞋、换衣的实验室，无论任何人进入，都要按规定更换工作服、工作鞋。

4. 实验室应建立卫生值日制度，每天有人打扫卫生，每周彻底清扫一次，每季度彻底清扫一次空调通风管。

5. 下班后与节假日，必须切断电源、水源。

6. 仪器设备的零部件要妥善保管，连接线、书、操作手册和原始记录表等应专柜保管。

7. 带电作业应由两人以上操作，地面应采取绝缘措施。电烙铁应放在烙铁架上，电源线应排列整齐，不得横跨过道。

8. 实验室内设置消火栓和灭火桶等消防设施。灭火桶应经常检查，任何人不得私自挪动位置，更不得挪作他用。

第三节　试验检测人员配置及检测机构的资质要求

质检机构的人员配置应合理，人员的配置包括行政管理人员、试验检测技术人员和其他工作人员三类，其中试验检测技术人员应由不同学科和不同职称的技术人员组成。检测部门人员、仪器设备、机构等应有相应的资质等级证书。

一、质检机构技术负责人、质量保证负责人及其他人员配置

质检机构的技术负责人要对整个质检机构的工作全部负责，业务上应该有较高的水平。另一方面，由于技术负责人在一定程上决定了检测工作的质量，当技术负责人变动时，应检查在技术负责人变动后该机构的工作水平。

质量保证负责人协助技术负责人对整个质检机构的全部检测工作的质量负责，在技术负责人不在时代行其职权。小的质检机构，质检负责人可由技术负责人兼任。

质量保证负责人不一定要求精通所管辖的每一项具体工作，但必须熟悉本单位的主要业务，并且有一定的质量管理方面的知识。

质量保证负责人必须是该机构的主要负责人之一，这有助于质量工作中的有关决定的贯彻执行。

技术负责人、质量保证负责人及质量检测管理人员，应熟悉国家、部门、地方关于产品质量检测方面的政策、法令、法规、规定；应熟悉工程技术标准；应熟悉抽样理论，能熟练地应用各类抽样标准确定其样本大小；具备编制审定检测实施细则、审查检测报告的能力；熟悉掌握检测质量管理理论，具有对检测工作进行质量诊断的能力，熟悉国内外工程质量的检测方法、检测技术的现状及发展趋势，掌握国内外检测仪器设备的信息；能不断学习新知识，不断进行知识更新。

质检机构的技术负责人应有工程师以上职称，具有十年以上专业工作的经验，精通所管辖的业务。

质检机构的人员应按所进行的业务范围进行配置，各类工程技术人员、工程师以上人员不得低于 20%。

各业务岗位人员的配置应与所从事的检测项目相匹配，重要的检测项目应有两人，每人可兼作几个项目。

1. 对试验检测人员的要求

(1)操作人员应熟悉检测任务，了解被测对象和所用检测仪器设备的性能。检测人员必须经过考核合格，取得上岗操作证后，才能上岗操作。凡使用精密、贵重、大型检测仪器设备者，必须熟悉检测仪器的性能，具备使用该仪器的知识，经过考核合格，取得操作证书才能操作。

(2)检测人员应掌握所从事检测项目的有关技术标准，了解本领域国内外测试技术、检测仪器的现状及发展方向，具备制订检测大纲、采用国内外最新技术检测工作的能力。

(3)检测人员应了解误差理论、数理统计方面的知识，能独立进行数据处理工作。

(4)检测人员应对检测工作、数据处理工作持严肃的态度，以数据说话，不受行政或其他方面影响的干扰。

2. 对检测人员考核的主要内容

(1)工程质量检测专业知识

了解所用仪器设备的结构原理、性能及正确使用维护等知识；掌握所检测工程项目的质量标准和有关技术指标的程度；具有实际操作和数据处理的能力。

(2)计量基础知识

了解计量法常识;国际单位制基本内容;误差理论基本知识。

3.计量检定人员要求

(1)凡从事计量检定工作的人员,必须具备从事计量检定工作所必备的知识和技能,且经上级计量行政部门考核合格并取得“检定员证”,才能从事所考核合格项目的计量检定工作。见习人员或学徒工、代培人员,不得独立从事检定工作,不得在检定证书上签字。

(2)计量检定复核人员应真正起到复核的作用,复核人员必须是从事该项目两年以上具有工程师职称的人员或从事该项目五年以上的助理工程师。

(3)计量检定人员必须具备高中以上文化程度。计量检定人员应不断学习新知识,随时了解国内外本领域计量技术的现状及检测仪器设备的信息。

4.对计量检定人员考核的主要内容

(1)计量基础知识

计量法常识;国际单位制基本内容;误差理论基本知识。

(2)计量专业知识

本专业所用标准器具的结构原理和正确使用维护等知识;对本专业的检定系统和检定规程的理解和掌握;实际操作和数据处理能力。

5.试验检测人员纪律

(1)认真学习和贯彻国家、部门、地方有关质量方面的文件、政策、法令、法规,严格按产品技术标准、试验检测规程进行各项测试工作。

(2)坚持原则、忠于职守,遵守质检机构规定的各项规章制度。

(3)不准利用职权和工作条件接受被检企业或单位的礼品。

(4)不准擅自多抽或少抽样品,不准违章处理或使用样品。

(5)不准受贿,不准假公济私、弄虚作假。

(6)作风正派,秉公办事。

二、试验检测机构的资质要求

1.试验技术及检测人员均应通过交通行业的培训,并应持有经交通行政主管部门批准的相应资格证书。技术主管应具有工程师以上技术职称。

2.试验检测机构仪器设备(包括标准物质)均应通过相应质量技术监督部门的计量认证、审查验收并取得合格证。

3.试验检测机构应具有相应交通行政主管部门批准的公路工程试验检测机构的相应等级资质证书,并在规定范围内进行试验检测工作。

第四节　试验检测数据处理

各种试验检测数据是工程质量检测评定的依据,试验检测采集得到的大量原始数据必须经过分析处理,如有些数据要经过无量纲化处理之后才具备可比性,况且数据中还存在各种误差,甚至还有一些要剔除的错误数据。所以,原始数据一定要进行分析处理,才能取得真实的试验检测成果。

一、数据的处理

1.有效数字

(1)在正常量测时一般只能估读到仪器最小刻度的十分之一,故在记录测量结果时,只允许末位有估读得来的不确定数字,其余数字均为准确数字,称这些所记的数字为有效数字。

(2)有效数字的概念可表述为:由数字组成的一个数,除最末一位数是不确切值或可疑值外,其余均为可靠性正确值,则组成该数的所有数字包括末位数字在内称为有效数字,除有效数字外,其余数字为多余数字。

(3)从计算数学的观点,有效数字可用来描述一个近似数的精度,一个数的相对(绝对)误差都与有效数字有关,有效数字的位数越多,相对(绝对)误差就越小。

(4)对于“0”这个数字,它在数中的位置不同,可能是有效数字,也可能是多余数字。归纳起来有以下规律:整数前面的“0”无意义,是多余数字。处于数中间位置的“0”是有效数字。处于数后面位置的“0”是否为有效数字可分为以下三种情况:第一,数后面的“0”,若把多余数字的“0”用10的乘幂来表示,使其与有效数字分开,这样在10的乘幂前面所有数字包括“0”皆为有效数字。第二,作为量测结果并注明误差值的数值,其表示的数值等于或大于误差值位数的所有数字,包括“0”皆为有效数字。第三,上面两种情况外的数后面的“0”则很难判断是有效数字还是多余数字,因此,应避免采用这种不确切的标注方法。

在测量或计量中应取多少位有效数字,可根据下述准则判定:第一,对不需要表明误差的数据,其有效位数应取到最末一位数字为可疑数字(也称不确切或参考数字)。第二,对需要表明误差的数据,其有效位数应取到与误差同一数量级。

2.数字修约的规则

(1)修约间隔

修约间隔是指确定修约保留位数的一种方式。修约间隔的数值一经确定,修约值即应为该数值的整数倍。

例如指定修约间隔为0.01,修约值即应在0.01的整数倍中选取,相当于将数值修约到二位小数。又如指定修约间隔为100,修约值即应在100的整数倍中选取,相当于将数值修约到“百”数位。

0.5单位修约是指修约间隔为指定数位的0.5单位,即修约到指定数位的0.5单位。0.2单位修约是指修约间隔为指定数位的0.2单位。最基本的修约间隔时为10年(为整数),它等同于确定修约到某整数。

(2)数值修约进舍规则

拟舍弃数字组的最左一位数字小于5时,则舍去,即保留的各位数字不变。拟舍弃数字组的最左一位数字大于5或者是5,而且后面的数字并非全部为0时,则进1,即保留的末位数加1。拟舍弃数字组的最左一位数字为5,而后面无数字或全部为0时,若所保留的末位数为奇数(1,3,5,7,9)则进一,为偶数(2,4,6,8,0)则舍弃。

负数修约时，先将它的绝对值按上述三条规定进行修约，然后在修约值前面加上负号。0.5 单位修约时，将拟修约数值乘以 2，按指定数位依进舍规则修约，所得数值再除以 2。0.2 单位修约时，将拟修约数值乘以 5，按指定数位依进舍规则修约，所得数值再除以 5。

上述数值修约规则（有时称之为“奇升偶舍法”）与常用的“四舍五入”的方法区别在于，用“四舍五入”法对数值进行修约，从很多修约后的数值中得到的均值偏大。而用上述的修约规则，进舍的状况具有平衡性，进舍误差也具有平衡性，若干数值经过这种修约后，修约值之和变大的可能性与变小的可能性是一样的。

(3)数值修约注意事项

实行数字修约，应在明确修约间隔、确定修约位数后一次完成，而不应连续修约，否则会导致不正确的结果。然而，实际工作中常有这种情况，有的部门先将原始数据按修约要求多一位至几位报出，尔后另一个部门将此值再按规定位数修约和判定，这样就有连续修约的错误。为避免产生连续修约的错误，应按下列步骤进行：

报出数值最右的非 0 数字为 5 时，应在数值后面加“(＋)”或“(－)”或不加符号，分别表明已进行过舍、进或未舍未进。

如果判定报出值需要进行修约，当拟舍弃数字组的最左一位数字为 5，而后面无数字或全部为 0 时，数值后面有“(＋)”者进 1，数值后面有“(－)”者舍去，其他仍按进舍规则进行。

3.计算法则

(1)加法运算

应以各数中有效数字末位数的数位最高者为准（小数即以小数部分位数最少者为准），其余数均比该数向右多保留一位有效数字。

(2)乘法运算

应以各数中有效数字末位数的数位最少者为准，其余数均多取一位有效数字，所得积或商也多取一位有效数字。

(3)平方或开方运算

其结果可比原数多保留一位有效数字。

(4)对数运算

所取对数位数应与真数有效数字位数相等。

二、数据的统计特征与概率分布

1.总体与样本

在工程质量检验中，对无限总体中的个体逐一考查其某个质量特征是显然不可能的，即使对有限总体，若所含个体数量虽不大，但要做全部破坏性考察也是不可取的。所以，除特殊项目外，主要通过抽取总体中的一小部分个体加以检测，以便了解和分析总体质量状况，这就是通常所说的抽样检验。

总体又称母体，是统计分析中所需研究对象的全体。而组成总体的每个单元成为个体。例如在沥青混合料拌和工地上需要确定某公司运来的一批沥青质量是否合格，则这批沥青就是总体。总体分为有限总体和无限总体。从总体中抽取一部分个体就是样本(又称子样),样本容量是样本中所含样品的数量,通常用 n 来表示。

2. 数据的统计特征量

用来表示统计数据分布及其某特征的特征量分为两类:一类表示数据的集中位置,例如算术平均值、中位数等;一类表示数据的离散程度,主要有级差、标准离差等,有时还需要把这两类基本特征量联合起来说明问题,如变异系数等。

(1)算术平均值

算术平均值是表示一组数据集中位置最有用的统计特征量,经常用样本的算术平均值来代表总体的平均水平。总体平均值用 μ 表示,样本的算术平均值则用 $\overline{x}$ 表示,$\overline{x} \approx \mu$,如果各样本数据为 $x_1, x_2, \cdots, x_n$,那么,样本的算术平均值为:

$$\overline{x} = \frac{1}{n}(x_1 + x_2 + \cdots + x_n) = \frac{1}{n}\sum_{i=1}^{n} x_i \tag{1.1}$$

(2) 中位数

在一组数据 $x_1, x_2, \cdots, x_n$ 中,按其大小次序排列,以排在正中间的一个数表示总体的平均水平,称之为中位数,或称中值,用 x 表示。n 为奇数时,正中间的数只有一个;n 为偶数时,正中间的数有两个,则取这两个数的平均值作为中位数。即:

$$x = \begin{cases} x_{\frac{n+1}{2}} & (n\text{ 为奇数}) \\ \frac{1}{2}(x_{\frac{n}{2}} + x_{\frac{n+1}{2}}) & (n\text{ 为偶数}) \end{cases} \tag{1.2}$$

(3) 级差

为了了解数据波动范围,在一组数据中最大值与最小值之差,称为级差,记作 R:

$$R = x_{\max} - x_{\min} \tag{1.3}$$

(4) 标准偏差

标准偏差有时也称标准离差、标准差或均方差,它是衡量样本数据波动性(离散程度)的指标。在质量检验中,总体的标准偏差 σ 一般不宜求得。样本的标准偏差 S 按下式计算:

$$S = \sqrt{\frac{(x_1 - \overline{x})^2 + (x_2 - \overline{x})^2 + \cdots + (x_n - \overline{x})^2}{n-1}} = \sqrt{\frac{\sum_{i=1}^{n}(x_i - \overline{x})^2}{n-1}} = \sqrt{\frac{1}{n-1}(\sum_{i=1}^{n} x_i^2 - n\overline{x}^2)} \tag{1.4}$$

(5) 变异系数

标准偏差是反映样本数据的绝对波动状况,当测量较大的量值时,绝对误差一般较大;而测量较小的量值时,绝对误差一般较小。因此,用相对波动的大小,即变异系数更能反映样本数据的波动性。

变异系数用 C_v 表示,是标准偏差 S 与算术平均值 x 的比值,即:

$$C_v = \frac{S}{x} \times 100\ (\%) \tag{1.5}$$

三、随机事件及其概率

1. 随机事件

一些不确定的现象是广泛存在的，在工程质量管理中，也会遇到大量不确定的现象，如沥青拌和场油石比的控制，上午是 5.1%，下午可能是 5.3%，钢筋的张拉力，这根可能是 10.1t，那根可能是 10.2t。上述不确定现象表现出一定的偶然性，称为随机现象，随机现象的每一种表现或结果，称为随机事件。

任何事物的发展都有规律性，相对随机事件而言，就有必然事件和不可能事件。必然事件和不可能事件都是确定的事件，不是随机事件。但是，为了研究方便，可把它们看作是随机事件的特例。在习惯上用 $A,B,\cdots$ 表示随机事件；用 U 表示必然事件；用 V 表示不可能事件。

2. 随机事件的频数和频率

随机事件虽然是不确定的，但并不是没有规律的，通过研究大量的现实，便可发现它们符合某种规律。例如混凝土的强度虽然每组不同，但它们总是围绕着设计值上下波动，这叫做"统计"规律，是大量随机现象特有的一种规律性。

试验证明随机事件的频率，记作 $W(A)$，一般为 $0 < W(A) < 1$。

3. 随机事件概率

投掷硬币的试验结果大家都知道，当重复试验的次数较少时，随机事件 A 的频率变动很大；但当重复试验次数逐渐增多时，其频率会越来越明显地呈现出稳定性，常在一个确定的数字(0.5)附近摆动。正因为随机事件 A 的频率具有稳定性，所以可以用一个数来表示，这个数称为随机事件的概率，记作 $P(A)$。它是随机事件 A 在试验中出现的可能性大小的数值。当重复试验次数足够多时，随机事件 A 的频率 $W(A)$ 在它的概率 $P(A)$ 附近波动，这时：

$$P(A) = W(A) = \frac{m}{n} \tag{1.6}$$

式中：m—— 随机事件试验最终出现的结果数量；

n—— 随机事件所有可能表现的结果数量。

例如，投掷硬币试验，正面朝上这一随机事件 A 的概率为：

$$P(A) = W(A) = 0.5$$

那么，任一随机事件 A 的概率将满足下列要求：

$$0 < P(A) < 1$$

而且

$$P(U) = 1, P(V) = 0$$

随机事件的频率及概率是两个不同的概念。频率是一个统计量，表示随机事件在某一试验中出现的量，是变动的，与进行试验的条件无关；概率则是描述随机事件在试验中出现的可能性大小的量，是客观存在的一个确定的数字。随机事件的频率可以看作是它的概率的随机表现。某些简单随机事件的概率可以通过直接计算求出，但在通常情况下，是通过大量重复试验，把其频率作为概率的近似值。

概率论与数理统计是研究大量随机现象统计规律的科学。但是，它们之间又有区别。概率论着重对客观的随机现象提出各种不同的理想化了的数学模型，并研究其内在性质与相互联系。数理统计是以概率论为基础，着重统计资料进行分析研究，验证它是否符合某种数学模型，从而作出有用的推断。在质量管理中，数理统计是为了研究一定母体中所抽子样的某些特征数字，从而推断母体的统计特征。

四、正态分布

数据按其性质可分为计量值和计数值两大类。计量值数据是指可以连续取值的数据，如长度、质量、强度和对角线偏差等。计数值数据是指不能连续取值，只能用个数计数的数据，如不合格品数、不合格品率和表面缺陷数等，其中不合格品率 1%、1.1%、1.2%… 看起来似乎是可以连续取值的计量值，但实际它是计数值。所以判别一个数据是计量值或计数值在于给出该数据的代数式的分子，即分子为计量值，那么用该数学式求得的数据就是计量值；分子是计数值，求得的数据就是计数值。

计量值的概率分布为正态分布，计数值的概率分布为超级和分布、二项分布和泊松分布等。正态分布是应用最多、最广泛的一种概率分布曲线，是其他概率分布的基础。所谓正态也叫常态，即常见的状态。凡是计量值数据，它们的概率分布都遵从正态分布，用 Y 来表示正态分布的概率密度函数表示如下：

$$Y = f(x) = \frac{1}{\sqrt{2\pi}\sigma}e^{-\frac{(x-\mu)^2}{2\sigma^2}} \quad (-\infty < x < +\infty) \tag{1.7}$$

式中：x—— 随机变量，曲线的横坐标值；

$f(x)$—— 相应的值出现的概率密度，曲线的纵坐标值；

μ—— 总体平均值；

σ—— 总体标准偏差。

平均值 μ 是 $f(x)$ 曲线的位置参数，决定曲线最高点的横坐标。标准偏差 σ 是 $f(x)$ 曲线的形状参数，它的大小反映了曲线的宽窄程度。σ 愈大，曲线低而宽，随机变量在平均值 μ 附近出现的密度愈小；σ 愈小，曲线高而窄，随机变量在平均值 μ 附近出现的密度愈大。

第二章　材料的实验检测

第一节　土工试验检测方法

在工程建设中，土可以用作建筑材料，如作为土坝、路基、路面的构筑物；土也可作为建筑物周围的介质或环境，如隧道、涵洞及地下建筑等；同时土也可以作为建筑物地基，用以承受建筑物传来的荷载，如在土层上修建房屋、桥梁、道路等。土和建筑物是密不可分的，因此人们把建筑工程统称为土木工程。然而，由于土是土粒、空气和水所组成的三相松散体，三相成分的比例不同，所运用的环境不同，使其物理和力学特性变得十分复杂。所以，对土进行试验和检测是土木工程设计、施工和科研必不可少的工作。

一、概述

1. 土的三相组成

土是由地壳表面的岩石经过物理风化、化学风化和生物风化作用之后的产物。

在工程建设中，土往往是作为具有不同功能的研究对象。如在土层上修建桥梁、道路、堤坝时，土是用来支撑建筑物传来的荷载，这时土是被用作地基；对路堤、土坝等土工构筑物，土则被用作建筑材料；对于隧道、涵洞及地下建筑物，这时土成为建筑物周围的介质或环境。对于土的不同用途，在测试的内容上亦有所不同。

土是由固体颗粒（固相）、水（液相）及气体（气相）三种物质组成的集合体。

(1) 固相：土的固相物质分为无机矿物颗粒和有机质，成为土体的骨架。矿物颗粒由原生矿物和次生矿物组成。

(2) 液相：土的液相是指土孔隙中存在的水。水在土中以三种状态存在：固态、液态和气态。

(3) 气相：土中气相主要指土孔隙中充填的空气。土的含气量与含水量有密切关系。土孔隙中占优势的是气体还是水，土的性质就会有很大的不同。路基的压实就是土颗粒重新排列，土中气体被挤出的过程。

2. 土的物理性质指标

土是固体颗粒、水和气体三相组成的集合体，这三种物质在体积上和质量上的比例关系不同，就会表现出土的物理状态上的变化，土中孔隙体积大，土就松，土中水分多，土就软。所以研究土的状态，首先要分析土的三相比例关系，并利用土的三相在体积上和重量(质量)上的相对比值，作为衡量土的基本物理性质的指标。

为了便于理解，把土中交错分布的土颗粒、水和气体分别集中起来，按体积划分为固相、液相、气相三部分，称为三相图(见图 2.1)。

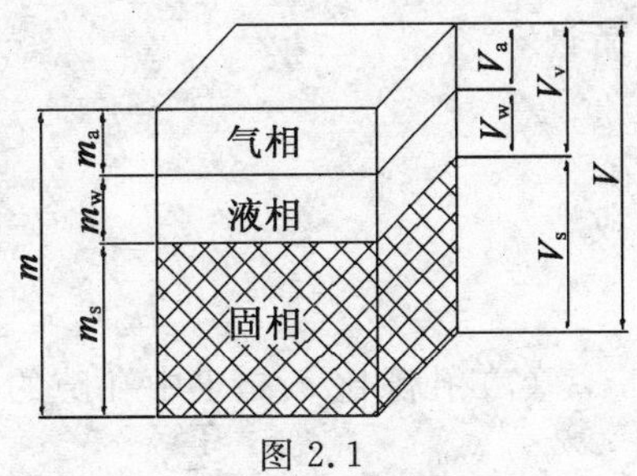

图 2.1

水的单位体积的质量($\rho_w = \dfrac{m_w}{V_w}$)，一般采用 $1g/cm^3$ 已足够准确，因此在数值上 $m_w = V_w$。

土样的体积　$V = V_s + V_w + V_a$

土样的质量　$m = m_s + m_w + m_a$

因 $m_a \approx 0, m = m_s + m_w$。

以下介绍土的物理性质指标。

(1) 土的密度 ρ：是指单位土体的质量，从三相图中可知：

$$\rho = \frac{m}{V} \quad (kg/m^3) \tag{2.1}$$

土的密度变化范围一般为 $16 \sim 22kg/m^3$。

(2) 土颗粒的比重(或土粒密度)G_s：是指土的固体颗粒的单位体积的质量与水在 4℃时单位体积的质量之比，表示为：

$$G_s = \frac{m_s/V_s}{m_w/V_{w(4℃)}} \tag{2.2}$$

土粒比重取决于土的矿物成分，其变化范围一般为 $26.0 \sim 27.5$。

(3) 土的含水量 w：是指土中水的质量与固体颗粒质量之比，通常以百分数表示，表达式为：

$$w = \frac{m_w}{m_s} \times 100\ (\%) \tag{2.3}$$

含水量是表示土湿度的指标。土的天然含水量变化范围很大，从干砂接近于零，一直到饱和黏土的百分之几百。

上述三项指标是通过试验直接测定的指标，称之为基本物理性质指标。

(4) 干密度 ρ_d：是指土的固体颗粒质量与土的总体积之比：

$$\rho_d = \frac{m_s}{V} \quad (kg/m^3) \tag{2.4}$$

土的干密度越大，土越密实，所以干密度常用作填土压实的控制指标。

(5) 饱和密度 ρ_{sat}：是指土孔隙中全部被水充满时土的密度：

$$\rho_{sat} = \frac{m_s + V_v\rho_w}{V} \quad (kg/m^3) \tag{2.5}$$

(6) 浮密度(或浸水密度)ρ'：是指土浸在水中受到水的浮力作用时的单位体积的

质量：

$$(\rho' = \frac{m_s - V_s\rho_w}{V})(\text{kg/m}^3)$$

或

$$(\rho' = \rho_{sat} - \rho_w)(\text{kg/m}^3) \tag{2.6}$$

(7) 孔隙比 e：是土中孔隙的体积与固体颗粒体积之比：

$$e = \frac{V_v}{V_s} \tag{2.7}$$

孔隙比是一个应用十分广泛的指标，可用来评价土的紧密程度。

(8) 孔隙率 n：是指土中孔隙体积与总体积之比：

$$n = \frac{V_v}{V} \times 100\ (\%) \tag{2.8}$$

孔隙比与孔隙率之间存在下述换算关系：

$$n = \frac{e}{1+e} \tag{2.9}$$

(9) 饱和度 S_r：是指孔隙中水的体积与孔隙体积之比：

$$S_r = \frac{V_w}{V_v} \times 100\ (\%) \tag{2.10}$$

饱和度用来描述土中水充满孔隙的程度，$S_r=0$ 时，土是完全干燥的；$S_r=1$ 时，土为完全饱和的。按饱和度可以把砂土划分为三种状态：

$0 < S_r \leqslant 0.5$　稍湿的

$0.5 < S_r \leqslant 0.8$　潮湿的

$0.8 < S_r \leqslant 1.0$　饱和的

(4)～(9) 这六项物理指标，可以通过前三项试验测定指标由三相图换算求出，换算公式如表 2.1 所示。

表 2.1　三相指标的换算关系

指标	符号	物理表达式	换算关系式
孔隙比	e	$e = \frac{V_v}{V_s}$	$e = \frac{G_s(1+w)}{\rho} - 1$
孔隙率	n	$n = \frac{V_v}{V} \times 100$	$n = 1 - \frac{\rho}{G_s(1+w)}$
干密度	ρ_d	$\rho_d = \frac{m_s}{V}$	$\rho_d = \frac{\rho}{1+w}$
饱和密度	ρ_{sat}	$\rho_{sat} = \frac{m_s + V_v\rho_w}{V}$	$\rho_{sat} = \frac{\rho(G_s - \rho_w)}{G_s(1+w)} + \rho_w$
浮密度	ρ'	$\rho' = \frac{m_s - V_s\rho_w}{V}$	$\rho' = \frac{\rho(G_s - \rho_w)}{G_s(1+w)}$
饱和度	S_r	$S_r = \frac{V_w}{V_v} \times 100$	$S_r = \frac{\rho G_s \cdot w}{\rho_w[G_s(1+w) - \rho]}$

3. 利用三相草图换算示例

已知三个试验指标 ρ、ρ_s、w，可假定土的总体积 $V = 1$，则由定义可知：土的质量为 ρ；土粒的质量为 $\frac{\rho}{1+w}$；土粒的体积为 $\frac{\rho}{\rho_s(1+w)}$；孔隙体积为 $1-\frac{\rho}{\rho_s(1+w)}$；水的体积则为 $\frac{w\rho}{\rho_w(1+w)}$。至此便可按物理定义写出各换算公式。

如已知的指标是 ρ_s、w 和 e，则假定 $V_s = 1$ 更为方便。根据定义求得孔隙体积 $V_v = e$；土粒质量为 ρ_s，水的质量为 $\rho_s w$，水的体积为 $\frac{\rho_s w}{\rho_w}$，至此即可换算各有关指标：

$$\rho = \frac{\rho_s(1+w)}{1+e} \tag{2.11}$$

$$\rho_d = \frac{\rho_s}{1+e} \tag{2.12}$$

$$S_r = \frac{w\rho_s}{e\rho_w} \tag{2.13}$$

$$\rho_{sat} = \frac{\rho_s + e\rho_w}{1+e} \tag{2.14}$$

$$\rho' = \frac{\rho_s - \rho_w}{1+e} \tag{2.15}$$

4. 土工试验项目

在公路工程中，为适应公路不同工程的需要，须要测定土的基本工程性质，可将土工试验项目分为四个方面：

(1) 物理性质试验

包括含水量、密度、比重、颗粒分析和相对密实度试验。

(2) 水理性质试验

包括界限含水量、稠度、膨胀、收缩和毛细上升高度试验。

(3) 力学性质试验

包括渗透性、击实性、压缩性、黄土湿陷性、直接剪切、三轴剪切、无侧限抗剪、土基承载比及回弹模量试验。

(4) 化学性质试验

包括酸碱度、烧失量、有机质含量、可溶盐含量、阳离子交换量和矿物成分检测等。

上述各项试验项目根据不同的研究对象在选择时有所侧重，如表 2.2 所示。

二、土的物理性质试验

交通部《公路土工试验规程》(JTJ051-93) 对土的含水量试验、密度试验、比重试验、颗粒分析试验、相对密度试验、界限含水量试验等物理性质试验的目的和适用范围、所需仪器设备、试验步骤、试验结果整理及试验报告作了整体要求，相关试验项目的注意事项要求如下：

表 2.2 土的物理力学试验项目选择参考表

工程类别 / 项目选择 / 试验项目	桥涵		隧道		挡墙			路基				黄土及黄土状土
								深挖	松软基底	高填方	沼泽	
	砂性土	黏性土	黏性土	黄土	砂性土	黏性土	黄土状土	黏性土	黏性土	黏性土	黏性土	
天然含水量		+	+	+		+	+	+	+	+	+	+
天然密度		+	+	+		+	+	+	+	+	+	+
比重		+	+	+		+	+	+				+
天然孔隙比		+	+	+		+	+	+				+
孔隙率		*	*	*		*	*					
饱和度												
界限含水量		+	+	+		+	+	+	+	+	+	+
稠度								+		+		
相对密实度	+				+							
颗粒分析	+	*			+							+
毛细管水上升高度								*		+		
渗透系数		*			+				+			
膨胀试验			*					+				
击实试验								+	+			+
回弹模量								+	+			+
压缩试验		+		+					+		+	
相对湿陷系数				+			+					+
剪切试验：固结排水剪									*		+	+
剪切试验：不固结不排水剪			+	+								
剪切试验：固结不排水剪								+	*	+		
十字板剪切试验									+		*	
无侧限抗压强度								+				
天然坡角：干燥					+							
天然坡角：水下					+							

注："+"表示初步设计、施工设计试验项目；"＊"为视需要而做的试验项目。

1. 含水量试验

(1) 烘干法

烘干法是测定含水量的标准方法，适用于黏质土、粉质土、砂类土和有机质土类。

(2) 微波加热法

微波加热法测定含水量时,应与标准烘干法进行比对,确定两者之间关系,便于修正。

(3) 含石膏土和有机质土的含水量测试法

含石膏土和有机质土的烘干温度在 110℃ 时,含石膏土会失去结晶水,含有机质土其有机成分会燃烧,测试结果将与含水量定义不符。这种试样的干燥宜用真空干燥箱在近乎 1 个大气压力作用下将土干燥,或将烘箱温度控制在 60℃ ~ 70℃,干燥 8h 以上为好。

(4) 无机结合料稳定土的含水量测试法

无机结合料在国外常称为水硬性结合料。它主要指水泥、石灰、粉煤灰和石灰或水泥粉煤灰。水泥稳定土、石灰稳定土、石灰粉煤灰稳定土等的总称为无机结合料稳定土。

如水泥与水拌和就要发生水化作用,在较高温度下水化作用发生较快。因此,如将水泥混合料放在原为室温的烘箱内,再启动烘箱升温,则在升温过程中水泥与水的水化作用发生放热反应,使得出的含水量往往偏小,所以应提前将烘箱升温到 110℃,使放入的水泥混合料一开始就能在 105℃ ~ 110℃ 的环境下烘干。另外,烘干后冷却时应用硅胶作干燥剂。

2. 密度试验

密度试验常用的方法有环刀法、灌砂法、蜡封法、核子仪法,其中灌砂法是公路工程密度测试的最基本方法,核子仪法则需要比对后才能使用。

3. 液塑限试验

液塑限试验是测试土的界限含水量的方法,含水量对黏性土的工程性质(如强度、压缩性等)有极大的影响。当土从很湿逐渐变干时,会表现出几个不同的物理状态,土也就有不同的工程性质。

当黏性土含水量极高时,土成为泥浆,呈黏滞流动的液体。当施加剪力时,泥浆将连续地变形,土的抗剪强度极低。当含水量逐渐降低到某一值,土会显示出一定的抗剪强度,并且在外力作用下,可以塑成任何形状,并不发生裂缝,解除外力后,土仍保持已有的变形而不恢复原状。这些特征与液体完全不同,它表现为塑性体的特征。土从液体状态向塑性体状态过渡的界限含水量称为液限 w_L。

当含水量继续降低时,土能承受较大的剪切应力,在外力作用下不再具有塑性体特征,而呈现具有脆性的固体特征。土由塑性体状态向脆性固体状态过渡的界限含水量称为塑限 w_p。

液限和塑限,在国际上称为阿太堡界限(Atterberg Limit),它们是黏性土的重要物理性质指标。

黏性土的塑性大小,可用土处于塑性状态的含水量变化范围来衡量。此范围即液限与塑限之差值,称为塑性指数 IP,表示为:

$$IP = w_L - w_p \tag{2.16}$$

塑性指数一般在习惯上用不带百分数符号的数值表示。塑性指数越大,表示土越具有高塑性。

三、土的工程分类

1. 土的工程分类的依据

为了能大致地判断土的基本性质，合理地选择研究内容及方法，有必要对土进行科学的分类。在工程实践中需要的是适合于工程用途的土的工程分类，即按土的主要工程特性进行分类。在分类中最常用的指标是粒度成分和反映塑性的指标。

2.《公路土工试验规程》中土的工程分类

(1) 适用范围

土的工程分类(简称“分类”)适用于公路工程用土的鉴别、定义和描述，以便于对土的性状作定性评价。

(2) 分类依据

应以土的下列特征作为其分类依据：

① 土颗粒组成特征

② 土的塑性指标

包括液限(w_L)、塑限(w_p)和塑性指数(IP)。

③ 土中有机质存在情况

(3) 规则规范

本“分类”应按筛分法(T0115-93)确定各粒组的含量；按液限塑限联合测定法(T0118-93)确定液限和塑限；按规程中的 2.4.8 判别有机质存在的情况。

(4) 分类体系

本“分类”将土分为巨粒土、粗粒土、细粒土和特殊土，分类总体系如图 2.2 所示。

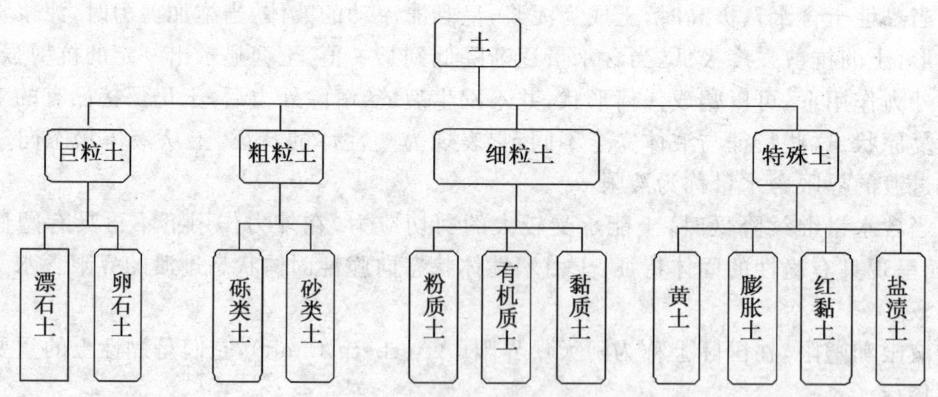

图 2.2 土的分类总体系

(5) 土颗粒组成特征

土颗粒组成特征应以土的级配指标的不均匀系数(C_u)和曲率系数(C_c)表示。

不均匀系数 C_u 反映粒径分布曲线上的土粒分布范围，按下式计算：

$$C_u = \frac{d_{60}}{d_{10}} \tag{2.17}$$

曲率系数(C_c)反映粒径分布曲线上的土粒分布形状，按下式计算：

$$C_c = \frac{(d_{30})^2}{d_{10} \times d_{60}} \tag{2.18}$$

式中：d_{10}、d_{30}、d_{60}——土的粒径分布曲线上对应通过率10%、30%、60%的粒径(mm)。

(6) 塑性图

细粒土应根据塑性图分类。土的塑性图是以液限(w_L)为横坐标、塑性指数(IP)为纵坐标。

(7) 土的成分代号

土的成分代号详见《公路工程土工试验规程》。

四、土的击实试验

1. 击实试验的原理

击实是指采用人工或机械对土施加夯压能量(如打夯、碾压、振动碾压等方式)，使土颗粒重新排列紧密。对于粗粒土，由于颗粒的紧密排列，增强了颗粒表面摩擦力和颗粒之间嵌挤形成的咬合力。对细粒土，则因为颗粒间的靠紧而增强了粒间的分子引力，从而使土在短时间内得到新的结构强度。

击实试验方法详见《公路土工试验规程》(T0131-93)。

2. 土的击实特性

由击实试验结果可以得到土的含水量与干密度关系曲线(见图2.3)，从图中可看出：

击实曲线有个峰点，这说明在一定击实功作用下，只有当土的含水量为某一定值(称为最佳含水量)时，土才能被击实至最大干密度。若土含水量小于或大于最佳含水量时，则所得的干密度都小于最大值。

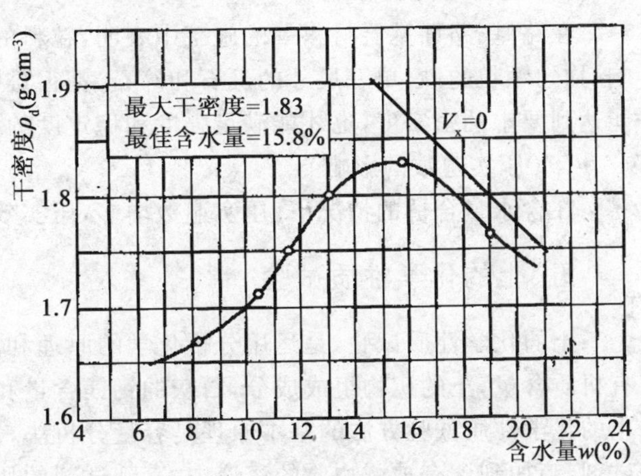

图2.3　土的击实曲线

当土含水量偏少时，含水量的变动对干密度的影响要比含水量偏多时的影响更为明显，由图上可看出曲线的左段较右段陡。

图右上侧的一根曲线称为饱和曲线，它表示当土在饱和状态时的含水量与干密度之间的关系。

事实上，当土的含水量接近和大于最佳值时，土内孔隙中的空气越来越多地处于与大气隔离的封闭状态，击实作用已不能将这些气体排出，即击实土不可能达到完全饱和的状态。因此，击实曲线必然位于饱和曲线左下侧。当土的含水量偏少时，即$w < w_0$，土处于疏松状态，此时土中的孔隙大都以与大气连通的气体充满，土中含水较少。压实时，锤击或碾压的功需要排除粒间气体及克服内摩阻力和黏结力，才能使颗粒产生相互的位移和靠近。含水量偏少时，气体易于被挤出，故土体的密度容易被击实增大，当含水量增多并接近最

佳含水量时，土中所含的水量有利于在击实功作用下，克服摩阻力和黏结力而发生相互位移使土密实，故只有在最佳含水量时，土才能被击实至最大干密度。

3.影响压实的因素

(1) 含水量对整个压实过程的影响

由击实曲线可知，严格的控制最佳含水量是关键。但是，不同的土类其最佳含水量和最大干密度也是不同的。一般粉粒和黏粒含量多，土的塑性指数愈大，土的最佳含水量也愈大，同时其最大干密度愈小。因此，一般砂性土的最佳含水量小于黏性土，而砂性土的最大干密度也大于黏性土。

(2) 击实功对最佳含水量和最大干密度的影响

对同一种土用不同的击实功进行击实试验后表明：击实功愈大，土的最大干密度也愈大，而土的最佳含水量则愈小。但是这种增大击实功是有一定限度的，超过这一限度，即使增加击实功，土的干密度的增加也不明显。

(3) 不同压实机械对压实的影响

如光面压路机、羊足碾和振动压路机等，它们的压实效果各不相同，作用于不同土类时，其效果也不同。

(4) 土粒级配的影响

在路基、路面基层材料等的施工中表明，粒料的级配对所能达到的密实度有明显的影响。均匀颗粒的砂，单一尺寸的砾石和碎石，都很难碾压密实。只有在良好级配的条件下才能达到要求的密实度，也才能满足强度和稳定度的要求。

(5) 压实遍数的影响

在含水量合适的情况下，压实遍数增多，压实效果提高。

五、土的化学性质试验

土的化学性质试验，是运用分析化学的原理和测试技术，测定土中存在的各种盐类、有机质含量，土的矿物组成成分，石灰的钙镁含量和石灰、水泥稳定土或粒料中的剂量等。土的化学性质试验方法的基本原理是容量分析法，又叫滴定法，是将一种已知准确浓度的试剂，滴加到含有被测物质的溶液中，直到试剂的用量与被测物质的含量相当时，即二者的毫克当量数相等时，由试剂的准确浓度及用量计算出被测物质的含量。这种已知准确浓度的试剂称为标准溶液。标准溶液是从滴定管滴加到含有被测物质的溶液中，这种滴加的过程叫滴定，所以容量分析法又叫做滴定法。分为酸碱滴定法、氧化还原法、容量沉淀法、络合滴定法。

《公路土工试验规程》(T0131-93) 规定了酸碱度试验、烧失量试验、有机质含量试验、易溶盐试验、中溶盐石膏试验、难溶盐碳酸钙试验、阳离子交换量试验及矿物成分试验的试验设备及操作方法。

第二节　集料试验检测技术

一、集料基本概念

1. 集料分类

集料是粒径不同的碎石、砾石等粒状材料的总称，在混合料中起骨架和填充作用。依据不同方式可将集料划分成不同的类型：

(1) 根据集料形成的过程可分为经自然风化、地质作用形成的卵石和人工机械加工而成的碎石。

(2) 根据粒径大小可分为粗集料和细集料。

(3) 根据化学成分可分为酸性集料和碱性集料。

2. 集料粒径

根据粒径的大小将集料分成粗细两种类型，不同用途粗细集料粒径的划分采用不同的划分尺寸。用于水泥混凝土的粗细集料分界尺寸是 4.75mm，而用于沥青混合料时，该界限为 2.36mm。粒径大于该分界尺寸(包括该尺寸) 的颗粒是粗集料，其余则是细集料。

容易引起混淆的两个概念：即集料最大粒径和集料公称最大粒径。

(1) 集料最大粒径：指集料 100% 都要求通过的最小标准筛筛孔尺寸。

(2) 集料公称最大粒径：指集料可能全部通过或允许有少量筛余(筛余量不超过 10%) 的最小标准筛筛孔尺寸。

这两个定义涉及的粒径有着明显区别，通常集料公称最大粒径比最大粒径要小一个粒级。工程中所指的最大粒径往往是指公称最大粒径，这一点在今后的应用中要加以区分。

3. 标准筛

对集料颗粒大小的划分和相应筛分试验都要依靠标准筛来进行，标准筛由一组多个不同大小孔径的套筛组成。根据现行规范的规定，砂石材料所用标准筛的筛孔形状全部为方形孔，相应的筛孔尺寸由大到小依次为 75、63、53、37.5、31.5、26.5、19、16、13.2、9.5、4.75、2.36、1.18、0.6、0.3、0.15 和 0.075mm。

需要说明的是，长期以来我国一直将所用标准筛分成沥青混合料用标准筛和水泥混凝土用标准筛两套系统，这种做法与国际上的做法有较大的区别。随着与国际通行方法的接轨，将两套标准筛逐步统一为沥青混合料用的标准筛，如近年交通部颁布的规范、规程就先后取消了原有的混凝土用标准筛，取而代之为上述所列标准筛。但由于规范修订时间上的差异，目前可能在一些现行规范中看到仍在使用已淘汰的标准筛，实际操作时应加以注意。

4. 集料的取样量和试验用量

对颗粒状的集料，无论是在现场取样还是进行某项试验时的取样，其数量的多少对最终结果的准确性都有很大的影响。所以对集料现场取样量以及具体某项试验所需的集料用量都要严格按照规范的要求进行操作。

集料取样量的多少取决于集料将要进行的试验项目,还取决于集料公称粒径的大小。当试验项目内容越多,集料公称粒径越大时,要求的取样量就越大;试验用量的多少取决于具体试验要求和公称粒径的大小,不同试验项目需要不同的试验数量,同时随公称粒径的增加,相应的试验项目所需的集料用量随之加大。

二、集料的技术性质和技术要求

1. 粗集料的技术性质

(1) 物理性质

① 物理常数

粗集料的物理常数包括不同密度以及与密度有关的空隙率等内容。

a. 表观密度(又称视密度)

表观密度指粗集料在规定条件下单位表观体积里(指矿质实体体积和闭口孔隙体积之和)的质量。计算公式为:

$$\rho'_t = \frac{m_s}{V_s + V_n} = \frac{M}{V_s + V_n} \tag{2.19}$$

式中:ρ'_t—— 集料的表观密度(g/cm^3);

m_s—— 集料自身实体质量(g),由于在空气中称重,孔隙中的气体质量为 0,所以该质量就等于集料的质量,即 $m_s = M$;

V_s—— 集料实体体积(cm^3);

V_n—— 集料闭口孔隙体积(cm^3)。

b. 毛体积密度

毛体积密度指在规定条件下,单位毛体积(包括集料自身实体体积、闭口孔隙体积和开口孔隙体积之和)粗集料的质量。计算公式为:

$$\rho_h = \frac{m_s}{V_s + V_n + V_i} = \frac{M}{V_h} \tag{2.20}$$

式中:ρ_h—— 集料的表观密度(g/cm^3);

V_t—— 集料的开口孔隙体积(cm^3);

V_h—— 集料的毛体积(即 $V_h = V_s + V_n + V_i$)(cm^3)。

其他符号意义同上。

c. 表干密度

表干密度指在规定条件下,单位毛体积里粗集料的表干质量,这里表干质量是指粗集料表面干燥,而开口孔隙中吸饱水时的质量。计算公式为:

$$\rho_s = \frac{m_f}{V_s + V_n + V_i} = \frac{m_f}{V_f} \tag{2.21}$$

式中:ρ_s—— 粗集料的表干密度(g/cm^3);

m_f—— 粗集料的表干质量(g)。

其他符号意义同上。

d. 堆积密度

粗集料按照一定方式装填于容器中，包括集料自身实体体积、孔隙（闭口和开口之和）以及颗粒之间的空隙体积在内的单位体积下的质量，称为堆积密度。计算公式如下：

$$\rho'_f = \frac{m_s}{V_s + V_p + V_v} = \frac{M}{V_f} \tag{2.22}$$

式中：ρ'_f—— 粗集料的堆积密度（g/cm^3）；

V_p—— 粗集料的孔隙体积（cm^3），包括闭口和开口孔隙，即 $V_p = V_n + V_i$

V_v—— 空隙体积（cm^3）；

V_f—— 粗集料的堆积体积（cm^3），包括粗集料自身实体体积（V_s）、孔隙体积（V_p）和空隙体积（V_v）三者之和，即 $V_f = V_s + V_p + V_v$。

e. 空隙率

粗集料按照一定方式堆积时空隙体积占试样总体积的百分率，计算公式如下：

$$VV = \left(1 - \frac{\rho_f}{\rho'_t}\right) \times 100 \tag{2.23}$$

式中：VV—— 粗集料按照一定方式堆积所形成的空隙率（%）；

ρ_f—— 粗集料的堆积密度（cm^3）；

ρ'_t—— 粗集料的表观密度（cm^3）。

② 级配

集料中组成颗粒的分级和搭配状况称为级配，通过采用标准筛的筛析试验来确定粗集料的级配状况。由筛分试验结果求得集料级配相关参数，包括分计筛余百分率、累计筛余百分率和通过百分率等。各参数的定义和计算方法同细集料的筛分试验和计算过程。

③ 坚固性

粗集料的坚固性也是用来表征材料耐候性的一项指标，即集料抵抗多次由硫酸钠结晶膨胀循环后造成的破坏作用的性能。由于硫酸钠从溶解的离子状态转化为结晶体，会产生一定的晶胀作用，类似于水在负温时结冰产生的冻胀作用，但这种晶胀作用程度要比冻胀作用更为显著。因此通过一定的试验方法，检验集料经历数次硫酸钠结晶产生的晶胀作用后，其性能的变化程度（如质量损失、强度降低等），来评定集料耐候性的好坏。

（2）力学性质

路用粗集料的力学性质主要指抗压碎能力和磨耗性两大指标，当粗集料用于表层路面时，还涉及磨光值、磨耗值和冲击值等指标。

① 压碎值

作为衡量石料强度的一项指标，粗集料的压碎值是指在连续施加荷载的试验条件下，集料抵抗压碎的能力，以此来评价路用粗集料的相对承载能力。试验结果采用被压碎到小于一定粒径质量占整个试验用材料质量的百分率来表示。计算公式如下：

$$C_{ru} = \frac{m_1}{m_0} \times 100 \tag{2.24}$$

式中：C_{ru}—— 粗集料的压碎值（%）；

m_0—— 试验用粗集料总质量（g）；

m_1—— 试验中被压碎到小于一定粒径(2.36mm)的质量(g)。

② 磨耗性

磨耗性是评价集料抵抗撞击、摩擦作用的能力，现行规范采用的检测评定方法是洛杉矶磨耗试验法。即通过专用洛杉矶磨耗仪，待测集料在一定条件下经受撞击、摩擦考验，检测出集料受综合作用后形成的小于一定粒径的质量占原试样质量的百分率，以此作为磨耗性评价结果。计算公式为：

$$Q_{ab} = \frac{m_1 - m_2}{m_1} \times 100 \tag{2.25}$$

式中：Q_{ab}—— 集料的磨耗率(%)；

m_1—— 试验用烘干集料试样质量(g)；

m_2—— 试验后在 1.7mm 筛上的筛余量(g)。

③ 冲击值

车辆高速行驶过程中急制动或车辆产生颠簸时，都可能对路面产生冲击作用，集料抵抗连续重复冲击荷载作用的性能称为冲击韧性。集料的冲击韧性采用集料冲击值(AIV)表示。冲击值越小，表示集料的抗冲击性能越好。

④ 磨耗值

采用磨耗值指标评定表层路面中的集料抵抗车轮磨耗的能力，试验方法采用道瑞磨耗试验机测定集料的磨耗值(AAV)。磨耗值越小，表示集料抗磨耗性能越好。

⑤ 磨光值

路用集料在使用过程中不仅要表现出较高的承载能力，而且还要有较高的耐磨光性，以满足长期使用时高速行驶车辆对路面抗滑性的要求。这种抗滑性用集料的磨光值(PSV)来表示，磨光值越高，抗滑性越好。

2. 细集料的技术性质

细集料包括天然砂、人工砂和石屑等。

(1) 物理常数

砂的表观密度、堆积密度和空隙率等物理常数的含义与粗集料完全相同，但因粒径较小，试验检测时所需试样的数量相对较少，且精度要求较高。

(2) 级配

级配是集料中各级粒径颗粒的分配情况，通过筛分试验确定粗细集料颗粒粒级的分布状况。

砂的筛分试验是称取一定数量的砂样，在规定的标准套筛上进行筛分，分别称出砂样在各个筛上的存留质量，然后再根据下述定义和公式计算出与级配有关的参数。

① 分计筛余百分率

这是指某号筛上的筛余质量占试样总质量百分率，按下式计算：

$$a_i = \frac{m_i}{M} \times 100 \tag{2.26}$$

式中：a_i—— 某筛的分计筛余百分率(%)；

m_i—— 存留在某筛上的质量(g)；

M—— 筛分试验试样总质量(g)。

② 累计筛余百分率

是指某号筛的分计筛余百分率和大于该筛号的各筛分计筛余百分率之和，按下式求得：

$$A = a_1 + a_2 + a_3 + \cdots + a_i \tag{2.27}$$

式中：A—— 累计筛余百分率(%)。

③ 通过百分率

是指通过某号筛的试样质量占试样总质量的百分率，在数值上等于 100 减去某号筛的累计筛余百分率：

$$R_i = 100 - A$$

式中：R_i—— 通过百分率(%)。

(3) 粗度

粗度是评价砂粗细程度的一种指标，通常用细度模数表示，该细度模数由规定的数个筛上的累计筛余百分率通过计算得到。细度模数越大，表示砂的颗粒越粗。以水泥混凝土用砂为例，相应的细度模数计算公式为：

$$u_f = \frac{(A_{2.36} + A_{1.18} + A_{0.60} + A_{0.30} + A_{0.15}) - 5A_{4.75}}{100 - A_{4.75}} \tag{2.28}$$

式中：u_f—— 砂的细度模数；

$A_{4.75}, \cdots, A_{0.15}$—— 指定各筛的累计筛余(%)。

根据细度模数大小，将砂分成如下四级：

粗砂：细度模数为 3.7 ～ 3.1；

中砂：细度模数为 3.0 ～ 2.3；

细砂：细度模数为 2.2 ～ 1.6；

特细砂：细度模数为 1.5 ～0.7。

(4) 有害物质

通常集料中多多少少带有一些杂质，对集料的使用造成一定的消极影响。尤其是水泥混凝土用砂，当其中的有害杂质超出一定数量时，会对水泥的水化、硬化带来一定危害，实际应用时应对砂中杂质的含量有所限制。

有害物质包括泥或泥块、有机质、云母、轻物质以及三氧化硫等。

3. 集料的技术要求

现行的公路施工技术规范分别就路面及桥涵所用粗集料、细集料的技术指标作了明确规定，施工过程中，各种集料的技术指标必须满足规范要求。

三、集料试验检测方法

交通部于 2005 年 8 月颁布实施了新的《公路工程集料试验规程》(JTGE42-2005)，与原《公路工程集料试验规程》(JTJ058-2000) 相比，作了重大修改，本次修订的重点是针对原规程中水泥混凝土与沥青混合料对集料的测试方法和要求不同这一点，本着尽可能统一的原则进行的，修订的主要内容有：

1. 把所有试验规程中的集料全部统一为方孔筛规格。

2. 修改完善了集料试样的取样方法，使其更具有代表性。

3. 对粗集料的水筛试验方法进行了修订，增加了集料混合料筛分试验方法。

4. 统一了粗集料石料压碎值试验方法。

5. 统一了粗集料的洛杉矶磨耗试验方法。

6. 修订了粗集料磨光值试验方法。

7. 修订了细集料各种相对密度的试验方法，使适用范围扩大为石屑、机制砂、天然砂。删除了表面吸水率部分的内容。

8. 统一了天然砂筛分后细度模数的计算方法。

9. 修订了细集料砂当量试验方法。

10. 增补了细集料的亚甲基蓝试验方法。

11. 增补了矿渣活性及膨胀性试验方法。

12. 增补了细集料压碎指标试验方法。

13. 删去原《水泥混凝土用粗集料压碎值试验》(T0315)、《砾石磨耗试验（狄法尔法）》(T0318)、《碎石磨耗试验（狄法尔法）》(T0319)、《细集料表观密度试验（李氏比重瓶法）》(T0329)、《细集料含水率快速试验（碳化钙气压法）》(T0342) 等基本上不再使用的方法。

另外本次修订每一项试验项目后，紧接着附后该项目的条文说明，便于参考。粗细集料的试验检测方法及步骤详见规程。

四、矿质混合料的组成设计

1. 级配类型和级配曲线

(1) 级配类型

矿质混合料就是粒径粗细不同的集料按照一定的方法进行级配设计，组成符合某种级配要求的混合料，为达到较高的密实度，根据搭配组成的结果，可得到以下几种不同级配形式：

① 连续级配

连续级配是某一矿料在标准套筛中进行筛分后，矿料的颗粒由大到小连续分布，每一级都占有适当的比例。这种由大到小逐级粒径都有，并按比例互相搭配组成的矿质混合料，称为连续级配混合料。

② 间断级配

在矿料颗粒分布的整个区间里，从中间剔除一个或连续几个粒级，形成一种不连续的级配，称为间断级配。

③ 连续开级配

整个矿料颗粒分布范围较窄，从最大粒径到最小粒径仅在数个粒级上以连续的形式出现，就形成所谓的连续开级配。

(2) 级配曲线

为了直观形象地表示矿料各粒径的颗粒分布状况，常常采用级配曲线的方式来描述矿料级配。做法是以通过量的百分率为纵坐标，筛孔尺寸(同时也表示矿料的粒径)为横坐标，将各筛上的通过量绘制在坐标图中，然后用曲线将各点连接起来，成为所谓的级配曲线。

由于公路规范标准中，筛孔分布是按 1/2 递减的方式设置，在描绘横坐标的筛孔位置时，造成前疏后密的问题，以致到小孔径时无法清楚地将其位置确定。所以在绘制级配曲线的横坐标时采用对数坐标(而相应纵坐标上的通过量仍采用常数坐标)，以方便级配曲线图的绘制。

2. 矿料的级配理论

针对连续级配各级粒径矿料数量的计算大多采用最大密度曲线理论，该理论认为当矿料的颗粒级配曲线愈接近抛物线，则其密度愈大。根据该理论，当矿料的级配曲线为抛物线时，最大密度理想曲线可用颗粒粒径与通过量按下式表示：

$$p^2 = kd \tag{2.29}$$

式中：p—— 各级颗粒粒径的通过量(%)；

d—— 矿料各级颗粒粒径(mm)；

k—— 常数。

当颗粒粒径 d 等于最大粒径 D 时，则通过量 $p = 100\%$，即 $d = D$ 时，$p = 100\%$。所以：

$$k = 100^2 \frac{1}{D} \tag{2.30}$$

当希望计算任何一级颗粒粒径 d 的通过量 p 时，则计算公式为：

$$p = 100\sqrt{\frac{d}{D}} \tag{2.31}$$

式中：d—— 希望计算的某级颗粒粒径(mm)；

D—— 矿质混合料的最大粒径(mm)；

p—— 希望计算的某级颗粒的通过量(%)。

式(2.31)是最大密度理想曲线的级配组成计算公式，根据此公式可以计算出某矿料达到最大密度时，各级颗粒粒径的通过量。

但在实际应用过程中，这一公式的指数并不一定固定为 0.5。对于沥青混合料，当指数是 0.45 时的密度最大；对于水泥混凝土指数在 0.25 ~ 0.45 时工作性更好。因此，矿料的级配计算公式的指数通常为 0.3 ~ 0.7，允许矿料的级配曲线在一定的范围内变动，所以上述最大密度曲线公式采用 n 次幂的通式来表达，即：

$$p = 100\left(\frac{d}{D}\right)^n \tag{2.32}$$

因此当某一矿料的最大粒径、相应的指数确定时，则该矿料在各级上的颗粒数量(即通过量)就可依据此公式计算得到。

由于矿料在轧制生产过程中的不均匀性，以及混合料在配制时的波动误差等原因，使所配制的混合料难以与理论级配完全吻合一致。因此，必须允许配料时的合成级配可以在一定的范围内波动，从而提出级配范围的概念。即分别根据两个不同的指数 n_1 和 n_2 所确定的级配结果，以及由各级配所绘制的级配曲线，构成级配范围。实际级配合成操作时，只要得出的合成级配结果位于要求的级配范围之内，就认为该合成级配基本满足设计级配的要求。

3.矿料的组成设计方法

矿料级配设计的内容就是通过一定的方法，确定混合料中各规格集料的用量比例，来满足某一级配的要求。级配设计常用的方法有试算法和图解法两类。两种方法的具体操作过程详见《道路建筑材料》。

第三节　水泥的试验检测

水泥为水硬性胶凝材料，可以和砂石材料一同配制成水泥混凝土和砂浆，用于道桥工程构筑物和砌筑材料。

一、水泥试样准备方法

1.散装水泥

对同一水泥厂生产的同期出厂的同品种、同等级的水泥，以一次运进的同一出厂编号的水泥为一批，但一批的总量不超过500t。随机地从不少于3个车罐中各取等量水泥，经拌和均匀后，再从中称取不少于12kg水泥作为检验试样。

2.袋装水泥

对同一水泥厂生产的同期出厂的同品种、同等级的水泥，以一次运进的同一出厂编号的水泥为一批，但一批的总量不超过200t。随机地从不少于20袋中各取等量水泥，经拌和均匀后，再从中称取不少于12kg水泥作为检验试样。

3.来源固定，质量稳定，且又掌握其性能的水泥

视运进水泥的情况，可不定期地采集试样进行强度检验。如有异常情况应做相应项目的检验。

4.已运进的每批水泥

视存放情况而重新采集试样复验其强度和安定性。存放期超过3个月的水泥，使用前必须复验，并按照结果使用。

5.取得的水泥试样

首先充分拌匀，然后通过0.9mm方孔筛，记录筛余物情况，但要防止过筛时混进其他水泥。

二、水泥的试验检测

1.水泥细度试验（负压筛析法）

(1) 试验目的

采用80μm筛检验水泥细度，以评价水泥的物理性能。适用于硅酸盐水泥、普通水泥、矿渣水泥、火山灰水泥、粉煤灰水泥以及指定采用本标准的其他品种水泥。

(2) 仪器设备

① 负压筛析仪(见图 2.4)

负压筛析仪由筛座、负压筛、负压源及收尘器组成,其中筛座由转速为 30r/min ± 2r/min 的喷气嘴、负压表、控制板、微电机及壳体等部分构成。

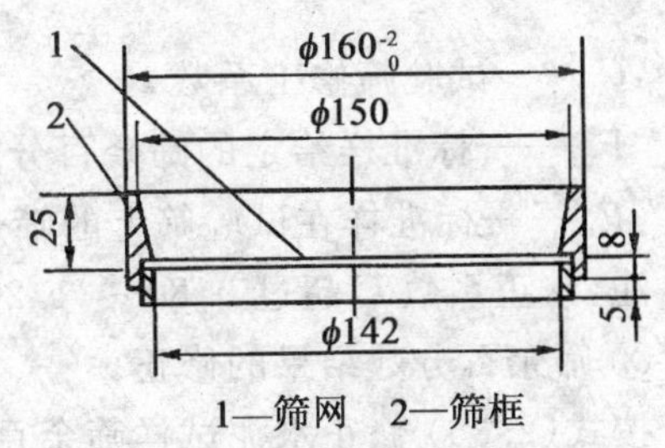

1—筛网　2—筛框

(a) 负压筛

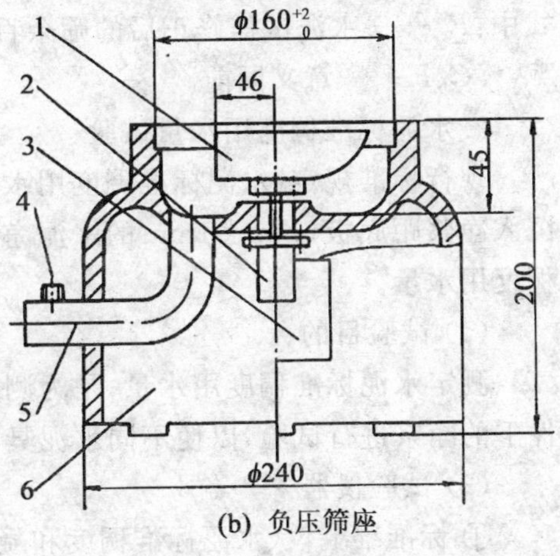

(b) 负压筛座

图 2.4　负压筛析仪

1— 喷气嘴　2— 微电机　3— 控制板开口　4— 负压表　5— 负压源及收尘器接口　6— 壳体

筛析仪负压可调范围为 4000 ～ 6000Pa。

喷气嘴上口平面与筛网之间距离为 2 ～ 8mm。

负压源和收尘器,由功率 600W 的工业吸尘器和小型旋风收尘筒或由其他具有相当功能的设备组成。

② 天平

最大称量为 100g,分度值不大于 0.05g。

(3) 试验步骤

按取样要求进行样品处理。

筛析试验前,应把负压筛放在筛座上,盖上筛盖,接通电源,检查控制系统,调节负压至 4000 ～ 6000Pa 范围内。

称取试样 25g,置于洁净的负压筛中,盖上筛盖,放在筛座上,开动筛析仪连续筛析 2min,在此期间如有试样附着在筛盖上,可轻轻地敲击,使试样落下。筛毕,用天平称量筛余物。

当工作负压小于 4000Pa 时,应清理吸尘器内水泥,使负压恢复正常。

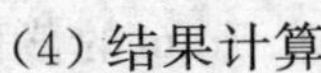
(4) 结果计算

① 筛余结果的计算

水泥试样筛余百分数按式(2.33) 计算,结果精确到 0.1%。

$$F = \frac{m_s}{m} \times 100 \tag{2.33}$$

式中:F—— 水泥试样的筛余百分数(%);

m_s—— 水泥筛余物的质量(g);

m—— 水泥试样的质量(g)。

② 筛余结果的修正

为使试验结果可比,应采用试验筛修正系数方法修正。

试验筛修正系数测定方法:用一种已知 80μm 标准筛筛余百分数的粉状试样(该试样不受环境影响,筛余百分数不发生变化) 作为标准样。按上述试验步骤测定标准样在试验筛上的筛余百分数。

试验筛修正系数按式(2.34) 计算,修正系数计算精确至 0.01。

$$C = \frac{F_n}{F_t} \tag{2.34}$$

式中：C—— 试验筛修工系数；

F_n—— 标准样给定的筛余百分数(%)；

F_t—— 标准样在试验筛上的筛余百分数(%)。

注：修正系数 C 超过 0.80 ～ 1.20 的试验筛不能用作水泥细度检验。

③ 筛余百分数结果的修正

按式(2.35) 修正水泥试样筛余百分数的结果。

$$F_c = C \times F \tag{2.35}$$

式中：F_c—— 水泥试样修正后的筛余百分数(%)；

C、F—— 意义同前。

2. 水泥标准稠度用水量试验

现行标准规定，水泥标准稠度用水量是采用标准法维卡仪测定的，以在规定时间试杆沉入净浆距底板 6mm±1mm 的水泥净浆稠度为标准稠度净浆。此时的拌和用水量为标准稠度用水量。

(1) 试验目的

测定水泥标准稠度用水量，是为测定水泥凝结时间和安定性时，水泥采用标准稠度条件下的净浆进行试验，以使不同水泥具有可比性。

(2) 试验仪器

① 标准维卡仪(水泥标准稠度和凝结时间测定仪)(见图 2.5)

该仪器是由铁座和可以自由滑动的金属圆棒构成。

标准稠度测定用试杆。

测定凝结时间时取下试杆，用试针代替。

② 试模

试模为深 40mm±0.2mm、顶内径 65mm±0.5mm、底内径 75mm±0.5mm 的截顶圆锥体。每只试模应配备一个大于试模，厚度 ≥ 2.5mm 平板玻璃底板。

③ 水泥净浆搅拌机

④ 量水器

最小刻度为 0.1mL，精度 1%。

⑤ 天平

最大称量不小于 1000g，分度值不大于 1g。

(3) 试验方法

① 试验准备工作

试验前必须做到：维卡仪的金属棒能自由滑动；调整至试杆接触玻璃板时指针对准零点；搅拌机运转正常。

② 水泥净浆的拌制

用水泥净浆搅拌机拌制，搅拌锅和搅拌叶片先用湿布擦过，将拌和水倒入搅拌锅内，然后在 5 ～ 10s 内小心将称好的 500g 水泥加入水中，防止水和水泥溅出；拌和时，先将锅

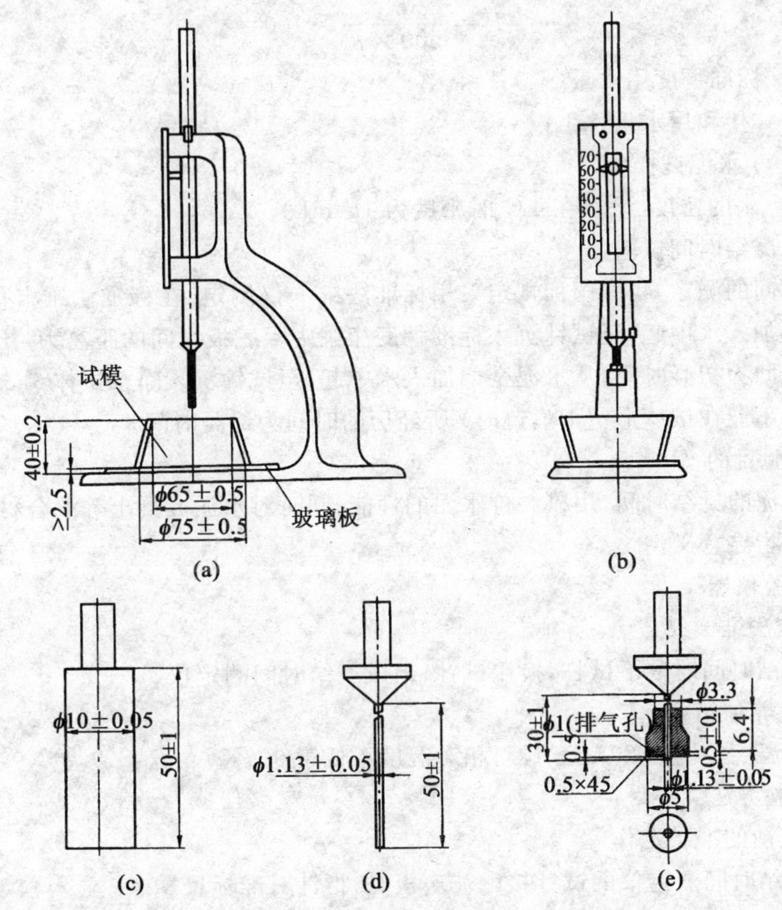

图 2.5　测定水泥标准稠度和凝结时间用的维卡仪

(a) 初凝时间测定用立式试模的侧视图　(b) 终凝时间测定用反转试模的前视图

(c) 标准稠度试杆　(d) 初凝用试针　(e) 终凝用试针

放在搅拌机的锅座上，升至搅拌位置；启动搅拌机，低速搅拌 120s，停拌 15s，同时将叶片和锅壁上的水泥浆刮入锅中间，接着高速搅拌 120s 停机。

③ 标准稠度用水量的测定

拌和结束后，立即将拌制好的水泥净浆装入已置于玻璃底板上的试模中，用小刀插捣，轻轻振动数次，刮去多余的净浆；抹平后迅速将试模和底板移到维卡仪上，并将其中心定在试杆下，降低试杆直至与水泥净浆表面接触，拧紧螺丝 1～2s 后，突然放松，使试杆垂直自由地沉入水泥净浆中。在试杆停止沉入或释放试杆 30s 时记录试杆距底板之间的距离，升起试杆后，立即擦净；整个操作应在搅拌后 1.5min 内完成。以试杆沉入净浆并距底板 6mm ± 1mm 的水泥净浆为标准稠度净浆。其拌和水量为该水泥的标准稠度用水量，按水泥质量的百分比计。

(4) 试验结果计算

水泥的标准稠度用水量(P) 按式(2.36) 计算：

$$P = \frac{m_\omega}{500 \times \rho_\omega} \times 100 \tag{2.36}$$

式中：P—— 标准稠度用水量(%)；

m_ω—— 拌和用水量(mL)；

500—— 水泥试样(g)；

ρ_ω—— 水的密度(设水在 4℃ 时密度为 1g/mL)。

3. 水泥凝结时间试验

凝结时间的测定，我国国标规定采用标准法维卡仪测定。在标准法维卡仪上，以测试从水泥全部加入水中起，至试针沉入标准稠度净浆中距底板之间的距离为 4mm±1mm 时所经历的时间为初凝时间；从水泥全部加入水中起，至试针沉入净浆试体 0.5mm 时(即环形附件开始不能在试体上留下痕迹时) 所经历的时间为终凝时间。

(1) 试验目的

测定水泥的凝结时间，用以评价水泥的性能。同时对水泥混凝土等混合材料的施工也具有重要的指导意义。

(2) 试验仪器

① 标准法维卡仪

测定凝结时间时取下试杆，换用试针，组成凝结时间测定仪。

② 湿气养护箱

应能使温度控制在 20℃ ± 1℃，相对湿度不低于 90%。

(3) 试验方法

① 测定前的准备工作

调整凝结时间测定仪的试针接触玻璃板时，指针对准标尺零点。

② 试件的制备

在玻璃底板上及试模内侧稍稍涂上一层机油，然后将试模放在玻璃底板上。

以标准稠度用水量按试验 ② 水泥净浆的拌制方法制成标准稠度净浆，并一次装满试模，振动数次刮平，立即放入湿气养护箱中。记录水泥全部加入水中的时间作为凝结时间的起始时间。

试件在湿气养护箱中养护至加水后 30min 时进行第一次测定。测定时，从湿气养护箱中取出试模放到试针下，降低试针与水泥净浆表面接触。拧紧螺丝 1 ~ 2s 后，突然放松，试针垂直自由地沉入水泥净浆，观察试针停止下沉或释放试针 30s 时指针的读数。当试针沉至距底板 4mm ± 1mm 时，为水泥达到初凝状态；由水泥全部加入水中至初凝状态的时间为水泥的初凝时间，用 min 表示。

为准确观测试针沉入的状况，在终凝针上安装了一个环形附件。在完成初凝时间测定后，立即将试模连同浆体以平移的方式从玻璃板取下，翻转 180°，直径大端向上，小端向下放在玻璃板上，再放入湿气养护箱中继续养护，临近终凝时间时每隔 15min 测定一次，当试针沉入试体 0.5mm 时，即环形附件开始不能在试体上留下痕迹时，为水泥达到终凝状态；以水泥全部加入水中至终凝状态的时间为水泥的终凝时间，用分钟(min) 表示。

4. 水泥安定性试验

水泥安定性是表征水泥硬化后体积变化均匀性的物理性能指标。我国现行规定有两种测定方法，雷氏法是观测由两个试针的相对位移所指示的水泥标准稠度净浆体积膨胀的程度，为标准法；试饼法是观测水泥标准稠度净浆试饼的外形变化程度，为代用法。如测定结果有争议时以雷氏法为准。

(1) 试验目的

测定水泥安定性，可以观测水泥硬化后体积变化的均匀性，用以评定水泥的技术性能。还可以间接地反映出引起水泥体积安定性不良的化学因素。

(2) 试验仪器

① 雷氏夹(见图 2.6)

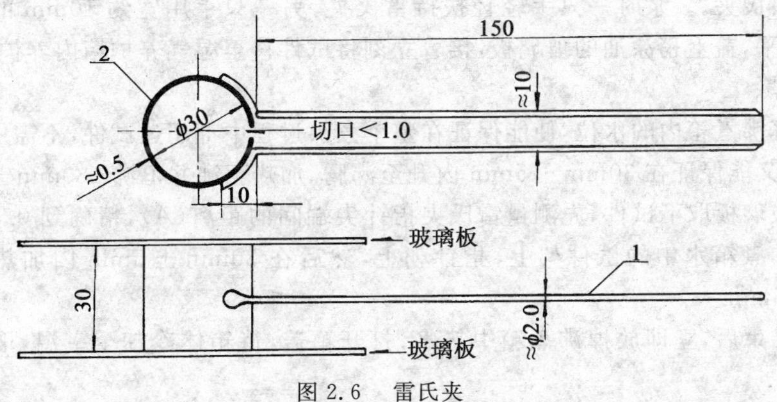

图 2.6　雷氏夹

1— 指针　2— 环模

当一根指针的根部先悬挂在一根金属丝或尼龙丝上，另一根指针的根部再挂上 300g 质量的砝码时，两根指针针尖的距离增加应在 17.5mm ± 2.5mm 范围内，即 $2x = 17.5\text{mm} \pm 2.5\text{mm}$(见图 2.7)。每个雷氏夹需配备质量为 75 ～ 85g 的玻璃板两块。

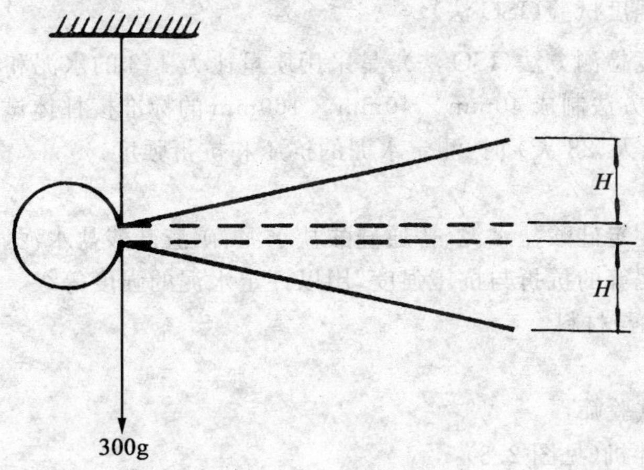

图 2.7　雷氏夹受力示意图

② 沸煮箱

有效容积约为 410mm × 240mm × 310mm，篦板的结构应不影响试验结果，篦板与加热器之间的距离大于 50mm。能在 30min ± 5min 内将箱内的试验用水由室温升至沸腾状态并保持 3h 以上，整个试验过程中不需补充水量。

③ 雷氏夹膨胀值测定仪

标尺最小刻度为 0.5mm。

(3) 试验方法

① 测定前的准备工作

每个试样需成型两个试件，在玻璃板表面和雷氏夹内表面要稍稍涂上一层油。

② 雷氏夹试件的成型

将预先准备好的雷氏夹放在已稍擦油的玻璃板上，并立刻将已制好的标准稠度净浆一次装满雷氏夹。装浆时一只手轻轻扶持雷氏夹，另一只手用宽约 10mm 的小刀插捣数次，然后抹平，盖上稍涂油的玻璃板，接着立刻将试件移至湿气养护箱内养护 24h ± 2h。

③ 沸煮

调整好沸煮箱内的水位，使能保证在整个煮沸过程中都超过试件，不需中途添补试验用水，同时又能保证在 30min ± 5min 内升至沸腾。加热至沸并恒沸 180min ± 5min。

脱去玻璃板取下试件，先测量雷氏夹指针尖端间的距离(A)，精确到 0.5mm，接着将试件放入沸煮箱水中的试件架上，指针朝上，然后在 30min ± 5min 内加热至沸并恒沸 180min ± 5min。

沸煮结束后，立即放掉沸煮箱中热水，打开箱盖，待箱体冷却至室温，取出试件进行判别。

(4) 结果判定

测量雷氏夹指针尖端的距离(C)，准确至 0.5mm。当两个试件煮后增加距离($C-A$)的平均值不大于5.0mm时，即认为该水泥安定性合格；当两个试件的($C-A$)值相差超过5.0mm 时，应用同一样品立即重做一次试验。再如此，则认为该水泥为安定性不合格。

5. 水泥胶砂强度试验(ISO 法)

水泥胶砂强度检测方法(ISO 法)，是采用质量比为 1∶3 的水泥和标准砂，用 0.5 的水灰比，按标准制作方法制成 40mm × 40mm × 160mm 的标准棱柱体试件。在标准养护条件下，达规定龄期(3 天、28 天)时，测定水泥的抗压和抗折强度。

(1) 试验目的

本方法适用测定硅酸盐水泥、普通硅酸盐水泥、矿渣硅酸盐水泥、火山灰硅酸盐水泥、粉煤灰硅酸盐水泥等的抗折与抗压强度，用以评定水泥的强度等级。

(2) 试验设备与材料

① 仪器

a. 金属丝网试验筛

b. 行星式搅拌机(见图 2.8)

c. 振实台(见图 2.9)

d. 试模

试模由三个水平的模槽组成，可同时成型三条截面为 40mm×40mm，长 160mm 的棱状试体，其材质和制造尺寸应符合要求（见图 2.10）。

为了控制料层厚度和刮平胶砂，应备有两个播料器和一根金属刮平直尺。

e. 雾室或湿箱

f. 抗折强度试验机

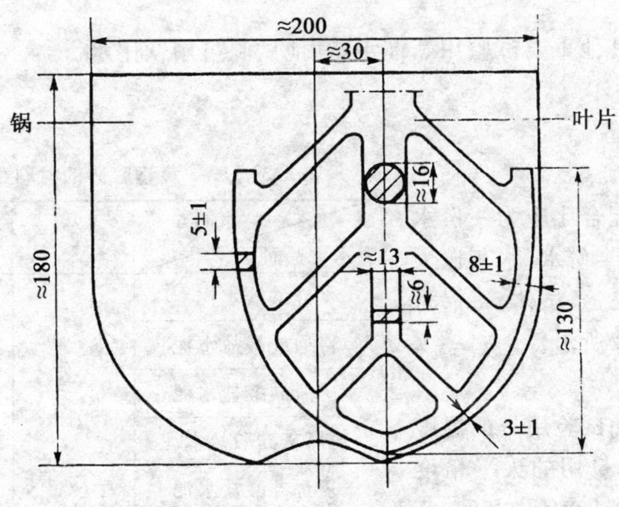

图 2.8　搅拌机

g. 抗压强度试验机、抗压强度试验机用夹具

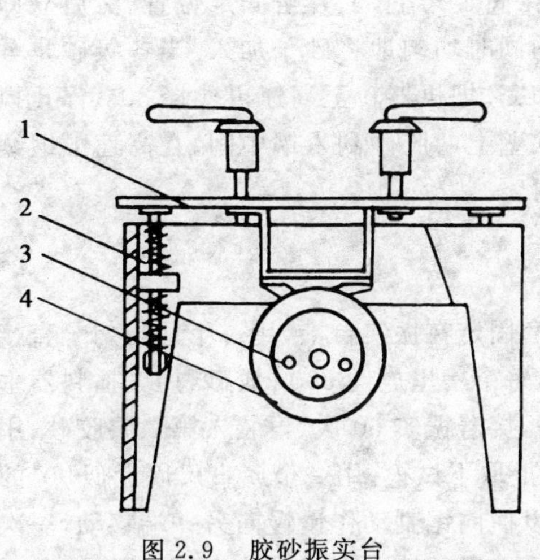

图 2.9　胶砂振实台

1— 台面　2— 弹簧　3— 偏重机　4— 电动机

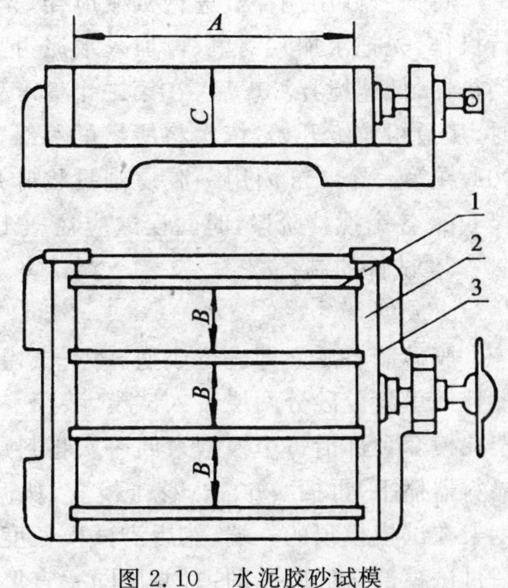

图 2.10　水泥胶砂试模

1— 隔板　2— 端板　3— 底座

② 材料

a. 中国 ISO 标准砂

可以单级分包装，也可以各级预配合以 1350g ± 5g 量的塑料袋混合包装，但所用塑料

袋材料不得影响强度试验结果。

b. 水泥

当试验水泥从取样至试验要保持 24h 以上时，应把它储存在基本装满和气密的容器里，这个容器应不与水泥起反应。

c. 水

仲裁试验或其他重要试验用蒸馏水，其他试验可用饮用水。

(3) 试件准备

① 胶砂的制备

a. 配合比

胶砂的质量配合比应为一份水泥、三份标准砂和半份水（水灰比为 0.5）。一锅胶砂成三条试体，每锅材料需要量如表 2.3 所示。

表 2.3　每锅胶砂的材料数量

水泥品种 \ 材料量	水泥(g)	标准砂(g)	水(g)
硅酸盐水泥	450±2	1350±5	225±1
普通硅酸盐水泥			
矿渣硅酸盐水泥			
粉煤灰硅酸盐水泥			
复合硅酸盐水泥			
石灰石硅酸盐水泥			

b. 配料

水泥、砂、水和试验用具的温度与实验室相同，称量用的天平精度应为 ±1g。当用自动滴管加 225mL 水时，滴管精度应达到 ±1mL。

c. 搅拌

每锅胶砂用搅拌机进行机械搅拌。先使搅拌机处于待工作状态，然后按以下的程序进行操作：先把水加入锅里，再加入水泥，把锅放在固定架上，上升至固定位置。然后立即开动机器，低速搅拌 30s 后，在第二个 30s 开始的同时均匀地将砂子加入。当各级砂是分装时，从最粗粒级开始，依次将所需的每级砂量加完。把机器转至高速再搅拌 30s。停止搅拌 90s，在第一个 15s 内用一胶皮刮具将叶片和锅壁上的胶砂刮入锅中间。在高速下继续搅拌 60s。各个搅拌阶段，时间误差应在 ±1s 以内。

② 试件的制备

a. 成型

胶砂制备后立即进行成型。将空试模和模套固定在振实台上，用一个适当勺子直接从搅拌锅里将胶砂分两层装入试模，装第一层时，每个槽里放约 300g 胶砂，用大播料器垂直架在模套顶部沿每个模槽来回一次将料层播平，接着振实 60 次。再装入第二层胶砂，用小播料器播平，再振实 60 次。移走模套，从振实台上取下试模。用一金属直尺以近似 90° 的角度架在试模模顶的一端，然后沿试模长度方向以横向锯割动作慢慢向另一端移动，一次将超过试模部分的胶砂刮去，并用同一直尺以近乎水平的情况下将试体表面抹平。

b. 编号

在试模上作标记或加字条标明试件编号。

③ 试件的养护

a. 脱模前的处理和养护

去掉留在模子四周的胶砂。立即将作好标记的试模放入雾室或湿箱的水平架子上养护，湿空气应能与试模各边接触。养护时不应将试模放在其他试模上。一直养护到规定的脱模时间时取出脱模。脱模前，用防水墨汁或颜料笔对试体进行编号和做其他标记。两个龄期以上的试体，在编号时应将同一试模中的三条试体分在两个以上龄期内。

b. 脱模

脱模应非常小心。对于 24h 龄期的，应在破型试验前 20 分钟内脱模。对于 24h 以上龄期的，应在成型后 20 ～ 24h 脱模。

已确定作为 24h 龄期试验（或其他不下水直接做试验）的已脱模试体，应用湿布覆盖至做试验为止。

c. 水中养护

将做好标记的试件立即水平或竖直放在 20℃ ± 1℃ 水中养护，水平放置时刮平面应朝上。试件放在不易腐烂的篦子上，并彼此间保持一定间距，以让水与试件的六个面接触。养护期间试件之间间隔或试体上表面的水深不得小于 5mm。

每个养护池只养护同类型的水泥试件。最初用自来水装满养护池（或容器），随后随时加水保持适当的恒定水位，不允许在养护期间全部换水。

除 24h 龄期或延迟至 48h 脱模的试体外，任何到龄期的试体应在试验（破型）前 15min 从水中取出。揩去试体表面沉积物，并用湿布覆盖至试验为止。

d. 强度试验试体的龄期

试体龄期是从水泥加水搅拌开始试验时算起。

(4) 强度测试

① 抗折强度测定

将试体一个侧面放在试验机支撑圆柱上，试件长轴垂直于支撑圆柱，通过加荷圆柱以 50N/s ± 10N/s 的速率均匀地将荷载垂直地加在棱柱体相对侧面上，直至折断。

保持两个半截棱柱体处于潮湿状态直至抗压试验。

抗折强度（R_f）以牛顿每平方毫米（MPa）为单位，按式（2.37）计算：

$$R_f = \frac{1.5F_f L}{b^3} \tag{2.37}$$

式中：F_f—— 折断时施加于棱柱体中部的荷载（N）；

L—— 支撑圆柱之间的距离（mm）；

b—— 棱柱体正方形截面的边长（mm）。

② 抗压强度测定

抗压强度试验通过抗压强度试验机和抗压强度试验机用夹具，在半截棱柱体的侧面上进行。半截棱柱体中心与压力机压板受压中心差应在 ± 0.5mm 内，棱柱体露在压板外的部分约有 10mm。在整个加荷过程中以 2400N/s±200N/s 的速率均匀地加荷直至破坏。

抗压强度（R_c）以牛顿每平方毫米（MPa）为单位，按式（2.38）计算：

$$R_c = \frac{F_c}{A} \tag{2.38}$$

式中：F_c—— 破坏时的最大荷载（N）；

A—— 受压部分面积（mm^2）（$40mm \times 40mm = 1600mm^2$）。

(5) 试验结果精度要求

① 抗折强度

以一组三个棱柱体抗折结果的平均值作为试验结果。当三个强度中有超出平均值±10%时，应剔除后再取平均值作为抗折强度试验结果。

各试体的抗折强度记录至0.1MPa；计算平均值应精确至0.1MPa。

② 抗压强度

以一组三个棱柱体上得到的六个抗压强度测定值的算术平均值作为试验结果。如六个测定值中有一个超出六个平均值的±10%，就应剔除这个结果，而以剩下五个的平均数作为结果。如果五个测定值中再有超过它们平均数±10%的，则此组结果作废。

各个半棱柱体得到的单个抗压强度结果计算至0.1MPa；计算平均值应精确至0.1MPa。

(6) 试验报告

报告应包括所有各单个强度结果(包括计算剔除的试验结果)和计算出的平均值。

试件带模养护的养护箱或雾室温度保持在20℃±1℃，相对湿度不低于90%。

第四节 水泥混凝土试验检测

一、普通水泥混凝土试验

1. 普通混凝土拌和物的工作性试验

新拌水泥混凝土，亦称混凝土拌和物，是指尚未凝结硬化的水泥混凝土。新拌水泥混凝土应具备良好的工作性。工作性是新拌水泥混凝土的一项综合性的技术性质。依据现行测定方法，目前工作性主要通过坍落度(或维勃稠度)、保水性和黏聚性进行综合评价。

(1) 水泥混凝土拌和物的拌制方法

① 试验目的

拌制水泥混凝土拌和物，以测定其工作性，同时也是测定混凝土其他性能的必要过程。

② 试验仪器

a. 自由式或强制式拌和机

b. 拌板

为1m×2m的金属板。

c. 铲子

手工拌和用。

d. 量斗或其他容器

装水泥及各种集料用。

e. 1000mL量筒

f. 抹布

g. 秤

称量 50kg，感量 0.5kg。

③ 试验方法

人工拌制：

清除拌板上黏着的混凝土，并用湿抹布润湿，同时用湿抹布将铁锹润湿，然后按计算结果称取各种材料，分别装在各容器中。

将称好的砂置于拌板上，然后倒上所需数量的水泥，用铲子拌和至均一颜色为止。

加入所需数量的粗集料，将全部拌和物加以拌和，至粗集料在整个干拌和物中分配均匀为止。

将拌和物收集成细长与椭圆形的堆，中心扒成长槽，将称好的水倒入约一半，将其与拌和物仔细拌均不使水流散，再将材料堆成长堆，扒成长槽，倒入剩余的水，继续拌和，来回翻拌至少 6 遍，从加水完毕时起，拌和时间如表 2.4 所示。

表 2.4　拌和时间表

拌和物体积(L)	＜30	31～50	51～70
拌和时间(min)	4～5	5～9	9～12

机械拌制：

按计算结果将所需材料分别称好装在各容器中。

使用拌和机前，应先用少量砂浆进行涮膛，再刮出涮膛砂浆，以避免正式拌和混凝土时，水泥砂浆黏附筒壁的损失。涮膛砂浆的水灰比及砂灰比，与正式的混凝土配合比相同。

将称好的各种原材料，按顺序往拌和机加入(石子、砂和水泥)，开动拌和机，将材料拌和均匀，在拌和过程中将水徐徐加入，全部加料时间不宜超过 2min，水全部加入后，继续拌和约 2min，而后将拌和物倾出在拌和板上，再经人工翻拌 1～2min，务必使拌和物均匀一致。

(2) 坍落度与坍落扩展度试验方法

① 试验目的

坍落度为表示混凝土拌和物稠度的一种指标，测定的目的是判定混凝土稠度是否满足要求，同时作为配合比调整的依据。

本试验适用于坍落度不小于 10mm，骨料最大粒径不大于 40mm 的混凝土拌和物。

② 试验仪器

a. 坍落度筒

如图 2.11 所示，坍落度筒为铁板制成的截头圆锥筒，厚度不小于1.5mm，内侧平滑，没有铆钉头之类的突出物，在筒上方约 2/3 高度处有两个把手，近下端两侧焊有两个踏脚板，保证坍落度筒可以稳定操作。

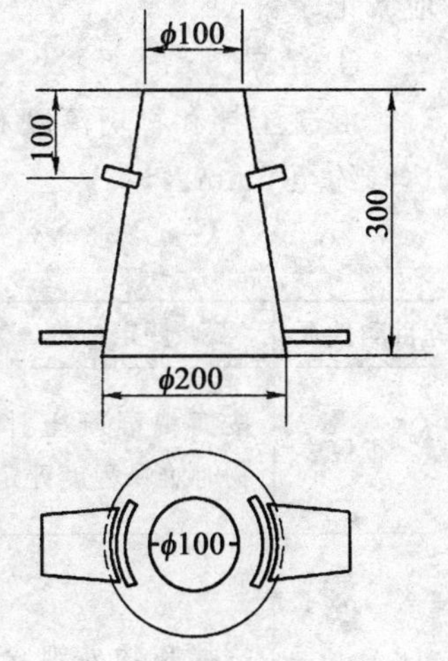

图 2.11　坍落度筒

b. 捣棒

直径 16mm，长约 650mm，并具有半球形端头的钢质圆棒。

c. 其他

小铲、木尺、小钢尺、抹刀和钢平板等。

③ 试验方法

润湿坍落度筒和底板，在坍落度筒内壁和底板上应无明水。底板应放置在坚实的水平面上，并把筒放在底板中心，然后用脚踩住两边的踏脚板，坍落度筒在装料时应保持固定的位置。

将拌制的混凝土试样分三层均匀地装入筒内，使捣实后每层高度为筒高的 1/3 左右。每层用捣棒插捣 25 次，插捣应沿螺旋方向由外向中心进行，每次插捣应在截面上均匀分布。插捣筒边混凝土时，捣棒可以稍稍倾斜。插捣底层时，捣棒应贯穿整个深度，插捣第二层和顶层时，捣棒应插透本层至下一层的表面。浇灌顶层时，混凝土应灌到高出筒口。插捣过程中，如混凝土沉落到低于筒口，则应随时添加。顶层插捣完后，刮去多余的混凝土，并用抹刀抹平。

清除筒边底板上的混凝土后，垂直平稳地提起坍落度筒。坍落度筒的提离过程应在 5 ～ 10s 内完成。从开始装料到提坍落度筒的整个过程应不间断地进行，并在 150s 内完成。

提起坍落度筒后，测量筒高与坍落后混凝土试体最高点之间的高度差，即为该混凝土拌和物的坍落度值。坍落度筒提离后，如混凝土发生崩坍或一边剪坏现象，则应重新取样另行测定。如第二次试验仍出现上述现象，则表示该混凝土和易性不好，应予记录备查。

测定坍落度的同时，可用目测方法评定混凝土拌和物的下列性质（见表 2.5），并记录备查。

当混凝土拌和物的坍落度大于 220mm 时，用钢尺测量混凝土扩展后最终的最大直径和最小直径，在这两个直径之差小于 50mm 的条件下，用其算术平均值作为坍落扩展度值；否则，此次试验无效。

如发现粗骨料在中央集堆或边缘有水泥浆析出，表示此混凝土拌和物抗离析性不好，应予记录。

④ 结果

混凝土拌和物坍落度和坍落扩展度值以毫米（mm）为单位，测量精确至 1mm，结果表达修约至 5mm。

表 2.5　混凝土拌和物目测性质评定标准表

目测性质	评定标准	分级		
棍度	按插捣混凝土拌和物时难易程度评定	上	中	下
		表示插捣容易	表示插捣时稍有石子阻滞的感觉	表示很难插捣
含砂情况	按拌和物外观含砂多少而评定	多	中	少
		表示用抹刀抹拌和物表面时，一两次即可使拌和物表面平整无蜂窝	表示抹五六次才可使表面平整无蜂窝	表示抹面困难，不易抹平，有空隙及石子外露等现象

续表

保水性	指水分从拌和物中析出程度。评定方法：坍落度筒提起后如有较多的稀浆从底部析出，锥体部分的混凝土也因失浆而骨料外露，则表明此混凝土拌和物的保水性能不好；如坍落度筒提起后无稀浆或仅有少量稀浆自底部析出，则表示此混凝土拌和物的保水性良好
黏聚性	观测拌和物各组成分相互黏聚情况。评定方法：用捣棒在已坍落的混凝土锥体侧面轻轻敲打，此时如果锥体逐渐下沉，则表示黏聚性良好；如锥体倒塌、部分崩裂或出现离析现象，则表示黏聚性不好

(3) 维勃稠度试验方法

① 试验目的

本试验用维勃时间来测定水泥混凝土拌和物的稠度，适用于集料粒径不大于 40mm，维勃稠度为 5 ～ 30s 的混凝土拌和物的稠度测定。

② 试验仪器

a. 稠度仪（维勃仪）（见图 2.12）

容器 1 为金属圆筒，内径 240mm ± 3mm，高 200mm，壁厚 7.5mm。容器应不漏水并有足够刚度，上有把手，底部外伸部分可用螺母将其固定在振动台上。

坍落度筒 2 为截头圆锥，筒底部直径 200mm ± 2mm，顶部直径 100mmm ± 2mm，高度 300mm ± 2mm，壁厚 1.5mm，上下开口并与锥体轴线垂直，内壁光滑，筒外安有把手。

圆盘 5 用透明塑料制成。

振动台 6 工作频率 50Hz，空载振幅 0.5mm，上有固定螺丝。

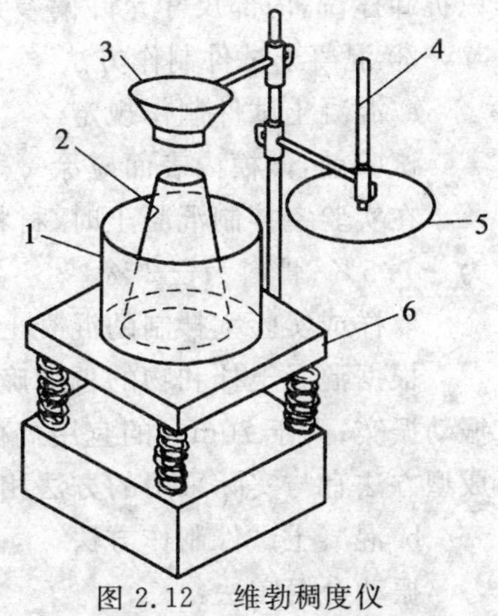

图 2.12　维勃稠度仪

1— 圆柱形容器　2— 坍落度筒　3— 漏斗　4— 测杆　5— 透明圆盘　6— 振动台

b. 捣棒、秒表、抹刀等

③ 试验方法

维勃稠度仪应放置在坚实水平面上，用湿布把容器、坍落度筒、漏斗内壁及其他用具润湿。

将漏斗提到坍落度筒的上方扣紧，校正容器位置，使其中心与漏斗中心重合，然后拧紧固定螺丝。

把按要求取样或制作的混凝土拌和物试样用小铲分三层经漏斗均匀地装入筒内，装料和插捣的方法同坍落度试验的要求。

移去漏斗，垂直提起坍落度筒，此时应注意不使混凝土试体产生横向的扭动。

把透明圆盘转到混凝土圆台体顶面，放松测杆螺钉，降下圆盘，使其轻轻接触到混凝土顶面。

拧紧定位螺钉，并检查测杆螺钉是否已经完全放松。

在开启振动台的同时用秒表计时，当振动到透明圆盘的底面被水泥浆布满的瞬间停止计时，并关闭振动台。

④ 结果

由秒表读出的时间即为该混凝土拌和物的维勃稠度值，精确至 1s。

2. 普通混凝土力学性质试验

(1) 水泥混凝土试件成型与养护方法

① 试验目的

为测定混凝土的力学性质，必须将混凝土拌和物制备成各种不同尺寸的试件，以供检验其力学性质。

② 仪器设备

a. 振动台

标准振动台，频率每分钟 3000 次 ± 200 次，负荷下的振幅为 0.35mm，空载时的振幅应为 0.5mm。

b. 试模

为铸铁或钢制成，内表面刨光磨光(粗糙度 $R_a = 2.5\mu m$)，平整度要求为 100mm。可以拆卸擦洗，内部尺寸允许偏差为：棱边长度不超过 1mm，直角则不超过 0.5°。

③ 混凝土试件制作方法

a. 混凝土试件制作规定

试验前，试模内表面应涂一薄层矿物油或其他不与混凝土发生反应的脱模剂。

在实验室拌制混凝土时，材料用量应以质量计，称量精度：水泥、掺和料、水和外加剂为 ± 0.5%；骨料为 ± 1%。

取样或实验室拌制的混凝土应在板滞后尽量短的时间内成型，一般不宜超过 15min。

根据混凝土拌和物的稠度确定混凝土成型方法，坍落度不大于 70mm 的混凝土宜用振动振实；大于 70mm 的宜用捣棒人工捣实；检验现浇混凝土或预制构件的混凝土，试件成型方法宜与实际采用的方法相同。

b. 混凝土试件制作方法

振动台振实法：

取样或拌制好的混凝土拌和物应至少用铁锨再来回拌和三次。

将混凝土拌和物一次装入试模，装料时应用抹刀沿各试模壁插捣，并使混凝土拌和物高出试模口。

试模应附着或固定在振动台上，振动时试模不得有任何跳动，振动应持续到表面出浆为止。不得过振。

人工插捣法：

混凝土拌和物应分两层装入模内，每层的装料厚度大致相等。

插捣应按螺旋方向从边缘向中心均匀进行。在插捣底层混凝土时，捣棒应达到试模底部；插捣上层时，捣棒应贯穿上层后插入下层 20 ～ 30mm；插捣时捣棒应保持垂直，不得倾斜。然后应用抹刀沿试模内壁插拔数次。

每层插捣次数按 10000mm^2 截面积内不少于 12 次。

插捣后应用橡皮锤轻轻敲击试模四周，直至插捣棒留下的空洞消失为止。

插入式振捣棒振实法：

将混凝土拌和物一次装入试模，装料时应用抹刀沿各试模壁插捣，使混凝土拌合物高出试模口。

宜用直径为 ϕ25mm 的插入式振捣棒，插入试模振捣时，振捣棒距试模底板 10 ～ 20mm 且不得触及试模底板，振动应持续到表面出浆为止，且应避免过振，以防止混凝土离析。一般振捣时间为 20s。振捣棒拔出时要缓慢，拔出后不得留有孔洞。

刮除试模上口多余的混凝土，待混凝土临近初凝时，用抹刀抹平。

④ 混凝土试件的养护方法

试件成型后应立即用不透水的薄膜覆盖表面。

采用标准养护的试件，应在温度为 20℃ ± 5℃ 的环境中静置一至二昼夜，然后编号、拆模。拆模后应立即放入温度为 20℃ ± 2℃、相对湿度为 95% 以上的标准养护室中养护，或在温度为 20℃ ± 2℃ 的不流动的 $Ca(OH)_2$ 饱和溶液中养护。标准养护室内的试件应放在支架上，彼此间隔 10 ～ 20mm，试件表面应保持潮湿，并不得被水直接冲淋。

同条件养护试件的拆模时间可与实际构件的拆模时间相同，拆模后，试件需保持同条件养护。

标准养护龄期为 28 天（从搅拌加水开始计时）。

(2) 水泥混凝土抗压强度试验方法

① 试验目的

本试验适用于测定混凝土立方体抗压强度，以确定混凝土的强度等级；也可以作为评定混凝土质量的主要指标；还可以为确定混凝土的试验室配合比提供依据。

② 仪器设备

压力试验机

上下压板平整并有足够刚度，可以均匀地连续加荷，可以保持固定荷载，开机停机均灵活自如，能够满足试件破坏吨位的要求。测量精度为 ±1%，试件破坏荷载应大于压力机全量程的 20%，且不小于其 80%。

当混凝土强度等级 ≥ C60 时，试件周围应设防崩裂网罩。

③ 试验方法与步骤

试件从养护地点取出后应及时进行试验，将试件表面与上下承压板面擦干净。

将试件安放在试验机的下压板或垫板上，试件承压面应与成型时的顶面垂直。试件的中心应与试验机下压板中心对准，开动试验机，当上压板与试件或钢垫板接近时，调整球座，使接触均衡。

在试验过程中应连续均匀地加荷，加荷速率应符合表 2.6 的规定。

表 2.6　混凝土抗压试验加荷速率

强度等级	< C30	C30 ～ C60	≥ C60
加荷速率(MPa/s)	0.3 ～ 0.5	0.5 ～ 0.8	0.8 ～ 1.0

当试件接近破坏程度开始急剧变形时，应停止调整试验机油门，直至破坏。然后记录破坏荷载。

④ 结果

混凝土立方体抗压强度应按下式计算，计算应精确至 0.1MPa。

$$f_{cc} = \frac{F}{A} \tag{2.39}$$

式中：f_{cc}—— 混凝土立方体抗压强度(MPa)；

F—— 试件破坏荷载(N)；

A—— 试件承压面积(mm^2)。

强度值的确定应符合下列规定：

三个试件测值的算术平均值作为该组试件的强度值(精确至 0.1MPa)。

三个测值中的最大值或最小值中如有一个与中间值的差值超过中间值的 15% 时，则把最大及最小值一并去除，取中间值作为该组试件的抗压强度值。

如最大值和最小值与中间值的差均超过中间值的 15%，则该组试件的试验结果无效。

混凝土强度等级 $<$ C60 时，用非标准试件测得的强度值均应乘以尺寸换算系数，如表 2.7 所示。当混凝土强度等级 $\geqslant$ C60 时，宜采用标准试件，使用非标准试件时，尺寸换算系数应由试验确定。

表 2.7　　抗压强度尺寸换算系数表

试件尺寸(mm)	100 × 100 × 100	150 × 150 × 150	200 × 200 × 200
换算系数	0.95	1.00	1.05

(3) 水泥混凝土抗折强度试验方法

① 试验目的

测定混凝土的抗折强度(抗弯拉强度)，以提供设计参数、检查混凝土施工品质和确定抗折弹性模量试验加荷标准，适用于道路混凝土的直角小梁试件。

② 仪器设备

a. 试验机

50 ～ 300kN 抗折试验机或万能试验机。

b. 抗折试验装置

三分点处双点加荷和三点自由支承式混凝土抗折强度与抗折弹性模量试验装置，如图 2.13 所示。

c. 试件的支座和加荷头

采用直径为 20 ～ 40mm、长度不小于 $h+10$mm 的硬钢圆柱，支座立脚点固定铰支，其他应为滚动支点。

③ 试验方法与步骤

试件从养护地取出后应及时进行试验，将试件表面擦干净。

安装试件，安装尺寸偏差不得大于 1mm。试件的承压面应为试件成型时的侧面。支座及承压面与圆柱的接触面应平稳、均匀，否则应垫平。

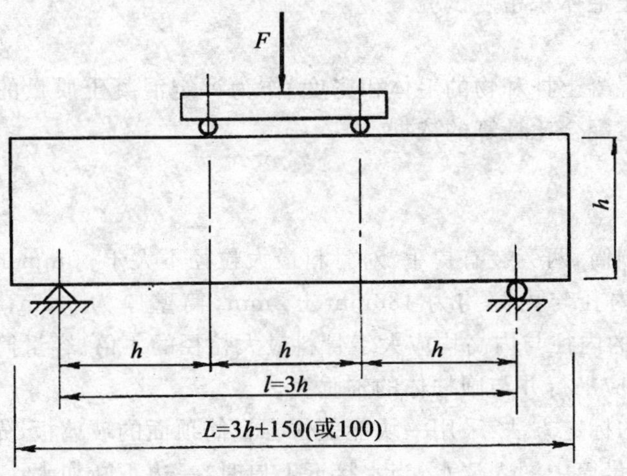

图 2.13 抗折试验装置

施加荷载应保持均匀、连续，加荷速率应符合表 2.8 的规定。至试件接近破坏时，应停止调整试验机油门，直至试件破坏，然后记录破坏荷载。

表 2.8 混凝土抗折试验加荷速率

强度等级	< C30	C30 ～ C60	≥ C60
加荷速率(MPa/s)	0.02 ～ 0.05	0.05 ～ 0.08	0.08 ～ 0.10

记录试件破坏荷载的试验机示值及试件下边缘断裂位置。

④ 结果整理

若试件下边缘断裂位置处于两个集中荷载作用线之间，则试件的抗折强度按式(2.40)计算，计算应精确至 0.1MPa。

$$f_f = \frac{Fl}{bh^2} \tag{2.40}$$

式中：f_f—— 混凝土抗折强度(MPa)；

F—— 试件破坏荷载(N)；

l—— 支座间跨度(mm)；

b—— 试件截面宽度(mm)；

h—— 试件截面高度(mm)。

确定抗折强度值的规定与抗压强度值的规定相同。

三个试件中若有一个折断面位于两个集中荷载之外，则混凝土抗折强度值按另两个试件的试验结果计算。若这两个测值的差值不大于这两个测值的较小值的 15% 时，则该组试件的抗折强度值按这两个测值的平均值计算，否则该组试件的试验无效。若有两个试件的下边缘断裂位置位于两个集中荷载作用线之外，则该组试件试验无效。

当试件尺寸为 100mm×100mm×400mm 非标准试件时，应乘以尺寸换算系数 0.85。当混凝土强度等级 ≥ C60 时，宜采用标准试件，使用非标准试件时，尺寸换算系数应由试验确定。

3.普通混凝土毛体积密度试验

(1) 试验目的

测定捣实的混凝土拌和物的毛体积密度，作为评定混凝土质量的一项指标。同时，亦作为混凝土实验室配合比计算的依据。

(2) 仪器设备

① 容量筒

金属制成的圆筒，两旁装有提手。对骨料最大粒径不大于 40mm 的拌和物采用容积为 5L 的容量筒，其内径与内高均为 186mm ± 2mm，筒壁厚为 3mm；骨料最大粒径大于 40mm 时，容量筒的内径与内高均应大于骨料最大粒径的 4 倍。容量筒上缘和内壁应光滑平整，顶面与底面应平行并与圆柱体的轴垂直。

容量筒容积的标定方法：采用一块能盖住容量筒顶面的玻璃板，先称出玻璃板和空筒的质量，然后向容量筒中灌入清水，当水接近上口时，一边不断加水，一边把玻璃板沿筒口徐徐推入盖严，应注意玻璃板下不带入任何气泡。然后擦净玻璃板面及筒壁外的水分，将容量筒连同玻璃板放在台秤上称其质量；两次质量之差(kg)即为容量筒的容积 L(水的密度为 $1g/cm^3$)。

② 台秤

称量 50kg，感量 50g。

③ 其他

振动台、捣棒、金属直尺、抹刀、玻璃板等。

(3) 试验方法与步骤

用湿布将容量筒内外擦干净，称出容量筒质量，精确至 50g。

混凝土的装料和捣实方法应根据拌和物的稠度而定。坍落度不大于 70mm 的混凝土，用振动台振实为宜；大于 70mm 的用捣棒捣实为宜。采用捣棒捣实时，应根据容量筒的大小决定分层与插捣次数：用 5L 容量筒时，混凝土拌和物应分两层装入，每层的插捣次数应为 25 次；用大于 5L 容量筒时，每层混凝土的高度不应大于 100mm，每层的插捣次数应按每 $10000mm^2$ 截面积不小于 12 次计算。各层插捣应由边缘向中心均匀地插捣，插捣底层时捣棒应贯穿整个深度，插捣第二层时，捣棒应插透本层至下一层的表面。每一层捣完后用橡皮锤轻轻沿容器外壁敲打 5 ~ 10 次，进行振实，直至拌和物表面插捣孔消失并不见大气泡为止。

采用振动台振实时，应一次将混凝土拌和物灌到高出容量筒口。装料时可用捣棒稍加插捣，振动过程中如混凝土低于筒口，应随时添加混凝土，振动直至表面出浆为止。

用刮尺将筒口多余的混凝土拌和物刮去，表面如有凹陷应填平；将容量筒外壁擦净，称出混凝土试样与容量筒总质量，精确至 50g。

(4) 结果

混凝土拌和物的毛体积密度应按式(2.41)计算，精确至 $10kg/cm^3$。

$$\gamma_h = \frac{W_2 - W_1}{V} \times 1000 \tag{2.41}$$

式中：γ_h—— 混凝土拌和物的毛体积密度($10kg/cm^3$)；

W_1—— 容量筒质量(kg)；

W_2—— 容量筒和试样的总质量(kg)；

V—— 容量筒容积(L)。

二、水泥砂浆试验

1. 水泥砂浆稠度试验

(1) 试验目的

砂浆的稠度，亦称流动性，用沉入度表示。本方法适用于确定配合比或施工过程中控制砂浆的稠度，以达到控制用水量的目的。

(2) 试验仪器

① 砂浆稠度仪(见图 2.14)

由试锥、容器和支座三部分组成。试锥由钢材或铜材制成，试锥高度为 145mm、锥底直径为 75mm、试锥连同滑杆的质量应为 300g；盛砂浆容器由钢板制成，筒高为 180mm，锥底内径为 150mm；支座分为底座、支架及稠度显示三个部分，由铸铁、钢及其他金属制成。

② 钢制捣棒

捣棒直径 10mm，长 350mm，端部磨圆。

③ 秒表等

(3) 试验方法

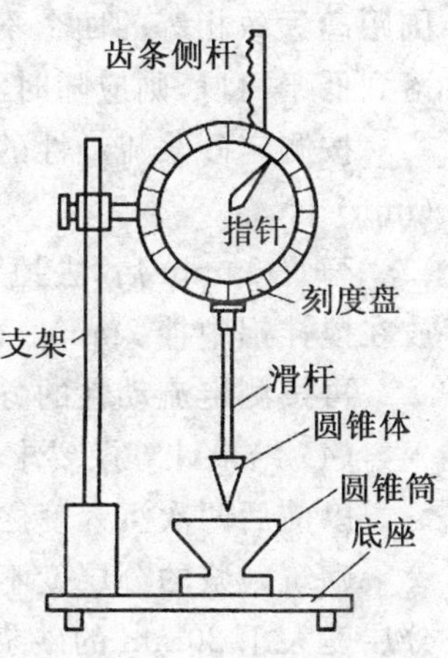

图 2.14　砂浆稠度测定仪

将盛浆容器和试锥表面用湿布擦干净，并用少量润滑油轻擦滑杆，然后将滑杆上多余的油用吸油纸擦净，使滑杆能自由滑动。

将砂浆拌和物一次装入容器，使砂浆表面低于容器口约 10mm，用捣棒自容器中心向边缘插捣 25 次，然后轻轻地将容器摇动或敲击 5 ～ 6 下，使砂浆表面平整，随后将容器置于稠度测定仪的底座上。

拧开试锥滑杆的制动螺丝，向下移动滑杆，当试锥尖端与砂浆表面刚接触时，拧紧制动螺丝，使齿条测杆下端刚接触滑杆上端，并将指针对准零点上。

拧开制动螺丝，同时计时，待 10s 后立即固定螺丝，将齿条测杆下端接触滑杆上端，从刻度盘上读出下沉深度(精确至 1mm)，即为砂浆的稠度值。

圆锥形容器内的砂浆，只允许测定一次稠度，重复测定时，应重新取样进行测定。

(4) 结果处理及精度要求

取两次试验结果的算术平均值为试验结果测定值，计算值精确至 1mm。两次试验结果之差如大于 20mm，则应另取砂浆搅拌后重新测定。

2. 砂浆分层度试验

砂浆的保水性是用分层度表示。分层度的测定方法是将砂浆装入规定的容器中，测出沉入度。静置 30min 后，再取容器下部 1/3 部分的砂浆，测其沉入度。前后两次沉入度之差即为分层度，以厘米(cm) 计。分层度愈大，表明砂浆保水性愈差。

(1) 试验目的

测定砂浆的分层度,以确定其保水的能力。

(2) 试验仪器

① 砂浆分层度测定仪(见图 2.15)

② 砂浆稠度仪

③ 其他

拌和锅、抹刀、木锤等。

(3) 试验方法

将试样一次装入分层度筒内,待装满后,用木锤在容器周围距离大致相等的四个不同地方轻轻敲击 1 ～ 2 次,如砂浆沉落到低于筒口,则应随时添加,然后刮去多余砂浆并抹平。

按测定砂浆流动性的方法,测定砂浆的沉入度值,以毫米(mm) 计。

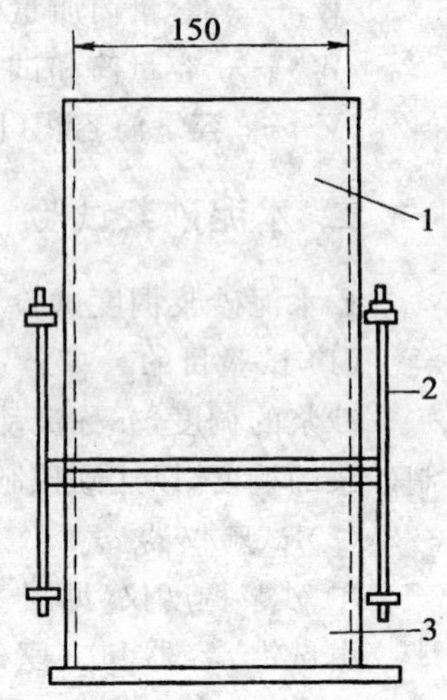

图 2.15　砂浆分层度试验

1— 分层度筒上节　2— 螺杆

3— 分层度筒下节

静置 30min 后,去掉上面 200mm 砂浆,剩余的砂浆倒出,放在搅拌锅中拌 2min。

再按测定流动性的方法,测定砂浆的沉入度,以毫米(mm) 计。

(4) 结果计算及要求

以前后两次沉入度之差定为该砂浆的分层度,以毫米(mm) 计。

砌筑砂浆的分层度不得大于 30mm。保水性良好的砂浆,其分层度应为 10 ～ 20mm。分层度大于 20mm 的砂浆容易离析,不便于施工;但分层度小于 10mm 者,硬化后易产生干缩开缝。

3. 砂浆抗压强度试验

(1) 试验目的

本方法适用于测定砂浆立方体的抗压强度,以检验其力学性能。

(2) 试验仪器

① 试模

70.7mm×70.7mm×70.7mm 立方体,由铸铁或钢制成,应具有足够的刚度并拆装方便;试模的内表面应机械加工,其不平度应为每 100mm 不超过 0.05mm;组装后各相邻面的不垂直度不应超过 ±0.5°。

② 捣棒

直径 10mm、长 350mm 的钢棒,端部应磨圆。

③ 压力试验机

采用精度(示值的相对误差) 不大于 ±2% 的试验机,其量程应能使试件的预期破坏荷载值不小于全量程的 20%,也不大于全量程的 80%。

④ 垫板

试验机上、下压板及试件之间可垫以钢垫板,垫板的尺寸应大于试件的承压面,其不平度应为每 100mm 不超过 0.02mm。

(3) 试验方法

制作砌筑砂浆试件时，将无底试模放在预先铺有吸水性较好的纸的普通黏土砖上(砖的吸水率不小于 10%，含水率不大于 20%)，试模内壁事先涂刷薄层机油或脱模剂。

放于砖上的湿纸，应为湿的新闻纸(或其他未粘过胶凝材料的纸)，纸的大小要以能盖过砖的四边为准，砖的使用面要求平整，凡砖四个垂直面粘过水泥或其他胶结材料后，不允许再使用。

向试模内一次注满砂浆，用捣棒均匀由外向里按螺旋方向插捣 25 次，为了防止低稠度砂浆插捣后可能留下孔洞，允许用油灰刀沿模壁插数次，使砂浆高出试模顶面 6 ～ 8mm。

当砂浆表面开始出现麻斑状态时(15 ～ 30min)，将高出部分的砂浆沿试模顶面削去抹平。

试件制作后应在 20℃ ± 5℃ 温度环境下停置一昼夜(24h ± 2h)，当气温较低时，可适当延长时间，但不应超过两昼夜，然后对试件进行编号并拆模。试件拆模后，应在标准养护条件下，继续养护至 28 天，然后进行试压。

标准养护的条件是：水泥混合砂浆温度应为 20℃ ± 3℃，相对湿度 60% ～ 80%；水泥砂浆和微沫砂浆温度应为 20℃ ± 3℃，相对湿度 90% 以上。养护期间，试件彼此间隔不少于 10mm。

试件从养护地点取出后，应尽快进行试验，以免试件内部的温度、湿度发生显著变化；试验前先将试件擦拭干净，测量尺寸，并检查其外观。试件尺寸测量精确至 1mm，并据此计算试件的承压面积。如实测尺寸与公称尺寸之差不超过 1mm，可按公称尺寸进行计算。

将试件安放在试验机的下压板上(或下垫板上)，试件的承压面应与成型时的顶面垂直，试件中心应与试验机下压板(或下垫板) 中心对准。开动试验机，当上压板与试件(或上垫板) 接近时，调整球座，使接触面均衡受压；承压试验应连续而均匀地加荷，加荷速度应为 0.5 ～ 1.5kN/s(砂浆强度 5MPa 及 5MPa 以下时，取下限为宜；砂浆强度 5MPa 以上时，取上限为宜)，当试件临近破坏而开始迅速变形时，停止调整试验机油门，直至试件破坏，然后记录破坏荷载。

(4) 结果计算

水泥砂浆立方体抗压强度按式(2.42) 计算，结果精确至 0.1MPa。

$$f_{m,cu} = \frac{N_u}{A} \tag{2.42}$$

式中：$f_{m,cu}$—— 砂浆立方体抗压强度(MPa)；

N_u—— 立方体试件破坏压力(N)；

A—— 试件承压面积(mm^2)。

(5) 精度要求

以六个试件测值的算术平均值作为该组试件的抗压强度值，平均值计算精确至 0.1MPa。

当六个试件的最大值或最小值与平均值的差超过 20% 时，以中间四个试件的平均值作为该组试件的抗压强度值。

第五节　沥青材料试验检测

一、沥青分类

沥青是一种结构和组成都十分复杂的有机混合物。

1. 按产源划分

沥青可划分成经地质开采加工后得到的地沥青或通过化学工业加工制作获得的焦油沥青。石油沥青的产量大,可加工改造的程度高,并能够较好地满足现代道路交通运输特点,是目前道路工程中最主要的沥青品种。

2. 按原油成分划分

沥青按原油中所含石蜡数量的多少划分为石蜡基沥青(含石蜡 5% 以上)、沥青基沥青(含石蜡 2% 以下)、混合基沥青(含石蜡 2% ~ 5%) 等。

3. 按加工方法划分

经过不同的加工工艺,得到多种性能有明显差别的沥青品种。

中国产的沥青软化点相对较高,国产沥青的软化点测定值大多为 45℃ ~ 51℃,与国外沥青的软化点相比并不低。但在公路路面使用时,夏季高温仍很容易出现软化、路面泛油、拥包等现象,问题的原因仍然是由于沥青中存在的蜡对软化点的测定造成了假相。蜡的熔点一般为 30℃ ~ 70℃,在测定软化点时,沥青中蜡的晶体同时融化要吸收一部分热量,从而表现出沥青软化点较高的假象。

二、石油沥青的技术性质

1. 黏滞性

沥青黏度是一个很重要的参数,该参数也是目前我国进行沥青标号划分的依据。

(1) 针入度

针入度是表示黏稠沥青条件黏度的一种指标,在表示沥青黏稠度大小的同时,针入度还用于沥青标号的划分。针入度值是在规定的温度条件下,以规定质量的标准针经过规定的时间贯入沥青试样的深度,以 0.1mm 计。通常我国将这些试验条件规定为:温度 25℃,标准针质量 100g,贯入时间 5s。所以针入度记作 P25℃,100g,5s。通过针入度试验测得的针入度值愈大,表示沥青愈软。

(2) 软化点

沥青材料是一种非晶质有机高分子材料,它由液态凝结为固态,或由固态溶化为液态时,没有明确的固化点或液化点,通常采用规定试验条件下的硬化点至滴落点来表示其状态的转变。沥青材料从硬化点到滴落点之间的温度阶段,在工程实际中为保证沥青不致因温度升高而产生流动的状态,取滴落点和硬化点之间温度间隔的 87.21% 当作软化点。目前软化点的测定大多采用环与球法,软化点是沥青材料热稳定性的指标。

另一方面,试验研究认为,许多沥青在软化点时的针入度值往往为 800(0.1mm) 单位，所以可以认为软化点是沥青呈相同黏度时所要达到的温度，即“等黏温度”，这样一来表示沥青热稳定性的软化点指标就与沥青的黏度指标产生了联系。因此，软化点既是反映沥青材料热稳定性的一个指标，也是沥青条件黏度的一种表示方式。

2. 延性

沥青的延性是指当其受到外力的拉伸作用时，所能承受的塑性变形的总能力，是表示沥青内部凝聚力 —— 内聚力的一种量度。通常采用延度作为沥青的条件延性指标，并通过延度试验测定相应的延度值。延度试验是将沥青试样制成 8 字形标准试件，在规定的拉伸速度和温度条件下被拉断的操作过程，将该过程拉伸距离定义为延度，试验结果以厘米(cm) 计。目前试验温度常定为 15℃ 或 10℃，拉伸速度一般为 5cm/min。

可见，延度在一定程度上反映了沥青在某一条件下的变形能力。有研究发现，低温时(10℃、5℃ 等) 的延度大小与沥青在低温时抗裂性有一定关系。如果低温延度值大，在低温环境下沥青的开裂性相对较小。

针入度、软化点和延度等传统上称之为沥青的“三大指标”，是目前我国在路用领域中对沥青提出的最基础指标。

3. 感温性

在不同温度条件下，沥青黏度随温度的改变而产生一定的改变，呈现出明显的状态变化，这种随温度的改变产生黏度变化的特点称为沥青的感温性。对于路用沥青，温度和黏度的关系是沥青的一项极其重要的性能。表示沥青这种感温性常用的指标是针入度指数(PI)。针入度指数表示软化点之下的沥青感温性，近似结果可采用下式计算获得：

$$PI = \frac{30}{1 + 50A} - 10 \tag{2.43}$$

式中：PI—— 针入度指数；

A—— 针入度温度感应系数，由沥青的针入度和软化点确定：

$$A = \frac{\lg 800 - \lg P_{25℃,100g,5s}}{T_{R\&B} - 25} \tag{2.44}$$

式中：$P_{25℃,100g,5s}$—— 在 25℃、100g、5s 条件下测得的针入度(0.1mm)；

$T_{R\&B}$—— 环球法测定的软化点(℃)。

针入度指数愈大，表明沥青对温度的敏感性愈小，也就是说在温度升高时，沥青状态改变的程度较小。表现为夏季高温时沥青不易变软，有一定的抗车辙变形能力。但另一方面冬季沥青较硬，开裂的可能性增加。所以沥青 $PI < -2$ 时，沥青的温度敏感性大；$PI > +2$ 时，感温性敏感性较低。为了兼顾高低温要求，一般宜选用针入度指数 PI 为 $-1 \sim +1$ 的 沥青作为路用沥青。

4. 黏附性

沥青克服外界不利影响因素(如环境对沥青的老化、水对沥青膜的剥离等) 在集料表面的附着能力称为沥青的黏附性。黏附性直接影响沥青路面的使用质量和耐久性，是评价沥青技术性能的一项重要指标。

沥青的黏附性好坏首先与沥青自身特点密切相关，随着沥青稠度的增加或沥青中一些类似沥青酸的活性物质的增加，其黏附性加大。同时，集料的亲水性程度也直接决定着沥青和集料之间黏附性的优劣,使用憎水碱性石料时的黏附性优于亲水酸性石料的黏附性,所以采用石灰岩集料拌制的沥青混合料,其黏附性明显好于酸性的花岗岩沥青混合料。

目前沥青与集料之间黏附性好坏的常规评价方法是水煮法或水浸法,通常是通过考察一定条件下集料表面的沥青膜抵御水的剥离能力来界定沥青黏附性的好坏。

5. 耐久性

路用沥青在储运、加热、拌和、摊铺、碾压、交通荷载和自然因素的作用下,会产生一系列的物理化学变化,从而使沥青逐渐改变其原有性能而变硬变脆,使沥青的路用性能明显变差,这种变化称为沥青的老化。

引起沥青直接老化的因素有:

(1) 热的影响

温度较高时,沥青发生的化学反应会加快,最终导致沥青性能的劣化。

(2) 氧的影响

空气中的氧被沥青吸收后产生氧化反应,改变沥青的组成比例,引起老化。

(3) 光的影响

日光特别是紫外线照射沥青后,使沥青产生光化学反应,促使沥青的氧化过程加速。

(4) 水的作用

水在与光、热和氧共同作用时,引起加速老化的催化作用。

(5) 渗流硬化

沥青中轻组分渗流到矿料的孔隙中导致沥青的硬化。

目前评价沥青抗老化能力的试验方法大多是模拟沥青在拌和过程中加热条件下产生的老化效果,规范规定的检测方法是薄膜烘箱加热试验法。

三、沥青的试验检测

1. 沥青针入度试验

沥青的针入度是指在规定温度和时间内,附加一定质量的标准针垂直贯入沥青试样的深度,以0.1mm表示。一般非经注明,规定的试验条件指:试验温度为25℃,标准针的质量(包括标准针、针的连杆及附加砝码的质量)为100g±0.05g,时间为5s。

(1) 试验目的

测定沥青的针入度,以评价黏稠石油沥青的黏滞性,并确定沥青标号。还可以进一步计算沥青的针入度指数 PI,用以描述沥青的温度敏感性。

(2) 试验仪器及试剂

① 针入度仪

凡能保证针和针连杆在无明显摩擦下垂直运动,并能指示标准针贯入试样深度准确至0.1mm的仪器均可使用。针和针连杆组合件总质量为50g±0.05g,另附50g±0.05g砝码一只,试验时总质量为100g±0.05g。为提高测试精密度,宜采用自动针入度仪进行测试。针入度仪(见图2.16)由以下部分组成:

a. 标准针

不锈钢制成，质量为 2.5g±0.05g。

b. 盛样皿

金属制，圆柱形平底。小盛样皿的内径 55mm，深 35mm（适用于针入度小于 200）；大盛样皿内径 70mm，深 45mm（适用于针入度 200 ～ 350）。对于针入度大于 350 的试样需使用特殊盛样皿，其深度不小于 60mm，试样体积不小于 125mL。

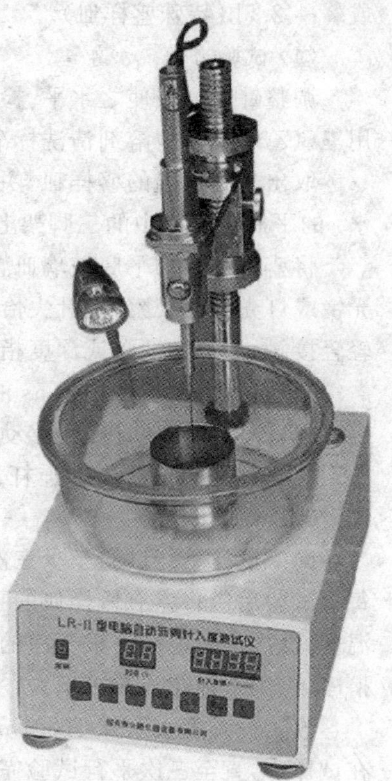

图 2.16　沥青针入度仪

② 恒温水浴

容量不小于 10L，控温准确度为0.1℃。水槽中应设有一带孔的搁架，位于水面下不小于 100mm，距水槽底不少于 50mm 处。

③ 平底玻璃皿

容量不小于 1L，深度不小于 80mm。内设有一不锈钢三脚支架，使盛样皿稳定。

④ 温度计

0℃ ～ 50℃，分度值为 0.1℃。

⑤ 秒表

分度值为 0.1s。

⑥ 盛样皿盖

平板玻璃，直径不小于盛样皿开口尺寸。

⑦ 溶剂

三氯乙烯。

⑧ 其他

电炉或砂浴、石棉网、金属锅或瓷把坩埚。

(3) 试样制备方法

① 沥青试样准备方法

将装有试样的盛样皿带盖放入恒温烘箱中，当石油沥青试样中含有水分时，烘箱温度 80℃ 左右，加热至沥青全部熔化后供脱水用。当石油沥青中无水分时，烘箱温度宜为软化点温度以上 90℃，通常为 135℃ 左右。沥青试样不得直接采用电炉或煤气炉明火加热。

当石油沥青试样中含有水分时，将盛样皿放在可控温的砂浴、油浴、电热套上加热脱水，不得已采用电炉、煤气炉加热脱水时必须加放石棉垫。时间不超过 30min，并用玻璃棒轻轻搅拌，防止局部过热。在沥青温度不超过 100℃ 的条件下，仔细脱水至无泡沫为止，最后的加热温度不超过软化点以上 100℃（石油沥青）或 50℃（煤沥青）。

将盛样皿中的沥青通过 0.6mm 的滤筛过滤。

② 沥青试样制备方法：过滤后不等冷却立即一次将试样灌入盛样皿中，试样深度应超过预计针入度值 10mm，并盖上盛样皿盖以防落入灰尘。盛有试样的盛样皿在 15℃ ～ 30℃ 室温中冷却 1 ～ 1.5h（小盛样皿）、1.5 ～ 2h（大盛样皿）或 2 ～ 2.5h（特殊盛样皿）后移入保持规定试验温度±0.1℃ 的恒温水槽中 1 ～ 1.5h（小盛样皿）、1.5 ～ 2h（大盛样皿）

或 2 ～ 2.5h(特殊盛样皿)。

(4) 试验方法

调整针入度仪使之水平。检查针连杆和导轨，以确认无水和其他外来物，无明显摩擦。用三氯乙烯或其他溶剂清洗标准针，并拭干。将标准针插入针连杆，用螺丝固紧。

取出达到恒温的盛样皿，并移入水温控制在试验温度 ± 0.1℃(可用恒温水槽中的水)的平底玻璃皿中的三脚架上，试样表面以上的水层深度不少于 10mm。

将盛有试样的平底玻璃皿置于针入度仪的平台上。慢慢放下针连杆，用适当位置的反光镜或灯光反射观察，使针尖恰好与试样表面接触。拉下刻度盘的拉杆，使与针连杆顶端轻轻接触，调节刻度盘或深度指示器的指针指示为零。

开动秒表，在指针正指 5s 的瞬时，用手紧压按钮，使标准针自动下落贯入试样，经规定时间，停压按钮使针停止移动。

拉下刻度盘拉杆与针连杆顶端接触，读取刻度盘指针或位移指示器的读数，准确至 0.5(0.1mm)。

同一试样平行试验至少三次，各测试点之间及与盛样皿边缘的距离不应少于 10mm。每次试验后应将盛有盛样皿的平底玻璃皿放入恒温水槽，使平底玻璃皿中水温保持试验温度。每次试验应换一根干净的标准针或将标准针取下用蘸有三氯乙烯溶剂的棉花或布揩净，再用干棉花或布擦干。

测定针入度大于 200(0.1mm) 的沥青试样时，至少用三支标准针，每次试验后将针留在试样中，直至三次平行试验完成后，才能将标准针取出。

(5) 结果

同一试样三次平行试验结果的最大值和最小值之差在表 2.9 所列允许偏差范围内时，计算三次试验结果的平均值，取整数作为针入度试验结果，以 0.1mm 为单位。

当试验值不符此要求时，应重新进行试验。

表 2.9 平行试验结果极差的允许偏差范围

针入度(0.1mm)	允许差值(0.1mm)
0 ～ 49	2
50 ～ 149	4
150 ～ 249	12
250 ～ 500	20

(6) 精密度与允许差

当试验结果小于 50(0.1mm) 时，重复性试验的允许差为 2(0.1mm)，复现性试验的允许差为 4(0.1mm)；当试验结果等于或大于 50(0.1mm) 时，重复性试验的允许差为平均值的 4%，复现性试验的允许差为平均值的 8%。

2. 沥青延度试验

沥青的延度是指规定形态的沥青试样，在规定温度下以一定速度受拉伸至断开时的长度，以厘米(cm)表示。通常采用的试验温度为 25℃、15℃、10℃ 或 5℃，拉伸速度为 5cm/min ± 0.25cm/min。当低温采用 1cm/min ± 0.05cm/min 拉伸速度时，应在报告中注明。

(1) 试验目的

测定沥青的延度，可以评价黏稠沥青的塑性变形能力。

(2) 试验仪器

① 延度仪

将试件浸没于水中，能保持规定的试验温度及按照规定拉伸速度拉伸试件，且试验时无明显振动的延度仪均可使用。

② 试模

黄铜制，由两个端模和两个侧模组成，其形状如图 2.17 所示。

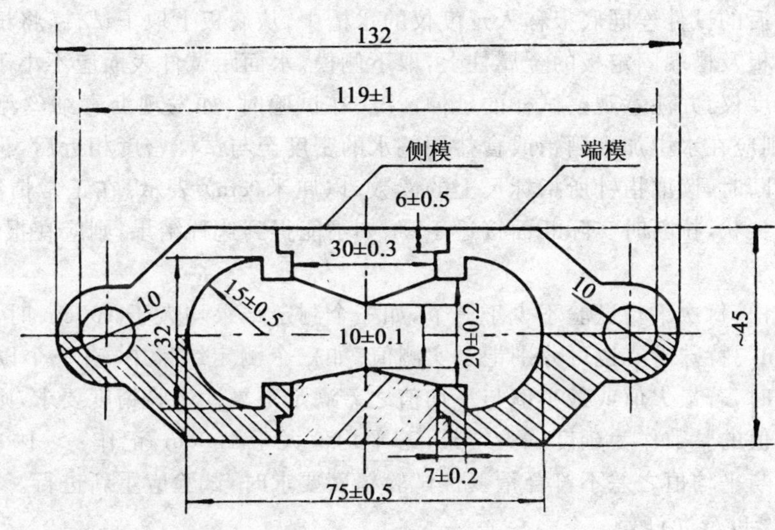

图 2.17　沥青延度试模

③ 试模底板

玻璃板或磨光的铜板，不锈钢板。

④ 恒温水槽

容量不小于 10L，控制温度的准确度为 0.1℃，水槽中设有带孔搁架，搁架距水槽底不得少于 50mm。试件浸入水中深度不小于 100mm。

⑤ 温度计

0℃ ～ 50℃，分度值为 0.1℃。

⑥ 砂浴或其他加热炉具

⑦ 甘油滑石粉隔离剂(质量比为 2∶1)

⑧ 其他

平刮刀、石棉网、酒精、食盐等。

(3) 制备试样

将隔离剂拌和均匀，涂于清洁干燥的试模底板和两个侧模的内侧表面，并将试模在试模底板上装妥。

按规定方法准备试样(同沥青针入度试验)，将试样自试模的一端至另一端往返数次仔细地缓缓注入模中，最后略高出试模。注意：灌模时勿使气泡混入。

试件在室温中冷却 30 ～ 40min，然后置于规定试验温度 ±0.1℃ 的恒温水槽中，保持

30min 后取出，用热刮刀刮除高出试模的沥青，使沥青面与试模面齐平。沥青的刮法应自模的中间刮向两端，且表面应刮得平滑。将试模连同底板再浸入规定试验温度的水槽中 1～1.5h。

(4) 试验方法

检查延度仪拉伸速度是否符合规定要求，然后移动滑板使其指针正对标尺的零点。将延度仪注水，并保温达试验温度 ±0.5℃。

将保温后的试件连同底板移入延度仪的水槽中，从底板上取下试件，将试模两端的孔分别套在滑板及槽端固定板的金属柱上，取下侧模。水面距试件表面应不小于 25mm。

开动延度仪，并注意观察试样的延伸情况。在试验时，如发现沥青细丝浮于水面或沉入槽底时，则应在水中加入酒精或食盐调整水的密度至与试样密度相近后，再重新试验。

试件拉断时，读取指针所指标尺上的读数，以厘米(cm) 表示。在正常情况下，试件延伸时应成锥尖状，拉断时实际断面接近于零。如不能得到这种结果，则应在报告中注明。

(5) 报告

同一试样，每次平行试验不少于三个，如三个测定结果均大于 100cm 时，试验结果记作"＞100cm"。特殊需要也可分别记录实测值。如三个测定结果中，有一个以上的测定值小于100cm时，若最大值或最小值与平均值之差满足重复性试验精度要求，则取三个测定结果的平均值的整数作为延度试验结果，若平均值大于 100cm，记作"＞100cm"；若最大值或最小值与平均值之差不符合重复性试验精度要求时，试验应重新进行。

(6) 精密度或允许差

当试验结果小于 100cm 时，重复性试验的允许差为平均值的 20％；复现性试验的允许差为平均值的 30％。

3. 沥青软化点试验

沥青软化点是指沥青试样在规定尺寸的金属环内，上置规定尺寸和重量的钢球，放于水或甘油中，以规定的速度加热(5℃/min±0.5℃/min)，至钢球下沉达规定距离时的温度，以 ℃ 表示。

(1) 试验目的

测定沥青的软化点，可以评定黏稠沥青的热稳定性。

(2) 试验仪器

① 环与球软化点仪

环与球法软化点仪由下列几个部分组成：

钢球：直径为 9.53mm，质量为 3.5g±0.05g。

试样环：用黄铜或不锈钢等制成，其形状尺寸如图 2.18 所示。

钢球定位环：用黄铜或不锈钢制成，形状尺寸如图 2.19 所示。

金属支架：由两个主杆和三层平行的金属板组成。上层为一圆盘，直径略大于烧杯直径，中间有一圆孔，用以插放温度计。中层板上有两个孔，以供放置试样环，中间有一小孔可支持温度计的测温端部。一侧立杆距环上面 51mm 处刻有水高标记。环下面距下层板 25.4mm，而下底板距烧杯底不小于 12.7mm，也不得大于 19mm。三层金属板和两个主杆由两螺母固定在一起。

耐热玻璃烧杯：容积 800 ～ 1000mL，直径不小于 86mm，高度不小于 120mm。

温度计：刻度 0℃ ～ 80℃，分度为 0.5℃。

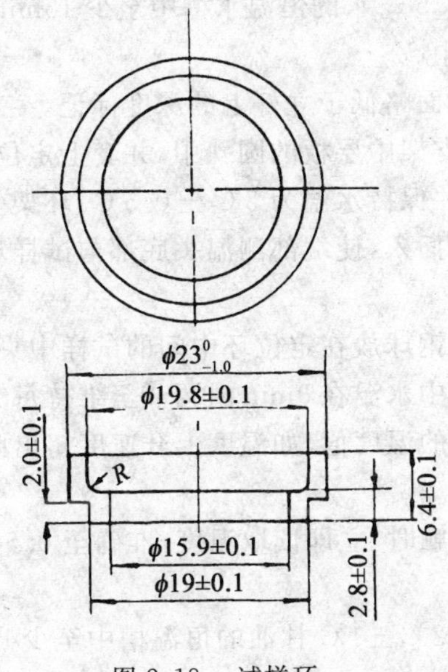

图 2.18　试样环

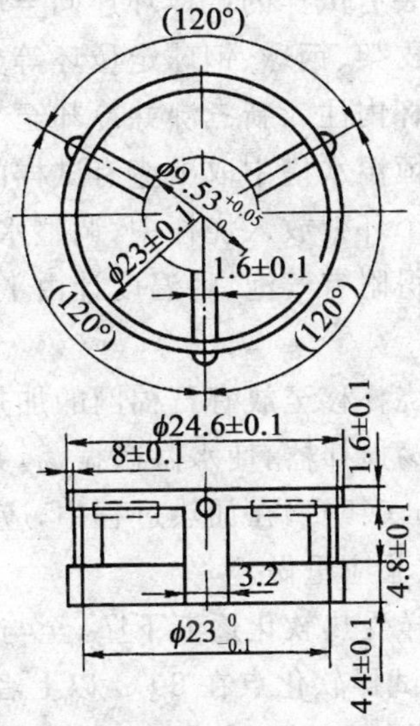

图 2.19　钢球定位环

② 试样底板

金属板或玻璃板。

③ 环夹

由薄钢条制成，用以夹持金属环，以便刮平试样表面。

④ 平直刮刀

⑤ 甘油滑石粉隔离剂

⑥ 加热炉具

装有温度调节器的电炉或其他加热炉具。应采用带有振荡搅拌器的加热电炉，振荡子置于烧杯底部。

⑦ 恒温水槽

控温的准确度为 0.5℃。

⑧ 其他

新煮沸过的蒸馏水、石棉网。

(3) 制备试样

将试样环置于涂有隔离剂的金属板上，按规定方法准备好沥青试样，然后缓缓注入试样环内至略高出环面为止。如估计软化点高于 120℃，则试样环和金属底板均应预热至 80℃ ～ 100℃。

试样在室温冷却 30min 后，用环夹夹着试样环，并用热刮刀刮除环面上的试样，与环面齐平。

(4) 试验方法

① 试样软化点在 80℃ 以下者试验步骤

将装有试样的试样环连同金属板置于 5℃ ± 0.5℃ 水的恒温水槽中至少 15min;同时将金属支架、钢球、钢球定位环等亦置于相同水槽中。

烧杯内注入新煮沸并冷却至 5℃ 的蒸馏水,水面略低于立杆上的深度标记。

从恒温水槽中取出盛有试样的试样环放置在支架中层板的圆孔中,并套上定位环;然后将整个环架放入烧杯中,调整水面至深度标记,并保持水温为 5℃ ± 0.5℃。环架上任何部分不得附有气泡。将温度计由上层板中心孔垂直插入,使端部测温头底部与试样环下面齐平。

将烧杯移至放有石棉网的加热炉具上,然后将钢球放在定位环中间的试样中央,立即开动振荡搅拌器,使水微微振荡,并开始加热,使杯中水温在 3min 内调节至维持每分钟上升 5℃ ± 0.5℃。在加热过程中,应记录每分钟上升的温度值,如温度上升速度超出此范围时,则试验应重做。

试样受热软化逐渐下坠,至与下层底板表面接触时,立即读取温度,准确至 0.5℃。

② 试样软化点在 80℃ 以上者试验步骤

将装有试样的试样环连同金属底板置于装有 32℃ ± 1℃ 甘油的恒温槽中至少 15min,同时将金属支架、钢球、钢球定位环等亦置于甘油中。

在烧杯内注入预先加热至 32℃ 的甘油,其液面略低于立杆上的深度标记。

从恒温槽中取出装有试样的试样环,按上述方法进行测定,准确至 1℃。

(5) 报告

同一试样平行试验两次,当两次测定值的差值符合重复性试验精密度要求时,取其平均值作为软化点试验结果,准确至 0.5℃。

(6) 精密度或允许差

当试样软化点小于 80℃ 时,重复性试验的允许差为 1℃,复现性试验的允许差为 4℃。

当试样软化点等于或大于 80℃ 时,重复性试验的允许差为 2℃,复现性试验的允许差为 8℃。

四、道路石油沥青的技术要求

新颁布的《公路沥青路面施工技术规范》(JTGF40-2004) 对沥青的技术要求作了一定的变动。首先废除了原有的重交通道路石油沥青(AH 型) 和中、轻(A 型) 道路石油沥青这种划分方法,采用唯一的道路石油沥青取而代之。另一方面,提出了诸如 PI 值,60℃ 动力粘度和 10℃ 延度等一些能够进一步反映沥青性质的选择性指标,以及不同标号沥青所适应的气候条件等内容。道路沥青技术要求见表 2.10。

表 2.10　　道路石油沥青技术要求

指标	等级	160 号	130 号	110 号			90 号					70 号					50 号	30 号
针入度(25℃,100g,5s)(0.1mm)		140 ~ 200	120 ~ 140	100 ~ 120			80 ~ 100					60 ~ 80^{+}					40 ~ 60^{+}	20 ~ 40
适用的气候分区		注++	注++	2-1	2-2	3-2	1-1	1-2	1-3	2-2	2-3	1-3	1-4	2-2	2-3	2-4	1-4	注++
针入度指数(*PI*)*	A	−1.5 ~+1.0																
	B	−1.8 ~+1.0																
软化点(R&B)(℃),≥	A	38	40	43			45			44		46		45			49	55
	B	36	39	42			43			42		44		43			46	53
	C	35	37	41			42					43					45	50
60℃ 动力黏度*(Pa·s),≥	A	—	60	120			160			140		180		160			200	260
10℃ 延度*(cm),≥	A	50	50	40			45	30	20	30	20	20	15	25	20	15	15	10
	B	30	30	30			30	20	15	20	15	15	10	20	15	10	10	8
15℃ 延度*(cm),≥	A B	100																
	C	80	80	60			50					40					30	20
含蜡量(蒸馏法)(%),≤	A	2.2																
	B	3.0																
	C	4.5																
闪电(COC)(℃),≥		230					245					260						
溶解度(%),≥		99.5																
15℃ 密度(g/cm³)		实测记录																
薄膜烘箱加热试验(或旋转薄膜烘箱加热试验)后**																		
质量变化(%),≤		±0.8																
残留针入度比(%),≥	A	48	54	55			57					61					63	65
	B	45	50	52			54					58					60	62
	C	40	45	48			50					54					58	60
残留 10℃ 延度*(cm),≥	A	12	12	10			8					6					4	—
	B	10	10	8			6					4					2	—
残留 15℃ 延度*(cm),≥	C	40	35	30			20					15					10	—

* 经建设单位同意,表中 *PI* 值、60℃ 动力黏度、10℃ 延度可作为选择性指标,也可不作为施工质量条件。

+70号沥青可根据需要，要求供应商提供针入度范围60～70或70～80的沥青；50号沥青可要求提供针入度范围为40～50或50～60的沥青。

++30号沥青仅适用于沥青稳定基层。130号或160号沥青除寒冷地区可直接在中低级公路应用外，通常用作乳化沥青、稀释沥青、改性沥青的基质沥青。

* * 老化试验以TFOT为准，也可以以RTFOT代替。

在新技术标准中，依据表2.10中不同的技术指标，将沥青再划分成三个等级，不同等级的沥青具有不同的适用范围，详见表2.11。

表2.11 不同等级的道路石油沥青适用范围

沥青等级	适用范围
A级沥青	各个等级的公路，适用于任何场合和层次
B级沥青	① 高速公路、一级公路沥青层上部80～100cm以下的层次，二级及二级以下公路的各个层次 ② 用作改性沥青、乳化沥青、改性乳化沥青、稀释沥青的基质沥青
C级沥青	三级及三级以下公路的各个层次

第六节 沥青混合料的技术性质和技术指标

沥青混合料是矿料(包括碎石、石屑、砂和填料)与沥青结合料经混合拌制而成的混合料的总称，其中粗细集料起骨架作用，沥青与填料起胶结填充作用。沥青混合料经摊铺、压实成型后称为沥青路面，是现代道路路面结构的主要材料形式之一。它具有优良的力学性能、良好的耐久性和抗滑性等特点。

一、沥青混合料分类

现行《公路沥青路面施工技术规范》将执行沥青混合料种类分为表2.12所示的几种形式。

表2.12 热拌沥青混合料种类

混合料类型	密集配			开级配		半开级配	工称最大粒径(mm)	最大粒径(mm)
	连续级配		间断级配	间断级配				
	沥青混凝土	沥青稳定碎石	沥青玛蹄脂碎石	排水式沥青磨耗层	排水沥青碎石基层	沥青碎石		
特粗式	—	ATB-40	—	—	ATBP-40	—	37.5	53.0
粗粒式	—	ATB-30	—	—	ATBP-30	—	31.5	37.5
	AC-25	—	—	—	ATBP-25	—	26.5	31.5
中粒式	AC-20	—	SAM-20	—	—	AM-20	19.0	26.5
	AC-16	—	SAM-16	OGFC-16	—	AM-16	16.0	19.5

续表

细粒式	AC-13	—	SAM-13	OGFC-13	—	AM-13	13.2	16.0
	AC-10	—	SAM-10	OGFC-10	—	AM-10	9.5	13.2
砂粒式	AC-5	—	—	—	—	AM-5	4.75	9.5
设计空隙率(%)	3～5	3～6	3～4	＞18	＞18	6～12	—	—

目前,我国在沥青路面中采用最多的类型是以石油沥青作为结合料,采用连续级配、空隙率在3%～6%的密实式热拌热铺型沥青混合料。其中沥青混合料的结构类型分为悬浮密实结构、骨架空隙结构、骨架密实结构。

二、沥青混合料的路用性能

沥青混合料作为沥青路面材料,在使用过程中要承受行驶车辆荷载的反复作用以及环境因素的长期影响,所以沥青混合料在具备一定的承载能力的同时,还必须具有良好的抵抗自然因素作用的耐久性,也就是说要能表现出足够的高温环境下的稳定性、低温状况下的抗裂性、良好的水稳性、持久的抗老化性和利于安全的抗滑性等诸多技术特点,以保证沥青路面良好的服务功能。

1.高温稳定性

沥青混合料是一种典型的黏—弹—塑性材料,它的承载能力或模量随着温度的变化而改变,温度升高,承载力下降。沥青混合料的高温稳定性是指在高温条件下,沥青混合料能够抵抗车辆反复作用,不会产生显著永久变形,保证沥青路面平整的特性。

对于沥青混合料的高温稳定性,工程中通过马歇尔稳定度试验方法和车辙试验法进行测定和评价。

(1)马歇尔稳定度试验用来测定沥青混合料试样在一定条件下承受破坏荷载能力的大小和承载时变形量的多少。

(2)车辙试验是检验高速公路和一级公路沥青混合料配合比设计的主要项目,是用来模拟车辆轮胎在路面上行驶时所形成的车辙深度的多少,对沥青混合料高温稳定性进行评价的一种试验方法。试验采用标准方法成型沥青混合料板型试件,在规定的试验温度和轮碾条件下,沿试件表面同一轨迹反复碾压行走,测定试件表面在试验过程中形成的车辙深度。以每产生1mm车辙变形所需要的碾压次数(称为动稳定度)作为评价沥青混合料抗车辙能力大小的指标。显然动稳定度值愈大,相应沥青混合料高温稳定性愈好,达不到动稳定度要求的沥青混合料必须更换材料或重新进行配合比设计。

2.低温抗裂性

与高温变形相对应,冬季低温时沥青混合料将产生体积收缩,但在周围材料的约束下,沥青混合料不能自由收缩,从而在结构层内部产生温度应力。当温度应力超过沥青混合料允许应力值时,沥青混合料被拉裂,导致沥青路面出现裂缝,造成路面的破坏。因此要求沥青混合料应具备一定的低温抗裂性能,即要求沥青混合料具有较高的低温强度或较大的低温变形能力。

现行规范要求采用沥青混合料低温弯曲试验,通过低温破坏强度、破坏应变和破坏劲度模量等指标评价混合料的低温性能。

3. 耐久性

耐久性是指沥青混合料在使用过程中抵抗环境不利因素的能力及承受车荷载反复作用的能力，主要包括沥青混合料的抗老化性、水稳性、抗疲劳性等几个方面。

沥青混合料的老化主要是受到空气中氧、水、紫外线等因素的作用，引发沥青材料多种复杂的物理化学变化，逐渐使沥青变硬、发脆，最终导致沥青老化，产生裂纹或裂缝等与老化有关的病害。水稳定性问题是因为水的影响，促使沥青从集料表面剥离而降低沥青混合料的黏结强度，最终造成混合料松散，被车轮带走，形成大小不等的坑槽等水损坏现象。

影响沥青混合料耐久性的因素很多，一个很重要的因素是沥青混合料的空隙率。空隙率的大小取决于矿料的级配、沥青材料的用量以及压实程度等多个方面。我国现行规范采用空隙率、饱和度和残留稳定度等指标来表征沥青混合料的耐久性。

4. 抗滑性

抗滑性是保障公路交通安全的一个重要因素，特别是行驶速度很快的高速公路，确保沥青路面的抗滑性要求显得尤为重要。

影响沥青路面抗滑性的因素主要是矿料自身或级配形成的表面构造深度、颗粒形状与尺寸、抗磨光性等方面。因此，用于沥青路面表层的粗集料应选用表面粗糙、坚硬、耐磨、抗磨光值大的碎石或破碎的碎砾石集料。同时，沥青用量对抗滑性指标有明显的影响，所以对沥青路面表层的沥青用量要严格控制。

5. 施工和易性

沥青混合料应具备良好的施工和易性，要求在整个施工的各个工序中，尽可能使沥青混合料的集料颗粒以设计级配要求的状态分布，集料表面被沥青膜完整覆盖，并能被压实到规定的密实程度，这是保证沥青混合料实现上述路用性质的必要条件。

影响沥青混合料施工和易性的因素首先是材料组成。另一影响和易性的因素是施工条件的控制。

目前还没有成熟的能够直接用于评价沥青混合料施工和易性的方法和指标，通常的做法是严格控制材料的组成和配比，采用经验的方法根据现场实际状况，进行调控。

三、热拌沥青混合料的技术标准

现行交通部行业标准《公路沥青路面施工技术规范》(JTGF40-2004) 针对各种沥青混合料分别提出了不同的技术标准，表 2.13 是常用密集配沥青混合料采用马歇尔方法时的技术标准，该标准根据道路等级、交通荷载和气候状况等因素提出不同的标准，其中包括稳定度、流值、空隙率、矿料间隙率和沥青饱和度等指标。

表 2.13　　密集配沥青混凝土混合料马歇尔试验技术标准

试验指标		高速公路、一级公路				其他等级公路	行人道路
		夏炎热区(1-1、1-2、1-3、1-4 区)		夏热区及夏凉区(2-1、2-2、2-3、2-4、3-2 区)			
		中轻交通	重载交通	中轻交通	重载交通		
击实次数(双面)		75				50	50
试件尺寸(mm)		101.6×63.5					
空隙率 VV(%)	深 90mm 以内	3～5	4～6	2～4	3～5	3～6	2～4
	深 90mm 以下	3～6		2～4	3～6	3～6	—
稳定度 *MS*(kN) 不大于		8				5	3
流值 FL(mm)		2～4	1.5～4	2～4.5	2～4	2～4.5	2～5
矿料间隙率 *VMA*(%) 不小于	设计空隙率(%)	相应于以下公称最大粒径(mm)的最小 *VMA* 和 *VFA* 技术要求					
		26.5	19	16	13.2	9.5	4.75
	2	10	11	11.5	12	13	15
	3	11	12	12.5	13	14	16
	4	12	13	13.5	14	15	17
	5	13	14	14.5	15	16	18
	6	14	15	15.5	16	17	19
沥青饱和度 *VFA*(%)		50～70	65～75			70～80	

四、沥青混合料试验

1. 沥青混合料试件制备(击实法)

(1) 试验目的

本方法适用于标准击实法或大型击实法制作沥青混合料试件，以供试验室进行沥青混合料物理力学性质试验使用。

(2) 试验仪器

① 击实仪

标准击实仪：由击实锤、直径 98.5mm 平圆形压实头及带手柄的导向棒组成。用人工或机械将压实锤举起从 457.2mm±1.5mm 高度沿导向棒自由落下击实，标准击实锤重量 4536g±9g。

大型击实仪：由击实锤、直径 149.5mm 平圆形压实头及带手柄的导向棒组成。用人工或机械将压实锤举起从 457.2mm±2.5mm 高度沿导向棒自由落下击实，标准击实锤质量 10210g±10g。

自动击实仪：是将标准击实锤及标准击实台安装一体，并用电力驱动使击实锤连续击实试件且可自动记数的设备，击实速度为 60 次 /min±5 次 /min。大型电动击实仪的功率不小于 250W。

② 标准击实台

用以固定试模，在 200mm×200mm×457mm 的硬木墩上面有一块 305mm×305mm

×25mm 的钢板，木墩用四根型钢固定在下面的水泥混凝土板上。

③ 试验室用沥青混合料拌和机

如图 2.20 所示，能保证拌和温度并充分拌和均匀，可控制拌和时间，容量不少于 10L，搅拌叶自转速度 70 ～ 80r/min，公转速度 40 ～ 50r/min。

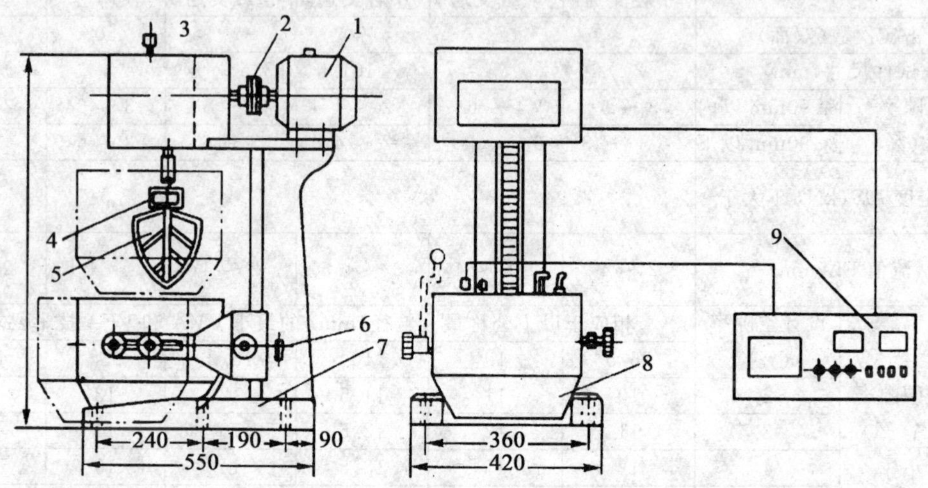

图 2.20　试验室内沥青混合料拌和机

1— 电机　2— 连轴器　3— 变速箱　4— 弹簧　5— 拌和叶片　6— 升降手柄
7— 底座　8— 加热拌和锅　9— 温度时间控制仪

④ 脱模器

电动或手动备有标准圆柱体试件及大型圆柱体试件尺寸的推出环。

⑤ 试模

由高碳钢或工具钢制成，每组包括内径 101.6 ± 0.2mm，高约 87mm 的圆柱形金属筒、底座(直径约 120.6mm) 和套筒(内径 101.6mm，高约 70mm) 各 1 个。

⑥ 烘箱

大型、中型各一台，装有温度调节器。

⑦ 天平或电子秤

用于称量矿料的，感量不大于 0.5g；用于称量沥青的，感量不大于 0.1g。

⑧ 插刀或大螺丝刀

⑨ 温度计

分度值为 1℃，量程 0℃ ～ 300℃。易采用有金属插杆的热电偶沥青温度计，金属插杆的长度不小于 300mm，数字显示或度盘指针的分度值为 0.1℃，且有留置读数功能。

⑩ 其他

电炉或煤气炉、沥青熔化锅、拌和铲、标准筛、滤纸(或普通纸)、胶布、卡尺、秒表、粉笔、棉纱等。

(3) 试验方法

① 混合料的拌制

按表 2.14 所示选用确定制作沥青混合料试件的拌和温度与压实温度,并根据沥青品种和标号作适当调整。针入度小,稠度大的沥青取高限;针入度大,稠度小的沥青取低限;一般取中值。

表 2.14　沥青混合料的拌和及压实温度参考表

沥青结合料种类	拌和温度(℃)	压实温度(℃)
石油沥青	130 ～ 160	120 ～ 150
煤沥青	90 ～ 120	80 ～ 110
改性沥青	160 ～ 175	140 ～ 170

将各种规格的矿料置于105℃±5℃ 的烘箱中烘干至恒重(一般不少于 4 ～ 6h)。根据需要,粗集料可先用水冲洗干净后烘干。也可将粗细集料过筛后,用水冲洗再烘干备用。

按规定试验方法分别测定不同规格粗细集料及填料的各种密度,并测定沥青的密度。

将烘干分级的粗、细集料,按每个试件设计级配要求称其质量,在一金属盘中混合均匀,矿粉单独加热,置烘箱中预热至沥青拌和温度以上约15℃(石油沥青通常为163℃)备用。一般按一组试件(每组 4 ～ 6 个)备料,但进行配合比设计时宜对每个试件分别备料。当用替代法时,对粗集料中粒径大于 26.5mm 的部分,以 13.2 ～ 26.5mm 粗集料等量代替。

将采集的沥青试样,用恒温烘箱或油浴、电热套熔化加热至规定的沥青混合料拌和温度备用,但不得超过 175℃。当不得已采用燃气炉或电炉直接加热进行脱水时,必须使用石棉垫隔开。

用沾有少许黄油的棉纱擦净试模、套筒及击实座等,并置 100℃ 左右烘箱中加热 1h 备用。

将沥青混合料拌和机预热至拌和温度以上 10℃ 备用。

将每个试件预热的粗细集料置于拌和机中,用小铲适当混合,然后再加入需要数量的已加热至拌和温度的沥青,开动拌和机一边搅拌,一边将拌和叶片插入混合料中拌和 1 ～ 1.5min,然后暂停拌和,加入单独加热的矿粉,继续拌和至均匀为止,并使沥青混合料保持在要求的拌和温度范围内,标准的总拌和时间为 3min。

② 试件成型

均匀称取拌好的、一个试件所需用量的沥青混合料(标准试件约 1200g)。如已知沥青混合料的密度,可根据试件的标准尺寸计算并乘以 1.03 得到要求沥青混合料数量。当一次拌和几个试件时,宜将其倒入经预热的金属盘中,用小铲拌和均匀分成几份,分别取用。试件制作过程中,为防止混合料温度下降,应连盘放入烘箱中保温。

从烘箱中取出预热的试模及套筒,用沾有少许黄油的棉纱擦拭套筒、底座及击实锤底面,将试模装在底座上,垫一张圆形的吸油性小的纸,按四分法从四个方向用小铲将混合料铲入试模中,用插刀沿周边插捣 15 次,中间 10 次。插捣后将沥青混合料表面整平成凸圆弧面。

插入温度计,至混合料中心附近,检查混合料温度。

待混合料温度达到要求的压实温度后,将试模连同底座一起放在击实台上固定,也可在装好的混合料上垫一张吸油性小的圆纸,再将装有击实锤及导向棒的压实头插入试模中,然后开启电动机(或人工)将击实锤从 457mm 的高度自由落下击实规定的次数(75 次、50 次或 35 次)。

试件击实一面后，取下套筒，将试模掉头，装上套筒，然后以同样的方法和次数击实另一面。

试件击实结束后，如上下面垫有圆纸，应立即用镊子取掉，用卡尺量取试件离试模上口的高度并由此计算试件高度，如高度不符合要求时，试件应作废，并按式(2.45)调整试件的混合料数量，使高度符合 63.5mm ± 1.3mm 的标准试件的要求。

$$\text{调整后沥青混合料数量} = \frac{63.5 \times \text{原用混合料数量}}{\text{所得试件的高度}} \tag{2.45}$$

卸去套筒和底座，将装有试件的试模横向放置冷却至室温后(不少于 12h)，置脱模机上脱出试件。并将试件仔细置于干燥洁净的平面上，供试验用。

2. 沥青混合料物理指标测定

(1) 试验目的

测定压实沥青混合料密度及其他物理指标(空隙率、饱和度)，以评价沥青混合料的技术性质，确定沥青混合料的配合比。

(2) 试验仪器(见图 2.21)

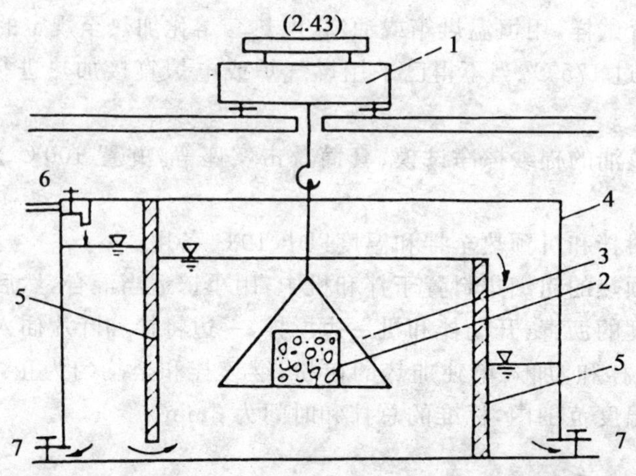

图 2.21 溢流水箱及下挂法水中重称量方法示意图

1— 浸水天平或电子秤 2— 试件 3— 网篮 4— 溢流水箱
5— 水位搁板 6— 注入口 7— 放水阀门

① 浸水天平或电子秤

当最大称量在 3kg 以下时，感量不大于 0.1g；最大称量 3kg 以上时，感量不大于 0.5g；最大称量 10kg 以上时，感量不大于 5g。并配有挂钩。

② 网篮

③ 溢流水箱

使用洁净水，有水位溢流装置，保持试件和网篮浸入水中后的水位一定。试验时的水温应为 15℃ ～ 25℃，并与测定集料密度时的水温相同。

④ 试件悬吊装置

天平下方悬吊网篮及试件的装置，吊线应采用不吸水的细尼龙线绳，并有足够的长度，对轮碾成型机成型的板块状试件可用铁丝悬挂。

(3) 试验方法

选择适宜的浸水天平(或电子秤)，最大称量应不小于试件质量的 1.25 倍，且不大于试件质量的 5 倍。

除去试件表面的浮粒，称取干燥试件在空气中的质量(m_a)，根据选择的天平的感量读数，准确至 0.1、0.5 或 5g。

挂上网篮浸入溢流水箱的水中，调节水位，将天平调平或复零，把试件置于网篮中(注意不要使水晃动)，待天平稳定后立即读数，称取水中质量(m_w)。若天平读数持续变化，不能很快达到稳定，则说明试件吸水较严重，不适用于此方法，应改用蜡封法测定。

(4) 结果(见道路建筑材料)

3. 沥青混合料马歇尔稳定度试验

(1) 试验目的

测定沥青混合料稳定度，为进行沥青混合料配合比进行设计。检验沥青路面施工质量。

(2) 试验仪器

① 沥青混合料马歇尔试验仪

对用于高速公路和一级公路的沥青混合料宜采用自动马歇尔试验仪，用计算机或 X—Y 记录仪记录荷载 — 位移曲线，并具有自动测定荷载与试件垂直变形的传感器、位移计，能自动显示和打印试验结果。对标准马歇尔试件，试验仪最大荷载不小于 25kN，读数准确度为 100N，加载速率应保持 50mm/min±5mm/min。钢球直径 16mm，上下压头曲率半径为 50.8mm。

② 恒温水槽

控温准确度为 1℃，深度不少于 150mm。

③ 真空饱水容器

由真空泵和真空干燥器组成。

④ 烘箱

⑤ 天平

感量不大于 0.1g。

⑥ 温度计

分度值为 1℃。

⑦ 卡尺

⑧ 其他

棉纱、黄油。

(3) 试验方法

按照前述方法成型马歇尔试件，标准的马歇尔试件尺寸应符合直径 101.6mm±0.2mm、高 63.5mm±1.3mm 的要求。一组试件不得少于 4 个。

测量试件直径和高度：用卡尺测量试件中部的直径，用马歇尔试件高度测定器或卡尺在十字对称的 4 个方向测量离试件边缘 10mm 处的高度，准确至 0.1mm 并取 4 个值的平均值作为试件的高度。如试件高度不符合 63.5mm ± 1.3mm 的要求或两侧高度差大于 2mm 时，此试件应作废。

将测定密度后的试件置于恒温水槽中，对于标准的马歇尔试件保温时间需 30 ～ 40min。试件之间应有间隔，并架起，试件离水槽底部不小于 5cm。

恒温水槽的温度分别为：黏稠石油沥青混合料或烘箱养生的乳化沥青混合料温度为 60℃ ± 1℃，煤沥青混合料为 33.8℃ ± 1℃，空气养生的乳化沥青或液体沥青混合料为 25℃ ± 1℃。

将马歇尔试验仪的上下压头放入水槽或烘箱中达到同样温度。将上下压头从水槽或烘箱中取出擦拭干净内表面。为使上下压头滑动自如，可在上下压头的导棒上涂少许黄油。再将试件取出置于下压头上，盖上上压头，然后装在加载设备上。

在上压头的球座上放妥钢球，并对准荷载测定装置的压头。

采用自动马歇尔试验仪时，将自动马歇尔试验仪的压力传感器、位移传感器与计算机或 *X*—*Y* 记录仪正确连接，调整好适宜的放大比例。调整好计算机程序或将 *X*—*Y* 记录仪的记录笔对准原点。

采用压力环和流值计时，将流值计安装在导棒上，使导向套管轻轻地压住上压头，同时将流值计读数调零。调整压力环中百分表，对零。

启动加载设备，使试件承受荷载，加载速度为 50mm/min ± 5mm/min。计算机或 *X*—*Y* 记录仪自动记录传感器压力和试件变形曲线，并将数据自动存入计算机。

当试验荷载达到最大值的瞬间，取下流值计，同时读取压力环中百分表或荷载传感器读数及流值计的流值读数。

从恒温水槽中取出试件至测出最大荷载值的时间，不应超过 30s。

(4) 浸水马歇尔试验方法

浸水马歇尔试验方法是将沥青混合料试件在规定温度（黏稠沥青混合料为 60℃ ± 1℃）的恒温水槽中保温 48h，然后测定其稳定度。其余方法与标准马歇尔试验方法相同。

(5) 结果计算

① 稳定度和流值

当采用自动马歇尔试验仪时，将计算机采集的数据绘制成压力和试件变形曲线，或由 *X*—*Y* 记录仪自动记录荷载 — 变形曲线，按图 2.22 所示的方法在切线方向延长曲线与横坐标相交于 O_1，将 O_1 作为修正原点，从 O_1 起量取相应于最大荷载值时的变形作为流值，以 mm 计，准确至 0.1mm。最大荷载即为稳定度 *MS*，以千牛（kN）计，准确至 0.01kN。

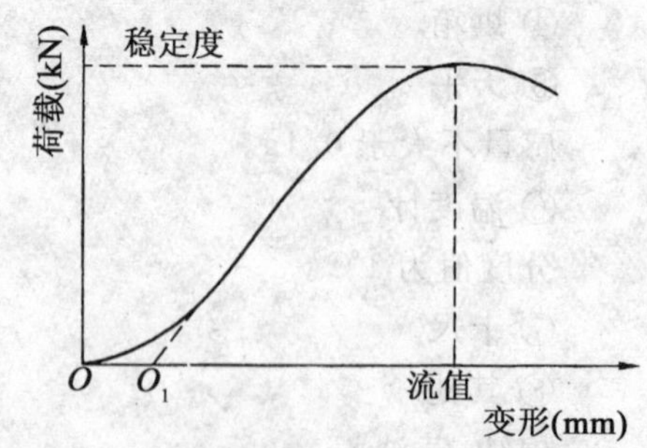

图 2.22　马歇尔试验结果的修正方法

采用压力环百分表和流值计测定时，根据压力环标定曲线，将压力环中百分表的读数换算为荷载值，即试件的稳定度 *MS*，以千牛（kN）计，准确至 0.01kN。由流值计及位移传感器测定装置读取的试件垂直变形，即为试件的流值 *FL*，以毫米（mm）计，准确至 0.1mm。

② 马歇尔模数

③ 残留稳定度

(6) 试验结果报告

当一组测定值中某个数值与平均值之差大于标准差 k 倍时，该测定值应予舍弃并以其余测定值的平均值作为试验结果。当试验数 n 为 3、4、5、6 个时，k 值分别为 1.15、1.46、1.67、1.82。

采用自动马歇尔试验仪时，试验结果应附上荷载 — 变形曲线原件或打印结果，并报告马歇尔稳定度、流值、马歇尔模数以及试件尺寸、试件的密度、空隙率、沥青用量、沥青体积百分率、沥青饱和度、矿料间隙率等各项物理指标。

4. 沥青混合料车辙试验

车辙试验是用标准的成型方法，制成标准的混合料试件，在 60℃ 的温度下，以一定荷载的轮子在同一轨迹做一定时间的反复行走，然后计算试件变形 1mm 所需车轮行走的次数，即为动稳定度，动稳定度是评价沥青混凝土路面高温稳定性的一个指标；也是沥青混合料配合比设计时的一个辅助性检验指标。

我国的现行规范《沥青路面施工与验收规范》(GBJ92-93) 规定，用于上面层、中面层沥青混凝土混合料 60℃ 时的动稳定度，高速公路和一级公路易不小于 800 次 /mm，一级公路、城市干道不小于 600 次 /mm。

(1) 试验目的

本方法适用于测定沥青混合料的高温抗车辙能力，供混合料配合比设计的高温稳定性检验使用。

(2) 试验仪器

① 车辙试验机(见图 2.23)

主要由下列部分组成：

试件台：可牢固地安装两种宽度(300mm 和 150mm) 的规定尺寸试件的试模。

图 2.23　车辙试验机

试验轮：橡胶制的实心轮胎。外径 220mm，轮宽 50mm，橡胶层厚 15mm。橡胶硬度(国际标准硬度)20℃ 时为 84 ± 4；60℃ 时为 78 ± 2，试验轮行走距离为 230mm ± 10mm，往返碾压速度为 42 次 /min ± 1 次 /min(21 次往返 /min)，允许采用曲柄连杆驱动试验台运动(试验台不动)。

加载装置：使试验轮与试件的接触压强在 60℃ 时为 0.7MPa ± 0.05MPa，施加的总荷载为 78kg 左右，根据需要可以调整。

试模：钢板制成，由底板及侧板组成，试模内侧尺寸：长为 300mm，宽为 300mm，厚为 50mm。

变形测量装置：自动检测车辙变形并记录曲线的装置，通常用 LVDT。电测百分表或非接触位移计。

温度检测装置：自动检测并记录试件表面及恒温室内温度的温度传感器、温度计(精度 0.5℃)。

② 恒温室

车辙试验机必须整机安放在恒温室内，装有加热器、气流循环装置及装有自动温度控制设备，能保持恒温室温度 60℃ ± 1℃(试件内部温度 60℃ ± 0.5℃)，根据需要亦可为其他需要的温度。用于保温试件并进行检验。温度应能自动连续记录。

③ 台秤

称量 15kg，感量不大于 5g。

(3) 试验方法

测定试验轮压强(应符合 0.7MPa ± 0.05MPa)。

试件成型后，连同试模一起在常温条件下放置时间不得少于 12h，以 48h 为宜。

将试件连同试模，置于达到试验温度 60℃ ± 1℃ 的恒温室中，保温不少于 5h，也不多于 24h，在试件的试验轮不行走的部位上，粘贴一个热电偶温度计，控制试件温度稳定在 60℃ ± 0.5℃。

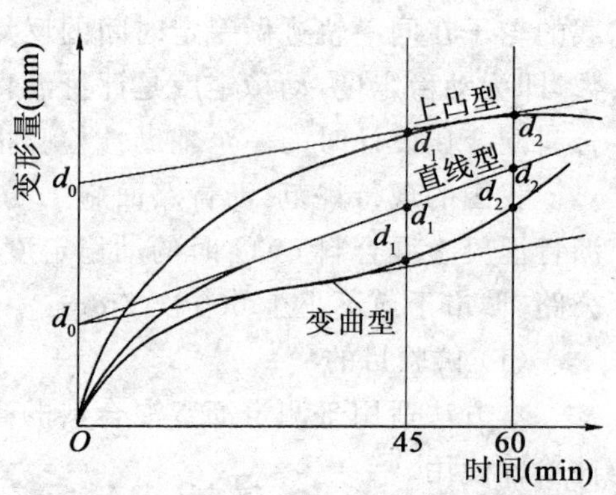

图 2.24　车辙试验变形曲线

将试件连同试模置于车辙试验机的试验台上，试验轮在试件的中央部位，其行走方向须与试件碾压方向一致。开动车辙变形自动记录仪，然后启动试验机，使试验轮往返行走，时间约 1h，或最大变形达到 25mm 为止。试验时，记录仪自动记录变形曲线(见图 2.24)及试件温度。

(4) 结果计算

从图 2.24 读取 45min(t_1)及 60min(t_2)时的车辙变形 d_1 及 d_2，精确至 0.01mm，如变形过大，在未到 60min 变形已达到 25mm，则以达到 25mm(d_2)时的时间为 t_2，将其前 15min 记为 t_1，此时的变形量为 d_1。

沥青混合料试件的动稳定度按式(2.46)计算：

$$DS = \frac{(t_2 - t_1) \cdot 42}{d_2 - d_1} \cdot C_1 \cdot C_2 \tag{2.46}$$

式中：DS—— 沥青混合料的动稳定度(次 /mm)；

d_1—— 对应于时间的变形量(mm)；

d_2—— 对应于时间的变形量(mm)；

42—— 试验轮每分钟行走次数(次 /min)；

C_1—— 试验机类型修正系数，曲柄连杆驱动试件的变速行走方式为 1.0，链驱动试验轮的等速方式为 1.5；

C_2—— 试件系数，对于试验室制备的宽 300mm 的试件，C_2 取 1.0；对于从路面切割的宽 150mm 的试件，C_2 取 0.8。

(5) 报告

同一沥青混合料或同一路段的路面，至少应做三个试件的平行试验，当三个试件动稳定度变异系数小于20%时，取其平均值作为试验结果。如果变异系数大于20%，应分析原因，并追加试验。如计算动稳定值大于6000次/mm时，记作“>6000次/mm”。重复性试验动稳定度变异系数的误差允许值为20%。

试验报告应注明试验温度、试验轮接地压强、试件密度、空隙率及试件制作方法等。

第三章　路基路面试验检测技术

本章着重阐述了压实度的现场试验检测方法、回弹模量试验方法和 CBR 试验方法、路面基层有关参数的测定、路基路面弯沉值测定、路面平整度测定、路面抗滑性测定、路面构造深度测定、水泥混凝土路面劈裂强度测定和路面结构层厚度测定。

第一节　路基工程试验检测技术

一、土的现场目力鉴别方法

在公路路线勘测过程中，除了在沿线按需要采集一些土样带回实验室测试有关指标数据外，常常还要在现场用眼观、手触、借助简易工具和试剂及时直观地对土的性质和状态做出初步鉴定。

第一，对取样的土层的宏观情况作出较详细的描述和记录，并对其土层的基本性质作出初步判别。

第二，对所取土样应直观地作出肉眼描述和鉴别，并定出土名，以供室内试验后定名参考。

二、简易试验方法

现场的简易试验，一般只适用于小于 0.5mm 颗粒的土样，其方法如下。

1. 可塑状态

将土样调到可塑状态，根据能搓成土条的最小直径 ϕ 来确定土类：搓成 $\phi > 2.5$mm 的土条而不断的为低液限土；搓成 $\phi = 1 \sim 2.5$mm 的土条而不断的为中液限土；搓成 $\phi < 1.0$mm 的土条而不断的为高液限土。

2. 湿土揉捏感觉

将湿土用手揉捏，可感到颗粒的粗细。低液限的土有砂粒感，带粉性的土有面粉感，黏附性弱；中液限的土微感砂粒，有塑性和黏附性；高液限的土无砂粒感，塑性和黏附性大。

3. 干强度

对于风干的土块，根据手指捏碎或掰断时用力大小，可区分为：干强度高，很难捏碎，抗剪强度大；干强度中等，稍用力时能捏碎，容易劈裂；干强度低，易于捏碎或搓成粉粒。

4. 韧性

将土调到可塑状态，搓成 3mm 左右的土条，再揉成团，重复搓条。根据再次搓成条的可能性与否，可区分为：韧性高，能再成条，手指捏不碎；中等韧性，可再搓成团，稍捏即碎；低韧性，不能再揉成团，稍捏或不捏即碎。

5. 摇震

将软塑至流动的小块，团成小球状放在手上反复摇晃，并用另一手掌击震该手掌，土中自由水析出土球表面，呈现光泽，用手捏土球时，表面水分又消失。

根据水分析出和消失的快慢，可区分为：反应快，水析出与消失迅速；反应中等，水析出和消失中等；无反应，土球被击震时无析水现象。

6. 盐渍土的简单定性

可通过常规酸碱度检测方法定性。

三、野外对土的基本描述

在野外用肉眼鉴别土时，要针对不同土类所规定的内容进行描述。现将不同土类所要描述的基本内容列于表 3.1。

表 3.1　对不同土类的描述

分类	描述内容
碎石类土	名称、颜色、颗粒成分、粒径组成、颗粒风化程度、磨圆度、充填物成分、性质及含量、密实程度、潮湿程度等
砂类土	名称、颜色、结构及构造、颗粒成分、粒径组成、颗粒形状、密实程度、潮湿程度等
黏性土	名称、颜色、结构及构造、夹杂物性质及含量、密实程度、潮湿程度等

四、标准贯入试验(SPT)

1. 试验应用

第一，查明场地的地层剖面和各地层在垂直和水平方向的均匀程度及软弱夹层。第二，确定地基土的承载力、变形模量、物理力学指标及建筑物设计时所需参数等。第三，预估单桩承载力和选择桩尖持力层。第四，地基加固处理效果的检验和施工监测。第五，判定砂土的密实度、黏性土的稠度，判别砂土和粉土地震液化的可能性。

2. 试验机理

标准贯入试验是用质量为 63.5±0.5kg 的穿心锤，以 76cm±2cm 的落距，将一定规格的标准贯入器打入土中 15cm，再打入 30cm，最后 30cm 的锤击数即为标准贯入击数 N。

一般情况下，土的承载力高，标准贯入器打入土中的阻力就大，标准贯入击数 N 就大；反之，则标准贯入击数就小。

3. 试验设备

标准贯入试验设备如图 3.1 所示，主要由贯入器（长 810mm，内径 35mm，外径

51mm)、贯入探杆、穿心锤、锤垫、导向杆及自动落锤装置等组成。

4. 试验方法

钻孔时为防止扰动底土，一般先钻至试验土层标高以上15cm处，清除孔底的虚土和残土，为防止坍孔或流砂，通常采用泥浆护壁。

贯入前检查探杆与贯入器的接头是否已连接稳妥，然后将贯入器和探杆放入孔内，并注意保持导向杆、探杆和贯入器的轴线在同一铅垂线上，以保证穿心锤的垂直施打。

贯入时，穿心锤落距76cm。贯入速率为15～30击／分，包括先打入15cm的预打击数、后30cm中每10cm的击数及30cm的累计击数。后30cm的总击数N即为贯入击数。

如为密实土层，$N>50$时，记录下50击时的贯入深度即可，不必强行打入。贯入击数按下式计算：

$$N=\frac{1500}{\Delta s} \tag{3.1}$$

式中：Δs—— 相应于50击时的贯入量(cm)。

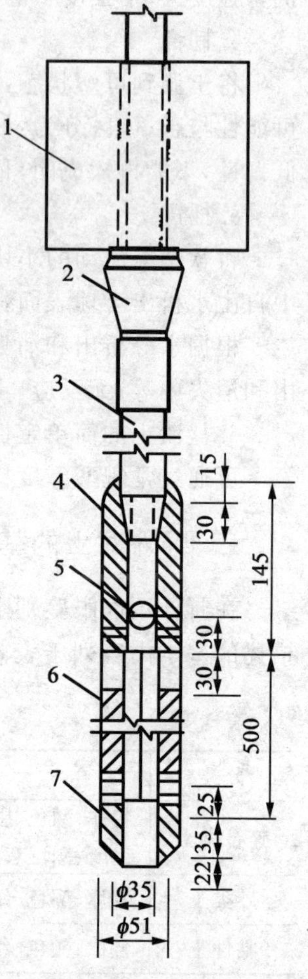

图3.1　标准贯入试验设备

1—穿心锤　2—锤垫
3—探杆　4—贯入器
5—出水孔　6—贯入器身
7—贯入器靴(刃口厚1.6mm)

五、静力触探试验

静力触探(CPT)是用静力将内部装有力传感器的探头以一定的速率压入土中，通过电子量测仪器所测得的贯入阻力(比贯入阻力p_s或锥尖阻力q_c和侧壁摩阻力f_s)来判断土层性质的一种原位测试方法。

静力触探探头按其结构与传感器功能，主要分为单桥触探头与双桥触探头，如图3.2所示。

单桥触探头能测出土对探头的总阻力，即比贯入阻力(p_s)、双桥探头可测锥尖阻力(q_c)与侧壁摩擦阻力(f_s)。

1. 试验设备

包括加压装置(加压装置的作用是将探头压入土中)、反力装置、探头与探杆及量测记录系统。其中探头是静力触探设备的关键组件，如图3.2所示。

2. 现场操作

(1) 准备工作

① 定出测试点

注意测点要离开已有的钻孔至少2m，一般情况是先触探，后钻探。

平行试验对比孔的孔距不宜大于3m。

② 设置反力装置(下锚或压载)

③ 安装、调平

安装好压入和量测装置，并用水准尺将底板调平。

④ 检查探头、探杆

检查探头外套筒与锥头活动情况。穿好电缆，同时检查探杆(注意探杆要平直，丝扣无裂纹)。

⑤ 检查电源电压

⑥ 检查仪表

(2) 现场实测工作

① 初读数测读

将探头压入地表下 1.0 ～ 2.0m，经过一定时间后将探头提升 5cm，使探头在不受压状态下与地温平衡。此时仪器上的稳定读数即为初读数。

② 速度控制

贯入速度控制在 0.5 ～ 1m/min。

③ 数据采集

每 10cm 测一次数据，亦可根据土层情况适当增减，但不能超过 25cm。

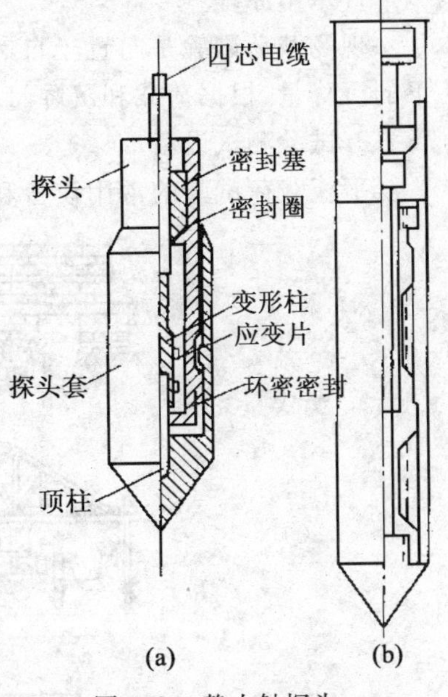

图 3.2　静力触探头

(a) 单桥探头　(b) 双桥探头

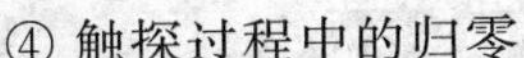

④ 触探过程中的归零

每贯入一定深度(一般为 2m) 要将探头提升 5 ～ 10cm，测读一次初读数，以校核贯入过程中初读数的变化情况。

⑤ 接卸钻杆

⑥ 终孔拆卸

结束一孔，应将探头锥头部分卸下，将泥沙擦洗干净，以保持顶柱与外套能自由活动。防止探头在阳光下曝晒。

3. 静探试验成果的应用

主要用于土层划分、土类判别，确定地基土的承载力及变形模量以及其他物理力学指标，选择桩基持力层，预估单桩承载力及判别沉桩的可能性，检查填土及其他人工加固地基的密实程度和均匀性，判别砂土的密度及液化可能性。

六、平板载荷试验

平板载荷试验是一种最古老的原位测试方法，它是在与建筑物基础工作相似的受荷条件下，对天然条件下的地基土测定加于承载板的压力与沉降的关系，实质上是基础的模拟试验。根据压力与沉降的关系，平板载荷试验可以测定土的变形模量、评定地基土的承载力。对于不能用小尺寸试样试验的境土、含碎石的土等，宜适用平板载荷试验。

试验时，可用维持荷载直至沉降稳定，再加下一级荷载直至破坏荷载，也可以用一定的沉降速率使载荷板压入土中，测定荷载与沉降关系，这时所施加的最大荷载相应于不排水抗剪强度所提供的极限荷载。利用荷载 — 沉降曲线(p—S 曲线) 的初始直线段，可求得土的变形模量。

1. 基本原理

现场载荷试验是向置于自然地基上的模型基础施加荷载，测量模型在不同荷载等级下的沉降量，根据荷载和沉降量的关系计算地基土的变形模量和评定地基承载力。

2. 试验测试设备

平板载荷试验的常用设备和各种加荷方式如图 3.3 所示。

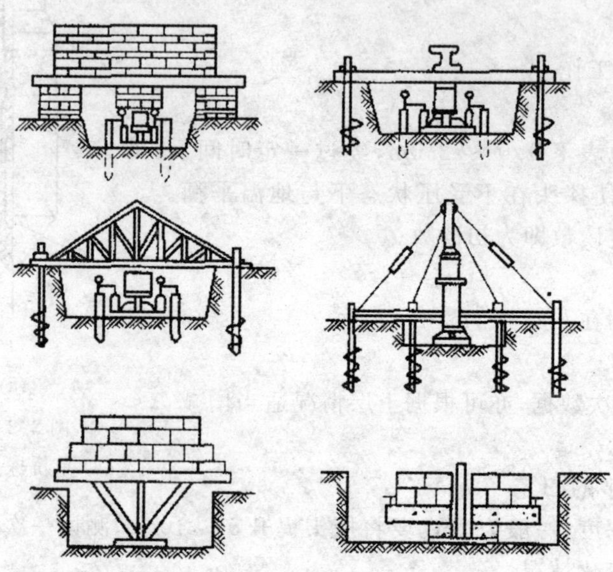

图 3.3　几种常见的平板载荷试验设备及加荷方式

3. 测试方法

(1) 试验位置的选择

选择有代表性的地点进行试验。土层均匀时，可在基底标高处进行试验。土层性质随深度变化时，在不同深度试验。

(2) 试坑宽度

承压板直径的 4 ～ 5 倍，至少 3 倍。

(3) 超荷载影响

应使承压板埋深与宽度之比和基础埋深与宽度之比相等。

(4) 加荷方式

① 分级维持荷载沉降相对稳定法(常规慢速法)

分级加荷按等荷载增量均衡施加。荷载增量：(1/8 ～ 1/10)p_u 或 (1/4 ～ 1/5)p_{cr}。

沉降观测：每加一级荷载，自加荷开始时间间隔 10、10、10、15、15 分钟后，以后每隔 30 分钟观测一次承压板沉降，直至连续 2 小时内每小时沉降量不超过 0.1mm，或连续 1 小时内，每 30 分钟沉降量不超过 0.05mm，即可施加下一级荷载。

② 分级维持荷载沉降非稳定法(快速法)

分级加荷与慢速法相同，每加一级荷载按间隔 15 分钟观测一次沉降，每级荷载维持 2 小时，即施加下一级荷载。

③ 等沉降速率法

控制承压板以一定的沉降速率沉降，测读与沉降相应所施加的荷载。

4. 试验终止条件

进行到试验土层达到破坏阶段，终止试验。破坏阶段可以从以下几点判断：荷载不变，24 小时沉降速率保持不变或加速发展。承压板周围出现隆起或破坏性裂缝。相对沉降超过 s/d（d 为压板直径或边长）0.06 ～ 0.08。

七、土基回弹模量试验

土基的回弹模量是公路设计中一个必不可少的参数，我国现有规范已给出了不同的自然区划和土质的回弹模量值的推荐值。但由于土基回弹模量的改变将会影响路面设计的厚度，所以建议有条件时最好直接测定，而且随着施工质量的提高，回弹模量值的检验将会作为控制施工质量的一个重要指标。

测定回弹模量的方法，目前国内常用的主要有承载板法、贝克曼梁法和某些间接测试方法（如贯入仪测定法和 CBR 测定法）。

1. 承载板法

(1) 目的和适用范围

① 目的

在现场土基表面，通过承载板对土基逐级加载、卸载的方法，测出每级荷载下相应的土基回弹变形值，经过计算求得土基回弹模量。

② 适用范围

本方法测定的土基回弹模量可作为路面设计参数使用。

(2) 试验器具与材料

① 加载设施

载有铁块或集料等重物、后轴重不小于 60kN 的载重汽车一辆，附设加劲梁一根作为反力架。

② 现场测试装置

由千斤顶、测力计（测力环或压力表）及球座组成（见图 3.4）。

③ 刚性承载板

刚性承载板一块，板厚 20mm，直径为 30cm，直径两端设有立柱和可以调整高度的支座供安放弯沉仪测头，承载板放在土基表面上。

④ 路面弯沉仪

路面弯沉仪两台，由贝克曼梁、百分表及其支架组成。

⑤ 液压千斤顶（80 ～ 100kN）

⑥ 秒表

⑦ 水平尺

(3) 试验前准备工作

根据需要选择有代表性的测点。

仔细平整土基表面，撒干燥洁净的细砂填平土基凹处。

安装承载板，并用水平尺进行校正。

将试验车置于测点上，在加劲小梁中部悬挂垂球测试，使之恰好对准承载板中心，然后收起垂球。

在承载板上安放千斤顶。

安放弯沉仪，将两台弯沉仪的测头分别置于承载板立柱的支座上，百分表对零。

(4) 测试步骤

① 预载

用千斤顶开始加载，注视测力环或压力表，至预压 0.05MPa，稳压 1min，使承载板与土基紧密接触，同时检查百分表的工作情况是否正常，然后放松千斤顶油门卸载，稳压 1min 后，将指针对零或记录初始读数。

② 测定土基的压力 — 变形曲线

采用逐级加载卸载法，荷载小于 0.1MPa 时，每级增加 0.02MPa，以后每级增加 0.04MPa 左右。

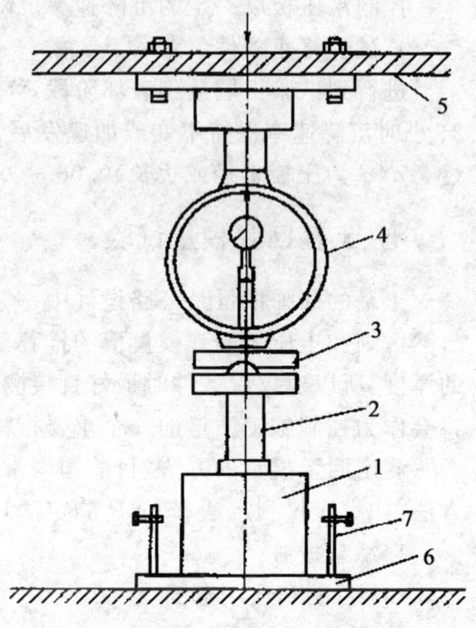

图 3.4 承载板测试装置图

1— 加载千斤顶 2— 钢圆筒 3— 钢板及球座 4— 测力计 5— 加紧横梁 6— 承载板 7— 立柱及支座

每次加载至预定荷载后，稳定 1min，立即读记两台弯沉仪百分表数值，然后轻轻放开千斤顶油门卸载至 0，待卸载稳定 1min 后，再次读数，每次卸载后百分表不再对零。

当两台弯沉仪百分表读数之差小于平均值的 30% 时，取平均值。如超过 30% 则应重测。当回弹变形值超过 1mm 时，即可停止加载。

③ 计算回弹变形和总变形

各级荷载的回弹变形和总变形，按以下方法计算：

回弹变形 L =（加载后读数平均值 − 卸载后读数平均值）× 弯沉仪杠杆比总变形 L' =（加载后读数平均值 − 加载初始前读数平均值）× 弯沉仪杠杆比

④ 测定汽车总影响量

最后一次加载卸载循环结束后，取走千斤顶，重新读取百分表初读数，然后将汽车开出 10m 以外，读取终读数，两只百分表的初、终读数差之平均值即为总影响量 a。

⑤ 测定材料含水量

在试验点下取样，取样数量如下：最大粒径不大于 5mm，试样数量约 120g；最大粒径不大于 25mm，试样数量约 250g；最大粒径不大于 40mm，试样数量约 500g。

⑥ 测定土基密度

在紧靠试验点旁边的适当位置，用灌砂法或环刀法或其他方法测定土基的密度。

(5) 计算

各级压力的回弹变形值加上该级的影响量后，即为计算回弹变形值。当使用其他类型的测试车时，各级压力下的影响量按下式计算：

$$a_i = \frac{(T_1 + T_2)\pi D^2 p_i}{4T_1 Q} \cdot a \qquad (3.2)$$

式中：T_1—— 测试车前后轴距(m)；

T_2—— 加劲小梁距后轴距离(m)；

D—— 承载板直径(m)；

Q—— 测试车后轴重(N)；

p_i—— 该级承载板压力(Pa)；

a—— 总影响量(0.01mm)；

a_i—— 该级压力的分级影响量(0.01mm)。

将各级计算回弹变形值点绘于标准计算纸上，排除显著偏离的异点并绘出顺滑的曲线，如曲线起始部分出现反弯，应按图 3.5 所示修正原点 O,O' 是修正后的原点。

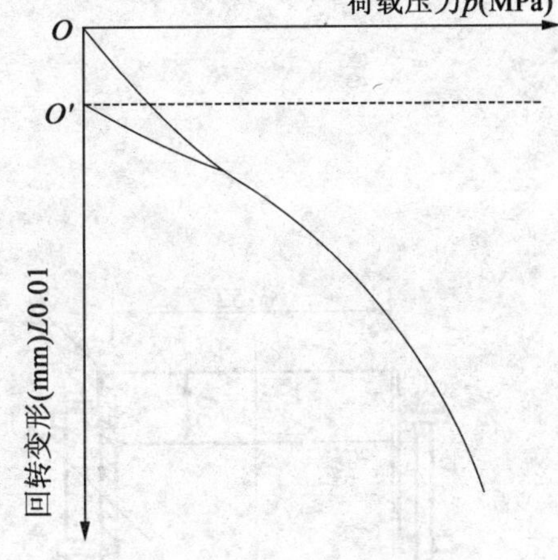

图 3.5　修正原点示意图

按下式计算相应于各级荷载下土基回弹模量值：

$$E_i = \frac{\pi D}{4} \cdot \frac{p_i}{L_i}(1-\mu_0^2) \qquad (3.3)$$

式中：μ_0— 泊松比；

D— 承载板直径(cm)；

p_i— 承载板压力(MPa)；

L_i— 相对于荷载 p_i 时的回弹变形(cm)。

结束试验前的各回弹变形值按线形回归方法由下式计算土基回弹模量 E_0 值：

$$E_0 = \frac{\pi D}{4} \cdot \frac{\sum p_i}{\sum L_i}(1-\mu_0^2) \qquad (3.4)$$

式中：E_0— 土基回弹模量(MPa)；

μ_0— 泊松比，根据部颁路面设计规范规定选用，一般可取 0.35；

D— 承载板直径(cm)；

L_i— 结束实验前的各级计算回弹变形值(cm)；

p_i— 对应于 L_i 的各级压力值(MPa)。

2. 路基土的 CBR 试验

CBR 又称加州承载比，由美国加利福尼亚州公路局首先提出来，用于评定路基土和路面材料的强度指标。

在国外多采用 CBR 作为路面材料和路基土的设计参数。

(1)CBR 值室内试验

① 目的和适用范围

在规定的试筒制件后，对各种土和路面基层、底基层材料进行承载比试验。

试样的最大粒径宜控制在 25mm 以内，最大不得超过 38mm。

② 仪器设备

a. 圆孔筛

孔径 38、25、20 及 5mm 筛各一个。

b. 重型标准击实仪器设备

试筒(见图 3.6)、夯锤等。

c. 贯入杆

端面直径 50mm、长 100mm 的金属柱。

d. 路面材料强度或其他载荷装置(见图 3.7)

能量不小于 50kN。

e. 百分表、测力环、荷载板等

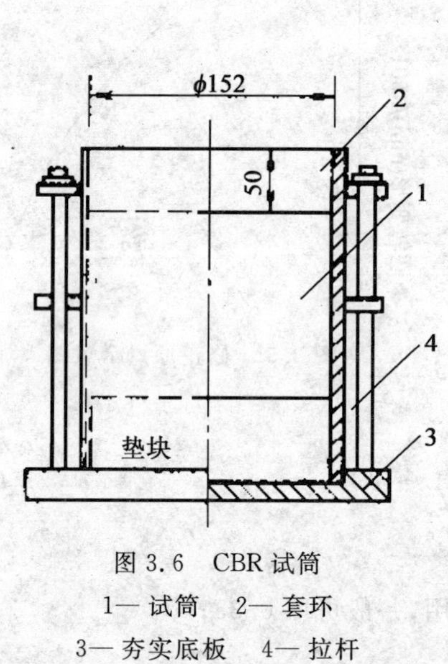

图 3.6 CBR 试筒

1— 试筒 2— 套环

3— 夯实底板 4— 拉杆

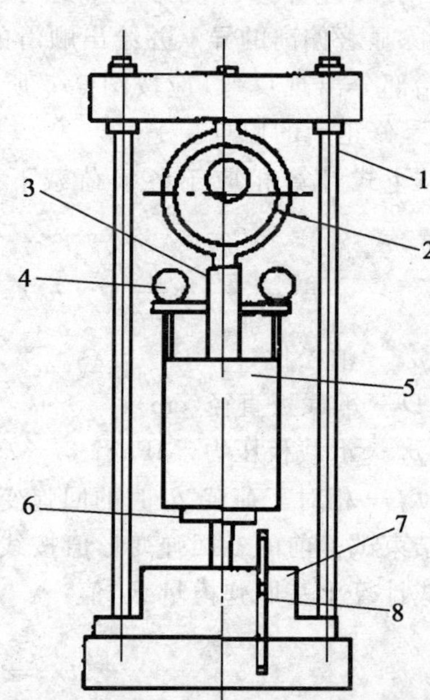

图 3.7 手摇测力计式载荷装置示意图

1— 框架 2— 量力环 3— 贯入杆

4— 百分表 5— 试件 6— 升降台

7— 蜗轮蜗杆箱 8— 摇把

③ 试验原理

试验时,按路基施工时的最佳含水量及压实度要求在试筒内制备试件;为了模拟材料在使用过程中的最不利状态,加载前浸水 4 昼夜。在浸水过程中及贯入试验时,在试件顶面施加荷载板以模拟路面结构对土基的附加应力。贯入试验中,材料的承载能力越高,对其压入一定贯入深度所需施加的荷载越大。

所谓 CBR 值,就是试料贯入量达到 2.5mm 或 5mm 时的单位压力与标准碎石压入相同贯入量时标准荷载强度(7MPa 或 10.5MPa)的比值,用百分数表示。

④ 试验技术要求

试验采用风干试料,按四分法备料。

做击实试验，求试料的最大干密度和最佳含水量。

按最佳含水量制备试件。

试件泡水 4 昼夜。

做贯入试验，加荷使贯入杆以 1 ～ 1.25mm/min 的速度压入试件，记录不同贯入量及相应荷载。总贯入量应超过 7mm。

绘制单位压力 p 与贯入量 L 关系曲线，必要时进行原点修正。

从 $p—L$ 关系曲线上读取贯入量分别为 2.5mm 和 5.0mm 所对应的单位压力 $p_{2.5}$（MPa）和 p_5（MPa），则：

$$CBR_{2.5} = \frac{p_{2.5}}{7} \times 100\ (\%) \tag{3.5}$$

$$CBR_5 = \frac{p_5}{10} \times 100\ (\%) \tag{3.6}$$

一般采用 $CBR_{2.5}$，如 $CBR_5 > CBR_{2.5}$，则重做试验。如果结果仍然如此，则采用 CBR_5。

(2) 土基现场 CBR 值测试方法

① 主要仪器

a. 荷载装置

设有加劲横梁的载重汽车，后轴重不小于 60kN。

b. 现场测试装置

由千斤顶、测力计、球座、贯入杆、荷载板及百分表等组成(见图 3.8)。

② 测试原理

在公路路基施工现场，用载重汽车作为反力架，通过千斤顶连续加载，使贯入杆匀速压入土基。

为了模拟路面结构对土基的附加应力，在贯入杆位置安放荷载板。

③ 测试技术要点

将测点约直径 30cm 范围的表面找平。

安装现场测试装置，使贯入杆与土基表面紧密接触。

启动千斤顶，使贯入杆以 1mm/min 的速度压入土基，记录不同贯入量及相应荷载。贯入量达 7.5mm 或 12.5mm 时结束试验。

卸载后在测点取样，测定材料含水量。

在测点旁用灌砂法或环刀法等测定土基的密度。

绘制荷载压强 — 贯入量曲线，必要时进行原点修正。

八、压实度试验

路基路面压实质量是道路工程施工质量管理最重要的内在指标之一。

现场压实质量用压实度表示。

压实度是路基路面施工质量监测的关键指标之一，表征现场压实后的密实状况，压实度越高，密实度越大，材料整体性能越好。因此，路基路面施工中，碾压工艺成为施工质量控制的关键工序。

对于路基土、路面半刚性基层及粒料类柔性基层而言，压实度是指工地实际达到的干密度与室内标准击实试验所得的最大干密度的比值；对沥青面层、沥青稳定基层而言，压实度是指现场实际达到的密度与室内标准密度的比值。压实度的测定主要包括室内标准密度（最大干密度）确定和现场密度试验。

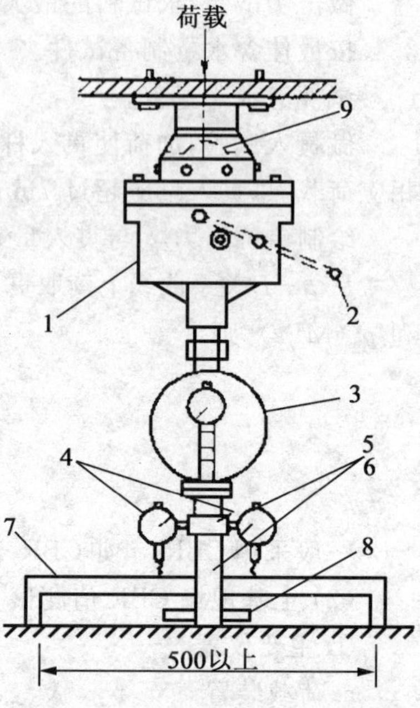

图 3.8　现场 CBR 测试装置示意图
1— 加载千斤顶　2— 手柄
3— 测力计　4— 百分表
5— 百分表夹持具　6— 贯入杆
7— 平台　8— 承载板　9— 球座

1. 室内标准密度（最大干密度）确定

室内试验得出的标准密度（最大干密度）是压实度评定的基准值，直接决定着评定结果的可靠性，因此，标准密度（最大干密度）的室内试验确定方法应原理科学、数据重现性高、操作简便且试验条件应与实际压实条件相接近。近年来逐渐被引起重视的振动击实、大型马歇尔击实等均是考虑到目前施工中广泛使用振动压路机进行碾压成型而对试验条件进行改进的结果。

由于筑路材料类型不同，标准密度（最大干密度）的室内确定试验方法也有所不同。

（1）路基土最大干密度确定试验方法

根据路基土类别与性质的不同，路基土最大干密度试验方法主要有击实法、振动台法和表面振动压实仪法。

击实试验是我国路基土最大干密度确定的主要方法，通过试验得出的击实曲线，确定最佳含水量和最大干密度。根据击实功的不同，可分为重型击实实验和轻型击实实验，两个试验的原理和基本规律相似，但重型击实试验的击实功提高了 4.5 倍。振动台法与表面振动压实仪法均是采用振动方法测定土的最大干密度。各试验方法的仪器设备、试验步骤等详见《公路土工试验规程》(JTJ051-93)。

（2）路面基层材料标准密度（最大干密度）确定试验方法

路面基层主要包括半刚性基层和柔性基层两类，其中柔性基层主要有以级配碎石为代表的粒料类基层和以沥青稳定碎石为代表的沥青稳定类基层。半刚性基层材料最大干密度主要按照《公路工程无机结合料稳定材料试验规程》(JFJ057-94) 标准击实法确定，但当粒料含量高时特别是采用骨架密实结构（50％ 以上），受击实筒空间的限制，现行方法就不能得出真正的最大干密度。为与施工方法相一致，理论计算法、振动击实法等更为科学的最大干密度确定方法被研究应用。理论计算法主要根据半刚性基层材料的体积组成，利用结合料和粒料级配组成与密度综合确定混合料最大干密度，主要用于无机结合料稳定粒料类材料。

① 石灰土、二灰稳定粒料

根据室内试验测得结合料的最大干密度 ρ_1 和集料的相对密度 γ，把已确定的结合料与集料的质量比换算为体积比 $V_1:V_2$，则混合料的最大干密度 ρ_0 为：

$$\rho_0 = V_1\rho_1 + V_2\gamma \tag{3.7}$$

石灰土、二灰稳定粒料的最佳含水量 ω_0 是结合料的最佳含水量 ω_1 和集料饱水裹敷含水量 ω_2 的加权值，可按下式计算：

$$\omega_0 = \omega_1 A + \omega_2 B \tag{3.8}$$

式中：A、B—— 结合料和集料的质量百分比，以小数计。

饱水裹敷含水量是指把集料浸水饱和后取出，不擦去表面裹敷水时的含水量。

② 水泥稳定粒料

此类材料的最大干密度 ρ_0 与集料的最大干密度 ρ_G 和水泥硬化后的水泥质量有关，即：

$$\rho_0 = \frac{\rho_G}{1 - \frac{(1+k)a}{100}} \tag{3.9}$$

式中：ρ_G—— 集料在振动台上加载振动而得到的最大干密度(g/cm^3)；

a—— 水泥含量(%)；

k—— 水泥水化时水的增量，视水泥品种不同而异，一般为水泥质量的 10% ～ 25%，以小数计。

水泥加水拌匀后，在 105℃ 烘箱中烘干，称得试验前水泥质量和烘干后硬化的水泥质量，即可求得水泥水化的水增量。

因水泥中含有水化水，故用烘箱法不能正确测出水泥稳定粒料的最佳含水量。根据对比试验，水泥稳定粒料的最佳含水量 ω_0 由水泥的水化水、集料的饱水裹敷含水量和拌和水泥所需要的水(水灰比为 0.5) 三者组成，即：

$$\omega_0 = (0.5 + k)a + \omega_2\left(1 - \frac{a}{100}\right) \tag{3.10}$$

式中：a—— 水泥含量(%)；

ω_2—— 集料饱水裹敷含水量(%)；

k—— 水泥水化时水的增量，以小数计。

2. 现场密度试验

可用土现场密度试验仪进行测定。

第二节　路面基层的试验检测

一、路面基层试验检测

1. 概述

路面基层分类：无机结合料稳定类、有机结合料稳定类、粒料类。

无机结合料稳定类可分为：水泥稳定类、石灰稳定类、综合稳定类、工业废渣稳定类。

无机结合料稳定类基层和底基层材料的检测项目包括：

(1) 重型击实试验

(2) 承载比

(3) 灰剂量滴定

(4) 无侧限抗压强度

2. 水泥或石灰剂量测定方法——EDTA 滴定法

(1) 试验目的

在工地快速测定水泥和石灰稳定土中水泥和石灰的剂量，也可用于检查拌和的均匀性。

(2) 仪器设备

滴定管、滴定台、滴定管夹、大肚移液管、锥形瓶烧杯、容量瓶等。

(3) 试剂

0.1mol/L 乙二胺四乙酸二钠（简称 EDTA 二钠）标准液、10% 氯化铵（NH_4Cl）溶液、1.8% 氢氧化钠（内含三乙醇胺）溶液、钙红指示剂。

(4) 准备标准曲线

① 取样

取工地用石灰和集料，风干后分别过 2.0mm 或 2.5mm 筛，并测其含水量。

② 混合料组成计算

按公式：$干料质量 = \dfrac{湿料质量}{1 + 含水量}$ 计算。

计算方法：

$$干混合料质量 = \frac{300g}{1 + 最佳含水量}$$

$$干土质量 = \frac{干混合料质量}{1 + 石灰(或水泥)剂量}$$

干石灰（或水泥）质量 = 干混合料质量 − 干土质量

$$湿土质量 = \frac{干土质量}{1 + 土的风干含水量}$$

$$湿石灰质量 = \frac{干石灰}{1 + 石灰的风干含水量}$$

③ 准备试样

共准备 5 种试样，每种 2 个样品（以水泥集料为例），水泥剂量分别为 0%、2%、4%、6%、8%。

第 1 种：称 2 份 300g 集料分别放在 2 个搪瓷杯内，集料的含水量应等于工地预期达到的最佳含水量。混合料中加入的水应与工地所用的水相同。

第 2 种：准备 2 份水泥剂量为 2% 的水泥土混合料试样，每份均重 300g，并分别放在 2 个搪瓷杯内。水泥土混合料的最佳含水量应等于工地预期达到的最佳含水量。

第 3、4、5 种：各准备 2 份水泥剂量分别为 4%、6%、8% 的水泥土混合料试样，每份均重 300g，并分别放在 6 个搪瓷杯内，其他要求同第 1 种。

④ 静置分层

取一个盛有试样的搪瓷杯，在杯内加 600mL 的 10% 氯化铵溶剂，用不锈钢搅拌棒充分搅拌 3min（每分钟搅 110 ～ 120 次）。

放置沉淀 4min，如 4min 后得到的是混浊悬浮液，则应增加放置沉淀时间，直到出现澄清悬浮液为止，并记录所需的时间。

以后所有该种水泥（或石灰）土混合料的试验，均应以同一时间为准，然后将上部清液转移到 300mL 烧杯内，搅匀，加盖表面皿待测。

⑤EDTA 二钠滴定

用移液管吸取上层（液面下 1 ～ 2cm）悬浮液 10.0mL 放入 200mL 的三角瓶内，用量筒量取 500mL 的 1.8% 氢氧化钠（内含三乙醇胺）倒入三角瓶中，此时溶液 pH 为12.5 ～ 13.0（可用 pH 12 ～ 14 的精密试纸检验），加入钙红指示剂（体积约为黄豆大小），摇匀，溶剂呈玫瑰红色。

用 EDTA 二钠标准液滴定到纯蓝色为终点，记录 EDTA 二钠的耗量[以毫升（mL）计，读至0.1mL]。

对其他几个搪瓷杯中的试样，用同样的方法进行试验，并记录各自 EDTA 二钠的耗量。

⑥ 绘制标准曲线

以同一水泥或石灰剂量混合料消耗 EDTA 二钠毫升数的平均值为纵坐标，以水泥或石灰剂量（%）为横坐标制图。

两者的关系应是一根顺滑的曲线，如图 3.9 所示。

(5) 试验步骤

选取有代表性的水泥土或石灰土混合料，称 300g 放在搪瓷杯中，用搅拌棒将结块搅散，加 600mL 的 10% 氯化铵溶液，然后如前述步骤那样进行试验。

利用所绘制的标准曲线，根据所消耗的EDTA二钠毫升数，确定混合料中的水泥或石灰剂量。

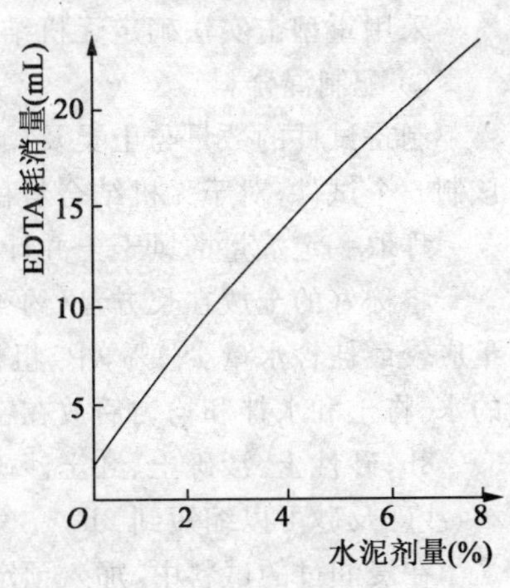

图 3.9　标准曲线

(6) 注意事项

每个样品搅拌的时间、速度和方式应力求相同，以增加试验的精度。

做标准曲线时，如工地实际水泥剂量较大，素集料和低剂量水泥的试样可以不做，而直接用较高的剂量做试验，但应有两种剂量大于实用剂量，以及两种剂量小于实用剂量。

配制的氯化铵溶液最好当天用完，不要放置过久，以免影响试验的精度。

3. 无侧限抗压强度试验

(1) 试验目的

测定无机结合料稳定土试件的无侧限抗压强度，可用于室内配合比设计及现场检测。

(2) 取样频率

进行现场检测时，按规定频率取样，并按工地预定达到的压实度制备试件。

试件数量每 2000m^2 或每工作班。不论稳定细粒土、中粒土或粗粒土，当多次试验结果的偏差系数 $C_v \leqslant 10\%$ 时，可为 6 个试件；$C_v = 10\% \sim 15\%$ 时，可为 9 个试件；$C_v > 15\%$

时，则需 13 个试件。

(3) 仪器设备

圆孔筛、试模、脱模器、反力框架、压千斤顶、击锤和导管密封湿气箱或湿气池、水槽、路面材料强度试验仪或其他合适的压力机、天平等。

适用于下列不同土的试模尺寸为：

细粒土(最大粒径不超过 10mm)：试模的直径 × 高 = 50mm × 50mm；

中粒土(最大粒径不超过 25mm)：试模的直径 × 高 = 100mm × 100mm；

粗粒土(最大粒径不超过 40mm)：试模的直径 × 高 = 150mm × 150mm。

(4) 试件制备

① 试料准备

将具有代表性的风干试料用木锤和木碾捣碎，但应避免破坏粒料的原粒径，并将土样进行过筛，筛除超粒径的颗粒。在预定做试验的前一天，取有代表性的试料测定其风干含水量。

对于细粒土，试样应不少 100g；对于粒径小于 25mm 的中粒土，试样应不少于 1000g；对于粒径小于 40mm 的粗粒土，试样应不少于 2000g。

② 确定最佳含水量和最大干密度

采用重型击实法确定无机结合料混合料的最佳含水量和最大干密度。

③ 配制混合料

制备试件的数量与土类及操作的仔细程度有关。对于无机结合料稳定细粒土，至少应该制 6 个试件；对于无机结合料稳定中粒土和粗粒土，至少分别应该制 9 个和 13 个试件。

称取一定数量的风干土并计算干土的质量，其数量随试件大小而变。

将称好的土放在长方盘(约 400mm × 600mm × 70mm) 内，向土中加水。细粒土含水量应较最佳含水量少 3%，中、粗粒土可按最佳含水量加水，但应扣除土和石灰或水泥中的水。将土和水拌和均匀后放在密闭容器内浸润备用。浸润时间：黏性土 12 ～ 24h；粉性土 6 ～ 8h；砂性土、沙砾土、红土沙砾、级配沙砾等可以缩短到 4h 左右；含土很少的未筛分碎石、沙砾及砂可以缩短到 2h。

在浸润过的试料中，加入预定数量的水泥或石灰并拌和均匀，在拌和过程中，应将细粒土预留的水加入土中，使混合料的含水量达到最佳含水量。

拌和均匀的加有水泥的混合料应在 1h 内制成试件，超过 1h 的混合料应该作废。

④ 按预定的干密度制件

用反力框架和液压千斤顶制件。试件质量按下式计算：

$$m_1 = \rho_d V(1 + \omega) \tag{3.11}$$

式中：V—— 试模的体积(cm^3)；

ω—— 稳定土混合料的含水量(%)；

ρ_d—— 稳定土试件的干密度(g/cm^3)。

将试模的下压柱放入试模的下部，但外露 2cm 左右。

将称量的规定数量(g) 的稳定土混合料分 2 ～ 3 次灌入试模中(利用漏斗)，每次灌入后用夯棒轻轻均匀插实。

将上压柱放入试模内，应使上压柱也外露2cm左右(即上下压柱露出试模外的部分应该相等)。

将整个试模(连同上下压柱)放到反力框架内的千斤顶上(千斤顶下应放一扁球座)，加压直到上下压柱都压入试模为止。维持压力1min。

取下试模，拿去上压柱，并放到脱模器上将试件顶出。称试件的质量。

⑤ 养生

试件从试模内脱出并称量后，应立即放到密封湿气箱和恒温室内进行保温、保湿养生。但中试件和大试件应先用塑料薄膜包覆，有条件时，可采用蜡封保湿养生。养生时间通常取7天。养生温度，在北方地区应保持20℃±2℃，在南方地区应保持25℃±2℃。养生期的最后一天，应该将试件浸泡在水中，在浸泡水中前，应再次称试件的质量。在养生期间，试件质量的损失应该符合下列规定：小试件不超过1g；中试件不超过4g；大试件不超过10g。质量损失超过此规定的试件，应该作废。

⑥ 无侧限抗压强度试验

将已浸水一昼夜的试件从水中取出，用软的旧布吸试件表面的可见自由水，并称试件的质量。

用游标卡尺量试件的高度 h_1，准确到0.1mm。

将试件放到路面材料强度试验仪的升降台上进行抗压试验。

试验过程中，应使试件的形变等速增加，并保持速率约为1mm/min。记录试件破坏时的最大压力 p(N)。

从试件内部取有代表性的样品(经过打破)测定其含水量 。

⑦ 计算

a. 试件的无侧限抗压强度

用下式计算试件的无侧限抗压强度(R_c)：

$$R_c = \frac{p}{A}(\text{MPa}) \tag{3.12}$$

式中：p—— 试件破坏时的最大压力(N)；

A—— 试件的截面积($\pi D^2/4$)；

D—— 试件的直径(mm)。

b. 精密度或允许误差

若干次平行试验的偏差系数(%)应符合如下规定：对于小试件不大于10%；对于中试件不大于15%；对于大试件不大于20%。

⑧ 报告

报告应包括以下内容：

a. 材料的颗粒组成

b. 水泥的种类和标号或石灰的等级

c. 最佳含水量时的结合料用量、最佳含水量和最大干密度

d. 水泥或石灰剂量或石灰(或水泥)、粉煤灰和集料的比例

e. 试件干密度或压实度

f. 吸水量以及测抗压强度时的含水量

g. 抗压强度

h. 若干个试验结果的最小值和最大值、平均值、标准差、变异系数和 95% 概率的值(代表值)

95% 概率的值计算式为：

$$R_{c0.95} = \overline{R}_c - 1.645S \tag{3.13}$$

式中：$R_{c0.95}$——95% 的概率的值；

$\overline{R}_c$—— 试验结果的平均值；

S—— 标准偏差。

二、路基路面弯沉值的测试

1. 概述

国内外普遍采用回弹弯沉值来表示路基路面的承载能力，回弹弯沉值越大，承载能力越小，反之则越大。通常所说的回弹弯沉值是指标准后轴载双轮组轮隙中心处的最大回弹弯沉值。

(1) 弯沉值的几个概念

① 弯沉

弯沉是指在规定的标准轴载作用下，路基或路面表面轮隙位置产生的总垂直变形(总弯沉) 或垂直回弹变形值(回弹弯沉)，以 0.01mm 为单位。

② 设计弯沉值

根据设计年限内一个车道上预测通过的累计当量轴次、公路等级、面层和基层类型而确定的路面弯沉设计值。

2. 弯沉值的测试方法

(1) 贝克曼梁弯沉方法

是传统测试方法，速度慢，属静态测试，比较成熟，测定的是回弹弯沉，目前属于标准方法。

(2) 自动弯沉仪方法

利用贝克曼梁原理快速连续测定，属静态测试范畴，测定的是总弯沉，因此，使用时应用贝克曼梁进行标定换算。

(3) 落锤式弯沉仪方法

利用重锤自由落下的瞬间产生的冲击荷载测定弯沉，属于动态弯沉，并能反算路面的回弹模量，可快速连续测定，使用时应用贝克曼梁进行标定换算。

3. 贝克曼梁法

(1) 试验目的

用于测定各类路基、路面的回弹弯沉，用以评定其整体承载能力，可供路面结构设计使用。

(2) 仪器与材料

① 测试车

采用标准车 BZZ-100，双轴、后轴标准轴荷载 100kN，每侧双轮荷载 50kN。轮胎充气压力 0.70MPa。单轮传压面当量圆直径 21.30cm。轮隙宽度应满足能自由插入弯沉仪测头的载重车。

② 路面弯沉仪

由贝克曼梁、百分表及表架组成。贝克曼梁由铝合金制成，上有水准泡，其前臂（接触路面）与后臂（装百分表）长度比为 2∶1。弯沉仪长度有两种：一种长 3.6m，另一种加长的弯沉仪长5.4m。当在半刚性基层沥青路面或水泥混凝土路面上测定时，宜采用长度为 5.4m 的贝克曼梁弯沉仪，并采用 BZZ-100 标准车。弯沉值采用百分表量得，也可用自动记录装置进行测量。

③ 接触式路面温度计

④ 其他

皮尺、口哨、白油漆或粉笔等。

(3) 试验方法与步骤

① 试验前准备工作

检查汽车后轴轴重、测定轮胎接地面积、检查百分表灵敏情况、测定气温及地表温度等。

② 测试步骤

在测试路段布置测点，其距离随测试需要而定。测点应在路面行车车道的轮迹带上，并用白油漆或粉笔画上标记。

将试验车后轮轮隙对准测点后 3 ～ 5cm 处的位置上。

将弯沉仪插入汽车后轮之间的缝隙处，与汽车方向一致，梁臂不得碰到轮胎，弯沉仪于测点上（轮隙中心前方 3 ～ 5cm 处），并安装百分表于弯沉仪的测定杆上，百分表调零，轻轻叩打弯沉仪，检查百分表是否稳定回零。

弯沉仪可以是单侧测定，也可以双侧同时测定。

测定者吹哨发令指挥汽车缓缓前进，百分表随路面变形的增加而持续向前转动。当表针转动到最大值时，迅速读取初读数 d_1。汽车仍在继续前进，表针反向回转，待汽车驶出弯沉影响半径（3m 以上）后，吹口哨或挥动红旗指挥停车。待表针回转稳定后读取终读数 d_2。汽车前进的速度宜为 5km/h 左右。

(4) 结果计算整理

每个测点的回弹弯沉值按下式计算：

$$L_i = (d_1 - d_2) \times 2 \tag{3.14}$$

沥青面层厚度大于 5cm 且路面温度超过 20℃ ± 2℃ 范围时，回弹弯沉值应进行温度修正。

另外，还应考虑季节影响系数和湿度影响系数。

4. 自动弯沉仪法

(1) 主要设备

自动弯沉仪测定车为洛克鲁瓦型，由测试汽车、测量机构、数据采集处理系统三部分组成。

（2）工作原理

自动弯沉仪测定车在检测路段以一定速度行驶，将安装在测试车前后轴之间底盘下面的弯沉测定梁放到车辆底盘的前端并支于地面保持不动，当后轴双轮隙通过测头时，弯沉通过位移传感器等装置被自动记录下来，这时，测定梁被拖动，以二倍的汽车速度拖到下一测点，周而复始地向前连续测定。通过计算机可输出路段弯沉检测统计计算结果。

5. 落锤式弯沉仪法

落锤式弯沉仪（Falling Weight Deflectometer，简称 FWD，见图 3.10）模拟行车作用的冲击荷载下的弯沉量，通过计算机自动采集数据，具有速度快，精度高的优点。分为拖车式和内置式。

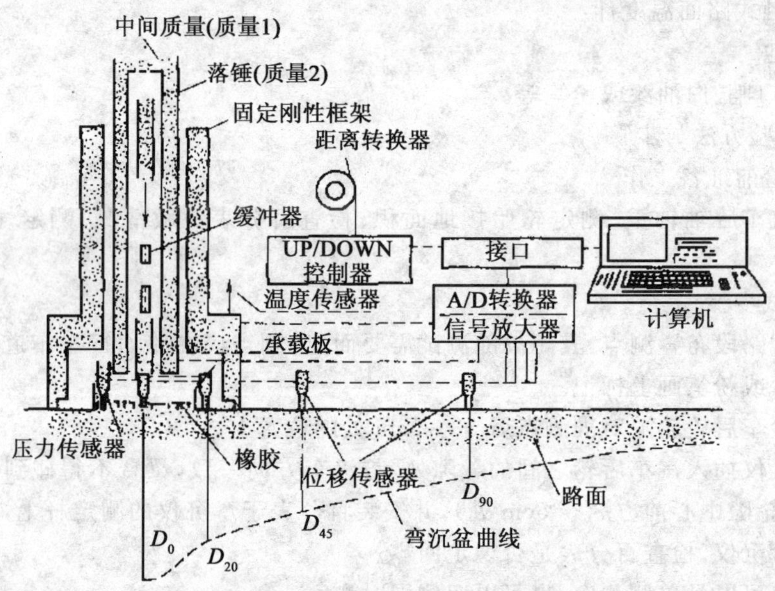

图 3.10　落锤式弯沉仪测量系统示意图

采用落锤式弯沉仪测定路面的动态弯沉，并用来反算路面的回弹模量。

（1）主要设备

① 荷载发生装置

包括落锤和直径 300mm 的四分式扇形承载板。

② 弯沉检测装置

由 5 ～ 7 个高精度传感器组成。

③ 运算及控制装置。

④ 牵引装置

牵引 FWD 并安装运算及控制装置等的车辆。

（2）工作原理

将测定车开到测定地点，通过计算机控制下的液压系统，启动落锤装置，使一定质量的落锤从一定高度自由落下，冲击力作用于承载板上并传递到路面，导致路面产生弯沉，分布于距测点不同距离的传感器检测结构层表面的变形，记录系统将信号输入计算机，得到路面测点弯沉及弯沉值。

三、水泥混凝土芯样劈裂强度试验

水泥混凝土路面强度的控制指标是弯拉或劈裂强度。

1. 试验目的

从硬化混凝土结构物中钻取和检查芯样，测定芯样。

2. 仪器与材料

(1) 压力机

(2) 劈裂夹具、木质三合板垫条

3. 试验方法与步骤

(1) 外观检查

每个芯样应详细描述有无裂缝、接缝、分层、麻面或离析等情况。

(2) 测量

① 测平均直径 d

在芯样的中间及两面各 1/4 处按两个垂直方向测量三对数值，确定芯样的平均直径 d，精确到 1.0mm。

② 测平均长度 L

取芯样直径两端侧面测定钻取后芯样的长度及端面加工后的长度，精确至 1.0mm。

③ 测表面密度

如有必要，应测定芯样的表观密度。

(3) 试验步骤

① 试件的制作

试件两端平面应与它的轴线相垂直，误差不应大于 $\pm 1°$，端面凹凸每 100mm 不超过 0.05mm，承压线凹凸不应大于 0.25mm。

② 湿度控制

试验前试件应在 20℃ ± 2℃ 的水中浸泡 40h，从水中取出后立即进行试验。

③ 劈裂试验

将试件、劈裂垫条和垫层放在压力机上，借助夹具两侧杆，将试件对中。开动压力机，当压力机压板与夹具垫条接近时调整球座使压力均匀接触试件。当压力加到 5kN 时，将夹具的侧杆抽出，以 60N/s ± 4N/s 的速度连续、均匀加荷，直至试件劈裂为止，记下破坏荷载，精确至 0.01kN。

4. 计算

芯样劈裂抗拉强度 R_a 按下式计算：

$$R_a = \frac{2p}{\pi A} = \frac{2p}{\pi dL} \tag{3.15}$$

式中：R_a—— 芯样劈裂抗拉强度(MPa)；

p—— 极限荷载(N)；

A—— 芯样劈裂面面积(mm^2);

d—— 芯样截面的平均直径(mm);

L—— 芯样平均长度(mm)。

四、平整度的试验检测

1. 概述

平整度是路面施工质量与服务水平的重要指标之一。平整度的测试设备分为断面类及反应类两大类。自动化测试设备有如纵断面分析仪,路面平整度数据采集系统测定车等。

国际上通用国际平整度指数 IRI 衡量路面行驶舒适性或路面行驶质量,可通过标定试验得出 IRI 与标准差 σ 或单向累计值 VBI 之间的关系。

2. 3m 直尺法

3m 直尺测定法有单尺测定最大间隙及等距离(1.5m)连续测定两种。

(1) 试验目的

用于测定压实成型的路基、路面各层表面的平整度,以评定路面的施工质量及使用质量。

(2) 测试要点

① 测试地点的选择

当为施工过程中质量检测需要时,测试地点根据需要确定,可以单杆检测。

当为路基、路面工程质量检查验收或进行路况评定需要时,应首尾相接连续测量 10 尺。除特殊需要外,应以行车道一侧车轮轮迹(距车道线 80 ~ 100cm) 带作为连续测定的标准位置。

对旧路面、已形成车辙的路面,应取车辙中间位置为测定位置,用粉笔在路面上作好标记。

② 测试步骤

在施工过程中检测时,按根据需要确定的方向,将 3m 直尺摆在测试地点的路面上。

目测 3m 直尺底面与路面之间的间隙情况,确定间隙为最大的位置。

用有高度标线的塞尺塞进间隙处,量记最大间隙的高度,精确至 0.2mm。

施工结束后检测时,按现行《公路工程质量检验评定标准》(JTJ071-2004) 的规定,每 1 处须检测 10 尺,按上述步骤测记 10 个最大间隙。

(3) 计算

单杆检测路面的平整度计算,以 3m 直尺与路面的最大间隙为测定结果。连续测定 10 尺时,判断每个测定值是否合格,根据要求计算合格百分率,并计算 10 个最大间隙的平均值。

$$合格率 = \frac{合格尺数}{总测尺数} \times 100\%$$

(4) 报告

单杆检测的结果应随时记录测试位置及检测结果。连续测定 10 尺时,应报告平均值、合格尺数、合格率。

3.连续式平整度仪法

(1) 试验目的

用于测定路表面的平整度,评定路面的施工质量和使用质量,不适用于在已有较多坑槽、破损严重的路面上测定。

(2) 仪器设备

① 连续式平整度仪

前后各有 4 个行走轮,前后两组轮的轴间距离为 3m。机架中间有一个能起落的测定轮。测定轮上装有位移传感器,自动采集位移数据时,测定间距为 10cm,每一计算区间的长度为 100m,100m 输出一次结果。

② 牵引车

小面包车或其他小型牵引汽车。

③ 皮尺或测绳

(3) 试验过程

选择测试路段路面测试地点,同 3m 直尺法。将连续式平整度测定仪置于测试路段路面起点上。放下测定轮,启动检测器及记录仪,随即牵引汽车,沿道路纵向行驶,横向位置保持稳定,检查平整度检测仪表上测定数字显示、打印、记录的情况。牵引平整度仪的速度应均匀,速度宜为 5km/h,最大不得超过 12km/h。

(4) 计算

连续式平整度测定仪测定后,可按每 10cm 间距采集的位移值自动计算 100m 计算区间的平整度标准差,还可记录测试长度、曲线振幅大于某一定值(3mm、5mm、8mm、10mm 等)的次数、曲线振幅的单向(凸起或凹下)累计值及以 3m 机架为基准的中点路面偏差曲线图,并打印输出。

每一计算区间的路面平整度以该区间测定结果的标准差表示,按下式计算:

$$\sigma_i = \sqrt{\frac{\sum(\bar{d} - d_i)^2}{n-1}} \tag{3.16}$$

式中:σ_i—— 各计算区间的平整度计算值(mm);

d_i—— 以 100m 为一个计算区间,每隔一定距离(自动采集间距为 10cm,人工采集间距为 1.5m) 采集的路面凹凸偏差位移值(mm);

$\bar{d}$—— 计算区间的路面凹凸偏差位移算数平均值(mm);

n—— 计算区间用于计算标准差的测试数据个数。

③ 计算一个评定路段内各区间平整度标准差的平均值、标准差、变异系数。

(5) 报告

试验应列表报告每一个评定路段内各测定区间的平整度标准差、各评定路段平整度的平均值、标准差、变异系数以及不合格区间数。

五、路面抗滑性能的试验检测

1. 概述

路面抗滑性能是指路面抵抗车辆轮胎受到制动时沿表面滑移的能力。通常，抗滑性能被看作是路面的表面特性（包括路表面细构造和粗构造），并用轮胎与路面间的摩阻系数来表示。影响抗滑性能的因素有路面表面特性、路面潮湿程度和行车速度。

路表面细构造是指集料表面的粗糙度，它随车轮的反复磨耗而渐被磨光。通常采用石料磨光值来表征抗磨光的性能。细构造在低速（30 ～ 50 km/h 以下）时对路表抗滑性能起决定作用。而高速时起主要作用的是粗构造，它是由路表外露集料间形成的构造，功能是使车轮下的路表水迅速排除，以避免形成水膜。

抗滑性能测试方法有：制动距离法、偏转轮拖车法（横向力系数测试）、摆式仪法、构造深度测试法（手工铺砂法、电动铺砂法、激光构造深度仪法）。

表征路面抗滑性能常用的技术指标为抗滑摆值、路表构造深度和路面横向摩擦系数。

路面的抗滑摆值是指用标准的手提式摆式摩擦系数测定仪测定的路面在潮湿条件下对摆的摩擦阻力。路表构造深度是指一定面积的路表面凹凸不平的开口孔隙的平均深度。路面横向摩擦系数是指用标准的摩擦系数测定车测定，当测定轮与行车方向成一定角度并以一定速度行驶时，轮胎与潮湿路面之间的摩擦阻力与试验轮上荷载的比值。

高速、一级公路的路面应具有良好的抗滑性能，其沥青路面抗滑性能应符合有关的要求，二级及三级公路应根据各路段的具体情况采取必要的技术措施，以提高路面抗滑性能。在设计高速、一级公路的沥青表面层时，应选用抗滑、耐磨石料。高速、一级公路的摩擦系数宜在竣工后第一个夏季测定，以 50km/h、11km/h 的车速测定横向力系数 s。宏观构造深度应在竣工后第一个夏季用铺砂法或激光构造深度仪测定，此时的测定值应符合规定的竣工验收的要求。

2. 构造深度测试方法

(1) 试验目的

测定沥青路面及水泥混凝土路面表面构造深度，用以评定路面表面的宏观粗糙度、路面表面的排水性能及抗滑性能。

(2) 仪器与材料

① 人工铺砂仪（见图 3.11）

由圆筒、推平板组成。

② 量砂筒

容积为 25mL ± 0.15mL。

③ 量砂

足够数量的干燥洁净的匀质砂，粒径为 0.15 ～ 0.30mm。

④ 量尺等

(3) 方法与步骤

① 量砂准备

取洁净的细砂晾干、过筛，取 0.15 ～ 0.30mm 的砂置适当的容器中备用 。

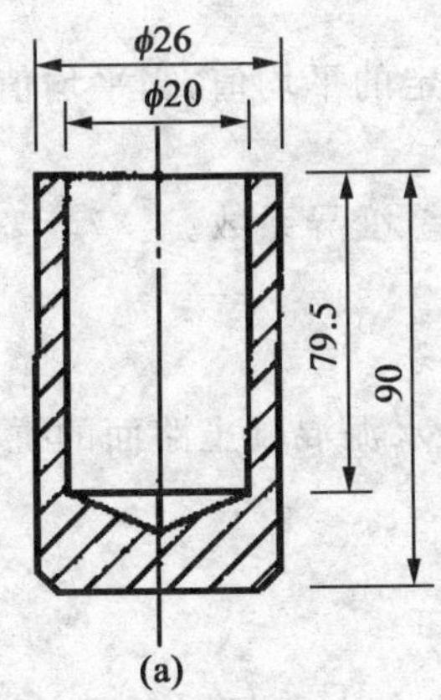

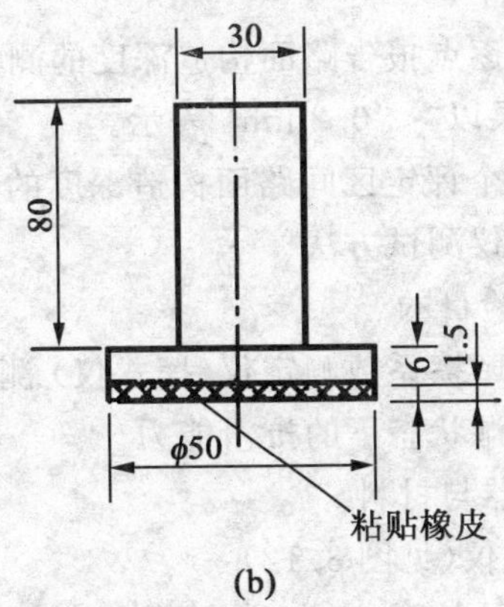

图 3.11　人工铺沙仪

② 确定测点

对测试路段按随机取样选点的方法，决定测点所在横断面位置。测点应选在行车道的轮迹带上，距路面边缘不应小于 1m。

③ 清扫路面

用扫帚或毛刷子将测点附近的路面清扫干净，面积不小于 30cm × 30cm。

④ 取砂

用小铲装砂沿筒向圆筒中注满砂，手提圆筒上方，在硬质路面上轻轻地叩打 3 次，使砂密实，补足砂面用钢尺一次刮平。

⑤ 摊铺砂

将砂倒在路面上，用底面粘有橡胶片的推平板，由里向外重复做摊铺运动，稍稍用力将砂细心地尽可能地向外摊开，使砂填入路表面的空隙中，尽可能将砂摊成圆形，并不得在表面上留有浮动余砂。

⑥ 测量

用钢板尺测量所构成圆的两个垂直方向的直径，取其平均值，准确至 5mm。按以上方法，同一处平行测定不少于 3 次，3 个测点均位于轮迹带上，测点间距 3 ～ 5m。该处的测定位置以中间测点的位置表示。

(4) 计算

路面表面构造深度测定结果按下式计算：

$$TD = \frac{1000V}{\pi D^2/4} = \frac{31831}{D^2} \tag{3.17}$$

式中：TD—— 路面表面构造深度(mm)；

V—— 砂的体积($25cm^3$)；

D—— 推平砂的平均直径(mm)。

每一处均取 3 次路面构造深度的测定结果的平均值作为试验结果，精确至 0.1mm。

计算每一个评定区间路面构造深度的平均值、标准差、变异系数。

(5) 报告

a. 列表逐点报告路面构造深度的测定值及 3 次测定的平均值，当平均值小于 0.2mm 时，试验结果以“< 0.2mm”表示。

b. 每一个评定区间路面构造深度的平均值、标准差、变异系数。

3. 摆式仪测试方法

(1) 试验目的

以摆式摩擦系数测定仪（摆式仪）测定沥青路面及水泥混凝土路面的抗滑值，用以评定路面在潮湿状态下的抗滑能力。

(2) 仪器与材料

① 摆式仪（见图 3.12）

摆及摆的连接部分总质量为 1500g ± 30g。摆动中心至摆的重心距离为 410mm ± 5mm。测定时摆在路面上滑动长度为 126mm ± 1mm。摆上橡胶片端部距摆动中心的距离为 508mm。橡胶片对路面的正向静压力为 22.2N ± 0.5N。

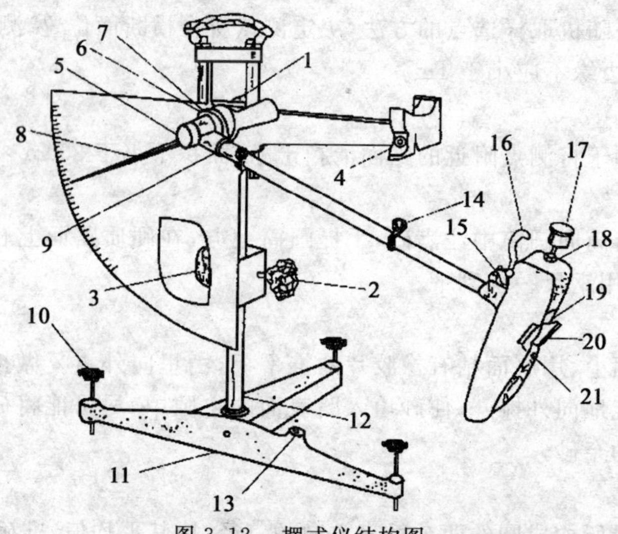

图 3.12　摆式仪结构图

1、2— 紧固把手　3— 升降把手　4— 释放开关
5— 转向节螺盖　6— 调节螺母　7— 针簧片或毡垫
8— 指针　9— 连接螺母　10— 调平螺栓　11— 底座
12— 垫块　13— 水准泡　14— 卡环　15— 定位螺丝
6— 举升柄　17— 平衡锤　18— 并紧螺母　19— 滑溜块
20— 橡胶片　21— 止滑螺丝

② 橡胶片

用于测定路面抗滑值时的尺寸为 6.35mm × 25.4mm × 76.2mm，橡胶质量应符合要求。当橡胶片使用后，端部在长度方向上磨损超过 1.6mm 或边缘在宽度方向上磨耗超过 3.2mm，或有油污染时，即应更换新橡胶片。

新橡胶片应先在干燥路面上测 10 次后再用于测试。橡胶片的有效使用期为 1 年。

③ 标准量尺

长 126mm。

④ 洒水壶、橡胶刮板、路面温度计等

(3) 方法与步骤

① 检查仪器

检查摆式仪的调零灵敏情况。

② 确定测点

对测试路段按随机取样方法，决定测点所在横断面位置。测点应选在行车车道的轮迹带上，距路面边缘不应小于 1m，并用粉笔做出标记。测点位置宜紧靠铺砂法测定构造深度的测点位置，并与其一一对应。

③ 仪器调平

④ 调零

⑤ 校核滑动长度

橡胶片两次同路面接触点的距离应在 126mm(即滑动长度) 左右。若滑动长度不符合标准时，则升高或降低仪器底正面的调平螺丝来校正。

⑥ 浇洒路面

用喷壶的水浇洒测试路面。

⑦ 第一次测试

再次洒水，并按下释放开关，使摆在路面滑过，指针即可指示出路面的摆值。但第一次测定，不做记录。重复测定 5 次，并读记每次测定的摆值，即 BPN。

5 次数值中最大值与最小值的差值不得大于 3BPN。取 5 次测定的平均值作为每个测点路面的抗滑值(即摆值 F_B)，取整数，以 BPN 表示。

⑧ 测温

在测点位置上用路表温度计测记潮湿路面的温度，精确至 1℃。

⑨ 测试

同一处平行测定不少于 3 次，3 个测点均位于轮迹带上，测点间距 3 ～ 5m。每一处均取 3 次测定结果的平均值作为试验结果，精确至 1BPN。

(4) 抗滑值的温度修正

当路面温度为 T 时测得的值 F_{BT}，必须按下式换算成标准温度 20℃ 的摆值 F_{B20}：

$$F_{B20} = F_{BT} + \Delta F \quad (3.18)$$

式中：ΔF—— 修正温度值。

(5) 报告

记录测试日期、测点位置、天气情况、洒水后潮湿路面的温度，并描述路面类型、外观、结构类型等。

列表逐点报告路面抗滑值的测定值 F_{BT} 经温度修正后的 F_{B20} 及 3 次测定的平均值。

应包括每一个评定路段路面抗滑值的平均值、标准差、变异系数。

4. 摩擦系数测定车测定路面横向力系数

摩擦系数测定车测定的路面横向力系数既表示车辆在路面上制动时的路面抗力，还表征车辆在路面上发生侧滑时的路面抗力，因此它是路面纵横向摩擦系数的综合指标，反映较高速度下的路面抗滑能力。

(1) 主要仪器

摩擦系数测定车通常为 SCRIM 型，主要由车辆底盘、测量机构、供水系统、荷载传感器、仪表及操作记录系统、标定装置等组成，如图 3.13 所示。

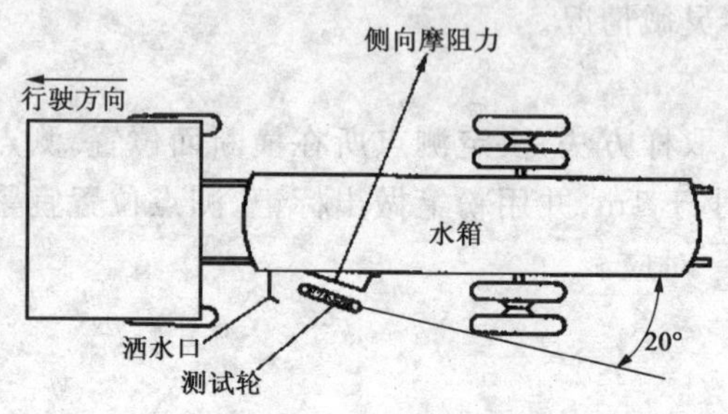

图 3.13　横向力系数检测原理示意图

(2) 检测原理

测定车上装有与车辆行驶方向成 20° 角的测试轮。测定时，供水系统洒水，降下测试轮，并对其施加一定荷载，荷载传感器测量与测试轮轮胎面成垂直的横向力，此力与轮荷载之比即为横向力系数。横向力系数越大，说明路面抗滑能力越强。

六、路面结构层厚度的试验检测

在路面工程中，各个层次的厚度是和道路整体强度密切相关的。路面各结构层厚度的检测一般与压实度同时进行，当用灌砂法进行压实度检查时，可量取挖坑溜砂深度即为结构层厚度。当用钻芯取样法检查压实度时，可直接量取芯样高度。结构层厚度也可以用水准仪实测法求得，即在同一测点量出结构层底面及顶面的高程，然后求其差值。这种方法无须破坏路面，测试精度高。

目前，国内外还有用雷达、超声波等方法检测路面结构层厚度。对于基层或砂石路面的厚度可用挖坑法测定，沥青面层与水泥混凝土路面板的厚度应用钻孔法测定。

1. 路面厚度检测方法

(1) 挖坑法

根据现行规范的要求，随机取样决定挖坑检查的位置。测试点有坑洞等显著缺陷或接缝时，可在其旁边检测。

选一块约 40cm × 40cm 的平坦表面作为测试地点，用毛刷将其清扫干净。

根据材料坚硬程度，选择镐、铲、凿子等适当的工具，开挖这一层材料，直至层位底面。在便于开挖的前提下，开挖面积应尽量缩小，坑洞大体呈圆形。边开挖边将材料铲出，置于搪瓷盘中。

用毛刷将坑底清扫。确认为坑底面下一层的顶面。

将钢尺平放横跨于坑的两边，用另一把钢尺或卡尺等量具在坑的中部计，精确至 0.1cm。

(2) 钻孔法

根据现行规范的要求，随机取样决定钻孔检查的位置。如为旧路，测试点有坑洞等显著缺陷或接缝时，可在其旁边检测。

用路面取芯钻孔机钻孔。

仔细取出芯样，清除底面灰尘，找出与下层的分界面。

用钢尺或卡尺沿四周对称的十字方向四处量取表面至上下层界面的高度，取其平均值，即为该层的厚度，精确至0.1cm。

(3) 施工过程中的简易测试方法

在施工过程中，当沥青混合料尚未冷却时，可根据需要，随机选择测点，用大改锥插入且取或挖坑量取沥青层的厚度(必要时用小锤轻轻敲打)，但不得使用铁镐等扰动四周的沥青层。挖坑后清扫坑边，架上钢板尺，用另一钢板尺量取层厚，或用大改锥插入坑内量取深度后用尺读数，以厘米(cm) 计，精确至0.1cm。

按下列步骤用取样层的相同材料填补试坑或钻孔：

适当清理坑中残留物，钻孔时留下的积水应用棉纱吸干。

对无机结合料稳定层及水泥混凝土路面，按相同配比用新拌的材料填补并用小锤击实。水泥混凝土中宜掺加少量快凝早强的外掺剂。

对无结合料粒料基层，可用挖坑时取出的材料，适当加水拌和后分层填补，并用小锤击实。

对正在施工的沥青路面，用相同级配的热拌沥青混合料分层填补并用加热的铁锤或热夯压实。旧路钻孔也可用乳化沥青混合料修补。

所有补坑结束时，宜比原面层略鼓出少许，用重锤或压路机压实平整。

补填工序如有疏忽，易成为隐患而导致开裂，所以应仔细填补好。

2. 路面雷达快速测厚技术

(1) 雷达检测概述

雷达无损检测是一种高新技术，用于路基路面物理力学指标的无损检测开始于20世纪80年代后期，欧、美最早应用，我国应用的时间大约在20世纪90年代初。雷达检测技术实质上是一种特高频电磁波发射与接收技术。它与地震波不同，地震波是在锤击或小量炸药引爆情况下所产生的一种振动辐射波，一般具有低频性质(频率大致在数百赫的声频范围)，而雷达波由自身激振产生，直接向路基路面中发射射频电磁波，通过波的反射与接收获得路基路面的采样信号，再经过硬件与软件及图文显示系统，得到检测结果。雷达所用的采样频率一般为数百万赫左右，而发射与接收的射频频率有的要达到数万赫以上。射频电磁波的产生是依靠一种特制的固体共振腔获得，正好像微波的获得依赖于晶体同轴共振腔一样。雷达波虽然频率很高，波长很短，但毕竟也是一种波，因此，该种电磁波也遵守波的传播规律，即也有入射、反射、折射与衰变等传播特点。人们正是利用这些特点，为工程质量监控服务，达到无损、快速、高精度的检测要求。

路面雷达测试系统，能实时收集公路的雷达信息，然后将信息输入电脑程序内，在很短的时间里，电脑程序便会自动分析出公路或桥面内各层厚度、湿度、空隙位置、破损位置及程度。

目前，我国公路路面厚度测试常采用钻孔测量芯样厚度的方法，给路面造成破坏或留下后患。而路面雷达测试系统是一种非接触、非破损的路面厚度测试技术，检测速度高，精度也较高，检测费用低廉。因此，它不仅适用于沥青路面或水泥混凝土路面各层厚度及总厚度测试、路面下空洞探测、路面下相对高湿度区域检测、路面下的破损状况检测，还可以用于检测桥面混凝土剥落状况、桥内混凝土与钢筋脱离状况和测试桥面沥青覆盖层的厚度。

(2) 主要设备

① 路面探测雷达

包括 1 ～ 4 套雷达。

② 数据采集与处理系统

包括计算机和距离量侧仪。

③ 测试软件

④ 交流电源转换器

⑤ 雷达检测车

(3) 工作原理

雷达检测车以一定速度在路面上行驶，路面探测雷达发射电磁脉冲，并在短时间内穿过路面，脉冲反射波被无线接收机接收，数据采集系统记录返回时间和路面结构中的不连续电介质常数的突变情况。路面各结构层材料的电介质常数明显不同，因此电介质常数突变处，也就是两结构层的界面。根据测知的各种路面材料的电介质常数及波速，则可计算路面各结构层的厚度或给出含水量、损坏位置等资料。路面雷达工作原理如图 3.14 所示。

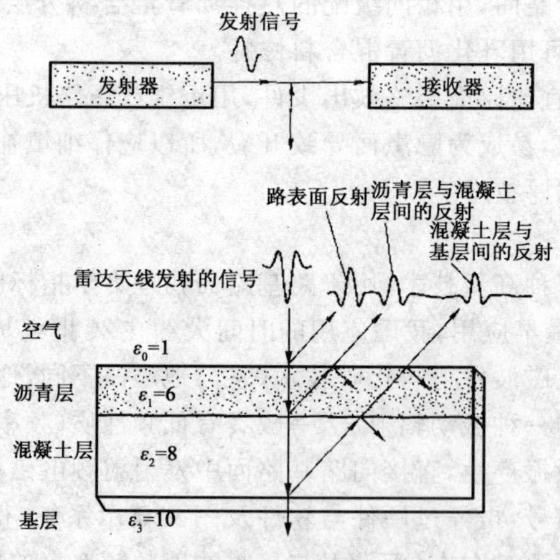

图 3.14　路面雷达工作原理示意图

(4) 使用技术要点

检测速度可达 80km/h 以上。

检测距离，以 80km/h 的速度对路面及桥面进行连续检测不少于 4h，可达 320km。

最大探测深度大于 60cm。

厚度数据精度一般为深度的 2% ～ 5%。

检测在计算机控制下进行，可实时地同时进行数据采集波形显示。

第四章　公路几何线形检测技术与方法

第一节　公路线形组成及检测内容

一、概述

公路几何线形检测技术融检测基本理论、测量工程学及公路几何设计原理于一体，对公路检测工作者而言，必须掌握并熟悉公路的几何组成以及在需要的时候能正确计算和运用坐标值和尺寸。

公路是一个三维空间的实体。它是由路基、路面、桥梁、涵洞、隧道和沿线设施所组成的线形构造物。一般所说的路线，是指公路中线的空间位置。中线在水平面上的投影称作路线的平面；沿中线竖直剖切再行展开则是路线的纵断面；中线上任一点法向切面是公路在该点的横断面。路线的平面和各个横断面是公路的几何组成。路线设计是指确定路线空间位置和各部分几何尺寸的工作。设计一条公路，对于平、纵、横三个方面，既要综合考虑，又需分别处理。

公路线形是指公路平面、纵面和横面所组成的立体形状。线形设计的要求与内容应随公路等级和设计速度的不同而改变。对于高速公路、一级公路及设计速度不低于60km/h的公路，应注重立体线形设计，尽量做到线形连续、指标均衡、视觉良好、景观协调、安全舒适。设计速度愈高，线形设计所考虑的因素应愈周全。对于设计速度不高于40km/h的公路，首先应在保证行车安全的前提下，正确地运用线形要素规定值(包括最大、最小值)，在条件允许的情况下力求做到各种线形要素的合理组合，并尽量避免和减轻不利的组合，以期充分发挥投资效益。

公路线形的协调，即平、纵、横配合，主要靠设计者对平、纵线形组成的立体线形的想象判断；其次，借助于驾驶员透视图或公路路线动态仿真系统进行检验与评价。

二、路线平面

平面线形的优劣一般以行车轨迹来检验。最理想的公路平面线形是公路的行车道边缘与汽车前外轮和后内轮的轮迹线完全符合或相似。但车行道的平面设计不涉及轮迹问题，而是分成中线设计和沿中线的宽度两个问题分别处理。对中线设计，以符合或接近汽车重心和轨迹为准。公路中线应满足的几何条件是：线形连续圆滑；线形曲率连续（中线上任一点不出现两个曲率值）；线形曲率变化率连续（中线上任一点不出现两个曲率变化率值）。

考虑上述几何条件，顾及计算与敷设方便，现代公路平面线形要素由直线、圆曲线和缓和曲线构成，称为平面线形三要素。其中缓和曲线（指在直线与圆曲线或圆曲线与圆曲线之间设置的一种曲率连续变化的曲线）常采用回旋线（指曲率随着曲线长度成正比例增大的曲线）。公路平面线形设计就是从线形的角度去研究三个要素的选用和相互间的组合等问题。

1. 平面线形设计一般原则

第一，平面线形应短捷、顺直、连续、均衡，并与地形、地物相适应，与周围环境相协调。

第二，各级公路不论转角大小均应敷设曲线，并尽量选用较大的圆曲线半径。公路转角过小时，应设法调整平面线形，当不得已而设置小偏角（小于 7°）时，则必须设置足够长的曲线。单曲线或复曲线或运用回旋线组成卵形、凸形、复合型等曲线。

第三，两反向曲线间夹有短直线，应调整线形或运用回旋组合成 S 形曲线。

第四，曲线线形应特别注意技术指标的均衡与连续性。应避免连续急弯的线形，可以在曲线间插入足够长的直线或回旋线。

2. 直线

(1)直线的规定

首先，选用直线线形时，应根据路线所处的地形、地貌、地物、并参考驾驶员的视觉、心理状态等合理布设。

其次，直线最大长度应有所限制，尽量避免长直线。当地形条件及其他特殊情况限制而采用长直线时，为弥补长直线路段景观单调的缺陷，应结合沿线具体情况采取相应的技术措施。

再次，直线不宜过短，曲线间设置直线时，其最小长度规定如下：当设计速度不小于 60km/h 时，同向曲线间最小直线长度[以米（m）计]以不小于设计速度[以千米/小时（km/h）计]的 6 倍为宜；当地形条件及其他特殊情况限制时，最小直线长度不得小于设计速度[以千米/小时（km/h）计]的 3 倍。反向线间最小直线长度[以米（m）计]以不小于设计速度[以千米/小时（km/h）计]的 2 倍为宜。当设计速度不高于 40km/h 时，可参照上述规定执行。

对于直线的最大长度，我国未作具体的规定。实际上我国地域辽阔，地形变化万千，对直线最大长度也很难作出统一的规定，在实际工作中，设计人员可根据地形、地物、自然景观以及经验等来判断和决定直线的最大长度。

(2)直线的运用

两点之间以直线连接最为短捷、顺直，汽车在直线上行驶也受力简单，方向明确，驾驶操作简易。因而，直线在公路线形设计中被广泛使用。但是在地形起伏较大的地区，直线线形大多难与地形相协调，易产生高填深挖路基，破坏自然景观等问题。若长度运用不当，不仅破坏了线形的连续性，也不便达到线形设计自身的协调。过长的直线还易使驾驶人员感到单调、疲倦，难以目测车辆间距，很容易导致交通事故的发生。所以在运用直线线形并决定其长度时，必须持谨慎态度，不宜采用过长的直线。必须强调，无论是高速公路还是低速路在任何情况下都要避免追求长直线的错误倾向。

①适宜采用直线段的情况

路线完全不受地形、地物限制的平原区或两山之间的开阔地带，且周围景物有变化的情况下，一般可采用直线线形。

市镇或其近郊规划方正的农耕区等以直线条为主体的地区，为协调景观、节约用地，宜采用直线线形。

长度较大的桥梁、隧道等构造物路段，为缩短构造物长度、便于施工，宜采用直线线形。

路线交叉点前后，为争取较好的通视条件，以采用直线线形为宜。

单幅双车道公路，直线路段能提供较好的超车条件，故在一定间隔内应设置一定长度的直线。

②当采用直线长度大于 1km 时的注意事项

长直线的纵坡不应过大，一般应小于 3%。

长直线与大半径凹形竖曲线组合，可减轻呆板之感。

长直线两侧过于空旷时，宜采取栽植不同树种或设置一定建筑物等技术措施予以改善。

长直线尽头，特别是长下坡方向的尽头，应对曲线半径、超高、视距等进行检验，必要时采取设置标志、增大路面抗滑能力等安全措施，以确保行车安全。

3.圆曲线

(1)圆曲线计算公式

行驶在曲线上的汽车由于受离心力作用其稳定性受到影响，而离心力的大小又与曲线半径密切相关，半径越小越不利。根据汽车行驶在曲线上力的平衡方程式得：

$$R=\frac{v^2}{127(\mu\pm i_h)} \tag{4.1}$$

式中：R———圆曲线半径(m)；

v———行车速度(km/h)；

μ———横向摩擦系数；

i_h———超高横坡度。

(2)圆曲线的规定

①圆曲线最小半径

我国《公路工程技术标准》(JTGB01-2003)根据不同的 μ 值和 i_h 值，对不同等级的公路规定了极限最小半径、一般最小半径和不设超高的最小半径三个最小半径，如表 4.1 所示。

表 4.1　各级公路圆曲线最小半径

设计速度(km/h)	120	100	80	60	40	30	20
极限最小半径(m)	650	400	250	125	60	30	15

续表

一般最小半径(m)		1000	700	400	200	100	65	30
不设超高的最小半径(m)	路拱≤2%	5500	4000	2500	1500	600	350	150
	路拱>2%	7500	5250	3350	1900	800	450	200

a. 极限量最小半径

极限最小半径是指各级公路在采用允许最大超高和允许的横向力系数情况下，能保证汽车安全行驶的最小半径。《公路工程技术标准》(JTCB01-2003)中的极限最小半径就是在规定的设计速度时，采用 $i_h=8\%$、$\mu=0.1\sim0.17$ 计算后得来的。极限最小半径是路线设计中的极限值，是在特殊困难条件下不得已才使用的，一般不轻易采用。

b. 一般量最小半径

一般最小半径是指各级公路在采用允许的超高和横向摩阻系数，能保证汽车以设计速度安全、舒适行驶的最小半径，《公路工程技术标准》(JTGB01-2003)中的一般最小半径值是按 $i_h=6\%\sim8\%$、$\mu=0.05\sim0.06$ 计算取整得来的。一般最小半径是在通常情况下推荐采用的最小半径。一般考虑到在地形比较复杂的情况下不会过多增加工程量。

c. 设超高的最小半径

当平曲线半径较大时，离心力的影响就较小，路面摩阻力就可以保证汽车有足够的稳定性，这时就可不设超高，而允许设置与直线段上相同的双向横坡的路拱形式。因此，不设超高最小半径就是指不必设置超高就能满足行驶稳定性的最小半径。从舒适和安全的角度考虑，μ 应取尽可能最小的值，以使乘客行驶在曲线上与行驶在直线上有大致相同的感觉。《公路工程技术标准》(JTGB01-2003)中确定不设超高的最小半径时，若 $i_h\leq2\%$，μ 取 0.035～0.040；若 $i_h>2\%$，μ 取 0.040～0.050。

②圆曲线最大半径

选用圆曲线半径时，在与地形等条件相适应的前提下，尽量取大值，但最大不宜超 10000m。

③注意事项

应注意前后线形要素相协调，使之构成或接近于一般最小半径值。只有当地形特别困难时，方可采用极限最小半径值。

(3)圆曲线的运用

一般情况下，以采用极限最小半径的 4～8 倍，或超高横坡度为 2%～4%的圆曲线半径为宜。

由于地形条件的限制应采用大于或接近于一般最小半径值。只有当地形特别困难时，方可采用极限最小半径值。

应注意前后线形要素相协调，使之构成连续、均衡的曲线线形。

应同纵断面线形相配合，特别注意避免小半径与陡坡相重合的立体线形结合。

(4)圆曲线的最小长度

汽车在曲线线形的公路上行驶时，如果曲线很短，则驾驶员操作转向盘频繁而紧张，这在高速行驶的情况下是危险的。在平面设计中，公路平曲线一般由前后缓和曲线和中间圆曲线三段曲线组成，为便于驾驶操作和行车安全与舒适，汽车在任何一段线形上行驶的时间都不应短于3s，则在整个平曲线上行驶时间不少于9s。如果中间的圆曲线为零，就形成凸型曲线，但凸型曲线对行车不利，只有在受地形条件限制的山嘴或特殊困难情况下方可使用。因此，在平曲线设计时，圆曲线的最小长度一般要有3s行程。

4.缓和曲线

缓和曲线采用回旋线。回旋线的基本公式为

$$A^2=rl \tag{4.2}$$

式中：r——回旋线上某点的曲率半径(m)；

l——回旋线上某点到原点的曲轴线长(m)；

A——回旋线参数(m)。

回旋线的曲率是连续变化的，而且其曲率的变化与曲线长度的变化呈线性产系。为此，可以认为回旋线的形状只有一种，只需改变参数A就能得到不同大小的回旋曲线。根据相似性，可由单位回旋曲线要素计算任意回旋曲线的要素。在各要素中，长度要素(如切线长、曲线长、内移值、直角坐标等)等于单位回旋线长度要素乘以A，非长度要素(如缓和曲线角、弦偏角等)就等于单位回旋线非长度要素。

(1)缓和曲线的设置

三级和三级以上公路，在直线与小于不设超高最小半径之间或不同半径的两圆曲线之间，应设置缓和曲线。高速公路(或高等级公路)也可在圆曲线半径大于不设超高最小半径时设置缓和曲线。

由于车辆要在缓和曲线上完成不同曲率的过渡行驶，所以要求缓和曲线有足够的长度，以使驾驶员能从容地打转向盘、乘客感觉舒适、线形美观流畅，圆曲线上的超高和加宽的过渡也能在缓和曲线内完成。《公路路线设计规范》(JTJ011-94)规定的缓和曲线的最小长度是根据行驶时间为3s计算的。规定各级公路缓和曲线最小长度见表4.2。

表4.2　各级公路缓和曲线最小长度

设计速度(km/h)		120	100	80	60	40	30	20
缓和曲线最小长度(m)	一般值	130	120	100	80	50	40	25
	最小值	100	85	70	60	40	30	20

(2)缓和曲线的运用

回旋曲线容易与地形相适应，在线形设计中应作为主要线形加以运用。为在视觉上获得平顺的线形，在一定的半径取值范围内，回旋线长度(或参数)应随圆曲线半径的增大而增大，其参数与相连接的圆曲线半径关系如下：

$$\frac{R}{3}\leqslant A\leqslant R \tag{4.3}$$

使用上述公式时，注意下列取值原则：

当R接近于100m时，取$A\leqslant R$；当R小于100m时，取$A=R$；当R小于100m时，则取$A\geqslant R$。

当 R 较大或接近于 3000m 时，取 $A=R/3$；当 R 大于 3000m 时，则取 $A<R/3$。

5. 平面线形要素的组合类型

直线、圆曲线、回旋线组合可分为基本型、S 形、卵形、凸形、复合型、C 形。

6. 基本平曲线的曲线元素、里程计算公式

直线和圆曲线组合的单曲线

已知偏角 α、半径 R，平曲线元素切线长 T、曲线长 L、外距 E、切曲线 D 计算公式如下：

$$T=R\cdot\tan\frac{\alpha}{2} \tag{4.4}$$

$$L=\alpha\cdot R\cdot\frac{\pi}{180} \tag{4.5}$$

$$E=R\cdot\left(\sec\frac{\alpha}{2}-1\right) \tag{4.6}$$

$$D=2T-L \tag{4.7}$$

里程计算公式如下：

$$ZY\text{ 里程}=JD\text{ 里程}-T \tag{4.8}$$

$$YZ\text{ 里程}=ZY\text{ 里程}+L \tag{4.9}$$

$$QZ\text{ 里程}=YZ\text{ 里程}-\frac{L}{2} \tag{4.10}$$

$$JD\text{ 里程}=YZ\text{ 里程}+\frac{D}{2} \tag{4.11}$$

7. 平面设计成果

(1)直线、曲线、转角一览表

直线、曲线及转角表是路线平面设计的重要成果之一。它集中反映了公路平面线形设计的成果和数据，是路线平面施工放线、复测及检测的主要依据。表中应列出交点号、交点里程、交点坐标、转角、曲线各要素值、曲线主点桩号、直线长、计算方位角、断链等。

(2)逐桩坐标表

逐桩坐标表详见第二章。

(3)路线平面图

路线平面设计图是公路设计文件的主要内容之一，它综合反映了路线的平面位置、线形和几何尺寸，还反映出沿线人工构造物和重要工程设施的布置及公路与周边环境地形、地物和行政区划的关系等。

路线平面图中应示出：沿线的地形、地物、路线位置及里程桩号、断链、平曲线主要桩位与其他交通路线的关系以及县以上境地界等；标注水准点、导线点及坐标网格或指北图式。标示出特大桥、大中桥、隧道、路线交叉位置等。列出平曲线要素和交点坐标表等。比例尺一般为 1:2000～1:5000。

高速公路、一级公路设计文件中，除要绘制上述路线平面图外，还应增绘公路平面总体设计图。公路平面总体设计图，除应绘制路线平面图的内容外，还应给出路基边线、坡脚或坡顶线、路线交叉的方式及平面形式，标示出服务区、停车场、收费站等。

三、路线纵断面

1.概述

由于自然因素的影响以及经济性要求，路线纵断面总是一条有起伏的空间线。

在纵断面图上有两条主要的线：一条是地面线，它是根据中线上各桩点的高程而点绘的一条不规则的折线，反映了沿中线地面的起伏变化情况；另一条是设计线，它是经过技术上、经济上以及美学上等多方面比较后设计人员定出的一条具有规则形状的几何线，反映了公路路线的起伏变化情况。

纵断面设计线是由直线和竖曲线组成的。直线(即均匀坡度线)有上坡和下坡，是用坡度和水平长度表示的。直线的坡度和长度影响着汽车的行驶速度和运输的经济以及行业的安全，它们的一些临界值的确定和必要的限制，是以通行的汽车类型及行驶性能来决定的。

在直线的坡度转折处为平须过渡设置竖曲线，按坡度转折形式的不同，竖曲线有凹有凸，其大小用半径和水平长度表示。

路线纵断面图上的设计标高，即路基设计标高规定如下：

(1)新建公路的路基设计标高

高速公路和一级公路采用中央分隔带的外侧边缘标高；二、三、四级公路采用路工边缘标高，在设置超高、加宽地段为设超高、加宽前该处边缘标高。

(2)改建公路的路基设计标高

改建公路的路基设计标高一般按新建公路的规定办理，也可视具体情况而采用行车道中线处的标高。

对于城市道路，设计标高指建成后的行车道中线路面标高或中央分隔带中线标高。由于城市道路与公路的设计标高位置不同，在城市进出口两者的连接处，应注意两者之间标高的平顺衔接。

纵断面设计的主要内容是根据公路等级、沿线自然条件和构造物控制标高等，确定路线合适的标高、各坡段的纵坡度和坡长，并设计竖曲线。基本要求是纵坡均匀平顺、起伏和缓，坡长和竖曲线长短适当，平面与纵面组合设计协调以及填挖经济、平衡。

2.纵坡设计

(1)纵断面线形布置

纵断面线形布置关键在于设计标高的控制。设计标高的控制关系到路基稳定性、线形顺性、交通方便等，最终反映在工程造价上。设计标高的控制点主要有路线起、终点，越岭垭口，重要桥涵，地质不良地段的最小填土高度和最大挖深，沿溪线和洪水位，隧道进出口，平面交叉和立体交叉点，人行和农用车通道、铁路道口，城镇规划控制标高以及受其他因素限制路线必须通过的标高控制点等。山区公路还有根据路基填挖平衡关系控制道路中心填挖值的“经济点”。

在平原区，地形平坦、河沟纵横交错、地表水多、地下水位高、地方交通多等。因此，对于一般公路路线设计标高主要由保证路基稳定性的最小填土高度所控制。而对高等级公路路线的设计标高除考虑最小路基填土外，主要应考虑与地方交通的关系，可采用分离式或互通式立体交叉，则标高主要以跨线桥、通道等构造物净高控制。

在丘陵区，地面有一定高差，但不大，路线在纵断面上克服高差不困难。因此，设计标高的选定，主要由土石方平衡、降低工程造价所控制。但对高等级公路，应优先考虑线形要求，所以工程量会增大，难以保证土石方填挖平衡问题。

在山岭区，地形复杂，地面自然坡度大，设计标高由纵坡度和坡长所控制，应力求从土石方填挖平衡和路基附属工程合理等方面综合考虑，并进行经济比较以降低工程造价。

(2)变坡点位置

变坡点是两条相邻纵坡设计线的交点，两变坡点之间的水平距离为坡长，但应力求从土石方填挖平衡和路基附属工程合理等方面综合考虑，并进行经济比较，以降低工程造价。

3.竖曲线设计

竖曲线是纵断面上两个直坡段转折处(变坡点)，为便于行车而设计的一段二次抛物线或圆曲线。各级公路在纵坡变更处均应设置竖曲线。

竖曲线的要素主要包括竖曲线长度 L、切线长度 T 和外距 E。由于在纵断面上只计水平距离和竖直高度，斜线不计角度而计坡度，因此，竖曲线的切线长与曲线长是其在水平面上的投影，切线支距是竖直的高程差，相邻两坡度线的交角用坡度差来表示。

竖曲线要素 T、L、E 可根据变坡点的已知坡度差 ω 和拟定半径 R 或拟定 $L(T)$ 确定，按下列公式计算：

$$L=R\cdot\omega \tag{4.12}$$

$$h=\frac{l^2}{2R} \tag{4.13}$$

$$T=\frac{L}{2}=\frac{R}{2}\omega \tag{4.14}$$

式中：T、L——切线长、曲线长(m)；

h——切线竖距(m)；

ω——相邻两坡度线的交角；

l——竖曲线上任一点至竖曲线起点的距离(m)。

(1)计算竖距 h

(2)计算切线设计高

由变坡点高程、桩号等已知资料，计算竖曲线范围各桩号的切线设计高。

(3)计算凸形竖曲线设计高

设计高＝切线设计高$-h$

(4)计算凹形竖曲线设计高

设计高＝切线设计高$+h$

4.高程计算

当各变坡点桩位和高程确定后，即可逐段按下式推算直坡段上各桩号的设计标高，竖曲线上的设计标高按下式计算：

$$H_n=H\pm I\cdot L_n \tag{4.15}$$

式中：H_n——桩位 n 的切线设计高(m)；

H——前变坡点设计高(m)；

L_n——前变坡点到桩位 n 的距离(m)；

i——两点变坡点间的设计纵坡(上坡取“＋”,下坡取“－”)。

有各桩号的设计高程和地面高程就可按下式算出路基施工高程：

设计高程－地面高程＝“＋”号者为“填方”；

设计高程－地面高程＝“－”号者为“挖方”。

5.纵断面设计成果

纵断面设计的最后成果,主要反映在纵断面图和路基设计表上。

(1)纵断面设计图的绘制

纵断面设计图是公路设计主要文件之一,它反映中线地面起伏情况与设计标高之间的关系。把它与平面线形结合起来,就能反映出公路路线所在空间的位置。

纵断面图采用直角坐标,以横坐标表示里程,纵坐标表示高程。一般横坐标比例尺采用1:2000,纵坐标比例尺采用1:200

路线纵断面图可以看成由两部分组成:一是图的上半部,二是图的下半部。上半部主要用来绘制地面线和纵坡设计线;下半部主要用来填写有关数据。自下而上分别有:①超高;②直线及平曲线;③里程及桩号;④坡度/坡长;⑤地面标高;⑥设计标高;⑦填挖高度值;⑧地质概况等内容。

此外,在纵断面图上应将下列内容在适当的位置绘制出来:①竖曲线位置及其要素;②沿线桥涵及人工构造物的位置、结构类型及孔径;③与公路、铁路交叉的桩号及路名;④沿线跨越的河流名称、位置、现有水平及最高洪水位;⑤水准点位置、编号和高程;⑥断链桩位置、桩号及长短链关系等。

(2)路基设计表

路基设计表是公路设计文件的组成内容之一,它是平、纵、横主要测试资料的综合,表中所列的桩号、地面高程、设计高程、填挖高度、路基宽度(包括加宽)、超高等有关资料,为路基横断面设计的基本数据,也是施工的依据之一。

四、公路横断面

公路横断面是指中线上各点的法向切面,它由横断设计线和地面线组成。其中横断面设计线包括行车道、路肩、中央分隔带、边沟、边坡、截水沟、护坡道以及取土坑、弃土堆、环境保护设施等。两侧路肩外缘之间的部分称作路幅。

高速公路、一级公路的路基横断面分为整体式和分离式两类。整体式断面路幅范围内主要包括车道、中间带(中央分隔带及左侧路缘带)及路肩(硬路肩及土路肩)分离式断面路幅范围内主要包括车道和两侧路肩(硬路肩及土路肩)。高速公路、一级公路在需要的路段还包括紧急停车带、爬坡车道、加(减)速车道、避险车道等附加车道。

二、三、四级公路的路基标准横断面包括车道、路肩等。二级公路位于中小城市城乡结合部、混合交通量大的连接路段,实行快慢车道分开行驶时,可根据当地经验设置慢车道或加宽右侧硬路肩;二级公路位于山区时,根据需要也可设置爬坡车道、避险车道等附加车道。

1.路幅几何要素

路幅的几何要素包括路幅范围内各组成部分的宽度和横向坡度。在直线、圆曲线及缓和曲线路段,路幅几何形状和尺寸不尽相同。

(1)直线路段

在直线路段,二、三、四级公路的路幅宽度由行车道宽度和路肩宽度组成。高速公路和一级公路整体式路基断面的路幅宽度还应包括中间带度,分离式路基断面则在左侧设路肩。高速公路、一级公路及二级公路的路肩由硬路肩和土路肩构成,其中高速公路、一级公路的硬路肩包含路缘的宽度。

(2)圆曲线段

根据汽车弯道上行驶的特点和要求,通常圆曲线段的路幅要设加宽和超高。

当弯道需要加宽时,行车道的宽度应包含弯道加宽值。圆曲线段的路肩宽度与直线段等线内外侧硬路肩横坡度的方向及其横坡度应与相邻车道相同。位于曲线较低一侧的土路肩横坡,应比行车道及硬路肩横坡度大1%或2%,位于曲线较高一侧的土路肩横坡,应采用3%或4%的反向横坡度。

(3)缓和曲线段

如果圆曲线段有加宽和超高,则缓和曲线段上的路面宽度和横坡均在变化,具体内容见"平曲线加宽"和"平曲线超高"部分。

对于单幅双车道公路,全加宽值应设在曲线内侧,路肩宽度不变化。对于单幅多车道或双幅公路,应在曲线内、外侧分别加宽,加宽值应分别计算。

(4)加强过渡段

加宽过渡段指从直线段的正常断面过渡到圆曲线段的全加宽断面(或相反)所必需的过渡段。其长度取为回旋线或超高过渡段长,当不设回旋线或超高时,取断变率为1∶15且长度不小于10m。

(5)加宽过渡方法

具体方法可参考《回旋线设计手册》。

2.平曲线超高

(1)超高

当圆曲线半径小于规定的不设超高的最小半径时,应在曲线上设置超高。

不同圆曲线的超高横坡度,可按公路等级、设计速度、自然条件及车辆组成等因素确定。

①无中间带公路的超高过渡

若超高横坡度等于路拱坡度,路面由直线上双向倾斜路拱形式过渡到曲线上具有超高的单向倾斜形式,只需行车道外侧绕中线逐渐抬高,直至与内侧横坡相等为止。

当超高坡度大于路拱坡度时,可分别采用以下三种过渡方式:

a.绕内边线旋转

b.绕中线旋转

先将外侧车道绕中线旋转,待达到内侧车道构成单向横坡后,整个断面再绕未加宽前的内侧车道边线旋转,直至超高横坡值。

c.绕外边缘旋转

先将外侧车道绕外边缘旋转,与此同时,内侧车道随中线的降低而相应降低,待达到单向横坡后,整个断面仍绕外侧道边缘旋转,直到超高横坡。

上述各种方法,绕内侧边线旋转由于行车道内侧不降低,有利于路基纵向排水,一般新建工程多用此法。绕中线旋转可保持中线标高不变,且在超高坡度一定的情况下,外侧边缘的抬高值较小,多用于旧路改建工程。而绕外侧边线旋转是一种比较特殊的设计,仅用于某些改善路段的地点。

②有中间带公路的超高过渡

a.绕中间带的中心线旋转

先将外侧行车道绕中央分隔带边缘旋转,待达到与内侧行车道构成单向横坡后,整个断面一同绕中心线旋转,直至超高横坡度值。此时中央分隔带呈倾斜状。

b.绕中央分隔带边缘旋转

将两侧行车道分别绕中央分隔带边缘旋转,使之各自为独立的单向超高断面,此时中央分隔带维持原有水平状态。

c.绕各自行车道中线旋转

将两侧行车道分别绕各自的中心线旋转,使之各自成为独立的单向超高断面,此时中央分隔带两边缘分别升高与降低而成为倾斜断面。

三种方式的优缺点与无中间带的公路相似。中间带宽度较窄时(不大于 4.5m)可采用 a 法;各种宽度的中间带都可以用 b 法;对于大于四车道的公路可采用 c 法。

(2)超高过渡段长度

为了行车的舒适、路容的美观和排水的通畅,必须设置一定长度的超高过渡段,超高的过渡是在超高过渡段全长范围内进行的。

3.路基边坡、地面排水设备及路基附属设施

横断面范围内除了路幅部分还包括边坡与边沟、截水沟等地面排水设备以及护坡道、碎落台、取土坑、弃土堆等路基附属设施。

(1)路基边坡

公路路基的边坡坡度,可用边坡高度 H 与边坡宽度 b 之比值表示,并取 $H=1$,路基边坡坡度的大小,取决于边坡的土质、岩石的性质及水文地质条件等自然因素和边坡的高度。在陡坡或填挖较大的路段,边坡稳定不仅影响到土石方工程量和施工的难易,而且是路基整体稳定性的关键。因此确定边坡坡度对于路基的稳定性和工程的经济合理性至关重要。一般路基的边坡坡度可采用多年工程实践经验和设计规范推荐的数值。

①路堤边坡

一般路堤边坡坡度应根据填料种类、边坡高度和基底工程地质条件等确定。

路堤边坡高时,可在边坡中部每隔 8～10m 设边坡平台一道,平台宽度为 1～3m,用浆砌片石或水泥混凝土预制块防护。边坡度为 2%～5%向外侧倾斜的缓坡。

沿河水路堤的边坡坡度,在设计水位以下部分视填料情况可采用 1:1.75～1:2.0,在常水位以下可采用 1:2.0～1:3.0。

当公路沿线有大量天然石料或路堑开挖的废石方时，也可用以填筑路堤。填石路堤应采用不易风化的较大的（大于 25cm）石块砌筑，边坡坡度一般可用 1∶1。

②路堑边坡

路堑是从天然地层中开挖出来的路基结构物。影响路堑边坡稳定的因素较为复杂，除了路堑深度和坡体土石的性质之外，地质构造特征、岩石的风化和破碎程度、土层的成因类型、地面水和地下水的影响、坡面的朝向以及当地的气候条件等都会影响路堑边坡的稳定性，在确定路堑边坡时必须综合考虑。

土质（包括粗粒土）路堑边坡，应根据边坡高度、土的湿度和密实程度、地下水和地面水的情况、土的成因及生成时代等因素确定边坡坡率。岩石路堑边坡，一般根据地质构造与岩石特征，对照相似工程的成功经验选定边坡坡率。岩石的种类、风化程度及边坡的高度是决定坡率的主要因素。

（2）地面排水设施

常用的路基地面排水设施，包括包沟、截水沟、排水沟、跌水与急流槽等，必要时还有渡槽、倒虹吸及蒸发池等。这里主要介绍边沟、截水沟的形式和尺寸。

①边沟

边沟的作用是排除边坡及路面汇集的地表水，以确保路基与边坡的稳定。在公路挖方路段以及高度小于边沟深度的低填方路段应设置边沟。

边沟的作用是排除边坡及路面汇集的地表水，以确保路基与边坡的稳定。在公路挖方路段以及高度小于边沟深度的低填方路段应设置边沟。

边沟的横断面形式有梯形、矩形及三角形。边沟横断面一般采用梯形，梯形边沟内侧边坡为 1∶1.0～1∶3.0，外侧边坡坡度与挖方边坡坡度相同。三角形边坡的水流条件较差，流量较大时沟深宜适当加大。

高速公路、一级公路边沟的深度及底宽不应小于 0.6m，其他等级公路不应小于 0.4m。设置超高路段的边沟应加深，以保持边沟排水畅通。

边沟纵坡宜与路线纵坡一致，一般不小于 0.5%，特殊情况允许采用 0.3%。当边沟纵坡较大时，应对边沟进行加固。边沟长度，一般不宜超过 500m，多雨地区不超过 300m，三角形边沟不宜超过 200m。

②截水沟

为汇集并排除路基边坡上侧的地表径流，应设置截水沟。

③排水沟

将边沟、截水沟、取土坑、边坡和路基附近积水，引排至桥涵或路以外时，应采用排水沟。

排水沟的长度不宜超过 500m，与各种水沟的连接应顺畅。

高速公路、一级公路和通过耕地、居民区的填方路基宜设坡脚排水沟。路堤边坡设急流槽地段，排水沟距路基坡脚距离不宜小于 2m。

边坡平台设排水沟时，平台应做成 2%～5%向内侧倾斜的排水沟。排水沟可用三角形或梯形横断面，当水量大时，宜设置 30cm×30cm 的矩形、三角形或 U 形排水沟，排水沟可用水泥混凝土预制构件拼装，沟壁厚度 5～10cm。

(3)路基附属设施

与路基工程有关的附属设施有取土坑、弃土堆、护坡道、碎落台等。

①路侧取土坑与路旁弃土堆

当路基土石方数量经过合理调配后,仍有借方和弃方时,就要设置取土坑或弃土堆。横断面范围内可能出现的是路侧取土坑或路旁弃土堆。横断面范围内可能出现的是路旁弃土堆。

路侧取土坑的设置应有统一规则,使之具有规则的形状及平整的底部。平原地区的高速公路及一级公路不宜设路侧取土坑。取土坑底应设纵横向坡度,以利排水。坑底纵坡坡度不宜小于0.3%,横坡坡度宜为2%~3%,并向外侧倾斜。取土坑出水口应与路基排水系统衔接。取土坑的边坡坡度,视土质情况而定,不宜陡于1:1.0,靠路基一侧不宜陡于1:1.5。

当地面横坡陡于1:1.0时,路侧路土坑应设在路基上方一侧。

填方路基设置路侧取土坑时,路基边缘与取土坑之高差大于2m时,对于一般公路应设置护坡道,护坡道的宽度为1~2m;对于高速公路、一级公路护坡道宽度不少于3m。

桥头引道两侧不宜设置取土坑,特殊情况下可在下游一侧设置取土坑,但应留宽度不小于4m的护坡道。农业或养路需要利用取土坑作蓄水池时,取土坑的设置不得影响路基稳定。

路基弃土堆设置应与当地农田建设和自然环境相结合,并宜利用弃土改地造田。路侧弃土堆一般可设在附近低地或路堑处原地面下坡的一侧,当地面横坡缓于1:5时,可设在路堑两侧。弃土堆内侧坡脚路堑顶之间的距离应随土质条件和路堑边坡高度而定,一般不小于5m;路堑边坡较高,土质条件较差时应大于5m。

弃土堆一般可堆成梯形横断面,边坡不应陡于1:1.5,并应与周围环境相协调。

②护坡道与碎落台

护坡道是保路基边坡稳定性的措施之一,设备的目的是加宽边坡横向距离,减小边坡平坡坡度。护坡道愈宽,愈有利于边坡稳定,但宽度越大,工程数量亦随之增加。因而,护坡道的设置,要兼顾边坡稳定性与经济合理性。通常护坡宽度 d,视边坡高度 h 而定。$h \leqslant 3.0$m时,$d=1.0$m;$h=3\sim6$m时,$d=2$m;$h=6\sim12$m时,$d=2\sim4$m。

护坡道一般设在挖方坡脚处,边坡较高时亦可设在边坡上方及挖方边坡的变坡处。浸水路基的护坡道,可设在浸水线以上的边坡上。

碎落台设于土质或石质土的挖方边坡坡脚处,主要供零星土石碎块下落时临时堆积,以保护边沟不致阻塞,亦有护坡道的作用。碎落台宽度一般为1.0~1.5m,当其兼有护坡作用,可适当放宽。

五、桥梁、隧道轴线

1.桥头引道与桥上线形的配合

各级公路上的桥涵等人工构造物同路基段的衔接应符合路线布设的有关规定。

桥梁及其引道的位置对线形设计有较大影响,应综合考虑与路线的配合,使之视野开阔、视线诱导良好。

一般公路跨河桥或跨线桥，其桥位线（包括桥头接线）宜与被跨的河流和铁路、公路正交。当必须斜交时，其交叉角宜大于45°。

高速公路、一级公路上的桥梁线形应与路线整体线形相一致，应使桥梁线与路线线形连续、协调、流畅。

2. 隧道洞口连接与隧道线形的配合

各级公路隧道与公路的衔接应符合路线布设的有关规定。

隧道宜采用直线线形，也可采用曲线线形。当采用曲线线形时宜采用不设超高的圆曲线半径，或超高为2%～3%的圆曲线半径。

洞口内侧不小于3s设计速度行程长度与洞口外侧不小于3s设计速度行程长度范围内的平纵线形应一致。

洞口外与之相连接的路段应设置距洞口不小于3s设计速度行程长度，且不小于50m的过渡段，以保持横断面过渡的顺适。

高速公路、一级公路一般设计为上下行分离的两座独立隧道。

第二节　几何线形检测内容

由第一节所述，公路线形是路基路面工程、桥梁工程、隧道工程等平面、纵断面和横断面的统称。各种结构物的几何尺寸一般是指它的长、宽、高、坡度及顶面和底面标高，下面分别介绍。

一、平面

公路平面是由公路中线反映的，而中线又由直线、圆曲线和缓和曲线组成。

1. 直线

从理论上讲，直线由两点间连线构成。但从公路工程实际出发，要控制直线，是通过直线上一系列点，即直线段中桩桩位控制的。由于这样误差及施工条件限制，公路直线段有时并非直线，而是一条折线。要满足直线行车条件，这条折线不能偏位较大，而应近似于直线，即应控制每个桩位的偏差值。

2. 圆曲线

公路上的圆曲线是一条圆弧段，只要给定圆心及半径，就可确定该圆弧。公路上确定圆弧的方法是确定圆弧上一系列点，由于这一系列点的偏位，圆不是严格意义上的圆弧，而是一条任意曲线。要满足圆弧上行车条件，就应控制每一点偏差值。

3. 缓和曲线

公路上的缓和曲线是数学上的回旋线。公路上确定缓和曲线时也是用一系列桩位表示的，其精度一是由计算方法决定；二是由放样方法决定。通过上面两个步骤来控制偏差值，以满足高速行车舒适及驾驶人视觉必需的缓和曲线要求。

二、纵断面

公路纵断面是由纵断面设计线反映的，设计线由直坡段和竖曲线段组成。平曲线的超高过渡段内，外侧边缘也可看作一般纵断面设计线（直线或与竖曲线的叠加）；另外，附属工程的顶面或底面线纵坡，也可看作一段直坡段。

1. 直坡段

直坡段是纵断面设计线上的直线，理论上同平面直线段一样，由两点确定。实际上是由设计线上一系列桩位的标高确定，由于偏差影响，好像由一系列未设竖曲线的变坡点组成，这样会影响平顺行车，故应加以控制以满足行车平顺舒适要求。对附属工程，会影响外观平顺及底面排水。

2. 竖曲线

竖曲线形式是二次抛物线或圆曲线，由竖曲线上一系列桩位的标高确定。由于高程偏差的影响，竖曲线在纵断面上成为锯齿形的二次抛物线或圆曲线，影响平顺行车，故应控制每一点的高程偏差。

三、横断面

公路横断面是横断面设计线反映的，构成设计线的元素的宽度和横坡。横坡度反映路拱线形和横断面方向高程变化。横坡度与宽度有一定的函数关系。

1. 宽度

宽度一般包括行车道和路肩，另外还有中央分隔带、爬坡车道、加减速车道等。宽度可以是独立的，即不受公路中线位置的影响；也可以不独立，即由中线偏位，使中线两侧的宽度不同，但断面总宽却满足要求。

2. 坡度

坡度包括路拱横坡、超高横坡及边坡坡度。坡度是通过测定任意两点之间的高差和水平距离的比值来反映的。坡度与宽度有关联，不是独立存在的。

四、其他

1. 排水工程

排水工程的检测内容主要是各构造物尺寸及坡面坡度。

(1)管道基础及管节安装

为保证结构受力安全及排水要求，应满足：管轴线偏位要求；管内底高程，即保证排水畅通；基础及抹带尺寸。

(2)(雨水)井砌筑

为保证与地下管道连接及泄水要求，应满足：轴线偏位要求；井孔尺寸，长、宽或直径、高等。

(3)土沟

土沟一般指边沟、排水沟、截水沟等，它一要外观平顺，二要满足排水要求，因此应满足：沟底纵坡的设计要求，也可根据实际土质情况，满足调整后的沟底纵坡；断面尺寸，即宽度(顶宽、底宽)和深度;边坡坡度。

(4)浆砌水沟

当考虑冲刷条件时,土沟可采用浆砌排水沟,它应满足:轴线偏位要求;沟底高程,即沟底纵坡设计要求;断面尺寸,即满足泄水断面;砌石及基础垫层尺寸(即厚度),满足冲刷等要求。

(5)盲沟

盲沟除泄水条件外,还有一定的受力条件,故应满足:沟底纵坡或高度,保证排水条件;断面尺寸,保证满足汇水条件和受力要求。

2.挡土墙、防护及其他砌石工程

(1)砌石、混凝土挡土墙

要保证结构物设计位置、外观、受力条件,因此应满足:平面位置,要注意与路线横断面对应关系,同时注意在横断面上的位置。当地面横坡与设计出入较大时,尤其应注意;顶面高程、底面高程,一是保证设计高,二是保证基础的埋深条件;断面尺寸,要保证受力条件。

(2)加筋挡土墙

要保证结构的受力条件,应满足:平面位置、板面轴线等;顶面高度;墙面坡度等。

3.路面工程

除前面所述的路线平、纵、横检测外,主要是路面各结构层厚度检测,另外根据各结构层特点,还包括其他一些几何尺寸检测。

(1)水泥混凝土面层

①板厚

②相邻板高差

③纵缝、横缝顺直度

④接缝、传力杆、拉杆

接缝位置、规格、尺寸和传力杆、拉杆位置和间距等。

⑤面层及其他

面层与其他构造物衔接平顺,检查井盖顶标高、雨水口标高。

(2)沥青混凝土面层和沥青碎(砾)石面层

①厚度

分总厚和分层厚,要处理好满足总厚与分层厚的关系。

②宽度

注意有无侧石的划分标准。

注意纵面高程对面层厚度的影响,一般是“宁低勿高”。

4.桥梁工程

桥梁工程涉及的范围较大,同时涉及参照其他检测内容与标准。如砌体工程参照路基工程检测内容;施工过程应用的设施参照施工技术规范内容;斜拉桥的支架现场浇筑参照悬臂浇筑的标准内容等。

桥梁总体检测除按路线平、纵、横检测外,还包括桥长、引道中心与桥梁中心线的衔接、桥头高程衔接等。

上部构造，即桥跨结构，它包括承重结构、桥面铺装和人行道三大部分，主要检测内容为断面几何尺寸——长、宽、高等，支座中心偏位、标高、间距等，板、梁、拱等轴线偏位。

下部工程，即墩台工程。主要检测几何尺寸，墩台顶高、间距，盖梁顶高等。

基础工程，它包括天然基础、桩基础和沉井基础。桩基础几何检测包括桩位、钢筋管骨架或桩尖标高。沉井基础包括沉井平面尺寸、井壁厚、沉井刃脚高程、中心偏位等。

钢筋加工及安装几何检测包括间距、变起位置、骨架尺寸、保护层厚度等。

5.涵洞工程

(1)管涵

①轴线偏位

②涵底流水面标高

③涵管长度

④管座宽度

⑤相邻管节底面错口等

(2)盖板涵和箱涵

①轴线偏位

②涵底流水面高程、顶面高程

③长度、孔径等

(3)拱涵

①轴线偏位

②拱圈厚度，分混凝土和石拱涵

③涵底流水面高程

④长度、跨径等

(4)倒虹吸管

①轴线偏位

②涵底流水面高程

③相邻管节底面错口

④竖井尺寸、高程

(5)顶入法施工的桥、涵

①轴线偏位

②高程

③相邻两节高差

6.隧道工程

隧道工程的总体几何检测包括：隧道宽度，即横断面宽；轴线偏位，即平面线形，隧道净高，即建筑限值；还有中心线与两洞口公路中线的衔接偏位及边坡，仰坡坡度值。

洞身开挖，对不同围岩类别及不同部位满足超挖规定值。

洞身支护和衬砌，包括喷层厚、衬砌厚、断面尺寸及墙面平整度等。

7.交通安全设施

(1)标志安装

①立柱垂直度

②标志安装角度

③标志板下缘至路面净空,以及标志板内侧路肩边线距离

④基础尺寸

(2)标线喷涂

厚、宽、长、间距及横向偏位。

(3)视线诱导标

反射器中心高、中距、安装角、横向偏位。

(4)波形梁护栏

①立柱外边缘距路肩边线距离、立柱中距、垂直度

②护桩顺直度

③横梁中心高度

上述检测内容详见《公路工程质量检验评定标准》(JTGF80/1-2004)。

第三节　平面位置的检测

平面位置检测,是指在公路工程交工或竣工验收时,对其平面的实际位置与设计位置进行测量比较,确定其偏移量,并按照《公路工程质量检验评定标准》(JTGF80/1-2004)中的规定值或允许偏差进行检查评定。其检测内容主要包括路基、路面、桥梁和隧道的中线偏位,以及施工放样过程中,由测量误差引起的中线偏位。也包括在施工过程中,由于对各种构造物的尺寸控制不严或施工不当所造成的偏差。

在上述各项检测内容中,又以公路中线偏位的检测最为重要。因为各种构造物的施工放样,往往是以公路中线为基准进行的,中线偏位的状况也会直接影响到构造物的轴线偏位。所以,在平面位置检测时应该把对中线偏位的检测作为重点。

一、中线的平面坐标

公路中线的平面位置,通常是由不同点位的平面坐标来确定。特别是全站仪在公路测设、施工放样、交工和竣工验收中的广泛使用,要检测公路中线的偏位,必须知道公路平面控制网控制点的坐标,以及公路中线上任意点的坐标。

1. 测量坐标系

为了确定地面点的位置,需要建立测量坐标系。在一般测量工作中,地面点的位置可根据不同的用途,用大地坐标系、高斯平面直角坐标系、独立平面直角坐标系等来表示,即用一个二维坐标系(椭球面或平面)来表示。

(1)大地坐标系

大地坐标系是以参考椭球面作为基准面,用大地经度 L 和纬度 B 表示地面点位的坐标系。

(2)高斯平面直角坐标系

大地坐标系可以用来确定地面点在椭球面上的位置,但如果用于测量上的大比例尺测图控制网和工程控制网,则不适应。测量上常用地图投影的方法将椭球面上的元素,如大地坐标、长度、方向等转化到平面上,采用平面直角坐标系。地图投影的方法很多,我国采用高斯投影。

(3)独立平面直角坐标系

当测区范围较小时(如小于 $100km^2$),常把测区的球面投影看作平面,这样地面点在投影面上的位置就可以用平面直角坐标来确定。测量工作中采用平面直角坐标系规定南北方向为纵轴 X 轴,向北为正;东西方向为横轴 Y 轴,向东为正。

2. 公路平面控制测量的坐标系

(1)公路平面控制测量

公路平面控制测量,是确定平面控制网各控制点坐标的测量工作,包括路线、桥梁、隧道及其他大型构造物的平面控制测量。其中,路线平面控制网是公路平面控制测量的主控制网,沿线桥梁、隧道等各种大型构造物的平面控制网应联测于主控制网上,且主控制网宜全线贯通,统一平差。

各级公路、桥梁、隧道及其他建筑物的平面控制测量等级的确定:

根据国家规定,结合公路工程特点,我国《公路勘测规范》(JTJ061-99)规定,公路平面控制网坐标系的确定,宜满足测区内投影长度变形值不大于 2.5cm/km。根据测区所处的地理位置和平均高程,可按下列方法选择坐标系:

当投影长度变形值不大于 2.5cm/km 时,采用高斯正形投影 30 带平面直角坐标系。

特殊情况下,当投影长度变形值大于 2.5cm/km 时,可采用:投影于 1954 北京坐标系或 1980 西安坐标系椭球面上的高斯正形投影任意带平面直角坐标系;投影于抵偿高程面上的高斯正形投影 30 带平面直角坐标系。

投影于抵偿高程面上的高斯正形投影任意带平面直角坐标系。

二级和二级以下公路、独立桥梁、隧道等,可采用假定坐标系。

在我国公路工程中,一般采用 1954 北京坐标系或 1980 西安坐标系。对于不同公路工程项目所采用的坐标系,在施工图设计文件中应有说明,检测时可直接引用。但对测设或施工中所埋设的控制点标石是否可靠,一般应首先进行检测。

(2)坐标换带

公路平面控制网应保证各控制点的坐标具有同一坐标系。由于高斯投影采用经差 6°或 3°分带投影的方法来限制投影长度的变形,而分带投影是平面直角坐标系。当平面控制网两端的已知控制点不在同一投影带内时,应先将在相邻带的控制点坐标换算成同一带的坐标,然后才能进行控制网的坐标计算。坐标换带可以通过高斯投影坐标公式进行计算,此处不再详述。

3. 公路平面控制网的检测

我国公路平面控制网,尤其是高等级的控制网一般都与国家三角网相联通,并按平面控制测量的有关要求,进行了外业施测、内业计算及平差处理,故其精度是可以保证的。但因公路测设和施工的周期较长,在公路工程交工和竣工验收时,这些控制点的桩信标石是否移动、变形或丢失，则需要检查和测定，以保证公路平面位置检测的精度。

公路平面控制网检测，主要是检查原有施工平面控制网的测量精度。经过检测，凡是与原施工控制测量成果的校差在限差以内时，采用原成果作为验收的依据；超出限差时，应予重测。

(1)公路平面控制网检测的内容

公路平面控制网点的精度和密度，直接影响公路平面位置检测的精度和质量。因此，公路验收时对平面控制网进行检测是十分必要的。控制网检测的内容主要包括：

检查控制网是否符合规范及有关规定要求，平差计算是否正确，精度是否经过有关方面的检查与验收。

检查控制点的密度是否满足交工和竣工验收的要求，必要时应进行加密，以保证验收过程中，相邻控制点间能相互通视。

检查控制点是否移动、变形、丢失、并进行必要的增设的补设。

(2)公路平面控制网的检测

公路平面控制测量采用等级导线测量和三角测量。其中导线测量是路线平面控制测量的一种主要方法；三角测量主要用于桥梁、隧道等大型构造物的平面控制测量。在公路交工和竣工验收时，主要是利用平面控制网进行平面位置检测。公路平面控制网检测的外业施测、内业计算及平差处理，参见控制测量的有关文献。

4.路线中桩坐标的计算

目前，在高等级公路的施工图设计文件中，一般都编制有公路中线的逐桩坐标表。它不仅是公路施工放样的依据，也是公路交工和竣工验收时检测中线偏位的依据。但在公路平面位置检测时，有些检测点的中桩坐标在逐桩坐标表中并不一定存在，需要检测人员事先算出，然后才能进行检查。

路线转角、交点间距、曲线要素及主点桩计算，计算方法参考有关资料。曲线要素及主点桩号计算公式与传统方法相同。由于坐标计算时精度要求较高，因此必须注意取舍误差，否则会影响计算精度。如 p、q、x、y 等均为级数展开式，坐标计算时应增多项数。

直线上中桩坐标的计算：计算方法参考有关资料。

平曲线上中桩坐标的计算：计算方法参考有关资料。

二、中线偏位的检测方法

1.检测频率

中线偏位是指公路交工或竣工以后，其中线的实际位置与设计位置之间的偏移值。按规定，对于土方路基础石方路基和各种类型的路面工程，其中线偏位的检测频率为每200m 测四个点。在路基工程的检测中，还应增加曲线上的 HY 和 YH 两点。由于高等级公路的曲线较长，有时一个变道的长度达数百米至数千米，故 200m 检测段全部位于曲线的机会是很大的。在曲线上选点时，必须包含平曲线主点桩（ZH、HY、QZ、YH 和 HZ），因为这些点决定了曲线的轮廓，对路线的几何线形起控制作用。

2.中线偏位检测的方法

(1)角度交会法

用角度交会法检测某中桩的偏位，可用下述两种方法。

方法一：用角度交会出该中桩的设计位置 P'，并与施工位置 P 相比较，确定其偏位。

方法二：直接测量角度，推算出施工位置 P 点的坐标 $P(x_P, y_P)$，将其与设计位置 P' 点的坐标 $P'(x_{P'}, y_{P'})$ 相比较，从而求出偏位。

(2)距离交会法

当中线上的点与导线点相距较近，或在无经纬仪的情况下，也可用距离交会法测量中线偏位。

(3)极坐标法

检测中线位，采用常规的经纬仪、钢卷尺等测量设备，利用上述的角度或距离交会法，不仅效率低，精度难以保证，而且有时是十分困难的。极坐标法放样的基本原理是以控制导线为根据，以极角和极距确定放样点。

极坐标法检测中线偏位，是待放样出 P' 点后，与实际的施工点 P 相比较而得到偏位；或者实测竣工后的中桩点 P，经计算得施工坐标值，与设计坐标值比较后即得偏位。

上述几种方法都是将经纬仪或全站仪安置在控制点上，测得公路中线上任意点的坐标来确定偏位的，但地形变化较大或路基填土、桥梁结构较高地地点有时也会给测量工作带来不便。

(4)后方交会法

直接将仪器安置在中桩上，瞄准几个已知坐标点，观测各自的水平角，从而求出测站点的坐标，该方法适用于检测桥梁轴线的偏位。

3. 无中桩坐标的中线检测

对于公路等级较低且地形平坦、路线方案简单及工程结构物不复杂的公路，或受地形、地物等条件的限制无法进行平面控制和地形测量的公路，定线时可采用现场定线法。现场定线法一般不作控制测量、不计算中桩坐标，而用链距法、切线支距法或偏角等传统方法敷设中线。

在公路交工或竣工验收时，对于无控制导线和中桩坐标的中线检测，应首先恢复交点或转点、实测偏角和距离，然后采用敷设中线时的传统方法进行检测。但传统方法多采用经纬仪和钢尺等常规检测设备，存在搬站多、效率低，且有测点点位精度偏低或测点误差积累等缺点。

为了提高检测的速度和精度，针对上述情况也可利用全站仪采用极坐标法进行公路中级检测。

(1)直线段中的桩偏位检测

在交点 JD 安置全站仪，瞄准后视交点或平曲线终点，并将水平角配置为 $0°00'00''$。

计算交点 JD 与后视直线上任一待检测点 P_0 的里程 L 之间的距离 D_0。

$$D_0 = JD - L \tag{4.16}$$

将全站仪的水平距离设置为 D_0，置棱镜于后视直线方向的 P_0 点附近测距，当显示窗显示的水平距离之差为 0.000m 时，该点即为 P_0 点的设计位置。

量取 P 点的设计位置与施工位置之间的距离，即为其偏位值。

重复以上步骤，可检测直线段其他点的偏位值。

(2)平曲线段的中桩偏位检测

在交点 JD 安置全站仪，瞄准后视交点或平曲线终点，并将水平角配置为 $0°00'00''$。

计算平曲线上任一待检测点 P 的切线支距 x、y 和平曲线切线长 T。

计算交点 JD 与等检测点 P 的距离 D，以及交点 JD 和 P 点的连线与后视直线的夹角 θ：

距离：$D=\sqrt{(T-x)^2+y^2}$　　(4.17)

夹角：$\theta=\tan^{-1}\dfrac{y}{T-x}$　　(4.18)

转动全站仪照准部使水平角度为 θ，完成 JD 至 P 点的定向。

将全站仪的水平距离设置为 D，置棱镜于 JD 至 P 点方向的 P 点附近测距，当显示窗显示的水平距离之差为 0.000m 时，即为 P 点的设计位置。

量取 P 点的设计位置与施工位置之间的距离，即为其偏位值。

重复以上的步骤，可检测平曲线段其他点的偏位值。

4. 用 GPS-RTK 技术检测公路中线

目前，随着 GPS 技术的发展、成熟和普及，GPS 广泛应用于公路的控制和放样测量。RTK(Real Time Kinematic)就是实时动态载波相位差分技术。它能够实时地提供测站点在指定坐标系中的三维坐标，定位精度达到厘米级，完全可以满足一般公路工程测量的放样、检测中的精度要求。

第四节　纵断面高程的检测

纵断面高程的检测一般是指对路基、路面或构造物施工各阶段完成后所测得的高程数据与设计文件中对应设计高程数据之间的差值进行测量的工作。

路线的设计标高可以从纵断面图或路基设计表中得到。构造物的标高通常是指构造物的底面和顶成以及各重要组成部分的标高，其值可以从构造物设计图中查得或计算得到。

一、水准仪检测纵断面高程

1. 检测频率

(1)路基土石方工程

①土方路基

土方路基纵断面高程一般以 200m 为一个检测单位，测 4 个桩号可随机取也可均匀取。

②石方路基

同土方路基。

(2)排水工程

①管道基础及管节安装

管内底高程每两井间测 2 处，可随机，也可等距离均匀分布。实测值与设计值的差值应小于允许偏差值。

②土沟

土沟沟底纵坡的检查频率与土方路基相同。

③浆砌排水沟

其沟底高程每 200m 为一个检测单位，测 5 个点，可随机布点，也可按等距均匀布点。

④盲沟

盲沟沟底纵坡每 10～20m 检查 1 点。

(3)挡土墙、防护及其他砌石工程

①砌石混凝土挡土墙

顶面和底面高程每 20m 检查 1 点。

②挡土墙

墙顶高程每 20m 测 3 点。

③锥、护坡

顶面高程每 50m 检测 3 点，不足 50m 的至少检测 2 点。底面高程也是每 50m 检测 3 点。

④砌石工程

顶面高程每 20m 测 3 点。

2.水准点的建立与加密

(1)一般规定

①基准

目前高程系统一般应采用 1985 国家高程基准，在此之前曾采用 1956 黄海高程系统。同一条公路应采用同一个高程系统，不能采用同一系统时，应给出高程系统的转换关系。对于二级以上公路、特大桥、长隧道，应与国家控制网联测，采用绝对高程。三级以下公路及独立桥梁、隧道等小测区与国家控制网联测有困难时，可采用相对高程。

②水准测量的等级

有特殊控制要求的公路、2000m 以上的特大桥、4000m 以上特长隧道用三等水准测量，附合路线长为 50km。

高速公路、一级公路、1000～2000m 特大桥、2000～4000m 长隧道用四等水准测量，附合路线长 30km。

二级及二级以下公路、100m 以下隧道用五等水准测量，附合路线长 10km。

③精度

各等级水准测量的精度应符合表 4.3 的规定。

表 4.3 水准测量的精度

等级	每千米高差中数值误差(mm)		往返较差、附合或环线闭合差(mm)		检测已测段高差之差(mm)
	偶然中误差 M_Δ	全中误差 M_W	平原微丘区	山岭重丘区	
三等	±3	±6	$\pm 12\sqrt{L}$	$\pm 3.5\sqrt{n}$或$\pm 15\sqrt{n}$	$\pm 20\sqrt{L_i}$
四等	±5	±10	$\pm 20\sqrt{L}$	$\pm 6.0\sqrt{n}$或$\pm 25\sqrt{n}$	$\pm 30\sqrt{L_i}$
五等	±8	±16	$\pm 30\sqrt{L}$	$\pm 45\sqrt{n}$	$\pm 30\sqrt{L_i}$

注:计算往返较差时,L 为水准点间的路线长度(km),计算附和或环线闭合差时,L 为附和或环线的路线长度(km)。n 为测站数。L_i 为检测测段长度(km),小于 1km 时按 1km 计算。

④技术要求

各等级水准测量的技术要求见表 4.4 的规定。

表 4.4 水准测量的技术要求

等级	器类	水准尺类型	视线长(m)	前后视距较差(m)	前后视累积差(m)	视线离地面最低高度(m)	基辅面读数差(mm)	基辅面高差之差(mm)
二等	DS0.5	因瓦	50	1	3	0.3	0.4	0.6
三等	DS1	因瓦	100	3	6	0.3	1.0	1.5
	DS2	双面	75				2.0	3.0
四等	DS3	双面	100	5	10	0.2	3.0	5.0
五等	DS3	单面	100	大致相等	—	—	—	—

(2)水准点和水准路线

①水准点

水准点是用水准测量方法建立的高程控制点,用 BM 表示。水准点应设在土质坚硬、稳固可靠和便于保存与使用的地方,等级水准点的高程,可在当地测量部门查取。在工程建设和地形测绘时建立的水准点,其绝对高程应用国家水准点引测,引测有困难时,也可采用相对高程。

水准点设备的数量要满足测设、施工需要,其间距一般平原微丘区不大于 2km;山岭重丘区不大于 1km。此外在路线起终点,大中桥两岸,隧道进出口和工程集中的地段均应增设水准点,检测时若不能满足使用,可再行加密。

②水准路线

在两水准点之间进行水准测量所经过的路线称为水准路线。根据测区的情况不同,水准路线可布设成以下几种形式:

闭合水准路线,从一高级水准点 BM_1 出发,经过测定测线其他各点高程,最后又闭合到 BM_1 的环形路线。

附合水准路线,从一高级水准点 BM_1 出发,经过测定沿线其他点高程,最后附合到另一高级水准点 BM_2 的路线。

支水准路线，从一已知水准点 BM_1 出发，沿线测定其他各点高程，其路线既不闭合又不附合，但必须往返观测。

(3)水准测量的实施方法

①水准测量原理

水准测量的原理是利用水准仪提供的水平视线，在已知高程点和未知高程点上竖立水准尺并读取读数，测定两点间的高差，从而可由已知点的高程推算出未知点的高程。

②水准测量的实施

当欲测的高程点距水准点较远或高差较大时，就需要连续多次安置仪器以测出两点的高差。

为保证观测的质量，一般要求同样的方法返测一次，两次观测得的高差不符值在误差容许范围内，方可取平均值作为最后的结果。

(4)水准测量成果处理

水准测量的外业工作结束后，应按水准路线的形式进行成果处理，计算水准路线的高差闭合差和进行高差闭合差的分配。

①计算高差闭合差

在水准测量中由于测量误差的影响，使水准路线的实测高差值与理论值不符合，其差值称为高差闭合差，用 f_h 表示。高差闭合差的计算随水准路线的形式不同而不同。

a. 闭合水准路线

闭合水准路线的高差总和的理论值应为零，即 $\sum h_{理} = 0$，由于存在测量误差，闭合水准路线的实测高差总的 $\sum h_{测}$ 不等于零，其闭合差为

$$f_h = \sum h_{测} \tag{4.19}$$

b. 附合水准路线

附合水准路线的起点高程、终点高程 $H_{终}$、$H_{起}$ 之差即为高差理论值，即：

$$\sum h_{理} = H_{终} - H_{起} \tag{4.20}$$

附合水准路线实测高差的总的 $\sum h_{测}$ 和理论高差之差，即是附合水准路线的高差闭合差，其值为：

$$f_h = \sum h_{测} - (H_{终} - H_{起}) \tag{4.21}$$

c. 支水准路线

支水准路线一般均需要往返测。其往返测得的高差代数和在理论上应等于零。实际由于测量误差的存在，往返测量的高差代数和不等于零，其闭合差为：

$$f_h = \sum h_{往} + \sum h_{返} \tag{4.22}$$

当闭合差在容许误差的范围之内时，认为精度合格，成果可用；否则，应查明原因进行重测，直到符合要求为止。

五等水准测量高差闭合差的容许值为：

平原微丘区 $f_{h容} = \pm 30\sqrt{L}$(mm) (4.23)

山岭重丘区 $f_{h容} = \pm 45\sqrt{L}$(mm)　　(4.24)

式中：$f_{h容}$—— 容许闭合差(mm)；

L—— 水准路线长度(km)。

② 分配高度差闭合差

当 $f_h < f_{h容}$ 时，说明水准测量的成果合格，可进行高差闭合差的分配。对于闭合附合水准路线按与测段长度 L 或测站数 n 成正比的关系，将高差闭合差反号分配到各段高差上，使改正后的高差之和满足理论值，最后按改正后的高差计算各待定点的高程。

对于支水准路线，则按式：

$$h = \frac{1}{2}(\sum h_{往} + \sum h_{返}) \tag{4.25}$$

计算高差，最后计算等定点的高程。

3. 高程的检测方法

(1) 准备工作

在路基、路面工程中，一般以 1 ～ 3km 长的路段为一检验评定单元。所以沿线可以划分为若干个评定单位。根据前述检验频率，每 200m 为一个小单元，这 200m 在 1 ～ 3km 范围内可指定，也可随机取样。

取样点位置应根据随机数表计算确定[详见《公路基路面现场测试规程》(JPJ059-95)附录 A]，恢复取样点的里程桩号。

(2) 纵断面高程检测

① 一般要求

纵断面高程检测一般应采用与公路等级相适应的水准测量等级，所用仪器为 S3 型，即望远镜放大率不小于28倍，水准管分划不大于20″/mm的仪器，水准尺可用双面尺或单面尺。测量时，水准仪应置于两水准尺之间，前后视距离尽可能相等，仪器至水准尺的距离一般不超过 100m。闭合附合水准路线，通常采用单程观测，但检测支水准路线时，应进行往、返观测。

② 测量程序

安置水准仪于距已知高程点 A 一定距离，一尺立于 A 点，另一尺立于第一个测点桩位 B_1。

仪器粗平后瞄准 A 点后视尺，消除视差后精平，读取 A_1，并记录。转动望远镜，瞄准 B_1 点前视尺，消除视差后精平，读取并记录 B_1。

立尺于第二个测点桩位 B_2，同理读取并记录 B_2，依次读 B_3、B_4，并记录；转动望远镜，瞄准 B_1 读数。如设转点，则可按中平测量方法进行。

二、全站仪(或红外仪)检测纵断面高程

随着测量仪器的发展更新，从传统的钢尺量距、经纬仪测角到现在两者合为一体的全站仪的出现，使得距离、角度的测量速度和精度大大提高。再加仪器内部具有较强的计算功能，使得三角高程测量可以代替部分水准测量。在进行水准测量确有困难的山岭地带以及沼泽、水网地区，四、五等水准测量可采用光电测距三角高程测量。

下面介绍与之有关的竖直角和天顶距的概念。

所谓竖直角是指在同一竖直面内，目标视线方向与水平线的夹角，取值范围为 0° ～ ± 90°。水平视线以上的目标的竖直角为仰角，其值为正，水平视线以下的目标的竖直角为俯角，其值为负。

所谓天顶距指在同一竖直面内，目标视线方向与重力作用线的相反方向线的夹角，取值范围为 0° ～ 180°。

1. 三角高程测量原理

三角高程测量是根据两点的水平距离和竖直角计算两点的高差。

2. 地球曲率和大气折光的影响

当两点距离较远(一般超过 300m) 时，即应考虑地球曲率和大气折光的影响。地球曲率对高差的影响称为球差，其改正数为：

$$C = \frac{D^2}{2R} \tag{4.26}$$

由于空气密度随高程不同而变化，同时还受气温、气压、温度等影响，使视线产生折射，由此产生的对高差的影响称为气差。因为其值不易测定，对高差影响一般取其平均折光系数为 －0.14，其改正数为：

$$R = -0.14\frac{D^2}{2R} \tag{4.27}$$

球差为正，气差为负，二者综合影响为球气差或称两差改正为 f，即：

$$f = C + R = 0.86\frac{D^2}{2R}(\text{mm}) \tag{4.28}$$

式中：C—— 地球曲率对高差的影响，即球差；

R—— 大气折光对高差的影响，即气差；

D—— 水平距离；

R—— 地球半径。

采用全站仪观测时，可预先将球气差改正数系数输入仪器，然后直接测定高程。

在三角高程测量中，由已知点 A 对未知点 B 进行观测，称为正觇；由未知点 B 对已点 A 进行观测，称为反觇观测。采用正、反向进行观测时，称为对向观测。对向观测可以抵消两差的影响，所以三角高程测量大多采用高一级的水准测量联测一定数量的控制点，作为三角高程测量的起闭依据。其边长度不得大于 600m，竖直角不得超过 15°，高程导线的最大长度不应超过相应等级水准路线的最大长度。

3. 三角高程测量方法

安置仪器于测站点，量取仪器高和标尺或棱镜高，应在观测前后分别量测。对于四等测量应采用人工量测，其取值精确至 1mm，当较差大于 2mm 时，取平均值；对于五等测量取值精确至 1mm，当较差大于 4mm 时，取平均值。

用经纬仪或测距仪(或全站仪) 观测竖直角(或天顶距)1 ～ 3 个测回，各测回之间较差及指标差应符合相关规定，取其平均值作为最后结果。

计算高差及高程时，竖直角的取值应精确至 0.1″，高程的取值应精确至 1mm。采用对向观测法要在较短时间内进行，计算时应考虑地球曲率和大气折光的影响。当高差较差满足要求时，取其平均值作为高差结果。

4. 全站仪检测纵断面高程

以上介绍了三角高程测量用于高程控制测量时的原理和方法，全站仪检测纵断面高程的原理是三角高程测量，但方法要比控制测量简单，一般只进行正向观测，竖直角（或天顶距）观测测回数根据仪器的精度而定。如用 2″ 仪器测一个测回即能满足精度要求。

第五节　横断面的检测

横断面的检测，是指在公路工程交工或竣工验收时，对横断面的实际几何尺寸进行测量，并与设计的数值相比较，按照《公路工程质量检验评定标准》(JTGF80/1-2004)中的规定值或允许偏差进行的检查评定工作。横断面几何尺寸出现的偏差，一般是在施工过程中对各种构造物的横向尺寸控制不严或施工不当所造成的。

根据公路横断面的组成，横断面检测的内容主要包括路基、路面、桥梁和隧道等工程结构物的宽度、横坡，以及路基边坡和排水、支挡、防护等工程的断面几何尺寸等。

公路的横断面，是指路中线上各点的法向切面。要检测公路横断面，首先要确定道路中线在直线、圆曲线、缓和曲线这些不同路段的横断面方向，然后才能按其检测的内容进行检测。

一、横断面方向的确定

公路不同路段横断面方向的确定，可用方向架、方向盘、经纬仪、全站仪等测量设备，采用直接法或间接法测定。直接法是路中线上，用不同的测量仪器直接测定其横断面方向；间接法是通过计算公路的中桩和边桩坐标，并用全站仪放松，由中桩和边桩的位置来确定横断面的方向。

横断面方向确定所采用的方法和仪器应根据公路的等级和横断面检测的精度要求而选定。

1. 直线段的断面方向

当路中线为直线时，直线上任一点的横断面方向，首先要标定直线段的路中线，然后采用直接法与间接法。

(1)直接法

①方向架

方向架上有两个相互垂直的固定片，将方向架置于要测定的横断面中桩上，用一个方向瞄准直线上任一中桩，则与此方向垂直的方向即为检测的横断面方向。

②方向盘

方向盘是在木架上安装的一个圆形刻度盘。将方向盘置于要测定的横断面中桩上，用一个方向瞄准直线上任一中桩，则与此方向垂直的方向即为待检测的横断面方向。

③经纬仪或全站仪

同方向盘方法，用经纬仪或全站仪瞄准直线上任一中桩，使照准部顺时针或逆时针转动 90°的方向，即为待检测的横断面方向。

(2)间接法

用间接法确定直线上任一点横断面方向，可采用如下步骤：计算直线上任一点的横断面方位角。计算中桩和边桩坐标。外业放样中桩的边桩。

由两个已知导线点，一点安置全站仪，一点作为后视点，放样出中桩坐标(x_0，y_0)及两个边桩坐标(x，y)，由两个边桩或中桩与任一边桩所确定的方向，即为待检测的横断面方向。

2. 圆曲线段的横断面方向

当路中线为圆曲线时，圆曲线上任一点的横断面方向，为通过该点并与其切线垂直的方向，即是该点指向圆心的半径方向。

(1)直接法

①方向架

用方向架确定圆曲线上任一点的横断面方向，可采用“等角”原理，即同一圆弧上的弦切角相等。测定时一般采用球心方向架，即方向架上安装一个可以转动的活动片，并有一固定螺旋将其固定。

②方向盘

③经纬仪或全站仪

方向与方向盘法相同。

(2)间接法

用间接法确定圆曲线段任一点的横断面方向，主要在于计算该点的横断面方位角，其他步骤如中桩的边桩坐标的计算、放样，以及横断面方向的确定与直线段的间接法相同。

3. 缓和曲线段的横断面方向

当路中线为曲线时，缓和曲线上任一点的横面方向，为通过该点并与其切线垂直的方向。

(1)直接法

①方向架

②方向盘或经纬仪

(2)间接法

用间接法确定缓和曲线上任一点的横断面方向，与圆曲线上确定任一点横断面方向的间接法相同，也主要在于计算缓和曲线上任一点的横断面方位角。

二、公路横断面的检测

1. 公路路基宽度

公路路基宽度为车道宽度与路肩宽度之和。当设有中间带、加(减)速车道、爬坡车道，紧急停车道等时，应计入这些部分的宽度。

各级公路的路基宽度见表 4.5。

表 4.5 **公路的路基宽度**

公路等级		高速公路、一级公路								
设计速度(km/h)		120			100			80		60
车道数		8	6	4	8	6	4	6	4	4
路基宽度(m)	一般值	45.00	34.5	28.00	44.00	33.5	26.00	32.00	24.50	23.00
	最小值	42.00	—	26.00	41.00	—	24.50	—	21.50	20.00

公路等级		二级公路		三级公路		四级公路	
设计速度(km/h)		80	60	40	30	20	
车道数		2	2	2	2	2 或 1	
路基宽度(m)	一般值	12.00	10.00	8.50	7.50	6.50(双车道)	4.50(单车道)
	最小值	10.00	8.50	—	—	—	

2.公路横断面的检测

(1)横断面宽度的检测

①检测内容

根据《公路工程质量检验评定标准》(JTGF80/1-2004),横断面宽度检测的主要内容见表 4.6。

表 4.6 **横断面宽度的检测项目**

工程项目				规定值或允许偏差(mm)		检查方法和频率
				高速公路、一级公路	其他公路	
路基工程	土方路基			符合设计要求		尺量:每 200m 测 4 处
	石方			符合设计要求		尺量:每 200m 测 4 处
路面工程	面层	水泥混凝土		±20		尺量:每 200m 测 4 处
		沥青混凝土和沥青碎(砾)石	有侧石	±20	±30	尺量:每 200m 测 4 处
			无侧石	不小于设计值		尺量:每 200m 测 4 处
		沥青贯入式(或上拌下贯式)	有侧石	±30		尺量:每 200m 测 4 处
			无侧石	不小于设计值		尺量:每 200m 测 4 处
		沥青表面处置	有侧石	±30	—	尺量:每 200m 测 4 处
			无侧石	不小于设计值		

续表

路面工程	基层和底基层	水泥土	符合设计要求	尺量:每 200m 测 4 处
		水泥稳定粒料	符合设计要求	尺量:每 200m 测 4 处
		石灰土	符合设计要求	尺量:每 200m 测 4 处
		石灰稳定粒料	符合设计要求	尺量:每 200m 测 4 处
		石灰、粉煤灰土	符合设计要求	尺量:每 200m 测 4 处
		石灰、粉煤灰稳定粒料	符合设计要求	尺量:每 200m 测 4 处
		级配碎(砾)石	符合设计要求	尺量:每 200m 测 4 处
		填隙碎石(矿渣)	符合设计要求	尺量:每 200m 测 4 处
	路肩		符合设计要求	尺量:每 200m 测 2 处
桥梁工程	车行道		±10	钢尺量:每孔 3～5 处
	人行道		±10	
隧道工程	车行道		±10	20m(曲线)或 50m(直线)用尺量 1 个断面
	净总宽		不小于设计值	

②检测步骤和方法

检测横断面的宽度时,应首先根据各结构物横断面的组成,按照施工图或通过计算确定各组成部分的设计宽度,然后进行实地测量,并对宽度的实测值和设计值进行比较和评定。其检测的步骤和方法如下:计算或确定横断面各组成部分的设计宽度。用经纬仪或全站仪定路中线,并确定横断方向。用皮尺、钢尺量取横断面各组成部分的宽度。记录桩号、各组部分宽度,并按照宽度的允许偏差进行评定。

(2)横断面坡度(横坡)的检测

①检测内容

根据《公路工程质量检验评定标准》(JTGF80/1-2004),横坡检测的主要内容见表 4.7。

表 4.7　　横坡的检测项目

工程项目			规定值或允许偏差(%)		检查方法和频率
			高速公路、一级公路	其他公路	
路基工程	土方路基		±0.3	±0.5	水准仪:每 200m 测 4 个断面
	石方				水准仪:每 200m 测 4 个断面
路面工程	面层	水泥混凝土	±0.15	±0.25	水准仪:每 200m 测 4 个断面
		沥青混凝土和沥青碎(砾)石	±0.3	±0.5	水准仪:每 200m 测 4 个断面
		沥青贯入式(或上拌下贯式)	—	±0.5	水准仪:每 200m 测 4 个断面
		沥青表面处置	—	±0.5	水准仪:每 200m 测 4 个断面

续表

路面工程	基层和底基层	水泥土	基层	—	0.5	水准仪：每 200m 测 4 个断面
			底基层	±0.3		
		水泥稳定粒料	基层	±0.3	±0.5	水准仪：每 200m 测 4 个断面
			底基层			
		石灰土	基层	—	±0.5	水准仪：每 200m 测 4 个断面
			底基层	±0.3		
		石灰稳定粒料	基层	—	0.5	水准仪：每 200m 测 4 个断面
			底基层	±0.3		
路面工程	基层和底基层	石灰、粉煤灰土	基层	—	0.5	水准仪：每 200m 测 4 个断面
			底基层	±0.3		
		石灰、粉煤灰稳定粒料	基层	±0.3	±0.5	水准仪：每 200m 测 4 个断面
			底基层			
		级配碎(砾)石	基层	±0.3	±0.5	水准仪：每 200m 测 4 个断面
			底基层			
		填隙碎石(矿渣)	基层	—	±0.5	水准仪：每 200m 测 4 个断面
			底基层	±0.3		
路肩				±1.0		水准仪：每 200m 测 2 个断面
桥梁工程	桥面铺装	水泥混凝土		±0.15		水准仪：每 100m 测 3 个断面
		沥青面层		±0.3		
	人行道铺设			±0.3		水准仪：每 100m 测 3 个断面
隧道工程	路基	土石方路基		±0.5	±0.5	水准仪：每 20m(曲线)或 50m(直线)测 1 个断面
	路面	水泥混凝土面层		±0.15	±0.25	
		基层和底基层		±0.3	±0.5	

②检测步骤和方法

横坡的检测，应首先根据各结构横断面的组成，按照施工图或通过计算确定其设计横坡，然后进行检测。横坡检测时，可与横断面宽度和高程的检测同时进行，采用间接法。即根据两点间的实测宽度和高差，计算其实际横坡，并对横坡的实测值和设计值进行比较和评定。其检测的步骤和方法为：确定或计算横断面各组成部分的设计横坡。横断面宽度、高程或高差测量。记录桩号、横断面各组成部分的实测和高差。计算横断面各组成部分的实测横坡，并与设计横坡加以比较，按照横坡的允许偏差进行评定。

(3)路基边坡的检测

①土石方边坡检测的内容

土石方边坡检测的规定值要求不陡于设计值，检测频率为每 200mm 测 4 处，且石方边坡的平顺度应符合设计。

②土石方边坡检测的方法和步骤

确定土方、石方路段的路基设计边坡。用边坡样板或坡度尺沿横断面方向进行检查。记录桩号,并按照路基边坡检测的规定值进行评定。

(4)排水、支挡、防护工程等几何尺寸的检测

排水、支挡、防护等工程的几何尺寸检测,是指对其长度、宽度、高度或厚度、直径以及边坡度、竖直度的检测。其检查项目、规定值或允许偏差、检查的方法和频率,均按现行质量检验评定标准内容执行。

第六节　检测仪器介绍

一、简易测具

为了及时而方便地测量公路上各种构造物理学几何尺寸,常使用一些简易检测仪器。下面介绍几种常用的简易测具。

1.方向架

方向架也叫十字架或直角架,用于横断面测量或检测横断面宽度时定向。方向架一般为木质,有三根指针,其中两根互相垂直且有一根可上下转动,另一根为活动指针,可左右转动。

2.方向盘

方向盘作用同方向架,在立杆顶部有一木质圆盘,圆盘上固定一标有0°～360°分划的圆盘。

3.边坡样板

边坡样板可用于边坡放样定位,也可用于检测已修筑成的路堤、路堑、沟槽、河渠等坡度是否符合设计要求。边坡样板一般由木料按规定边坡制成。除少数样板可一板两用,适应两种不同边坡(如坡度为1∶0.5及1∶2)外,一般情况只能专用于一种边坡。

4.斜坡(坡度)测角器(坡度尺)

该工具可检测挖方或填方边坡坡度。用一正方形板,板面绘制从0°～90°的圆弧刻度尺,在圆心处钉一小钉并系以线绳(摆线),悬结重物于线端,然后在木板的一边钉上刨平的直线靠尺,以构成坡度测角器(或称坡度尺)。也可由对应角度换算成坡度值,标注在对应角度刻划处,同时读出角度与坡度。

5.边沟断面样板

边沟断面样板可同时检测沟、渠等边坡及深度。按检测对象用木料制成样板。

6.挡土墙检坡尺

检坡尺用于检测构造物坡度。按检测对象用木料制成检坡尺,可检测墙面、墙背、护坡坡面等。

二、距离检测仪器

1. 钢尺一般量距

(1)丈量工具

①钢尺

钢尺系优质钢加工制成，呈带状，宽 10～15mm，厚 0.4mm，尺长有 20、30、50m 等几种。按尺的零点位置，钢尺可分为刻线尺和端点尺。刻线尺是在尺的起点一端刻一横线作为尺的零点；端点尺则是以尺的最外端为尺的零点。

②标杆

标杆又称花杆，用圆木或铝合金制成，直径约 3cm，长 2～3m，杆身按 20cm 间隔涂上红白油漆，杆底部装有铁脚以便插入地面，主要用于标点定线。

③测钎

由粗铁丝加工制成，长 30～40cm，上端弯成环形，下端磨尖，一般 12 根为一组，用于标定尺端点和整尺段数。

④锤球

金属制成，常用于对点、标点、投点。锤球常挂在锤球架中使用。

(2)钢尺一般量距

钢尺量距最基本的要求是"直、平、准"。其施测步骤如下：

①直线定线

当检测距离超过一个尺段时，为了使每一尺段能沿直线方向进行量距，需要在两端点连线方向上标定若干中间点，这项工作称为直线定线，可用目估法和经纬仪定线法。一般在平坦地区可用目估法。

②尺段丈量

尺段丈量一般为分下面几个步骤：

a. 标点和定线

直线起点、终点用花杆或小木桩标定，中间点或尺段点可用测钎标定；

b. 对点

认准尺子零刻画，前后尺手行动一致；

c. 持平

量距时，应保持尺子水平。

d. 投点

前尺手将尺段端点标定在地面上，这样一个尺段量距完成，依次继续进行，直至终点，这个过程称为往测。再由终点向起点量距，称为返测。往返丈量一次称为一个测回。

③成果整理

评定距离丈量的精度，是用相对误差来表示。所谓相对误差，是以往返测距的较差 $\Delta D = D_{ab} - D_{ba}$ 的绝对值与往返测距的平均值之比，并将分子化为 1 的分数式表示。

2. 钢尺精密量距

钢尺一般量距精度高，相对精度为 1/1000～1/5000，如精度要求更高时，就要进行精密量距。

(1)精密量距方法

①清理场地

将沿丈量直线方向上的障碍物、杂草、土坎等影响丈量的障碍物清除掉。

②经纬仪定线

在丈量前，根据丈量时所用的钢尺长度，一般每一尺段要比钢尺全长略短几厘米打一木桩，桩顶高出地面，在桩顶上打一块铁皮，用经纬仪瞄准后，在桩铁皮上用小刀划出十字线。

③测量尺段高度差

精密丈量是沿桩顶进行的，但各桩顶不一定同高，需用水准仪测出相邻各桩顶间的高差，以便将倾斜距离改正成水平距离。

④精密丈量

按钢尺检定标准拉力进行量距。估读至 0.5mm。每尺段应丈量 3 次，每次前后移动钢尺 2～3cm，三次中最大和最小之差不超过 2mm。每一尺段应读、记一次温度，估读至 0.5℃。

(2)尺段长度计算

①尺长改正

钢尺在标准拉力、标准温度下检定的实际长度为 l，而尺面刻划注记的名义长度为 l_0，则整尺段的尺长改正 Δl 为：

$$\Delta l = l - l_0 \tag{4.29}$$

对于非整尺段 q 的尺长改正 Δl_q 为：

$$\Delta l_q = \frac{\Delta l}{l} \times q \tag{4.30}$$

②温度改正

检定时的温度为 $t_0 = 20℃$，丈量时的温度为 t，由于流度变化引起的尺长变化称温度改正 Δl_t，其值为：

$$\Delta l_t = al(t - t_0) \tag{4.31}$$

式中：a——系数($a = 0.0000125/℃$)；

t——丈量时气温。

③倾斜改正

量得尺段的斜距为 l'，高度为 h，需将 l' 换算成水平距离 D。

(3)光电测距

目前国内外生产的测距仪型号很多，虽然它们的基本工作原理和结构大致相同，但具体操作有较大的差异，因此在使用时应认真阅读仪器使用手册，严格按照其要求进行操作。

三、高程检测仪器

高程检测仪器主要指水准仪。水准仪是利用水平视线测定两点间高差的仪器，按其

精度分 $DS_{0.5}$、DS_1、DS_3、DS_{10}、DS_{20} 等几种等级。“D”表示大地测量;“S”表示水准仪的汉语拼音第一个字母,下角数字指每千米往返测量高差中数的偶然误差(mm)。其中 DS_3 水准仪为普通工程测量所使用。

水准仪主要由望远镜、水准器、基座组成。

1.微倾式水准仪

微倾式水准仪是一种装有微倾螺旋的水准仪。

(1)微倾式水准仪的构造

①望远镜

望远镜是瞄准远处目标用的,由物镜、目镜、十字丝分划板组成。物镜和目镜多采用复合透镜组,十字丝分划板上刻有两条互相垂直的长线,竖直的一条称竖丝,横的一条称中丝,作用是为了瞄准目标和读数。

十字丝交点与物镜光心的连线,称为视准轴。水准测量是视准轴水平时,用十字丝中丝截取水准尺上的读数。

②水准器

水准器是用来指示视准轴是否水平或仪器竖轴是否竖直的装置,有管水准器和圆水准器两种。

③基座

基座的作用是支承仪器的上部并与三脚架连接。基座主要由轴座、脚螺旋、底板和三角压板构成。

(2)水准尺和尺垫

水准尺是水准测量时使用的标尺,常用的水准尺有塔尺和双面尺两种。

①塔尺

长度有 2m 和 5m 两种,由两节或三节套接在一起。尺的底部为零点,尺上黑白格相同,每格宽度为 1.0cm 或 0.5cm,每一米或分米处均有注记。塔尺多用于等外水准测量。

②双面尺

双面水准尺多用于三、四等水准测量。其长度有 2m 和 3m 两种,且两根尺为一对,尺的两面均有刻度,一面为红白相间,另一面为黑白相间,两根尺黑面均由零开始,而红面,一根尺由 4.687 开始至 6.687m 或 7.687m,另一根由 4.787 开始至 6.787m 或 7.787m。

③微倾式水准仪操作

水准仪的操作包括仪器的安置、瞄准水准尺、精平和读数等步骤。

2.精密水准仪

精密水准仪主要用于国家一、二等水准测量和高精度的工程测量中,如大型桥梁的施工、检测测量,建筑物的沉降观测等。

(1)精密水准仪的构造

精密水准仪的构造与 DS_3 级水准仪基本相同,也是由望远镜、水准器和基座三部分组成。其不同之处是:水准管分划值较小一般为 10″/2mm;望远镜放大率较大,一般不小于 40 倍;望远镜的亮度好,仪器结构稳定,受温度的变化影响小等。

为了提高读数精度,精密水准仪上设有光学测微器。

(2)精密水准尺

精密水准仪必须配有精密水准尺。精密水准尺一般都是在木质尺身的槽内引出一根因瓦合金带，在带上标有刻划，数字注在木尺上。精密水准尺的分划为线条式，有间距10mm 和 5mm 两种。

①带有基辅差的水准尺

这种尺是在同一尺面有彼此错开的两排刻划。右边一排注记数字自 0 至 3m，称为基本分划；左边一排注记数字自 3 至 6m，称为辅助分划。两排注计相差常数 K，称为基辅差。

②无基辅差水准尺

该尺左边一排刻划为奇数，右边为偶数；右边注记为米数，左边注记为分米数。小三角形表示半分米处，长三角形表示分米的起始线。厘米分划的实际间隔为 5mm，尺面注记值为实际长度的 2 倍，所以，用此水准尺观测高差时，须除以 2 才是实际高差。

③精密水准仪的操作

使用精密水准仪进行水准测量的方法与微倾式水准仪基本相同。只是读数方法有差异，操作时，先粗平、瞄准，再精平、读数。转动微倾螺旋使管水准气泡居中，转动测微手轮，使分划板上的楔形丝精确地夹住整分划线。读数分为两部分：厘米以上的数按水准尺读数；厘米以下的数在测微器分划尺上读取，估读到 0.01mm，对不同的尺子，读数方法有所不同。

3. 自动安平水准仪

自动安平水准仪是利用自动安平补偿器代替水准管，观测时能自动获得水平视线的读数而比普通水准仪观测速度提高约 40%。

4. 电子水准仪

(1)构造与工作原理

电子水准仪是一种自动化程度很高的智能水准仪器，它由基座、水准器、望远镜及数据处理系统组成。电子水准仪具有内置应用软件和良好的操作界面，可以自动完成读数、记录和计算处理等工作，并通过数据通信将数据传输到计算机进行后续处理，还可以通过远程通信系统将测量成果直接传输给其他用户。若使用普通水准尺，也可当普通水准仪使用。

电子水准仪的工作原理：在仪器的中央处理器(数据处理系统)中建立了一个对单平面上所形成的图像信息自动编码的程序，通过望远镜中的照相机摄取水准尺上的图像信息，传输给数据处理系统，自动地按编码转换成水准尺读数和水平距离或其他所需要的数据，并自动记录储存在记录器中或显示器上。

电子水准仪不仅可进行普通水准仪的各种测量，还可进行水平角测量、高精度距离测量坐标增量测量、水准网测量的平差计算，在较为平坦的地区可作中等精度全站仪使用，具有一机多能的作用。尤其是自动连续测量的功能，对大型建筑物的变形(瞬时变化值)观测更具有优越性，不是常规仪器所能比拟的。

(2)条码水准尺

条码水准尺是与电子水准仪配套的专用尺，它由玻璃纤维塑料制成，或用铟钢制成尺面镶嵌在基尺上形成。尺面上刻有宽度不同的水平黑白相间的分划(条码)。该条码相当于普通水准尺的分划和注记,全长为 2～4.05m。条码水准尺上附有安平水准器和扶手,使之长时间保持竖直位置,可减轻作业人员的劳动强度。

(3)技术操作方法

电子水准仪用于测量时,其技术操作方法与自动安平水准仪类似,分为粗平、照准、读数三步。

四、角度检测仪器

1.光学经纬仪

角度检测仪器主要是经纬仪。目前使用最为广泛的测角仪器是光学经纬仪。经纬仪的类型很多,按其精度分,工程上常用的有 DJ6、DJ2 两类。“D”“J”分别为“大地测量”和“经纬仪”的汉语拼音第一个字母,“6”“2”表示该种仪器野外一测回方向观测中误差是±6″和±2″。

(1)DJ6 级光学经纬仪

各种 DJ6 级光学经纬仪的构造大致相同,主要由照准部、水平度盘和基座三部分组成。

(2)DJ2 级光学经纬仪

DJ2 级光学经纬仪用于三、四等三角测量,精密导线测量以及精密工程测量。其结构与 DJ6 级光学经纬仪基本相同。

(3)水平角测量

①经纬仪的安置

在用经纬仪进行测角之前,必须把仪器安置在测站上。经纬仪的安置包括对中和整平两项工作。

②水平角测量方法

水平角的测量方法,一般是根据测角的精度要求、所使用的仪器以及观测方向的数目而定。工程上常用的方法有测回法和方向观测法。

(4)竖直角测量

竖直角是同一竖直面内目标视线方向与水平方向的交角。

2.电子经纬仪

电子经纬仪与光学经纬仪相同,是一种精密测角仪器。它们总体结构相似,主要区别在读数系统。电子经纬仪采用光电扫描度盘、自动读数液晶显示系统,接上记录器能自动记录,加配适当接口还可将野外采集的数据直接输入计算机进行计算绘图。电子经纬仪按测角系统分为:增量式光栅度盘、动态式光栅度盘和绝对式编码度盘测角系统三大类。

五、全站型电子速测仪

全站型电子速测仪简称全站仪,它由光电测距仪、电子经纬仪和数据处理系统组成,除能自动测距、测角外,还能快速完成一个测站所需完成的工作,包括平距、高差、高程、坐标以及放样等方面数据的计算。

全站仪分为分体式和整体式两类。分体式全站仪的照准头和电子经纬仪不是一个整体，进行作业时将照准头安装在电子经纬仪上，作业结束后卸下分开装箱。整体式全站仪是分体式全站仪的进一步发展，照准头与电子经纬仪的望远镜结合在一起，形成一个整体，使用起来更为方便。

全站仪包含测量的四大光电系统，即测距、测水平角、竖直角和水平补偿。键盘指令是测量过程的控制系统，测量人员通过按键便可调用内部指令指挥仪器的测量工作过程和进行数据处理。以上各系统可通过I/O接口接入总线与数字计算机联系起来。

微处理器是全站仪的核心部件，它如同计算机的中央处理机(CPU)，主要由寄存器系列(缓冲寄存器、数据寄存器、指令寄存器等)、运算器和控制器组成，微处理机的主要功能是根据键盘指令启动仪器进行测量工作，执行测量过程的检核和数据的传输、处理、显示、储存等工作，保证整个光电测量工作有条不紊地完成，输入输出单元是与外部设备连接的装置(接口)。数据存储器是测量成果的数据库。为便于测量人员设计软件系统，处理某种目的的测量成果，在全站仪的数字计算机中还提供有存储器。

1. SET C型全站仪

(1)仪器的主要特点和技术指标

SET C型全站仪是日本索佳公司生产的系列产品，它自动化程度高，测量速度快，观测精度高，性能稳定，具有以下主要特点：

采用同轴双速制、微动机构，使照准更加快捷、准确。

控制面板具有人机对话功能。控制面板由键盘和主显示窗、副显示窗组成。除照准以外的各种测量功能和参数均可通过键盘来实现。

设有双向倾斜补偿器，可以自动对水平和竖直方向进行修正，以消除竖轴倾斜误差的影响。

机内设有测量应用软件，可以方便进行三维坐标测量、导线测量、对边测量、悬高测量、偏心测量、后方交会、放样测量等工作。

(2)仪器的操作与使用

①测前的准备工作

a. 内部电池的安装

测前应检查内部电池的充电情况，如电力不足，要及时充电，充电时间需要12～15h。不要超出规定时间，测时装上电池，测量结束应卸下。

b. 安置仪器

仪器的安置包括对中和整平。仪器装有尺寸较大的光学对中器，放大率为3倍，使用很方便。仪器设有双向倾斜补偿器，补偿范围3′，所以仪器整平后，气泡稍有偏离，对观测并无影响。

c. 开机并设置水平与竖直度盘指标

开机后仪器自动进入自检，通过后显示电池电力情况，之后即可设置水平与竖直度盘制标。

将仪器照准部旋转一周，听到鸣响即显示水平角，然后将望远镜竖直旋转。听到鸣响即显示竖直角，至此两项指标设置完毕。

d. 设置仪器参数

根据测量的具体要求，测前应通过仪器的键盘(菜单模式)操作选择和设置参数。如测高程时，应在测前选择设置大气折光系数 K 值。

②仪器的操作与使用

各类测量具体操作详见仪器使用说明书。

2. Leica TC1010、TC1610 型全站仪

(1)仪器的主要特点和技术指标

TC1010、TC1610 型全站仪是瑞士徕卡公司生产的整体式全站仪。其功能与 SET 型全站仪基本相同，但操作方法有较大差异，如键盘设计完全不同。

TC1010、TC1610 型全站仪除具有全站仪的一切特性外，还具有以下特点：

不但具有良好的电子系统，而且光学系统也极好，成像清晰、稳定。

采用了彩色编码键盘，减少或避免按错键，也有助于减轻作业员的疲劳感。

掌握仪器的菜单树形结构之后，只要记住了菜单各功能的代码，即可方便地调用菜单中的一切功能。

(2)仪器功能与操作

仪器各键功能、菜单功能的调用、显示屏幕的定义以及各类测量具体操作详见仪器使用说明书。

六、全球定位系统(GPS)

全球定位系统(GPS)由美国政府组织，从 1972 年开始研制，于 1993 年全部建成。该系统不仅具有全球性、全天候、连续的三维速测、导航、定位与授时能力，而且具有良好的抗干扰性和保密性，在军事和经济上都有广泛的用途。

GPS 目前已广泛地用于公路工程的控制测量。在公路工程的检测中，用它也可以迅速地测出被检测点的坐标，与全站仪相比具有不要求通视和使用方便等优点。

1. GPS 的组成

GPS 主要由三大部分组成，即空间星座部分(GPS 卫星星座)、地面监控部分和用户设备部分。

(1)空间星座部分

①GPS 卫星星座

全球定位系统的空间星座部分，由 24 颗卫星组成，其中包括 3 颗可随时启用的备用卫星。工作卫星分布在 6 个近似圆形轨道面内，每个轨道面上有 4 颗卫星，卫星轨道相对地球赤道面的倾角 55°，各轨道平面交点的半径相差 60°，同一轨道上各卫星之间的外交角距相差 90°。轨道平均高度为 20200km，卫星运行周期为 11 小时 58 分。同时在地平线以上的卫星数目随时间和地点而异，最少为 4 颗，最多达 11 颗。

上述 GPS 卫星的空间分布，保障了在地球上任何地点、任何时刻均至少可同时观测到 4 颗卫星，加之卫星信号的传播和接收不受天气的影响，因此 GPS 是一种全球性、全天候、连续的实时定位系统。

②GPS 卫星及功能

GPS卫星的主体呈圆柱形，设计寿命为7.5年，主体两侧配有能自动对日定向的双叶太阳能集电板，为卫星正常工作提供电源。通过一个驱动系统保持卫星运转并稳定其轨道位置。每颗卫星装有4台高精度原子钟（铷钟和铯钟各两台），以保证发射出标准频率（稳定度为10^{-12}～10^{-13}）为GPS测量提供高精度的时间信息。

在全球定位系统中，GPS卫星的主要功能是接收、储存和处理地面监控系统发射来的导航电文和其他有关信息向用户连续不断地发送导航与定位信息，并提供时间标准、卫星本身的空间实时位置及其他在轨卫星的概略位置。接收并执行地面监控系统发送的控制指令，如调整卫星姿态和启用备用时钟、备用卫星等。

(2)地面监控部分

GPS的地面监控系统主要由分布在全球的五个地面站组成，按其功能分为主控站(MCS)、注入站(GA)和监测站(MS)三种。

主控站1个，设在美国的科罗拉多州的斯普林斯。主控站负责协调和管理所有地面监控系统的工作。

注入站又称地面天线站，数量有3个，其主要任务是通过一台直径为3.6m的天线，将来自主控站的卫星星历、钟差、导航电文和其他控制指令注入到相应卫星的存储系统，并监测注入信息的正确性。

监测站共有5个，除上述4个地面站具有的监测站功能外，监测站的主要任务是连续观测和接收所有GPS卫星发出的信号并监测卫星的工作状况，将采集到的数据连同当地气象观测资料时间信息经初步处理后传送到主控站。

(3)用户设备部分

全球定位系统的用户设备部分，包括GPS接收机硬件、数据处理软件和微处理器及其终端设备等。

GPS信号接收机是用户设备部分的核心，一般由主机、天线和电源三部分组成，其主要功能是跟踪接收GPS卫星发射的信号并进行变换、放大、处理，以便测量出GPS信号从卫星到接收天线的传播时间；解译导航电文，实时地计算测站的三维位置，甚至三维速度和时间。

2. GPS定位原理

GPS进行定位的方法，根据用户接收机天线在测量中所处的状态，可分为静态定位和动态定位；若按定位的结果，可分为绝对定位和相对定位。

所谓绝对定位，是在WGS-84坐标系（世界大地坐标系统）中，独立确定观测站相对地球质心绝对位置的方法。相对定位同样在WGS-84坐标系中，确定的则是观测站与某一地面参考点之间的相对位置，或两观测站之间相对位置。

所谓静态定位，即在定位过程中，接收机天线（待定点）的位置相对于周围地面点而言，处于静止状态，而动态定位即在定位过程中，接收机天线处于运动状态，也就是说定位结果是连续变化的。

(1)基本定位原理

利用GPS进行定位的基本原理，是以GPS卫星和用户接收机天线之间距离（或距离差）的观测量为基础，并根据已知的卫星瞬时坐标来确定用户接收机所对应的点位，即待定点的三维坐标(x,y,z)。由此可见 GPS 定位的关键是测定用户接收机天线至 GPS 卫星之间的距离。

(2)载波相位测量

载波相位测量是利用 GPS 卫星发射的载波为测距型号。由于载波的波长($\lambda_{L_1}=19\text{cm}$,$\lambda_{L_2}=24\text{cm}$)比测距码波长要短得多,因此对载波进行相应测量,就可能得到较高的测量定位精度。

(3)相对定位

相对定位是目前 GPS 测量中精度最高的一种定位方法,它广泛用于高精度测量工作中。前已叙及,GPS 测量结果中不可避免地存在着种种误差,但这些误差对观测量的影响具有一定的相关性,所以利用这些观测的不同线性组合进行相对定位,可有效地消除或减弱上述误差的影响,提高 GPS 定位精度,同时消除了相关的多余参数,也方便了 GPS 的整体平差工作。

3. GPS 测量的实施

GPS 测量的外业工作主要包括选点、建立观测标志、野外观测以及成果质量检核等。内业工作主要包括 GPS 测量的技术设计、测后数据处理以及技术总结等。如果按照 GPS 测量实施的工作程序,则可分为技术设计、选点与建立标志、外业观测、成果检核与处理等阶段。

(1)GPS 网的技术设计

GPS 网的技术设计是一项基础性的工作。这项工作应根据 GPS 网的用途和用户的要求来进行,其主要工作内容包括精度指标的确定和网的图形设计等。

(2)选点与建立标志

由于 GPS 测量观测站之间不要求通视,而且网形结构灵活,故选点工作远比常规大地测量简便,而且省去建立高标的费用,降低了成本。但 GPS 测量又有其自身的特点,因此选点时,应满足以下要求:点位应选在交通方便,易于安置接受设备且视野开阔的地方,以便于同常规地面控制网的联测;GPS 点应避开对电磁波接受有强烈吸收、反射等干扰影响的金属和其他障碍物体,如高压线、电台、电视台、高层建筑、大范围水面等。点位选定后,应按要求埋置标石,以便保存。最后,应绘制点标记、测站环视图和 GPS 网选点图,作为提交的选点技术资料。

(3)外业观测

外业观测是指利用 GPS 接受机采集来自 GPS 卫星的电磁波信号,其作业过程大致可分为天线安置、接收机操作和观测记录。外业观测应严格按照技术设计时所拟定的观测计划进行实施,只有这样,才能协调好外业观测的进程,提高工作效率,保证测量成果的精度。为了顺利地完成观测任务,在外业观测之前,还必须对选定地接受设备进行严格地检验。

天线的妥善安置是视线精密定位的重要条件之一,其具体内容包括:对中、整平、定向并量取天线高。

接受机操作的具体方法步骤,详见仪器使用说明书。

(4)成果检核与数据处理

观测成果的外业检核是确保外业观测质量,实现预期定位精度的重要环节。所以,当观测任务结束后,必须在测区对外业观测数据进行严格的检核;并根据情况采取淘汰或必要的重测、补测措施。只有按照《全球定位系统(GPS)测量规范》(GB/T18314-2001)要求,对各项检核内容严格检查,确保准确无误,才能进行后续的平差计算和数据处理。

七、道路几何数据测试车

1. 测试车的组成及测试内容

为了快速地获得公路线形的各项指标,工程技术人员希望能通过一种有效的方式自动测量并记录所需要的各项数据。"道路几何数据测试车"就是这样一种装置。这一套系统不但可用于公路几何线形的检测,也可用于旧公路线形调查和研究。目前,我国公路部门已引进多台由澳大利亚道路研究所(ARRB)生产的道路几何特征测试车。

道路几何特征测试车是在一辆专用的汽车上安装传感器、陀螺仪、微处理系统、里程表、时钟等装置。近期生产的测试车除上述仪器外,还安装有GPS接收机。当测试车在道路上行驶时,车上的记录器能自动记录道路的距离、纵坡、平曲线曲率、竖曲线曲率、超高、横坡度、车辆速度等。它既可以连续记录某一公路的动态信息,也可以记录定点信息。此外,还可获得一些附加项目,如曲线上的推荐速度、海拔变化、方向变化以及有关的测绘坐标等。这些信息,可以由系统所带的打印机,以数字或图形方式输出。下面就RGDAS系统(不带GPS接收机)和Gipsi-trac系统(带GPS接收机)两种测试车加以介绍。

2. RGDAS系统

该系统装置于一个专用车辆上,系统的操作只需要两人:一名驾驶员,一名操作人员。操作人员坐在驾驶员旁边的乘客位置上,通过便携式计算机控制整个系统,将观测的数据记录在磁盘上,或以不同的格式输出到一个小型打印机上。

系统记录的几何参数是:运行距离、纵坡、横坡(路拱或超高)。平曲线曲率、竖曲线曲率、运行速度。

如果需要的话,上面参数中的任意一个以及弯道推荐速度、方向变化、海拔变化、相关的制图坐标、车辆加速度这些项目均可在野外车辆运行的过程中连续地被打印出来。

上述前4项是根据观测的线形参数计算出来的,第5项是直接观测获得的。

当车辆静止的时候,能获得准确的静态纵坡和停车点的横坡。

这个系统获得的数据在车辆的停止和起始过程中都是连续的。一个"数据保持"开关容许车辆脱离观测程序,当回到连续观测状态时,仍能保持数据的连续性。

测试车的工作原理和操作方法简单介绍如下:

量测系统是通过汽车后轴上的差速器在旋转中所产生的脉冲来控制的。差速器旋转一周就产生一个脉冲,一个量测周期由四个这样的旋转组成,一个周期代表运行了大约8m的距离。一个量测周期,装在车上的两个加速度表和一个二自由度陀螺仪每10ms取样一次,即每秒钟采样100次。传感器的样本逐渐汇集,样本的数目也逐渐增大。因此,当每个量测周期(8m)结束的时候,可以很容易获得每个传感器输出的平均值,下一个周期的采样和汇总又重新开始。

差速器的四次旋转时间均被微处理机系统的周期定时器所确定,这就提供了为计算汽车行驶速度和加速度所需要的数据。各项观测值的计算办法和获得的途径如下：

速度：距离/时间。

加速度：两量测周期的速度变化率。

纵坡：由纵向加速度仪量测获得。

平曲线曲率：由二自由度陀螺仪量测获得。

横坡：由横向加速度仪量测获得。

竖曲线曲率：每个周期系统可获得一次纵坡估计值，当纵坡在逐渐变化时，即可获得竖曲线，通过数学方法可计算其曲率。

RGADS 系统的优点是观测效率高，操作简便，省时省力。其缺点是中线偏位检测很难达到《检测标准》要求。同时，该系统输出的是路线几何要素的相对值，至于中线上的平面坐标、纵断面高程、横断宽度等数据，仍无法从系统获得。

3. Gipsi-trac 系统

本系统针对 RGADS 的不足，增加了全球定位系统（GPS），利用测试车内的 GPS 和传感器，将汽车的运行轨道以图形形式输出。

Gipsi-trac 系统包括：用于测量距离、速度和加速度的传感器。用于测量纵坡度的加速度计。用于测量横坡的加速度计。用于测量方向变化的陀螺仪。获得绝对坐标和海拔高程的 GPS 接收机。采集、汇总数据的微处理器。

可见上述仪器除 GPS 外，其余与 RGADS 系统所安装的仪器基本相同。

操作人员通过 Gipsi-trac 控制系统运行下列程序：一系列标定程序。对 GPS 接收机的一系列初始化程序。在 PC 机上供选择文件用的菜单。与检测数据相关的文字与图形。

所收集的数据被传送到计算机内，经处理后以一定格式打印输出。在运行期间，系统允许操作人员校验所采集数据的准确性。

该系统能收集道路几何线形数据是因为测试车在运行过程中，有三种基本姿态：纵向仰俯、横向摇摆、左右转弯。它们分别由纵坡加速度计、横坡加速度计和陀螺计实时记录获得，从而得到道路平、纵、横的三维数据。GPS 和上述几种传感器都是依其特性独立运行的，但是汽车在行驶过程中，由于树木、房屋对卫星信号的遮挡，或来内外界信号的干扰，可能会引起 GPS 接收信号的丢失或偏移，于是降低了汽车位置数据的准确性。为此，操作人员必须在测试系统的运行期间和数据的后处理阶段进行必要和有效的操作，以达到需要的检测精度。

第五章　桥涵结构工程试验检测技术

第一节　桥涵工程试验检测的内容和依据

一、桥涵工程试验检测的内容

桥涵工程试验检测的内容随桥涵所处的位置、结构形式和所用材料不同而各异，应根据所建桥涵的具体情况按有关标准规范选定试验检测项目，一般常规试验检测包括：

1.施工准备阶段的试验检测项目

(1)桥位放样测量

(2)钢材原材料试验

(3)钢结构连接性能试验

(4)预应力锚具、夹具和连接器试验

(5)水泥性能试验

(6)混凝土粗细集料试验

(7)混凝土配合比试验

(8)砌体材料性能试验

(9)台后压实标准试验

(10)其他成品、半成品试验检测

2.施工过程中的试验检测项目

(1)地基承载力试验检测

(2)基础位置、尺寸和标高检测

(3)钢筋位置、尺寸和标高检测

(4)钢筋加工检测

(5)混凝土强度抽样试验

(6)砂浆强度抽样试验

(7)桩基检测

(8)墩、台位置、尺寸和标高检测

(9)上部结构(构件)位置、尺寸检测

(10)预制构件张拉、运输和安装强度控制试验

(11)预应力张拉控制检测

(12)桥梁上部结构标高、变形、内力(应力)监测

(13)支架内力、变形和稳定性监测

(14)钢结构连接加工检测

(15)钢构件防护涂装检测

3.施工完成后的试验检测项目

(1)桥梁总体检测

(2)桥梁荷载试验

(3)桥梁使用性能监测

二、桥涵工程试验检测的依据

公路桥涵工程试验检测应以国家和交通部颁布的有关公路工程法规、技术标准、设计施工规范和材料试验规程为依据进行,对于某些新结构以及采用新材料和新工艺的桥梁,有关的公路工程规范、规程暂无相关条款规定时,可以借鉴执行国外或国内其他行业的相关规范、规程的有关规定。我国结构工程的标准和规范可以分为四个层次。

第一层次:综合基础标准,如《工程结构可靠度设计统一标准》(GB50153-92),是指导制定专业基础标准的国家统一标准。

第二层次:专业基础标准,如《公路工程技术标准》(JTGB01-2003)、《公路工程结构可靠度设计统一标准》(GB/T50283-1999),是指导专业通用标准和专业专用标准的行业统一标准。

第三层次:专业通用标准。公路桥梁工程设计、施工和试验检测主要涉及的专业通用标准有:

《公路桥位勘测设计规范》(JTJ062-91)

《公路工程地质勘察规范》(JTJ064-98)

《公路勘测规范》(JTJ061-99)

《公路工程水文勘测设计规范》(JTGC30-2002)

《公路桥涵设计通用规范》(JTGD60-2004)

《公路砖石混凝土桥涵设计规范》(JTJ022-85)

《公路钢筋混凝土及预应力混凝土桥涵设计规范》(JTGD62-2004)

《公路桥涵地基与基础设计规范》(JTJ024-85)

《公路桥涵钢结构及木结构设计规范》(JTJ025-86)

《公路工程抗震设计规范》(JTJ004-89)

《公路桥涵施工技术规范》(JTJ041-2000)

《公路工程质量检验评定标准》(JTGF80-2004)

《公路工程石料试验规程》(JTJ054-94)

《公路工程常用金属试验规程》(JTJ055-94)

《公路工程集料试验规程》(JTJ058-2000)

《公路土工试验规程》(JTJ051-93)

《公路桥涵养护规范》(JTGH11-2004)

第四层次：专业专用标准。公路桥梁工程设计、施工和试验检测主要涉及的专业专用标准包括：

《公路斜拉桥设计规范》(试行)(JTJ027-96)

《公路桥梁板式橡胶支座》(JT/T4-2004)

《公路桥梁盆式橡胶支座》(JT391-1999)

《球型支座技术条件》(GB/T17955-2000)

《公路桥梁伸缩装置》(JT/T327-2004)

《公路桥梁波形伸缩装置》(JT/T502-2004)

《预应力混凝土用钢绞线》(GB/T5224-2003)

《预应力混凝土用钢丝》(GB/T5223-2002)

《预应力用锚具、夹具和连接器》(GB/T14370-2000)

《公路桥梁预应力钢绞线用锚具、连接器规格系列》(JT329.1-1997)

《公路桥梁预应力钢绞线用锚具、连接器试验方法及检验规则》(JT329.2-1997)

《预应力混凝土桥梁用塑料波纹管》(JT/T529-2004)

《桥梁结构用芳纶纤维复合材料》(JT/T531-2004)

第二节　桥涵工程原材料试验检测

一、石料

石料是由天然岩石经打眼放炮开采得到的大块石，再按要求的规格经粗加工或细加工而得到的规则或不规则的块石、条石等。石料的另一来源是天然的卵石、漂石、巨石，经加工而得到石料。桥涵工程使用的石料主要用于砌体工程，如桥涵拱圈、墩台、基础、锥坡等。桥涵结构物所用石料一般有两方面的要求：

1.石料的要求(JTJ041-2000)

(1)规范

石料应符合设计规定的类别和强度，石质应均匀、不易风化、无裂纹。石料强度、试件规格及换算应符合设计要求，石料强度的测定应按现行《公路工程岩石试验规程》(JTGE41-2005)执行。

(2)抗冻性

一月份平均气温低于－10℃的地区，除干旱地区的不受冰冻部位或根据以往实践经验证明材料确有足够抗冻性者外，所用石料及混凝土材料须通过冻融试验证明符合抗冻性指标时，方可使用。

2.石料的分类

(1)片石

片石一般指用爆破或楔劈法开采的石块,厚度不应小于150mm(卵形和薄片者不得采用)。用作镶面的片石,应选择表面较平整、尺寸较大者,并应稍加修整。

(2)块石

块石形状应大致方正,上下面大致平整,厚度200～300mm,宽度约为厚度的1.0～1.5倍,长度约为厚度的1.5～3.0倍(如有锋棱锐角,应敲除)。块石用作镶面时,应由外露面四周向内稍加修凿,后部可不修凿,但应略小于修凿部分。其加工形状如图5.1所示。

(3)粗料石

粗料石是由岩层或大块石料开劈并经粗略修凿而成,外形应方正,成六面体,厚度200～300mm,宽度为厚度的1～1.5倍,长度为厚度的2.5～4倍,表面凹陷深度不大于20mm。加工镶面粗料石时,料石长度应比相邻顺石宽度至少大150mm,修凿面每100mm长须有錾路4～5条,侧面修凿面应与外露面垂直,正面凹陷深度不应超过15.0mm,加工精度应如图5.2所示。镶面粗料石的外露面如带细凿边缘时,细凿边缘的宽度应为30～50mm。

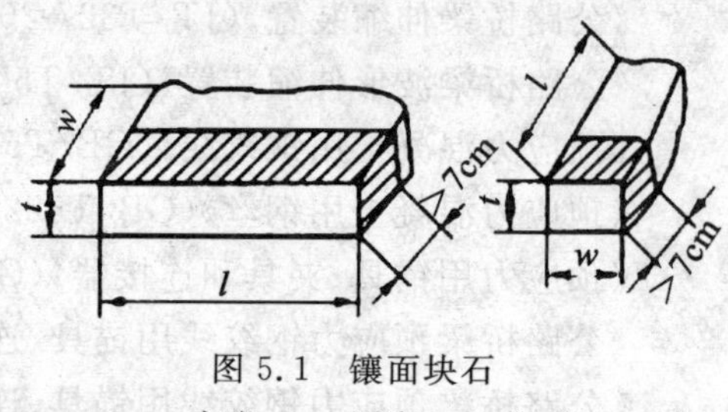

图5.1 镶面块石

w—宽度 t—厚度 l—长度

(4)拱石

拱石可根据设计采用粗料石、块石或片石。拱石应立纹破料,岩层面应与拱轴垂直,各排拱石沿拱圈内弧的厚度应一致。用粗料石砌筑曲线半径较小的拱圈,辐射缝上下宽度相差超过30%时,宜将粗料石加工成如图5.3所示的楔形,其具体尺寸可根据设计及施工条件确定,但应符合下列规定:厚度t_1不应小于200mm,按设计或施工放样确定。高度h应为最小厚度的1.2～2.0倍。长度J应为最小厚度的2.5～4.0倍。

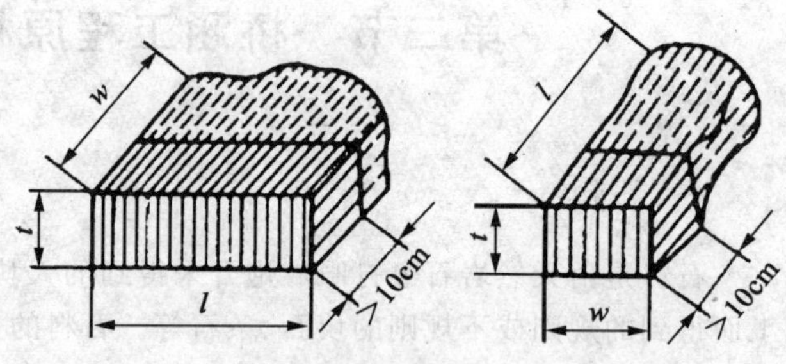

图5.2 镶面粗料石

w—宽度 t—厚度 l—长度

桥涵附属工程采用卵石代替片石时,其石质及规格须符合片石的规定。

3.石料的力学性能试验(JTGE41-2005)

(1)石料的单轴抗压强度试验(T0221-2005)

①仪器设备

a.压力试验机

其测量精度为±1%,试件破坏荷载应大于压力试验机全程的20%且小于压力试验机全程的80%,同时应具有加荷速度指

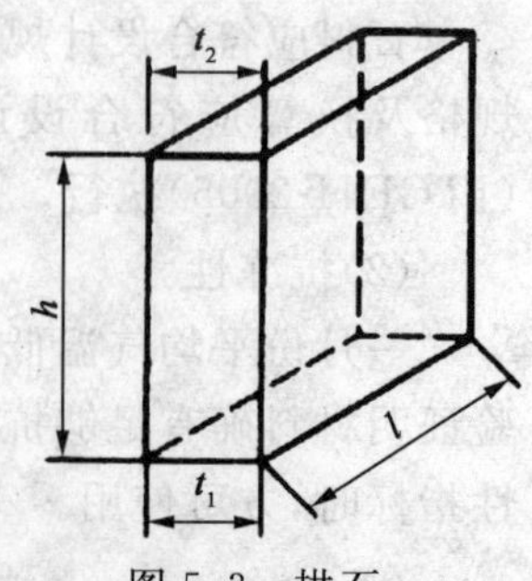

图5.3 拱石

示装置或加荷速度控制装置。可以均匀地连续加荷卸荷，保持固定荷载，开机停机均灵活自如。试件两端的承压板为洛氏硬度不低于 HRC 58 的圆盘钢板，承压板的直径应不小于试件的直径，也不宜大于试件直径的两倍。当压力试验机承压板直径大于试件直径的两倍以上时，必须在试件的上下两端加辅助承压板，其刚度和不平度均应满足压力试验机承压板的要求。两压板之一应是球面座，球面座应放在试件的上端面，并用矿物油稍加润滑，以使在滑块自重作用下仍能闭锁。试件、压板和球面座要精确地彼此对中，并与加载机器设备对中，球面座的曲率中心应与试件端面的中心相重合。

b. 切石机或钻石机、磨平机等岩石试件加工设备

c. 烘箱、干燥器、游标卡尺(精度 0.1mm)、角尺及水池等。

②试样

桥梁工程用的石料试验，采用立方体试件，边长为 70mm±2mm。每组试件共 6 个。

有显著层理的岩石，分别沿平行和垂直层理方向各取试件 6 个。试件上下端面应平行和磨平，试件端面的平面度公差应小于 0.05mm，端面对于试件轴线垂直度偏差不应超过 0.25mm。

③试验步骤

对试件编号，用卡尺量取试件尺寸(精确至 0.1mm)，对立方体试件在顶面和底面上各量取其边长，以各个面上相互平行的两个边长的算术平均值计算其承压面积。

试件的含水状态可根据需要选择烘干状态、天然状态、饱和状态。

试件烘干方法：将试件放入温度为 105℃～110℃的烘箱内烘至恒量，烘干时间一般为 12～24h，取出置于干燥器内冷却至室温 20℃±2℃，称其质量，精确至 0.01g。

试件强制饱和，可任选以下一种方法：用煮沸法饱和试件。用真空抽气法饱和试件。按岩石强度性质，选定合适的压力机。以 0.5～1.0 MPa/s 的速率进行加载直至破坏，记录破坏荷载及加载过程中出现的现象。抗压试件试验的最大荷载记录以牛顿(N)为单位，精度 1%。

④岩石抗压强度计算略。

(2)石料的单轴压缩变形试验(T0222-2005)

①目的和适用范围

石料的单轴压缩变形试验用于测定岩石试件在单轴压缩应力条件下的轴向及径向应变值，据此算出岩石的弹性模量和泊松比。弹性模量是轴向应力与轴向应变之比；泊松比是在弹性模量相对应条件下的径向应变与轴向应变之比。

该试验可分为电阻应变仪法和千分表法，适用于能制成规则试件的各类岩石。坚硬和较坚硬的岩石应采用电阻应变仪法，较软岩石应采用千分表法。

②仪器设备

a. 钻石机、锯石机、磨石机等岩石试件加工设备

b. 惠斯顿电桥、万用表、兆欧表、千分表

c. 电阻应变仪

d. 电阻应变片(丝栅长度大于 15mm)及粘贴电阻应变片用的各种工具及黏结剂等

e. 压力试验机或万能试验机

f. 其他设备

金属屏蔽线、恒温烘箱及其他试件加工设备。

③试样

从岩石试样中制取直径为 50mm±2mm、高径比为 2∶1 的圆柱体试件。试件含水状态可根据需要选择天然含水状态、烘干状态和饱和状态。试件烘干和饱和状态方法与单轴抗压强度试验处理方法相通。同一含水状态下每组试件数量不应少于 6 个。

④试验步骤

先测定其中 3 个试件单轴抗压强度。

a. 电阻应变仪法

选择电阻应变片，然后贴电阻应变片，再焊接导线，按所用的电阻应变仪的使用说明书进行操作，接电源并检查电压，调整灵敏系数。将试件测量导线接好，放在压力试验机球座上。接温度补偿电阻应变片，温度补偿电阻应变片试件应是试验试件的同组试件，并放在试验试件的附近。粘贴温度补偿应变片的操作程序要尽量与工作应变片相同。将试件反复预压 2～3 次，加荷压力约为岩石极限强度的 15%。按规定的加载方式和载荷分级，加荷速度应为 0 5～1.0MPa/s，逐级测读载荷与应变值，直至试件破坏。读数不应少于 10 组测值。记录加载过程及破坏时出现的现象，对破坏后的试件进行描述。

b. 千分表法

采用千分表法测量岩石试件变形，对于较硬岩，可将测量表架直接安装在试件上测量试件的纵、横向变形。

⑤结果整理

a. 计算各级应力

按式(5.1)计算各级应力：

$$\sigma=\frac{p}{A} \tag{5.1}$$

式中：σ——应力(MPa)；

p——与所测各组应变值相应的荷载(N)；

A——试件的截面积(mm^2)。

b. 绘制应力与纵向应变及横向应变关系曲线

在应力与纵向应变关系曲线上找出加载最大值的 80% 和 20% 的点，并作割线，以该割线的斜率表示该试件的弹性模量。

c. 计算弹性泊松比

以同一应力下的纵向、横向应变，计算弹性泊松比 μ。

d. 分别计算割线模量和相应的泊松比 μ

按式(5.2)及(5.3)计算：

$$E_{50}=\frac{\sigma_{50}}{\varepsilon_{L50}} \tag{5.2}$$

$$\mu_{50}=\frac{\varepsilon_{H50}}{\varepsilon_{L50}} \tag{5.3}$$

式中：E_{50}——岩石的变形模量，即割线模量(MPa)；

μ_{50}——岩石泊松比；

σ_{50}——加载最大值的50%时的试件应力(MPa)；

ε_{H50}——应力为σ_{50}时的横向应变值；

ε_{L50}——应力为σ_{50}时的纵向应变值。

e. 均平均值

每组进行3个试件平行试验，试验结果应为3个试件测得结果之平均值，并同时列出每个试件的试验结果。

⑥试验记录

单轴压缩变形试验记录应包括岩石名称、试验编号、试件编号、试件描述、试件尺寸、各级荷载下的应力及纵向和横向应变值、弹性模量及泊松比。

3. 石料抗冻性试验(T0241-1994)

石料的抗冻性是用来评估岩石在饱和状态下经受规定次数的冻融循环后抵抗破坏的能力，石料抗冻性对于不同的工程环境气候有不同的要求。冻融次数规定：在严寒地区(最冷月的月平均气温低于－15℃)为25次；在寒冷地区(最冷月的月平均气温低于－15℃～－5℃)为15次。

(1)仪器设备

①试件加工设备

切石机、钻石机及磨平机等岩石试件加工设备。

②冰箱

温度能控制在－15℃～－20℃。

③天平

感量0.01g，称量大于500g。

④放大镜

⑤烘箱

能使温度控制在105℃～110℃。

(2)试样

采用立方体试件，边长为70mm±2mm。

每组试件不应少于3个，此外再制备同样试件3个，用于做冻融系数试验。

(3)试验步骤

对试件编号，用放大镜详细检查，并作外观描述，然后量出每个试件的尺寸，计算受压面积。

按吸水率试验方法，冻结4h后取出试件，放入205℃的水中融解4h，如此反复冻融至规定次数为止。

每隔一定的冻融循环次数(如10、15、25次等)，详细检查各试件有无剥落、裂缝、分层及掉角等现象，并记录检查情况。

称量冻融试验后的试件饱水质量，再将其烘干至恒重，称其质量。并按单轴抗压强度试验方法测定冻融试验后的试件饱水抗压强度，另取3个未经冻融试验的试件测定其饱水抗压强度。

(4)质量损失率计算

试件冻融后的质量损失率按下式计算：

$$L=\frac{m_s-m_f}{m_f}\times 100 \tag{5.4}$$

式中：L——冻融后的质量损失率，精确至1%；

m_s——试验前烘干试件的质量(g)；

m_f——试验后烘干试件的质量(g)。

冻融后的质量损失率取3个试件试验结果的算术平均值。

(5)冻融后的吸水率计算

冻融后的吸水率按下式计算：

$$w'_{sa}=\frac{m'_f-m_f}{m_s}\times 100 \tag{5.5}$$

式中：w'_{sa}——岩石冻融后的吸水率，精确至0.1%；

m'_f——冻融试验后的试件饱水质量(g)。

(6)耐冻系数计算

耐冻系数按下式计算：

$$K_f=\frac{R_f}{R_s} \tag{5.6}$$

式中：K_f——耐冻系数，精确至0.01；

R_f——若干次冻融试验后的试件饱水抗压强度(MPa)；

R_s——未经冻融试验的试件饱水抗压强度(MPa)。

(7)评定指标

一般要求冻融后的质量损失率 $L\leqslant 2\%$。

耐冻系数 $K\geqslant 75\%$。

试件外形无变化。

(8)试验记录

抗冻性记录应包括岩石名称、试验编号、试件编号、试件描述、冻融循环次数、冻融试验前后的烘干质量、冻融试验后的试件饱水抗压强度、未经冻融试验的试件饱水抗压强度。

二、混凝土

1.普通混凝土力学性能试验

普通混凝土通常是用水泥、水、砂、石子等按设计比例配制，经搅拌、成型、养护而得的水泥混凝土。普通混凝土的力学性能包括抗压强度(见第二章)、轴心抗压强度、静力受压弹性模量、劈裂抗拉强度和抗折强度等。

(1)试件的制作(见第二章)

(2)设备

①试模

各种试模必须满足技术要求规定，且应根据试模的使用频率来决定检查时间，至少每三个月应检查一次。

②振实台

振实台的主要技术指标应符合要求，并且必须由法定计量部门定期进行检测，周期一年，有计量检定证书。

③压力试验机

压力试验机测量精度为±1%，试件破坏荷载必须大于压力机全量程的20%且小于压力机全量程的80%。为了便于操作人员控制加荷速度，试验机应具有加荷速度显示装置或加荷速度控制装置。压力试验机应定期进行标定，并具有计量鉴定证书，鉴定周期一般为一年。

④钢垫板

钢垫板的平面尺寸应不小于试件的承压面积，厚度应不小于25mm。钢垫板应机械加工，承压面的平面度公差为0.04mm；表面硬度不小于55HRC，硬化层厚度约为5mm。

⑤其他量具及器具

量程大于600mm，分度值为1mm的钢板尺。量程大于200mm，分度值为0.02mm的卡尺。直径16mm，长600mm，端部呈半球形的捣棒。

(3)抗压强度试验(见第二章)

当混凝土强度等级小于C60时，用非标准试件测得的强度值均应乘以尺寸换算系数。当混凝土强度等级不小于C60时，宜采用标准试件，使用非标准试件时，尺寸换算系数应由试验确定。

(4)圆柱体试件的抗压强度试验

圆柱体试件的抗压强度试验方法见《普通混凝土力学性能试验方法标准》(GB/T50081-2002)。

(5)轴心抗压强度试验

①试验步骤

检查所采用的压力试验机是否符合要求，并选择合适的量程。

试件从养护地点取出后立即进行试验。

应连续均匀地加荷，不得有冲击。

试件接近破坏而开始急剧变形时，应停止调整试验机油门，直至破坏，然后记录破坏荷载F。

②试验结果计算及确定

a.混凝土试件轴心抗压强度计算

混凝土试件轴心抗压强度应按下式计算：

$$f_{cp}=\frac{F}{A} \tag{5.7}$$

式中：f_{cp}——混凝土棱柱体试件抗压强度(MPa)；

F——试件破坏荷载(N)；

A——试件承压面积(mm^2)。

混凝土棱柱体抗压强度计算结果精确至0.1MPa。

b. 混凝土立方体抗压强度值的确定

一般情况下取三个试件测值的算术平均值作为该组试件的强度值(精确至0.1MPa)。但当三个测值中的最大值或最小值中如有一个与中间值的差值超过中间值的15%时，则把最大及最小值一并舍去，取中间值作为该组试件的抗压强度值。若最大值和最小值的差值均超过中间值的15%，则该组试件的试验结果无效。

c. 非标准试件强度值的确定

当混凝土强度等级小于C_{60}时，用非标准试件测得的强度值均应乘以尺寸换算系数。当混凝土强度等级不小于C_{60}时，宜采用标准试件。使用非标准试件时，尺寸换算系数应由试验确定。

(6)静力受压弹性模量试验

①试验步骤

检查所采用的压力试验机是否符合要求，并选择合适的量程。

检查微变形测量仪是否满足要求。微变形测量仪应定期进行标定，并具有计量鉴定证书，鉴定周期一般为一年。

将六个试件从养护地点取出，用毛巾擦干净试件表面，取三个试件按测定混凝土轴心抗压强度的方法先测定混凝土的轴心抗压强度，另三个试件用于测定混凝土的弹性模量。

将变形测量仪安装在试件两侧的中线上并对称于试件的两端然后将试件安放在试验机的下压板或垫板上，仔细调整试件在压力试验机上的位置，试件的中心应与试验机下压板中心对准，开动试验机，当上压板与试件或钢垫板接近时，调整球座，使接触均衡。

加荷至基准应力为0.5MPa的初始荷载值F_0，保持恒载60s并在以后的30s内记录每一测点的变形读数ε_0。然后立即连续均匀地加荷至应力为轴心抗压强度f_{cp}的1/3荷载值F_a，保持恒载60s并在以后的30s内记录每一测点的变形读数ε_a。所用加荷速度与抗压强度试验时相同。

当两侧变形值之差与它们平均值之比大于20%时，应重新对中试件，再重复以上试验。如果无法使其减少到低于20%时，则此次试验无效。

在确认试件对中后，以与加荷速度相同的速度卸荷至基准应力0.5MPa(F_0)，恒载60s。然后用同样的加荷和卸荷速度以及60s的保持恒载(F_0及F_a)至少进行两次反复预压。在最后一次预压完成后，在基准应力0.5MPa(F_0)下持荷60s并在今后的30s内记录每一测点的变形读数ε_0；再以同样的加荷速度加荷至F_a，持荷60s并在以后的30s内记录每一测点的变形读数ε_a。

卸除变形测量仪，以同样的速度加荷至破坏，记录破坏荷载；如果试件的抗压强度与f_{cp}之差超过20%时，则应在报告中注明。

②试验结果计算及确定

a. 混凝土静力受压弹性模量计算

混凝土静力受压弹性模量计算值按下式计算：

$$E_c=\frac{F_a-F_0}{A}\times\frac{L}{\Delta n} \tag{5.8}$$

式中：E_c——混凝土弹性模量(MPa)；

F_a——应力为1/3轴心抗压强度时的荷载(N)；

F_0——应力为0.5MPa时的初始荷载(N)；

A——试件承压面积(mm^2)；

L——测量标距(mm)；

Δn——最后一次从F_0加荷至F_a时试件两侧变形的平均值(mm)，即

$$\Delta n=\varepsilon_a-\varepsilon_0 \tag{5.9}$$

式中：ε_a——F_a时试件两侧变形的平均值(mm)；

ε_0——F_0时试件两侧变形的平均值(mm)。

b. 静力受压弹性模量值的确定

弹性模量按三个试件测值的算术平均值计算。如果其中有一个试件的轴心抗压强度值超过用以确定检验控制荷载的轴心抗压强度值的20%时，则弹性模量值按另两个试件测值的算术平均值计算，如有两个试件超过上述规定时，则此次试验无效。

(7)劈裂抗拉强度试验

①试验步骤

检查所采用的压力试验机是否符合要求，并选择合适的量程。

检查所采用的垫块、垫条及支架是否符合规定。

试件从养护地点取出后立即进行试验。

开动试验机，当上压板与圆弧形垫块接近时，调整球座，使接触均衡。加荷应连续均匀，至试件接近破坏时，应停止调整试验机油门，直至试件破坏，然后记录破坏荷载。

②试验结果

a. 劈裂抗拉强度值按式(5.10)计算：

$$f_{ts}=\frac{2F}{\pi A}=0.637\frac{F}{A} \tag{5.10}$$

式中：f_{ts}——混凝土劈裂抗拉强度(MPa)；

F——试件破坏荷载(N)；

A——试件劈裂面面积(mm^2)。

劈裂抗拉强度计算结果精确到0.01MPa。

b. 劈裂抗拉强度值的确定

以三个试件测值的算术平均值作为该组试件的强度值(精确至0.01MPa)。若三个测值中的最大值或最小值中有一个与中间值的差值超过中间值的15%时，则把最大及最小值一并舍去，取中间值作为该组试件的抗压强度值。如最大值与最小值与中间值的差均超过中间值的15%，则该组试件的试验结果无效。当采用非标准试件测得的劈裂抗拉强度值时，应乘以尺寸换算系数0.85；当混凝土强度等级不小于C60时，宜采用标准试件。使用非标准试件时，尺寸换算系数应由试验确定。

(8)抗折强度试验

详见第二章。

2.混凝土的收缩试验

收缩变形是混凝土材料因物理和化学作用产生体积缩小的总称。收缩变形通常简称为收缩。收缩能使混凝土产生内应力，导致桥梁结构发生变形，甚至裂缝，从而降低其强度和刚度。此外收缩还能使混凝土内部产生微裂缝，破坏混凝土的微结构，降低混凝土的耐久性。对预应力钢筋混凝土结构，由于混凝土收缩，会产生应力损失。因此，混凝土的收缩值是桥涵施工控制时必需测量的试验数据之一。

(1)仪器设备

①变形测量装置

可以有以下两种形式：

a.混凝土收缩仪

测量标距540mm，装有精度为0.01mm的百分表或测微器。

b.其他形式的变形测量仪表

其测量标距不应小于10mm及最大骨料粒径3倍，并至少能达到相对变形为20×10^{-6}的测量精度。

②测量装置

测量混凝土变形的装置应有铟钢或石英玻璃制作的标准杆，以便在测量前及测量过程中校核仪表的读数。

③恒温恒湿室

能使室温保持在20℃±2℃，相对湿度保持在60%±5%。

(2)试验步骤及注意事项

测定代表某一混凝土收缩性能的特征值时，试件应在3天龄期(从搅拌混凝土加水时算起)从标准养护室取出并立即移入恒温恒湿室测定其初始长度，此后至少应按以下规定的时间间隔测量其变形读数：1、3、7、14、28、45、60、90、120、150、180(天)(从移入恒温恒湿室内算起)。

测定混凝土在某一具体条件下的相对收缩值时(包括在徐变试验时的混凝土收缩变形测定)应按要求的条件安排试验，对非标准养护试件如需移入恒温恒湿室进行试验，应先在该室内预置4h，再测其初始值，以使它们具有同样的温度基准。并且测量时应记下试件的初始干湿态。

测量前应先用标准杆校正仪表的零点，并应在半天的测定过程中至少再核1～2次。

试件每次在收缩仪上放置的位置、方向均应保持一致。

试件在恒温恒湿室内应放置在不吸水的搁架上，底面架空，其总支承面积不应大于100倍的试件截面边长(mm)，相邻试件之间应至少留有30mm的间隙。

需要测定混凝土自缩值试件，在3天龄期时从标准养护室取出后应立即密封处理，密封处理可采用金属套或蜡封。

(3)混凝土收缩值计算

混凝土收缩值计算如下式所示：

$$\varepsilon_{st}=\frac{L_0-L_t}{L_b} \tag{5.11}$$

式中：ε_{st}——试验期为 t 天的混凝土收缩值，t 从测定初始长度时算起；

L_b——试件的测量标距，用混凝土收缩仪测定时应等于两测头内侧的距离，即等于混凝土试件的长度（不计测头凸出部分）减去 2 倍测头埋入深度（mm）；

L_0——试件长度的初始读数（mm）；

L_t——试件在试验期为 t 天时测得的长度读数（mm）。

取三个试件值的算术平均值作为该混凝土的收缩值，计算精确到 10×10^{-6}。

作为相互比较的混凝土收缩值为不密封试件于 3 天龄期自标准养护室移入恒温恒湿中放置 180 天所测得的收缩值。

3. 混凝土的徐变试验

混凝土在持续荷载作用下，随时间增加的变形称为徐变，亦称蠕变。混凝土不论是受压、受拉或受弯时，均有徐变现象。在预应力混凝土桥梁构件中，由于混凝土的徐变，可使钢筋的预应力受到损失，因此，徐变是对预应力混凝土结构极为重要的问题。但是，徐变也能消除钢筋混凝土内的部分应力集中，使应力较均匀地重新分布，对于大体积混凝土，能消除一部分由于温度变形所产生的破坏应力。

(1) 加荷时间

加荷时间有两种分类：

对比或检验混凝土的徐变性能时，试件应在 28 天龄期时加荷。当研究某一混凝土的徐变特性时，应至少制备 4 组徐变试件，并分别在龄期为 7、14、28、90 天时加荷。

(2) 仪器设备

①徐变仪

其基本形式包括上下压板、弹簧持荷装置以及 2～3 根承力丝杆。

②加荷装置

加荷装置包括加荷架、千斤顶及测力装置。加荷架由接长杆及顶板组成，用以承受加荷时的反力。加荷时加荷架与徐变仪丝杆顶部相连。千斤顶一般为起重千斤顶，其吨位应大于所要求的试验荷载。测力装置指标准箱（压力环）或其他形式的压力测定装置，其测量精度应达到所加荷载的 1%，其量程应能使试验压力值不小于全量程的 20%，也不大于全量程的 80%。

③变形测量装置

可采用外装的带接长杆的千分表，差动式应变计或移动式的接触式引伸仪，它应能保证所测量的应变值至少具有 20×10^{-6} 的精度。

④温度及湿度

恒温恒湿室能使室温保持在 20℃±2℃，相对湿度保持在 60%±5%。

(3) 试验步骤

试验前应充分做好准备工作，需要粘贴侧头或测点的应在前一天粘好，仪表安装好后应仔细检查，不得有任何松动或异常现象。

把同条件养护的棱柱体抗压强度试件取出试压，取得混凝土的棱柱体抗压强度。

把徐变试件放在徐变仪的下压板上，此时试件加荷千斤顶、测力计及徐变仪的轴线应重合。再次检查变形测量仪表的调零情况，记下初始读数。

试件放好后，开始加荷。

按下列试验周期(由试件加荷时起算)测定混凝土试件的变形值：1、3、7、14、28、45、60、90、120、150、180、360 天。

在测读变形读数的同时应测定同条件放置的收缩试件的收缩值。

试件受压后应定期检查荷载的保持情况，一般在 7、28、60、90 天各校核一次，如荷载变化大于 2%，应予以补足。

(4)试验结果计算

①混凝土的徐变值计算

混凝土的徐变值按下式计算：

$$\varepsilon_{ct}=\frac{\Delta L_t-\Delta L_0}{L_b}-\varepsilon_{st} \tag{5.12}$$

式中：ε_{ct}——加荷 t 天后的混凝土徐变值；

ΔL_t——加荷 t 天后混凝土的总变形值(mm)；

ΔL_0——加荷时测得的混凝土初始变形值(mm)；

L_b——测量标距(mm)；

ε_{st}——同龄期混凝土的收缩值。

②混凝土的徐变度计算

混凝土的徐变度应按下式计算：

$$C_t=\frac{\varepsilon_{ct}}{\delta} \tag{5.13}$$

式中：C_t——加荷 t 天混凝土的徐变度(1/MPa)；

δ——徐变应力(MPa)。

③混凝土的徐变系数计算

混凝土的徐变系数按下式计算：

$$\varphi_t=\frac{\varepsilon_{ct}}{\varepsilon_0} \tag{5.14}$$

式中：φ_t——加荷 t 天的混凝土徐变系数；

ε_0——混凝土在加荷时测得的初始应变值，即

$$\varepsilon_0=\frac{\Delta L_0}{L_b} \tag{5.15}$$

④结论

作为供对比的混凝土徐变值为经标准养护的混凝土试件，在 28 天龄期时经受 0.4 倍棱柱体抗压强度的恒定荷载经 360 天的徐变值。

三、钢材

桥梁用钢按其形状分类可分为型材、棒材(或线材)和异型材(特种形状)三类。型材主要包括型钢和钢板，常用于钢桥建筑。线材主要包括钢筋、预应力钢筋、高强钢丝和钢绞线等，它是钢筋混凝土桥梁建筑中使用的主要材料之一。异型材是为特殊用途而制作的，如预应力混凝土桥梁中的锚具、夹具和大变形伸缩装置中使用的异型钢梁等。

1.钢材的主要力学性能

(1)强度

强度是钢材力学性能的主要指标,包括屈服强度和抗拉强度。

①屈服强度

屈服强度也称屈服极限,它是钢材开始丧失对变形的抵抗能力,并开始产生大量塑性变形时所对应的应力。

②抗拉强度

抗拉强度是钢材所能承受的最大拉应力。

③屈强比

屈强比是屈服强度与抗拉强度的比值,通常用来比较结构的可靠性和钢材的有效利用率。

(2)塑性

塑性是钢材在受力破坏前可以经受永久变形的性能,通常用伸长率和断面收缩率表示。

①伸长率

伸长率是钢材受拉发生断裂时所能承受的永久变形能力。试件拉断后标准长度的增量与原标准长度之比的百分率即伸长率。

②断面收缩率

断面收缩率是指试件拉断后缩颈处横断面积的最大缩减量占原横断面积的百分率。

(3)冷弯性能

冷弯性能是钢材在常温条件下承受规定弯曲程度的弯曲变形能力,并可在弯曲中显示钢材缺陷的一种工艺性能,规定试件在规定的弯曲角度、弯心直径及反复弯曲次数后,试件弯曲处不产生裂纹、断裂和起层等现象时即认为合格。

(4)硬度

硬度是钢材抵抗其他较硬物体压入的能力,实际上硬度为钢材抵抗塑陛变形的能力。测定钢材硬度常用的方法有布氏法、洛氏法和维氏法,相应的作为硬度指标有布氏硬度(HB)、洛氏硬度(HR)和维氏硬度(HV)。硬度常用于检查钢材质量和确定合理的加工工艺。

(5)冲击韧性

钢材的冲击韧性,是指钢材在冲击荷载作用下断裂时吸收能量的能力,它是衡量钢材抵抗脆性破坏的力学性能指标。

(6)耐疲劳性

钢材若在交变应力(随时间作周期性交替变更的应力)的反复作用下,往往在工作应力远小于抗拉强度时发生骤然断裂,这种现象称为“疲劳破坏”。钢材抵抗疲劳破坏的能力称为耐疲劳性。

(7)焊接性

良好的焊接性是指钢材的连接部分焊接后力学性能不低于焊件本身,以防止产生硬化脆裂和内应力过大等现象。

2. 钢筋检测

(1)钢筋的力学性能和表面质量要求

钢筋混凝土中的钢筋和预应力混凝土中的非预应力钢筋有光圆钢筋、热轧带肋钢筋、低碳钢热轧圆盘条和冷轧带肋钢筋。

(2)钢筋的力学性能检测

①组批规则

钢筋应按批进行检查和验收，每批应由同一牌号、同一外形、同一规格、同一生产工艺和同一状态的钢筋组成，每批不大于 60t。

②取样数量

各类钢筋每组试件数量见表 5.1。

表 5.1　　各类钢筋每组试件数量

钢筋种类	每组试件数量		
	拉伸试验	弯曲试验	反向(复)弯曲
热轧带肋钢筋	2 根	2 根	2 根(反向弯曲)
热轧光圆钢筋	2 根	2 根	—
低碳热轧圆盘条	2 根	2 根	—
冷轧带肋钢筋	每批 2 组	每批 2 组	2 根(反复弯曲)

应注意问题如下：

凡表中规定取两个试件的(低碳钢热轧圆盘条冷弯试件除外)，均应从任意两根(两盘)中分别切取，每根钢筋上切取一个拉伸试件、一个冷弯试件。

低碳钢热轧圆盘条，冷弯试件应取自同盘的两端。

试件切取时，应在钢筋或盘条的任意一端截去 500mm 后切取。

一般试件截取长度为：拉伸试件：$L\geqslant 10d\text{m}+200\text{mm}$；弯曲试件：$L\geqslant 5d\text{m}+150\text{mm}$。

③试验步骤

a. 估算力

在试件上画标距，估算试验所需最大力。

b. 调试试验机，选择合适的量程

试件破坏荷载必须大于试验机全量程的 20%且小于试验机全量程的 80%，试验机的测量精度应为±1%。

c. 测量屈服强度和抗拉强度

钢筋拉伸试验在试验机上进行时，当测力度盘的指针停止转动后恒定负荷或第一次回转的最小负荷即为所求屈服点的荷载。

屈服强度(σ_s)以 MPa 表达，并按下式计算：

$$\sigma_s=\frac{F_s}{A_0} \tag{5.16}$$

式中：F_s——相当于所求屈服应力时的荷载(N)；

A_0——试件原截面面积(mm^2)。

中碳钢和高碳钢没有明显的屈服点，采用分级加荷，求出弹性直线段相应于小等级负荷的平均伸长增量，由此计算出偏离直线段后各级负荷的弹性伸长。从总伸长中减去弹性伸长即为残余伸长。通常以残余伸长 0.2%的应力作为屈服强度，表示为 $\sigma_{0.2}$，并按下式计算：

$$\sigma_{0.2}=\frac{F_{0.2}}{A_0} \tag{5.17}$$

式中：$F_{0.2}$——相当于所求应力的荷载(N)；

A_0——试件原横截面积(mm^2)。

抗拉强度是向试件连续加荷直至拉断，在测力度盘或拉伸曲线上读出最大负荷 F_b，抗拉强度 σ_b 以 MPa 表达，按下式计算：

$$\sigma_b=\frac{F_b}{A_0} \tag{5.18}$$

式中：F_b——试件拉断前的最大荷载(N)；

A_0——试件原横截面积(mm^2)。

d. 伸长率测量

工程中钢材塑性指标通常用伸长率和断面收缩率表示，钢筋一般只进行伸长率单项抽检，当试件拉断后标距长度的增量与原标距长度之比的百分率即为伸长率。

e. 冷弯性能试验

冷弯是评定钢材塑性和工艺性能的重要依据，用以检验钢材在常温下承受规定弯曲程度的弯曲变形的能力。因为工程中经常需对钢材进行冷弯加工，冷弯试验就是模拟钢材弯曲加工而确定的。通过冷弯试验，不仅能检验钢材适应冷加工能力和显示钢材内部缺陷(如起层，非金属夹渣等)状况，而且由于冷弯时试件中受弯部位受到冲头挤压以及弯曲和剪切的复杂作用，因此也是考察钢材在复杂应力状态下发展塑性变形能力的一项指标。所以，冷弯试验对钢材质量是一种较严格的检验。

弯曲试验可在配备弯曲装置的压力机或万能试验机上进行。常用弯曲装置有支辊式、V 形模具式、虎钳式、翻板式等四种。要求支辊长度应大于式样宽度或直径，支辊半径应为 1～10 倍试样厚度，支辊应具有足够的硬度。

试验时将试样放在满足以上条件的设备上缓慢加力，弯曲至规定的弯曲角度。

f. 反复弯曲试验

反复弯曲试验是将试样一端夹紧，然后绕着规定半径的圆柱形表面使试样弯曲 90°，再向相反方向弯曲，数次反复弯曲。用以检验金属材料的反复弯曲塑性变形性能，并显示其缺陷。

④复验与判定规则

a. 屈服强度、抗拉强度和伸长率评定

屈服强度、抗拉强度和伸长率均应符合相应标准中规定的指标。在做拉力检验的两根试件中，如一根试件的屈服强度、抗拉强度、伸长率三个指标中有一个指标不符合标准时，即为拉力试验不合格，应取双倍试件重新测定。在第二次拉力试验中，如仍有一个指标不符合规定，不论这个指标在第一次试验中是否合格，判定拉力试验项目仍不合格，表示该批钢筋为不合格品。

试验中出现下列情况之一者，试验结果无效：试件断在标距外（伸长率无效）；操作不当，影响试验结果；试验记录有误或设备发生故障。

b.冷弯试验评定

冷弯试验后，弯曲外侧表面无裂纹、断裂或起层，即判定合格。做冷弯的两根试件中，如有一根试件不合格，可取双倍数量试件重新做冷弯试验，第二次冷弯试验中，如仍有一根不合格，即判该批钢筋为不合格品。

这里应注意，弯曲表面金属体上出现的开裂，其长度大于2mm，而小于等于5mm，宽度大于0.2mm，而小于0.5mm时称裂纹。

c.反复弯曲试验评定

弯曲次数达到或超过有关标准中所规定的弯曲次数判为合格。

3.预应力混凝土用钢筋、钢丝和钢绞线检测

(1)力学性能和表面质量要求

预应力混凝土用钢筋有热处理钢筋、冷拉钢筋和精轧螺纹钢筋。预应力混凝土用的钢丝有冷拔低碳钢丝、冷拉或消除应力的光圆钢丝、螺旋肋钢丝和刻痕钢丝。消除应力钢丝包括低松弛钢丝和普通松弛钢丝两种，桥涵工程用钢丝一般为低松弛钢丝。

①热处理钢筋

热处理钢筋由热轧螺纹钢筋经淬火和回火的调质处理而成。

②冷拉钢筋

冷拉是将钢筋在常温下拉伸超过屈服点，以提高钢筋的屈服极限、强度极限和疲劳极限的一种加工工艺。但经冷拉后会降低钢筋的延伸率、断面收缩率、冷弯性能和冲击韧性。预应力混凝土结构所用的钢筋，主要要求具有高的屈服极限、变形极限等强度性能，而延伸率、冲击韧性和冷弯性能要求不高，因此这就为采用冷拉加工工艺提供了可能性。

③精轧螺纹钢钢筋

精轧螺纹钢筋是用热轧方法直接生产的一种无纵肋的钢筋，钢筋的连接是在端部用螺纹套筒进行连接接长。

④冷拔钢丝

冷拔钢丝是把直径6～8mm的普通碳素钢筋条用强力拉过比它本身直径还小的硬质合金拉丝模，这时钢筋同时受到纵向拉力和横向压力的作用，截面变小，长度拉长，经过几次拉丝，其强度比原来有极大提高。

⑤高强钢丝

高强钢丝有冷拉钢丝、消除应力钢丝和消除应力刻痕钢丝。

⑥钢绞线

钢绞线是钢厂用优质碳素结构钢经过冷加工，再经回火和绞捻等加工而成的，塑性好、无接头、使用方便，专供预应力混凝土结构使用。

(2)力学性能检测

①组批规则

各种预应力混凝土用钢筋、钢丝和钢绞线应按批进行检查和验收，每批应由同一牌号、同一外形、同一规格、同一生产工艺和同一交货状态的钢筋组成。

②取样、复验规则

a. 热处理钢筋

每批钢筋的质量应不大于 60t。

b. 冷拉钢筋

冷拉钢筋应分批进行检验，每批质量不得大于 20t。

c. 精轧螺纹钢筋

应分批进行检验，每批质量不大于 100t，对表面质量应逐根进行目测检查，外观检查合格后在每批中任选两根钢筋截取试件进行拉伸试验。

d. 冷拔低碳钢丝

应逐盘进行抗拉强度、伸长率和弯曲试验。

e. 高强钢丝

应分批检验，每批质量不大于 60t。

f. 钢绞线

每批钢筋的质量应不大于 60t。从每批钢绞线中任取 3 盘，并从每盘所选的钢绞线端部正常部位截取一根试样进行表面质量、直径偏差和力学性能试验。

③钢绞线非比例延伸力测试

钢绞线规定非比例延伸力采用的是引伸计标距的非比例延伸达到原始标距 0.2%时所受的力($F_{p0.2}$)。为便于供方日常检验，也可以测定规定总延伸达到原始标距 1%的力(F_{t1})，其值符合本标准规定的 $F_{p0.2}$ 值时可以交货，但仲裁试验时测定 $F_{p0.2}$。测定 $F_{p0.2}$ 和 F_{t1} 时，预加负荷为规定非比例延伸力的 10%。

④应力松弛性能试验

应力松弛是预应力筋在恒定长度下应力随时间而减小的现象。目前桥涵施工中普遍要求测量预应力筋的松弛率。

应力松弛性能试验时，要求试验期间试样的环境温度始终保持在 20℃±2℃内。试验标距长度不小于公称直径的 60 倍。试样制备后不得进行任何热处理和冷加工。初始负荷应在 3～5min 内均匀施加完毕，持荷 1min 后开始记录松弛值。允许用至少 100h 的测试数据推算 1000h 的松弛率值。

4. 焊接钢筋质量检测方法(JGJ18-2003)

钢筋接头一般应采用焊接，螺纹筋可采用挤压套管接头或锥螺纹接头。钢筋的焊接应优先选用闪光对焊，当缺乏闪光对焊条件时，也可采用电弧焊、电渣压力焊、气压焊等。不同焊接方式的质量检测内容和标准如下：

(1)钢筋闪光对焊接头

①批量规定

在同一台班内，由同一焊工按同焊接参数完成的 300 个同类型(指钢筋级别和直径均相同的接头)接头作为一批。一周内连续焊接时可以连续计算，一周内累计不足 300 个接头时，亦按一批计算。

②外观检查

每批抽查10%的接头，并不得少于10个。

③焊接等长的预应力钢筋

焊接等长的预应力钢筋(包括螺丝端杆与钢筋)时，可按生产时同等条件制作模拟试件。

④螺丝端杆接头

螺丝端杆接头可只做拉伸试验。

⑤力学性能试验

力学性能试验包括拉伸试验和弯曲试验。

(2)钢筋电弧焊接头

①批量规定

以300个同类型接头为一批，不足300个时仍作为一批。

②外观检查

应在接头清渣后逐个进行目测或量测，检查结果应符合下列要求：焊缝表面平整，不得有较大的凹陷、焊瘤。接头处不得有裂纹。咬边深度、气孔、夹渣的数量和大小以及接头偏差，不得超过规定的数值。坡口焊及熔槽帮条焊接头，其焊缝加强高度不大于3mm。

③强度检验试验

从成品中每批切取3个接头做拉伸试验，试验结果应符合下列要求：

3个热轧钢筋接头试件的抗拉强度均不得低于该级别钢筋的规定抗拉强度值，余热处理Ⅲ级钢筋接头试件抗拉强度均不得小于HRB400钢筋规定的抗拉强度。

至少有2个试件呈塑性断裂，3个试件均断于焊缝之外。

当检验结果有1个试件的抗拉强度低于规定指标或有2个试件发生脆性断裂时，应取双倍数量的试件进行复验，复验结果若仍有1个试件的抗拉强度低于规定指标，或有1个试件断于焊缝，或有3个试件呈脆性断裂时，则该批接头即为不合格品。

模拟试件数量和要求应与从成品中切取时相同，当模拟试件试验结果不符合要求时，复验应再从成品中切取，其数量和要求应与开始试验时相同。

(3)钢筋电渣压力焊接头

①接头质量检查

电渣压力焊接头应逐个进行外观检查。

②外观检查质量要求

电渣压力焊接头外观检查结果应符合下列要求：接头焊毕，应停歇适当时间，才可回收焊剂和卸下焊接夹具。电极与钢筋接触处，无明显的烧伤缺陷。接头处的弯折角不大于4°。接头处的轴线偏移不超过0.1倍钢筋直径，同时不大于2mm。外观检查不合格的接头应切除重焊，或采取补强措施。

③拉伸试验质量要求

电渣压力焊接头拉伸试验结果，3个试件的抗拉强度均不得低于该级别钢筋规定的抗拉强度值。

当试验结果有1个试件的抗拉强度低于规定指标，应取6个试件进行复验，若仍有1

个试件的抗拉强度低于规定指标，则确定该批接头为不合格品。

(4)钢筋气压焊接头

①接头质量检查

气压焊接头应逐个进行外观检查。

②拉伸试验质量要求

气压焊接头拉伸试验结果，3 个试件的抗拉强度均不得低于该级别钢筋规定的抗拉强度值，并断于压焊面之外，呈延性断裂，若有 1 个试件不符合要求时，应切取 6 个试件进行复验，复验结果，若仍有 1 个试件不符合要求，该批接头为不合格品。

③弯曲试验质量要求

气压焊接头弯曲试验时，应将试件受压面的凸起部分除去，与钢筋外表表面齐平。弯心直径应符合规定。

弯曲试验可在万能试验机、手动或电动液压弯曲试验器上进行，压焊面应处在弯曲中心点，弯至 90°，3 个试件不得在压焊面发生破断。

当试验结果有 1 个试件不符合要求，应切取 6 个试件进行复验，若仍有 1 个试件不符合要求，该批接头为不合格品。

(5)注意问题

钢筋焊接前必须根据施工条件进行试焊，按不同的焊接方法至少抽取每组 3 个试样进行基本力学性能检验，合格后方可正式施焊。

钢筋接头采用搭接或帮条电弧焊时，宜采用双面焊缝；双面焊缝困难时，可采用单面焊缝。

钢筋接头采用搭接电弧焊时，两钢筋搭接端部应预先折向一侧，使两结合钢筋轴线一致。接头双面焊焊缝的长度不应小于 $5d$，单面焊缝的长度不应小于 $10d$（d 为钢筋直径）。

钢筋接头采用帮条电弧焊时，帮条应采用与主筋同级别的钢筋，其总截面面积不应小于被焊钢筋的截面积。帮条长度，如用双面焊缝不应小于 $5d$，如用单面焊缝不应小于 $10d$（d 为钢筋直径）。

电渣压力焊只适用于竖向钢筋的连接，不能用作水平钢筋和斜筋的连接。

凡施焊的各种钢筋、钢板均应有材质证明书或试验报告单。焊条、焊剂应有合格证，各种焊接材料的性能应符合现行《钢筋焊接及验收规程》(JGJ18-2003)的规定。各种焊接材料应分类存放和妥善管理，并应采取防止腐蚀、受潮变质的措施。

5.钢筋机械连接接头检测

钢筋机械连接接头检测项目是根据钢筋机械连接接头的性能等级和应用场合来确定的。其项目有静力单向拉伸性能、高应力反复拉压、大变形反复拉压、抗疲劳、耐低温等各项性能。基本要求是：接头抗拉强度达到或超过母材抗拉强度的标准值，并具有高延性及反复拉压性能。

6.金属螺旋管检测

金属螺旋管进场时，除应按出厂合格证和质量保证书核对其类别、型号、规格及数量外，还应对其外观、尺寸、集中荷载下的径向刚度，荷载作用后的抗渗漏及抗弯曲渗漏等进行检验。

(1)质量要求

①外观要求

外观应清洁,内外表面无油污,无引起锈蚀的附着物,无孔洞和不规则的折皱,咬口无开裂、无脱扣。

②抗渗漏性能

在规定的集中荷载和均布荷载作用后,或在弯曲情况下,不得渗出水泥浆,但允许渗水。

(2)复验规则

当检验结果有不合格项目时,应以双倍数量的试件对该不合格项目进行复验。复验仍不合格时,则该批产品为不合格。

第三节 桥涵工程基础检测

一、地基承载力检测

地基容许承载力一般可由以下几种途径确定:

在土质基本相同的条件下,参照邻近结构物地基容许承载力。

根据现场荷载试验或触探试验资料。

按地基承载力理论公式计算。

按现行规范提供的经验公式计算。

桥涵地基的容许承载力可根据地质勘测、原位测试、野外荷载试验以及邻近旧桥涵调查对比,由经验和理论公式计算综合分析确定。当缺乏上述资料时可按《公路桥涵地基与基础设计规范》(JTJ024)推荐的方法确定地基容许承载力,对地质和结构复杂的桥涵地基应根据现场荷载试验确定容许承载力。

1.规范法确定地基的容许承载力

按规范提供的经验公式和参数确定地基容许承载力的方法,是根据我国各部门多年的实践经验,收集了大量荷载试验和对已建结构物的观测资料,通过理论和统计分析后制定的,它使确定地基容许承载力的工作大为简化。我国幅员辽阔,土质变化较复杂,规范仅对一般土质条件做了规定,对一些特殊地基,如疏松状态的砂土、接近流动状态的软弱黏性土、含有大量有机质土和盐渍土等,以及大的或较重要的工程,还应结合具体情况,综合采用荷载试验、现场标贯或静力触探及理论计算等方法研究分析后确定地基的容许承载力。

按规范法确定地基的容许承载力,首先要确定土的类别名称,通常是把一般地基土根据塑性指数、粒径、工程地质特性等分为六类,即黏性土、砂类土、碎卵石类土、黄土、冻土及岩石。然后再确定土的状态,土的状态是指土层所处的天然松密和稠度状况。黏性土的天然状态按液性指数分为坚硬、半坚硬、硬塑、软塑和流塑状态。砂类土根据相对密度分为稍松、中等密实、密实状态。碎卵石类土则按密实度分为密实、中等密实及松散状态。

最后再确定土的容许承载力。

(1)黏性土的容许承载力[σ_0]

①老黏性土的容许承载力[σ_0]

可按土的压缩模量 E_s(MPa)确定。

②一般黏性土的容许承载力[σ_0]

可按液性指数 I_L 和天然孔隙比 e 确定。

③新近沉积黏性土的容许承载力[σ_0]

可按液性指数 I_L 和天然孔隙比 e 确定。

④残积黏性土的容许承载力[σ_0]

可按土的压缩模量 E_s(MPa)确定。

(2)砂土地基的容许承载力[σ_0]

可按表 5.2 所示选用。

表 5.2　砂土地基的容许承载力[σ_0]

土名	密实度 / [σ_0](kPa) / 湿度	密实	中密	松散
沙砾、粗砂	与湿度无关	550	400	200
中砂	与湿度无关	450	350	150
细砂	水上	350	250	100
	水下	300	200	—
粉砂	水上	300	200	—
	水下	200	100	—

(3)碎石土基的容许承载力[σ_0]

可按表 5.3 所示选用。

表 5.3　碎石土基的容许承载力[σ_0]

密实程度 / [σ_0](kPa) / 土名	密实	中密	松散
卵石	1200～1000	1000～600	500～300
碎石	1000～800	800～500	400～200
圆砾	800～600	600～400	300～200
角砾	700～500	500～300	300～200

(4)黄土的容许承载力$[\sigma_0]$

①新近堆积黄土的容许承载力$[\sigma_0]$

可按土的含水比(天然含水量 w 与液限 w_l 的比值)确定。

②一般黄土的容许承载力$[\sigma_0]$

可按天然含水量 w、液限比(液限 w_l 与天然孔隙比 e 的比值)确定。

③老黄土的容许承载力$[\sigma_0]$

可按天然孔隙比 e 和含水比量 w/w_l 确定。

(5)岩石的容许承载力$[\sigma_0]$

可按表 5.4 选用。对于复杂的岩层(如溶洞、断层、软弱夹层、易溶岩石等),应个别研究确定。

表 5.4　岩石的容许承载力$[\sigma_0]$

岩石的破碎程度 / $[\sigma_0]$(kPa) / 岩石名称	碎石状	碎块状	大块状
硬质岩(极限抗压强度＞30MPa)	1500～2000	2000～3000	＞4000
软质岩(极限抗压强度＝5～30MPa)	800～1200	1000～1500	15000～3000
极软岩(极限抗压强度＜5MPa)	400～800	600～1000	800～1200

(6)多年冻土的容许承载力$[\sigma_0]$

可按表 5.5 选用。

表 5.5　多年冻土的容许承载力$[\sigma_0]$

基础底面的月平均最高温度(℃) / $[\sigma_0]$(kPa) / 土的名称	−0.5	−1.0	−1.5	−2.0	−3.5
块石、卵石、碎石	800	950	1100	1250	1650
圆砾、角砾、沙砾、粗砂、中砂	600	750	900	1050	1450
细砂、粉砂	450	550	650	750	1000
亚砂土	400	450	550	650	850
亚黏土、黏土	350	400	450	500	700
饱和冰冻土	250	300	350	400	550

(7)注意问题

当地基土不均匀或土层倾斜较大,易引起建筑物不均匀沉降时,必须通过现场荷载试验来确定容许承载力。

对漂石、块石的$[\sigma_0]$值,可参照卵石、碎石的承载力适当提高。

如遇易风化的岩石作为地基时，应特别注意施工后水文地质条件可能发生的变化，慎重选择$[\sigma_0]$值，必要时，应通过荷载试验确定。

多年冻土地基承载力$[\sigma_0]$，只适用于不融沉性土和弱融沉性土。对于干燥的碎石土和砂土或含水量小于10%的黏性土，不论地温高低，其承载力都应按非冻土确定。

2. 荷载板试验

荷载板试验是原位测试方法之一。原位测试是指在岩土体原有的位置上，在保持土的天然结构、天然含水量以及天然应力状态条件下测定岩土性质。

(1)试验原理

载荷板试验就是在欲试验的土层表面放置定规格的方形或圆形承压板，在其上逐级施加荷载，每级荷载增量持续时间相同或接近，测量记录每级荷载作用下荷载板沉降量的稳定值，加载至总沉降量为25mm或达到加载设备的最大容量为止，然后卸载，记录土的回弹值，持续时间应不小于一级荷载增量的持续时间。根据试验记录绘制荷载p和沉降量s的关系曲线。分析研究地基土的强度与变形特性，求得地基土容许承载力与变形模量等力学数据。

地基在荷载作用下达到破坏状态的过程可以分为三个阶段：压密阶段(直线变形阶段)。剪切阶段。破坏阶段。

(2)试验方法

试验加荷方法应采用分级维持荷载沉降相对稳定法(慢速法)或沉降非稳定法(快速法)。静力载荷试验过程中出现下列现象之一时，即可认为土体已达到极限状态，应终止试验：承压板周围的土体有明显的侧向挤出或发生裂纹。在24h内，沉降随时间趋于等速增加。荷载p增加很小，但沉降量却急剧增大，p—s曲线出现陡降阶段，或相对沉降已等于或大于0.06～0.08。

(3)试验数据处理

根据试验数据绘制p—s曲线，利用p—s曲线我们可以得到：

①地基土的承载力

当p—s关系曲线有较明显的直线段时，一般就用这直线段的拐点所对应的压力p_r值，作为地基土的承载力。

②地基土的变形模量E_0

一般取p—s关系曲线的直线段，用下式计算：

$$E_0=(1-\mu^2)\frac{\pi B}{4}\cdot\frac{\Delta p}{\Delta s} \tag{5.19}$$

式中：B——承压板直径(m)，当为方形板时，$B=2\sqrt{\frac{A}{\pi}}$，A为方形板面积(m^2)；

$\frac{\Delta p}{\Delta s}$——$p$—$s$关系曲线直线段斜率(kPa/m)；

μ——地基土的泊松比，对于砂土和粉土，$\mu=0.33$，对于可塑—硬塑黏性土，$\mu=0.38$，对于软塑—流塑黏性土和淤泥质黏性土，$\mu=0.41$。

3.标准贯入试验

标准贯入试验(SPT)是采用质量为 63.5kg 的穿心锤，以 76cm 的落距，将一定规格的标准贯入器先打入土中 15cm，然后开始记录锤击数目，将标准贯入器再打入土中 30cm，用此 30cm 的锤击数作为标准贯入试验的指标。标准贯入试验是国内外广泛应用的一种现场原位测试手段，该试验法方便经济，不仅用于砂土，亦可用于黏性土的测试。标准贯入锤击数 N，可用于判定砂土的密实度、黏性土的稠度、地基土的容许承载力、砂土的振动液化、桩基承载力等，也是检验地基处理效果的重要手段。

(1)试验设备

标准贯入试验设备主要由标准贯入器、触探杆和穿心锤等部件组成。

①贯入器

标准规格的圆筒形探头，是由两个半圆管合成的取土器。

②落锤

重 63.5kg，自由落距 76cm。

③触探杆

外径 42cm 的钻杆。

④锤垫、导向杆和自动落锤装置等

(2)试验方法

用钻机先钻到需要进行标准贯入试验的土层，清孔后，换用标准贯入器，并量得深度尺寸。

将贯入器垂直打入试验土层中，先打入 15cm，不计击数，继续贯入土中 30cm，记录其锤击数，此数即为标准贯入击数 N。

若遇比较密实的砂层，贯入不足 30cm 的锤击数已超过 50 击时，应终止试验，并记录实际贯入深度 ΔS 和累计锤击数 n，按下式换算成贯入 30cm 的锤击数 N：

$$N=\frac{30n}{\Delta S} \tag{5.20}$$

式中：n——所选取的任意贯入量的锤击数(击)；

ΔS——对应锤击数 n 的贯入量(cm)。

提出贯入器，将贯入器中土样取出，进行鉴别描述、记录，然后换以钻探工具继续钻进，至下一需要进行试验的深度，再重复上述操作，一般可每隔 1.0～2.0m 进行一次试验。

在不能保持孔壁稳定的钻孔中进行试验时，应下套管以保护孔壁，但试验深度必须在套管口 75cm 以下，或采用泥浆护壁。

由于钻杆的弹性压缩会引起能量损耗，钻杆过长时传入贯入器的动能降低，因而减少每击的贯入深度，亦即提高了锤击数，所以需要根据杆长对锤击数按下式进行修正。

$$N=aN_0 \tag{5.21}$$

式中：N_0——实际记录的锤击数(击)；

a——修正系数；

N——修正后的锤击数(击)。

对于同一土层应进行多次试验，然后取锤击数的平均值。

(3)试验数据整理

标准贯入试验数据整理时，以下资料应当齐全：钻孔孔径、钻进方式、护孔方式、落锤方式、地下水位及孔内水位(或泥浆高程)、初始贯入度、预打击数、试验标贯击数、记录深度、贯入器所取扰动土样的鉴别描述等。

绘制标贯击数 N 与深度的关系曲线，或在地质剖面图上，标出试验深度处的 N 值。

结合钻探及其他原位试验，依据 N 值在深度上的变化，对各土层的 N 值进行统计，统计时要剔除个别异常值。

(4)试验结果应用

国内外已积累了大量的标准贯入试验实践资料，给出了砂性土和黏性土的一些物理性质和标准贯入试验锤击数的经验关系，如，根据 N 估计砂土的密实度；根据 N 估计天然地基的容许承载力$[\sigma_0]$；根据 N 估计黏性土的状态；根据 N 估计土的内摩擦角。可供工程中使用。

(5)注意问题

重视钻进工艺及清孔质量，对贯入器开始贯入 15cm 的击数也予以记录，以判断孔底是否有残土或土的扰动程度。

注意保持钻杆及导向杆垂直，防止在孔内摇晃。

对试验段(即贯入 15～45cm 部分)要求测定每锤击一次后的累计贯入量。一次贯入量不足 2cm 时，记录每贯入 10cm 的锤击数。绘制锤击数与累计贯入量的关系曲线，以分析土层是否均匀，最后选取 30cm 试验段的锤击数作为 N 值记录下来。

二、钻(挖)孔灌注桩检测

混凝土钻孔灌注桩是桥梁及建筑结构物常用的基桩形式之一，这主要是由于桩能将上部结构的荷载传递到深层稳定的土层上去，从而大大减少基础沉降和建筑物的不均匀沉降，实践也证明它的确是一种极为有效、安全可靠的基础形式。但是，灌注桩的成桩过程是在桩位处的地面下或水下完成，施工工序多，质量控制难度大，稍有不慎极易产生断桩等严重缺陷。据统计国内外钻孔灌注桩的事故率高达 5%～10%。因此，灌注桩的质量检测就显得格外重要。

灌注桩的质量检测内容主要有孔形检测、沉渣厚度检测及桩身质量检测等。

1. 泥浆性能指标和成孔质量检测

(1)泥浆性能指标检测

①泥浆性能要求

钻孔灌注桩调制的护壁泥浆一般由水、黏土(或膨润土)和添加剂按适当配合比配制而成，应根据钻孔方法和地层情况采用不同的性能指标。

②泥浆性能指标检测

a. 相对密度

用泥浆相对密度计测定。

b. 黏度

用工地标准漏斗黏度计测定。

c. 静切力

工地可用浮筒切力计测定。

d. 含砂率

工地可用含砂率计测定。

e. 胶体率(%)

胶体率是表征泥浆中土粒保持悬浮状态的性能的参数。

f. 酸碱度

酸碱度即酸和碱的程度简称，也有简称为酸碱值的。

③注意问题

无论采用何种方法清孔，清孔后泥浆试样应从孔底提出，进行性能指标检测，检测结果应符合规定。

在吊入钢筋骨架后，灌注水下混凝土之前，应再次检查孔内泥浆性能指标和孔底沉淀厚度，如超过规定，应进行第二次清孔，符合要求后方可灌注水下混凝土。

(2)成孔质量检测

桥梁工程中常用的灌注桩施工方式主要有钻孔、冲击成孔、冲抓成孔和人工挖孔等。人工挖孔为干作业施工，成孔后孔壁的形状、孔深、垂直度、孔底沉淀厚度以及钢筋笼的安放位置等均可通过目测或人下到孔内进行检查，成孔质量较易控制。钻孔、冲击成孔或冲抓成孔等灌注桩，通常以泥浆进行护壁，为湿作业施工。成孔后孔中充满泥浆而无法目测或人下到孔内进行检查，孔壁的形状、垂直度和沉淀土厚度等只能通过仪器进行检测。下面主要介绍湿作业灌注桩成孔质量检查的主要内容及其相应的方法。

①桩位偏差检查

基桩施工前应按设计桩位平面图落放桩的中心位置，施工结束后应检查中心位置的偏差，并应将其偏差绘制在桩位竣工平面图中，检测时可采用经纬仪对纵横方向进行量测。

②孔径检查

桩径是保证基桩的承载能力的极为关键的因素。要保证桩径满足设计要求，必须检验桩的孔径不小于设计桩径。

桩孔径可用专用球形孔径仪、伞形孔径仪和声波孔壁测定仪等测定。

③桩倾斜度检查

桩倾斜度的检查可采用简易方法。

当检查的桩孔较深且倾斜度较大时，可根据地质及施工情况选用 JDL-Ⅰ型陀螺测斜仪或 JJX-3 型井斜仪检查，也可采用声波孔壁测定仪绘出连续的孔壁形状和垂直度。

④孔底沉淀土厚度检查

测定沉淀土厚度的方法目前还不够成熟，工程中常试用的方法有垂球法、电阻率法、电容法。

2. 灌注桩完整性检测

灌注桩成桩质量通常存在两方面问题：一是属于桩身完整性，常见的缺陷有夹泥、断裂、缩径、扩径、混凝土离析及桩顶混凝土密实性较差等；二是嵌岩桩，影响桩底支承条件的质量问题，主要是灌注混凝土前清孔不彻底，孔底沉淀厚度超过规定极限，影响承载力。对桩基础施工质量的检验，随着长、大桩径及高承载力桩基础迅速增加，传统的静压桩试验已很难实施，目前，常用的钻孔灌注桩质量的检测方法有以下几种。

(1)钻芯检验法

由于大直径钻孔灌注桩的设计荷载一般较大，应用静力试桩法有许多困难，所以常用地质钻机在桩身上沿长度方向钻取芯样，通过对芯样的观察和测试确定桩的质量。

(2)振动检验法

所谓振动检验法又称动测法。它是在桩顶用各种打法(例如锤击、敲击、电磁激振器、电水花等)施加一个激振力，使桩体乃至桩土体系产生振动，或在桩内产生应力波，通过对波动及振动参数的种种分析，以推定桩体混凝土质量及总体承载力的一类方法。这类方法主要有以下四种：敲击法和锤击法、稳态激振机械阻抗法、瞬态激振机械阻抗法、水电效应法。

(3)超声脉冲检验法

该法是在检测混凝土缺陷技术的基础上发展起来的。其方法是在桩的混凝土灌注前沿桩的长度方向平行预埋若干根检测用管道，作为超声发射和接收换能器的通道。检测时探头分别在两个管子中同步移动，沿不同深度逐点测出横截面上超声脉冲穿过混凝土时的各项参数，并按超声测缺原理分析每个断面上混凝土的质量。

(4)射线法

该法是以放射性同位素辐射线在混凝土中的衰减、吸收、散射等现象为基础的一种方法。当射线穿过混凝土时，因混凝土质量不同或因存在缺陷，接收仪所记录的射线强弱发生变化，据此来判断桩的质量。

3. 桩基检测

从以上所列的常用检测方法可见，桩基检测方法的研究和应用是一个十分活跃的领域。国家建设部、地矿部早在 1995 年 12 月就颁布了《基桩低应变动力检测规程》(JGJ/T93-95)，1997 年颁布了《基桩高应变动力检测规程》(JGT106-97)。公路桥梁基桩检验多数地区实行普查，交通部也于 2004 年 11 月颁布了《公路工程基桩动测技术规程》(JTG/TF81-01-2004)，其检验的基本方法有以下几种：

(1)反射波法(JTG/TF81-01-2004)

公路桥梁基桩检验多数地区实行普查，基桩低应变动力检测法以其设备轻便灵活、现场检测工作量小、检测效率高、检测费用低等优点得到了广泛应用。

①基本原理

反射波法源于应力波理论，基本原理是在桩顶进行竖向激振，弹性波沿着桩身向下传播，在桩身存在明显波阻抗界面(如桩底、断桩或严重离析等部位)或桩身截面积变化(如缩径或扩径)部位，将产生反射波。经接收、放大滤波和数据处理，可识别来自桩身不同部位的反射信息，据此计算桩身波速、判断桩身完整性。

②适用范围

反射波法是通过分析实测桩顶速度响应信号的特征来检测桩身的完整性，判定桩身缺陷位置及影响程度，判断桩端嵌固情况。

反射波法适用于混凝土灌注桩和预制桩等刚性材料桩的桩身完整性检测。

使用反射波法时，被检桩的桩端反射信号应能有效识别。

③检测仪器与设备

a. 反射波法检测系统

由传感器、激振锤、一体化检测仪和打印机等组成，其中一体化检测仪由信号采集及处理仪和相应的分析软件等组成。

b. 信号采集及处理仪

应符合下列规定：数据采集装置的模—数转换器不得低于12bit。采样间隔宜为10～500μs，可调。单通道采样点不少于1024点。放入器增益大于60dB，可调，线性度良好，其频响范围应满足5～5000Hz。

c. 传感器

传感器的性能应符合下列规定：

传感器宜选用压电式加速度传感器或磁电式速度传感器，频响曲线的有效范围应覆盖整个测试信号的频带范围。

加速度传感器的电压灵敏度应大于100mV/g，电荷灵敏度应大于20pC/g，上限频率不应小于5kHz，安装谐振频率不应小于6kHz。

速度传感器的固有谐振频率不应大于30Hz，灵敏度应大于200mV/cm · s，上限频率应小于1.5kHz，安装谐振频率不应小于15kHz。

d. 力锤或力棒

根据桩型和检测目的，宜选择不同材质和质量的力锤或力棒，以获得所需的激振频率和能量。

④现场检测技术

a. 检测前准备工作规定

检测前首先应搜集有关技术资料。

根据现场实际情况选择合适的激振设备、传感器及检测仪，检查测试系统各部分之间是否连接良好，确认整个测试系统处于正常工作状态。

桩顶应凿至新鲜混凝土面，并用打磨机将测点和激振点磨平。

应测量并记录桩顶截面尺寸。

混凝土灌注桩的检测宜在成桩14天以后进行。

打入或静压式预制桩的检测应在相邻桩打完后进行。

b. 传感器安装规定

传感器的安装可采用石膏、黄油、橡皮泥等耦合剂，黏结应牢固，并与桩顶面垂直。

对混凝土灌注桩，传感器宜安装在距桩中心1/2～2/3半径处，且距离桩的主筋不宜小于50mm。当桩径不大于1000mm时不宜少于2个测点；当桩径大于1000mm时不宜少于4个测点。

对混凝土预制桩，当边长不大于600mm时不宜少于2个测点；当边长大于600mm时不宜少于3个测点。

对预应力混凝土管桩不应少于 2 个测点。

c. 激振时规定

混凝土灌注桩、混凝土预制桩的激振点宜在桩顶中心部位。预应力混凝土管桩的激振点和传感器安装点与桩中心连线的夹角不应小于 45°。

激振锤和激振参数宜通过现场对比试验选定。短桩或浅部缺陷桩的检测宜采用轻锤短脉冲激振。长桩、大直径桩或深部缺陷桩的检测宜采用重锤宽脉冲激振，也可采用不同的锤垫来调整激振脉冲宽度。

采用力棒激振时，应自由下落。采用力锤敲击时，应使其作用力方向与桩顶面垂直。

d. 检测工作规定

采样频率和最小的采样长度应根据桩长和波形分析确定。

各测点的重复检测次数不应少于 3 次，且检测波形具有良好的一致性。

当干扰较大时，可采用信号增强技术进行重复激振，提高信噪比。当信号一致性差时，应分析原因，排除人为和检测仪器等干扰因素，重新检测。

对存在缺陷的桩应改变检测条件重复检测，相互验证。

⑤检测数据分析与判定

桩身完整性分析宜以时域曲线为主，辅以频域分析，并结合施工情况、岩土工程勘察资料和波型特征等因素进行综合分析判定。

当桩长已知、桩端反射信号明显时，选取相同条件下不少于 5 根 Ⅰ 类桩的桩身波速，按下式计算其平均值：

$$c_{\mathrm{m}} = \frac{1}{n}\sum_{i=1}^{n} c_i \tag{5.22}$$

$$c_i = \frac{2L \times 1000}{\Delta T} = 2L \cdot \Delta f \tag{5.23}$$

式中：c_{m}—— 桩身波速平均值(m/s)；

c_i—— 第 i 根桩的桩身波速计算值(m/s)；

L—— 完整桩桩长(m)；

ΔT—— 时域信号第一峰与桩端反射波峰间的时间差(ms)；

Δf—— 幅频曲线桩端相邻谐振峰间的频差(Hz)，计算时不宜取第一与第二峰；

n—— 基桩数量($n \geqslant 5$)。

当桩身波速平均值无法按上述方法确定时，可根据本地区相同桩型及施工工艺的其他桩基工程的测试结果，并结合桩身混凝土强度等级与实践经验综合确定。

桩身缺陷位置应按下列公式计算：

$$x = \frac{1}{2000} \cdot \Delta t_x \cdot c = \frac{1}{2} \cdot \frac{c}{\Delta f_x} \tag{5.24}$$

式中：x—— 测点至桩身缺陷之间的距离(m)；

Δt_x—— 时域信号第一峰与缺陷反射波峰间的时间差(ms)；

Δf_x—— 幅频曲线所对应缺陷的相邻谐振峰间的频差(Hz)；

c—— 桩身波速(m/s)，无法确定时用 c_{m} 值替代。

混凝土灌注桩采用时域信号分析时，应结合有关施工和岩土工程勘察资料，正确区分由扩径处产生的二次同相反射与因桩身截面渐扩后急速恢复至原桩径处的一次同相反射，以避免对桩身完整性的误判。

对于嵌岩桩，当桩端反射信号为单一反射波且与锤击脉冲信号相同，应结合岩土工程勘察和设计等有关资料以及桩端同相反射波幅的相对高低来推断嵌岩质量，必要时采取其他合适方法进行核验。

当出现下列情况之一时，对桩身完整性的分析，宜结合其他检测方法：超过有效检测长度范围的超长桩，其测试信号不能明确反映桩身下部和桩端情况。桩身截面渐变或多变，且变化幅度较大的混凝土灌注桩。当桩长的推算值与实际桩长明显不符，且又缺乏相关资料加以解释或验证。实测信号复杂、无规律，无法对其进行准确的桩身完整性分析和评价。对于预制桩，时域曲线在接头处有明显反射，但又难以判定是断裂错位还是接桩不良。

桩身完整性类别应按下列原则判定：

Ⅰ类桩：桩端反射较明显，无缺陷反射波，振幅谱线分布正常，混凝土波速处于正常范围。Ⅱ类桩：桩端反射较明显，但有局部缺陷所产生的反射信号，混凝土波速处于正常范围。Ⅲ类桩：桩端反射不明显，可见缺陷二次反射波信号，或有桩端反射但波速明显偏低。Ⅳ类桩：无桩端反射信号，可见因缺陷引起的多次强反射信号，或按平均波速计算的桩长明显短于设计桩长。

检测报告应包括下列内容：桩身混凝土波速值。桩身完整性描述，包括缺陷位置、性质及类别。时域曲线图，并注明桩底反射位置。桩位编号及平面布置示意图、地质柱状图。检测报告格式参照 JTG/TF81-01-2004 附录 D。

(2) 超声波法(JTG/TF81-01-2004)

声波透射法适用于检测桩径大于 0.8m 以上混凝土灌注桩的完整性。

① 基本原理

钻孔灌注桩超声脉冲检测法的基本原理与超声测缺和测强技术基本相同。但由于桩深埋土内，而检测只能在地面上进行，因此又有其特殊性。在钻孔灌注桩的检测中所依据的基本物理量有以下四个：声时值、波幅、接收信号的频率变化、接收波形的畸变。

② 检测方式

为了使超声脉冲能横穿各不同深度的横截面，必须使超声探头深入桩体内部，为此，须事先预埋声测管，作为探头进入桩内的通道。根据声测管埋置的不同情况，可以有如下三种检测方式。

a. 双孔检测

在桩内预埋两根以上的管道，把发射探头和接收探头分别置于两根管道中。检测时超声脉冲穿过两管道之间的混凝土，实际有效范围即为超声脉冲从发射到接收探头所扫过的面积。为了尽可能扩大在桩横截面上的有效检测控制面积，必须使声测管的布置合理。双孔测量时根据两探头相对高程的变化，又可分为平测、斜测、扇形扫测等方式。

b. 单孔检测

在某些特殊情况下，只有一个孔道可供检测使用，例如在钻孔取芯后需进一步了解芯样周围混凝土的质量，以扩大取芯检测后的观察范围，这时可采用单孔测量方式，换能器放置在一个孔中，探头之间的用隔声材料隔离。

c. 桩外孔检测

当桩的上部结构已施工，或桩内未预埋管道时，可在桩外的土基中钻一孔作为检测通道。

③ 检测仪器与设备

目前常用的检测装置有两种。一种是用一般超声检测仪和发射及接收探头所组成：探头在声测管内的移动由人工操作，数据读出后再输入计算机处理。这套装置与一般超声检测装置通用，但检测速度慢、效率较低。另一种是全自动智能化测桩专用的检测装置。它由超声发射及接收装置、探头自动升降装置、测量控制装置、数据处理计算机系统四大部分所组成。

数据处理计算机系统是测控装置的主控部件，具有人机对话、发布各类指令、进行数据处理等功能。它通过总线接口与测量控制装置连接，发出测量的控制命令，以及进行信息交换。升降机构根据指令通过步进电机进行上升、下降及定位等动作，移动探头至各测量点。发射和接收装置发射并接收超声波，取得测量数据，传送到数据处理计算机，进行数据处理、存储、显示和打印。由于测试系统由计算机控制，测量过程无须人工干预，因此可自动、迅速地完成全桩测量工作。

a. 声波检测仪器的技术性能

检测仪系统应包括信号放大器、数据采集及处理存储器、径向振动换能器等。

检测仪应具有一发双收功能。

声波发射应采用高压阶跃脉冲或矩形脉冲，其电压最大值不应小于 1000V，且分档可调。

b. 接收放大与数据采集器

接收放大器的频带宽度为 5 ～ 200kHz，增益不应小于 100dB，波幅测量范围不小于 80dB，测量误差小于 1dB。

计时显示范围应大于 2000μs，精度优于 0.5μs，计时误差不应大于 2%。

采集器模 — 数转换精度不应低于 8bit，采样频率不应小于 10MHz，最大采样长度不应小于 32kB。

c. 径向振动换能器

径向水平面无指向性。

谐振频率宜大于 25kHz。

在 1MPa 水压下能正常工作。

收发换能器的导线均应有长度标注，其标注允许偏差不应大于 10mm。

接收换能器宜带有前置放入器，频带宽度宜为 5 ～ 60kHz。

单孔检测采用一发双收一体型换能器，其发射换能器至接收换能器的最近距离不应小于 30cm，两接收换能器的间距宜为 20cm。

④ 测前准备和要求

a. 预埋检测管

当桩径不大于1500mm时，应埋设三根管。当桩径大于1500mm时，应埋设四根管。

声测管宜采用金属管，其内径应比换能器外径大15mm，管的连接宜采用螺纹连接，且不漏水。

声测管应牢固焊接或绑扎在钢筋笼的内侧，且互相平行，定位准确，并埋设至桩底，管口宜高出桩顶面300mm以上。

声测管管底应封闭，管口应加盖。

声测管的布置以路线前进方向的顶点为起始点，按顺时针旋转方向进行编号和分组，每两根编为一组。

b. 检测前的准备

被检桩的混凝土龄期应大于14天。

声测管内应灌满清水，且保证畅通。

标定超声波检测仪发射至接收的系统延迟时间 t_0。

准确量测声测管的内、外径和两相邻声测管外壁间的距离，量测精度为±1mm。

取芯孔的垂直度误差不应大于0.5%，检测前应进行孔内清洗。

c. 检测方法

测点间距不宜大于250mm。发射与接收换能器应以相同标高同步升降，其累计相对高差不应大于20mm，并随时校正。

在对同一根桩的检测过程中，声波发射电压应保持不变。

对于声时值和波幅值出现异常的部位，应采用水平加密、等差同步或扇形扫测等方法进行细测，结合波形分析确定桩身混凝土缺陷的位置及其严重程度。

现场检测前测定声波检测仪发射至接收系统的延迟时间 t_0，并应按下式计算声时修正值 t：

$$t' = \frac{D-d}{v_t} + \frac{d-d'}{v_w} \tag{5.25}$$

式中：t'—— 声时修正值（μs）；

D—— 检测管外径（mm）；

d—— 检测管内径（mm）；

d'—— 换能器外径（mm）；

v_t—— 检测管壁厚度方向声速（km/s）；

v_w—— 水的声速（km/s）。

混凝土中声波的传播时间和速度按下式计算：

$$t = t_i - t_0 - t' \tag{5.26}$$

$$v_i = \frac{l}{t_i} \tag{5.27}$$

$$v_m = \sum_{i=1}^{n} \frac{v_i}{n} \tag{5.28}$$

式中：t—— 声时值（μs）；

t_i—— 超声波第 i 测点声时值（μs）；

t_0—— 声波检测仪发射至接收系统的延迟时间(μs)；

t'—— 声时修正值(μs)；

v_i—— 第 i 个测点声速值(km/s)；

l—— 两根检测管外壁间的距离(mm)。

v_m—— 混凝土声速平均值(km/s)；

n—— 测点数。

单孔折射法的声时、声速值应按下列公式计算：

$$\Delta t = t_2 - t_1 \tag{5.29}$$

$$v_i = \frac{h}{\Delta t} \tag{5.30}$$

式中：Δt—— 两个接收换能器间的声时差(μs)；

t_1—— 近道接收换能器声时(μs)；

t_2—— 远道接收换能器声时(μs)；

v_i—— 第 i 个测点声速值(km/s)；

h—— 两个接收换能器间的距离(mm)。

⑤ 现场检测步骤

将装设有扶正器的接收及发射换能器置于检测管内，调试仪器的有关参数，直至显示出清晰的接收波形，且使最大波幅达到显示屏的 2/3 左右为宜。

检测仪由检测管底部开始，将发射与接收换能器置于同一标高，测取声时、波幅或频率，并进行记录。

发射与接收换能器应同步升降，测量点距小于或等于 250mm，各测点发射与接收换能器累计相对高差不应大于 20mm，并应随时校正。发现读数异常时，应加密测量点距。

一根桩有多根检测管时，按分组进行测试。

⑥ 检测数据的处理与桩身完整性判定

a. 声速判据

当实测混凝土声速值低于声速临界值时应将其作为可疑缺陷区，即：

$$v_i < v_D$$

式中：v_i—— 第 i 个测点声速值(km/s)；

v_D—— 声速临界值(km/s)。

声速临界值采用正常混凝土声速平均值与 2 倍声速标准差之差，即：

$$v_D = \bar{v} - 2\sigma_v \tag{5.31}$$

$$\bar{v} = \sum_{i=1}^{n} \frac{v_i}{n} \tag{5.32}$$

$$\sigma_v = \sqrt{\frac{\sum_{i=1}^{n} (v_i - \bar{v})^2}{n-1}} \tag{5.33}$$

式中：n—— 测点数；

v_i—— 混凝土中第 i 测点声速值(km/s)；

v—— 声速平均值(km/s)；

σ_v—— 声速标准差。

b. PSD 判据法

相邻测点间声时的斜率和差值乘积判据(简称 PSD 判据)。

设测点的深度为 H,相应的声时值为 t,则声时值因混凝土中存在缺陷或其他因素的影响,而随深度变化的关系,可用如下的函数式表达:

$$t = f(H) \tag{5.34}$$

当桩内存在缺陷时,在缺陷与完好混凝土界面处存在声时值的突变,从理论上说,该函数应是不连续函数。在缺陷的界面上,当深度增量(即测点间距)$\Delta H \to 0$ 时,由于缺陷表面的凹凸不平以及孔洞是由于波线曲折而引起声时变化的,所以在的实测曲线中,在缺陷处只表现为斜率的变化,该斜率可用相邻测点的声时差值与测点间距离之比求得,即:

$$S_i = \frac{t_i - t_{i-1}}{H_i - H_{i-1}} \tag{5.35}$$

式中:下标 i—— 测点位置或序号;

S_i—— 第 $i-1$ 至 i 测点之间的斜率;

t_i 和 t_{i-1}—— 相邻两测点的声时值(μs);

H_i 和 H_{i-1}—— 相邻两测点的深度(m)。

但是,斜率只反映了相邻两测点声时值的变化速率。实测时往往采用不同的测点间距,因此,虽然所求出的 S_i 相同,但所对应的声时差值可能是不同的。为了使判据进一步反映缺陷的大小,就必须加大声时差值在判据中的权数。因此判据可写成:

$$K_i = S_i(t_i - t_{i-1}) = \frac{(t_i - t_{i-1})^2}{H_i - H_{i-1}} \tag{5.36}$$

式中:K_i——i 点的 PSD 判据值。

显然,当 i 处相邻两测点的声时值没有变化时,$K_i = 0$;当有变化时,由于 K_i 与 $(t_i - t_{i-1})^2$ 成正比,因而 K_i 将大幅度变化。

临界判据值及缺陷大小与 PSD 判据的关系:实验证明,PSD 判据对缺陷十分敏感,而对于因声测管不平行,或混凝土强度不均匀等原因所引起的声时变化,基本上没有反映。这是由于非缺陷因素所引起的声时变化都是渐变过程,虽然总的声时变化量可能很大,但相邻测点间的声时差却很小,因而 K_i 值很小,所以采用 PSD 判据基本上消除了声测管不平行,或混凝土不均质等因素所造成的声时变化对缺陷判断的影响。

为了对全桩各测点进行判别,必须将各测点的 K_i 值求出,并描成 H—K 曲线进行分析,凡在 K 值较大的地方,均可列为可疑区,作进一步的细测。

临界判据实际上反映了测点间距、声波穿透距离、介质性质、测量的声时值等参数之间的综合关系,这一关系随缺陷性质的不同而不同。

缺陷性质和大小的细测判断:所谓细测判断,就是在运用 PSD 判据确定有缺陷存在的区段内,综合运用声时、波幅、接收频率、波形(或频谱) 等物理量,找出缺陷所造成的声阴影的范围,从而准确地判定缺陷的位置、性质和大小。

c. 波幅(衰减量) 判据法

用波幅平均值减 6dB 作为波幅临界值，如下式所示，当实测波幅低于波幅临界值时，应将其作为可疑缺陷区。

$$A_D = A_m - 6 \tag{5.37}$$

$$A_m = \sum_{i=1}^{n} \frac{A_i}{n} \tag{5.38}$$

式中：A_D—— 波幅临界值(dB)；

A_m—— 波幅平均值(dB)；

A_i—— 第 i 个测点相对波幅值(dB)；

n—— 测点数。

d. 桩身完整性评价

桩身完整性类别判定：

Ⅰ 类桩：各声测剖面每个测点的声速、波幅均大于临界位，波形正常。

Ⅱ 类桩：某一声测剖面个别测点的声速、波幅略小于临界值，但波形基本正常。

Ⅲ 类桩：某一声测剖面连续多个测点或某深度桩截面处的声速、波幅值小于临界值，PSD 值变大，波形畸变。

Ⅳ 类桩：某一声测剖面连续多个测点或某一深度桩截面处的声速、波幅值明显小于临界值，PSD 值突变，波形严重畸变。

⑦ 检测报告

检测报告应包括每根被检桩各剖面的声速 — 深度、波幅 — 深度曲线及各自的临界值，声速、波幅的平均值，桩身缺陷位置及程度的分析说明。检测报告格式参照 JTG/TF81-01-2004。

三、基桩承载力检测

现在确定基桩承载力的方法有两类，一类是静荷载试验，另一类是各种桩的动测方法。静荷载试验是确定单桩承载力方法中基本、最可靠的方法，其他各种测定方法(如静力触探、动测法等)的成果，都必须与静压试验相比较，才能判明其准确性。国内外规范一致规定，重要工程都应通过静载试验，因此一般特大桥和地质复杂的大中桥试桩，应采用静载试验确定单桩承载力。静载试验的方法主要与试验要求有关，国内外采用的试验方法主要有慢速维持荷载法、快速维持荷载法、等贯入速率法、循环加卸载法。

1. 基桩静荷载试验前的准备工作

试桩的桩顶如有破损或强度不足时，应将破损和强度不足段凿除后，修补平整。

做静推试验的桩，如系空心桩，则应在直接受力部位填充混凝土。

做静压、静拔的试桩，为便于在原地面处施加荷载，在承台底面以上部分或局部冲刷线以上部分设计不能考虑的摩擦力应予扣除。

做静压、静拔的试桩，桩身需尚未产生向上的负摩擦力部分，此负摩擦力是通过周结新近沉积的土层或湿陷性黄土、软土等土层对桩侧产生的。为了防止产生负摩擦力，应在桩表面涂设涂层，或通过设置套管等方法予以消除。

在冰冻季节试桩时，应将桩周围的冻土全部融化，其融化范围为：静压、静拔试验时，离试桩周围不小于 1m;静推试验时,不小于 2m。融化状态应保持到试验结束。

在结冰的水域做试验时,桩与冰层间应保持不小于 100mm 的间隙。

2. 基桩静荷载试验

(1) 试验目的

通常用来确定单桩承载力和荷载与位移的关系,以及校核动力公式的准确程度。

(2) 试验方法

采用慢速维持荷载法,若设计无特殊要求时,用单循环加载试验。

(3) 试验时间

静压试验应在冲击试验后立即进行。对于钻(挖) 孔灌注桩,须待混凝土达到能承受设计要求荷载后,才可进行试验。

(4) 试验加载装置

一般采用油压千斤顶加载。千斤顶的反力装置可根据现场的实际条件选用下列三种形式之一:锚桩承载梁反力装置,压重平台反力装置,锚桩压重联合反力装置。

(5) 测量位移装置

测量仪表必须精确,一般使用 1/20mm 光学仪器或力学仪表,如水平仪、挠度仪、位移计等。支承仪表的基准架应有足够的刚度和稳定性。基准梁的一端在其支承上可以自由移动,不受温度影响引起上拱或下挠。基准桩应埋入地基表面以下一定深度,不受气候条件等影响。基准桩中心与试桩、锚桩中心(或压重平台支承边缘) 之间的距离应符合规定。

(6) 加载方法

① 加载重心

加载重心应与试桩轴线相一致。

② 加载分级

每级加载量为预估最大荷载的 1/10 ～ 1/15。

③ 预估最大荷载

对施工检验性试验,一般可采用设计荷载的 2.0 倍。

⑦ 沉降观测:

下沉未达到稳定状态不得进行下一级加载。

每级加载的观测时间规定为:每级加载完毕后,每隔 15min 观测一次。累计 1h 后,每隔 30min 观测一次。

(8) 稳定标准

每级加载下沉量,在下列时间内如不大于 0.1mm 即可认为稳定。

桩端下为巨粒土、砂类土、坚硬黏质土,最后 30min。

桩端下为半坚硬和细粒土,最后 1h。

(9) 加载终止及极限荷载取值

总位移量大于或等于40mm,本级荷载的下沉量大于或等于前一级荷载下沉量的5倍时,加载即可终止,取此终止时荷载小一级的荷载为极限荷载。

总位移量大于或等于 40mm,本级荷载加上后 24h 未达稳定,加载即可终止。取此终止时荷载小一级的荷载为极限荷载。

巨粒土、密实砂类土以及坚硬的黏质土中，总下沉量小于 40mm，但荷载已大于或等于设计荷载设计规定的安全系数，加载即可终止。取此时的荷载为极限荷载。

施工过程中的检验性试验，一般加载应继续到桩的 2 倍的设计荷载为止。如果桩的总沉降量不超过 40mm，及最后一级加载引起的沉降不超过前一级加载引起的沉降的 5 倍，则该桩可以停止试验。

第四节　桥梁上部结构检测

一、桥梁支座和伸缩装置试验检测

桥梁支座设置在梁板式体系中主梁与墩台之间，其主要功能是将上部结构的各种荷载传递给墩台，并能适应上部结构的荷载、温度变化、混凝土收缩等各种因素所产生的自由变形（水平位移及转角），使上下部结构的实际受力情况符合设计计算图式。

桥梁支座按其材料可划分为小桥涵上使用的简易垫层支座、大中桥上使用的钢板支座、钢筋混凝土支座、铸钢或不锈钢支座，目前使用极为广泛的是板式橡胶支座、盆式橡胶支座和球形支座等。

1. 板式橡胶支座检测（JT/T4-2004）

桥梁板式橡胶支座构造简单、加工方便、成本低、安装方便，目前已实现了产品的标准化、系列化，也是我国桥梁支座的发展方向。

(1) 基本常识

① 分类

按支座形状划分为矩形板式橡胶支座及圆形板式橡胶支座。

按橡胶种类划分为氯丁橡胶(CR) 支座（适用于 $-25℃ \sim 60℃$）及天然橡胶(NR) 支座（适用于 $-35℃ \sim 60℃$）。

按结构形式划分为普通橡胶支座及聚四氟乙烯滑板式橡胶支座（简称四氟滑板支座）。

② 型号

支座型号表示方法示例：

例 1　公路桥梁矩形普通氯丁橡胶支座，短边尺寸为 300mm，长边尺寸为 400mm，厚度为 47mm，表示为：GJZ$300 \times 400 \times 47$(CR)。

例 2　公路桥梁圆形四氟滑板天然橡胶支座，直径为 300mm，厚度为 54mm，表示为：$GYZF_4$ 300×54(NR)。

③ 结构形式

板式橡胶支座通常由若干层橡胶片与薄钢板为刚性加劲物组合而成，各层橡胶与上下钢板经加压硫化牢固地黏结成为一体。支座在竖向荷载作用下，具有足够的刚度，是由于嵌入橡胶片之间的钢板限制橡胶的侧向膨胀。在水平力作用下，支座的水平位移量取决于橡胶片的净厚度。在运营期间为防止嵌入钢板的锈蚀，支座的上下面及四边都有橡胶保护层。

④ 成品支座力学性能、外观质量和解剖检验要求

交通部行业标准《公路桥梁板式橡胶支座》(JT/T4-2004) 中规定了桥梁板式橡胶支座成品力学性能及有关质量指标应符合的要求。

(2) 支座外形尺寸、外观质量和解剖检测

支座外形尺寸应用钢直尺测量,厚度应用游标卡尺或量规测量。对矩形支座,除应在四边上测量长短边尺寸外,还应测量平面与侧面对角线尺寸,厚度应在四边中点及对角线中心处测量;对圆形支座,其直径、厚度应至少测量四次,测点成垂直交叉,并测量圆心处厚度。外形尺寸和厚度取实测值的平均值,其尺寸应符合规定。

支座用钢锯锯开后应满足要求。

支座外观质量用目测方法或量具逐块进行检查。每块支座不允许有两项以上缺陷存在。

(3) 支座力学性能检测方法

① 试样、试验条件和试验设备要求

a. 试样

应随机抽取试样,每种规格试样数量为三对,各种试验试样通用。凡与油及其他化学药品接触过的支座不得用作试样。试样试验前应暴露在标准温度 23℃ ± 5℃ 下,停放 24h 以使试样内外温度一致。

b. 试验条件

实验室的标准温度为 23℃ ± 5℃,且不能有腐蚀性气体及影响检测的振动源。

c. 仪器设备

试验机应具备下列功能:微机控制,能自动、平稳连续加载、卸载,且无冲击和颤动现象,自动持荷(试验机满负荷保持时间可不少于 4h,且试验荷载的示值变动不应大于 0.5%),自动采集数据,自动绘制应力应变图,自动储存试验原始记录及曲线图和自动打印结果。

② 试验方法

a. 抗压弹性模量试验

抗压弹性模量应按下列步骤进行试验:将试样置于试验机的承载板上;预压;正式加载;以承载板四角所测得的变化值的平均值,作为各级荷载下试样的累计竖向压缩变形。

试样实测抗压弹性模量应按下列公式计算:

$$E_1 = \frac{\sigma_{10} - \sigma_4}{\varepsilon_{10} - \varepsilon_4} \tag{5.37}$$

式中:E_1—— 试样实测的抗压弹性模量计算值,精确至 1%(MPa);

σ_4、ε_4—— 第 4MPa 级试验荷载下的压应力和累积压缩应变值(MPa);

σ_{10}、ε_{10}—— 第 10MPa 级试验荷载下的压应力和累积压缩应变值(MPa)。

每一块试样的抗压弹性模量 E_1 为三次加载过程所得的三个实测结果的算术平均值。但单项结果和算术平均值之间的偏差不应大于算术平均值的 3%,否则应对该试样进行复核试验一次,如果仍超过 3%,应由试验机生产厂专业人员对试验机进行检修和检定,

合格后再重新进行试验。

b. 抗剪弹性模量试验

抗剪弹性模量应按下列步骤进行试验：

在试验机的承载板上，使支座顺其短边方向受剪，将试样及中间钢拉板按双剪组合配置好，使试样及中间钢拉板的对称轴和试验机承载板中心轴处在同一垂直面上，精度应小于1%的试件短边尺寸。为防止出现打滑现象，应在上下承载板和中间钢拉板上粘贴高摩擦板，以确保试验的准确性。

将压应力以0.03～0.04MPa/s的速率连续地增至平均压应力σ，绘制应力—时间图，并在整个抗剪试验过程中保持不变。

调整试验机的剪机试验装置，使水平油缸、负荷传感器的轴线和中间钢拉板的对称轴重合。

预加水平力。

正式加载。

将各级水平荷载作用下位移传感器所测得的试样累计水平剪切变形Δs，按试样橡胶层的总厚度t_e求出在各级试验荷载作用下，试样的累积剪切应变，如下式所示：

$$\gamma_i = \frac{\Delta s}{t_e} \tag{5.39}$$

试样的实测抗剪弹性模量应按下列公式计算：

$$G_1 = \frac{\tau_{1.0} - \tau_{0.3}}{\gamma_{1.0} - \gamma_{0.2}} \tag{5.40}$$

式中：G_1—— 试样的实测抗剪弹性模量计算值，精确至1%(MPa)；

$\tau_{1.0}$、$\gamma_{1.0}$—— 第1.0MPa级试验荷载下的剪应力和累计剪切应变值(MPa)；

$\tau_{0.3}$、$\gamma_{0.3}$—— 第0.3 MPa级试验荷载下的剪应力和累计剪切应变值(MPa)。

每对检验支座所组成试样的综合抗剪弹性模量G_1，为该对试件三次加载所得到的三个结果的算术平均值。但各单项结果与算术平均值之间的偏差应不大于算术平均值的3%，否则应对该试样重新复核试验一次，如果仍超过3%，应请试验机生产厂专业人员对试验机进行检修和检定，合格后再重新进行试验。

c. 极限抗压强度试验

极限抗压强度试验应按下列步骤进行：

将试样放置在试验机的承载板上，上下承载板与支压接触而不得有油污，对准中心位置，精度应小于试件短边尺寸的1%；以0.1MPa/s的速率连续地加载至试样极限抗压强度Ru不小于70MPa为止，绘制应力—时间图，并随时观察试样受力状态及变化情况，试样是否完好无损。

(4) 判定规则

实测抗压弹性模量E_1、抗剪弹性模量G_1、试样老化后的抗剪弹性模量G_2和四氟滑板试样与不锈钢板的摩擦系数均应满足要求。

支座在不小于70MPa压应力时，橡胶层未被挤坏，中间层钢板未断裂，四氟板与橡胶未发生剥离，则试样的抗压强度满足要求。

支座在两倍剪应力作用下，橡胶层未被剪坏，中间层钢板未断裂错位，卸载后，支座变形恢复正常，认为试样抗剪黏结性能满足要求。

试样的容许转角正切值，混凝土、钢筋混凝土桥在 1/300，钢桥在 1/500 时，试样边缘最小变形值大于或等于零时，则试样容许转角满足要求。

三块（或三对）试样中，有两块（或两对）不能满足要求时，则认为该批产品不合格。若有一块（或一对）试样不能满足要求时，则应从该批产品中随机再取双倍试样对不合格项目进行复验，若仍有一项不合格，则判定该批产品不合格。

2. 盆式橡胶支座检测(JT391-1999)

盆式橡胶支座具有结构紧凑、摩擦系数小、承载能力大、质量小、结构高度小、转动及滑动灵活、成本较低等特点，是一种有发展前途的大中型桥梁支座。

整体支座力学性能测试应在专门试验机构中进行。

(1) 荷载试验

荷载试验的检验荷载应是支座设计承载力的 1.5 倍，并以 10 个相等的增量加载。在支座顶底板间均匀安装 4 只百分表，测试支座竖向压缩变形。在盆环上口相互垂直的直径方向安装 4 只千分表，测试盆环径向变形。加载前应对试验支座预压 3 次，预压荷载为支座设计承载力。试验时检验荷载以 10 个相等的增量加载。加载前先给支座一个较小的初始压力，初始压力的大小可视试验机精度具体确定，然后逐级加载。每级加载稳压后即可读数，并在支座设计荷载时加测读数，直至加载到检验荷载后，卸载至初始压力，测定残余变形，此时一个加载程序完毕。一个支座需往复加载 3 次。

(2) 支座（或试件）摩阻系数测定

支座（或试件）摩阻系数测定采用双剪试验方法。试验用支座（或试件）储脂坑内均应涂满硅脂。对磨件不锈钢板选用 0Cr19Ni13Mo3、0Cr17Ni12Mo2 或 1Cr18Ni9Ti3 牌号精轧不锈钢板，表面粗糙度为 1μm。试验温度常温为 21℃ ± 1℃，低温为 − 35℃ ± 1℃。预压时间为 1h，支座预压荷载为设计承载力（试件按 30MPa 压应力计算）。试验时先给支座（或试件）施加垂直设计承载力，然后施加水平力并记录其大小。当支座（或试件）发生滑动的，即停止水平力加载，由此计算初始摩擦系数。重复上述加载至第五次，测出各次的滑动摩阻系数。

一般情况下只做常温试验，当有低温要求时再进行低温试验。试件数量为 3 组。

(3) 试验数据整理

① 压缩变形和盆环径向变形量

支座压缩变形和盆环径向变形量分别取相应各测点实测数据的算术平均值。

② 荷载 — 竖向压偏变形、荷载 — 盆径环向变形曲线

根据实测各级加载的变形量分别绘制荷载 — 竖向压缩变形曲线和荷载 — 盆环径向变形曲线，两变形曲线均应呈线性关系，卸载后支座复原不能低于 95%。

③ 滑动摩阻系数

支座（或试件）滑动摩阻系数取第二次至第五次实测平均值。3 组试件摩阻系数的平均值作为该批聚四氟乙烯板的摩阻系数。实测支座摩阻系数应不大于 0.01，试件摩阻系数应低于整体支座实测值。

4.试验结果判定

试件支座的竖向压缩变形值不得大于支座总高度的2%。盆环上口径向变形不得大于盆环外径的0.5%。支座残余变形不得超过总变形量的5%。满足以上条件的支座为合格，表明该试验支座可以继续使用。

实测荷载—竖向压缩变形曲线或荷载—盆环径向变形曲线呈非线性关系，该支座为不合格。

支座卸载后，如残余变形超过总变形量的5%，应重复上述试验。若残余变形不消失或有增长趋势，则认为该支座不合格。

支座再加载中出现损坏，则该支座为不合格。

实测支座摩阻系数大于0.01时，应检查材质后重复进行试验。若重复试验后的摩阻系数仍大于0.01，则认为该支座摩阻系数不合格。

支座外露表面应平整、美观、焊缝均匀。喷漆表面应光滑，不得有漏漆、流痕、褶皱等现象。

5.注意问题

试验样品原则上应选实体支座，如试验设备不允许对大型支座进行试验，经协商可选用小型支座代替。

测试支座摩阻系数可选用支座承载力不大于2MN的双向活动支座或用聚四氟乙烯板试件代替，试件厚7mm，直径80～100mm，试件工况与支座相同。

在预压过程中注意四只百分表的读数增量，当其相差较大时支座位置应予以调整，直到四只百分表读数增量基本相同时为止。

测量支座（或试件）摩阻系数时要重复加载五次，计算支座（或试件）滑动摩阻系数取第二次至第五次实测结果的平均值。

3.球形支座检测（GB/T17955-2000）

球形支座通过球面传力，因此作用到支承混凝土上的反力比较均匀，转动力矩小，设计转角可达0.06rad，各向转动性能一致，适用于曲线桥和宽桥，不使用橡胶，因此不存在橡胶老化、变硬等缺陷对支座转动的影响，特别适用于低温地区。球型支座也是一种极有发展前途的桥梁支座。

（1）支座力学性能检测方法

① 竖向承载力试验

支座竖向承载力试验应测定竖向荷载作用下的荷载—竖向压缩变形曲线。检验荷载为支座竖向设计承载力的1.5倍。在试验支座四角均匀放置4个百分表测定竖向压缩变形。试验时先预压3遍。试验荷载由零至检验荷载均分10级，试验时以支座竖向设计承载力的1%作为初始压力，然后逐级加压，每级荷载稳压2min后读取百分表数据，直至加至检验荷载，稳压3min后卸载，往复加载3次。

取4个百分表读数的算术平均值，绘制荷载—竖向压缩变形曲线。

② 支座摩擦因数测定

支座摩擦因数测定应在专用的双剪摩擦试验装置上进行，试验时先对支座施加竖向设计荷载，然后用千斤顶施加水平力，由压力传感器记录水平力大小，支座一发生滑动，即停止施加水平力，由此计算出支座的初始静摩擦因数，然后再次对支座施加水平力，使支座连续滑动，由连续滑动过程中的水平力可计算出支座的动摩擦因数。

(2) 试验报告

试验报告应包括以下内容：试验支座概况描述，如支座设计竖向承载力、转角、位移，并附支座简图。试验装置简图及所用设备（试验机、千斤顶、传感器等）名称及性能简述。描述试验过程概况，重点记录试验过程中出现的异常现象。记录竖向荷载、压缩变形（水平推力或千斤顶荷载及转动力臂）等数值。计算竖向压缩变形（静摩擦因数或动摩擦因数和转动力矩），并评定试验结果。试验照片。

二、混凝土构件试验检测及质量评定方法

桥涵混凝土结构、钢筋混凝土结构或预应力混凝土结构或构件的检验，依据交通部的有关标准，主要包括三方面内容：一是施工阶段的质量控制，包括原材料的试验检测，混凝土浇注前的检查等；二是外观质量检测，主要是在构件成型达到一定强度后检测结构实物的尺寸和位置偏差，混凝图表面平整度、蜂窝、麻面、露筋及裂缝等；三是构件混凝土的强度等级，通常以立方体试件的抗压强度来反映。当对某一方面的检验内容产生怀疑时，如构件的强度离散大、强度不足、振捣不密实或存在其他缺陷时，通常还需要采用无破损的方法进行专项检验或荷载试验来判定。无损检测的方法很多，目前工程中应用比较多的有以下几种方法：钻芯法、回弹法、超声法、超声 — 回弹综合法和拉拔法等。

1. 钻芯法(CECS03-88)

钻芯法检验混凝土强度是从混凝土结构物中钻取芯样来测定混凝土的抗压强度，是一种直观准确的方法。用钻芯法还可以检测混凝土的裂缝、接缝、分层、孔洞或离析等缺陷，具有直观、精度高等特点，因而广泛应用于土木工程中混凝土结构或构筑物的质量检测。

(1) 适用情况

对试块抗压强度的测试结果有怀疑时。

因材料、施工或养护不良而发生混凝土质量问题时。

混凝土遭受冻害、火灾、化学侵蚀或其他损害时。

需检测经多年使用的建筑结构或构筑物中混凝土强度时。

(2) 钻取芯样

钻前准备资料。钻取芯样部位：结构或构件受力较小的部位，混凝土强度质量具有代表性的部位，便于钻芯机安放与操作的部位。

(3) 芯样要求

① 芯样数量

按单个构件检测时，每个构件的钻芯数量不应少于 3 个。

② 芯样直径

钻取的芯样直径一般不宜小于骨料最大粒径的 3 倍。

③ 芯样高度

芯样抗压试件的高度和直径之比应在 1 ～ 2 的范围内。

④ 芯样外观检查

每个芯样应详细描述有关裂缝、分层、麻面或离析等情况。

⑤ 芯样测量

平均直径、芯样高度、垂直度、平整度。

⑥ 芯样端面补平

硫磺胶泥（或硫碘）补平，用水泥砂浆（或水泥净浆）补平。

(4) 抗压强度试验

芯样试件宜在与被检测结构或构件混凝土湿度基本一致的条件下进行抗压试验。

按自然干燥状态进行试验时，芯样试件在受压前应在室内自然干燥 3 天。

(5) 芯样强度计算

芯样试件的混凝土强度换算值指用钻芯法测得的芯样强度，换算成相应于测试龄期的边长为 150mm 的立方体试块的抗压强度值。

2. 回弹法(JGJ/T23-2001)

回弹法在我国使用已达五十余年，而且越用越广泛，这不仅是因为回弹法简便、灵活、符合国情，更是由于我国已解决了回弹法使用精度不高和不能普遍推广的关键问题。

(1) 回弹法的基本原理

回弹法是用弹簧驱动重锤，通过弹击杆弹击混凝土表面，并测出重锤被反弹回来的距离，以回弹值（反弹距离与弹簧初始长度之比）作为与强度相关的指标，来推定混凝土强度的一种方法。由于测量在混凝土表面进行，所以应属于表面硬度法的一种。

(2) 回弹仪

① 回弹仪的构造及工作原理

回弹仪的类型比较多，有重型、中型、轻型和特轻型，一般工程使用最多的是中型回弹仪。

② 对中型回弹仪的技术要求

水平弹击时，弹击锤脱钩的瞬间，回弹仪的标准能量应为 2.207J。弹击锤与弹击杆碰撞的瞬间，弹击拉簧应处于自由状态。在洛氏硬度 HRC 为 60 ± 2 的钢砧上，回弹仪的率定值应为 80 ± 2。回弹仪使用时的环境温度应为 − 4℃ ～ 40℃。

(3) 检测方法

在正常情况下，混凝土强度的检验与评定应按现行国家标准《混凝土结构工程施工质量验收规范》(GB50204-2002) 及《混凝土强度检验评定标准》(GBJ107-87) 执行。但是，当出现标准养护试件或同条件试件数量不足或未按规定制作试件时；当所制作的标准试件或同条件试件与所成型的构件在材料用量、配合比、水灰比等方面有较大差异，已不能代表构件的混凝土质量时；当标准试件或同条件试件的试压结果，不符合现行标准、规范规定的结构或构件的强度合格要求，并且对该结果持有怀疑时。总之，当结构中混凝土实际强度有检测要求时，可以考虑采用回弹法来检测，检测结果可作为处理混凝土质量的一个依据。

一般检测步骤如下：

① 收集基本技术资料

② 选择符合规定的测区

③ 回弹值测量

将弹击杆顶住混凝土的表面，轻压仪器，松开按钮，弹击杆徐徐伸出。使仪器对混凝土表面缓慢均匀施压，待弹击锤脱钩冲击弹击杆后即回弹，带动指针向后移动并停留在某一位置上，即为回弹值。继续顶住混凝土表面并在读取和记录回弹值后，逐渐对仪器减压，使弹击杆自仪器内伸出，重复进行上述操作，即可测得被测构件或结构的回弹值。

测点宜在测区范围内均匀分布，相邻两测点的净距不宜小于 20mm。

④ 炭化深度值测量

回弹值测量完毕后，应在有代表性的位置上测量炭化深度值。

炭化深度值测量方法为：采用适当的工具在测区表面形成直径约 15mm 的孔洞，其深度应大于预估混凝土的炭化深度。孔洞中的粉末和碎屑应除净，并不得用水擦洗。同时，采用浓度为 1% 的酚酞酒精溶液滴在孔洞内壁的边缘处，当已炭化与未炭化界限清楚时，再用深度测量工具测量已炭化与未炭化混凝土交界面到混凝土表面的垂直距离，测量不应少于 3 次，取其平均值。

(4) 回弹值计算和测区混凝土强度的确定

① 测区、产均回弹值

应从该测区的 16 个回弹值中剔除 3 个最大值和 3 个最小值，余下的 10 个回弹值按下式计算：

$$R_{\mathrm{m}} = \frac{\sum_{i=1}^{10} R_i}{10} \tag{5.41}$$

式中：R_m—— 测区平均回弹值，精确至 0.1；

R_i—— 第 i 个测点的回弹值。

② 非水平方向回弹值

非水平方向检测混凝土浇筑侧面时，应按下式修正：

$$R_{\mathrm{m}} = R_{\mathrm{m}\alpha} + R_{\mathrm{a}\alpha} \tag{5.42}$$

式中：$R_{\mathrm{m}\alpha}$—— 非水平状态检测时测区的平均回弹值，精确至 0.1；

$R_{\mathrm{a}\alpha}$—— 非水平状态检测时回弹值修正值。

③ 水平方向回弹值

水平方向检测混凝土浇筑顶面或底面时，应按式(5.43) 和式(5.44) 修正：

$$R_{\mathrm{m}} = R_{\mathrm{m}}^{\mathrm{t}} + R_{\mathrm{a}}^{\mathrm{t}} \tag{5.43}$$

$$R_{\mathrm{m}} = R_{\mathrm{m}}^{\mathrm{b}} + R_{\mathrm{a}}^{\mathrm{b}} \tag{5.44}$$

式中：$R_{\mathrm{m}}^{\mathrm{t}}$、$R_{\mathrm{m}}^{\mathrm{b}}$—— 水平方向检测混凝土浇筑表面、底面时，测区的平均回弹值，精确至 0.1；

$R_{\mathrm{a}}^{\mathrm{t}}$、$R_{\mathrm{a}}^{\mathrm{b}}$—— 混凝土浇注表面、底面回弹值的修正值。

③ 测区混凝土强度值的确定

结构或构件第 i 个测区混凝土强度换算值，根据每一测区的回弹平均值及炭化深度值，查阅全国统一测强曲线得出，当有地区测强曲线或专用测强曲线时，混凝土强度换算值应按地区测强曲线或专用测强曲线换算得出。

(5) 混凝土强度计算

① 混凝土强度平均值

结构或构件的测区混凝土强度平均值可根据各测区的混凝土强度换算值计算。

② 混凝土强度推定值

结构或构件的混凝土强度推定值($f_{cu,e}$)应按下列公式确定：

当该结构或构件测区数少于 10 个时：

$$f_{cu,e} = f_{cu,min}^{c} \tag{5.45}$$

式中：$f_{cu,min}^{c}$—— 构件中最小的测区混凝土强度换算值。

当该结构或构件的测区强度值中出现小于 10.0MPa 的情况时：

$$f_{cu,e} < 10.0\text{MPa} \tag{5.46}$$

当该结构或构件测区数不少于 10 个或按批量检测时，应按下列公式计算：

$$f_{cu,e} = m_{f_{cu}^{c}} - 1.645 S_{f_{cu}^{c}} \tag{5.47}$$

3. 混凝土强度评定方法

(1) 取样原则

评定水泥混凝土的抗压强度，应以标准养护 28 天龄期的试件为准。试件选用边长 15cm 的立方体，3 个为 1 组，制取组数应符合下列规定：

不同强度等级及不同配合比的混凝土应在浇筑地点或拌和地点分别随机制取试件。

浇筑一般体积的结构物(如基础、墩台等)时，每一单元结构物应制取 2 组。

连续浇筑大体积结构时，每 80 ～ 200m^3 或每一工作班应制取 2 组。

上部结构，主要构件长 16m 以下应制取 1 组，16 ～ 30m 制取 2 组，31 ～ 50m 制取 3 组，50m 以上者不少于 5 组，小型构件每批或每工作班至少应制取 2 组。

每根钻孔桩至少应制取 2 组，桩长 20m 以上者不少于 3 组，桩径大、浇筑时间很长时，不少于 4 组。如换工作班时，每工作班者应制取 2 组。

构筑物(小桥涵、挡土墙)每座、每处或每工作班制取不少于 2 组。当原材料和配合比相同并由同一拌和站拌制时，可几座或几处合并制取 2 组。

应根据施工需要，另制取几组与结构物同条件养护的试件，作为拆模、吊装、张拉预应力、承受荷载等施工阶段的强度依据。

(2) 混凝土抗压强度的合格标准

① 试件大于或等于 10 组时

应以数理统计方法按下述条件评定：

$$\overline{R} - K_1 S_n \geqslant 0.9R \tag{5.48}$$

$$R_{min} \geqslant K_2 R \tag{5.49}$$

式中：n—— 同批混凝土试件组数；

$\overline{R}$ —— 同批 n 组试件强度的平均值(MPa)；

S_n—— 同批 n 组试件强度的标准差，当 $S_n < 0.06$MPa 时取 $S_n = 0.06R$，(MPa)；

R—— 混凝土的设计强度等级(MPa)；

R_{min}——n 组试件中强度最低的一组值所示(MPa)；

K_1、K_2—— 合格判定系数，如表 5.6 所示。

表 5.6　　K_1、K_2 值表

n	10 ～ 14	15 ～ 24	> 25
K_1	1.70	1.65	1.60
K_2	0.9	0.85	

② 试件组数小于 10 组时

应以非数理统计方法按下述条件评定：

$$\overline{R} \geqslant 1.15R \tag{5.50}$$

$$R_{\min} \geqslant 0.95R \tag{5.51}$$

③ 实测项目中

混凝土抗压强度评为合格时得满分，不合格时得零分。

(3) 注意问题

同批试件是指梁可以每孔或每两、三孔(较窄桥时)作为一批，中小跨径桥的桩、盖梁，可以数孔作为一批。每批的混凝土试件组数也不宜太多，一般不超过 80 ～ 100 组。

如果在一些构件浇筑后较长时间才浇筑其他同类构件，或者时间虽不久，但温度等气候条件变化较大时，则不应视作同批，而应分别评定。

只要材料和配合比不变，混凝土构件如桩、盖梁和梁等的混凝土强度都应尽可能采用数理统计方法评定。

三、预应力混凝土结构试验检测

预应力混凝土结构在土木工程中应用十分广泛。所谓预应力混凝土结构，就是事先人为地在混凝土或钢筋混凝土中引入内部应力，且其数值和分布恰好能将使用荷载产生的应力抵消到一个合适程度的混凝土。例如，对混凝土或钢筋混凝土梁的受拉区预先施加压应力，使之建立一种人为的应力状态，这种应力的大小和分布规律，能有利于抵消使用荷载作用下产生的拉应力，从而使混凝土构件在使用荷载作用下不致开裂或推迟开裂，或者使裂缝宽度减小。这种预先给混凝土引入内部应力的结构，就称为预应力混凝土结构。

1. 预应力筋用锚具、夹具和连接器检测(GB/T14370-2000，JT329.2-1997)

在给预应力混凝土结构施加顶应力的过程中，无论是先张法对预应力钢筋的临时固定，还是后张法对预应力钢筋的永久性锚固，都需要有锚具或夹具。因此锚夹具是保证预应力混凝土结构安全可靠的关键之一，它们必须满足受力安全可靠、预应力损失小、张拉锚固方便迅速等要求。

(1) 静载锚固性能试验

① 试验要求

试验用的预应力筋锚具、夹具或连接器组装件应由全部零件和预应力筋组装而成。组装时锚固零件必须擦拭干净，不得在锚固零件上添加影响锚固性能的物质，如金刚砂、石墨、润滑剂等(设计规定的除外)。束中各根预应力筋应等长平行，其受力长度不应小

于 3m。

对于预应力筋在锚具夹持部位不弯折的组装件(全部锚筋孔均与锚板底底面垂直)，可以不安装束口状的锚下垫板，如预应力筋在铺具夹持部位有偏转角度(部分锚筋孔与锚板底面有倾斜角)而必须使预应力钢材在某个位置弯折时，可以在此处安装轴向可移动的偏转装置。当对组装件施加拉力时该偏转装置不应与预应力筋之间产生滑动摩擦。

单根钢绞线的组装件试件，不包括夹持部位的受力长度不应小于 0.8m，并参照试验设备确定。

试验用预应力钢材应经过选择，全部力学性能必须严格符合该产品的国家标准或行业标准，同时，所选用的预应力钢材其直径公差应在锚具、夹具或连接器产品设计的允许范围之内。对符合要求的预应力钢材应先进行母材性能试验、试件不应少于三根，证明其符合国家或行业产品标准后才可用于组装件试验。

在锚具确定适用于某一等级的预应力钢材后，试验用的预应力钢材实测极限抗拉强度平均值 f_{pm} 不应高于产品系列中高一等级的抗拉强度标准值 f_{ptk}。

试验用的测力系统，其不确定度不得大于 2%。测量总应变用的量具，其标距的不确定度不得大于标具的 0.2%，指示应变的不确定度不得大于 0.1%。

② 试验方法

对于先安装锚具、夹具或连接器再张拉预应力筋的预应力体系，可直接用试验机或试验台座加载。

用试验机进行单根预应力筋 — 锚具组装件静载试验时，在应力达到 $0.8f_{ptk}$ 时，持荷时间可以缩短，但不少于 10min。

(2) 其他试验

① 疲劳试验

疲劳试验在专用疲劳试验机上进行。当疲劳试验机能力不够时，要以试验结果有代表性为原则，可以在实际锚板上少安装预应力钢材，或用该系列中较小规格的锚具组装成试验用组装件，但预应力钢材根数不得少于实际根数的 1/10。为了保证试验结果有代表性，直线形及有转折(如果锚具有斜孔时)的预应力钢材都应包括在试验用组装件中。

以约 100MPa/min 的速度加载至试验应力下限值，再调节应力幅度达到规定位后，开始记录循环次数。

选择疲劳试验机的脉冲频率不应超过 500 次 /min。

② 周期荷载试验

以约 100MPa/min 的速度加荷至试验应力上限值，再卸荷至试验应力下限值再回上限进行第 2 个周期，重复 50 个周期。

③ 辅助性试验

对新型锚具和连接器，应进行辅助性试验。

a. 锚具的内缩量试验

试验的张拉力为预应力筋的 $0.8f_{ptk}A_p$，内缩量可根据锚固前后预应力筋拉力差值计算，也可用测量锚固处预应力筋相时位移等方法直接删除。试验用的试件不得少于 3 个，取平均值。

b. 锚具摩阻损失试验

张拉预应力筋时，锚具零件和预应力筋之间可能出现摩擦或强迫预应力筋弯折，从而产生因锚具摩阻引发的应力损失。

试验的张拉力为预应力筋的 $0.8f_{ptk}A_p$，测出锚具前后预应力差值。试验用的试件不得少于 3 个，取平均值。

c. 张拉锚固工艺试验

用预应力张拉设备对锚具或对用于后张法的连接器做张拉及锚固预应力筋的工艺试验，最高张拉力为预应力筋的 $0.8f_{ptk}A_p$，等分 4 级逐级张拉，每张拉 1 级锚固 1 次。张拉完毕后，用专门设备及特别方法放松应力。通过张拉锚固工艺试验观察：分级张拉或因张拉设备倒换行程需要临时锚固的可能性。经过多次张拉锚固后，预应力筋内各根预应力钢材受力的均匀性。张拉发生故障时，将预应力筋全部放松的可能性。

(3) 检测结果判定

① 外观检查

如表面无裂缝，影响锚固能力的尺寸符合设计要求，应判为合格。如此项尺寸有 1 套超过允许偏差，则应另取双倍数量的零件重做检验，如仍有 1 套不符合要求，则应逐套检查，合格者方可使用。如发现一套有裂纹，即应对全部产品进行逐件检查，合格者方可使用。

② 硬度检验

每个零件测试 3 点，当硬度值符合设计要求的范围时应判为合格。如有 1 个零件不合格，则应另取双倍数量的零件重做检验，如仍有 1 个零件不合格，则应逐个检验，合格者方可使用。

③ 静载锚固性能检验

静载试验应连续进行三个组装件的试验，全部试验结果均应做出记录，并据此计算锚具、夹具或连接器的锚固效率系数 η_a 或 η_g 和相应的总应变 ε_{apu}。三个试验结果均应满足 $\eta_a \geqslant 0.95$ 或 $\eta_g \geqslant 0.92$，$\varepsilon_{apu} \geqslant 2.0\%$ 的规定，不得进行平均。若有 1 个试件不符合要求，则另取双倍数量的零件重做检验，如仍有 1 个试件不合格，则该批为不合格品。

④ 辅助性试验

辅助性试验为观测项目，不做合格与否的判定。

2. 张拉设备校验

桥梁工程中施加预应力所用的设备通常称为张拉设备。常用的张拉设备由油压千斤顶和配套的高压油泵、压力表及外接油管等组成。液压千斤顶按其构造可分为台座式（普通油压千斤顶）、穿心式、锥锚式和拉杆式。由于每台千斤顶液压配合面实际尺寸和表面粗糙度不同，密封圈和防尘圈松紧程度不同，造成千斤顶内摩擦阻力不同，而且摩阻要随油压高低和使用时间的变化而改变。所以，千斤顶、油压表、油泵及油管要一起定期进行配套校验，以减少累积误差，提高施加预应力时张拉力的控制精度。

(1) 对张拉设备进行校验的情况

在下列情况下要对张拉设备进行检验：新千斤顶初次使用前。油压表指针不能退回零点时。千斤顶、油压表和油管进行过更换或维修后。当千斤顶使用超过 6 个月或张拉超过

200 次以上。在使用过程中出现其他不正常现象。

(2) 校验方法

校验应在经主管部门授权的法定计量技术机构进行。校验时，应将千斤顶、油泵及油压表一起配套进行、校验用的标准仪器可选用材料试验机或压力(拉力) 传感器。该标准仪器的精度不得低于 1%，压力表的精度不宜低于 1.5 级，最大量程不宜小于设备额定张拉力的 1.3 倍。校验时，千斤顶活塞的运行方向应与实际张拉工作状态一致。

① 用长柱压力试验机校验

校验时，应采取被动校验法，即在校验时用千斤顶顶试验机，这样活塞运行方向、摩阻力的方向与实际工作时相同，校验比较准确。

在进行被动校验时，压力试验机本身也有摩阻力，且与正常使用时相反，故试验机表盘读数反映的也不是千斤顶的实际作用力。因此，用被动法校验千斤顶时，必须事先用具有足够吨位的标准测力计对试验机进行被动标定，以确定试验机的度盘读数值。标定后在校验千斤顶时，就可以从试验机度盘上直接读出千斤顶的实际作用力以及相应的油压表的准确读数。用压力试验机校验的步骤如下：千斤顶就位，校验千斤顶，对千斤顶校验数值采用表中记录，并可根据校验结果绘千斤顶校验曲线供预应力筋钢材张拉时使用，亦可采用最小二乘法求出千斤顶校验的经验公式，供预应力筋张拉时使用。

② 用标准测力计校验

用水银压力计、测力环、弹簧拉力计等标准测力计校验千斤顶，是一种简单可靠的方法。

(3) 应注意的问题

施加预应力所用的张拉设备及仪表应由专人使用和管理，并应定期维护和校验，以提高施加预应力时张拉力的控制精度。

千斤顶与压力表应配套校验、配套使用，即在使用时严格按照标定报告上注明的油泵号、油表号和千斤顶号配套安装成张拉系统使用。

3. 张拉力控制

预应力钢材的张拉力控制一般采用“双控”的方法，即采用预应力钢材张拉控制应力乘以预应力筋截面积得到张拉控制力，再根据千斤顶校验公式求出相应的油表压力 p，进行张拉时实测出预应力钢材伸长量进行校验。

(1) 预应力筋的张拉控制应力应符合设计要求

当施工中预应力筋需要超张拉或计入锚圈口预应力损失时，可比设计要求提高 5%，但在任何情况下不得超过设计规定的最大张拉控制应力。

(2) 实际伸长值与理论伸长值

预应力筋采用应力控制方法张拉时，应以伸长值进行校核，实际伸长值与理论伸长值的差值应符合设计要求。设计无规定时，实际伸长值与理论伸长值的差值应控制在 6% 以内，否则应暂停张拉，待查明原因并采取措施予以调整后，方可继续张拉。

(3) 预应力筋的理论伸长值 ΔL(mm)

(4) 实际伸长量的测量

预应力筋张拉时，应先调整到初应力 σ_0，该初应力宜为张拉拉制应力 σ_{con} 的 10% ～

15%,伸长值应从初应力时开始测量。力筋的实际伸长量为测量的伸长值与初应力时的推算伸长值之和。

(5) 锚圈口及孔道摩阻损失

必要时,应对锚圈口及孔道摩阻损失进行测定,张拉时予以调整。

(6) 预应力筋的锚固

应在张拉控制应力处于稳定状态下进行。锚固阶段张拉端预应力筋的内缩量,应不大于设计规定。

(7) 应注意的问题

后张预应力筋当两端同时张拉时,两端千斤顶升降压、画线、测伸长、插垫等工作应基本一致。

先张预应力筋当同时张拉多根时,应预先调整其初应力,使相互之间的应力一致。张拉过程中,应使活动横梁与固定横梁始终保持平行,并应抽查力筋的预应力值,其偏差的绝对值不得超过按一个构件全部力筋预应力总值的5%。

四、钢结构试验检测

1.构件焊接质量检验

桥梁建造工程中许多构件需焊接加工,其焊接质量的好坏直接影响着构件的质量,故钢结构构件焊接质量的检验工作是确保产品质量的重要措施。根据焊接工序的特点,检验工作是贯穿焊接始终的。一般分成三个阶段,即焊前检验、焊接过程中检验和焊后成品的检验。

(1) 焊前检验

焊前检验是指焊接实施之前准备工作的检验,包括原材料的检验、焊接结构设计的鉴定及其他可能影响焊接质量因素的检验(如焊工考试、电源、工具和电缆的检查)。检验应根据图纸要求和相应的国家标准及行业标准进行。

(2) 焊接过程中的检验

在焊接过程中主要检验焊接规范、焊缝尺寸和结构装配质量。

① 焊接规范的检验

焊接规范是指焊接过程中的工艺参数,如焊接电流、焊接电压、焊接速度、焊条(焊丝)直径、焊接的道数、层数、焊接顺序、能源的种类和极性等,正确的规范是在焊前进行试验总结取得的。有了正确的规范,还要在焊接过程中严格执行才能保证接头质量的优良和稳定。对焊接规范的检查,不同的焊接方法有不同的内容和要求。

a.手工焊规范的检验

一方面检验焊条的直径和焊接电流是否符合要求,另一方面要求焊工严格执行焊接工艺规定的焊接顺序、焊接道数、电弧长度等。

b.埋弧自动焊和半自动焊焊接规范的检验

除了检查焊接电流、电弧电压、焊丝直径、送丝速度、焊接速度(对自动焊而言)外,还要认真检查焊剂的牌号、颗粒度、焊丝伸出长度等。

c.接触焊规范的检验

对于对焊，主要检查夹头的输出功率、通电时间、项锻量、工件伸出长度、工件焊接表面的接触情况、夹头的夹紧力和工件与夹头的导电情况等。

d. 气焊规范的检验

要检查焊丝的牌号、直径、焊嘴的号码，并检查可燃气体的纯度和火焰的性质。

② 焊缝尺寸的检查

③ 结构装配质量的检验

在焊接之前进行装配质量检验是保证结构焊成后符合图纸要求的重要措施。对装配结构应做如下几项检查：

按图纸检查各部分尺寸、基准线及相对位置是否正确，是否留有焊接收缩余量和机械加工余量。

检查焊接接头的坡口形式及尺寸是否正确。

检查点固焊的焊缝布置是否恰当，能否起到固定作用，是否会给焊后带来过大的内应力，并检查点固焊缝的缺陷。

检查焊接处是否清洁，有无缺陷(如裂缝、凹陷、夹层)。

2. 焊后成品的检验

焊接产品虽然在焊前和焊接过程中进行了检查，但由于制造过程中外界因素的变化，如操作规范的不稳定、能源的波动等都有可能引起缺陷的产生。为了保证产品的质量，对成品必须进行质量检验。钢结构构件一般用外观检测法检测表面缺陷，内部缺陷用超声波探伤和射线探伤检测。下面先介绍外观检测方法，其他探伤原理和方法将作专门介绍。

焊接接头的外观检测是一种手续简便而成用广泛的经验方法，是成品检验的一项重要内容。

外观检查主要是发现焊缝表向的缺陷和尺寸上的偏差。

对未填满的弧坑应特别仔细检查，因该处可能会有星形散射状裂纹。

焊缝尺寸的检查可采用前面介绍的量规和样板进行。

3. 漆膜厚度现场检测

漆膜厚度测试一般有两种方法，即杠杆千分尺法和磁性测厚仪法。下面介绍磁性测厚仪法的主要步骤

(1) 仪器设备

磁性测厚仪，精确度为 $2\mu m$。

(2) 检测步骤

① 调零

取出探头，插入仪器的插座上。将已打磨未涂漆的底板(与被测漆膜底材相同) 擦洗干净，把探头放在底板上按下电钮，再按下磁芯，当磁芯跳开时，如指针不在零位，应旋动调零电位器，使指针回到零位，须重复数次。如无法调零，须更换新电池。

② 校正

取标准厚度片放在调零用的底板上，再将探头放在标准厚度片上，按下电钮，再按下磁芯，待磁芯跳开后旋转标准钮，使指针回到标准片厚度值上，须重复数次。

③ 测量

取距离样板边缘不少于1cm的上、中、下三个位置进行测量。将探头放在样板上，按下电钮，再按下磁芯，使之与被测漆膜完全吸合，此时指针缓慢下降，待磁芯跳开，表针稳定时，即可读出漆膜厚度值。取各点厚度的算术平均值为漆膜的平均厚度值。

五、悬吊结构试验检测

悬吊结构桥梁主要包括斜拉桥和悬索桥(吊桥)，这两种桥型近十年来在我国发展很快，但其检测体系有待于完善。斜拉桥和悬索桥均为高次超静定结构，施工过程存在多次体系转换。而这两种桥型跨径一般较大，结构受力变形非线性关系显著，影响结构受力变形的因素复杂，要保证桥梁的几何线形和内部受力达到设计要求的合理状态，其质量检验和施工中的监控检测十分重要。

1. 斜拉桥施工控制与测试

斜拉桥形式、构造、施工方法多变。对特定的斜拉桥，其施工方法选定以后，应对各施工阶段的内力、变形和几何位置进行理论分析，并根据施工各阶段的实测值对下一阶段内力变形的预测值进行调整，从而实现斜拉桥的施工控制。

(1) 结构分析

结构分析时要选用合理的计算图示，考虑施工过程中结构的逐步形成和体系转换、临时支承的设置和卸除，以及结构各部分的强度增长，合理估计主梁架设过程中各阶段的施工荷载。对于直桥施工控制计算采用平面分析即可，对位于曲线上的斜拉桥施工控制计算必须进行空间结构分析。

结构分析计入非线性影响。斜拉桥施工张拉中主梁挠度大，张拉初期索的垂度较大，必须计入几何非线性影响。结构分析要计入混凝土收缩徐变对结构变形和内力的影响，考虑温度对变形和内力的影响，还应考虑风荷载等偶然因素对结构内力的不利影响分析控制。

导致建筑斜拉桥的混凝土在施工过程中受力变形的影响因素有收缩、徐变、温度等，其变化的复杂性、随机性和不可逆性，使得精确地计算斜拉桥施工过程变形十分困难，所以工程界提出了不同的算法模拟斜拉桥施工中的行为，如倒拆法、正算法、刚性支承连续梁法、零弯矩悬拼法等。

(2) 施工控制的原则与方法

一般斜拉桥施工时，主梁架设阶段确保主梁的线形顺直正确是第一位的，即以标高控制为主。二期恒载施工时为保证结构的整体受力变形处于理想状态，拉索张拉时以索力控制为主。“标高控制为主”或以“索力控制为主”是相对的，应结合主梁刚度大小、施工方法等制定控制策略。对斜拉桥施工仅按理论分析值进行控制往往达不到预期的效果，理论计算值与实测值总是存在一定的偏差，并且这种偏差具有积累性，必须予以控制和调整。工程界已确定出了不同的控制方法，包括一次张拉法、卡尔曼滤波法、多次张拉法等。

(3) 施工测试

施工测试是施工控制的主要组成部分，是控制调整的主要依据。施工测试的主要内容有：

① 结构的几何位置和变形

主要观测主梁轴线和索塔顶端位置，主梁挠度和塔顶水平位移，测试设备为：精密水准仪、经纬仪、测距仪等。

② 应力测试

主要测试斜拉索索力、支座反力和主梁、塔的应力在施工中的变化。主梁和索塔中的应力可以预埋钢弦式应变计测试。索力测试将在下面介绍。

③ 温度测试

观测主梁、索塔和斜拉索的温度，以确定结构温度，监控主梁挠度和索塔位移随温度和时间的变化规律。测定温度时可采用热电偶、红外温度计等测试。

2. 索力测试

斜拉索是斜拉桥梁、塔和索体系中的一个重要组成部分，斜拉索索力大小直接影响桥梁上部结构的受力和变形状态。各拉索中的实际索力大小的测试就成为斜拉桥施工控制中的一个重要问题。斜拉桥斜拉索索力测定的方法有：

(1) 电阻应变片测定法

(2) 拉索伸长量测定法

(3) 索拉力垂度关系测定法

(4) 张拉千斤顶测定法

(5) 压力传感器测定法

(6) 振动测定法

3. 冷铸锚试验

拉索锚具应采用强度和耐疲劳符合设计要求且可靠性高的锚具，包括热铸锚、镦头锚、冷铸镦头铺、夹片锚等。目前工程中通常采用的拉索锚具为冷铸镦头锚(Hiam 锚具)，简称冷铸锚，每副冷铸镦头锚具主要由锚筒、锚固板、锚固螺母、压板、接长筒、卡环、钢护筒、冷铸填料等部分组成。

(1) 冷铸填料性能试验

① 冷铸填料温度稳定性试验

温度稳定性试验主要检验冷铸填料低温脆性和高温强度下降趋势。

② 钢丝拔出试验

冷铸锚中环氧填料与钢丝的黏结力对钢丝锚同样起着非常重要的作用，为此采用钢丝拔出试验考查环氧填料与钢丝的黏结力。

③ 弹性模量试验

④ 热老化性能试验

(2) 静载试验

试验内容包括：冷铸锚在预拉荷载下锚板内缩值的测定。冷铸锚在使用荷载下，钢丝束的延伸率、钢丝和锚具的应力值、锚板的回缩值、锚具的径向变形，钢丝束的拔出量及一般性观察。实测冷铸锚的破断荷载以及钢丝束在破断荷载下的总延伸率及锚固效率系数。冷铸锚在破断荷裂下，对锚具各部件状况的观察。

按国内外冷铸锚静力试验标准，拟定如下技术要求：冷铸锚的锚用效率系数 $\eta_a \geqslant 0.95$。冷铸锚在破断时钢丝束的总延伸率不小于 2%。冷铸锚在达到破断荷载时断丝率不大于5%。冷铸锚经预拉荷载后锚板同缩值不大于6～7mm。冷铸锚在承受破断荷裂时锚杯和螺母不应咬死，螺母仍能拧动自如。

冷铸锚静载试验的组装件安装、试验设备、试验方法和结果分析按《预应力筋用锚具、夹具和连接器》(GB/T14370-1993)和《公路桥梁预应力钢绞线用锚具、连接器试验方法及检验规则》(JT329.2-1997)进行。

(3) 疲劳试验

疲劳试验应根据拉索的受力情况确定试验应力上限 σ_{max} 和应力幅值 $\Delta\sigma$，σ_{max} 低于一般锚具的比例0.65σ_b，大于拉索中的最大应力。$\Delta\sigma$ 可取拉索应力幅值的2倍，试件长5mm左右，防护筒后拉索的长度不少于3m。疲劳试验前先预拉一次，静载至应力上限并持荷16h，测量静载下钢丝束的拔出量(同静载试验)。在静力逐级加载时，测量外围钢丝的应力分布及变化情况。测量200万次疲劳锚板的回缩量，经200万次疲劳试验后断丝率应小于5%。疲劳试验的组装件安装、试验设备、试验方法及结果分析按《预应力筋用锚具、夹具和连接器》(GB/T14370-1993)和《公路桥梁预应力钢绞线用锚具、连接器试验方法及检验规则》(JT329.2-1997)进行。

第五节　桥梁荷载试验

一、荷载试验的目的及主要内容

1.荷载试验的目的

桥梁荷载试验分为静载试验和动载试验。桥梁荷载试验是对桥梁结构工作状态进行直接测试的一种鉴定手段。试验的目的、任务和内容通常由实际的生产需要或科研需要所决定。一般桥梁荷载试验的目的有：

(1) 检验桥梁设计与施工的质量

对于一些新建的大中型桥梁或者具有特殊设计的桥梁，在设计施工过程中必然会遇到许多新问题，为保证桥梁建设质量，施工过程中往往要求做施工监控。在竣工后一般还要求进行荷载试验，以检验桥梁整体受力性能和承载力是否达到设计文件和规范的要求，并把试验结果作为评定工程质量优劣的主要技术资料和依据。

(2) 判断桥梁结构的实际承载力

旧桥由于构件局部发生意外损伤，使用过程中产生明显病害，设计荷载等级偏低等原因，有必要通过荷载试验判定构件损伤程度及承载力、受力性能的下降幅度，确定其运营荷载等级。同时，旧桥荷载试验也是改建、加固设计的重要依据。

(3) 验证桥梁结构设计理论和设计方法

对于桥梁工程中的新结构、新材料和新工艺，应通过荷载试验验证桥梁的计算图示是否正确，材料性能是否与理论相符，施工工艺是否达到预期目的。对相关理论问题的深入研究，往往也需要大量荷载试验的实测数据。

2.荷载试验的主要工作内容

桥梁的荷载试验是一项复杂而细致的工作，应根据试验的目的进行认真的调查，必要时进行相关的理论分析，在此基础上周密地制定试验方案，对于所有可能出现的问题都要认真考虑并作出处理预案，制定切实可行的试验方案。荷载试验的主要内容为：

(1) 明确荷载试验的目的

(2) 试验准备工作

(3) 加载方案设计

(4) 测点设置与测试

(5) 加载控制与安全措施

(6) 试验结果分析与承载力评定

(7) 试验报告编写

一般，以上荷载试验内容主要包含三个阶段：桥梁结构的考察和试验准备，加载试验与观测，测试结果的分析与评定。

目前，桥梁的荷载试验应按我国现行的《大跨径混凝土桥梁的试验方法》、《公路桥涵设计规范》等进行。

3. 荷载试验的准备工作

荷载试验正式进行之前应做好下列准备工作

(1) 试验孔（或墩）的选择

对多孔桥梁中跨径相同的桥孔（或墩）可选 1 ～ 3 孔具有代表性的桥孔（或墩）进行加载试验。选择时应综合考虑以下因素：该孔（或墩）计算受力最不利。该孔（或墩）施工质量较差、缺陷较多或病害较严重。该孔（或墩）便于搭设脚手架，便于设置测点或便于实施加载。

选择试验孔的工作与制定计划前的调查工作结合进行。

(2) 搭设脚手架和测试支架

脚手架和测试支架应分开搭设互不影响，脚手架和测试支架应有足够的强度、刚度和稳定性。脚手架要保证工作人员的安全，方便操作。测试支架要满足仪表安装的需要，不因自身变形影响测试的精度，同时还应保证试验时不受车辆和行人的干扰。脚手架和测试支架设置要因地制宜，就地取材，便于搭设和拆卸，一般采用木支架或建筑钢管支架。当桥下净空较大不便搭设固定脚手架时，可考虑采用轻便活动吊架，两端用尼龙绳或细钢丝绳固定在栏杆或人行道缘石上。整套设置使用前应进行试载以确保安全，活动吊架如需多次使用可做成拼装式以便运输和存放。

晴天或多云天气下进行加载试验时，阳光直射下的应变测点，应设置遮挡阳光的设备，以减小温度变化造成的观测误差。雨季进行加载试验时，则应准备仪器、设备等的防雨设施，以备不时之需。

桥下或桥头用活动房或帐篷搭设临时实验室，安放数据采集等仪器，并供测试人员临时办公和看管设备之用。

(3) 静载试验加载位置的放样和卸载位置的安排

静载试验前应在桥面上对加载位置进行放样，以便于加载试验的顺利进行。如加载工况较少，时间允许，可在每次工况加载前临时放样。如加载工况较多，则应预先放样，且用不同颜色的标志区别不同加载工况时的荷载位置。

静载试验荷载、卸载的安放位置应预先安排。卸载位置的选择既要考虑加载、卸载方便，离加载位置近一些，又要使安放的荷载不影响试验孔（或墩）的受力，一般可将荷载安放在桥台后一定距离处。对于多孔桥，如有必要将荷载停放在桥孔上，一般应停放在距试验孔较远处，以不影响试验观测为宜。

（4）试验人员组织及分工

桥梁的荷载试验是一项技术性较强的工作，最好能组织专门的桥梁试验队伍来承担，也可由熟悉这项工作的技术人员为骨干来组织试验队伍。应根据每个试验人员的特长进行分工，每人分管的仪表数目除考虑便于进行观测外，应尽量使每人对分管仪表进行一次观测所需的时间大致相同。所有参加试验的人员应能熟练掌握所分管的仪器设备，否则应在正式开始试验前进行演练。为使试验有条不紊地进行，应设试验总指挥 1 人，其他人员的配备可根据具体情况考虑。

（5）其他准备工作

加载试验的安全设施、供电照明设施、通信联络设施、桥面交通管制等工作应根据荷载试验的需要进行准备。

二、试验方案与实施

1. 加载方案与实施

（1）试验荷载工况的确定

为了满足鉴定桥梁承载力的要求，荷载工况选择应反映桥梁设计的最不利受力状态，简单结构可选 1 ～ 2 个工况，复杂结构可适当多选几个工况，但不宜过多。进行各荷载工况布置时可参照截面内力（或变形）影响线进行，下面给出常见桥型荷载工况。

① 简支梁桥

跨中最大正弯矩工况，1/4 最大正弯矩工况，支点最大剪力工况，桥墩最大竖向反力工况。

② 连续梁桥

主跨跨中最大正弯矩工况，主跨支点负弯矩工况，主跨桥墩最大竖向反力工况，主跨支点最大剪力工况，边跨最大正弯矩工况。

③ 悬臂梁桥（T 形钢构桥）

支点（墩顶）最大负弯矩工况，锚固孔跨中最大正弯矩工况，支点（墩顶）最大剪力工况，挂孔跨中最大正弯矩工况。

④ 无铰拱桥

跨中最大正弯矩工况，拱脚最大负弯矩工况，拱脚最大推力工况，正负挠度绝对值和最大工况。

⑤ 刚架桥（包括斜腿刚架和刚架 — 拱式组合体系）

跨中截面最大弯矩工况，柱腿截面最大应力工况，节点附近截面最大应力工况。

⑥ 悬索桥

主梁控制截面最大弯矩应力工况，主梁扭转变形工况，主梁控制截面位移或挠度工况，塔顶最大水平变化工况同，塔柱底截面最大应力工况，钢索（主缆、吊索）最大拉力工况。

⑦ 斜拉桥

主梁跨中最大正弯矩工况，主梁最大负弯矩工况，主塔塔顶顺桥向最大水平位移工况，斜拉索最大索力工况，主梁最大挠度工况。

此外，对桥梁施工中的薄弱截面或缺陷修补后的截面可以专门进行荷载工况设计，以检验该部位或截面对结构整体性能的影响。

使用车辆加载而又未安排动载试验项目时，可在静载试验项目结束后，将加载车辆（多辆车则相应地进行排列）沿桥长慢速行驶一趟，以全面了解荷载作用于桥面不同部位时结构承载状况。

动载试验一般安排标准汽车车列（对小跨径桥也可用单车）在不同车速时的跑车试验，跑车时速一般定为5、10、20、30、40、50km。此外可根据桥况安排其他试验项目，如需测定桥梁承受活载水平力性能时做车辆制动试验，为测定桥梁自振频率做跳车后的余振观测，并在无荷载时进行脉动观测。

(2) 试验荷载等级的确定

① 控制荷载的确定

为了保证荷载试验的效果，必须先确定试验的控制荷载，控制桥梁设计的荷载有下列几种：汽车和人群（标准设计荷载），挂车或履带车（标准设计荷载），需通行的特殊重型车辆。

分别计算以上几种荷载对结构控制截面产生的内力（或变形）的最不利值，进行比较，取其中最不利者对应的荷载作为控制荷载。因为挂车和履带车不计冲击力，所以动载试验以汽车荷载作为控制荷载。

荷载试验应尽量采用与控制荷载相同的荷载，而组成控制荷载（标准设计荷载）的车辆是由运管车辆统计而得的概率模型。当客观条件所限，采用的试验荷载与控制荷载有差别时，为保证试验效果，在选择试验荷载的大小和加载位置时应采用静载试验效率 η_q、动载试验效率 η_d 进行控制。

② 静载试验效率

静载试验效率为

$$\eta_b = \frac{S_S}{S(1+\mu)} \tag{5.52}$$

式中：S_s—— 静载试验荷载作用下控制截面内力计算值(N)；

S—— 控制荷载作用下控制截面最不利内力计算值(N)；

μ—— 按规范采用的冲击系数，平板挂车、履带车、重型车辆，取 $\mu=0$。

η_q 值可采用0.8～1.05，当桥梁的调查、检算工作比较完善而又受加载设备能力所限时，η_q 值可采用低限。当桥梁的调存、检算工作不充分，尤其是缺乏桥梁计算资料时，η_q 值应采用高限。总之应根据前期工作的具体情况来确定，一般情况下 η_q 值不宜小于0.95。

荷载试验宜选择温度稳定的季节和天气进行。当温度变化对桥梁结构内力影响较大时，应选择温度较不利的季节进行荷载试验，否则应考虑用适当增大静载试验效率 η_q 来弥补温度影响对结构控制截面产生的不利内力。

当控制荷载为挂车或履带车而采用汽车荷载加载时，考虑到汽车荷载的横向应力增大系数较小，为了使截面的最大应力与控制荷载作用下截面最大应力相等，可适当增大静载试验效率 η_q。

对于病害较为明显的旧桥，为保证荷载试验过程中的安全，需按照《公路桥梁承载能力检测评定规程》首先对旧桥的承载能力进行检算，确定目前情况下桥梁结构的承载力，保证荷载试验效应不大于结构承载力，进而合理确定荷载试验的静载试验效率系数。

③ 动载试验效率

动载试验效率为

$$\eta_d = \frac{S_d}{S} \tag{5.53}$$

式中：S_d—— 动载试验荷载作用下控制截面最大计算内力值(N)；

S—— 标准汽车荷载作用下控制截面最大计算内力值(不计入汽车荷载冲击系数)(N)。

η_d 值一般采用 1，动载试验的效率不仅取决于试验车型及车重，而且取决于实际跑车时的车间距。因此在动载试验跑车时应注意保持试验车辆之间的间距，并采用实际测定跑车时的车间距作为修正动载试验效率 η_d 的计算依据。

(3) 静载加载分级与控制

为了加载安全和了解结构应变随试验荷载增加的变化关系，对桥梁荷载试验的各荷载工况的加载应分级进行。

① 分级控制的原则

当加载分级较为方便时，可按最大控制截面内力荷载工况均分为 4 ～ 5 级。

当使用载重车加载，车辆称重有困难时也可分成 3 级加载。

当桥梁的调查和检算工作不充分，或桥况较差，应尽量增多加载分级。如限于条件加载分级较少时，应注意每级加载时，车辆荷载应逐辆缓缓驶入预定加载位置，必要时可在加载车辆未到达预定加载位置前分次对控制测点进行读数监控，以确保试验安全。

在安排加载分级时，应注意加载过程中其他截向内力亦应逐渐增加，且最大内力不应超过控制荷载作用下的最不利内力。

根据具体条件决定分级加载的方法，最好每级加载后卸载，也可逐级加载，达到最大荷载后逐级卸载。

② 车辆荷载加载分级的方法

a. 逐渐增加加载车数量

b. 先上轻车后上重车

c. 加载车位于内力影响线的不同部位

d. 加载车分次装载重物

以上各法亦可综合采用。

③ 加卸载的时间选择

为了降低温度变化对试验造成的影响，加载试验时间以 22:00 至晨 6:00 为宜。尤其是采用重物直接加载，加卸载周期比较长的情况下只能在夜间进行试验。对于采用车辆等加、卸载迅速的试验方式，如夜间试验照明等有困难时亦可安排在白天进行试验，但在晴天或多云的天气下进行加载试验时每一加、卸载周期所花费的时间不宜超过 20min。

④ 加载分级的计算

根据各荷载工况的加载分级按弹性阶段计算结构各测点在不同荷载等级下的变位(或应变)，以便对加载试验过程进行分析和控制。计算采用材料的弹性模量，如已做材料试验的用实测值，未做材料试验的可按规范规定取值。

(4) 加载设备的选择

静载试验加载设备可根据加载要求及具体条件选用，一般有以下两种加载方式：

① 可行式车辆

可选用装载重物的汽车或平板车，也可就近利用施工机械车辆。选择装载的重物时要考虑车厢能否容纳得下，装载是否方便，装载的重物应放置稳妥，以避免车辆行驶时因摇晃而改变重物的位置。

采用车辆加载优点很多，如便于调运和加载布置，加、卸载迅速等。采用汽车荷载既能做静试验又能做动载试验，是较常采用的一种方法。

② 重物直接加载

一般可按控制荷载的着地轮迹先搭设承载架，再在承载架上堆放重物或设置水箱进行加载。如加载仅为满足控制面内力要求，也可采取直接在桥面堆放重物或设置水箱的方法加载。承载架的设置和加载物的堆放应安全、合理，能按要求分布和加载重量，并不使加载设备与桥梁结构共同承载而形成“卸载”现象。

重物直接加载准备工作量大，加、卸载所需周期一般较长，交通中断时间亦较长，且试验时温度变化对测点的影响较大，因此宜安排在夜间进行试验。

此外其他一些加载方式也可根据加载要求因地制宜采用。

(5) 加载重物的称量

可根据不同的加载方法和具体条件选用以下方法对所加载进行称量：

① 称重法

当采用重物直接在桥上加载时，可将重物化整为零称重后按逐级加载要求分堆置放，以便加载取用。

当采用车辆加载时，可将车辆逐轴开上称重台进行称重。如没有现成可供利用的称重台，可自制专用称重台进行称重。

② 体积法

如采用水箱加载，可通过测量水体积来换算水的重力。

③ 综合计算法

根据车辆出厂规格确定空车轴重(注意考虑车辆零配件的更换和添减，汽油、水、乘员重力的变化)。再根据装载重物的重力及其重心将其分配至各轴。装载物最好采用规则外形的物体整齐码放或采用松散均匀料在车箱内摊铺平整，以便准确确定其重心位置。

无论采用何种确定加载物重力的方法，均应做到准确可靠，其称量误差最大不得超过5％。最好能采用两种称重方法互相校核。

2.测点布设

(1) 主要测点的布设

测点的布设不宜过多,但要保证观测质量。有条件时,同一测点可用不同的测试方法进行校对,一般情况下,对主要测点的布设应能控制结构的最大应力(应变)和最大挠度(或位移)。几种常用桥梁体系的主要测点布设如下所示:

① 简支梁桥

跨中挠度,支点沉降,跨中截面应变。

② 连续梁桥

跨中挠度,支点沉降,跨中和支点截面应变。

③ 悬臂梁桥

悬臂端部挠度,支点沉降,支点截面应变。

④ 拱桥

跨中,1/4 处挠度,拱顶 1/4 和拱脚截面应变。

挠度观测测点一般不设在桥中轴线位置。截面抗弯应变测点应设置在截面横桥向应力可能分布较大的部位,沿截面上下缘布设,横桥向测点设置一般不少于 3 处,以控制最大应力的分布。

当采用测点混凝土表面应变的方法来确定钢筋混凝土结构中钢筋承受的拉力时,考虑到混凝土表面已经和可能产生的裂缝对观测的影响,测点的位置应合理进行选择。如凿开混凝土保护层直接在钢筋上设置拉应力测点,在试验完后必须修复保护层。

(2) 其他测点的布设

根据桥梁调查和检算工作的深度,综合考虑结构特点和桥梁目前状况等后可适当加设以下测点:挠度沿桥长或沿控制截面桥宽方向分布。应变沿控制截面桥宽方向分布;应变沿截面高分布;组合构件的结合面上下缘应变;墩台的沉降、水平位移与转角,连拱桥多个墩台的水平位移;剪切应变;其他结构薄弱部位的应变。

裂缝的监测测点:一般应实测控制断面的横向应力增大系数,当结构横向联系构件质量较差,连接较弱时则必须测定控制截面的横向应力增大系数。简支梁跨中截面横向应力增大系数的测定,既可采用观测跨中沿桥宽方向应变变化的方法,也可采用观测跨中沿桥宽方向挠度变化的方法来进行计算,或用两种方法互校。

对于剪切应变测点一般采取设置应变花的方法进行观测。为了方便,对于梁桥的剪应力也可在截面中轴处主应力方向设置单应变测点来进行观测。梁桥的实际最大剪应力截面应设置在支座附近而不是支座上。

(3) 温度测点的布设

选择与大多数测点较接近的部位设置 1 ~ 2 处气温观测点,此外可根据需要在桥梁主要测点部位设置一些构件表面温度观测点。

三、静载试验仪器设备

桥梁静载试验时需测结构的反力、应变、位移、倾角、裂缝等物理量,应选择适当的仪器进行测量。常用的仪器有百分表、千分表、位移计、应变仪、应变计(应变片)、精密水准仪、经纬仪、倾角仪、刻度放大镜等。这些测试仪器按其工作原理可分为机械测试仪器、电测仪器、光测仪器等。机械式仪器具有安装与使用方便、迅速、读数可靠的优点，但需要搭设脚手架，而且试验人员较多，观测读数费时，不便于自动记录。电测仪表安装调试比较麻烦，影响测试精度的因素也较多，但测试记录仪较方便，便于数据自动采集记录，操作安全。荷载试验应根据测试内容和量测值的大小选择仪器，试验前应对测试值进行理论分析估计，选择仪器的精度和量测范围，同时满足《公路旧桥承载能力鉴定方法》中对仪器精度和量测范围的要求。下面介绍几种常用的仪器设备。

1. 机械式位移计

机械式位移计包括百分表、千分表及张线式位移和挠度计等，其构造和工作原理基本相同，主要区别在于精度和量程不同。

百分表和千分表是一种多功能仪表，与其他附属装置配套后可用于测量位移、应变、力、倾角等。

(1) 使用方法

使用时，百分表装在表座上（目前大都采用磁性表座），表架安装在临时专门搭设的支架上，支架应具有一定的刚度，并与被测结构物分开。

将测杆触头抵在测点上，借助弹簧的使用，使其接触紧密。

(2) 使用时应注意的事项

使用时，只能拿取外壳，不得任意推动测杆，避免磨损机件，影响放大倍数。注意保护触头，触头上不得有伤痕。

安装时，要使测杆与欲测的位移的方向一致，或者与被测物体表面保持垂直。并注意位移的正反方向和大小以便调节测杆，使百分表有适宜的测量范围。

百分表架要架设稳妥，表架上各个螺丝要拧紧，但当颈夹住百分表的轴颈时，不可夹得过紧，否则会影响测杆移动。

百分表安装好，可用铅笔头在表盘上轻轻敲击，看指针摆动情况。若指针不动或绕某一固定值在小范围内左右摆动，说明安装正常。

百分表使用日久或经过拆洗修理后，必须进行标定，标定可在专门的百分表、千分表校正仪上进行。千分表与百分表使用方法完全相同。

(3) 用位移计测挠度与变位

用位移计测挠度或某点的位移时，要注意位移的相对性，位移计的定点（表壳）和动点（测杆）必须分别和相对位移的两点连接。

位移针可装在各种表架上，通常用颈箍夹住表的轴颈，也可用其他方式将表壳或轴颈固定在某一个定点，测杆可直接顶住试件测点。

(4) 用位移计测应变

应变，就是结构上某区段纤维长度的相对变化（$\varepsilon = \Delta L/L$）。应变仪就是用来测定这个长度变化的仪器。其采用特制的夹具将位移计安装在结构表面，测定应变。应变仪具有精度高、量程大的特点。当应变值变化范围很大或需用大标距测定应变时，采用这种装置是非常合适的。

2. 电子式数显倾角仪

公路行业较早使用的是水准管式倾角仪，其原理是使用高灵敏度的水准管来测定结构节点、截面或支座处的位移。目前使用的是电子式数显倾角仪。此类产品基于MEMS(微机电系统）开发，是一种基于半导体硅材料的微加工技术，仪器核心元件为微硅单轴加速度计，利用单轴加速度计输出值与倾角的正弦值成线性关系来计算倾角。该类产品是水准管式水平仪的升级换代产品，具有使用方便、测量准确的特点，既可独立使用，也可配套在工具、量具、仪器、设备上，同时具有数字显示角度、倾斜度(%）和相对角度的功能。此外，仪器内置温度传感器，系统可自动完成零点和灵敏度补偿。

3. 电阻应变仪

用电阻式应变仪测试桥梁结构应变时需用电阻应变片(应变计）和应变仪配合使用。

(1) 电阻应变片

电阻应变片又称电阻应变计，简称应变片或电阻片。它是非电量电测中最重要的变换器。

应变片电测法与其他测试方法比较，有如下的一些优点：灵敏度高。电阻片尺寸小且粘贴牢固。电阻片质量小。可以在高温(800℃ ～ 1000℃)、低温(－100℃ ～－70℃)、高压(上万个大气压)、高速旋转(几千至几万转 / 毫米)、核辐射等特殊条件下成功地使用。

此外，由于应变片输出是电信号，就易于实现测量数字化和自动化。应变片已在实验应力分析断裂力学，静、动态试验，宇航工程中都有广泛的用途。

① 电阻应变片的分类

按敏感栅的长度分，有大标距应变片和小标距应变片。按敏感栅形状分，有单轴应变片和应变花，还有各种特殊用途的应变片如防磁应变片、防水应变片、埋入式应变片、层式应变片、可拆式应变片、疲劳寿命片、测压片、无基底式应变片、大应变片、裂缝探测片、温度自补偿应变片等。

② 金属应变片的工作原理

金属应变片的工作原理是基于导体的电阻应变效应。所谓电阻应变效应是指导体或半导体在机械变形(伸长或缩短）时，其电阻随其变形而发生变化的物理现象。金属导体产生电阻应变效应，主要是因为电阻丝的几何尺寸改变而引起阻值的变化。

③ 电阻应变片的选用

选用应变片时应根据应变片的初始参数及试件的受力状态、应变梯度、应变性质、工作条件、测试精度要求等综合考虑。

对于一般的结构试验，采用 120Ω 纸基金属丝应变片就可满足试验要求。其标距可结合试件的材料来选定，如钢材常用 5 ～ 20mm，混凝土则用 40 ～ 150mm，石材用 20 ～ 40mm。

对于有特殊要求的，可选择特种应变片，如低温应变片、高温应变片、疲劳寿命片、裂纹探测片，以及高压、核辐射、强磁场等条件下使用的应变片。

④ 电阻应变片的粘贴技术

a. 黏结剂

粘贴应变片用的黏结剂称为应变胶。应变胶应能可靠地将试件应变传递到应变片的敏感栅上。

b. 应变片的粘贴技术

应变片的粘贴是应变电测技术中一个很关键的环节，粘贴质量的好坏直接影响测量的结果。粘贴应掌握下列粘贴技术：

选片：用放大镜对应变片进行检查，保证选用的应变片无缺陷和破损。

定位：先初步画出贴片位置，用砂布或砂轮机将贴片位置打磨平整，在打磨平整的部位准确画出测点的纵横中心及贴片方向。

贴片：用镊子夹脱脂棉球蘸酒精（或丙酮）将贴片位置清洗干净。用手握住应变片引出线，在其背面均匀涂抹一层胶水，然后放在测点上，调整应变片的位置，使其可准确定位。在应变片上覆盖小片玻璃纸，用手指轻轻滚压，挤出多余胶水和气泡。注意不要使应变片位置移动。用手指轻按 1 ～ 2min，待胶水初步固化后，即可松手。粘贴质量较好的应变片，应胶层均匀，位置准确。

干燥固化：干燥才能固化。气温较高，相对湿度较低的短期试验，可用自然干燥，时间一般为 1 ～ 2 天。人工干燥：待自然干燥 12 小时后，用红外线灯烘烤，温度不要高于 50℃，还要避免骤热，烘干到绝缘电阻符合要求时为止。

应变片的防护在应变片引线端贴上接线端子，把应变片引线和连接导线分别焊在接线端子上，然后立即涂防护层，以防止应变片受潮和机械损伤。

(2) 应变仪

① 测量电路

测量电路是应变仪的主要组成部分，其作用是将应变片的电阻变化转换为电压（或电流）的变化。在特殊情况下，应根据测量的目的和具体要求自行设计测量电路，应变片电测一般采用两种测量电路，一种是电位计式电路，一种是桥式电路，通常采用惠斯登电桥。

② 电阻应变仪

电阻应变仪按使用内容不同，分为静态应变仪、动态应变仪和静动态应变仪。

(3) 电阻应变测量的温度补偿

用应变片测量应变时，它除了能感受试件受力后的变形外，同样也能感受环境温度变化，并引起电阻应变仪指示部分的示值变动，这称为温度效应。

温度变化从两方面使应变片的电阻值发生变化。第一是电阻丝温度改变，其电阻将会随之而改变。第二是因为材料与应变片电阻丝的线膨胀系数不相等，但二者又黏合在一起，这样温度改变时，应变片中产生了温度应变，引起附加的电阻的变化。

4. 电阻应变原理的推广 —— 传感器

电阻应变仪不仅可以测量应变，在结构试验中还可利用它的工作原理对其他物理参数进行测定，这时需通过相应的转换器，先把要求观测的物理量转换成该转换器中某弹性元件的应变，由贴在该元件上的应变片所测得的应变量间接求得被测量的数值。这种转换器称为电阻应变式传感器，最常用的有应变式测力传感器和电子式位移传感器两种。

电子式位移传感器是一种位移测量计，属于一次仪表，它只能检测试件的位移，而本身不能显示其数值，因此，使用时必须依赖二次仪表进行显示或指示。

四、静载试验

静载试验应在现场统一指挥下按计划有秩序进行。首先检查不同分工的测试人员是否各行其职，交通管理、加载（或司机）和联络人员是否到位，加载设备、通信设备和电源（包括备用电源）是否准备妥当，加载位置测点放样和测试仪器安装是否正确。然后调试仪器（自动记录时对测试仪表数据采集和记录设备进行连接），利用过往车辆（或初试荷载）检查各测点的观测值的规律性，使整个测试系统进入正常工作状态。然后记录天气情况和试验开始时间，进行正式试验。

1. 试验观测与记录

(1) 温度稳定观测

仪表安装完毕后，一般在加载试验之前应对各测点进行一段时间的温度稳定观测，中间可每隔 10min 读数一次。观测时间应尽量缩短，以免外界气候条件对观测造成误差影响。

(2) 仪表的测读与记录

人工读表时，仪表的测读应准确、迅速，并记录在专门的表格上，以便于资料的整理和计算。记录者应对所有测点测量值变化情况进行检查，看其变化是否符合规律，尤其应着重检查第一次加载时测量值变化情况。对工作反常的测点应检查仪表安装是否正确，并分析其他可能影响其正常工作的原因，及时排除故障。对于控制测点应在故障排除后重复一次加载测试项目。

当采用仪器自动采集数据记录时，应对控制点的应变和位移进行监控，测试结果规律异常时，应查明原因采取补救措施。将记录结果整理成图表的格式，以便进行结果分析，并与原始记录一同保存备查。

(3) 裂缝观测

加载试验中裂缝观测的重点是结构承受拉力较大的部位及旧桥原有裂缝较长、较宽的部位。在原有裂缝处应测量裂缝长度、宽度，并在混凝土表面沿裂缝走向描绘加载过程中观测到的裂缝长度及宽度的变化情况。可直接在混凝土表面进行描绘记录，也可采用专门表格记录。加载至最不利荷载及卸载后应对结构裂缝进行全面检查，尤其应仔细检查是否产生新的裂缝，并将最后检查情况填入裂缝观测记录表，必要时可将裂缝发展情况绘制在裂缝展开图上。

2. 加载实施与控制

(1) 加载程序

加载应在指挥人员指挥下严格按计划程序进行。采用重物加载时按荷载分级逐级施加，每级荷载堆放位置准确、整齐稳定。荷载施加完毕后，逐级卸载。采用车辆加载时，先由零载加至第一级荷载，卸载至零载，再由零载加至第二级荷载，卸至零载 …… 直至所有荷载施加完毕（有时为了确保试验结果准确无误，每一级荷载重复施加 1 ～ 2 次）。每一级荷载施加次序为纵向先施加重车，后施加两侧标准车；横向先施加桥中心的车辆，后施加外测的车辆。

(2) 加载稳定时间控制

为控制加、卸载稳定时间，应选择一个控制观测点（如简支梁的跨中挠度或应变测点），在每级加载（或卸载）后立即测读一次，计算其与加载前（或卸载前）测读值之差值 S_g，然后每隔 2min 测读一次，计算 2min 前后读数的差值 ΔS，并按下式计算相对读数差值 m：

$$m=\frac{\Delta S}{S_g} \tag{5.54}$$

当 m 值小 1% 或小于量测仪器的最小分辩值时即认为结构基本稳定，可进行各观测点读数。但当进行主要控制截面最大内力荷载工况加载程序时荷载在桥上稳定时间应不少于 5min，对尚未投入营运的新桥应适当延长加载稳定时间。

某些桥梁，如拱桥，有时当拱上建筑或桥面参与主要承重构件的受力，因连接较弱或变形缓慢，造成测点观测值稳定时间较长，如结构的实测变位（或应变）值远小于计算值，可将加载稳定时间定为 20 ～ 30min。

(3) 加载过程的观察

加载试验过程应对结构控制点位移（或应变）、结构整体行为和薄弱部位破损实行监控，并将结果随时汇报给指挥人员作为控制加载的依据。随时将控制点位移与计算结果比较，如实测值超过计算值较多，则应暂停加载，待查明原因再决定是否继续加载。试验人员如发现其他测点的测值有较大的反常变化也应查找原因，并及时向试验指挥人员报告。加载过程中应指定人员随时观察结构各部位可能产生的新裂缝，注意观察构件薄弱部位是否有开裂、破损，组合构件的结合面是否有开裂错位，支座附近混凝土是否开裂，横隔板的接头是否拉裂，结构是否产生不正常的响声，加载时墩台是否发生摇晃现象等等。如发生这些情况应报告试验指挥人员，以便采取相应的措施。

(4) 终止加载控制条件

发生下列情况应中途终止加载：

控制测点应力值已达到或超过用弹性理论按规范安全条件计算的控制应力值时。

控制测点变位（或挠度）超过规范允许值时。

由于加载，使结构裂缝的长度、宽度急剧增加，新裂缝大量出现，缝宽超过允许值的裂缝大量增多，对结构使用寿命造成较大影响时。

拱桥加载时沿跨长方向的实测挠度曲线分布规律与计算值相差过大或实测挠度超过计算值过多时。

发生其他损坏，影响桥梁承载能力或正常使用时。

五、试验数据分析及桥梁承载力评定

通过静载试验得到的原始数据、文字和图像描述材料是荷载试验最重要的资料。虽然它们是可靠的，但这些原始资料数量庞大，不直观，不能直接用于评定承载能力，故进行承载力评定之前必须对它们进行处理分析，得出直接进行承载能力评定的指标，以满足承载力评定的需要。

1. 试验数据分析

(1) 试验资料的修正

① 测值修正

根据各类仪表的标定结果进行测试数据的修正，如考虑机械式仪表较正系数、电测仪表率定系数、灵敏系数、电阻应变观测的导线电阻影响等。当这类因素对测值的影响小于1％时可不予修正。

② 温度影响修正

温度对测试的影响比较复杂。结构构件的各部位不同的温度变化，结构的受力特性，测试仪表或元件的温度变化，电测原件的温度敏感性、自补性等等均对测试精度造成一定的影响。逐项分析这些影响是困难的，一般可采用综合分析的方法来进行温度影响修正，即利用加载试验前进行的温度稳定观测数据，建立温度变化（测点处构件表面温度或空气温度）和测点测值（应变和挠度）变化的线性关系，然后进行温度修正计算。

③ 支点沉降影响的修正

当支点沉降量较大时，应修正其对挠度值的影响。

(2) 各测点变位（挠度、位移、沉降）与应变的计算：

根据量测数据作下列计算：

总变位（或总应变）$S_t = S_l - S_i$ (5.55)

弹性变位（或弹性应变）$S_e = S_l - S_u$ (5.56)

残余变位（或残余应变）$S_p = S_t - S_e = S_u - S_i$ (5.57)

式中：S_i—— 加载前测值（mm）；

S_l—— 加载达到稳定时测值（mm）；

S_u—— 卸载后达到稳定时测值（mm）。

引入相对残余变位（或应变）的概念描述结构整体或局部进入塑性工作状态的程度。相对残余变位（或应变）按下式计算：

$$S'_p = \frac{S_p}{S_t} \times 100 \tag{5.58}$$

式中：S'_p—— 相对残余变位（或应变）（％）。

(3) 应力计算

根据测量到的测点应变，当结构处于线弹性工作状态时可以利用应力 — 应变关系计算测点的应力。

(4) 试验结果与理论分析的比较

为了评定结构整体受力性能，需对桥梁荷载试验结果与理论分析值进行比较，以检验新建桥是否达到设计要求的荷载标准，或判断旧桥的承载能力。比较时可以将结构位移、应变等试验值与理论计算值列表进行比较，对结构在最不利荷载工况作用下主要控制测点的位移、应力的实测值与理论分析值，要分别绘出荷载位移（$p—\Delta S$）曲线、荷载应力（$p—\sigma$）曲线，最不利荷载工况作用下位移沿结构（纵向、横向）分布曲线和控截面应变（沿高度）分布图，绘制结构裂缝分布图（对裂缝编号注明长度、宽度、初裂荷载以及裂缝发展情况）。为了量化，以及描述试验值与理论分析值比较的结果，此处引入结构校验系数：

$$\eta = \frac{S_e}{S_s} \tag{5.59}$$

式中：S_e—— 试验荷载作用下实测的弹性变位（或应变）值；

S_s—— 试验荷载作用下的理论计算变位（或应变）值。

S_e 的 S_s 比较可用实测的横截面平均值与计算值比较，也可考虑荷载横向不均匀分布而选用实测最大值与考虑横向增大系数的计算值进行比较。横向增大系数最好采用实测值，如无实测值也可采用理论计算值。

2. 荷载试验成果分析与承载能力评定

经过荷载试验的桥梁，应根据整理的试验资料分析结构的工作状况，进一步评定桥梁承载能力，为新建桥验收做出鉴定结论，或作为旧桥承载力鉴定检算的依据，并纳入桥梁承载能力鉴定报告和桥梁承载能力鉴定表。一般进行下列分析评定工作：

(1) 结构工作状况

① 校验系数 η

校验系数 η 是评定结构工作状况、确定桥梁承载能力的一个重要指标。不同结构形式的桥梁其 η 值常不相同，η 值常见的范围可参考表 5.7，一般要求 η 值不大 1。η 值越小，结构的安全储备越大。η 值过大或过小都应该从多方面分析原因。如 η 值过大可能说明组成结构的材料强度较低，结构各部分联结性较差，刚度较低等等。η 值过小可能说明材料的实际强度及弹性模量较高，梁桥的混凝土桥面铺装及人行道等与主梁共同受力，拱桥拱上建筑与拱圈共同作用，支座摩阻力对结构受力的有利影响，计算理论或简化的计算式偏于安全等等。试验加载物的称量误差、仪表的观测误差等也对 η 值有一定影响。

表 5.7　桥梁校验数常值表

桥梁类型	应变（或应力）校验系数	挠度校验系数
钢筋混凝土板桥	0.20 ～ 0.40	0.20 ～ 0.50
钢筋混凝土梁桥	0.40 ～ 0.80	0.50 ～ 0.90
预应力混凝土桥	0.60 ～ 0.90	0.70 ～ 1.00
圬工拱桥	0.70 ～ 1.00	0.80 ～ 1.00

② 实测值与理论值的关系曲线

由于理论的变位（或应变）一般按线性关系计算，所以如测点实测弹性变位（或应变）与理论计算值成正比，其关系曲线接近于直线，说明结构处于良好的弹性工作状况。

③ 相对残余变位（或应变）

测点在控制荷载工况作用下的相对残余变位（或应变）S_p/S_t 越小，说明结构越接近弹性工作状况。一般要求 S_p/S_t 值不大于 20%，S_p/S_t 大于 20% 时，应查明原因。如确系桥梁强度不足，应在评定时，酌情降低桥梁的承载能力。

④ 动载性能

当动载试验效率 η_d 接近 1 时，不同车速下实测的冲击系数最大值可用结构的强度及稳定性检算。

结构的自振频率、活载强迫振动频率、反阻尼系数等对桥梁承载能力的影响可参考其他有关资料进行分析。

(2) 结构的强度及稳定性

当荷载试验项目比较全面时,可采用荷载试验主要挠度测点的试验系数 η 来评定结构的强度和稳定性。检算时用荷载试验后桥梁检算系数 Z_2 代替《公路桥梁承载能力检测评定规程》中旧桥承载能力检算系数 Z_1,对桥梁结构抗力效应予以提高或折减。

对砖石和混凝土桥梁,有如下关系式存在:

$$S_d(\gamma_{s0}\varphi\sum\gamma_{s1}Q)\leqslant R_d\left(\frac{R_j}{\gamma_m},\alpha_k\right)Z_2(1-\zeta_e) \tag{5.60}$$

对钢筋混凝土及预应力混凝土桥,有如下关系式存在:

$$S_d(\gamma_g G,\gamma_q\sum Q)\leqslant\gamma_b R_b\left(\frac{\zeta_c R_c}{\gamma_c},\frac{\zeta_s R_s}{\gamma_s}\right)Z_2(1-\zeta_e) \tag{5.61}$$

式中:ζ_e—— 承载能力恶化系数;

ζ_c— 混凝土构件截面折减系数;

ζ_s— 钢筋截面折减系数。

各个符号的详细确定方法见《公路桥梁承载能力检测评定规程》。

根据 η 由《规程》查取的 Z_2 取值范围,再根据下列条件确定 Z_2 值。符合下列条件时,Z_2 值可取高限,否则应酌减,直至取低限:

加载内力与总内力(加载内力 + 恒载内力) 的比值较大,荷载试验效果较好。

实测值与理论值线性关系较好,相对残余变化(或应变) 较小。

桥梁结构各部分风化、锈蚀、裂缝等较轻微损伤。

η 值应取控制截面内力最不利荷载工况时最大挠度测点进行计算。对两桥可采用跨中最大正弯矩荷载工况的跨中挠度。对拱桥检算拱顶截面时可采用拱顶最大正弯矩荷载工况时跨中挠度。检算拱脚截面时可采用拱脚最大负弯矩荷载工况时 $L/4$ 截面处挠度,检算 $L/4$ 截面时则可用上者平均值。如已安排,$L/4$ 截面最大正、负弯矩荷载工况,则可采用该程序时 $L/4$ 截面挠度。但拱桥在采用 η 值根据上表进行检算时,应不再另行考虑拱上建筑联合作用。

对于旧桥采用 Z_1 值根据《规程》检算不符合要求,但采用 Z_2 值根据检算符合要求时,可评定桥梁承载能力满足检算荷载要求。

(3) 地基与基础

当试验荷载作用下墩台沉降、水平位移及倾角较小,符合上部结构检算要求,卸载后变位基本恢复时,认为地基与基础在检算荷载作用下能正常工作。

当试验荷载作用下墩台沉降、水平位移、倾角较大或不稳定,卸载后变位不能恢复时,应进一步对地基、基础进行探查、检算,必要时应对地基基础进行加固处理。

(4) 结构的刚度要求

试验荷载作用下,主要测点挠度校验系数 η 应不大于 1。各点的挠度不超过“桥规” 规定的允许值。

① 圬工拱桥

一个桥范围内正负挠度的最大绝对值之和不小于 $L/1000$,履带车和挂车检算时要提高 20％。

② 钢筋混凝土桥

梁桥主梁跨中 $L/600$，

梁桥主要悬臂端 $L/300$，

桁架、拱桥 $L/300$。

(5) 裂缝

对于新建桥试验荷载作用下预应力结构不应出现裂缝，钢筋混凝土结构裂缝不超“桥规”容许值：

$$\delta_{\max} \leqslant [\delta] \tag{5.62}$$

通过对桥梁结构工作状况强度稳定性、刚度和抗裂性各项指标进行综合评定，并结合结构下部评定和动力性能评定，综合给出桥梁承载能力评定结论，将评定结论写入桥梁承载能力鉴定报告。

3. 静载试验报告编写

在全部试验资料整理与分析的基础上，提出桥梁结构静载试验报告。其内容应该包括下列各项：

(1) 试验概况

主要内容是简要介绍进行试验的桥梁结构的形式、构造特点、施工概况。对于鉴定性试验，还要说明在施工设计中存在的技术问题，以及其对使用的影响等。对于科研性试验，还要说明设计中需要解决的问题。文中要适当附上必要的简图。

(2) 试验的目的

根据试验对象的特点，要有针对性地说明结构静载试验所要达到的目的和要求。

(3) 试验方案设计

这一部分要说明根据试验目的确定的测试项目和测试的方法、仪器配备、测点布置情况，并附以简图。同时要说明试验荷载的情况，如试验荷载的形成(是标准列车或汽车荷载，还是模拟的等代荷载) 以及加载的程序。

(4) 试验日期及试验的过程

说明具体组织桥梁静载试验的起止日期、试验准备的阶段情况、整个试验阶段特殊的问题及其解决办法。

(5) 各项试验达到的精度

将本次试验中使用的各种仪器、仪表的类型、精度(最小读数) 列表说明，同时还要说明试验中可能使用的工具对试验精度的影响程度。

(6) 试验成果与分析

依据桥梁结构静载试验项目，将理论值、实测值以及有关的参考限值进行对比，说明理论与实践二者的符合程度，从中得出试验结构所具有的实际承载能力、抗裂性以及使用的安全度，以及从试验中所发现的新问题。从现场检查的综合情况，说明试验结构的施工质量。对于一些科研性试验，还要从综合分析中说明设计计算理论的正确性和实用性，以及尚存在未解决的问题。如果材料丰富，很有可能从综合分析中，提出简化计算公式等。

(7) 试验记录摘录

将试验中所得的实测的控制数据，以列表或曲线的形式表达出来。

(8) 技术结论

根据综合分析的结果，得出最后的技术结论，对试验结构作出科学的评价，同时根据存在的问题，提出改进设计或者加强维修养护方面的建议。

(9) 经验教训

从结构试验的角度，对本次试验的计划、程序、测试方法，提出不足或改进的意见。

(10) 有关图表、照片

六、结构动载试验

桥梁结构在车辆、人群、风力和地震等动力荷载作用下产生振动，桥梁在动力荷载作用下的受力分析是桥梁结构分析的又一重要任务。造成桥梁振动的影响因素复杂，仅靠理论分析不能满足工程应用的需要，需用理论分析与实验测试相结合的办法解决，桥梁动载试验就成为解决该问题必不可少的手段，桥梁的动力特性(频率、振型和阻尼比)是评定桥梁承载力状态的重要参数，随着我国公路桥梁检验评定制度推行，桥梁动载试验将会越来越受到重视。

结构振动问题涉及振源(输入)、结构(系统)和响应(输出)，它们的关系为：

振源(输入) → 结构(系统) → 响应(输出)

在结构振动问题中输入、系统和输出中已知其中两者，可以求第三者，所以桥梁的动载试验可以划分为三类基本问题：

测定桥梁荷载的动力特性(数值、方向、频率等)。

测定桥梁结构的动力特性(自振频率、阻尼、振型等)。

测定桥梁在动荷载作用下的响应(动位移、动应力等)。

桥梁的振动试验涉及很宽的范畴，如模拟地震试验、抗风试验、疲劳试验等。下面着重介绍常规桥梁结构动力特性和动载响应的试验与分析。

1. 桥梁动载试验的测试仪器

结构振动的测试仪器包括：测振传感器、信号放大器、光线示波器、磁带记录仪和数字信号处理机。近年振动信号分析处理技术发展很快，已开发出多种以 A/D 转换和微机结合的数据采集和分析一体化的智能仪器，可以进行实时数据采集分析，并能实现数据储存，有取代磁带记录仪和专用信号处理机的趋势，但还有待普及。

(1) 测振传感器

① 基本原理

振动参数有位移、速度和加速度。测量这些振动参数的传感器有许多种类。但由于振动测量的特殊性，如测量时难以在振动体附近找到一个静止点作为测量的基准点，所以就需要使用惯性式测振传感器。通常所指的测振传感器即为惯性式测振传感器(以下简称为测振传感器)。测振传感器的基本原理为：由惯性质量、阻尼和弹簧组成一个动力系统，这个动力系统固定在振动体上(即传感器的外壳固定在振动体上)，与振动体一起振动。通过测量试件质量相对于传感器外壳的运动，就可以得到振动体的振动。由于这是一种非直接的测量方法，所以，这个传感器动力系统的动力特性对测量结构具有很重要的影响。

② 传感器的频率特性

传感器中的质量块相对外壳的运动规律与振动体的运动规律一致，但两者相差一个相位角 ϕ。

③ 磁电式速度传感器

磁电式速度传感器是根据电磁感应的原理制成的，其特点是灵敏度高，性能稳定，输出阻抗低，频率响应范围有一定宽度。调整质量、弹簧和阻尼系统的动力参数，可以使传感器既能测量非常微弱的振动，也能测比较强的振动。

磁电式测振传感器的主要技术指标如下：传感器质量弹簧系统的固有频率，灵敏度，频率响应，阻尼。磁电式传感器输出的电压信号一般比较微弱，需要用电压放大器进行放大。

④ 压电式加速度传感器

由物理学知识可知，当一些晶体材料受到压力并产生机械变形时，在其相应的两个表面上出现异号电荷，当外力去掉后，晶体又重新同到不带电的状态，这种现象称为压电效应。压电式加速度传感器是利用晶体的压电效应而制成的，其特点是稳定性高、机械强度高及能在很宽的温度范围内使用，但灵敏度较低。

压电式加速度传感器的主要技术指标如下：灵敏度，安装谐振频率 $f_{安}$，频率响应，横向灵敏度比，幅值范围。

压电式加速度传感器用的放大器有电压放大器和电荷放大器两种。

(2) 信号处理机

动态信号数据处理，一般在专用信号处理机或利用数据处理软件在通用计算机上进行。目前数字信号处理技术发展很快，它以 FFT 硬件和专用软件为基础，可以在幅值域、时域、频域对各种类型的信号进行处理。

(3) 桥梁动态测试系统

基于计算机控制的一体化动态数据测试系统是将来动载试验的主要仪器。一般来说，该系统主要由传感器、信号采集系统与信号分析系统三部分组成。

动载试验中使用的传感器要求具有较高的灵敏度和分辨率，同时，动态范围、幅值范围也是较为重要的指标，另外，使用频率范围是传感器的重要性能参数，一般测量中均要求使用超低频传感器，最好具有零频响应。

动态数据采集分析程序通常包括以下模块组：输入 / 输出模块组，触发函数模块组，数学计算模块组，数理统计模块组，信号分析模块组，控制模块组，显示模块组，文件模块组。

根据需要，实际使用中可选择合适的模块组成信号采集、控制分析系统，方便地进行多通道记录。

2. 桥梁动载试验的激振方法

在进行桥梁动载试验时，首先要设法使桥梁产生一定的振动，然后应用测振仪器加以测试和记录，通过对记录的振动信号分析得到桥梁的动力特性和响应。可用于桥梁动载试验的激振方法很多，应根据被测桥梁的结构形式和刚度大小选择激振效果好、易于实施的方法。

(1) 自振法(瞬态激振法)

自振法的特点是使桥梁产生有阻尼的自由衰减振动，记录到的振动图形是桥梁的衰减振动曲线。为使桥梁产生自由振动，一般常用突加载荷和突卸荷载两种方法。

(2) 共振法(强迫振动法)

激振设备有机械式激振器、电磁式激振器和电气液压振动台。

(3) 脉动法

对于大跨度悬吊结构，如悬索桥、斜拉索桥跨结构、塔墩以及具有分离式拱助的大跨度下承式或中承式拱桥，可利用由于外界各种因素所引起的微小而不规则的结构振动来确定其动力特性。这种微振动通常称为“脉动”，它是由附近的车辆、机器等振动或附近地壳的微小破裂和远处的地震传来的脉动所产生。

结构的脉动有一重要特性，就是它能明显地反映出结构的固有频率。

3.桥梁动载试验数据分析

桥梁结构的动力特性(例如结构的固有频率、阻尼系数和振型等) 只与结构本身的固有性质(如结构的组成形式、刚度、质量分布和材料的性质等) 有关，而与荷载等其他条件无关。结构的动力特性是结构振动系统的基本特性，是进行结构动力分析所必需的参数。

对于比较简单的结构，一般只需考虑结构的一阶频率，对于较复杂的结构动力分析，还应考虑第二、第三甚至更高阶的同有频率及相应的振型。至于系统的阻尼特性只能通过试验的方法确定。

桥梁在实际的动荷载作用下，结构各控制部位的动力响应，如振幅、频率、速度和加速度以及反映结构整体动力作用的冲击系数等，除了可用来分析结构在动荷载作用下的受力状态外，还可验证或修改理论计算值，并作为结构设计的依据。

(1) 结构固有频率的测定

按照前面叙述的激振方法，使桥梁产生自由振动，通过测试系统实测记录结构的衰减振动波形，在记录的振动波形曲线上，可根据时标符号直接计算出结构的固有频率 f_0。

(2) 结构阻尼的测定

桥梁结构的阻尼特性，一般用对数衰减率 δ 或阻尼比 D 来表示。

(3) 振型的测定

结构的振型是结构相应于各阶固有频率的振动形式，一个振动系统振型的数目与其自由度数目相等。桥梁结构是一个具有连续分布质量的体系。也就是说，桥梁是一个无限多自由度系统，因此，其固有频率及相应的振型也有无限多个。但是，如前所述，对于一般的桥梁结构，第一阶固有频率即基频，对结构的动力分析才是重要的。对于较复杂的动力分析问题，也仅需前几阶固有频率。也就是说即在一般情况下，一些低阶振型才是重要的。

(4) 结构动力响应的测定

在动力荷载作用下，桥梁结构某些部位的振动参数如振幅、频率、位移、应力等的测定，可根据试验的具体要求和结构的形式布置测点，采用适当的仪表进行测试。动力荷载作用于结构上产生的动挠度，一般较同样的静荷载所产生的相应静挠度要大。动挠度与静挠度的比值称为活荷载的冲击系数。由于挠度反映了桥跨结构的整体变形，是衡量结构刚度的主要指标，因此活载冲击系数综合反映了荷载对桥梁的动力作用，它与结构的型式、车辆运行速度和桥面的平整度等有关。

4. 桥梁结构动力性能评价

桥梁结构动力性能的各参数，如固有频率、阻尼比、振型、动力冲击系数及动力响应的大小，是宏观评价桥梁结构的整体刚度、运营性能的重要指标，也是一些规范评价桥梁安全运营性能的主要尺度。目前，虽然国内外规范对桥梁结构的动力响应、动力特性尚无统一的评价尺度，但是一般认为，桥梁结构的动力特性反应了结构的整体刚度、桥面平整度及耗散外部振动能量输入的能力。同时，过大的动力响应会影响车辆的安全行驶，会引起乘客的不舒适，应予以避免。在实际测试中，通常通过以下几个方面来评价桥梁结构的动力性能：

比较桥梁结构频率的理论值与实测值，如果实测值大于理论计算值，说明桥梁结构的实际刚度较大。反之则说明桥梁结构的刚度偏小，可能存在开裂或其他不正常的现象。

根据动力冲击系数的实测值来评价桥梁结构的行车性能，实测冲击系数较大则说明桥梁结构的行车性能差，桥面平整度不良，反之亦然。

实测阻尼比的大小反应了桥梁结构耗散外部能量输入的能力，阻尼比大，说明桥梁耗散外部能量输入的能力大，振动衰减得快。阻尼比小，说明桥梁耗散外部能量输入的能力差，振动衰减得慢。但是，过大的阻尼比可能是由于桥梁结构存在开裂或支座工作不正常等现象引起的。

第六章　隧道工程的试验检测技术

第一节　我国公路隧道发展概况及公路隧道的特点

一、我国公路隧道发展概况

我国山地、丘陵和高原面积约占国土总面积的69%。改革开放以来，随着国民经济的迅速发展，技术的不断进步，公路隧道建设不仅在山区和丘陵地区公路建设中，而且在东部江河桥隧跨越方案比选中，日益引起人们重视，并得到很大发展。特别是近十年来，我国修建了不少特长隧道、长隧道以及隧道群，隧道占公路里程比重不断增大。例如1995年建成的成渝高速公路上的中梁山隧道长3.165km。1999年9月全线通车的四川广安地区华蓥山公路隧道长4.795km。1999年底实现双洞通车的全长2×4.116km的浙江省甬台高速公路大溪岭至湖雾岭隧道。2003年9月通车的山西省雁门关隧道长5.2km等。此外，我国应用暗挖法、盾构法、沉管法成功地修建了5座水下隧道，标志着我国已具备修建水下隧道的能力并掌握了相关技术。同时，我国还有许多特长隧道正在规划和研究中。例如，渤海海峡隧道、琼州海峡隧道、台湾海峡隧道。

二、公路隧道的特点

1.断面大

一般来说，公路隧道与其他隧洞相比断面较大，因此公路隧道围岩受扰动范围较大，其轮廓对围岩块体的不利切割增多，围岩内的拉伸区与塑性区加大，导致施工难度增大。若公路隧道位于土层或软弱岩体内，施工难度更大。

2.形状扁平

由于公路隧道的建筑限界基本上是一个宽度大于高度的截角矩形断面，在设计开挖断面、衬砌结构时，总是在保证施工安全和结构长期稳定条件下，尽量围绕建筑限界设计开挖断面和净断面，因此，公路隧道的断面常为形状扁平的马蹄形。

3.需要运营通风

由于机动车辆要不断地向隧道内排放废气及岩体自身生成的各种气体，对于较长隧道，自然风对隧道内空气的置换作用相对较小，如不采取措施，隧道内有害气体的浓度就会逐渐升高。因此，必须根据隧道的具体条件，采用适当的通风方式。

4.需要运营照明

高速行驶的车辆在白天接近并穿过隧道时，行车环境要经历一个“亮 — 暗 — 亮”变化过程，为了减轻通过隧道时驾驶员的生理和心理压力，消除车辆进洞时的黑框或黑洞效应和出洞时的眩光现象，公路上的隧道一般都根据具体情况，对隧道进行合理有效的照明。

5.防水要求高

在高等级公路上，车辆行驶速度较快，如果隧道出现渗漏或路面涌水，则不利于安全行车。长期或大量的渗漏水，还会对隧道内的机电设备、动力及通信线路构成威胁。

第二节　公路隧道的常见质量问题和检测技术的内容

一、公路隧道的常见质量问题

由于公路隧道的上述特点，国内已建和在建的部分公路隧道都不同程度地出现了一些质量问题，有些甚至出现了严重的质量问题，其中最常见的有几个问题。

1.隧道渗漏

与其他地下工程一样，公路隧道在施工期间和建成后，一直受着地下水的影响，地下水无孔不入，当水压较大，防水工程质量欠佳时，地下水便会通过一定的通道渗入或流入隧道内部，对行车安全以至衬砌结构的稳定构成威胁。据统计，目前国内公路隧道完全无渗漏者寥寥无几。

2.衬砌开裂

作用在隧道衬砌结构上的压力，与隧道围岩的性质、地应力的大小以及施工方法等因素有关。由于设计不周、施工管理不善等原因，隧道衬砌结构易发生开裂。由此可见，加强设计和施工管理，提高隧道混凝土衬砌质量已迫在眉睫。

3.限界受侵

建筑限界是保证车辆安全通过隧道的必要断面。在公路隧道施工过程中，由于地压较大或施工方法不当，易使建筑限界受侵。

4.衬砌结构同围岩结合不密实

同围岩的紧密接触是地下结构区别于地面结构的主要特征。由于施工的各种原因，造成围岩与初期支护之间不密实，甚至存在大的空洞。由此诱发的拱顶上鼓，衬砌内缘压裂、掉块的现象屡见不鲜。

5.通风、照明不良

在部分运营隧道中有害气体浓度超限，洞内照明昏暗，威胁行车安全。造成隧道通风与照明不良的原因有设计欠妥、器材质量存在问题和运营管理不当。

二、公路隧道检测技术的内容

公路隧道检测技术涉及面广，内容很多。除了运营环境的检测内容与方法对各类隧道都通用外，由于施工方法的不同，山岭隧道、水下沉埋隧道和软土盾构隧道在检测内容与方法上差别很大。考虑到目前我国修建的公路隧道绝大多数为山岭隧道，本书着重介绍山岭隧道的检测技术。

1. 材料检测

在隧道工程的常用原材料中，衬砌材料属土建工程的通用材料，其检测方法可参阅有关文献；支护材料和防排水材料较具隧道和地下工程特色。

2. 施工检测

施工检测的内容十分丰富，可概括为两个方面，即施工质量检测和施工监控量测。由于施工监控量测与其他结构工程类似，本书不作详解，本书重点介绍施工质量检测。

3. 环境检测

环境检测可分为施工环境检测和运营环境检测。施工环境检测的主要任务是检测施工过程中隧道内的粉尘和有害气体。运营环境检测包括通风、照明和噪声等。

第三节　开挖质量检测

隧道开挖是隧道施工工期和造价的关键控制工序。只有保证开挖质量，才能为围岩的稳定和安全支护创造良好条件。

隧道开挖质量的评定包含两项内容：一是检测开挖断面的规整度，二是超欠挖控制。

一、开挖质量标准

1. 基本要求

开挖断面尺寸要符合设计要求。

应严格控制欠挖。当石质坚硬完整且岩石抗压强度大于 30MPa，并确认不影响衬砌结构稳定和强度时，允许岩石个别凸出部分（$1m^2$ 内不大于 $0.1m^2$）突入衬砌断面，锚喷支护时突入不大于 3cm，衬砌时不大于 5cm。拱脚、墙脚以上 1m 内严禁欠挖。

应尽量减少超挖。当采用特殊方法支护时，允许超挖量应适当降低。

2. 爆破效果要求

隧道开挖方法包括钻爆法和机掘法等，但是目前工程上应用最广的仍是钻爆法。对于用钻爆法开挖隧道，其爆破效果应满足以下要求：

开挖轮廓圆顺，开挖面平整。

爆破进尺达到设计要求，爆出的石块块度满足装渣要求。

用支架式风钻打眼，炮眼深为 3m。两茬炮衔接时，出现的台阶形误差不得大于 15cm。如果眼浅则要减少，如果眼深则要加大。

用光面爆破大型钻孔台车开挖，深眼（大于 3m）爆破开挖，爆破效果应符合有关要求。

二、欠挖测定方法

施工中应根据现场条件采用切实可行的超欠挖量测定方法。常用办法有直接测量法（以内模为参照物）、直角坐标法、三维近景摄影法。

三、测量仪器

激光断面仪是把现代激光测距和计算机技术相结合开发出来的硬、软件一体化的隧道断面测量仪器。我国的成都经纬科技仪器有限公司和北京光电技术研究所开发了隧道多功能断面测量系统和 BJSD 系列激光隧道多功能断面检测仪。

第四节　初期支护施工质量检测

一、锚杆加工质量与安装尺寸检查

1. 加工质量检查

(1) 锚杆材料

① 抗拉强度

从原材料中或成品锚杆上截取试样，在拉力试验机上拉伸，确定其是否满足工程要求。

② 延展性与弹性

必要时应对材料的延展性进行试验。对管缝式锚杆进行弹性检查时，可现场弯折或锤击，观察其塑性变形情况。

(2) 杆体规格

锚杆杆体的直径必须与设计相符，可用卡尺或直尺测量。

(3) 加工质量

首先应测量各部分的尺寸，其次检查焊接件的焊接质量。对于车丝部分，应检查丝纹质量，观察是否有偏心现象。

2. 安装尺寸检查

(1) 锚杆位置

用钢尺量测锚杆间距与排距。

(2) 锚杆方向

钻孔方向应尽量与围岩壁面和岩层主要结构面垂直，目测即可。

(3) 钻孔深度

钻孔深度可用带有刻度的塑料管或木棍等插孔量测。

(4) 孔径与孔形

砂浆锚杆用尺量钻孔直径，为了便于锚杆安装，钻孔应圆而直。

二、锚杆拉拔力测试

锚杆拉拔力指锚杆能够承受的最大拉力，它是锚杆材料、加工和施工安装质量的综合反映，是锚杆质量检测的一项基本内容。

1. 测试方法

锚杆拉拔试验的常用设备为中空千斤顶、手动油压泵、油压表、千分表。根据试验目的，在隧道围岩指定部位钻锚杆孔。

按照正常的安装工艺安装待测锚杆。用砂浆将锚杆口部抹平，以便支放承压垫板。

根据锚杆的种类和试验目的确定拉拔时间。

在锚杆尾部加上垫板，套上中空千斤顶，将锚杆外端与千斤顶内缸固定在一起，并装设位移量测设备与仪器。

通过手动油压泵加压，从油压表读取油压，根据活塞面积换算锚杆承受的拉拔力。

2. 注意事项

安装拉拔设备时，应使千斤顶与锚杆同心，避免偏心受拉。

加载应匀速，一般以 10kN/min 的速率增加。

如无特殊需要，可不做破坏性试验，拉拔到设计拉力即停止加载。

千斤顶应固定牢靠，并有必要的安全保护措施。

3. 试验要求

每安装 300 根锚杆至少随机抽样一组(3 根)，设计变更或材料变更时另做一组拉拔力测试。

同组锚杆锚固力或拉拔力的平均值，应大于或等于设计值。

同组单根锚杆的锚固力或拉拔力，不得低于设计值的 90%。

三、砂浆锚杆砂浆注满度检测

对于砂浆锚杆，施工检测中应重点注意砂浆注满度或密实度。砂浆锚杆的砂浆灌注质量，目前多以锚杆的拉拔力来检验。

四、端锚式锚杆施工质量无损检测

目前隧道工程上除大部分采用全长锚固的水泥砂浆锚杆外，同时还应用着树脂锚杆、快硬水泥药包锚杆和楔缝锚杆等端锚式锚杆，这些锚杆的共同特点是在性能上可迅速承载。对于这类锚杆的锚固质量检测，除了采用锚杆拉拔机进行破坏性拉拔外还可利用扭力扳手进行无损伤拉拔试验。

1. 检测工具

锚杆螺母扭力矩的量测工具为扭力扳手。扭力扳手由力臂、刻度盘、指示杆和套筒组成。

2. 检测方法

将套筒套在待检测锚杆的螺母上，并将扭力扳手主体与套筒连接。

左手轻按扭力扳手套筒端，右手扳动手柄，同时读取扭力矩的最大读数，并作记录。

根据扭力矩和锚杆拉力之间的对应关系，确定锚杆的拉力。在工程上常见的是事先确定锚杆应有的锚固力，当测试过程中发现锚杆的锚固力达到要求时，便停止测试，使锚杆仍完好地工作。

五、喷射混凝土质量检测

1. 质量检验指标

喷射混凝土的质量检验指标主要有喷射混凝土的强度和喷射混凝土的厚度两项内容。此外，还应采取措施减少喷射混凝土回弹率。

2. 质量检测方法

(1) 抗压强度试验

① 检查试块的制作方法

a. 喷大板切割法

在施工的同时，将混凝土喷射在 45cm × 35cm × 12cm(可制成 6 块) 或 45cm × 20cm × 12cm(可制成 3 块) 的模型内，在混凝土达到一定强度后，加工成 10cm×10cm×10cm 的立方体试块，在标准条件下养护至 28 天进行试验(精确到 0.1MPa)。

b. 凿方切割法

在具有一定强度的支护上，用凿岩机打密排钻孔，取出长约 35cm、宽约 15cm 的混凝土块，加工成 10cm × 10cm × 10cm 的立方体试块，在标准条件下养护至 28 天，进行试验(精确到 0.1MPa)。

② 检查试块的数量

隧道(两车道隧道) 每 10 延米，至少在拱部和边墙各取一组试样，材料或配合比变更时另取一组，每组至少取 3 个试块进行抗压强度试验。

③ 满足以下条件者为合格，否则为不合格。

同批(指同一配合比) 试块的抗压强度平均值，不低于设计强度或 C20。

任意一组试块抗压强度平均值不得低于设计强度的 80%。

同批试块为 3 ～ 5 组时，低于设计强度的试块组数不得多于 1 组。试块为 6 ～ 16 组时，不得多于两组。17 组以上，不得多于总组数的 15%。

④ 检查不合格时，应查明原因并采取措施，可用加厚喷层或增设锚杆的办法予以补强。

(2) 喷射混凝土厚度的检测

① 检查方法和数量

喷层厚度可用凿孔或激光断面仪、光带摄影等方法检查。凿孔检查时，宜在混凝土喷后 8h 以内，用短钎将孔凿出，发现厚度不够时可及时补喷。

检查断面数量。每 10 延米至少检查一个断面，再从拱顶中线起每隔 2m 凿孔检查一个点。

② 合格条件

每个断面拱、墙分别统计，全部检查孔处喷层厚度应有 60% 以上不小于设计厚度，平均厚度不得小于设计厚度，最小厚度不应小于设计厚度的 1/2。

当发现喷射混凝土表面有裂缝、脱落、露筋、渗漏水情况时，应予修补，凿除重喷或进行整治。

(3) 喷射混凝土粉尘、回弹检查

作为施工工艺，这两项工作应经常进行，用工艺标准来促进质量的提高。

《公路隧道施工技术规范》(JTJ042-94) 规定：回弹率应予以控制，拱部不超过 40%，边墙不超过 30%，挂钢筋网后，回弹率限制可放宽 5%。

(4) 其他试验

当有特殊要求时，对喷射混凝土的抗拉强度、弹性模量等项目应进行试验。

3. 施工质量评判

(1) 匀质性

匀质性可用现场 28 天龄期同批 n 组试块抗压强度的标准差 S_n 和变异系数 C_{v_n} 表示。

$$S_n = \sqrt{\frac{1}{n-1}\sum_{i=1}^{n}(R_i - \overline{R}_n)^2} \quad (\text{MPa}) \tag{6.1}$$

式中：n—— 同批试块的组数；

R_i—— 第 i 组试块的强度代表值(MPa)；

$\overline{R}_n$—— 同批 n 组试块强度的平均值，精确到 0.1MPa，可由下式计算得到：

$$\overline{R}_n = \frac{1}{n}\sum_{i=1}^{n}R_i \tag{6.2}$$

C_{v_n} 计算公式如式(6.3) 所示：

$$C_{v_n} = \frac{100S_n}{\overline{R}_n}(\%) \tag{6.3}$$

因为喷射混凝土由非匀质材料组成，在施工中影响混凝土强度的因素较多，故强度离散性较大。根据国内喷射混凝土施工状况，并参考国内外现浇混凝土的强度判别指标，将喷射混凝土施工质量判别条件列于表 6.1。

表 6.1 喷射混凝土的匀质性指标

项目	施工控制水平	优	良	及格	差
标准差 S_n(MPa)	母体的离散	<4.5	$4.5\sim5.5$	$5.5\sim6.5$	>6.5
	一次试验的离散	<2.2	$2.2\sim2.7$	$2.7\sim3.2$	>3.2
变异系数 C_{v_n}(%)	母体的离散	<15	$15\sim20$	$20\sim25$	>25
	一次试验的离散	<7	$7\sim9$	$9\sim11$	>11

(2) 抗压强度

同批试件组数 $n\geqslant10$ 时，试件抗压强度平均值不低于设计值，任一组试件抗压强度不低于设计值的 85%。

同批试件组数 $n<10$ 时，试件抗压强度平均值不低于 1.05 倍设计值，任一组试件抗压强度不低于设计值的 90%。

六、钢支撑施工质量检测

1. 钢支撑的形式

根据钢材种类的不同，目前我国公路隧道施工中常用的钢支撑可分类如下：

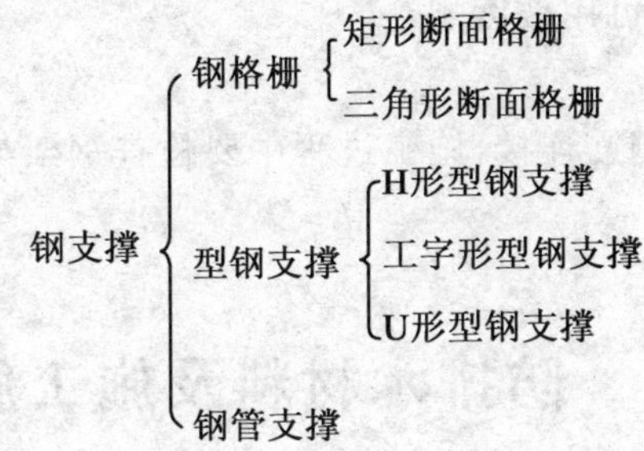

(1) 钢格栅

钢格栅是目前工程上用量最大的钢支撑，它由钢筋焊接而成。为了便于施工，每副钢格栅都分成若干节，一般为 3 ～ 5 节。节间加法兰，选用螺栓固定连接之后焊接。钢格栅的特点是初期可作为普通钢架支撑及时支护围岩，后期可与模注或喷射混凝土形成钢筋混凝土，钢材利用得比较充分。

(2) 型钢支撑

用于加工钢支撑的型钢有 H 形型钢、工字形型钢和 U 形型钢，它们都是在施工现场或工厂用专用弯曲机冷弯成形的。型钢支撑的基本特点是强度高和安装方便，对初期施工安全有利。U 形型钢支护具有可缩性特点。

(3) 钢管支撑

钢管支撑通常用于隧道局部不良地质地段围岩的加固，现场常采用灌砂冷弯法加工。施工中分节拼装对焊，在架底和拱顶留有注浆孔和排气孔，安装就位后用注浆泵从架底注浆孔向管内灌注砂浆，直到拱顶排气孔出浆为止。

2. 施工质量检测

钢支撑一般都用在围岩条件较差的区段，因其质量欠佳导致围岩片帮冒顶、坍塌失稳的事例屡见不鲜。所以对其质量有较重的要求，加工质量检测显得尤为重要。

(1) 加工质量检测

① 加工尺寸

钢架加工尺寸应符合设计要求。如果其尺寸与设计尺寸稍有出入，就可能给施工带来不便，影响安装质量，降低使用效果。

② 强度和刚度

应对钢架的强度和刚度进行抽检，将一定数量的钢架样品放到试验台上进行加载试验，建立荷载与变形的关系，分析计算钢架的强度与刚度。

③ 焊接

钢支撑加工时，焊接质量是加工质量的重要组成部分。

(2) 安装质量检测

① 安装尺寸

设计中钢支撑有具体的安装间距，检测时应用钢卷尺测量，其误差不应超过设计尺寸 5cm。

② 倾斜度

钢架在平面上应垂直于隧道中线，在纵断面上其倾斜度不得大于 2°。在平面上检测可用直角尺，在纵断面上检测可用坡度规。

③ 连接与固定

钢架之间必须用纵向钢筋连接，施工过程中要检查钢架与锚杆的连接，要保证焊接密度与焊接质量。

第五节　防排水材料及施工质量检测

一、概述

1. 隧道防排水的必要性

公路隧道渗漏水的问题已被列为公路工程十大通病之一。隧道长期渗漏水，将极大地降低隧道内各种设施的使用寿命和功能，恶化隧道的运营条件。良好的隧道防水与排水，是保证隧道耐久性和行车安全的重要条件。

2. 公路隧道防排水的基本原则及要求

隧道防排水应遵循"防、排、截、堵结合，因地制宜，综合治理"的原则，保证隧道结构物和营运设备的正常使用和行车安全。隧道防排水设计应对地表水、地下水妥善处理，洞内外应形成一个完整畅通的防排水系统。

高速公路、一级公路、二级公路隧道防排水应满足要求：拱部、边墙、路面、设备箱洞不渗水。有冻害地段的隧道衬砌背后不积水，排水沟不冻结。车行横道、人行横道等服务通道拱部不滴水，边墙不滴水。

3. 隧道防排水结构主要类型

目前，隧道防排水技术根据排、堵的方式区分，主要有三种类型：水密型防水，半包式防水，防排结合的控制型防排水。此外，隧道防排水也可针对不同的衬砌类型而采取相适应的技术措施，如复合式衬砌防排水结构、单层式衬砌防排水结构、连拱隧道中隔墙排水结构、明洞防排水结构等

二、高分子防水卷材性能检测

1. 高分子防水卷材的种类及性能

弹性或弹塑性的合成高分子防水卷材如橡胶防水卷材(EPDM) 和氯丁橡胶薄膜、聚氯乙烯(PVC) 和氯化聚乙烯(CPE)、聚乙烯(PE)、聚乙烯 — 醋酸乙烯(EVA) 和聚乙烯 — 醋酸乙烯 — 沥青共聚物(ECB) 防水卷材、高密度聚乙烯(HDPE) 和低密度聚乙烯(LDPE) 等，具有使用寿命长、技术性能好、冷施工、质量轻和污染性低等优点，在隧道防水工程中得到广泛应用。

2. 取样方法

对于出厂合格的产品，同一生产厂家、同一品种、规格的产品 5000m 为一批进行验收，不足 5000m 也作为一批。从每批产品的 1 ～ 3 卷中取样，在距端部 300mm 处截取约 3m，用于厚度允许偏差、最小单个值检验和截取各项物理力学性能试验。试样截取前，在温度 23℃ ± 2℃，相对湿度 45% ～ 55% 的标准环境下进行状态调整，时间不少于 16h。截取试件部位、种类、数量及用作试验的项目，应符合图 6.1 和表 6.2 所示的要求。

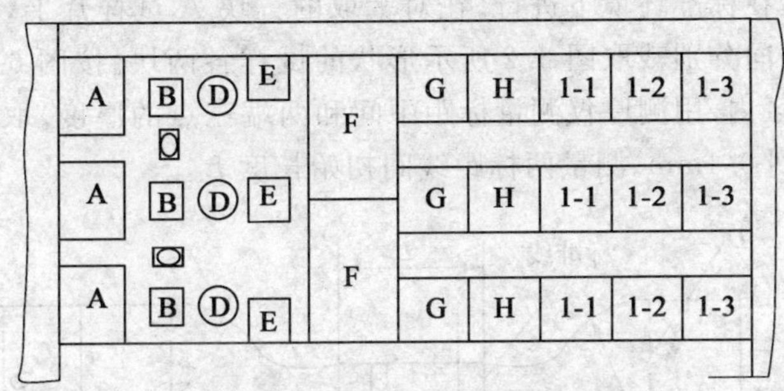

图 6.1　试样截取布置图

表 6.2　物理力学性能试验所需的试样尺寸及数量

试验项目	符号	尺寸(纵向 × 横向)(mm)	数量
拉伸强度	A	200 × 200	3
热处理尺寸变化率	B	100 × 100	3
低温弯折性	C	(50 × 100)(100 × 50)	1/1
抗渗透性	D	ϕ100	3
拉穿孔性	E	150 × 150	3
剪切状态下的黏合性	F	300 × 400	2
热老化处理	G	300 × 200	3
人工候化处理	H	300 × 200	3
水溶液处理	I	300 × 200	9

3. 试验方法

(1) 外观质量检查

外观质量检查包括气泡、疤痕、裂纹、黏结和孔洞。

(2) 长度、宽度、厚度、平直度和平整度量测

合成高分子防水卷材的长度和宽度用卷尺测量。

厚度用压力为 $(2 \pm 0.2) \times 10^{-2}$ MPa，压头直径为 10mm 的测厚仪(分度为 0.01mm)量测。厚度测量点(至少 10 个点) 均布在卷材的横向上。

平直度和平整度的量测，在平整基面上展开 10m，用分度值为 1mm 的直尺量测。

(3) 拉伸性能试验

① 试验设备

裁片机:由加载装置、裁刀及其装卸装置组成。

拉力试验机:量程范围 0 ~ 1000N,分度值 2N,示值精度 ±1%,夹持器的移动速度应为 80 ~ 500mm/min。

② 试验程序

拉伸性能试验在标准环境下进行。在对裁取的三块 A 试样片上,用裁片机对每块样片沿卷材纵向和横向分别裁取图 6.2 所示形状的试样各两块。按图 6.2 所示标注标距线和夹持线,在标距区内,用测厚仪测量标距中间和两端三点的厚度。取其算术平均值作为试样厚度 d,精确到 0.1mm。测量两标距线间初始长度 L_0。

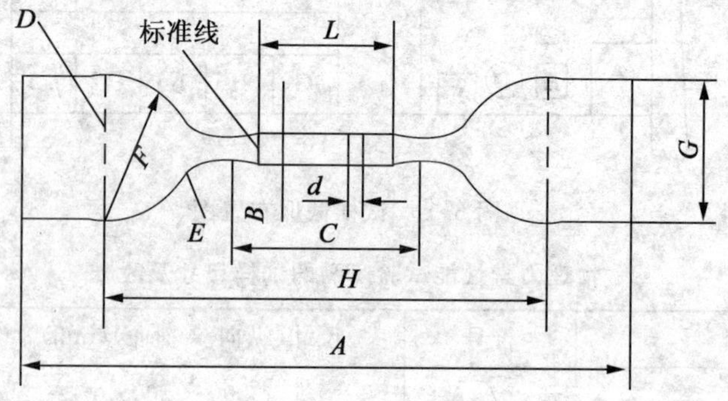

图 6.2　拉伸性能试验的试样

将试验机的拉伸速度调到 250mm/min ± 50mm/min,再将试样置于夹持器的中心,对准夹持线夹紧。开动机器拉伸试样,读取试样断裂时的荷载 p,同时量取试样断裂瞬间的标距线间的长度 L_1。若试样断裂在标距外,则该试样作废,另取试样重做。

③ 试验结果计算

a. 拉伸强度

试样的拉伸强度按下式计算(精确到 0.1MPa):

$$\sigma = \frac{p}{Bd} \tag{6.4}$$

式中:σ—— 试样的拉伸强度(MPa);

p—— 试样断裂时的荷载(N);

B—— 试样标距段的宽度(mm);

d—— 试样标距段的厚度(mm)。

b. 断裂伸长率

试样的断裂伸长率按下式计算:

$$\varepsilon = \frac{L_1 - L_0}{L_0} \times 100 \tag{6.5}$$

式中:ε—— 试样的断裂伸长率(%);

L_0—— 试样标距间初始有效长度(mm);

L_1—— 试样断裂瞬间标距线间的长度(mm)。

分别计算并报告 5 块试样纵向和横向的算术平均值,精确到 1%。

(4) 热处理尺寸变化率试验

① 试验器具

鼓风恒温箱:自动控温范围为 50℃ ～ 240℃,误差为 ±2℃。直尺:量程为 150mm,分度值为 0.5mm。模板:100mm×100mm×0.4mm 的金属板,边长误差不大于±0.5mm,直角误差不大于 ±1。垫板:300mm × 300mm × 2mm 的硬纸板 3 块,表面应光滑平整。

② 试验程序

用模板裁取 3 块 B 试样,标明卷材的纵横方向,并标明每边的中点,作为试样处理前后测量时的参考点。

在标准环境下,用直尺测量试样纵向或横向上两参考点间的初始长度 S_0。将试样平放在撒有少量滑石粉的垫板上,再将垫板水平地置于鼓风恒温箱中,3 块垫板不得叠放。在 80℃ ±2℃ 的温度下恒温 6h,取出垫板置于标准环境中调节 24h,再测量纵向或横向上两参考点间的长度 S_1。

③ 结果计算

纵向和横向的尺寸变化率按下式分别计算:

$$L_h = \frac{|S_1 - S_0|}{S_0} \times 100 \tag{6.6}$$

式中:L_h—— 试样的热处理尺寸变化率(%);

S_0—— 试样同方向上两参考点间的初始长度(mm);

S_1—— 试样处理后同方向上两参考点间的长度(mm)。

分别计算 3 块试样纵向和横向的尺寸变化率的平均值,试验结果以其中较大的数值表示,精确到 0.1%。

(5) 低温弯折性试验

① 试验器具

低温箱:可在 0℃ ～ 40℃ 自动控温,误差为 ±2℃。

弯折仪:主要由金属材料制成的上下平板、转轴和调距螺丝组成,平板间距可任意调节。

放大镜:放大倍数为 6 倍。

② 试验程序

在标准环境下,用测厚仪测量 C 试样的厚度。试样的耐候面应无明显缺陷。然后将试样的耐候面朝外,弯曲 180°,使 50mm 宽的边缘重合、齐平,并确保不发生错位(可用定位夹或 10mm 的胶布将边缘固定),将弯折仪的上下平板间距调到卷材厚度的 3 倍,试验两块试样。

将弯折仪上平板翻开,将两块试样平放在弯折仪下平板上,重合的一边朝向转轴,且距离转轴 20mm,将弯折仪连同试样放入低温箱内,在规定温度下保持 1h。然后,在 1s 之内将弯折仪的上平板压下,达到所调间距位置,保持 1s 后将试样取出。待恢复到室温后观察试样弯折处是否断裂,或用放大镜观察试样弯折处受拉面是否有裂纹。

③ 结果评定

两块试样均不断裂或无裂纹时评定为无裂纹。

(6) 抗渗透性试验

① 试验仪器

试验仪器采用GB328规定的不透水仪。

② 试验程序

试验在标准环境下进行。先按GB328的规定做好准备，将裁取的3块D试样分别置于3个透水盘中，盖紧槽盘，然后按GB328的规定操作不透水仪，以每小时提高1/6规定压力(2×10^5Pa)的速度升压，达到规定压力后保压24h，观察试样表面是否有渗水现象。

③ 结果评定

3块试样均无渗水现象时评定为不透水。

(7) 抗穿孔性试验

① 试验器具

穿孔仪：由一个带刻度的金属导管、可在其中自由运动的活动重锤、锁紧螺栓和半球形钢珠冲头组成，其中导管刻度长为0～500mm，分度值10mm，重锤质量500g，钢珠直径12.7mm。铝板：厚度不小于4mm。玻璃管：内径不小于30mm，长600mm。

② 试验程序

将裁取的E试样自由地铺在铝板上，并一起放在密度为25kg/m^3，厚度50mm的泡沫聚苯乙烯垫块上。穿孔仪置于试样表面，将冲头下端的钢珠置于试样中心部位，把重锤调节到规定的落差高度(300mm)并定位。使重锤自由下落，撞击位于试样表面的冲头，然后将试样取出，检查试样是否穿孔，取3块试样进行试验。

无明显穿孔时，采用专用试验装置对试样进行水密性试验。将圆形玻璃管垂直放在试样穿孔试验点的中心，用密封膏密封玻璃管与试样间的缝隙。将试样置于滤纸(150mm×150mm)上。滤纸由玻璃板支承，把染色水溶液加入玻璃管中，静置16h后检查滤纸，如有渗透现象则表明试样已穿孔。

③ 结果评定

3块试样均无穿孔时评定为不渗水。

(8) 剪切状态下的黏合性试验

① 试验程序

将两块裁取的试样平放于60℃的按热处理尺寸变化率试验规定选用的恒温箱中15min。在样片中间部位按胶黏剂的使用说明用橡皮刮刀涂抹宽度100mm、厚度适当的胶黏剂，然后将该样片上部未涂抹胶黏剂的部分Ⅰ以及另一块试样下部未涂抹胶黏剂的部分Ⅱ裁去，在长度方向剪成宽度为50mm的样条，得到50mm×100mm的胶黏表面。每次将两片涂抹胶黏剂的样条相互搭接黏合成试样，两样条长边的边缘必须重合。取5块试样在标准环境下放置24h，再按拉伸试验方法进行拉伸剪切试验。

② 结果计算

如果拉伸剪切时，试样在黏结面滑脱，则剪切状态下的黏合性以拉伸剪切强度进行计算，如下式所示：

$$\sigma=\frac{p}{b} \tag{6.7}$$

式中：σ—— 拉伸剪切强度(N/mm)；

p—— 最大拉伸剪切荷载(N)；

b—— 试样黏合面宽度(mm)。

结果以 5 块试样的算术平均值表示，精确到 0.1N/mm。

在拉伸剪切时，试样在接缝外断裂，则评定为接缝外断裂。该试验方法也可以测试热焊接接缝的黏结特性。

(9) 热老化处理试验

① 试验仪器

热老化试验箱：自动控温范围为 50℃ ～ 240℃，误差为 ±2℃。

② 试验程序

将裁取的 3 块 G 试样放置在撒有滑石粉的按热处理尺寸变化率试验要求选用的垫板上，然后一起放入热老化试验箱中，在 80℃ ±2℃ 的温度下保持 7 天。处理后的样片在标准环境下调节 24h，分别按外观、拉伸性能试验规定的方法进行检查和试验。

③ 结果计算

3 块 G 样片外观质量与低温弯折性的结果评定分别与相应试验条文相同。

处理后试样拉伸强度相对变化率及断裂伸长率相对变压率分别按式(6.8)及式(6.9)计算(精确到 1%)：

$$R_\sigma = \left(\frac{\sigma'_t}{\sigma_t} - 1\right) \times 100 \tag{6.8}$$

式中：R_σ—— 试样处理后拉伸强度相对变化率(%)；

σ'_t—— 处理后 5 块试样的平均拉伸强度(MPa)；

σ_t—— 未经处理时 5 块试样的平均拉伸强度(MPa)。

$$R_t = \left(\frac{\varepsilon'_t}{\varepsilon_t} - 1\right) \times 100 \tag{6.9}$$

式中：R_t—— 试样处理后断裂伸长率相对变化率(%)；

ε'_t—— 处理后 5 块试样的平均断裂伸长率(%)；

ε_t—— 未经处理时 5 块试样的平均断裂伸长率(%)。

(10) 结果评判

对于防水卷材中的外观质量、面积允许偏差、卷材中的允许接头数、卷材平直度、平整度、厚度允许偏差和最小单个值等 7 项要求，其中有 2 项不合格即为不合格卷材。不合格卷不多于 2 卷，且卷材的各项物理力学性能均符合要求时，判定该批合格。

如不合格卷为两卷或有 1 项物理力学性能不符合要求，则判定为该批不合格。如不合格卷为两卷，但有两卷出现上述 7 项中的同 1 项不合格，则仍判该批不合格。

对于判为不合格的批，允许在批中按规定重新加倍抽样，对不合格项目进行重检。如果仍有一组试样不合格，则判定该批不合格。

三、土工布物理特性检测

土工织物也称土工布，是透水性的土工合成材料，按制造方法分为无纺或非织造土工织物和有纺或机织土工织物。为了选择和应用土工织物,必须了解材料的工程特性,有些特性参数是生产厂家提供的,例如产品的类型、聚合物的种类、加工工艺及产品规格等。对厂家提供的数据应采取慎重的态度,使用单位应抽样试验来核实和确定。土工布性质中对隧道工程比较重要的工程特性有物理特性、力学特性和水力学特性。本节学习土工合成材料各种试验的取样要求、数据整理方法,其物理特性如厚度、单位面积质量等检测因较简单,不再详述。

1. 试样的制备

试样不应含有灰尘、折痕、损伤部分和可见疵点。

每项试验的试样应从样品长度与宽度方向上随机取样,但距样品边缘至少 100mm。

同一试验剪取两个以上的试样时,不应在同一纵向或横向位置上剪取,如不可避免时应在试验报告中说明。

取试样应满足精度要求。

剪取试样时,应先制定剪裁计划,对每项试验所用的全部试样应予编号。

2. 试样的调湿与饱和

试样一般应置于温度为20℃±2℃,相对湿度为60%±2%和标准大气压的环境中调湿 24h。

如果确认试样不受环境影响,则可不调湿,但应在记录中注明试验时的温度和湿度。

土工织物试样在需要饱和时,宜采用真空抽气法饱和。

3. 数据的整理方法

(1) 算术平均值 $\overline{x}$

按下式计算:

$$\overline{x}=\frac{\sum_{i=1}^{n}x_i}{n} \tag{6.10}$$

式中:n—— 试样个数;

x_i—— 第 i 块试验的试样数;

$\overline{x}_n$——n 块试样试样数的算术平均值。

(2) 标准差 σ

按下式计算:

$$\sigma=\sqrt{\sum_{i=1}^{n}(x_i-\overline{x})^2/(n-1)} \tag{6.11}$$

(3) 变异系数按下式计算:

$$C_V=\pm\frac{\sigma}{\overline{x}}\times 100\ (\%) \tag{6.12}$$

在资料分析中,可疑数据的舍弃,按照 K 倍标准差作为舍弃标准,即舍弃在 $\overline{x}\pm K$ 范围以外的测定值,对不同的试件数量,K 值按表 6.3 所示选用。

表 6.3　统计量的临界值

试件数量	3	4	5	6	7	8	9	10	11	12	13	14
K	1.15	1.46	1.67	1.82	1.94	2.03	2.11	2.18	2.23	2.28	2.33	2.37

四、土工织物力学特性测试

隧道用土工布的力学性能测试一般有条带拉伸试验、撕裂试验、顶破强度试验、刺破试验等。

1. 条带拉伸试验

(1) 仪器

① 拉力机

具有等速拉伸功能，能测读拉伸过程中土工合成材料的拉力和伸长量或直接记录拉力 — 伸长量曲线。

② 夹具

一对夹持试样的夹具，其钳口面要有一定的约束作用，防止试样在钳口打滑，同时又要防止试样在钳口内被损坏。

③ 动力装置

采用调速电机油压或机械设施调节拉伸速率。

④ 测量和记录装置

(2) 试样制备

① 试样数量

分别以土工合成材料纵向和横向作试样长边，剪取试样各 6 块。

② 试样尺寸

宽条试样：裁剪试样宽度 200mm，长度至少 200mm，实际长度视夹具而定，必须有足够的长度使试样伸出夹具，试样计量长度为 100mm。对于有纺土工织物，裁剪试样宽度 210mm，再在两边拆去大约相同数量的纤维，使试样宽度达到 200mm。

窄条试样：裁剪试样宽度 50mm，长度至少 200mm，必须有足够的长度使试样伸出夹具，试样计量长度为 100mm。对于有纺土工织物，裁剪试样宽度 60mm，再在两边拆去大约相同数量的纤维，使试样宽度达到 50mm。

除测干态强度外，要求测定湿态强度时，裁剪两倍的长度，然后截为等长度的两块。

对湿态试样，要求从水中取出到上机拉伸的时间间隔不大于 10min。

(3) 试验步骤

① 调整夹具

调整两夹具的初始间距为 100mm。两个夹具中要求其中一个的支点能自由旋转或为万向接头，保证两个夹具平行并在一个平面内。

② 选择量程

选择拉力机的满量程范围，使试样的最大断裂力在满量程的 10% ～ 90% 范围内，设定拉伸速率为 50mm/min。

③ 将试样对中放入夹具内

④ 测读试样的初始长度 L_0

⑤ 测量

开动试验机，以拉伸速率 50mm/min 进行拉伸，同时启动记录装置，连续运转直到试样破坏时停机。对延伸率较大的试样，应拉伸至其拉力明显降低时方能停机。

当试样在钳口内打滑或大多数试样在钳口边缘断裂时，要采取改进措施。

⑥ 测量伸长量

在拉伸过程中，测定拉力的同时测定伸长量。

(4) 结果整理

① 抗拉强度

土工织物或小孔径土工网的抗拉强度可用下式计算：

$$T_s = p_f/B \tag{6.13}$$

式中：T_s—— 抗拉强度(N/m，kN/m)；

p_f—— 测读的最大拉力(N，kN)；

B—— 试样宽(m)。

② 延伸率

延伸率 ε_p 按下式计算：

$$\varepsilon_p = (L_f - L_0)/L_0 \tag{6.14}$$

式中：ε_p—— 延伸率(%)；

L_0—— 初始长度(mm)；

L_f—— 对应最大拉力时的试样长度(mm)。

③ 拉伸模量

拉伸过程中的拉力 — 伸长量可转化成应力 — 应变曲线，并可计算拉伸模量，单位为 N/m 或 kN/m。根据应力 — 应变曲线的类型，求出拉伸模量。

a. 初始拉伸模量 E

如果应力 — 应变曲线在初始阶段是线性的，利用初始切线可取得比较准确的模量值。由于应力 — 应变曲线方程一般是未知的，初始拉伸模量一般由作图法求出或选择初始直线段斜率代替。

b. 偏移拉伸模量 E_0

当应力 — 应变曲线开始段坡度很小。在中间部分接近线性，则把开始段的曲线舍弃，将纵轴向右移到直线部分的延长线与横轴相交的位置，再求出 E_0 和偏移量。偏移初始拉伸模量一般由作图法求出或用直线段斜率代替。

c. 割线拉伸模量 E_0

当应力 — 应变曲线始终呈非线性变化，用上述两种方法不能取得合适的模量时，则可采用割线法。从原点到曲线上某一点(如应变为 10% 或 20%) 连一直线，该线斜率即为割线拉伸模量。

④ 标准差及变异系数

计算抗拉强度、延伸率及各拉伸模量的平均值，并计算它们的标准差及变异系数 C_V。

2. 撕裂试验

土工织物的撕裂强度为试样在撕裂过程中抵抗扩大破损裂口的最大拉力。公路行业采用梯形法测定土工织物的撕裂强度。

(1) 仪器

① 拉力机

同条带拉伸试验用的拉力机，其拉伸速率为 100mm/min。

② 夹具

夹持面尺寸(长 × 宽) 为 50mm × 84mm，宽度要求不小于 84mm，宽度方向垂直于力的作用方向。要求夹具上下夹持面平行、光滑，夹紧时不损坏试样，同时要求试验中试样不发生打滑。

③ 梯形模板

用于剪样，标有尺寸。

(2) 试样制备

① 试样数量

经向和纬向各取 10 块试样。

② 试样尺寸

试样为宽 75mm、长 150mm 的矩形试样，在矩形试样中部用梯形模板画一等腰梯形。

③ 取样方法

应符合试样制备的一般原则。

④ 有纺土工织物试样

测定经向纤维的撕裂强度时，剪取试样长边应与经向纤维平行，使试样切缝切断和试验时拉断的为经向纤维。测定纬向撕裂强度时，剪取试样长边应与纬向纤维平行，使试样被切断和撕裂拉断的为纬向纤维。

⑤ 无纺土工织物试样

测定经向的撕裂强度时，剪取试样长边应与织物经向平行，使切缝垂直于经向。测定纬向撕裂强度时，剪取试样长边应与织物纬向平行，使切缝垂直于纬向。

⑥ 切缝

在已画好的梯形试样短边 1/2 处剪一条垂直于短边的长 15mm 的切缝。

⑦ 准备好试样

准备好试样，如进行湿态撕裂试验，要求同条带拉伸试验。

(3) 试验步骤

调整拉力机夹具的初始距离到 25mm，设定拉力机满量程范围，使试样最大撕裂荷载在满量程的 10% ～ 90% 范围内，设定拉伸速率为 100mm/min。

将试样放入夹具内，沿梯形不平行的两腰边缘夹住试样。梯形的短边平整绷紧，其余呈起皱叠台状，夹紧夹具。

开动拉力机，以拉伸速率 10mm/min 拉伸试样。并记录拉伸过程中的撕裂力，直至试样破坏时停机。撕裂力可能有几个峰值和谷值，也可能是单一上升而只有一个最大值，取最大值作为撕裂强度，单位以牛顿(N) 表示。

在夹具内有打滑现象或有 1/4 以上的试样在夹具边缘 5mm 范围内发生断裂时，则夹具要作特别处理。

(4) 结果整理

分别计算顺机向和横机向的平均撕裂强度。分别计算顺机向和横机向撕裂强度的标准差和变异系数。

3. 顶破强度试验

顶破强度是反映土工织物抵抗垂直织物平面的法向压力的能力，顶破强度试验与刺破强度试验相比，压力作用面积相对较大，材料呈双向受力状态。

(1) 圆球顶破试验

① 仪器和设备

试验可在测定土工合成材料的条带拉伸强度的拉力机上进行，仪器主要包括：配有反向器的拉力机和圆球顶破装置。

② 试样制备

a. 试样数量

每组试验取 10 块试样。

b. 试样尺寸

试样尺寸为 120mm。

c. 取样方法

按前述原则取样。

③ 试验步骤

选择拉力机的拉力量程范围，使最大压力在满量程的 10% ～ 90% 范围内。

将试样在不受拉力的状态下放入环形夹具内，将试样夹紧。

开动拉力机，顶压速率为 100mm/min，在此速率下连续运行直至试样被顶破，记下最大压力，单位为牛顿(N)。

④ 计算

计算 10 块试样圆球顶破强度的算术平均值。计算顶破强度的标准差和变异系数。

(2)CBR 顶破试验

① 仪器

a. CBR 试验仪：试验仪最大压力约 50kN，行程为 100mm。顶压时可用电动驱动或人工驱动，要求顶压速率为 60mm/min。

b. 量力环：安装在加荷框架上，量力环下部装有直径 50mm 的圆柱形平头顶压杆，量力环中的百分表用于测定量力环变形计算顶压力。

c. 环形夹具：夹具内径为 150mm，试样直径为 230mm。

② 试样制备

a. 试样数量

每组试验取 10 块试样。

b. 试样尺寸

试样尺寸为直径 230mm。

c. 取样方法

按前述原则取样。

③ 试验步骤

试样放入环形夹具内，拧紧夹具，使试样在自然状态下绷紧。

将夹具放在加荷系统的托盘上，调整高度，使试样与顶杆刚好接触。

将顶压速率设定在 60mm/min。

开动机器。

圆柱顶压杆接触并顶压试样过程中，记录百分表读数和量力环读数，到确认试样破坏为止。

停机，取下已破坏的试样。

重复前六步步骤，进行试验，每组共进行 10 块试样。

④ 结果整理

由量力环标定曲线，将量力环中百分表的读数换算为力(N)。计算每块试样的顶破强度 T_c(N)。计算 10 块试样的顶破强度平均值、标准差及变异系数。

4. 刺破强度试验

刺破强度是反映土工织物抵抗小面积集中荷载的参数。试验方法与圆球顶破试验相似，只是以金属杆代替圆球，不再详述。

五、土工织物水力学特性试验

隧道用土工布，必须具有以下特性：

保土性：防止被保护围岩、衬砌的颗粒随水流流失。

渗水性：保证渗流水通畅排走。

防堵性：防止材料被细土粒堵塞失效。

这些特性主要取决于土工织物的孔隙特征和渗透特性等。

1. 土工织物孔隙的特征

(1) 孔隙率

土工织物的孔隙率是指其孔隙体积与总体积的比值，以 n(%) 表示。孔隙率的确定不需要直接进行试验，它可通过下式计算求得。

$$n = \left(1 - \frac{m}{\rho\delta}\right) \times 100 \tag{6.15}$$

式中：m—— 单位面积质量(g/m^2)；

ρ—— 原材料密度(g/m^3)；

δ—— 织物厚度(m)。

无纺织物的孔隙率随承受的压力变化很大，不承压时，一般在 90% 以上，承压后孔隙率明显降低。

(2) 筛分法试验

土工布的有效孔径(EOS) 或表观孔径(AOS) 表示能有效通过的最大颗粒直径。试验方法有两种：干筛法(GB/T14799-1993) 和湿筛法(GB/T17634-1998)。目前国内应用的仍以干筛法为主。干筛法标准制备是分档颗粒(从 0.05 ~ 0.07mm 至 0.35 ~ 0.4mm 分成 9 档)，逐档放于振筛上(以土工布作为筛布) 得出一系列不同粒径的筛余率，当某一粒径的筛余率等于总量的 90% 或 95% 时，该粒径即为该土工布的表观孔径或有效孔径，相应用 O_{90} 或 O_{95} 表示。

① 仪器

a. 标准分析筛

细筛一个,孔径为 2mm,外径为 200mm。

b. 振筛机

具有水平摇动和垂直(或拍击)装置的筛析仪器。

c. 天平

称量 200g,感量 0.01g。

d. 其他用品

秒表、剪刀、画笔、小毛刷等。

② 材料与试样

a. 试样数量

剪取试样数量为 $5n$ 块,n 为选取的粒径组数。

b. 试样的准备

试样的准备按前述原则进行。

c. 标准颗粒材料的准备

将洗净烘干的颗粒材料用筛析法制备分级标准颗粒。可参照《公路土工试验规程》(JTJ053-91)。

③ 试验步骤

将试样放在孔径为 2mm 的细筛网上,并固定好。

称量某级标准颗粒材料 50g,均匀撒在筛中的试样表面。

将筛子、上盖和下部底盘一起固定在摇筛机上筛析,振筛时间定为 20min。

停机后,用天平称量留在底盘上的颗粒,准确至 0.01g。

用刷子将筛筐上的表面颗粒清理干净,更换试样。

采用同级标准颗粒材料,重复前五步步骤,共进行五次平行试验。

另取一组分级标准颗粒材料按以上步骤进行试验,需要取得不小于 4 级连续分级标准颗粒的过筛率,并要求试验点分布均匀,有一组的筛余率在 95% 左右。

④ 结果整理

按下式计算某级标准颗粒的筛余率 R_{i}:

$$R_{\mathrm{i}} = \frac{m_{\mathrm{t}} - m_{\mathrm{pi}}}{m_{\mathrm{i}}} \times 100\ (\%) \tag{6.16}$$

式中:m_{t}—— 筛析时标准颗粒的总质量(g);

m_{pi}—— 筛析后底盘中颗粒的质量(过筛量,g)。

计算 5 次试验筛余率的平均值:

$$\overline{R} = \sum_{i=1}^{5} R_i / 5 \tag{6.17}$$

绘制孔径分部曲线:以分级标准颗粒粒径平均值为横坐标,筛余率平均值为纵坐标绘制孔径分布曲线。该曲线间接地反映织物孔径的分布情况,曲线上纵坐标为 95% 的点所对应的横坐标即定义为等效孔径 O_{95},单位为毫米(mm)。

2. 土工织物的渗透特性

(1) 垂直渗透系数试验

垂直渗透系数指与土工织物平面垂直方向渗流的水流在水力梯度等于1时的渗透流速。

① 目的及适用范围

本试验方法适用于各种具有透水性能的土工织物，确定土工织物在法向水流作用下的透水特性。

② 仪器

a. 常水头渗透仪

能安装单层或多层试样，试样的有效面积一般为20～100cm²。试样与渗透仪内壁之间不得发生漏水现象。应在试样下游配备透水网或透水板，以防渗流引起试样变形。上下游水位容器应具有溢流装置，使在试验过程中能保持常水头，试验水头可以调节，一般使用的水位容器水头变化范围为0～40cm。在试样的上下面仪器筒壁上各留一个侧压管出口，并应尽量靠近试样。

b. 压管装置

用内径为10～20mm的玻璃管两根，可固定在具有水位尺的测压板上，玻璃管下端分别用软管与渗透仪测压管出口相连。

c. 供水系统

试验用水应采用蒸馏水或一般过滤的清水，但试验前必须用抽气法或煮沸法脱气，试验时水温宜高于室温3℃～4℃。

d. 加压设备

通过加压杆和加压多孔板给试样施加法向压力，加压范围在0～200kPa，或根据需要选择。加压多孔板与织物试样之间，以及试样与下部承压多孔板之间应分别夹有两层铜丝筛网(孔径2mm左右)以保证受力均匀，并使过水面积的损失尽量减少。其他设备和用品：抽气机、真空表、秒表、量筒、吸球、水桶、水加热器等。

③ 试样制备

单片试样测定时取6块试样。多片试样测定时取5组。制备试验所需的脱气水。按照渗透仪的规格，剪取试样，并用抽气法饱和。安装好试验仪器设备。

④ 试验步骤

a. 将试样浸泡在水中并饱和，将饱和的试样装入渗透仪，有条件的可在水下装样或装好试样后将渗透仪抽气饱和。

b. 调节供水管阀门，使进入常水位装置的水量多于经渗透仪流出的水量，溢水管始终有水溢出，以保证筒中水面不变。

c. 关闭调节管止水夹，检查测压管水位，待测压管水位齐平，并与溢水孔水位一致。

d. 将调节管固定在某一高度，造成上下游一定的水位差，打开调节管止水夹，水即渗过试样。经调节管流出，在渗流过程中应注意保持常水位。

e. 测压管水位稳定后，测记各管水位。

f. 开动秒表，同时用量筒接取一定时间内的渗透水量，接取时，调节管管口不得浸于水中。

g. 测记进水口与出水口处的水温，取平均值。

h. 重复步骤 e ～ g 三次。

i. 改变调节管管口高度以改变水力梯度，重复步骤 e ～ g。作渗透流速 v 与水力梯度 i 的关系曲线 v—i 曲线，取其线性范围内的试验结果计算平均渗透系数。

j. 如需确定不同法向压力下的渗透系数，则对同一试样逐级加压，在每种压力下重复步骤 e ～ j。加压标准为 2、20、200kPa，或根据需要加压。

k. 重新安装一个试样，按步骤 a ～ j 进行平行试验，直至全部试样进行完毕。

⑤ 计算

按下式计算渗透系数：

$$K_n = \frac{Q\delta}{tA\Delta h} \tag{6.18}$$

式中：K_n—— 渗透系数(cm/s)；

δ—— 土工织物的厚度(cm)；

t—— 测量透水量的历时(s)；

A—— 土工织物试样的透水面积(cm^2)；

Q——t 时间内的透水量(cm^3)；

Δh—— 土工织物上下面测压管水位差(cm)。

按下式计算透水率：

$$\varphi = \frac{Q}{tA\Delta h} = \frac{K_n}{\delta} \tag{6.19}$$

式中：φ—— 透水率(s^{-1})。

标准温度(20℃)下的渗透系数按下式计算：

$$K_n^{20} = K_n \frac{\eta_t}{\eta_{20}} \tag{6.20}$$

式中：K_n^{20}—— 标准温度(20℃)下的渗透系数(cm/s)；

η_t—— 试验水温(t℃)时水的动力黏滞系数(kPa·s)；

η_{20} ——20℃ 时水的动力黏滞系数(kPa·s)。

标准温度(20℃)下的渗透系数按下式计算：

$$\varphi_{20} = \varphi \frac{\eta_t}{\eta_{20}} \tag{6.21}$$

式中：φ_{20}—— 标准温度(20℃)下试样的透水率(s^{-1})。

确定织物在某个压力下的渗透系数(或透水率)。

采用在该压力下 3 ～ 4 个计算值的平均值，它们的差值应在允许差值范围之内。

(2) 水平渗透系数试验

水平渗透系数是指在土工织物内部沿渗流方向的水流在水力梯度等于 1 时的渗透流速。

① 仪器

常水头渗透仪。测压管装置，供水系统，其他设备与用品要求与垂直渗透系数试验相同。加压设备：在包有乳胶膜的织物与金属槽座之间可垫以橡胶板，使受力均匀。

② 试样制备

制备试验用脱气水。根据渗透仪的规格，裁剪 6 组试样，其中 3 组试样的长度沿顺机向，另外 3 组的长度沿横机向。试样用抽气法饱和。安装好试验仪器及设备。

③ 试验步骤

试验步骤与垂直渗透系数试验类似。

④ 计算

按下式计算沿织物平面的渗透系数：

$$K_t = \frac{QL}{tB\delta\Delta h} \tag{6.22}$$

式中：K_t—— 渗透系数(cm/s)；

δ—— 土工织物的厚度(cm)；

t—— 测量透水量的历时(s)；

B—— 土工织物式样的宽度(cm)；

Q——t 时间内的透水量(cm^3)；

Δh—— 土工织物长度上两端测压管水位差(cm)；

L—— 试样沿渗流方向的长度(cm)。

按下式计算透水率：

$$\varphi = \frac{QL}{tB\Delta h}K_t\delta \tag{6.23}$$

式中：φ—— 透水率(s^{-1})。

标准温度(20℃)下的渗透系数 K_t^{20} 和透水率 φ_{20} 的换算方法与垂直渗透系数试验相同。确定织物在某个压力下的渗透系数(或透水率)，采用在该压力下 3 ～ 4 个计算值的平均值，它们的差值应在允许差值范围之内。确定不同压力下的渗透系数，以渗透系数 K_t^{20}(或透水率 φ_{20})为纵坐标，压力为横坐标绘制关系曲线。

六、防水混凝土抗渗性能试验

1. 目的和适用范围

主要用于检测混凝土硬化后的防水性能以测定其抗渗标号。防水混凝土的抗渗标号可分为三种：设计标号、试验标号、检验标号。

2. 试件制备

每组试件为 6 个，如用人工插捣成型时，分两层装入混凝土拌和物，每层插捣 25 次，在标准条件下养护。

试件成型后 24h 拆模用钢丝刷刷净两端面水泥浆膜，标准养护龄期为 28 天。

试件形状有两种，圆柱体：直径、高度均为 150mm；圆台体：上底直径 175mm，下底直径 185mm，高为 165mm。

3. 仪器设备

(1) 混凝土渗透仪

应能使水压按规定稳定地作用在试件上。

(2) 成型试模

上口直径 175mm，下口直径 185mm，高 150mm 或上下直径与高度均为 150mm。

(3) 螺旋加压器、烘箱、电炉、浅盘、铁锅、钢丝刷等

(4) 密封材料

石蜡。

4. 试验步骤

试件到期后取出，擦干表面，用钢丝刷刷净两端面，待表面干燥后，在试件侧面滚涂一层融化的密封材料，然后立即在螺旋加压器上压入经过烘箱或电炉预热过的试模中，使试件底面和试模底平齐，待试模变冷后即可解除压力，装在渗透仪上进行试验。

试验时，水压从 0.2MPa 开始，每隔 8h 增加水压 0.1MPa，并随时注意观察试件端面情况，一直加至 6 个试件中有 3 个试件表面发现渗水，记下此时的水压力，即可停止试验。

当加压至设计抗渗标号，经 8h 后第三个试件仍不渗水，表明混凝土已满足设计要求，也可停止试验。

5. 试验结果计算

混凝土的抗渗标号以每组 6 个试件中 4 个未发现有渗水现象时的最大水压力表示。抗渗标号按下式计算：

$$S = 10H - 1 \tag{6.24}$$

式中：S—— 混凝土抗渗标号；

H—— 第三个试件顶面开始有渗水时的水压力(MPa)。

七、防水板施工质量检查

1. 复合式衬砌防水层施工检查内容

(1) 基本要求

材料规格、品种、形状、尺寸、数量、间距、接头位置必须符合设计要求和有关标准。

(2) 防水层实测项目

如表 6.4 所示。

表 6.4　复合式衬砌防水层施工检查内容

检查项目		规定值或允许偏差	检查方法和频率
搭接宽度(mm)		≥100	尺量：全部搭接均要检查每个搭接检查 3 处
缝宽(mm)	焊接	两侧焊缝宽 ≥25mm	尺量：每个搭接检查 5 处
	黏结	黏缝宽 ≥50mm	—
固定点间距(m)	拱部	0.5～0.7	尺量：检查总数的 10%
	墙部	1.0～1.2	—

(3) 外观鉴定

防水层表面平顺，无折皱，无气泡、无破损等现象，与洞壁密贴，松弛适度，无紧绷现象。

接缝、补眼粘贴密实饱满，不得有气泡、空隙。

2. 明洞防水层

(1) 基本要求

防水卷材的质量、规格必须符合有关规范的要求。破损、老化的卷材不得使用。

防水层施工前，明洞混凝土外部用砂浆涂抹平整，不得有钢筋头露出，以免对防水卷材造成损伤破坏。

对于甲、乙、丙种防水层，根据地区气温不同分别选用油 -60、油 -30、油 -10 的石油沥青。所用麻布要求干燥清洁，易于吸透沥青。

明洞外模拆除后应立即做好防水层和纵向盲沟，保证排水畅通。

防水涂料的材料、规格、施工质量等应符合设计要求。

明洞黏土隔水层应与边坡、仰坡搭接良好，密闭紧密，能防地表水下渗。

坡面平顺、密实，排水畅通。

(2) 防水层实测项目

如表 6.5 所示。

表 6.5　明洞防水层实测项目

检查项目	规定值或允许偏差	检查方法和频率
搭接长度(mm)	≥100	尺量：每环检查 3 处
卷材向隧道延伸长度(mm)	≥500	尺量：每环检查 5 处
卷材于基底的横向长度(mm)	≥500	尺量：每环检查 5 处
沥青防水层每层厚度(mm)	2	尺量：每环检查 10 点

防水卷材无破损、接合处无气泡、折皱和空隙。

八、排水系统施工质量检查

1. 环向排水管施工质量检查

(1) 围岩渗流水引排

根据开挖时围岩的实际涌水情况，详细做好记录，并做相应的引、排措施。当涌水较集中时，喷锚前先用开缝摩擦锚杆进行导水，当涌水面积较大时，喷锚前设置树枝状软式透水管排水，当涌水严重时设置汇水孔。喷锚完成后，使开挖岩石面与喷射混凝土之间形成排水用的汇水孔，使围岩涌水、渗漏水通过设置的汇水孔等排水装置流向墙脚纵向排水管，再由横向排水管排到隧道中心排水沟内。

(2) 背面排水管安装

二次衬砌前，先对初期支护喷锚混凝土研进行检查，割掉喷锚混凝土表面的锚杆和钢筋网断头，并对凹凸不平的部位进行修凿、喷补，使混凝土表面平顺，符合铺挂柔性防水板的要求。然后按设计要求在拱部和边墙环向挂设软式透水管。喷混凝土表面有漏渗水时，根据渗漏水的多少采用透水管引导，或再增加环向软式排水管，并用塑料锚固螺栓绑牢。

环向排水管的施工检查包括：外观检查、安装检查。

2.纵向排水盲管施工质量检查

(1) 外观检查

① 纵向排水育管材质及规格检查

目测管材的色泽和管身的变形。轻轻敲击观察管体是否变脆。用卡尺或钢尺量管径与管壁，检查其是否与设计要求相符。

② 管身透水孔检查

在纵向盲管安装前，必须用直尺检查钻孔的孔径和孔间距。

(2) 安装检查

① 安装坡度检查

施工中一定要为纵向盲管做好基础，用坡度规检查、测定纵向盲管的坡度，使地下水进入纵向盲管后在一定的坡度下按指定的方向流动。

② 包裹安装检查

施工时要认真检查纵向盲管的包裹安装情况，杜绝粗放施工。

③ 与上下排水管的连接检查

施工中应注意检查上部环向弹簧排水管与纵向排水盲管的连接，还应注意检查纵向排水盲管与横向盲管的连接。

3.横向盲管施工质量检查

横向盲管位于衬砌基础和路面的下部，布设方向与隧道轴线垂直，是连接纵向排水盲管与中央排水管的水力通道。施工中先在纵向盲管上预留接头，然后在路面施工前接长至中央排水管。对横向盲管的检查，主要包括接头是否牢靠、密实，能否保证纵向盲管与中央排水管间水路畅通，严防接头处断裂，使纵向盲管排出之水在路面下漫流，造成路面翻浆冒水，影响行车安全。其次是在横向盲管上部是否有一定的缓冲层，以免路面荷载直接对横向盲管施压，造成横向盲管破裂或变形，影响其正常的排水功能。

4.中央排水管施工质量检查

(1) 外观检查

中央排水管位于路面下部，通常由预制混凝土管段构成。中央排水管的外观检查包括

① 预制管段的规整性

用钢尺测量管段直径，观察管身是否变形或有严重裂缝。检查管身上部透水孔是否畅通。

② 管壁的强度

用石块轻敲管壁，检查混凝土强度是否满足设计与施工要求。对酥松掉块者，不得使用。

(2) 施工检查

① 中央排水管基础检查

施工中应特别注意检查基础的坡度，不仅总体坡度应符合要求，而且局部的几个管段

间也应符合要求，尽量避免高低起伏。

② 管段铺设检查

管段铺设时，首先要保证将具有透水孔的一面朝上。应逐段进行通水试验，发现漏水，及时处理。之后用土工布覆盖管段透水孔，注意在横向盲管出口处与中央排水管的连接方式。

九、止水带检查

1. 止水带检查内容

(1) 基本要求

止水带材料规格、品种、形状、尺寸必须符合设计要求和有关标准(如橡胶止水带GB81732-2000)规定。

止水带与衬砌端头模板应正交。

浇筑混凝土衬砌时，要注意保护止水带。

(2) 止水带实测项目(见表6.6)

表6.6　止水带实测项目

检查项目	规定值或允许偏差	检查方法和频率
纵向偏离(mm)	±50	尺量：每环3处
偏离衬砌中心线(mm)	≤30	尺量：每环3处

(3) 外观鉴定

如有破损应及时修补。

若拆模后发现止水带偏离中心幅度过大，应适当凿除或填补部分混凝土，对止水带进行纠偏处理。

2. 预埋式止水带施工检查

预埋式止水带的施工质量检查主要是预埋位置检查和止水带接头黏结检查。

(1) 止水带预埋位置检查

止水带安装的横向位置。止水带预埋于衬砌厚度的1/3～1/2处，用钢卷尺测量内模到止水带的距离，与设计尺寸相比，偏差不应超过5cm。

水带安装的纵向位置。通常止水带以施工缝或伸缩缝为中心两边对称，即埋在相邻两衬砌环节内的宽度是相等的。用钢卷尺检查，要求止水带偏离中心不能超过3cm。

止水带应与衬砌端头模板正交。浇筑混凝土前应用角尺检查。

根据止水带材质和止水部位可采用不同的接头方法。对于橡胶止水带，其接头形式应采用搭接或复合接。对于塑料止水带，其接头形式应采用搭接或对接。止水带的搭接宽度可取10cm，冷粘或焊接的缝宽不小于5cm。

(2) 现场接头检查

现场检查主要内容有：

① 接头留设部位与压茬方向

留设止水带接头时，应尽量避开排水坡度小与容易形成壁后积水部位，最好留设在起拱线上下。其次应检查接头处上下止水带的压茬方向，此方向应以排水顺畅、将水外引为正确方向。

② 接头强度

检查时，用手轻撕接头，观察接头强度和表面打毛情况，不合格时重新黏结。

第六节 混凝土衬砌质量检测

隧道混凝土衬砌常见的质量问题有：混凝土开裂和内部缺陷、混凝土强度不够、衬砌厚度不足、钢筋锈蚀和背后存在空洞等。根据检测与施工工序的时间关系，可以分为施工检测和工后或运营检测。

一、施工检查

1. 衬砌施工的条件

(1) 整体式衬砌的开挖轮廓线要求

隧道开挖后衬砌混凝土浇注之前，应用尺量，或用隧道断面仪对衬砌施工前的隧道毛洞实际轮廓进行检测。如有凸出部分基岩面已侵入衬砌断面，则应在浇注前进行处理，以保证衬砌混凝土厚度。围岩超、欠挖的要求同第三节中开挖质量检测中的有关内容。

(2) 隧道围岩稳定性要求

复合式衬砌采用仰拱超前时，应根据对围岩和支护量测的变形规律，确定二次衬砌的施工时间。

在一般情况下，二次衬砌应在围岩和初期支护变形基本稳定后施工。变形基本稳定指隧道周边位移速度有明显减缓趋势。拱脚水平相对净空变化速度小于 0.2mm/d。拱顶相对下沉速度小于 0.15mm/d。

(3) 基础地基承载能力要求

基础施工检查的重点是基坑基本尺寸及地基承载能力检查。

2. 衬砌混凝土浇筑施工检查

(1) 模板

施工前和施工过程中，都应对衬砌模板进行严格的质量检查，检查内容包括：拱架应有足够的刚度。拱架应有规整的外形。模板长度和宽度均不宜过大。拱架和模板设置位置应准确。挡头板安装可靠，封堵严实。

(2) 钢筋

① 钢筋绑扎

钢筋的绑扎、间距、数量、位置必须满足设计和施工规范要求。

② 钢筋保护层厚度

用于钢筋直径和位置检测的方法有电磁感应法、雷达波反射法。

(3) 衬砌混凝土浇筑

衬砌混凝土配合比、强度和坍落度等检查。应按封顶工艺施工,确保拱顶混凝土密实。浇筑前,应除去喷层或防水层表面灰粉,并洒水润湿。浇筑混凝土应振捣密实,防止收缩开裂。二次衬砌宜采用全断面一次或先墙后拱法浇筑混凝土。二次衬砌背后需填充注浆时,应预留注浆孔。

(4) 仰拱和底板

仰拱施工前,必须将隧底杂物等清除干净,超挖应采用同级混凝土回填。仰拱宜超前拱墙二次衬砌,其超前距离宜保持 3 倍以上衬砌循环作业长度。仰拱施工应优先选择各段一次成型,避免分部浇筑。仰拱施工缝和变形缝处应作防水处理。底板施工前应清除隧底杂物。底板坡面应平顺,确保水流畅通。

3. 明洞回填

明洞衬砌完成后,应及时进行回填,并符合要求。

(1) 明洞墙背回填施工

当墙背垂直开挖,超挖数量较小时,采用与边墙相同的材料同时浇筑。超挖数量较大时,应用浆砌片石回填。

由墙底起坡开挖或在已成路堑增建明洞时,必须按设计要求办理。

墙后有排水设施时,应与回填同时施工,并保证能使渗水顺畅排出。

(2) 明洞拱背回填施工

拱圈浇筑完成,在外模拆除后,应立即做防水层,随即回填拱背。

拱圈混凝土达到设计强度 70% 且拱顶回填高度达到 0.7m 以上时,方可拆除拱架。

拱背回填必须对称分层夯实,每层厚度不宜大于 0.3m,其两侧回填的土面高差不得大于 0.5m,回填至拱顶后亦应分层填筑。

拱形明洞防水层施工时,施工前应用水泥砂浆将衬砌外表涂抹平顺。防水卷材应与拱背粘贴紧密,并适当向洞内延伸。

二、超声波法检测混凝土强度

超声波法就是利用超声波的传播特性来评定混凝土的抗压强度。

1. 仪器

(1) 概况

目前,应用于混凝土的超声波检测仪有模拟式和数字式两类。前者接受信号为连续模拟量,可由时域波形信号测读声时参数。数字式接收信号转化为离散数字量,具有采集、储存数字信号,测读声学参数和对数字信号处理的智能化功能。

(2) 技术要求

超声波检测仪技术要求如下:

超声波检测仪应通过技术鉴定,并必须具有产品合格证。

仪器的声时范围应为 0.5 ~ 9999μs,测读精度为 0.1μs。

仪器应具有良好的稳定性,声时显示,调节在 20 ~ 30μs 范围内时,2h 内声时显示的漂移不得大于 ±0.2μs。

仪器的放大器频率响应宜分为 10 ～ 200kHz、200 ～ 500kHz 两频段。

仪器宜具有示波屏显示及移动游标测读功能，显示应清晰稳定。若采用整形自动测读，混凝土超声测距不得超过 1m。

仪器应能适用于温度为 － 10℃ ～ 40℃、相对湿度不大 80％、电源电压波动为 220V ± 24V 的环境中，且能连续 4h 正常工作。

换能器宜采用厚度振动形式压电材料，换能器的频率宜在 50 ～ 100kHz 范围以内，换能器实测频率与标称频率相差应不大于 ± 10％。

2. 检测方法

(1) 数据采集

① 测区布置

如果把混凝土构件作为一个检测总体，要求在构件上均布划出不少于 10 个 200mm × 200mm 方网格，以每个网格视为一个测区。对同批构件，抽检 30％，且不少于 4 个，每个构件测区不少于 10 个。测区应布置在构件混凝土浇注方向的侧面，测区面应清洁平整。

② 测点布置

为使混凝土测试条件、方法尽可能一致，应在每个测区内布置 3 ～ 5 对测点。

③ 数据采集

测量每对测点之间的直线距离，即声程，采集记录对应声时。目前，仪器一般可以自动算出砂浆换算声速 v_m(km/s)。

为保证强度检测结果的可靠性，在同一测站中应布置不同的测点(比如 3 ～ 5 个)，测区声速由 $v = 1/t_m$，$t_m = (t_1 + t_2 + t_3)/3$，取其平均值，这样使检测结果更加准确。

为对声波仪检测结果进行强度校验，可在现场取样在实验室内进行强度试验，并可对各种力学参数进行全面的测定。

(2) 强度推定

根据各测区超声声速检测值，按回归方程计算或查表得出对应测区混凝土强度值。

① 按单个构件检测

单个构件的混凝土强度推定值取该构件各测区中最小的混凝土强度换算值。

② 按批抽样检测

该批构件的混凝土强度推定值应按下列公式计算：

$$f_{cu}^{c}(\mathrm{MPa}) = m_{f_{cu}^{c}} - 1.645 S_{f_{cu}^{c}}$$

$$m_{f_{cu}^{c}} = \frac{1}{n}\sum_{i=1}^{n} f_{cu}^{c} \tag{6.25}$$

$$S_{f_{cu}^{c}} = \sqrt{\frac{1}{n-1}(f_{cu}^{c})^2 - n(m_{f_{cu}^{c}})^2}$$

式中：$m_{f_{cu}^{c}}$、$S_{f_{cu}^{c}}$ —— 各测区混凝土强度换算的平均值和标准差。

③ 同批测区混凝土强度换算值标准差过大

批构件的混凝土强度推定值也可按下列公式计算：

$$f_{cu}^{c} = m_{f_{cu,min}^{c}} = \frac{1}{m}\sum_{i=1}^{n} f_{cu,min}^{c} \tag{6.26}$$

式中：$m_{f^c_{cu,min}}$、$f^c_{cu,min}$—— 该批每个构件中最小的测区混凝土强度换算值的平均值和第 i 个构件中的最小测区混凝土强度换算值(MPa)；

m—— 批中抽取的构件数。

④ 属同批构件按批抽样检测

若全部测区强度的标准差出现下列情况时，则该批构件应全部按单个构件检测。

当混凝土强度等级低于或等于 C20 时，$S_{f^c_{cu}} > 2.45$MPa。当混凝土强度等级高于 C20 时，$S_{f^c_{cu}} > 5.5$MPa。

三、钻芯法检测混凝土强度

1. 检测

检测按《钻芯法检测混凝土强度技术规程》(CECS03-88) 执行。

(1) 钻机选取

钻芯法检测混凝土强度，以其直观准确而成为其他检测方法的校验依据：但钻芯法对构件的损伤较大，检测成本高，因而难以大量使用。为了克服这些缺点，采用小直径芯样进行检测成为发展方向。目前最小的芯样直径可以达到 25mm。但小直径芯样的强度试验数据离散较大，需要通过增加检测数量才能达到标准芯样的检验效果。目前常用的小直径芯样一般为 50 ～ 75mm。一般要求芯样直径为粗集料直径的 3 倍。

(2) 钻芯数量

《钻芯法检测混凝土强度技术规程》(CECS03-88) 中规定，取芯数量同一批构件不得少于 3 个。根据以往的研究，最小子样数 n 与推定的最大误差有密切关系，一般以 $n \geqslant 5$ 为宜，取芯位置应在整个结构上均匀布置。

(3) 芯样加工测量

从钻孔中取出的芯样试件的尺寸一般不满足尺寸要求，必须进行切割加工和端面修补后，才能够进行抗压强度试验。芯样试件尺寸要求为：用直径和高度均为 100mm 的圆柱体标准试件。水泥砂浆补平层厚度不宜大于 5mm。其他控制指标有端面平整度、垂直度、直径偏差等。

(4) 芯样试件抗压强度试验及强度计算

① 试验

芯样试件抗压强度试验分潮湿状态和干燥状态两种。压力机精度不低于 ±2%。试件的破坏荷载为压力机全量程的 20% ～ 80%。加载速率一般控制在 0.3 ～ 0.8MPa。

② 计算

芯样试件抗压强度为试件破坏时的最大压力除以截面积。芯样试件的混凝土换算强度 $f^c_{cor,i}$(MPa) 按下式计算：

$$f^c_{cor,i} = \alpha \frac{4F}{\pi d^2} \tag{6.27}$$

式中：α、F、d—— 不同高径芯样试件混凝土换算强度的修正系数、芯样试件抗压试验最大压力(N)、芯样试件的平均直径(mm)。

修正系数按 $\alpha = \dfrac{x}{ax+b}$ 其中 $x = \dfrac{h}{d}$，$a = 0.61749$，$b = 0.37967$ 计算。

(5) 芯样抗压强度推定

① 单个构件

单个构件取标准芯样试验抗压强度换算值的最小值为芯样抗压强度推定值。

② 检验批混凝土抗压强度的推定

强度推定应给出抗压强度推定区间，一般应以推定区间的上限作为推定值。推定区间的上下限 $f_{cu,e1}$、$f_{cu,e2}$ 分别按式(6.28)和式(6.29)计算：

$$f_{cu,e1} = f_{cor,m} - K_1 S \tag{6.28}$$

$$f_{cu,e2} = f_{cor,m} - K_2 S \tag{6.29}$$

式中：$f_{cor,m}$—— 芯样试件强度换算算术平均值(MPa)；

K_1、K_2—— 检验混凝土强度上下限推定系数(按规程附录取值)；

S—— 芯样试件强度换算值的标准差(MPa)。

当推定区间的置信度为 0.9，上下限值之差不宜大于 5.0MPa 和 $0.1f_{cor,m}$ 中的较大值。

四、衬砌厚度检测

常用的衬砌厚度检测方法有：冲击 — 回波法、超声发射法、激光断面仪法，地质雷达法和直接测量法等。

1. 冲击 — 回波法

冲击回波仪在隧道衬砌混凝土检测中主要用于：检查混凝土浇筑质量；测试表面开放裂缝深度；测试密集的裂缝、空隙和蜂窝缺陷等。它具有简便、快速、设备轻便、干扰小、可重复测试等优点。

(1) 原理

冲击 — 回波法是基于瞬态应力波应用于无损检测的一种技术，利用一个短时的机械冲击(用一个小钢球或小锤轻敲混凝土表面)产生低频的应力波，应力波传播到结构内部，被缺陷和构件底面反射回来，这些反射波被安装在冲击点附近的传感器接收下来，并被送到一个内置高速数据采集及信号处理的便携式仪器。经幅值谱分析，可以识别并确定结构混凝土的厚度和缺陷位置，其计算公式如下：

$$h = \frac{v_p}{2f} \tag{6.30}$$

式中：v_p—— 声波在混凝土中的传播速度(m/s)；

f—— 频谱分析得出的峰值频率(Hz)。

(2) 检测中应注意的问题

① 表面处理

在检测之前，一定要对表面进行处理，用砂轮将待测点周围磨平，至少将“拉毛”层磨掉，保证传感器与待测表面耦合良好。

② 声速的测量

在冲击 — 回波法测厚时，声速的测量也是至关重要的，声速越精确，所得的测厚结果就越精确。在实际应用中，可用超声平测法测量混凝土的声速。

(3) 隧道二次衬砌厚度检测实例

某隧道结构为一次喷护15cm厚混凝土和二次模筑30cm厚混凝土复合衬砌形式，两次混凝土之间有一柔性防水层。用超声平测法测得超声波速为4200m/s。用冲击一回波法测定其平均峰值频率为6.8kHz。利用前述公式(6.30)计算得其平均厚度为30.8cm，满足设计厚度要求。

2.激光断面仪法

由于隧道激光断面仪能快速检测各类隧道界限(内轮廓线)，并根据衬砌浇筑前的初期支护内轮廓线或围岩开挖轮廓线的检测结果实现自动数据比较，所以使用激光断面仪器法能快速指导施工决策或验收。显然，利用该方法必须满足以下条件：

拥有衬砌浇筑前的初期支护内轮廓线或围岩开挖轮廓线的实测结果，作为衬砌外轮廓线的测试结果。

衬砌背后不存在孔洞或离缝。

必须将衬砌外轮廓线的测试结果与内轮廓线的测试结果换算至同一坐标系中。

该方法所用仪器及其测试原理，见第三节中有关内容。

3.地质雷达法

地质雷达可检测混凝土衬砌背后的空洞、衬砌厚度的变化、衬砌内部钢拱架和钢筋的分布等。

地质雷达检测属电磁波检测范围。在隧道内通过电磁波发射器向隧道衬砌发射高频宽频带短脉冲。电磁波经衬砌界面或空洞的反射，再返回到接收天线。如衬砌介质的传播速度和介电常数已知时，按电磁波传播时间，即可求得反射界面的深度。电磁波穿透隧道结构的深度受频率、反射和导电率三个因素的影响。

隧道衬砌厚度检测，可设不同的测线，从而分别测出拱顶、拱腰、拱脚及边墙位置的衬砌厚度，必要时也可测出仰拱的厚度。

当天线在隧道内运动，由于电磁波反射角和传播时间的改变，传播时间曲线就可绘制出来，从而检测出不同深度的缺陷和异常及厚度。但是当检测钢筋混凝土衬砌时，检测缺陷会很困难，需要较高频率的雷达发射器($9\times10^8\sim10\times10^8$ Hz)。然而，频率越高，波长越短，穿透深度就越浅。

具体的仪器及操作方法见本章第三节。

4.直接量测法

直接量测法就是在混凝土衬砌中打孔或凿槽，从而直接量测衬砌的厚度。该方法是量测衬砌混凝土厚度最直接、最准确的方法。不足之处在于该方法具有破坏性，会损伤衬砌及复合式衬砌结构中的防排水设施。

目前常用的方法有两种：冲击钻孔取芯量测法和冲击钻打孔量测法。

(1) 钻孔取芯量测法

钻孔取芯量测法也是衬砌混凝土缺陷检测的主要方法之一，二者往往是同时进行的。通过量测混凝土芯样的长度，便可以准确地获得该处衬砌混凝土的厚度。

钻孔取芯的设备与前述钻芯法检测混凝土强度是一致的，但多选用小直径钻头。

(2) 冲击钻打孔量测法

具体做法是先在待检测部位用普通冲击钻打孔，然后量测衬砌混凝土中的孔深。为提高量测精度，可以采用已知长度为 L_0 的用带直角钩的高强度铁丝深入钻孔中至孔底，平移铁丝并缓慢向孔壁移动，使直角钩挂在衬砌混凝土外表面。量测铁丝外露部分长度 L_i，则衬砌厚度为：$L = L_0 - L_i$。

如果铁丝直钩不能够挂在衬砌混凝土外表面，则表明衬砌背后无孔洞或有较大离缝，直接量测铁丝外露部分即可。

第七节　通风检测

隧道通风可分为施工通风和运营通风。本章介绍隧道通风的检测方法，内容包括粉尘浓度测定、瓦斯检测、一氧化碳检测、烟雾浓度检测、隧道内风压测定、流速测定等。

一、粉尘浓度测定

我国《公路隧道施工技术规范》(JTJ042-94) 规定：隧道施工中含 10% 以上游离二氧化硅的粉尘，每立方米空气中不得大于 2mg；含 10% 以下游离二氧化硅的矿物性粉尘，每立方米空气中不得大于 4mg。我国常采用质量法测定粉尘浓度，目前普遍采用滤膜测尘法。

1. 滤膜测尘法的原理

用抽气装置抽取一定量的含尘空气，使其通过装有滤膜的采样器，滤膜将粉尘截留，然后根据滤膜所增加的质量和通过的空气量计算出粉尘的浓度。

2. 主要器材

(1) 滤膜

(2) 采样器

(3) 抽气装置

3. 粉尘浓度测定过程

(1) 准备滤膜

将待用滤膜置于玻璃干燥器中干燥，然后用镊子将其两面的衬纸取下，置于分析天平或扭力天平上称量，记下初值。再把称好的滤膜装入滤膜夹(直径 40mm 的滤膜平铺夹紧，直径 75mm 的滤膜折成漏斗形夹紧)，把已装好的滤膜夹编号后放在样品盒内，以备采样。

(2) 采样

掘进工作面可在风筒出口后面距工作面 4 ～ 6m 处采样，其他作业点一般在工作面上方采样。采样器进风口要迎着风流，距地板高度为 1.3 ～ 1.5m。采样时间一般在作业开始半小时后进行，在同一测点相同的流量下，同时采集两个样品。

4. 计算

一般情况下，采样后的滤膜在实验室干燥箱中放置 30min 后便可称重。如果在滤膜表面发现水珠，应放在干燥箱干燥，每隔 30min 称重一次，直到相邻两次质量差不超过 0.2mg 为止(计算时取其中最低的值)。然后按下式计算出粉尘浓度：

$$G = \frac{m_2 - m_1}{Qt} \tag{6.31}$$

式中：G—— 粉尘浓度(mg/m^3)；

m_1—— 采样前滤模质量(mg)；

m_2—— 采样后滤模质量(mg)；

Q—— 流量计读数(m^3/min)；

t—— 采样时间(min)。

两个平行样品分别计算之后，其偏差小于 20% 时，方属合格。若不小于 20%，则须重测。平行样品的偏差值按下式计算：

$$S = \frac{2\Delta G}{(G_1 + G_2)} \times 100 \tag{6.32}$$

式中：ΔG—— 平行样品计算结果之差(mg/m^3)；

G_1、G_2—— 两个平行样品计算结果(mg/m^3)。

合格的两个平行样品，用它们的计算结果平均值作为测点的粉尘浓度。

二、瓦斯检测

瓦斯是多种可燃可爆气体的总称，其主要成分是甲烷(CH_4)。瓦斯爆炸是含有瓦斯与助燃成分的混合气体在火源引燃下，瞬间完成燃烧反应，形成高温高压产物的过程。

《公路隧道施工技术规范》(JTJ042-94) 规定：甲烷(CH_4) 按体积计不得大于 0.5%，否则必须按煤炭工业部现行的《煤矿安全规程》有关规定办理。

1. 催化型瓦斯测量仪

在瓦斯和其他可燃性气体的检测中，最常用的是载体催化型的仪器，它使用的载体催化元件(以下简称元件) 是一种热敏式瓦斯传感器。

在催化剂的作用下，瓦斯与氧气在较低温度下发生强烈氧化(无焰燃烧)，根据催化理论，反应过程是由于催化剂 Pt、Pd 的存在，降低了瓦斯(CH_4) 和氧(O_2) 发生链反应的活化能，在催化剂表面的活化中心附近，被吸附的 CH_4 分子内部结构离开了稳定状态而进行活化裂解，加速链反应的进行。金属催化剂的吸附能力取决于金属和气体分子结构以及吸附条件。

利用载体催化元件测量瓦斯浓度的原理就是利用一个简单的测量电桥，催化元件 T_1(黑元件) 为工作元件，没有浸渍催化剂的元件 T_2(白元件) 为补偿元件。无瓦斯时，通过 W_2 的调整，可使电桥处于平衡状态，此时在工作电流加热下，元件温度为 500℃ 左右。当有瓦斯时，瓦斯与氧气在工作元件表面发生反应，放出反应热。反应热被元件吸收引起温度升高。由于铂丝是电阻温度系数很高的热敏材料，元件的温度增量 ΔT 将引起电阻增至 ΔR，从而使电桥不平衡，产生一个与瓦斯浓度成正比的输出信号。利用这个原理可以检测瓦斯浓度。

2. 光干涉瓦斯检定器

与催化型瓦斯测量仪不同的另一类型的瓦斯测量仪器是光干涉瓦斯检定器。某一物质的折射率等于光在真空中传播的速度除以光在这种物质中传播的速度。光程等于光线所通过的路程乘以光所通过物质的折射率。

由此可知：如果两列光波通过的路程长短不同，或是通过的物质不同，或是通过的路程和物质都不同，光程都可能不同。两列光波光程长短的差别，叫做光程差。

当气室各小室内充进相同的气体时，两列光波所经过的光程一定。如在一支光路中改变气体的化学成分或温度、压力等，则因折射率起了变化，光程及光程差也就随之变化，所看到的干涉条纹便会移动。光通过的路程是固定的，根据条纹移动的大小可测知气体折射率的变化。如使两通路的温度、压力相同，当被测气体的化学成分已知时，则可做定量分析，测出被测气体的浓度。这就是光干涉检定器的工作原理。

为了避免隧道内二氧化碳和水蒸气对测量精度的影响，采用装有钠石灰的吸收管来吸收二氧化碳，用装有氯化钙的吸收管来吸收水蒸气。

三、一氧化碳检测

一氧化碳是无色、无臭、无味的气体，我国《公路隧道施工技术规范》(JTJ042-94) 和《公路隧道通风照明设计规范》(JIJ0261-1999) 分别对一氧化碳浓度作了具体规定。

1. 检知管

早先用于矿井一氧化碳测定的是检知管，检知管是一支直径 4 ～ 6mm、长 150mm 左右的密封玻璃管，管内装有易与一氧化碳发生反应的药品。使用时，将检知管封口打开，通过一定容积的吸气球，使一定量的被测气体通过检知管。吸入气体中的一氧化碳与药品作用，白色的药品颜色迅速变化。

2. AT2 型一氧化碳测量仪

与检知管不同的另外一种类型的一氧化碳检测仪器，是利用控制电位电化学原理来检测一氧化碳浓度的。现以 AT2 型仪器为例来说明这类仪器的检测原理。

(1) 主要技术指标

① 测量范围

0 ～ 50mg/L、0 ～ 500mg/L 两个量程。

② 测量精度

误差小于 ± 5% 满度值(20℃ ± 5℃)。

③ 反应时间

反应 90% 值时不大于 30s。

④ 传感器寿命：1 年，保证使用半年。

(2) 检测原理

仪器采用控制电位电化学原理，实现对空气中 CO 浓度的测定。被测量的 CO 通过传感器聚四氟乙烯薄膜扩散到工作电极 W，W 电极受到恒电位环节的控制作用，具有一个恒定的电位，CO 在 W 电极上发生氧化反应，于是，在传感器工作电极 W 和电极 C 之间，就产生了微电流，其大小与 CO 浓度成比例。该电流经放大后由电表指示出 CO 的浓度值。

四、烟雾浓度检测

柴油车排放的气体中，除 SO_2 等物质外，还自大量的游离碳素(煤烟)。煤烟不仅影响隧道内能见度、舒适性,而且也影响健康。

烟雾浓度检测主要采用光透过率仪。以 SH-1 型光透过率仪为例,它由稳压电源、投光部、受光部和自动记录仪四大部件组成,测定光路长度 100M,光透过率量程 5% ~ 100%,精度为满量程 5%。由所检测得到的光透过率计算烟雾浓度。

五、隧道风压检测

1. 基本概念

(1) 空气静压(静压强)

空气静压是气体分子间的压力或气体分子对与之相接触的固体或液体边界所施加的压力,空气的静压在各个方向上均相等。空间某点空气静压的大小与该点在大气中所处的位置和人工所造成的压力有关。

(2) 空气动压

运动着的物体具有动能,当其运动受到阻碍的时候,就有压力作用在障碍物表面上,压力的大小取决于物体动能的大小。当风流受到阻碍时,同样有压力作用在障碍物上,这个力称为风流的动压,用 H_v 表示。

(3) 全压

风流的全压即静压与动压的代数和。

2. 隧道空气压力测定

(1) 绝对静压的测定

通常使用水银气压计和空盒气压计测定。

(2) 相对静压的测定

通常使用 U 形压差计、单管倾斜压差计或补偿式微压计与皮托管配合测定风流的静压、动压和全压。

六、隧道风速检测

我国《公路隧道通风照明设计规范》(JTJ0261-1999) 规定:单向交通隧道风速不宜大于 10m/s,特殊情况可取 12m/s。双向交通隧道风速不应大于 8m/s。人车混用隧道风速不应大于 7m/s。

1. 用风表检测

常用的风表有杯式和翼式两种。杯式风表用在检测大于10m/s的高风速。翼式风表用在检测 0.5 ~ 10m/s 的中等风速,具有高灵敏度的翼式风表也可以用在检测 0.1 ~ 0.5m/s 的低风速。

2. 用热电式风速仪和皮托管与压差计检测

热电式风速仪分热线和热球式两种,其原理相同,操作比较简便,但现有的热电式风速仪易于损坏,灰尘和温度对它有一定的影响,有待进一步改进,以便广泛使用。

皮托管和压差计可用于通风机风筒内高风速的测定,它是通过测量测点的动压,然后按下式换算出测点风速:

$$v_1 = \sqrt{\frac{2gH_v}{\gamma}} = \sqrt{\frac{2H_v}{\rho}} \tag{6.33}$$

式中：H_v—— 测点的动压(Pa)；

g—— 重力加速度(9.8m/s^2)；

γ—— 测点周围空气重度(N/m^3)；

ρ—— 空气密度(kg/m^3)。

第八节　照明检测

一、概述

车辆在白天接近并通过没有照明或照明不良的隧道时，驾驶人的视觉会出现黑洞效应或黑框效应，它们对安全行车极为不利。

1.基本概念

照明工程中的基本概念较多，为了阐述方便，这里对常用的几个概念作一简介。

(1) 光谱光效率

光谱光效率是人眼在可见光光谱范围内视觉灵敏度的一种度量。在明视觉(照度较高)条件下，人眼对 555nm 的光波的视觉灵敏度最高；在暗视觉(照度较低)条件下，人眼对 507nm 的光波的视觉灵敏度最高。

(2) 光通量

光通量是光源发光能力的一种度量，是指光源在单位时间内发出的能被人眼感知的光辐射能的大小。光通量常用符号 Φ 表示，单位为流明(lm)。

(3) 光强

光强用于反映光源光通量在空间各个方向上的分布特性，它用光通量的空间角密度来度量，光强常用符号 I 表示。光强单位是坎德拉(cd)。

(4) 照度

照度是用来表示被照面上光的强弱的，以被照场所光通量的面积密度来表示，照度的单位为勒克斯(lx)。

(5) 亮度

亮度用于反映光源发光面在不同方向上的光学特性。在一个“面”光源上取一个单元面积 ΔA，从与表面法线成 θ 角的方向去观察，在这个方向上的光强 I_θ 与人眼所“见到”的光源面积 ΔA 及亮度 L_θ 间的关系为：

$$L_\theta = \frac{I_\theta}{\Delta A'} = \frac{I_\theta}{\Delta A \cdot \cos\theta} \tag{6.34}$$

如果 ΔA 是一个理想的漫射发光体或理想漫反射表面的二次发光体，它的光强将按余弦分布。将 $I_\theta = I_0 \cdot \cos\theta$ 代入式(6.34)得：

$$L_\theta = \frac{I_0 \cdot \cos\theta}{\Delta A \cdot \cos\theta} = \frac{I_0}{\Delta A} = L_0 \tag{6.35}$$

即理想漫射发光体或理想漫反射表面的二次发光体的亮度与方向无关。亮度的单位为坎德拉每平方米(cd/m^2)。

2. 照明检测分类

隧道照明检测可分为实验室检测和现场检测。实验室检测主要对单个灯具的特性或质量进行检测,为照明设计提供依据,或为工程选用合格产品。现场检测则主要对灯群照明下的路面照度、亮度和眩光参数进行检测,用以评价隧道照明工程的设计效果与施工质量。

二、光检测器

利用阻挡层的光电效应原理制成的光电池,在光度测量方面具有重要的意义。这种光电池能比较容易地制成各种形状,使用时不需要辅助光源,直接与微安表连接起来便可使用,比较轻便和便于携带,灵敏度和光谱特性比较理想。光电流流过电流计,光电流与入射光通量成正比。

硒光电池的照度 — 光电流特性与外电阻(负载电阻)对内电阻之比值有关,比值越小直线性越好,比值越大直线性越差。

硒光电池在较大照度下也会产生疲劳,在使用中最好避免长时间曝光。光电池开始曝光后,最初的一段时见内光电池是变化的,一般要经过 10 ～ 20h 才能稳定。所以在要求较准确的测量中,光电池应预先曝光一段时间后再正式测量。

由于光电池内部容量随光的脉动频率增加而下降,此时测出的电流与入射光的平均值不成准确的比例关系,测试时应注意。因频率的影响,光电池对定时发射的断续光的测量受到限制。

硒光电池突出的优点是光谱响应峰值为 555nm,与人眼峰值相重合,其校正滤光器容易制造,可做得与人眼十分接近。

除了硒光电池以外,近年来常用的还有单晶硅制成的光电池。由于硅光电池适合在电子放大线路中使用,近年来已用它做成内装放大器的数字式照度计。

三、光度检测

1. 照度检测

照度检测一般采用将光检测器和电流表连接起来,并且表头以勒克斯(lx) 为单位进行分度构成的照度计。如 JD 系列指针式照度计和数字式照度计,将光电池放到要测量的地方,当它的全部表面被光照射时,由表头可以直接读出照度的数值。

2. 光强检测

测量光强主要应用直尺光度计(光轨),它由以下几部分组成:能在光具座 A 上移动的光头 B、已知光强度的标准光源 S、旋转待测光源 C 的活动台架和防止杂散光的黑色挡屏 D 等。用光度镜头,对标准光源的已知光强进行比较。光度镜头可由光电池构成,使用光电池光度镜头时,使灯与光电池保持一定的距离,先对标准灯测得一个光电流值 i_s,然后以被测灯代替标准灯测得另一个光电流值 i_t,假设标准灯的已知光强为 I_s,则被测光强 I_t 为:

$$I_t = \frac{i_t}{i_s} I_s \tag{6.36}$$

或者，分别改变被测灯和标准灯与光电池的距离 L_t、L_s，使其得到相等的光电流。此时，被测灯的光强可由下式求出：

$$I_t = \left(\frac{L_t}{L_s}\right)^2 I_s \tag{6.37}$$

3.光通量检测

测量光源的光通量通常用球形积分光度计。球形积分光度计是一个内部涂以漫反射白色涂料的中空球型容器，在容器上开一小孔，用光检测器（如光电池）测量从小孔射出的光通量便可测得光源的光通量。

测量光通量的另一种方法是用“分布光度计”测量待测灯在空间各个方向的光强分布。由于光源任意方向的光强和该方向立体角的乘积即为立体角内的光通量，测出各个角度的光强值，得出各个立体角内的光通量，其和即为光源的总光通量。

目前使用微机控制的分布光度计，其测量、计算可全部自动化。

4.亮度检测

光度量之间存在着一定的关系，运用这种关系能使某些光度量的测量变得较为容易，并且能用照度计来测量其他光度量。亮度由亮度计测量，亮度计的刻度已由厂家标定。

亮度计可事先用标准亮度板进行检验，在不同标准亮度下对亮度计的读数进行分度。标准亮度板可用标准光强灯照射在白色理想漫射屏上获得。

四、照明器光强分布量测

本节以测量一台室内照明器的配光特性为例，介绍照明器光强分布（配光曲线）的测量方法。

1.测量装置

室内照明器使用时光轴垂直向下，采用立式分布光度计，使用 $C—\gamma$ 坐标系统。

2.测量方法

(1) 光源光通的测量

光源在光度计上安装时，使其呈水平（垂直）位置，避免产生冷端，也要避免光源的性能带来的影响。

采用以 10° 为间隔的球带光通测量时，测量 10° 的中间点值，即测点 r 角为 5°、15°、25°，将此值乘以球带系数，就代表该球带内的光通量，这样把 18 个结果累加就得到相应的光源光通量。折算系数 K 也可求得。

在测量过程中要经常校验灯是否处在稳定状态。方法是比较每次在过光源轴线中心垂直线方向（铅垂线）上的读数，此读数变化不应超过 2%。

(2) 照明器光强的测量

光强测量一般在相互间隔为 30° 的 12 个半平面（过灯轴线子午面）上进行，也有在间隔 15° 或 22.5° 等几种方法下进行的。其中一个半平面必须通过照明器的对称轴线，在每个半平面上可采用 10° 球带的中点角度法进行测量。

对于具有旋转对称分布的照明器，可以将所有读数（指同一球带上）平均后代表该球带上的光强。对于光分布具有两个对称平面的照明器(如直管形荧光灯具),可取各对称平面上相应方向上的值求平均后代表照明器在该平面上的光强。

照明器在测量过程中也要校验灯是否处在稳定状态,方法是每次测量照明器铅垂方向上的光强变化不应超过2%。

3. 光强分布曲线(配光曲线)及其数值

这是以cd/1000lm为单位的极坐标照明器配光曲线。

旋转对称的配光,采用过铅垂线一个平面中的光强表示(该值往往是几个过子午面上的平均值)。

对非对称配光,往往用两个或两个以上的配光曲线表示,并要标出配光曲线所表征的平面。例如直管形荧光灯具往往取平行于灯管与垂直于灯管的两个子午面上的配光曲线。

在给出配光曲线的同时,用表列出5°,15°,25°,… ,165°,175°等角度上的照明器光强值。

五、现场照度和亮度检测

1. 照度检测

隧道路面的照度检测是隧道照明检测的基本内容之一。主要由于:一是许多隧道的照明设计参数是直接按照度给出的,二是隧道照明中最为重要的亮度可通过简单公式由照度换算。根据照明区段的不同,隧道照度检测可分为洞口段照度检测和中间段照度检测。

(1) 洞口段照度检测

① 纵向照度曲线测试

纵向照度曲线反映洞口段沿隧道中线照度的变化规律。第一个测点可设在距洞10m处,之后向内每米设一测点,测点深入中间段10m。用便携式照度仪测试各点照度,并以隧道路面中线为横轴、以照度为纵轴绘制隧道纵向照度变化曲线。

② 横向照度曲线测试

横向照度曲线反映照度在隧道路面横向的变化规律。洞口照明段分为入口段和过渡段,过渡段由TR_1、TR_2、TR_3三个照明段组成。测试横向照度时,可在各区段各设一条测线,该线可位于各区段的中部。在各测线上,测点由中央向两边对称布置,间距0.5m。用便携式照度仪测取各点照度,并以各测线为横轴、以照度为纵轴绘制隧道横向照度变化曲线。横向照度越均匀越好。

(2) 中间段路面平均照度检测

中间段路面的平均照度是隧道照明设计的重要指标,它与整个隧道的照明效果和后期运营费用密切相关。根据隧道长度的不同,测区的总长度可占隧道总长度的5%～10%。各测区长度以20m为宜,也可根据灯具间距适应调整。在各测区内划分网格,使各单位长为2m、宽约1m。给各单位编号,并测取各单元形心点的照度E_i。若某测区的单元数为n,则该测区的平均照度E为:

$$E = \frac{1}{n}\sum_{i=1}^{n} E_i \tag{6.38}$$

对所有的测区重复以上工作,便可得到各测区的平均照度,最后对各测区的照度再平均,即得全隧道基本段的平均照度。比较实测平均照度与规范要求照度或设计照度,便可知道该隧道的中间段照度是否满足规范要求或设计要求。

2. 亮度检测

严格地讲，路面某点的亮度与观察它的方向有关，但工程上为了简便，将路面的光反射看成理想漫反射，这样作为二次光源的路面的亮度便与方向无关。在实用中应用公式：

$$L = \frac{E}{C} \tag{6.39}$$

进行亮度与照度的换算。对混凝土路面 $C = 13$，对沥青路面 $C = 22$。由于照度仪使用简单，所以检测亮度时，常是用照度仪先测照度，然后用换算公式计算亮度。

(1) 路面平均亮度(L_{av})

驾驶人观察障碍物的背景，在隧道中主要是路面，只有当路面亮度达到一定值以后，驾驶人才能获得立体感，在此基础上，亮度对比越大越容易察觉障碍物。路面(背景) 亮度越高，眼睛的对比灵敏度越好。

路面平均亮度在设计或规范中都有明确的规定。其检测方法可参考中间段路面平均照度检测力法，并根据下式确定：

$$L_{av} = E_{av}/C \tag{6.40}$$

(2) 路面亮度均匀度

保证亮度均匀度是为了给驾驶人提供良好的能见度和视觉上的舒适性。如果亮度高，则均匀度要求可以不很严格。干燥路面和湿路面有很大变化，均匀度也相应有很大变化。严格的均匀度要求，一般限于干燥路面和路面平均亮度较低的情况。

① 总均匀度(U_0)

照明装置保证良好的路面平均亮度后，路面上一些局部区域还可能出现最小亮度 L_{min}。通常较差的亮度对比都发生在路面较暗的区域，往往影响到对障碍物的辨认。为了使路面上所有区域都有足够的亮度和对比度，提供令人满意的能见度，需要规定路面最小亮度和平均亮度比值的范围。

$$U_0 = \frac{L_{min}}{L_{av}} \tag{6.41}$$

式中：L_{av}—— 计算区域内路面平均亮度；

L_{min}—— 计算区域内最低亮度。

② 纵向均匀度(U_1)

为了提供视觉舒适性，要求沿路面中线有一定的纵向均匀度。纵向均匀度是沿中线的局部亮度的最小值和最大值之比。

$$U_1 = \frac{L'_{min}}{L_{max}} \tag{6.42}$$

路面(墙面) 上连续忽明忽暗对驾驶人干扰很大，称为“光斑效应”。当隧道较长时，驾驶人眼睛会很疲劳，影响发现障碍物。

六、隧道眩光检测

进一步评价隧道的照明质量，需要检测隧道照明的各项眩光参数。隧道照明的眩光可以分为两类：失能眩光和不舒适眩光。前者表示照明设施造成的能见度损失，用被试对象的亮度对比的阈值增量(TI)表示。后者表示在眩光感觉中的动态驾驶条件下，对隧道照明设施的评价。该眩光降低驾驶人驾驶运行的舒适程度，用眩光控制等级(G)表示。

1.失能眩光

这种眩光导致的识别能力的下降，是由于光在眼睛里发生散射过程造成的。来自眩光光源的光在视网膜方向上的散射会引起光幕(等效光幕)作用，在视网膜方向上的散射程度越大，光幕作用越大。在眩光条件下的总视感，必须把光幕亮度叠加在无眩光时景物成像亮度之上。

等效光幕亮度(L_v)可按以下经验公式计算：

$$L_v = \left\{\frac{E_{眼1}}{\theta_1^2} + \frac{E_{眼2}}{\theta_2^2} + \cdots\right\} = K\sum_{i=1}^{n}\frac{E_{眼_i}}{\theta_i^2} \tag{6.43}$$

式中：$E_{眼i}$—— 第 i 个眩光光源在眼睛(与视线相垂直的平面上)产生的照度；

θ_i—— 视线与第 i 个眩光光源入射到眼睛的光线之间形成的夹角；

K—— 年龄因素(平均值为 10)。

通常在隧道照明中，对 $1 \sim 5\text{cd/m}^2$ 的平均亮度，阈值增量(TI)可由光幕亮度的数值和平均路面亮度值结合对比灵敏度确定：

$$TI = \frac{65L_v}{L_{av}^{0.8}} \times 100\ (\%) \tag{6.44}$$

2.不舒适眩光

眩光造成的不舒适感，是用眩光控制等级(G)表示所感到的不舒程度的主观评价。这种主观评价取决于各种照明器和其他照明装置的特性，可以用下列经验关系式描述：

$$G = f(I_{80}, I_{88}, F, \Delta C, L_{av}, h', P) \tag{6.45}$$

式中：I_{80}、I_{88}—— 照明器在同路轴平行的平面内，与垂直轴形成 80°、88° 方向上的光强值(cd)；

F—— 照明器在同路轴平行的平面内，投影在 76° 角方向上的发光面积(m^2)；

ΔC—— 光的颜色修正系数，对于低压钠灯，$\Delta C = 0.4$；

L_{av}—— 平均路面亮度(cd/m^2)；

h'—— 水平视线距灯的高度(m)，h' = 灯的安装高度 − 1.5m；

P —— 每 1km 安装的照明器个数。

经验计算公式为：

$$\begin{aligned} G = {} & 13.84 - 3.31\lg I_{80} + 1.3\left(\lg\frac{I_{80}}{I_{88}}\right)^{\frac{1}{2}} - 0.081\lg\frac{I_{80}}{I_{88}} + 1.29\lg F \\ & + \Delta C + 0.97\lg L_{av} + 4.41\lg h' + 1.46\lg P \end{aligned} \tag{6.46}$$

公式中各参数的调整范围是：

$50 \leqslant I_{80} \leqslant 7000(\text{cd})$，$1 \leqslant I_{88} \leqslant 50(\text{cd})$，$0.007 \leqslant F \leqslant 0.4(\text{m}^2)$，$0.3 \leqslant L_{av} \leqslant 7(\text{cd})/\text{m}^2$，$5 \leqslant h' \leqslant 20(\text{m})$，$20 \leqslant P \leqslant 100$，灯的排数为 1 或 2。

眩光等级 G 与主观上对不舒适感觉评价的相应关系为：$G = 1$：无法忍受，$G = 2$：干扰，$G = 5$：允许的极限，$G = 7$：满意，$G = 9$：无影响。

光强可由照明器配光曲线查出，或经室内试验测取。

第七章 交通安全设施试验技术与方法

第一节 交通工程设计与检测内容

现代化的公路必须具有完善的管理机构和与之配套的交通工程设计，才能确保车辆有效地使用公路，达到车辆安全、快速、舒适、经济的目的。为确保行车安全、降低车辆发生事故时的破坏程度，高速公路必须配置安全、通信和监控等设施，其配置的目的是诱导交通，规范行车，提高道路服务水平，实现安全、舒适、经济的功能。目前，我国对公路交通工程设计的研究经过30多年的努力，交通安全设施方面已探索出一套适合我国国情的设计、制造、施工规范。在高速公路监控、通信、收费系统与实施方面，对控制方式、收费制式、设备的布置、管理软件及硬件设备的开发等方面已经达到了实用阶段。

近年来，我国加大了公路建设投资，公路建设飞速发展，高速公路通车总里程已达3万多千米，接近世界发达国家水平。但在交通安全设施、监控系统、收费系统、公路管理、智能运输系统等方面仍然比较落后，没有跟上公路建设的速度，不能最大限度发挥高速公路的作用。为了尽快改变我国公路交通工程设计建设滞后于公路建设的状况，我们应在国内已建高速公路交通工程的基础上，广泛吸取先进国家的成功经验，引进先进的技术和装备，通过必要的专题研究和攻关，建立科学、合理、完善、与国际接轨的交通工程技术标准体系，以指导和规范我国交通工程设施的发展，促进我国公路建设的快速增长。

交通工程设施由交通安全设施和机电设施两大部分组成。交通安全设施由护栏、交通标志、标线、视线诱导设施、隔离设施、防眩设施等组成，机电设施由通信，监控、收费、供配电照明等设施系统组成。其综合作用是向道路使用者提供有关路况的各种信息，传递交通管理者对驾乘人员提出的各种警告、指令、指导及采取的安全措施，保证车辆安全、高效行驶，同时通过监控、通信系统等的设置，交通管理者能及时了解道路使用状况，快速处理交通问题。

一、交通安全设施的构成

1. 护栏

护栏设于高速公路两侧及中央分隔带，是用以防止车辆驶出公路或闯入对向车道的设施,其作用是一旦车辆失控发生事故,可使其对乘客的伤害及对车辆的破坏减少到最低限度,使车辆恢复正常行驶。同时防撞护栏对驾驶员具有视线诱导的作用。中央分隔带上的防撞护栏是连续的,而道路两侧的护栏仅在路外有深沟、陡坡或有设施的地方设置。护栏必须坚固,能经受碰撞,以最大限度地减少车辆损失和恢复行车,而且要经济、美观,以及有良好的视线诱导性。防撞护栏有三种基本类型:一是刚性护栏,多用混凝土或石料制成墙式,其特点是防止车辆驶出路外的效果比较好,但对乘客安全性和视觉的舒适性较差,有较强的行驶压迫。磁性护栏抗腐蚀性好,沿海及炎热潮湿地区较适用。另一种是柔性护栏,如钢导轨、钢缆等,具有一定的弹性,既能拦挡车辆,又能对车辆冲撞起缓冲作用。第三种是半刚性护栏,具有一定的刚性和柔性,目前应用最广泛的波形梁钢护栏就是半刚性护栏。

2. 交通标志、标线

道路交通标志,是显示交通法规及道路信息的图形符号,它可使交通法规得到形象、简明、具体的表达,同时还表达了难以用文字描述的内容。其具体作用是提供交通信息,起到道路语言作用,指挥控制交通,保障交通安全,指路导向,提高行车效率,是交通管理部门执法的依据。所以交通标志和标线是车辆行驶的指志,是保证车辆安全行驶及道路畅通的必要交通设施。

交通标志根据其作用不同分为警告标志、禁令标志、指示标志、指路标志、旅游区标志、道路施工安全标志和辅导标志七种。为了区别各种标志表达的内容,实现交通标志的清晰易见及良好的认读性,其形状有正三角形、长方形、正方形、圆形等,并且配以不同的颜色强调其不同的作用。为了给夜间行车提供方便,要求标志板应用反光材料。标志牌的尺寸大小应保证驾驶人在一定视距内能清晰识别其图案、文字和符号,文字、符号大小应满足视认距离。视认距离与行车速度及标志大小有关,不同等级道路所要求视认距离不同,其标志牌尺寸及文字、符号的大小也不同。

道路交通标线是由不同颜色的线条、符号、箭头、文字、立面、标记、突出路标和路边线轮廓标等所组成,常敷设或漆划于路面及构造物上。它作为一种交通管理设施,起引导交通与保障交通安全的作用,具有强制性、服务性和诱导性。交通标线主要采用黄色和白色两种颜色,要求涂在地面上能形成醒目的地面标线,并且要求有一定耐磨性、耐溶剂性。为适应夜间行车路面标线宜用反光涂料,对于特别需强调的路段,可增设反光突出路标,以警示驾乘人员,保证夜间行车安全。

3. 视线诱导设施

为防止在雾、雨天气及夜间行驶时驾驶人因看不清道路标线,而致使汽车失去方向,一般在高速公路中央分隔带两侧及道路的两侧每隔一定距离设置视线诱导设施。视线诱导设施能被车头灯光反射出十分醒目的橘黄色的光,使驾驶人容易看清道路的行进方向。目前广泛使用的线形诱导设施有轮廓标、突出路钮、线形诱导标、分合流诱导标。

4. 隔离设施

用于封闭高速公路的设施,以防止行人、牲畜或野生动物进入高速公路,一般在道路用地边缘设置成金属网或刺钢丝网等。

5.防眩设施

设于中央分隔带，夜间行车时，可防止对向来车灯光对驾驶人造成眩目，通常采用对防眩和百叶板式或金属网式防眩栅等方法，设置高度一般为1.4～1.7m。

二、通信系统

公路通信系统在方兴未艾的高速公路建设中应运而生，运行可靠、操作灵活、维护方便的通信系统为高速公路管理提供有效、完整的服务。通信系统的设置主要是为了确保高速公路系统内部数据、图像信息准确、及时地传输，以满足运营管理对其的需求。高速公路通信系统由综合业务交换、通信传输、移动通信、紧急电话四个部分组成。

1.综合业务交换

综合业务交换网络主要用于支持调度电话、业务电话和其他非话业务。

调度电话是综合业务交换网中的一个子系统，它与市话公用网无任何联系。调度电话的所有终端用户都直接受控于调度总台，用户间不能进行自动交换，也无须拨号即可与总台通信。其主要作用是迅速传达或发布重要指令、信息，及时反馈重大事件或信息。

业务交换网络的核心设备是专用程控用户交换机及外围设备、用户线路、用户终端设备，其中心任务是完成网络内用户之间的话务交换，网内用户与市话用户之间自动接续，同时也为市话网承担大量的内部用户间的交换业务，起到话务集中的作用。

2.通信传输

通信传输系统是为保证“信息流”在特定的传媒中准确畅通而设置的。目前可供选择的通信方式有微波通信、光纤通信和卫生通信三种。

数字微波中继传输是利用无线电波在空中视距传输的一种通信手段。其通信设备由收发天线、极化分离装置、高频筒线、中低频机架等组成，同时还配有相应的辅助电路。

数字光纤传输是用数字式的电信号来调制光源，以光波为信息载体，以光纤维作为传输媒介的通信。其最大特点是传输容量大、传输距离远、抗干扰能力强，广泛应用于中长距离数字通信及图像传输。光纤传输系统主要是由光发生机、光接收机、光中继器、远供电源、光纤及其他光器件组成。

卫星通信是为地站之间传送信号，信号在地球站到卫生间是视距大气层传输。卫星通信实际上采用的是微波接力通信技术，其中继器被搬到离地面约3600km高空的卫星上，使卫星通信具备几乎可以向地上任何地点发送信息的功能。

3.移动通信

移动通信涵盖范围非常广泛，其显著的特点是通信双方或一方在通信服务区内地址的可移动性。它特别适宜于道路养护、交通安全管理或救援等具有流动性特征的通信。

4.紧急电话

紧急电话是为行驶在高等级公路上的驾驶人提供紧急呼救的公路专用呼救系统。当发生交通事故或车辆出现故障时，使用者通过应急电话的送受话器，即可向道路管理部门通报事故情况并得以援助。

紧急电话系统由应急电话控制主机、传输线路和应急电话三部分组成。按传输线路不同可分为有线应急电话系统和无线应急电话系统。现普遍应用光纤式应急电话。

三、监控系统

监控系统利用电子技术和计算机及其网络系统，从事高速公路管理，对道路安全、交通状况等进行实时的监视和控制，从而使其达到“安全、高速、舒适、方便、环保”的目的。监控系统一般由信息采集子系统，信息提供子系统组成。

1. 信息采集子系统

信息采集系统能实时采集路段、匝道、收费站、立交和隧道的交通参数及其他参数，通过视频传输或其他方式实时传送有关区段的图像数据信号，定时汇总报送控制中心。该系统主要由车辆检测器、气象检测器、环境检测器、轴重计及超重录像系统、电视监视系统及辅助设施组成。

2. 信息处理子系统

对信息处理系统采集和监测到的各种数据、信息，中心计算机利用专门的交通分析软件处理、分析、判断，同时提出控制方案，并通过相应的设备对交通情况做出相应的管理。该系统主要由前置机、中心处理计算机和主控制台等组成。

3. 信息提供子系统

信息提供系统是向道路使用者提供交通、气象、事故和道路情报以及速度限制情报，作为道路使用者的行车指南，辅助调节主干线上交通流，参与交通管理。该系统主要由道路模拟屏、可变情报板、可变限速标志和路侧广播组成。

对于隧道监控系统，由于着重于运营安全角度考虑，该系统主要由变配电系统、通风系统、照明和控制系统、消防报警系统、紧急电话系统组成。

四、收费系统

收费系统涉及机械工程、通信工程、自动控制工程、计算机应用工程、交通工程等学科，是一个较为复杂的综合系统。按收费形式分类有均一式、开放式、封闭式、混合式。按人工参与程度分有人工式、半自动式、全自动式、按通行卡方式分类有穿孔卡式、磁卡式、IC 卡式、电子标签式。目前半自动 IC 卡收费系统应用比较广泛。

半自动收费系统主要由中心计算系统、分中心计算机系统、收费系统、收费车道设备、计算机和连接网络组成。全自动收费系统一般采用射频识别系统辅以自动车型识别技术组成。

随着高速公路网的形成，交通量的增长，为了提高收费服务水平和有效地进行道路管理，不停车电子收费(ETC)系统是将来收费系统的发展趋势。

五、供配电照明系统

高速公路供配电照明系统是交通机电设施的重要组成内容之一，供配电照明系统是高速公路附属工程配套设施，其目的在于确保高速公路机电设备的用电安全，合理性和可靠性，满足高速公路管理部门生产、生活的需要，确保高速公路安全、畅通、经济、快速和舒适等综合效益最大限度的发挥，实现高速公路运营与管理过程的现代化。其系统主要由高低压供配电系统线路敷设、备用电源系统、道路照明系统、隧道配电照明系统、防雷系统、接地系统组成。

1. 高低压配电系统

供配电系统是高速公路交通机电系统必不可少的支持系统，它的作用是保证24h无间断供应电缆线路。

2. 线路敷设

电力线路是电流的传输通道，按电压高低分为高压和低压，以1kV为界。按结构分为架空线和电缆线路。

3. 备用电源

高速公路机电系统的正常运行依赖于稳定可靠的电源系统。一旦停电，机电系统将不能正常工作，将严重影响高速公路的运营管理和通行效率，为保证高速公路的交通机电设备在供配电源因故中断时仍能够正常工作，配备用电源是非常必要的。

4. 道路照明系统

道路照明系统是交通机电系统的重要组成之一，对高速公路交通安全畅通起着重要作用。可最大限度地满足高速公路机电系统功能上的需要。照明系统主要包括主线照明、桥梁照明、匝道照明系统。

5. 隧道配电照明系统

隧道作为高速公路的重要实体，有着与其他路段不同的特点。其环境与普通路段相比具有隧道内外亮度差极大，空气污染严重，侧向净宽较小且高度有限，没有扩展的余地和噪声高等特点，使得交通问题十分突出，为了避免交通事故的发生，隧道照明就越发显得重要。

6. 防雷系统

随着科学的进步，现代化的机电设备被广泛地应用于高速公路机电系统中，既有强电设备又有弱电设备，还有很多设备布设在旷野区域。同时由于机电设施对于外界的干扰极其敏感，而雷电流产生的瞬变磁场对机电设备的干扰和损害尤为严重，因此，防雷系统在整个机电系统中也是必不可少的部分。

7. 接地系统

将电力系统或电器装置的某一部分接到接地极称为“接地”。当电器设备的绝缘受到损伤或者意外情况发生时，其金属外壳会带电造成触电事故，为了安全保护的需要，我们在机电设备上设置了接地系统。

六、检测技术的作用和地位

在人类的各项生产活动和科学实验中，为了了解和掌握整个进展及其最后结果，经常需要对各种基本参数或物理量进行检查和测量，从而获得必要的信息，作为分析、判断和决策的依据。检测技术就是人们为了对被测对象所包含的信息进行定性的了解和定量的掌握所采取的一系列技术措施。随着人类社会进入信息时代，以信息的获取、转换、显示和处理为主要内容的检测技术，已经发展成为一门完整的科学技术，在促进生产发展和科技进步的广阔领域内发挥着重要作用。

1.检测技术是产品检验和质量控制的重要手段

借助于检测工具对产品进行质量评价是人们十分熟悉的，这是检测技术重要的应用领域。传统的检测方法只能将产品区分为合格品或废品，起到产品验收和废品剔除的作用，这种被动检测方法，对废品的出现并没有预先防止的能力。在传统检测技术基础上发展起来的主动检测技术（或称之为再检测技术）使检测和生产加工同时进行，及时地用检测结果对生产过程进行主动地控制，使之适应生产条件的变化或自动地调整到最佳状态。这样检测的作用已经不只是单纯地检查产品的最终结果，而是要过问和干预造成这些结果的原因，从而进入质量控制的领域。

2.检测技术和装置是自动化系统中不可缺少的组成部分

任何生产过程都可以看作是由“物流”和“信息流”组合而成，反映物流的数量、状态和趋向的信息流则是人们管理和控制物流的依据。人们为了有目的地进行控制，首先必须通过检测获取有关信息，然后才能进行分析判断以便实现自动控制。所谓自动化，就是用各种技术工具与方法代替人工来完成检测、分析、判断和控制工作。一个自动化系统通常由多个环节组成，分别完成信息获取、信息转换、信息传送及信息执行等功能。在实现自动化的过程中，信息的获取与转换是极其重要的组成环节，只有精确及时地将被控对象的各项参数检测出来并转换成易于传送和处理的信号，整个系统才能正常工作。因此，自动检测与转换是自动化技术中不可缺少的组成部分。

3.检测技术的完善和发展推动着现代科学技术的进步

人们在自然科学各个领域内从事的研究工作，一般是利用已知的规律越多，突破性进展的可能性就越大。此外，理论研究的一些成果，也必须通过试验或观测来加以验证，这同样离不开必要的检测手段。

人们在自然科学各个领域内从事的研究工作，一般是利用已知的规律对观测、试验的结果进行概括、推理，从而对所研究的对象取得定量的概念并发现它的规律性，然后上升到理论研究。因此，现代化检测手段达到的水平在很大程度上决定了科学研究的深度和广度。技术达到的水平越高，提高得越丰富、越可靠，科学研究取得突破性的可能性就越大。此外，理论研究的一些成果，也必须通过试验或观测来加以验证，这同样离不开必要的检测手段。

从另一方面看，现代化生产、科技的发展也不断地对检测技术提出新的要求，成为促进检测技术向前发展的动力。科学技术的新发现和新成果不断应用于检测技术中，这也就有力地促进了检测技术自身的现代化。

检测技术与现代化生产和科学技术的密切关系几乎渗透到人类的一切活动领域，它将会成为一门十分活跃的技术学科，发挥着越来越大的作用。

七、检测依据及内容

交通工程检测主要是测试过程中所使用的产品质量是否合格，以及产品安装后是否满足设计文件及规范要求。由于其检测内容涉及的行业及部门较多，检测试验中必须以国家技术标准、行业技术标准、设计文件等为依据。

交通工程检测内容涵盖了形成交通工程设施的产品、设备及施工安装。这些产品、设备的生产涉及各个行业，其质量既要满足行业规范标准的要求，同时又必须适应公路使用效果的需要。交通工程设施必须进行物理的、化学的试验及对其工艺、产品性能、使用效果、施工质量的测定。

第二节 护栏质量检测

一、概述

护栏是道路安全设施的重要组成部分，其对行车安全起着重要作用。公路上使用的护栏按路段可分为一般路段防撞护栏和桥梁护栏，按设置位置可分为路侧护栏和中央分隔带护栏。路侧护栏设置在公路路肩上，目的是防止失控车辆越出路外，避免碰撞路边其他设施。中央分隔带护栏设置于公路中央分隔带内，目的是防止车辆穿越中央分隔带闯入对向车道，并保护分隔带内的构造物。

护栏能够降低交通事故严重程度的主要原因是通过碰撞吸收车辆的能量，不同类型结构的护栏其防撞性能不同。

1. 护栏的形式

护栏的形式按刚度的不同可分为柔性护栏、半刚性护栏和刚性护栏三种。

(1)柔性护栏

柔性护栏是一种具有较大缓冲能力的韧性护栏结构。缆索护栏是柔性护栏的主要代表形式，它是一种数根施加了初拉力的缆索固定于支柱上的结构，完全依靠缆索的拉应力来抵抗车辆的碰撞，吸收碰撞能量。缆索在弹性范围内工作，几乎不需要更换。这种护栏形式美观、车辆行驶时没有压迫感，但视线诱导效果差。

(2)半刚性护栏

半刚性护栏是一种连续的梁柱式护栏结构，具有一定的刚性和柔性，这是一种用支柱固定的梁式结构，依靠护栏的弯曲变形和张拉力来抵抗车辆的碰撞。梁式护栏按不同的结构可分为 W 形梁护栏、管梁护栏、箱梁护栏等数种。它们均具有一定的刚度和韧性，通过利用土基、立柱、横梁的变形吸收碰撞能量，并迫使失控车辆改变方向。其损坏部件容易更换，具有一定的视线诱导作用，而且外形美观。从国内外实际应用情况来看，波形梁护栏的应用最广泛，通常波形梁护栏又可根据波形梁数量的不同分为双波形梁护栏和三波形梁护栏。目前，我国公路上设置的大部分护栏为双波形梁护栏，只有在极少数特别危险路段设置了三波形梁护栏，因此，在一般情况下，提及的波形梁护栏通常是指双波形梁护栏。

(3)刚性护栏

刚性护栏是一种基本不变形的护栏结构，水泥混凝土墙式护栏是其主要形式。它是一种具有一定断面的形状的水泥混凝土墙式结构，依靠汽车前轮爬高或转向来吸收碰撞能量。由于混凝土护栏与汽车相撞时，在瞬间移动荷载的作用下，护栏不发生明显变形，碰撞过程中的能量主要依靠汽车与栏接触并沿着护栏面爬高或转向来吸收，同时碰撞汽车也恢复到正常行驶方向，所以混凝土护栏的截面形状和几何尺寸直接影响碰撞作用效果。

2. 护栏的性能

设置的最终目标是希望通过护栏的保护作用，防止事故造成严重后果。无论何种护栏形式其最重要的性能是安全性。其次要考虑护栏的美学及对驾驶员的心理影响，通过护栏的设置给道路使用者增加舒适感和安全感，能在视觉上自然地诱导驾驶员的视线，保持公路线形的连续性，并减少对危险路段产生的恐惧心理。为达到上述目的，对护栏的性能要求如下：

(1)结构适应性要求

车辆不能撞断、下穿或跃过护栏，以防止车辆驶出路外或闯入对向车道，护栏能使碰撞车辆平顺地改变方向，防止护栏的部件在碰撞后穿入车内客舱或对其他车辆构成危险。这就是护栏的强度要求。

(2)车内乘员的安全性要求

在碰撞期间和碰撞之后，车辆应保持原有姿态，碰撞时产生的负加速度不使乘员受到伤害，增大车辆碰撞过程的作用时间，以确保车内乘员的安全。

(3)车辆的轨迹要求

车辆碰撞护栏后，车辆以较小的驶离角回到原来的行驶方向，车辆的轨迹和最终停止位置不影响在其他行车道行驶的车辆。

(4)视线诱导效果要求

对行驶车辆具有视线诱导效果。

二、双波形梁护栏质量检测

1. 双波形梁护栏的构造

波形梁护栏的防撞性能是通过车辆与护栏的摩擦、车辆与地面的摩擦及车辆和护栏本身产生一定量弹、塑变形(以护栏系统的变形为主)来吸收碰撞能量，延长碰撞过程的作用时间以降低加速度，确保人员安全和减少车辆损坏等。根据不同的道路条件及设置位置，其防撞性能要求不同。设置于公路路基上的护栏，按防撞等级划分为 A、S 两级，中央分隔带护栏其防撞等级划分为 Am、Sm 两级。

(1)波形梁板

波形梁板是与失控车辆首先接触的构件，通过波形梁的传递，把碰撞传递给多根立柱，通过立柱把力传给地基土。波形梁主要承受的是拉伸力，在碰撞车辆冲击作用下，波纹被展开，吸收能量。

(2)立柱

波形梁护栏可以近似看作弹性地基上点支撑的连续梁。车辆作用于护栏的碰撞力由波形梁、立柱和地基土共同承受，立柱主要承受弯矩，起着重要的支撑作用。立柱用型钢制造，立柱强度受立柱截面形状和面积的影响，我国护栏立柱形式有圆形立柱、槽形立柱。

(3)防阻块

防阻块固定在立柱与波形梁之间，使波形梁从立柱上悬挂出来。车辆与护栏发生碰撞后，不会因为波形梁紧靠立柱，而使前轮在立柱处绊阻。防阻块是波形梁与立柱之间的承力部件，可以使碰撞力分配到更多跨结构上，从而使护栏受力更加均匀，增加护栏的整体强度。防阻块用各种型钢制造，规范中推荐型式有A型、B型两种。A型为六角形结构，适用于圆形立柱，B型是参照法国标准制定的，适用于槽形立柱。

(4)端头

护栏端头是指护栏开始端或结束端所设置的专门结构，其目的是防止车辆碰撞时端梁刺伤乘客。规范中推荐了两种形式：一种为地锚式，另一种为圆头式。地锚式端头通过斜角梁逐渐伸向地面，在端部用混凝土基础锚固。圆头式端头是通过立柱位置逐渐外移，立柱高度不变，采用混凝土基础加索端锚具，其端梁为圆头。

2. 双波形梁护栏的材料

(1)波形护栏板、立柱和防阻块

护栏板、立柱和防阻块及连接螺栓所用的钢材为普通碳素结构钢(Q235. A3)，其技术条件应符合《碳素钢结构技术条件》(GB700)的规定，钢材屈服点不应小于235MPa，抗拉强度应在375～460MPa范围内。弯曲半径在不超过厚度的1.5倍条件下不发生裂纹。

(2)高强螺栓、螺母、垫圈

波形梁是受拉构件，要求拼接螺栓采用高强螺栓，增强接头处的强度。其材料采用优质钢，并经适当的热处理，要求屈服点大于9900MPa，抗拉强度大于1100MPa，延伸率大于等于10%，收缩率为42%，洛式硬度为HRC33-99。

(3)混凝土

混凝土埋置于混凝土中的立柱，混凝土强度等级不应小于C15。混凝土用材料应符合《公路桥涵施工技术规范》(JTJ041-2000)的规定。

3. 双波形梁护栏的加工与制作

(1)波形梁护栏的机械加工

护栏产品的机构加工工艺有两种，一种是连续辊压成型，另一种是液压冷弯成型。标准要求一般宜采用连续辊压成型。目前全国的生产厂家也以连续辊压成型为主，采用液压成型工艺的只占极少数。

①连续辊压成型工艺

连续辊压成型工艺主要由纵剪、成型、冲孔、剪切四个部分组成。

②液压冷弯成型工艺

液压冷弯成型也由纵剪、成型、冲孔、剪节四个工序组成。

(2)防阻块、立柱及端头的制作

防阻块采用钢板冷弯成型，焊接处应打磨成光滑表面。护栏立柱应采用冷弯成型制作，端头应采用模型压成。

(3)高强螺栓的制作

高强螺栓的头部成型，可以采用冷加工，或采用热加工。采用滚压成型螺纹，并经盐浴炉或辊压底炉进行淬火，淬火温度宜选择860℃～880℃，硝盐炉回火(340℃～380℃)处理，以提高其强度和硬度。

(4)护栏产品的防腐处理

护栏产品生产厂家所采用的防腐处理方法主要有:热浸镀锌、热浸镀铝、热浸镀锌(铝)后涂塑。电镀锌镍合金也曾用过,但由于其镀层厚度达不到热镀锌的厚度,而镀层的防腐性能尚无科学的结论,镀层附着性能较差,立柱内壁和波形梁的孔眼镀不上等原因,该工艺不宜使用。

热浸镀锌是目前全国应用最广、性能价格比较适中的防腐处理方法。其热浸镀锌工艺为:

酸洗→水洗→碱洗→水洗→稀盐酸处理→助镀→热浸镀→冷却。

4.双波形梁护栏产品质量检测

波形梁护栏主要由波形梁板、立柱、防阻块、端头、托架、紧固件及基础等组成。其检测项目主要分为四个部分:表面质量、外形尺寸、原材料性能及防腐层质量。

(1)表面质量检测

表面质量的检测方法通常用目测、手感来判断,必要时可用卡尺来测量其外观缺陷。检测主要内容包括材料性能、外观质量及加工成型要求三个方面。

①原材料性能

要求被测产品必须附有原基底钢材的材料质量检验单和出厂合格证书。每片波形梁板均在其两端分别标明生产厂家、时间等标志。

②外观质量

波形梁钢护栏的冷弯黑色构件表面无裂纹、气泡、折叠、夹杂和端面分层,允许不大于公称厚度10%,剪切断面及安装孔不允许有卷边和严重毛刺。

镀锌构件表面应具有均匀完整的涂层,颜色一致,表面光滑,不允许有流挂、滴瘤或有多余结块。镀锌表面无漏镀、露块等缺陷。

镀铝构件表面应连续,不得有明显影响表面质量的熔渣、色泽暗淡及假浸、漏浸等缺陷。

③加工成型要求

波形梁板一般宜采用连续辊压成型。

变截面波形梁板采用液压冷弯成型时,每块板必须一次压制完成,不得分段压制。对采用连续辊压成型的等截面波形梁板加工成变截面时,要采用冷弯成型,不能采用冲压方式加工。

内卷边槽钢立柱应采弯成型,不能采用折弯方式加工。

波形梁板上的每个端部的所有拼接螺孔应一次冲孔完成。

钢护栏端头应采用模压成型。

(2)外形尺寸检测

①波形梁板

波形梁板外形、尺寸的检测主要有板宽、板厚、外波高、内波高、螺孔径、孔距等。

其标注符号检测方法如下:

板宽 B:在除去两端各 500mm 的板上任取 3 处,用钢板量取,取平均值。

板厚 T:在除去两端各 500mm 的板上每边任取 3 点,用千分尺量取,取平均值。

外波高 H:将测试板平放于平台上,在两波峰上放一钢直尺,任取 3 点用钢板尺量取平台与钢直尺间的距离,取平均值;

内波高 h_1:将测试板反向置于平台上,在波底上放一钢直尺,用钢板尺量取平台至钢直尺间距离。

连接螺孔孔径 a,b:用卡尺在其对应的 a,b 方向量取 3 次,取平均值。

孔距 D:对于 BB 类,用钢卷尺测量间隔两个连续螺孔的同侧边之间长度,测三次取平均值;对 DB、RB 类,须测出两端之内侧孔的间距 l,则:

$$D=l+2Y+l/2b_{左侧}+l/2b_{右侧} \tag{7.1}$$

式中:$2Y$——用游标卡尺沿板长方向测量两个相邻拼接螺孔内顶点距离,取三个值的平均值,再加上一个拼接螺孔长,即为一端 $2Y$ 的测量值。同理测得另一端 $2Y$ 的数值,两端 $2Y$ 的平均值为最终结果。

②立柱

立柱一般采用钢管和内卷边槽钢。

钢管直径 D:用卡尺在立柱中央相互垂直的方向量取 3 次,取平均值。

槽钢宽度 B、高度 H、内卷边宽 B:均用卡尺在立柱中部不同部件量取 3 次,取平均值。

立柱壁厚 T:用卡尺在立柱两端各边量取 3 次,取平均值。

螺孔孔径 ϕ:用卡尺在螺孔不同方向量取 3 次,取平均值。

螺孔定位距 D:用卡尺卡在柱顶与螺孔上部量取 3 次,取平均值后再加螺孔半径。

直线度:将立柱水平置于工作台上,用万能角尺量取柱边与平台间的角度 3 次,取平均值,该值应小于 1°。

其检测方法为:通过目测测试其端头外形应无明显扭转、切口垂直度公差不大于 30′,其几何尺寸用钢直尺及卡尺在图中相应标注符号部位进行量取。通过目测测试防阻块应无明显扭转、切口平直、无毛刺、焊接应光滑平整,焊接位置无螺孔,其几何尺寸采用钢直尺测量。通过目测测试托架外形应无明显扭转,端面切口应平直,无毛刺,其几何尺寸用卡尺测量。

(3)防腐层质量测试

波形梁护栏的所有部件一般采用热浸镀锌铝进行金属表面处理,为了保证其防腐性能,需从镀锌(铝)层附着量、镀锌(铝)层均匀性、镀锌(铝)层附着及镀锌(铝)层耐盐雾性能四个方面进行检测。

①镀锌层质量测试

a. 镀锌层附着量测试

热浸镀锌所用的锌应为《锌锭》(GB470)中规定的 0 号锌或 1 号锌。

锌层附着量测试可采用三氧化锑法或镀层测厚仪测试。

三氧化锑法基本原理:由于锌能够完全溶解于三氧化锑的浓盐酸溶液中,通过溶解前后两次称量,计算出其单位面积锌附着量。

附着量采用三点法计算,对三块试样进行试验后,计算其三块试样的锌附着量。

镀层测厚仪测试方法可根据 GB11374-89 规定进行。

镀层测厚仪方法比较简便快捷，便于现场测试，如果对这种方法测试结果有争论，以三氧化锑法为仲裁试验方法。

b. 锌层均匀性测试

原理：通过使用硫酸铜溶液浸蚀试样置换出锌金属的时间及程度，判断其镀层均匀性。

试样配制：将 36g 纯硫酸铜溶于 100mL 蒸馏水中，加热溶解后冷却至室温，加入氢氧化铜或碳酸铜（每 1L 硫酸铜溶液加入 1g），搅拌混合均匀后，静置 24h 以上，过滤后的清液则为所需的试样。

试验方法：取三块试样进行浸蚀试验，每次置于 18℃±2℃的溶液中静置浸泡 1min，不能搅动及移动试样，试样取出后用清水冲洗干净擦干后进行下一次浸蚀。若锌层均匀，试样经硫酸铜浸蚀五次不变红（未镀上铜）。试验溶液只能浸蚀 15 次。

浸蚀终点的确定：经过上述试验后，试验上出现红色的金属铜时为试样达到浸蚀终点，出现金属铜的那次浸蚀不计入硫酸铜试验次数。但是，确定浸蚀终点时还应注意以下几点：

将附着的金属铜用无锋刃的工具刮掉，如果铜的下边仍有金属锌时，可不算浸蚀终点。

对红色金属铜沉积下的底面是否存在锌层有怀疑时，可将红色金属铜沉积刮掉，于该处滴一至数滴稀盐酸，若有锌存在，则有氢气产生。此外，也可用锌的定性试验来判定：即用小片滤纸或汲液管把滴下来的酸液收集起来，用氢氧化铵中和，使溶液呈弱酸性，在此溶液中通入硫化氢，看其是否生成白色沉淀（硫化锌）来加以判定。

下列情形不作为浸蚀终点：试样端部 25mm 内出现红色金属铜时。试样的棱角出现红色金属铜时。镀锌后损伤的部位及其周围出现红色金属铜时。

c. 镀锌层附着性测试

镀锌层附着性测试采用锤击法。

试验用的锤子应安装在稳固的木制台上，试验面应保持与锤底座同样高度并与其处于同一水平面上。试件水平放置，锤头面向台架中心，锤柄与底座平面垂直后自由落下，以 4mm 的间隔平行打击五点，通过检查锌层表面是否出现锌层剥离、凸起现象，而判断其附着性。

d. 镀锌层耐盐雾性测试

镀锌构件经过锌层耐盐雾性试验（按 GB/T10125 进行）200h 后，基体钢材不应出现腐蚀现象，基体钢材在切割边缘出现的腐蚀不予考虑。

②镀铝层质量测试

a. 镀铝层附着量测试

热浸镀铝所用的铝应为 GB/T1196 规定的特一级、特二级、一级铝锭。

铝层附着量测试可采用氢氧化钠法或镀层测厚仪测试。

氢氧化钠法基本原理：由于铝能够完全溶解于氢氧化钠溶液中，通过溶液前后两次称重，计算出其单位面积铝附着量。

b. 镀铝层均匀性测试

镀铝构件的铝层应均匀，不允许有针孔出现，试样经铝层孔洞试验后，无红褐色氧化铁沉积物。

镀铝层均匀性试验一样用自来水测试就可。

c. 镀铝层附着性测试

镀铝构件的铝层应与基底金属结合牢固，经铝层附着性试验后，铝层不剥落、不突起、不开裂或起层到用裸手指能够擦掉的程度。

镀铝层附着性测度采用变曲法。

d. 镀铝层耐盐雾性测试

镀铝构件经铝层耐中性盐雾试验后，基体钢材不应出现腐蚀现象，基体钢材在切割边缘出现的腐蚀不予考虑。

(4)材料性能试验

钢材的性能主要指力学性能，可分为强度性能、塑性及冲击韧性。强度极限及硬度。塑性表示钢的变形能力，包括延伸率、面积缩减率和冷弯性。冲击韧性表示钢材对冲击荷载的抵抗能力。由于材料中各种成分含量影响钢材的力学性能，所以对钢板原材料性能检测时包括化学试验、拉伸试验和弯曲试验。

若护栏生产厂家提供原材料生产厂出具的质量证明书时，仅做拉伸试验。若对钢材有怀疑时，三项试验都须进行。

①化学试验

化学成分分析方法主要采用 GB223 中的分析方法，要求材料含碳量为 0.14%～0.22%，含锰量 0.3%～0.65%，含硫量不大于 0.05%，含硼量 0.30%～0.65%，含碳量不大于 0.3%，含硫量不大于 0.05%，含硼量不大于 0.045%。

②拉伸试验

原理：通过拉伸力将试样拉伸，测试其直至断裂的力学性能。根据钢材力学及工艺性能试验(GB2975-82)取样规定，试样应在外观及尺寸合格的钢材上截取，应防止因受热加工硬化及变形而影响力学性能及工艺性能。无论是否采用烧割法切取，冷剪试样都须留有足够的加工余量。

a. 试样的尺寸和形状

当材料为各种尺寸的板材、型材(角形、槽形等)、宽度等于或大于 100mm 的带材(矩形截面)时，试样的厚度应等于原来材料的厚度(即保留表面层)，试样的宽度 $b=2a\pm2$mm，但不得小于 10mm，试样的长度 $L\approx5a+150$mm(a 为试样的厚度或直径)。

对厚度大于 30mm 的板材或扁材以及厚度大于 35mm 的型材或异型材料，采用厚度为 20mm，宽度不小于 30mm 的板状试样。对直径大小 35mm 的条材，应制 25mm 的圆形试样，但另有规定时，则按规定执行。加工时在试样的一面或一侧必须保留厚轧制面，试验时该面应是弯曲外面。

b. 样坯和试样的制备

用于制作试样的坯，通常可用任何方法由板材的边缘及带材或条材的端部切取。必要时也可用气割法，但此时切割必须距制成试样有一定距离，该距离不得小于原材料的厚度，但在任何情况下不得小于 20mm。在试样中央 1/3 的一段内，不允许有錾子、冲子及中心锥等工具所造成的任何伤痕以及由于锤击所造成的压痕。

试样应在常温下用锯、铣、刨或车的方法制备。板状试样的尖锐棱边应锉圆，但圆弧半径不得大于2mm，其侧面加工粗糙度 Ra 不低于12.5。加工方向应平行试样纵轴。必须时可矫直试样，矫直应在常温下平衡地施加压力。

c. 试验步骤

弯曲试验可用压力机、特殊试验机、万能试验机或圆口老虎钳等设备进行。试验过程中应平稳地对试验施加压力。

试验在室温或热状态下进行。进行加热弯曲试验时，试样应均匀缓慢地加热使其透烧，加热速度及保温时间应按材料及试样尺寸不同而定，其试验温度必须符合有关标准的规定。

d. 试验鉴定标准

弯曲后检查试样弯曲处的外面及侧面，一般无裂缝、裂断或起层即认为试样合格。

5. 双波形梁护栏施工质量检测

(1)基本要求

波形梁护栏产品应符合JT/T281《高速公路波形梁钢护栏》的规定。

护栏立柱、波形梁、防阻块及托架的安装应符合设施和施工的要求。

为保证护栏的整体强度，路肩和中央分隔带的土基压实度不应小于设计值。达不到压实度要求的路段不应进行护栏立柱打入施工。石方路段和挡土墙上的护栏立柱的埋深及基础处理应符合设计要求。

波形梁护栏的端头处理及桥梁护栏过渡段的处理应符合设计要求。

(2)外观鉴定

焊接钢管的焊缝应平整，无焊渣、凸起。构件镀锌层表面应均匀完整、颜色一致，表面具有实用性光滑，不得有流挂、滴瘤或多余结块。构件镀铝层表面应连续，不得有明显影响外观质量的熔渣、色泽暗淡及假浸、漏浸等缺陷。镀件表面应无漏镀、露铁、擦痕等缺陷。构件涂层应均匀光滑、连续，无肉眼可分辨的小孔、空间、孔隙、裂缝、脱皮及其他有害缺陷。

直线段护栏不得有明显的凹凸、起伏现象。曲线段护栏应圆滑顺畅，与线形协调一致。中央分隔带开口端头护栏的抛物线形应与设计相符。

波形梁板搭接方向正确，搭接平顺，垫圈齐备，螺栓紧固。

防阻块、托架、端头的安装应与设计图相符，安装到位，不得有明显变形、扭转、倾斜。

波形梁板和立柱不得现场焊割和钻孔。

立柱及柱帽安装牢固，其顶部应无明显塌边、变形、开裂等缺陷。

(3)实测项目

波形梁护栏安装完毕后，一般取500m为验收单位，连续10跨栏进行验收。其实测项目主要有立柱垂直度、护栏安装高度、埋深深度、横断面位置的尺寸检测。其主要采用量具进行测试，以设计文件的要求为合格判断依据，另外还需对护栏过渡段、伸缩缝、端头、拼接螺栓扭矩进行测试。

(4)检验方法

①波形梁厚度检验

在去除两端各 500mm 范围后，在板每边任取三点，用板厚千分尺(量程为 25mm，精度为 0.01mm)量取，取平均值，扣除镀锌(铝)层厚后，得到其厚度。

②立柱壁厚检验

用卡尺(精度 0.02mm)在立柱两端各量取 3 次，取平均值(共 6 个值)。如立柱已打入且柱帽不易取下时，应采用超声波测厚仪测量，在立柱的三个方向的不同高度各量取 3 次，取平均值，扣除镀锌(铝)层厚度后，得到其厚度。

③镀层厚度检验

a. 镀锌层厚度检验

采用测厚仪(量程为 1200μm，精度为 1μm)测量锌层厚度，在波形梁板、立柱及其他构件表面(板的正反两)各测 4 个点。

b. 热浸镀铝层厚度检验

方法同热浸镀锌层厚度检验。

④拼接螺栓抗拉强度检验

检查螺柱抗拉强度测试记录。如无测试记录则应当抽样做拉力试验，每批 3 组，每组 3 个。拉力试验应在持有 CMA 标志的国家计量认证单位检测。

⑤立柱埋入深度检验

检查施工记录和现场勘查相结合。应注意检查立柱在现场被锯短、重新打孔的地方。对立柱埋深有疑问时，应开挖检查。

⑥立柱距路肩边线距离检验

立柱外边缘距路肩边线的距离，该距是由规范及设计图规定的。在测量时应先确定边线的正确位置，用直尺或钢卷尺(精度 0.5mm)测量。

⑦立柱中距检验

立柱中距的正确性，能保证护栏板安装到位。用钢卷尺(量程 5000mm，精度0.5mm)量立柱中距，抽检 10%，每处量 2 次，取平均值。

⑧立柱竖直度检验

用垂线和直尺(精度 0.5mm)测量立柱的竖直度。用垂线对照立柱的竖直度，固定垂线，量取立柱偏离垂线的距离及其对应的立柱长，每处测量三次，计算竖直度后取平均值。

⑨横梁中心高度检验

护栏横梁(波形梁)中心高度是指护栏板与立柱连接螺栓中心到路面的高度。在检验时应注意护栏线形与纵断断形一致，凡发现线形不一致的地方，均有可能是护栏中心高度有问题的地方。首先确定地面高的基准点，然后用直尺(精度 0.5mm)测量从路面到接连接螺栓中心的距离。

⑩护栏顺直度检验

直线段护栏不允许有明显的凹凸现象，在 200m 的直线上，三点应成一线。曲线段护栏应与线形协调一致，护栏应圆滑顺畅。中央分隔带开口端头护栏的抛物线形应与图相符。

三、三波行梁护栏的质量检测

1. 三波形梁护栏的分类与构造

(1)三波形梁护栏的分类

三波形梁护栏按设置可分为路侧护栏和中央分隔带护栏两类。

(2)三波形梁护栏的构造

三波形梁护栏由三波形梁板、立柱(H 形型钢立柱、钢管立柱)、防阻块(H 形型钢Ⅰ、H 形型钢Ⅱ)、托架、三波形垫板、端头、紧固件等构件组成。

①三波形梁板

三波型梁板的功能要求与双波形梁板相同,只是由于波形数量的增加,能更加充分实现波形梁的功能,起到对碰撞车辆的缓冲作用。

②立柱

三波形梁护栏的立柱同样主要承受弯矩,起着重要的支撑使用。三波形梁护栏的立柱分为 H 形型钢立柱和钢管立柱两种。

③防阻块

对于三波形护栏,规范中只对 H 形型钢立柱规定了防阻块的形式,而对于钢管立柱未规定防阻块的使用。H 形型钢立柱采用 H 形型钢防阻块,主要有 BH Ⅰ型和 BH Ⅱ型两种。

④托架

在三波型梁护栏中,托架用于三波形梁板与钢管立柱的连接。

⑤三波形梁垫板

三波型梁垫板的断面同三波形梁板,用于三波形梁钢护栏 RTB01 的板中与立柱连接处,起加强作用。

⑥端头

三波形梁护栏与波形梁护栏之间的过渡采用过渡板。

2. 三波形梁护栏的材料

(1)三波形梁护栏板、立柱、防阻块、托架、端头、三波形梁垫板及过渡板

三波形梁护栏板、立柱、防阻块、托架、端头、三波形梁垫板、过渡板等所用基底金属材质为碳素结构钢,力学性能及化学成分指标不低于《碳素结构钢》(GB700)规定的 Q235 钢的要求。

(2)连接螺栓、螺母及垫圈

连接螺栓、螺母垫圈等所用基底金属材质为碳素结构钢,其力学性能等级就为 GB/T3098.1 规定的 4.6 级,其抗拉强度不小于 400MPa,屈服强度不小于 240MPa。

(3)高强度连接栓

高强度连接螺栓应选用优质碳素钢结构和合金结构钢制造,其力学性能应符合 GB/T1591 的规定:公称直径 16mm,8.8S 级抗拉荷载不小于 133kN。

3. 三波形梁护栏的加工与制作

三波形梁护栏的加工与制作工艺基本同双波形梁护栏的加工工艺,只是要求三波形

梁护栏的所有构件应进行金属防腐处理，一般宜采用热浸镀锌或热浸镀铝方法。如果采用合金或其他材料作防腐层，应有可靠的技术和试验验证资料保证其防腐性能不低于标准规定的热镀锌(铝)的相应要求。

4.三波形梁护栏产品质量检测

同双波形梁护栏的质量检测试验相同，三波形梁护栏的检测项目也主要分为四个部分：表面质量、外形尺寸、钢板原材料性能及镀锌层质量。其抽样及检验方法基本同双波形梁护栏，只是对于三波形护栏的外形尺寸的检验要求逐件取样，对于镀锌或镀铝质量的检验要求按每批一件的数量取样。

护栏的质量由供方质检部门进行检验，产品经检验符合 JT/T457 的要求后并附有质量合格证方可交货。需方有权按 JT/T457 的规定进行抽检和验收。

(1)表面质量检测

表面质量的检测方法通常用目测、手感来判断，必要时可用卡尺来测量其外观缺陷。检测的主要内容包括材料性能、外观质量及加工成型三个方面。

(2)外形尺寸检测

(3)镀锌层质量检测

三波梁护栏所有构件镀锌层质量测试同双波形梁护栏。

(4)镀铝层质量检验

三波形梁护栏所有构件镀铝层质量测试同双波形梁护栏。

(5)材料性能试验

三波形梁护栏的材料性能试验同双波形梁护栏。

5.三波形梁护栏施工质量检测

(1)基本要求

三波梁护栏产品应符合 JT/T457《公路三波形梁护栏》的规定。

护栏立柱、三波形梁板、防阻块及托架的安装应符合设计和施工的要求。

为保证护栏的整体强度，路肩和中央分隔带的土基压实度不小于设计值；达不到压实度要求的路段不应进行护栏立柱打入施工；石方路和挡土墙上的护栏立柱的埋深及基础处理应符合设计要求。

三波形梁护栏的端头处理及桥梁护栏过渡段、三波形梁护栏与双波形梁过渡段的处理应符合设计要求。

(2)外观鉴定

要求同双波形梁护栏。

(3)实测项目

三波形梁护栏安装完毕后，一般取 500m 为验收单位，连续取 10 跨护栏进行验收，其实测项目主要有立柱垂直度、护栏安装高度、埋深深度、横断面积位置的尺寸检测，其主要采用量具进行测试，以设计文件的要求为合格判断依据，另外还需对过渡段、伸缩缝、端头、拼接螺栓扭矩进行测试。

(4)检验方法

三波形梁护栏的检验方法同双波形梁护栏的检验方法。

四、混凝土护栏质量检测

1. 混凝土护栏的构造

混凝土护栏是一种具有一定断面形状的墙式护栏结构。当汽车与护栏碰撞时，在瞬间移动荷载作用下，基本上护栏不移动不变形(完全刚性)，碰撞过程中的能量主要是依靠车与护栏的作用特点。可以看出：混凝土护栏的截面形状和尺寸(高度、宽度等)直接影碰撞效果。因此截面形状和尺寸是决定混凝土护栏结构的重要因素。

混凝土护栏结构中的截面形状和几何尺寸是难以确定的。截面形状、几何尺寸合理，不仅经济，更重要的是能充分发挥护栏的作用。既能防止碰撞车辆越过护栏，又能有利于车辆爬高和转向，吸收碰撞能量，从而减少碰撞车辆的损坏和保护车上乘客的安全。护栏截面形式与尺寸的确定必须通过大量的试验研究和理论分析才能获得。国外早已大量地使用混凝土护栏，因而对其进行了大量试验和理论研究，随着研究的深入和使用经验的积累，护栏的截面形式不断得到改进，尺寸也逐渐接近合理。

2. 混凝土护栏的材料

混凝土护栏采用水泥、砂石、水及钢筋材料，材料应符合现行交通行业标准《公路桥涵施工技术》(JTJ041-2000)的规定。在公路桥梁建筑中采用的混凝土材料，包括在混凝土护栏中采用的材料，均已包含在现行《公路桥涵施工技术规范》(JTJ041-2000)和《公路钢筋混凝土及预应力混凝土桥涵设计规范》(JTGD62-2004)中，可遵照有关规范执行。

混凝土护栏的强度，一般指的是混凝土抗压强度。选用不同强度等级的水泥、不同级配的集料和不同的配合比，就可以制作出具有不同强度等级的混凝土。由于混凝土在护栏结构中主要起承受压力的作用，因此，抗压强度就成为所有力学性能中最为重要的性能。混凝土护栏的相应的混凝土强度等级不应低于C25。

混凝土护栏与一般钢筋混凝土构件不同，在护栏中配置一定数量的钢筋，主要是为满足安装起吊的要求，钢筋用量不必太多。因此，其钢筋的品种、规格及设计强度应符合现行交通行业标准《公路钢筋混凝土及预应力混凝土桥涵设计规范》(JTGD62-2004)的有关规定。

3. 混凝土护栏产品质量检测

(1)外观质量检测

混凝土护栏所用材料的质量，应按《公路工程水泥及水泥混凝土试验规划》(JTGE30-2005)的规定进行检验。混凝土拌制和浇筑的质量，应满足《公路桥涵施工技术规范》(JTJ041-2000)的规定。

混凝土护栏预制块件不得有断裂现象，各混凝土块之间、混凝土与基础之间的连接方式满足设计要求，其块件的损边、掉角长度每处不得超过2cm。

无论采用就地浇筑还是预制块法施工的护栏，均应与公路线形相一致，护栏外观不应有漏石、蜂窝、麻面、裂缝、脱皮、啃边、掉角及印痕等现象。

混凝土表面的蜂窝麻面面积不得超过该面面积的0.5%，深度不得超过10mm。混凝土块件之间的错位不得大于2mm，混凝土块件的损边、掉角长度每处不得超过2cm，一块混凝土损边、掉角的数量不得超过5处。

(2)模板质量检测

浇筑混凝土护栏钢模板的各部分尺寸误差应符合表7.1所示的规定。

表7.1 钢模板内侧尺寸允许误差

项目	允许误差	检查点数	检查方法
长度	±10mm	2	钢直尺量
上部宽度	±2mm	3	钢直尺量
中部宽度	±2mm	3	钢直尺量
下部宽度	±2mm	2	钢直尺量

(3)基层质量检测

混凝土护栏的基层质量应符合表7.2所示的规定。

表7.2 基层质量检查允许误差

项目	允许误差	检验要求		检验方法
		范围	点数	
当量回弹模量	不小于设计值	50m	2	现场实测
压实度	不小于设计值	$500m^2$	1	无骨料:用环刀测定 有骨料:用灌砂法测定
厚度	±10%	50m	1	用尺量
平整度	10mm	50m	1	用3m直尺

4.混凝土护栏施工质量检测

(1)基本要求

混凝土所用的水泥、砂、石、水及外掺剂的质量、规格必须符合有关规范的要求,按规定的配合比施工。

混凝土护栏预制块件在吊装、运输、安装过程中,不得断裂。

各混凝土护栏块件之间、护栏与基础之间的连接应符合设计要求。

混凝土护栏块件标准段、混凝土护栏起终点及其他开口处的混凝土护栏块件的几何尺寸应符合设计要求。

混凝土护栏的地基强度、埋入深度应符合设计要求。

混凝土护栏外观色泽均匀一致,表面的蜂窝麻面、裂缝、脱皮等缺陷面积不得超过该面面积的0.5%,深度不得超过10mm。

(2)外观鉴定

混凝土护栏块件之间的错位不大于5mm。

混凝土护栏外观、色泽均匀一致，表面的蜂窝麻面、裂缝、脱皮等缺陷面积不得超过该面积的 0.5%，深度不得超过 10mm。

护栏线形顺直，直线段不允许有明显的凹凸现象。曲线段护栏应圆滑顺畅，与线形协调一致。中央分隔带开口端头护栏尺寸应与设计图相符。

(3)施工实测项目

混凝土护栏一般取 500m 为一检验单位，任取 20 节护栏进行检验，其检测项目应符合表 7.3 所列的要求。

表 7.3　混凝土护栏实测项目

项次	检查项目		规定值或允许偏差	检测方法和频率	权值
1	护栏混凝土强度(MPa)		在合格标准内	按《公路工程质量检验评定标准》附录 D 方法检查	2
2	地基压实度(%)		符合设计要求	核子密度仪现场检查	1
3	护栏断面尺寸(mm)	高度	±10	尺量:抽检 10%	1
		顶宽	±5		
		底宽	±5		
4	基础平整度(mm)		10	水平尺:检查 100%	1
5	轴线横向偏位(mm)		±20 或符合设计要求	尺量:抽检 10%	2
6	基础厚度(mm)		±10%H	过程检查，尺量:检查 100%	1

(4)检验方法

①护栏混凝土强度检验

检查施工记录。

②地基压实度检验

检查施工记录和现场勘查相结合，如发现混凝土护栏有下沉迹象，应采取适当补救措施。

③护栏断面尺寸检验

混凝土护栏高度指其底部到护栏顶部的垂直度，检查时用直尺、钢卷尺(精度 0.5mm)测量。在护栏顶部水平放置一直尺，量直尺底面至护栏底部的高度，每节护栏在不同断面各量三次高度，取平均值。

用直尺、钢卷尺(精度 0.5mm)量护栏顶部、底部宽度，在不同断面量三次，取平均值。

④基础平整度检验

用水平尺在相互垂直的两个不同方向，分别量取三断面，取平均值。

⑤护栏轴线横向偏位检验

中央混凝土护栏的横向偏位检验，先确定道路中心线的正确位置，然后测量护栏中心线偏离道路中心线的距离。

路侧混凝土护栏的横向偏位检验，应先确定道路边缘线的正确位置，然后测量护栏外边线与道路边缘线的偏离距离。

检查施工记录。

五、缆索护栏质量检测

1. 缆索护栏的构造

(1)缆索护栏的分类

缆索护栏根据设置地点可分为路侧和中央分隔带两类，路侧缆索护栏的防撞等级为A级和S级(S级属加强级)。中央分隔带的护栏的防撞等级为Am级，从埋设条件可分为埋设于土中和混凝土中两类。立柱无法打入的地方和路基填土不能保证立柱埋置深度的地方采用混凝土基础的办法。

(2)路侧缆索护栏的构造

路侧缆索护栏由端部立柱、中间端部立柱、中间立柱、缆索、托架端接头等部分组成。

(3)中央分隔带缆索护栏的构造

中央分隔带缆索护栏，其主要作用在上下车流的分隔，防止失控车辆越过中央分隔带闯入对向车道。因此，从碰撞条件看要求基本与路侧护栏相一致，但从要求上更严格一些，要尽可能防止失控车辆闯入对向车道。

2. 缆索护栏的材料

(1)缆索

缆索材料采用优质碳素结构钢，缆索的性能和构造应符合表7.4所示规定。

表7.4　缆索的性能指标

钢丝绳直径(mm)	单丝直径(mm)	构造	钢丝绳断裂强度(Pa)	横截面积(mm^2)	捻制方法	单位质量(kg/m)
18	2.86	3股7芯	1.2×10^8	134	右同向捻	1.09

缆索的直径指的是切断面的外接圆直径。3×7表示每根缆索有3股，每股又由7根单丝组成。符号G表示镀锌，0表示右同向捻的捻制方法。制造钢丝绳用的钢丝，须满足《优质碳素结构钢技术条件》(GB699)的规定，其硫、磷含量均不得超过0.036%，并符合《制绳用钢丝》(GB1178)的规定。护栏用缆索主要参照日本有关标准决定，这种缆索的构造是根据缆索护栏的特殊应用要求决定的。在同类直径的缆索中该种造的单丝直径比较粗，这样可以增加耐腐性能。

(2)立柱

缆索护栏的立柱包括端部立柱、中间端部立柱和中间立柱，它们是主要的受力构件。采用普通碳素结构钢，应符合《碳素结构钢》(GB700)中序号3甲类钢和特类钢钢材的机械性能和冷弯试验指标。端部结构、中间端部结构的弓形、半弓形立柱可采用铸钢来制造。

(3)托架

各类缆索护栏(A、S、Am级)用的托架应采用普通碳素结构钢板制造，应符合《一般用途普通碳素钢和普通低合金钢薄钢板技术条件》(YB537)和《碳素结构钢和低合金构钢热轧冷钢板及钢带》(GB912)的规定。

(4)索端锚具

索端锚具包括锚固缆索的锚具和立柱连接的调节拉杆螺栓,应采用优质碳素结构钢制造,缆索的锚固方法可采用套管中注入合金的方法,也可采用打入楔子的方法。不管采用哪一种方法,锚固强度均不能小于缆索的断裂强度,以致产生缆索被拔出或被损坏的后果。

(5)螺栓、螺母、垫圈

缆索护栏中所有螺栓、螺母、垫圈均采用普通碳素结构钢 Q235。

3. 表面防腐处理

(1)钢丝绳

为保护缆索免受腐蚀而采用单丝热浸镀锌或镀铝的办法。单丝进行热浸镀锌处理,应按《镀锌钢绞线》(GB12000)的规定,锌层质量为 215g/m^2。经热浸镀锌处理的钢丝表面应有一层均匀的锌层,不应出现裂纹、斑疤和露铁现象。用于镀层的锌满足《锌锭》(GB470)中 0 号锌的要求。

单丝进行热浸镀铝处理,各种性能应达到相应规范的要求。

钢丝经热浸镀锌(铝)后,一般对缆索不再进行防腐处理,但在一些特殊的路段,如在大气中含有可使缆索严重腐蚀的离子时,或对道路的美观和视线的诱导有较高要求时,可考虑在缆外边再加涂层。涂层可选用日照下不易老化,具有良好耐候性的油漆、塑料包裹。这样可以增加防锈的年限,增加视线诱导的效果,使缆索护栏更加漂亮。

(2)立柱

缆索护栏的各种立柱,在部件加工成型后,用热浸镀锌(铝)处理,其镀锌层质量要求同护栏立柱要求。

(3)托架

缆索护栏用的托架、其表面防腐处理的方法和镀锌(铝)层质量与立柱的规定相同。

(4)索端锚具和螺栓、螺母、垫圈

上述紧固件原则上均应符合热浸镀锌(铝)的有关规定,具体要求同护栏相应构件的要求。为了使螺母能很好配合,一般应把热浸锌(铝)的螺栓螺母进行清理或离心分离处理。

在条件允许的情况下,索端锚具和螺栓、螺母等紧固件可采用粉镀锌技术。粉镀锌利用金属分子的渗透扩散原理,使锌粉与钢铁件在一定高温下接触,在钢铁上生成一种锌铁合金保护层,以达到钢铁表面防腐的目的,其保护层的厚度可控制。粉镀锌最适合于渗透表面不规则的物件,如紧固件、连接件等。粉镀锌能在钢铁表面形成锌铁合金层,镀层厚度均匀,需要配合的机械零件(如丝扣配件)除按要求预留适当的公差外,渗锌后不必后加工,还能保证原有材质机械强度不变。而且粉镀的锌铁合金层有相当高的硬度,镀件有良好的耐磨性,对经常拆卸的坚固件镀层不易脱落。粉镀件适合煅烧的零件和组合件。粉镀过的零件,在 600℃温度中可保持防腐性能不变。粉镀锌镀件耐腐蚀能力高于热镀锌和电镀锌件,经粉镀锌后的钢件在一般大气中寿命达 20 年之久。粉镀锌工艺无环境污染,耗锌量仅为热镀锌的一半,成本低于热镀锌。

4.缆索产品质量检测

每条缆索都应进行几何尺寸及外观、结构、捻法和捻制质量的检测。缆索应从一端取样，任拆其中一段进行钢丝抗拉强度、反复弯曲和扭转试验，以检测整条缆索的材料性能。

(1)外观质量检测

首先检测缆索构造是否符合规定，其次检查缆索及钢丝直径。缆索直径是指缆索截面和外接圆直径，缆索直径的允许偏差不应超过＋7％。制造钢丝绳用的钢丝，其端头直径钢丝公称直径为 2.0～3.0mm，允许偏差为＋0.04/－0.03(光面钢丝)，±0.03(镀锌钢丝)，缆索表面检查方法用目视法或手感法，要求缆索内不应有断裂、交错和折弯的钢丝。钢丝表面不应有凹陷、锈蚀、碰伤、切伤等缺陷，股中钢丝接头距离大于 5m。

(2)缆索材料性能测试

缆索材料性能主要以钢丝的抗拉强度、弯曲、扭转以及缆索的张力等指标反映。

(3)镀层质量检测

当对镀锌(铝)质量有疑问时，可对该批镀锌(铝)缆索抽 5％的钢丝进行镀锌(铝)层质量检查。其试验方法可参照波形梁护栏及隔离设施的镀层质量试验。

(4)缆索张力

缆索的张力需在架设过程中测定，以便控制缆的初张力。缆索的张力可以用拉力测定计测定，或根据跨径与缆索挠度之间的关系测定。

5.缆索护栏施工质量检测

(1)基本要求

缆索性能、缆索直径、单丝直径、构造(3 股 7 芯)、锚具及其镀层质量应符合设计与施工规范的要求，缆索抗拉强度、镀层质量必须经抽检，合格后方可使用。

张拉前应标拉力测定计。

立柱埋深不得小于设计值。采用挖埋法施工，立柱埋入土中时，回填土应分层(每层厚度不超过 100mm)夯实。立柱埋入混凝土的几何尺寸、强度要求等应符合设计要求。

立柱壁厚、外径、长度不小于设计要求。

采用打入法施工时，立柱顶部不应出现明显变形、倾斜、扭曲等卷边现象。

(2)外观鉴定

(3)实测项目

缆索护栏线形顺直，镀层表面气泡、剥落面积不超过构件表面积的 1％。其实测项目如表 7.5 所示。

表 7.5 缆索护栏实测项目

项次	检查项目	规定值或允许偏差	检查方法和频率	权值
1	缆索直径(mm)	18±0.5	卡尺：抽检 10％	1
	单丝直径(mm)	2.86＋0.10，－0.02		
2	初拉力(kN)	±5％	过程检查，张拉计：抽检 10％	2

续表

3	最下一根缆索的高度(mm)	±20	尺量:抽检 10%	1
4	立柱壁厚(mm)	±0.10	千分尺:抽检 10%	2
5	立柱埋入深度	符合设计要求	过程检查:抽检 10%	1
6	立柱竖直度(mm/m)	±10	垂线、尺量:抽检 10%	2
7	立柱中距(mm)	±50	尺量:抽检 10%	1
8	镀锌(铝)层厚度(μm)	立柱≥85 索端锚具≥50 紧固件≥50 镀锌(铝)钢丝≥33	测厚仪:抽检 10%	2
9	混凝土基础尺寸	符合设计规定	过程检查,尺量:检查 100%	1
10	混凝土强度	在合格标准内	基础施工同时做试件,每个工作班 1 组(3 件),检查试件的强度,抽检 100%	2

(4)检验方法

①缆索直径及单丝直径检验

用游标卡尺(量程 150mm,分辨率 0.02mm)测量缆索直径及单丝直径,量 3 个断面,取平均值。

②初张力的检验

检查钢绳张拉记录及检查现场缆索的张紧程度。如对缆索的张紧程度有怀疑,可根据张力与挠度的关系进行检查。

③最下一根缆索安装高度的检验

最下一根缆索安装高度是指缆索护栏最下一根缆索的中心至路面高度。用直尺(量程 0～500mm,精度 0.05mm)在跨中测量最下一根缆索的中心至路面的距离,量取 3 次,取平均值。

④立柱壁厚检验

用游标卡尺(量程 150mm,精度 0.02mm)在立柱两端各测量 3 个方向,取平均值,再扣除镀锌(铝)厚度后,得到其厚度值。

⑤立柱埋入深度检查

端部立柱的埋深,应检查施工记录。中间立柱埋深,除检查施工记录外,还应注意打入困难路段的立柱施工情况,注意是否有打不下去而用气焊割断立柱,重新烧孔装托架的情况。

⑥立柱竖直度检验

方法同护栏立柱的检验。

⑦立柱中距检验

⑧缆索护栏锌(铝)层厚度检验

缆索护栏立柱、索端锚具的锌(铝)层厚度检验,应采用测厚仪(量程 1200μm,精度

1μm)测量锌(铝)层厚度，在立柱的表面不同部位上测 4 个点，取平均值。

缆索护栏钢丝的锌(铝)层厚度检验，应当采用测钢丝的专用设备(涂层厚度测厚仪，量程 400μm，精度 1μm)测量锌(铝)层厚度，在钢丝的不同断面上测 4 点，取平均值。

⑨混凝土基础尺寸检验

用钢卷尺(量程 5000mm，精度 0.5mm)抽检端部立柱基础平面尺寸，如缺乏基础施工原始记录时，可开挖检查混凝土基础深度，基础尺寸的允许偏差为±50mm。对施工记录有怀疑时，可采取措施实地测量。

⑩混凝土基础强度检验

检查施工记录，混凝土基础强度应在合格范围内。

第三节　交通标志质量检测

道路交通标志是用图形符号、颜色和文字向交通参与者传递特定信息，用以管理道路交通的安全设施。其一般设置在路旁或道路上方，使交通参与者获得确切的道路交通情报，从而达到交通的安全、畅通、迅速、低公害和节约能源的目的。

道路交通标志是道路使用的说明书，是道路的一种无声语言，是保证行车畅通、有序、安全的重要设施。同时，交通标志对道路设施有装饰作用和美化作用。道路交通标志是依据交通法规及国家有关标准制定的，是交通法律的具体体现，具有严肃的法律地位，同时还是处理交通事故和纠纷的法律依据。

一、交通标志的分类及设计依据

1. 交通标志的分类

根据《道路通标志和标线》(GB5768-1999)，道路交通标志分为主标志和辅助标志两大类。

(1)主标志分为六类

①警告标志

警告标志是警告车辆、行人注意道路前方危险的标志，计有 30 种、42 个图式。其形式为顶角朝上的等边三角形，颜色为黄底、黑边、黑色图案。警告标志的内容大多与道路的几何线形、构造物有关，如道路交叉、急弯、陡坡、窄路、隧道、渡口、驼峰桥等。有的警告标志与道路周边的环境有关，如行人、儿童、信号、村庄、牲畜等。

②禁令标志

禁令标志是禁止或限制车辆、行人某种交通行为的标志，计有 36 种、42 个图式。其形状分为圆形和顶角朝下的等边三角形，其颜色多为白底、红圈杠、黑图案，图案压杠。禁令标志有对行驶路线的限制，如禁止驶入、禁止通行等；有对行驶方向的限制，如禁止左转、直行等；有对某种车辆行驶的限制，如禁止机动车通行，禁止大型客车通行等。有对某种行为的限制，如禁止超车、禁止调头、禁止停车等；有对交叉路口控制方式的规定，如停车让行标志、减速让行标志；有对行人的限制，如禁止行人通行等。

③指示标志

指示标志是指车辆、行人某种行为的标志，计有 17 种、29 个图式。其形状分为圆形、长方形和正方形，其颜色为蓝底、白色图案。指示标志主要用来指示准许行驶方向的，如向左(右)转弯、靠右(左)侧道路行驶等，也可用来表示机动车道或非机动车道、步行街等。

④指路标志

指路标志是传递道路前进方向、地点、距离标志。计有 59 个图式。除地点识别标志、里程碑、分合流标志外，其形状均为正方形和长方形。其颜色一般道路为蓝底白图案，高速公路为绿底白图案。指路标志的主要类别有：道路编号、方位标志，交叉口方向、地点标志，出口预告及出口标志，地点、方向、距离标志，收费站标志，服务区标志，情报标志，交通指示标志等。

⑤旅游区标志

旅游区标志是提供旅游方向、距离的标志。旅游区标志分为指引标志、旅游符号两大类，共 17 个标志。旅游区标志的颜色为白底棕色字符。提供旅游区的名称、有代表性的图案及前行旅游区的方向和距离，设在高速公路出口附近及通往旅游区各连接道路，主要有问讯处标志、徒步标志、索道标志、野营地标志、骑马标志、钓鱼标志、高尔夫球标志等。

⑥道路施工安全标志

是通告道路施工区通行的标志，颜色多为红白相间、黄黑相间或蓝底、白字、黄黑图案。形状多样，如路栏、锥形交通路标、施工警告灯号、道路标柱、施工区标志、移动性施工标示等，道路施工安全标志共 26 个。

(2)辅助标志

辅助标志是附设在主标志下起辅助作用的标志。凡主标志无法完整表达或指示其规定时，为维护行车安全与交通畅通之需要，应设置辅助标志。辅助标志不能单独使用，按用途不同分为表示时间、车辆种类、区域与距离、警告与禁令及组合辅助理由等，其形状为长方形，其颜色为白底、黑字、黑边杠。

2.交通标志设计的依据

交通标志要使交通参与者在很短的时间内就能看到、认识并完全明白它的含义，而采取正确的措施。因此，交通标志必须具有较高的显示性、良好的易读性和广泛的公认性。为了获得这样的效果，交通标志的设计应该从交通标志的颜色、形状和图形符号三个方进行选择，这三个方面通常称为交通标志的三要素。

二、交通标志的构造与材料

道路交通标志一般由标志底板、标面、立柱、紧固件、基础等几部分组成。各部分所用的材料均需满足一定的要求。而且，在同一块标志板上，标志底板和标志面所采用的各种材料应具有相容性，防止因电化学作用、不同的热膨胀系数或其他化学反应等造成标志板的锈蚀或损坏。

1.交通标志底板

标志底板可用铝合金板、薄钢板、合成树脂等板材料制作。大型标志的板面结构宜采用挤压成型的铝合金拼装而成。推荐的挤压成型标志底板，板面宽度以设计图为准。挤压成型的板材应尽量使用最大尺寸,减少接缝,以保持板面的平整度。

制作标志底板的各种材料应符合以下规定:

(1)铝合金板

铝合金板的板材牌号、规格、力学性能、尺寸及允许偏差应符合 GB/T3880、GB/T3194 等有关标准的规定。

(2)薄钢板

碳素结构钢、低合金结构钢冷轧薄钢板、镀锌薄钢板应符合 GB/T708、GB/T2518、GB/T11253 等有关标准的规定。

(3)合成树脂类板材

合成树脂类板材包括塑料、硬质聚氯乙烯板材或玻璃钢等材料,其性能应符合以下要求:

①耐候性能

按规定的方法连续自然暴露 2 年或进行人工气候老化试验 1200h,标志底板不应有裂缝、刻痕、起泡、凹痕、变形、腐蚀、粉化、变色及层间分离现象

②耐盐雾腐蚀性能

按规定的方法试验后,标志底板不应有变色、损伤或被侵蚀的痕迹。

③机构性能

合成树脂类材料应能满足对标志底板机械强度的设计要求,如抗弯强度、抗冲击强度及刚度等。

④保护层

若合成树脂类标志底板在制作时加了保护层,则保护层在经受耐候性能、盐雾腐蚀冲击等试验后,也不应该出现开裂、起泡、粉化及剥落等现象。

(4)铝合金型材

使用挤压成型的铝合金型材制作标志底板时,应满足 GB6892 的要求及设计要求,同时应具有轻质量、高强度、耐蚀、耐磨、刚度大等特点,经拼装后应能满足公路大型标志底板的性能要求,宜采用综合性能等于或优于牌号 2024 的铝合金型材。

2.标志面材料

标志面可用逆反射材料、油漆、油料、油墨、胶粘剂、透明涂料及边缘填隙料等材料制造,目前应用较广泛的是反光膜。反光膜一般由透明薄膜、黏结、高折射率微珠、反射层等材料组成。反光膜按其不同的逆反射原理,可分为玻璃珠型和微棱镜型两类。反光膜按其不同的结构,可分为透镜埋入型反光膜、封胶囊型反光膜(通常称高强级反光膜)。三级反光膜为透镜埋入型反光膜,通常称为超工程级反光膜。四级反光膜为透镜埋入型反光膜,通常称工程级反光膜。五级反光膜为透镜埋入型反光膜,通常称经济级反光膜。

高速公路、一级公路及城市主干路的交通标志宜采用一至三级反光膜。二、三级公路及一般城市道路的交通标志宜采用四级以上的反光膜。四、五级反光膜可用于四级公路和交通量很小的其他道路。高速公路、一级公路、城市快速路上的曲线段标志及城市地区的多路交叉路口宜采用三级以上反光材料。高速公路、城市快速路上的门架标志和臂标志,为获得与路侧标志相当的反光效果,宜选用比路侧标志所用反光膜等级为高的反光材

料，或把门架标志和悬臂标志上的字符上改用反射器，以改善其夜间视认性。

(1)反光膜要求

反光膜应有平滑、光洁的外表面，其表面不应有明显的划痕、条纹、气泡、颜色不均匀或逆反射性能不均匀等缺陷或损伤。反光膜应具有颜色的可印刷性能，按反光膜制造商推荐的彩色的、与反光膜相匹配的油墨及印刷条件、印刷方式等，可对反光膜进行各种颜色的印刷。

反光膜在使用过程受到其自身功能、使用环境及施工等各方面因素的影响，因此对其性能也提出了一定的要求。

①产品功能的影响

反光膜的应用主要是为交通参与者提供较高的视觉辨认性，这就要求其应满足一定的色度性能、逆反射性能等。

②环境侵蚀的影响

由于反光膜长期暴露于自然条件下，这就要求其在使用过程中应能抵御外界条件的侵蚀，因此其应满足一定的耐盐雾腐蚀性能、耐高温性能等。

③使用环境的其他因素的影响

反光膜在施工时的牢固性、方便性，还应当满足一定的附着性能、防粘纸的剥离性能、抗拉荷载等。

(2)标志面规定

考虑到以上各因素的影响，用各种材料制作的标志面应符合以下规定：

①色度性能

按 GB/T18833 规定的方法测试，标志面(包括丝网印刷后)的各种颜色的色品坐标和亮度因数应在规定的范围内。

②逆反射性能

③耐候性能

④耐盐雾腐蚀性能

⑤耐溶剂性能

⑥抗冲击性能

⑦耐弯曲性能

⑧耐高低温性能

⑨收缩性能

⑩附着性能

⑪防粘纸的可剥离性能

⑫抗拉荷载

3.立柱、紧固件与基础

交通标志立柱可选用 H 形型钢、槽钢、钢管及钢筋混凝土管等材料制作，钢柱应进行防腐处理，钢管顶端应加柱帽。

钢制立柱、横梁、法兰盘及各种连接件，可采用热浸镀锌。

各种标志立柱的断面尺寸、连接方式、基础大小等，应根据设置地点的风力、板面大小及支撑方式由计算确定。

标志板和立柱的连接应根据板面大小,拼接方式选用多种方法。

各种标志立柱的埋设深度,取决于板面承受外力的大小及地基的承载力,一般应浇注混凝土基础。立柱的金属预埋件应进行防腐处理。

三、交通标志产品质量检测

交通标志的检测项目按标志底板与标志面划分。标志底板的检测项目主要有原材料性能、底板几何图形状及尺寸。标志面的检测项目有外观质量、材料性能等。底板的形状和尺寸以及标志面的外观质量、图案文字尺寸、色品坐标及逆反射系数可以在现场随机抽样检测。其余项目则按照 JT/T279 和 GB/T18833 的规定进行抽样检测。

1. 标志板形状、尺寸、图案文字的检测

标志板的形状、图案、文字应符合 GB5768 的规定或有关设计的要求。一般外形尺寸偏差为±5mm,若外形尺寸大于 1.2m 时,其偏差为外形尺寸的±0.5%,邻边的夹角偏差为±0.5°。

用反光膜制作的标志板,其反光膜的拼接应符合以下要求:反光膜应尽可能减少拼接,任何标志的字符不允许拼接,当标志板的长度或宽度、圆形标志的直径小于反光膜的最大宽度时,底膜不能有拼接缝。当粘贴反光膜不可避免出现接缝时,应按反光膜产品的最大宽度进行拼接。标志反光膜采用拼接时,接缝以搭接为主,重叠部分不应小于 5mm。当采用平接时,其间隙不应超过 1mm,距标志板边缘 50mm 之内,不得有接缝。

2. 交通标志外观质量检测

按 JT/T279 规定的方法检测,标志板板面不允许存在以下缺陷:不平整;裂纹和气泡;明显的划痕损伤和颜色不均匀;逆反射性能不均匀。

(1)标志板平整度

标志板平板面应平整完好,无起皱、开裂、缺损或凹凸变形,在 2m2 底板范围内的平整度公差不大于 1.0mm。对标志板的检测方法采用钢直尺和卷尺测量。

(2)裂纹和气泡

对标志裂纹和气泡的检测,应在白天环境中,用四倍放大镜仔细检查。标志面任一处面积为 50cm×50cm 表面上,不得存在总面积大于 $10mm^2$ 的一个或一个以上的气泡。

(3)损伤、颜色不均匀性

对划痕、损伤、颜色不均匀等缺陷的检查,在白天明亮的环境中(光照度不少于 150lx),面对反光膜,距离标志为 2m 处目测,用目测能观察到的划痕、条纹、气泡和颜色不均匀等缺陷和损伤,即为不合格。

(4)逆反射性能不均匀性

在夜间黑暗、空旷的环境中,距离标志面 10m 处,以汽车前照灯远光为光源,垂直照射标志面,用目测能辨别出反光膜不同区域的逆反性能明显差异,则有逆反射性能不均匀缺陷。

(5)标志面拼接缝检查

对标志面拼接缝的检查在白天环境中,面对标志面,用直尺检查。

(6)金属构件镀层检查

交通标志金属构件镀层应均匀、颜色一致,不允许有流挂、滴瘤或多余结块,镀件表面应无漏镀、露铁等缺陷。

3.交通标志反光膜性能检测

除特殊要求,试样的制备、存放和测试条件等应符合规定。根据不同情况,按下列办法之一制备试样:随机抽取反光膜生产厂制造的整卷反光膜产品作为产品试样。随机抽取整卷反光膜产品,从中随机截取相应尺寸的反光膜。随机抽取整卷反光膜产品,从中随机截取相应尺寸的反光膜,把该反光膜按生产厂商的使用说明,粘贴到厚度为2mm的铝合金板上(铝合金板应符合JT/T279中标志底板的有关规定并须经过严格的去油污清洗)。制成试样,应在温度为23℃±2℃,相对湿度50%±10%的环境中放置24h,然后进行各种测试工作。一般的测试工作宜在温度为23℃±2℃,相对湿度50%±10%的环境中进行。

四、交通标志施工质量检测

交通标志产品须要具有一定资质的检测机构检测,取得合格证,并经工地检验确认满足设计要求后方可使用。交通标志底板、立柱、连接件、紧固件等钢质材料必须进行防腐处理。构件用栓合材料的规格与质量应符合设计要求。

1.基本要求

交通标志的制作应符合《道路交通标志和标线》(GB5768)和《公路标志板技术条件》(JT/T279)的规定。

交通标志在运输、安装过程中不应损坏标志面及金属构件的镀层。

标志的位置、数量及安装角度应符合设计要求。

大型标志的地基承载力符合设计要求。大型标志柱、梁的焊接部分应符合钢结构焊接规范的质量要求,无裂缝、未熔合、夹渣。

标志板安装后应平整、夜间在车灯照射下,标志板底色和字符应清晰明亮,颜色均匀,不应出现明暗不均的现象,不能影响标志的认读。

交通标志施工完成后,标志板面应无任何裂缝和划痕。金属构件镀锌面的损坏面积不超过构件面积的1%。地基承载力应满足设计要求。

2.外观鉴定

标志板安装后应平整,夜间在车灯照射下,标志板底色和字符应清晰明亮,颜色均匀,不应出现明暗不均的现象,不能影响标志的认读。

标志反光膜采用拼接时,重叠部分不应小于5mm。当采用平接时,其间隙不应小于1mm。距标志板连缘50mm之内,不得有接缝。

标志金属构件镀层应均匀、颜色一致,不允许有流挂、滴瘤或多余结块,镀件表面应无漏镀、露铁等缺陷。

3.实测项目

交通标志安装施工实测项目见表7.6所示。

表 7.6 交通标志安装实测项目

项次	检查项目	规定值或允许偏差	检查方法和频率	权值
1	标志板外形尺寸(mm) 标志底板厚度(mm)	当边长尺寸大于 1.2m 时允许偏差为边长的±0.5% 三角形内角应为 60°±5° 标志底板厚度不小于设计	钢卷尺、体能角尺、卡尺：检查 100%	1
2	标志汉字、数字、拉丁文的字体及尺寸(mm)	应符合规定字体，基本字高不小于设计	字体与标准字体对照，字高用钢卷尺：检查 10%	1
3	标志面反光膜等级及逆反射系数[cd/(lx·m)]	反光膜等级符合设计，逆反射系数值不低于 JT/T 279 规定	反光膜等级用目测初定，便携式测定仪：检查 100%	2
4	标志板下缘至路面净空高度及标志板内侧距路肩边缘距离(mm)	+100,0	直尺、水平尺或经纬仪：检查 100%	1
5	立柱竖直度(mm/m)	±3	直尺：检查 100%	1
6	标志金属构件镀层厚(μm)	标志柱、横量≥78，紧固件≥50	测厚仪：检查 100%	2
7	标志基础尺寸(mm)	-50,+100	钢尺、直尺：检查 100%	1
8	基础混凝土强度(MPa)	在合格标准内	基础施工同时做试件每处 1 组(3 件)，检查 100%	1

4.检验方法

(1)标志板外形尺寸检验

标志板外形尺寸检验，应在标志板运抵工地，但尚未安装前进行。根据标志板的形状尺寸及外观要求，用分辨率为 1mm 钢卷尺、万能角尺检查。矩形标志边长尺寸允许偏差为 5mm，当边长尺寸大于 1.2m，其允许偏差为边长的±0.5%。

三角形标志，当边长尺寸大于 1.2m，其允许偏差为边长的+0.5%。三角形内角的允许偏差为 60°±5°。

圆形标志的直径，其允许偏差为 10°。

(2)标志字体尺寸检验

目测检查标志汉字、数字、英文的字体，是否符合 GB5768-1999 标准中附录 B、附录 C、附录 D 的规定。全线标志字体应统一。

标志字符尺寸应用分辨率为 1mm 的钢尺量测，字高与字宽相等，其允许偏差为±5mm。

(3)标志面反光膜等级

标志板所用反光膜应与设计文件规定的等级相符。对照《道路交通标志和标线》(GB5768-1999)附录 A 参考色样的反光膜等级进行核对，判定采用的反光膜等级与设计文件规定的等级是否相符。

反光膜的反射系数可用试样与标准样板对比的测量方法和仪器进行测试。其标准样板应定期到计量检定单位标定(应以绝对测量法为仲裁)。

(4)标志板下缘至路面净空高度及标志板内缘距路边缘距离检验

标志板下缘至路面净空高度检验主要针对悬臂和门架标志。净空高度要考虑标志结构的挠度及路面加铺的余量等因素,因此,标志的净空高度应比公路建筑限界的净高还要高。净空高度以路面为基点测量与标志下缘的竖地距离。净空高度可用钢卷尺或直尺测量,也可用经纬仪配合测量。路侧标志用水平尺、直尺测量。

保证标志板内缘与路肩边缘线的水平距离,是为了不使标志的任何部分侵入公路建筑净空,也是为了防止靠边行驶的车辆磕碰标志板。其值应不小于国标规定的侧向余宽。在《道路交通标志和标线》(GB5768-1999)标准中规定此距离 $s \geqslant 25$cm。因此,可从路侧标志板内缘挂垂线,测量从垂线到道路边缘线的距离。

(5)标志柱竖直

可用垂线和直尺测量,也可用经纬仪测量。标志柱竖直度的允许偏差为±3mm/m。

(6)标志金属构件防腐质量检验

标志金属结构件包括:薄钢板、立柱、横梁、门架、法兰盘及紧固件等。防腐处理方法有镀锌、镀铝、镀锌(铝)后涂塑、涂塑等。若采用热浸镀锌法,薄钢板、立柱、横梁、门架、法兰盘等的镀锌量为 $600\mathrm{g/m^2}$,相当于锌层厚度为 85μm,紧固件的镀锌量为 $350\mathrm{g/m^2}$,相当于锌层厚度为 50μm。镀锌构件表面应具有均匀完整的镀层,颜色一致,表面具有实用性光泽。不允许有流挂、滴瘤或多余结块。镀件表面应无漏镀、露铁等缺陷。

用涂层厚度仪,在标志立柱、横梁、门架、法兰盘及紧固件等构件表面测量,在每一构件的上、中、下断面表面测四点,取平均值。

(7)标志基础尺寸检验

检验标志基础尺寸可检查施工记录,用钢卷尺抽检基础平面尺寸,如对基础埋深有疑问时,应开挖检查。基础尺寸的允许偏差为±50mm。基础混凝土表面平整,修饰光洁,不应有蜂窝麻面。

(8)混凝土强度检验

检查试验记录。评价标志基础的混凝土抗压强度,以标准养护 28 天龄期、边长 15cm 立方体试件为准。

第四节　交通标线质量检测

道路交通标线是由标划于路面上的各种线条、箭头、文字、立面标记、突起路标和轮廓标等构成的一种交通安全设施。它可与交通标志配合使用,也可单独使用。道路交通标线的作用主要有:实行分道行驶,通过道路标划交通标线,实现人和车分离,机动车和非动车分离,快车和慢车分离,从而保证车辆、行人各行其道,提高道路通行能力和减少交通事故。分化交叉路口的交通流,通过在平面交叉路口标划交通标线,引导不同类型、不同速度和不同方向的车流沿着划定的路线行驶，以改善交叉路口通行条件，减少交通阻塞和交通事故。指示驾驶员和行人通过标划的交通标线所规定的含义，可以预知道路情况，明确自己使用和通行道路的权利与方法。当其与交通标志或交通信号配合使用时，还能提高驾驶员的注意力。为守法和执法者提供法律依据，交通标线是交通法规的重要组成部分，一方面车辆、行人应当遵守交通标线的规定；另一方面交通警察在纠正交通违章、处理交通事故时，应根据现场所划标线的内容，来分析违章性质或事故的责任。

一、交通标线分类

1. 按设置方式分

(1)纵向标线

沿道路行车方向设置的标线。

(2)横向标线

与道路行车方向成一定角度设置的标线。

(3)其他标线

字符标记或其他形式的标线。

2. 按功能分

(1)警告标线

促使驾驶员和行人了解道路上的特殊情况，提高警觉，准备防范应变措施的标线。

①纵向警告标线

包括车行道宽度渐变段标线、路面障碍物标线、近铁路平交道口标线

②横向警告标线

包括减速标线、减速车道线。

③其他警告标线

包括立面标线。

(2)指示标线

指示车行道、行车方向、路面边缘、人行道等设施的标线。

①纵向指示标线

包括双向两车道路面中心线、车行道分界线、车行道边缘线、左转弯待转区线、左转弯导向线。

②横向指示标线

包括人行横道线、距离确认线。

③其他指示标线

包括高速公路出入口标线、停车位标线、港湾或停靠站标线、收费岛标线、导向箭头、路面文字标记。

(3)禁止标线

告示道路交通的遵行、禁止、限制等特殊规定，车辆驾驶员及行人须严格遵守的标线。

①纵向禁止标线

包括禁止超车线、禁止变换车道线、禁止路边停放线。

②横向禁止标线

包括停止线、停车让行线、减速让行线。

③其他禁止标线

包括非机动车禁驶区标线、导流线、网状线、专用车道线、禁止调头线。

二、交通标线材料

1. 标线材料的分类

路面标线涂料按施工温度可分为常温型（冷用）、加热型和熔融型三类。常温加热（51℃～80℃）型属于溶剂型涂料，呈液态供应。加热型涂料固体成分略多一些，粘度也高。熔融型涂料呈粉末状供应，需加高温（180℃～220℃）使其熔化才可涂敷于路面，欧美国家将这种涂料称为热塑涂料（Thermoplastic Marking Materials）。另外还有双组分涂料和水性涂料。

除用涂料作为标线材料外，还有各种粘贴材料，如预成型标线带、铝箔标带、突起路标、分离器等。有关标线涂料的具体分类见如 7.7 所示。

表 7.7　路面标线涂料的分类

型号	规格	玻璃珠含量和使用方法	状态
溶剂型	普通型	涂料中不含玻璃珠，施工时也不撒布玻璃珠	液态
	反光型	涂料中不含玻璃珠，施工时涂布涂层后立即将玻璃珠撒布在其表面	
热熔型	普通型	涂料中不含玻璃珠，施工时也不撒布玻璃珠	固态
	反光型	涂料中含 18%～25% 的玻璃珠，施工时涂布涂层后立即将玻璃珠撒布在其表面	
	突起型	涂料中含 18%～25% 的玻璃珠，施工时涂布涂层后立即将玻璃珠撒布在其表面	
双组分	普通型	涂料中不含玻璃珠，施工时也不撒布玻璃珠	液态
	反光型	涂料中不含（或含 18%～25%）的玻璃珠，施工时涂布涂层后立即将玻璃珠撒布在其表面	
	突起型	涂料中含 18%～25% 的玻璃珠，施工时涂布涂层后立即将玻璃珠撒布在其表面	
水性	普通型	涂料中不含玻璃珠，施工时也不撒布玻璃珠	液态
	反光型	涂料中不含（或含 18%～25%）的玻璃珠，施工时涂布涂层后立即将玻璃珠撒布在其表面	

2. 标线材料的性能

交通标线主要划设于道路面层，经受日晒雨淋、风雪冰冻及车辆的冲击磨耗。因此，道路标线涂料的性能应当满足以下几方面的要求：

(1)鲜明的确认效果

不论是哪一类标线或哪一种颜色的涂料,都要求鲜明醒目,这样可以给司机和行人以良好的条件反射。如在高速公路上,车道两侧鲜明的标线可以帮助司机自然和平滑地行使。既可以保证行车安全,又可以提高行车效率。

(2)夜间反光性能

现代的交通,不仅要求昼时效应,也注重夜间的效果。夜间反光标线可大大提高夜间行车的安全性,同时也可提高夜间行车的效率。

(3)施工时干燥迅速

由于道路涂料所应用的环境是不能间断的,因此要求道路涂料应尽可能迅速干燥。根据道路涂料类型的不同,一般 3～15min 内要求实干通车。

(4)附着力强

为充分保证标线的完整和清晰,要求道路涂料与地面间具有较强附着性能。

(5)经久耐用

好的道路涂料应耐磨损、具有较长的使用寿命,这样才能保证标线在较长时间内完整清晰,同时,这样也可省去多次施工造成的人力、物力浪费,并减少对正常交通的阻碍和影响。

(6)耐候性好,抗污染、抗变色

这主要要求道路涂料能长期保持鲜明度,自然老化程度缓慢。

(7)施工方便容易,安全性好

这一方面要求道路涂料在具体使用时容易操作,另一方面还要求在具体施工时道路涂料比较安全稳定,发生危险和意外的可能性小。

(8)所涂标线安全防滑

(9)经济合理

这要求道路涂料成本低,售价便宜。

3. 标线涂料的特征及适用范围

(1)标线涂料的特征

贴附材料、标线器(包括突起路标、分离器)均属于标线的范畴,由于它们具有独特的性能而受到重视,其应用范围逐步扩大。贴附材料系工厂化生产,是一种预成型的标带,施工方便迅速。铝箔带印刷各种图案、文字,很方便地贴于路面或墙上。突起路标有比路面标线更优越的观察角度,在恶劣的天气条件下具有更好的可见性,安装容易,经久耐用。

(2)标线涂料适用性

由于各种标线涂料不同的特性,因面导致各自的耐久性和养护时间也各不相同,所以,各种标线涂料适用性也不同。

①常温型涂料

常温型涂料适宜于交通量小的道路中心线、车道分界线,边缘线及立面标线施工。可望用于砂石路面、砖路面以及临时路面与遭受损伤很大的路面标线施工。也可在积雪的严寒地带使用。

②加热型涂料

加热型涂料适宜于道路纵向标线(实线和虚线)。如高速公路车行道中心线、车道分界线及车行道外边线的施工。也适用于积雪的严寒地带。

③熔融型涂料

熔融型涂料适宜于车轮碾压多的中心线、车道分界线、边缘线及导流标线的施工。适宜于因车辆而磨耗较多的临时停车线、曲线路段和交叉口及人行横道标线的施工。不适宜用于石子路面、砖砌路面及在半年以内拟进行罩面的路面等。

4.标线涂料的组成

(1)常温型涂料与加热型涂料

常温型涂料与加热型涂料的构成包括合成树脂、添加剂、着色颜料、体质材和溶剂。

①合成树脂

在原料组成中占15%～20%比例。合成树脂可与着色颜料、体质材料(充填料)结合。可提高与路面的粘接牢度,可提高涂膜的耐久性。

对合成树脂有如下要求:色相,要求颜色较淡。挥发成分占40%～60%左右。黏度为0.5～6Pa·s。

合成树脂选用种类有:植物性醇酸树脂、氨基甲酸酯化醇酸树脂、乙烯化醇酸树脂,乙烯树脂,丙烯树脂,石油树脂等。

②添加剂

在原料组成中约占2%～5%比例。添加剂具有以下几种作用:

增加可塑性,使涂膜具有可塑性和柔软性,因此,用可塑剂作为添加剂加入涂料中。

防止涂料中的固质材料和着色颜料沉淀,因此,用防沉淀剂作为添加剂加入涂料中。

可使树脂和着色颜料分散,使其在涂料中均匀分布,因此,将分散剂加入涂料中。

防止涂料在保管中表面结皮,因此用防止结皮的添加剂加入涂料中。

③着色颜料

目前,标线的颜色主要是白色和黄色两种。颜料要求着色力强,遮盖率好,加入涂料中后,不会急剧地增加黏度。

一般使用的着色颜料有:白色有钛白(二氧化钛)、氧化锌、锌钡白(立德粉)等,但主要使用钛白。黄色有黄铅、有机系黄色颜料、氧化铁、钛黄等,但主要使用黄铅。

④体质材(充填料)

体质材作为涂料的充填料而加入。它对涂膜的机构强度、耐磨性及色相均有影响,另外、体质材的粒径大小对涂料的流动性、沉淀性有影响,同时,对涂料的遮盖率也有影响。因此,体质材的加入比例和粒径大小应根据涂膜的结构强度、耐磨性及施工性能的要求进行选配。常温型涂料与加热型涂料的体质材所含比例不同。

一般使用的有碳酸钙、滑石粉两种体质材,可单独使用也可合并使用。

⑤溶剂

溶剂的主要使用是稀释涂料,使其易于涂敷。溶剂的主要性能有:挥发迅速。能很好地溶解树脂。对环境污染小,对人畜无害。

一般使用的有:芳香族系(甲苯等)、酮系(丙酮系、甲乙酮等)、酯系(醋酸酯、甲酸乙酯等)、醇系(甲醇等)。

(2)熔融型涂料

熔融型涂料的构成包括合成树脂、可塑剂、着色颜料、体质材和玻璃珠。

①合成树脂

利用合成树脂热可塑性的特点,使熔融型涂料具有快干性。

②可塑剂

涂料中加入可塑剂,使涂膜柔软,提高其耐寒性,提高与路面的黏结牢度,使熔融的涂料黏度适宜。

③着色颜料

标线的颜色主要是白色和黄色两种。一般使用的着色颜料有:白色有钛白(二氧化钛)、氧化锌、锌钡白(立德粉)等,但主要使用钛白。黄色有黄铅、有机系黄色颜料、氧化铁、钛黄等,但主要使用黄铅。

④体质材(充填料)

体质材作为涂料的充填料而加入的。对涂膜的机构强度、耐磨性及色相均有影响。粒径的大小对流动性、沉淀性等有影响,同时,对表面加工也有影响。因此,对体质要求本身颜色较白,粒径虽可任意,但不能过大或过细,否则对涂料沉淀性、流动性、表面加工性等出现不良影响。

常用的体质材有碳酸钙、滑石粉、硅石粉、玻璃珠等。

⑤玻璃珠

涂料中加入玻璃珠的主要目的在于提高夜间标线的识别性,提高标线的亮度和耐久性。玻璃珠是无色透明的小球,对光线具有折射、聚焦和定向反射的功能。将玻璃珠混入涂料中或撒布于涂膜表面,可以将汽车灯光再回归反射到司机眼睛,从而大大提高了标线可见性,增强了标线的诱导作用。

三、交通标线材料产品质量检测

1.道路预成形标线带

(1)道路预成形标线带分类

①长线标带

②临时标线带

(2)道路预成形标线带技术要求

①物理性能

标线应柔韧,易成型,标线带应清洁、无裂纹、边界清晰、顺直、无破损,标线带厚度一般为0.3~2.5mm。

②色度性能

③反射性能

标线带的逆反射色分为白色或黄色,在夜间用车灯照射下应容易识别。

④耐水性能

经耐水性能试验,试样应无明显的褪色、起皮、收缩、开裂等现象。

⑤耐碱性能

经耐碱性能试验，试样应无明显的褪色、起皮或收缩。

⑥耐磨性能

标线在正常的使用周期间，应无明显的褪色，起皮和收缩。

⑦黏结性能

⑧抗滑性能

2. 试验项目和方法

(1)溶剂型、双组分、水性路面标线涂料试验方法

①状态

按 G/T3186 进行：打开容器封口，表面有封皮时去除，然后把底部沉淀成分用刮刀、棒充分搅拌，搅拌时沉淀的成分要拌均匀。

②黏度

按 GB/T9269 法进行。其中溶剂型路面标线涂料的普通型黏度按 GB/T1723 涂-4 黏度计法进行。

③密度

按 GB/T6750(金属比重瓶)方法进行。

④施工性能与涂膜制备

施工性能按 GB/T3186 取样后，涂膜制备按 GB/1727 进行，在试板制备过程中可分别取喷涂、刮涂、刷涂等方法在水泥石棉板、沥青油毛毡(或铺路沥青制品)上进行涂布。涂膜时可在试样中加入生产厂家推荐的稀释剂，所用量也不应超过厂家规定的限量。

⑤稳定性

按 GB/T9269 测定样品的黏度。

取 400mL 已测粘度的样品放在加盖的小铁桶内，然后将该铁桶放置在烘箱内升温至 60℃，在 60℃±2℃条件下恒温 3h，然后取出放置冷却至 25℃，按 GB/T9269 重新测其黏度。

⑥涂膜外观

用 300μm 的漆膜涂布品将试料涂布于水泥石棉板上，制成约 50mm×100mm 的涂膜，然后放置 24h，在自然光下观察涂膜是否有皱纹、泛花、起泡、开裂等现象，用手指试有无黏着性并与同样处理的标准标样比较，看涂膜的颜色和外观是否差异不大。

⑦不粘胎干燥时间

用 30μm 的漆膜涂布器将试料涂布于水泥石棉板(200mm×150mm×5mm)上，涂成与水泥石棉板的短边平行、在长边中心处成一条 80mm 宽的带状涂膜。涂后立刻按下秒表，普通型 10min 时开始测试，反光膜 5min 时开始测试。把不粘胎时间测定仪自试板的短边一端中心处向另一端滚动 1s，立刻用肉眼观察测定仪的轮胎有无附着试料，若有附着试料，立刻用丙酮或甲乙酮湿润过的棉布擦净轮胎，此后每 30s 重复一次试验，直至轮胎不附着试料时，停止秒表记时，该时间即为该试样的“不粘胎时间”。

⑧遮盖率

将原样品用 30μm 的漆膜涂布器在遮盖率测试纸(约 200mm×400mm)沿长边方向在中央涂约 800mm×200mm 的涂面，并使涂面与遮盖率测试纸的白面和黑面呈直角相

交,相交处在遮盖率试纸的中间,涂面向上放置 24h,然后在涂面上任意取三点 D65 光源、45°/0°色度计测定遮盖测试纸白面上和黑面上涂膜的反射比,取其平均值。

⑨色度性能

在水泥石棉板(约 100mm×100m×3mm)上,用 300mm 的漆膜涂布器涂一块(80mm×80mm)涂面,涂面向上放置 24h,然后在涂面上任意取三点,用 D_{65} 光源、45°/0°色度计测其反射比和色品坐标,并取其平均值。

⑩耐磨性

用涂膜器将涂料以膜厚 200μm±40μm 的厚度涂在试片的单面,放置 1h,然后放入保持在 40℃±1℃的恒温器内,存放 24h,用锥形磨损轮对试片测量旋转 200 转的磨损量。

⑪耐水性

按 GB/T1733 进行。试板用于不封边的水泥石棉板。

⑫耐碱性

制成的涂膜水泥石棉板,放置 48h,供试板用。将约 750mL 氢氧化钙饱和溶液放于烧杯中,将试板浸于其中,深度约为 60mm,24h 后取出,用清水洗净晾干后进行观察。

⑬附着性

按 GB/T1720 进行。

⑭柔韧性

有两种仪器供柔韧性试验选择应用,一种是金属轴棒式柔韧试验器,另一种是圆锥形弯曲试验器,前者应用较为广泛。具体试验方法按 GB/T1731 进行。

⑮含量

取约 2g 试料放入已知重量的量瓶内,迅速称取重量。用玻璃棒使其在底部扩散,放入保持在 105℃~110℃的烘箱内加热 3h,取出放于干燥器中,冷却至室温。精确称重到 0.001g,再在烘箱于 105℃~110℃恒温 0.5h 后取出放在干燥器中,冷却至室温,再称重,计算加热后剩余物量

⑯冻融稳定性

分别取 400mL 样品放在三个加盖的小铁桶内,在−5℃~2℃条件下放置 18h 后,立即置于 23℃~25℃条件下放置 6h 为一个周期。经连续三个周期后,取出试样经搅匀后应无分层,无结块,施工性能良好。

⑰早期耐水性

用 300μm 的漆膜涂布器将试料少量涂布于水泥石棉板上,制成约 50mm×100mm 的涂膜。将制好的试板立即置于温度 23℃±2℃,湿度 90%±3%RH 的试验箱内,每隔 5min 用拇指触膜表面,然后将拇指旋转 90°,记下膜表面不被拇指破坏所需的时间,即为实干时间。

(2)热熔型路面标线涂料试验方法

①热熔状态

除应遵照每个试验的特定要求外,在熔融试样时,应将一定量试样放在金属容器内,在搅拌状态下熔融,使上下完全均匀一致且无气泡。

②密度

将熔融试样灌注在模型(约 20mm×20mm×20mm)中,冷却至室温,用稍加热的刮刀削掉端头表面的突出部分。用 100 号砂纸将各面磨平。放置 24h 后用游标卡尺测量(精确至 0.1mm),供作试块。将三块试块称量准确至 0.05g。

③软化点

按 GB/T9284 进行。

④涂膜外观

将热熔涂刮板器放在水泥石棉板(约 300mm×150mm×1.6mm)的中心部位,立即将准备好的试料倒入热熔涂料刮板器中,刮成平均厚 1.5～2.0mm、与短边平行的涂层,试板放置 1h 后,在自然光下目测应无皱纹、斑点、起泡、裂纹、剥离。同时与同样方法制备的标准涂膜相比,其颜色及手感黏附性应与标准板差异不大。

⑤不粘胎干燥时间

将熔融试样注入模型中,使其流平,待其流平立即记时,在 3min 内用手指按于涂膜表面,如不粘手指及没有发黏的感觉,此时即为涂膜不粘胎干燥时间。

⑥色度性能

将熔融试样注入模型中,使其流平,冷却至室温,取出供作试片(约 60mm×60mm×5mm)。然后在涂面上任意取三点,用 D65 光源、45°/0°色度计测其反比和色品坐标,并取其平均值。

⑦抗压强度

试验后取平均值。

⑧耐磨性

首先在模腔内涂上一薄层干油,待干后,将熔融试样注入内腔,使其流平(如不能流平,可将模型先预热),并趁热软时在中心处开一直径约为 7mm 左右的试孔。同一试样应制三块试板,将试板放置在玻璃板上 24h 后,按 GB/T1768 进行试验,试验后取其平均值。

⑨耐水性

将熔融试样注入模型中,使其流平,冷却至室温,取出供作试片(约 60mm×60mm×5mm)。按 GB/T1733 进行试验。

⑩耐碱性

将熔融试样注入模型中,使其流平,冷却至室温,取出供作试片(约 60mm×60mm×5mm)。制成的涂膜水泥石模板放置 48h,供试板用。将约 780mL 的氢氧化钙饱和溶液放于烧杯中,将试板浸于其中,深度约为 60mm,24h 后取出,用清水洗净晾干后进行观察。

⑪玻璃珠含量

试验后取平均值。

⑫流动性

先将流动度测定杯加热至约 200℃,并保持恒温 1h。将热熔涂料加入热熔杯中,放于加热炉上在搅拌状态下加热至 180℃～200℃进行熔融,直至涂料熔融为呈施工状态,并使其上下完全均匀一致,且无气泡。将熔融的涂料立即倒满预热后的流动度测定杯中,开启出口并同时按动秒表记时,待涂料流完时立即记下流完的时间。重复三次试验,取其流完时间的平均值即为流动度。

⑬涂层低温抗裂性

按测试涂膜外观制备试板的要求制备试板,并用五倍放大镜观其是否有裂纹,如有裂纹应重新制板。将制备好的试板放于温度－10℃±2℃低温箱内并保持4h,取出后在室温下放置4h为一个循环,连续做三个循环。之后用五倍放大镜观其有无无裂纹。

⑭加热稳定性

将热熔涂料加入热熔杯中,放置于加热炉上加热至200℃～220℃进行熔融,并在搅拌状态下保持4h。观察其是否有明显泛黄、焦化、结块等现象。

⑮人工加速耐候试验

用300μm的漆膜涂布器将试料涂布于水泥石棉板上,制成约50mm×100mm的双组分涂涂膜。将热熔涂料刮板器放在水泥石棉板(约300mm×150mm×1.6mm)的中心部位,然后立即将准备好的涂料倒入热熔料刮板器中,平移刮板器刮成厚1.5～2.0mm、与短边平行的热熔型涂料涂层。样品数量为每组三块。

试验设备应满足GB/T16422.1的要求。试验时样品架辐射照度为1077W/m^2±50W/m^2。氧气灯在300～340mm的光谱辐照度为0.40～0.35W/m^2。试验后计算样品的色品坐标和亮度因数。

经人工加速耐候性试验后,试板涂层不产生龟裂、剥落,允许轻微粉化和变色,但色品坐标应符合规定的要求,亮度因数变化范围应不大于原样板亮度因数的20%。

(3)逆反射数的测定

①溶剂型、双组分、水性涂料

将试样的水泥石棉板[约250mm×150mm×(3～4)mm]的中心部位涂敷约200mm×100mm的一块面积,立即将涂膜向上,保持水平放置,并立即将符合规定的玻璃珠自高约100mm均匀地撒布在涂膜上,干燥1h后,用净毛刷扫掉黏附在涂膜上的多余玻璃珠,然后干燥48h,将试板涂面向上放在耐洗漏试验机上,用毛刷在干燥状态下摩擦涂面,其操作按GB9266进行。

将洗刷后的样板,用测定几何条件为入射角80°30′、观测角1°的逆反射系数测定仪测定其逆反射系数。

②热熔型涂料

将热熔涂料加入热熔杯中,在电热炉上边搅拌边加热到170℃,倒入瓷板上冷却。将冷却后的热熔块击碎,倒入电磨中,间歇磨至粉状物,过20目筛备用。制备的粒料平铺在镀锌板(约300mm×150mm×1.6mm)的中心部位,刮成厚1.5～2.0mm、与短边平行的涂层。将其放置在烘箱中,恒温至180℃～210℃,保持10min左右,使其全部熔化并表面流平,立即撒上玻璃珠。

干燥24h后用刷子刷去表面没有黏着的玻璃珠,按GB9266进行干刷,然后用刷子清除表面,用测定几何条件为入射角86°30′、观察角1°的逆反射仪测定逆反射系数。

(4)下涂剂(底油)测试

①颜色

目测。

②固体含量

按 GB1725 进行。

③涂布量

用 150μm 的漆膜涂布器将试样涂布于水泥石棉板，待干后用放大镜观察其试板表面是否形成均匀涂膜，如有孔隙或露出局部试块板，则改用 200μm 漆膜涂布器重新进行试验，直至在试板表面形成致密而均匀的涂膜为止，此时的用量即为涂布量。

④干燥时间

在水泥石棉板上用 100μm 的漆膜涂布器涂一块下涂剂涂面，用手指触其表面，直至不粘手的时间。

⑤试验环境

按 GB9278 进行。

四、交通标线施工质量检测

交通标线涂料须经由具有一定资质的检测机构检测，取得合格证，并经工地检验确认满足设计要求后方可使用。

1. 基本要求

路面标线涂料应符合《路面标线涂料》(JT/T280)的规定。

路面标线喷涂前应仔细清洁路面，使道路表面干燥，无起灰现象。

路面标线的颜色、形状和设置位置应符合《道路交通标志和标线》(GB5768)的规定和设计要求。

2. 标线外观鉴定

标线施工污染路面应及时清理，每处污染面积不超过 $10cm^2$。

标线线性应流畅，与道路线形相协调，不允许出现折线，曲线应圆滑。

反光表面玻璃珠应撒布均匀，附着牢靠，反光均匀。

标线表面不应出现网状裂纹、断裂、裂缝、起泡现象。

3. 实测项目

道路标线工程施工质量实测项目如表 7.8 所示。

表 7.8　　路面标线实测项目

<table>
<tr><th>项次</th><th colspan="2">检查项目</th><th>规定值或允许偏差</th><th>检查仪器和频率</th><th>权值</th></tr>
<tr><td rowspan="4">1</td><td rowspan="4">标线线段长度(mm)</td><td>6000</td><td>±50</td><td rowspan="4">钢卷尺：抽检 10%</td><td rowspan="4">1</td></tr>
<tr><td>4000</td><td>±10</td></tr>
<tr><td>3000</td><td>±30</td></tr>
<tr><td>1000～2000</td><td>±20</td></tr>
<tr><td rowspan="3">2</td><td rowspan="3">标线宽度(mm)</td><td>400～450</td><td>+15，0</td><td rowspan="3">钢尺：抽检 10%</td><td rowspan="3">1</td></tr>
<tr><td>150～200</td><td>+8，−0</td></tr>
<tr><td>100</td><td>+5，−0</td></tr>
</table>

续表

<table>
<tr><td rowspan="3">3</td><td rowspan="3">标线厚度
(mm)</td><td>常温型(0.12～0.4)</td><td>－0.03～＋0.10</td><td rowspan="3">湿膜厚度计、干膜用水平尺、塞尺或卡尺:抽检10%</td><td rowspan="3">2</td></tr>
<tr><td>加热型(0.20～0.4)</td><td>－0.05～＋0.15</td></tr>
<tr><td>热熔型(1.0～4.50)</td><td>－0.10～＋0.50</td></tr>
<tr><td rowspan="4">4</td><td rowspan="4">标线纵向
间距(mm)</td><td>9000</td><td>±45</td><td rowspan="4">钢卷尺:抽检10%</td><td rowspan="4">1</td></tr>
<tr><td>6000</td><td>±30</td></tr>
<tr><td>4000</td><td>±20</td></tr>
<tr><td>3000</td><td>±15</td></tr>
<tr><td>5</td><td colspan="2">标线横向偏位(mm)</td><td>±30</td><td>钢卷尺:抽检10%</td><td>1</td></tr>
<tr><td>6</td><td colspan="2">标线剥落面积</td><td>剥落面积占检查总面积0%～3%</td><td>4倍放大镜:目测检查</td><td>1</td></tr>
<tr><td>7</td><td colspan="2">反光膜标线逆反射系数
[mcd/(lx·m^2)]</td><td>白色标线≥150
黄色标线≥100</td><td>反光标线逆反射系数测量仪:抽检10%</td><td>2</td></tr>
</table>

4.检验方法

(1)标线线段长度检验

检查的标线包括纵向标线、横向标线等各种中心虚线、车道分界线。检查时应按线段长度分别进行。

用钢卷尺(精度0.5mm)测量各种线段,每处测量(各种线段)3次,取平均值。

(2)标线宽度检验

检查的标线包括纵向标线、横向标线、其他标线。检查时应按线段宽度分别进行。

用量程为500mm(精度0.5mm)的钢直尺,选择标线清晰、边缘整齐的地方,取垂直方向量取宽度,每处测量3次,取平均值。

(3)标线涂膜厚度检验

①湿膜厚度检验

在标线施工现场,用湿膜厚度计直接测定标线湿膜厚度。

②干膜厚度检验

在标线施工现场,把马口铁板设置在将要划线的地方,划线车以正常行驶速度进行喷涂。待干燥后,从铁板上取下标线,用卡尺测量厚度。

(4)标线纵向间距检验

检查的标线包括:纵向标线,横向标线等各种中心虚线、车道分界线。检查时应按线段空档长度分别进行。

用钢卷尺(精度0.5mm),测量各种线段空档长度,随机选定路段后,每种标线抽取三段空档长度测量,取平均值。

(5)标线横向偏位检验

检查的标线主要是纵向标线,包括中心线、车道分界线、边缘线等。

用钢卷尺(精度0.5mm),测量道路横断面上各标线的位置。确定参照点(道路中心或边缘线的位置),随机选定路段后,测量各种标线道路横断面上的正确位置。

(6)标线剥落面积检验

首先要对全路标线质量进行初查,认为标线质量存在一定问题的路段,可作为检验的重点路段。

随机划定 30m 标线长度段，仔细检查标线剥落面积，计算占总检查面积的百分比。

(7)反光标线逆反射系数检验

在反光标线逆反射系数测定前，应对全路标线进行夜间反光效果的初评，认为反光效果不佳、不均匀的路段，作为白天逆反射系数测定的重点路段。

夜间评判反光效果不好的路段，用反光标线逆反射系数测定仪进行现场测定。在被测路段的标线上安放测定仪，仪器与行车方向平行。安排 5 个测量点，每点分别读取 3 次数值，取平均值。

第五节　隔离设施质量检测

一、隔离栅的结构形式及适用性

1. 结构形式

隔离栅有金属网型、刺铁丝和常青绿篱三大类。常青绿篱在南方地区与刺铁丝隔离栅配合使用，具有降噪、美化路容和节约投资的功效。金属网隔离栅按网面材料的不同又可进一步分为电焊网、钢板网、编织网等形式。

2. 结构形式的适用性

隔离栅的形式选择必须考虑其性能、造价、美观、与公路环境的协调、施工条件及养护维修等因素，并应与公路的设计标准相适当。

(1)金属网型

金属网隔离栅是一种结构合理、美观大方的结构形式，但单位造价较高，故主要适用于：城镇及城郊区人烟稠密的路段和城市快速干道的两侧；风景区、旅游区、名胜古迹等美观性要求较高的路段两侧；互通立交、服务区和通道的两侧；编织网型比较适宜于地势起伏不平的路段，而钢板网型和电焊网型适用于地势平坦路段。

(2)刺钢丝型

刺钢丝隔栅是一种比较经济适用的结构形式，但美观性较差，故主要适用于：人烟稀少的路段，山岭地区的公路；郊外的公路保留用地；郊外高架构造物下面；路线跨越沟渠而需封闭的地方。

(3)其他

在互通立交区域、服务区、停车区、收费站、管理所(局)等处设置刺钢丝隔离栅的路段，隔离栅的设置宜与绿化相配合，选择合适的小乔木或灌木，在管辖地界范围形成绿篱，以有效地增强该区域的美观性。

二、隔离设施产品质量检测

1. 检测内容及检测检验规则

隔离栅产品质量检测包括四个方面：外观质量、镀层质量、几何形状与尺寸和材料性能(基底钢材的抗拉强度、屈服强度及延伸率等)。

2.外观质量的检测

外观质量通常用目测、手感来判断，必要时可用卡尺来测量外观缺陷的大小。

槽钢的表面不得有起泡、裂纹、疤痕、折叠、夹杂和端面分层缺陷，否则将会产生大气腐蚀，整张网面要求平整，无断丝，网络无明显歪斜。

钢丝防腐处理前表面不得有裂缝、结疤、折叠及明显的纵面拉痕，且钢丝表面不得有锈。

钢管防腐处理前不允许有裂缝、结疤、折叠、分层、搭焊等缺陷存在。

冷弯型钢及Y型钢防腐处理前表面不得有气泡、裂纹、结疤、折叠、夹杂和端面分层缺陷，允许有不大于公称厚度10%的轻微凹坑、凸起、压痕、裂纹、擦伤和压入的氧化铁皮。

混凝土立柱表面要求密实、平整，无裂缝、翘曲。如有蜂窝、麻面，其面积不超过同侧面积的10%。

刺钢丝表面不得有锈蚀、擦伤、折叠，以保证其外观效果。如产生表面缺陷应采取适当措施修复，保证其质量。

立柱混凝土掉边、掉角长度不超过5cm。此外焊接部位不得脱焊、虚焊，焊点数值符合设计要求。

3.镀层质量检测

隔离栅的镀层质量检测内容主要包括镀层附着量、镀层均匀性、镀层附着性。除网片外，其他构件的镀层检测同波形梁护栏。由于目前网片主要采用热浸镀锌(铝)进行防腐处理，下面主要介绍一下网片镀锌(铝)层的质量检测。

(1)热浸镀锌

①镀锌层附着量试验

镀锌层附着量测试可采用三氯化锑法或镀层测厚仪法，一般采用三氯化锑法。

②镀锌层均匀性试验

镀锌层均匀性试验采用硫酸铜法。

③镀锌层附着性试验

网片镀锌层附着性测试采用缠绕法。缠绕试验后，镀锌层不开裂或起层到用裸手指能够剥离的程度为合格。

(2)热浸镀铝

其各项指标测试方法及要求基本同波形梁护栏热浸镀铝质量检测。还有一些不同之处：

①铝层附着量检测

具体操作方法同波形梁护栏热浸镀铝层附着量检测。

②铝层均匀性试验

具体操作方法同波形梁护栏热浸镀铝层均匀性试验。

③铝层附着性检测

同样采用缠绕法。

4. 几何形状与尺寸的检测

(1)钢板网网片的尺寸允许偏差

线梗厚度 d：板厚 2.0mm，允许偏差 ±0.18mm；板厚 2.5mm，允许偏差为±0.22mm。

丝梗宽度 b 的允许偏差应不超过±10%，整张网面线梗宽度超过偏差的数不得超过 4 根（连续不得超过 2 根），其最大宽度应小于相邻丝梗宽度的 125%。

(2)电焊网网片的尺寸允许偏差

网面长度、宽度允许偏差分别为网面长度、宽度的±0.5%。

(3)编织网网片的尺寸允许偏差

网面长度的允许偏差为网面长度的±1%；网面宽度的允许偏差为网面宽度的±1.5%。

(4)网丝网片的尺寸允许偏差

刺网丝每捆质量应为 50kg 和 25kg，每捆质量允许误差为±4%。

5. 材料性能检测

(1)一般要求

供方应提供本批构件原材料生产厂出具的质量证明。需方认为有必要时，有权要求对制造本批隔离栅的基底材料进行力学性能或化学性能分析试验。

隔离栅网片、立柱（包括斜撑、门柱）等分批检查，每批应由同时交货的或同时生产的同一基底材料、同一规格尺寸、同一表面处理的产品组成。一批网片数不大于 2000m^2，一批钢管、型钢及混凝土立柱数不大于 500 根。

(2)检查和验收

产品质量由供方质检部门进行检验，产品检验符合本标准的要求后方可出厂。需方有权按本标准的规定进行检查和验收，也可按双方协商的要求进行检查和验收。

立柱、斜撑、钢板网的原材料性能的检测与要求可参照护栏形梁产品的质量检测。钢丝的原材料性能检测要符合 GB3081 的有关规定，其中钢丝的拉力试验按《金属拉力试验法》(GB228-87)进行。

三、隔离设施施工质量检测

1. 隔离栅的安装

隔离设施在上网安装时，可按以下两种方法安装，即整网连续安装和分片式施工安装。

整张隔离网在其连续安装工作完成后，需用专用张紧设备将其绷紧。网上立柱的连接一般采用挂钩的办法，这种连接方法的主要优点是上网、下网工艺简单，加工精度要求不高，而且成本低。

分片式上网安装，是指隔离网在工厂按尺寸剪裁好，并镶嵌在外框中，分散运输、分片架设。这种安装工艺的优点为造型美观、形式多样，隔离设施整体性结构强度高，可散装运输，灵活装配。

隔离网与立柱的连接方式按安装工艺方法分为无框架整网安装和有框架安装两种

形式。

(1)无框架整网安装:无框架整网安装是指金属纺织网四周不附加任何刚性材料作为框架之用,而是直接通过立柱上的挂钩与金属纺织网连接、固定。这种安装工艺的特点是节省材料、造价低、整网连续铺设,缺点是网格难以绷紧。

(2)框架安装:全框架安装,金属纺织网在生产过程中按设计要求规定的尺寸剪裁成片,再用刚性材料待网络绷紧后与其焊接固定,形成整体刚性网框结构,安装时一框一框装上,最后通过螺栓螺母与立柱连接固定。这种安装工艺优点是安装后整体连接效果好、刚性好、强度高、美观大方,缺点是造价高。

2.基本要求

(1)隔离栅和防落网用的材料规格及防腐处理应符合《隔离栅》JT/T374 及设计和施工规范的要求。

(2)用金属网制作的隔离栅和防落网,安装后要求网面平整,无明显翘曲现象,刺丝的中心垂度小于 15mm。

(3)防落网应网孔均匀,结构牢固,围封严实。

(4)金属立柱弯曲度超过 8mm/m,有明显变形、卷边、划痕等缺陷者,以及混凝土立柱折断者均不得使用。

(5)立柱埋深应符合设计要求,立柱与基础、立柱与网之间的连接应稳固,混凝土基础强度不小于设计要求。

(6)隔离栅起终点应符合设计要求。

3.隔离设施外观鉴定

(1)电焊网不得脱焊、虚焊。

(2)镀锌层表面应具有均匀完整的锌层,颜色一致,表面具有实用性光滑,不允许有流挂、滴瘤或多余的结块。镀铝构件表面应连续,不得有明显影响外观质量的熔渣、色泽暗淡及假浸、漏浸等缺陷。镀层表面应无漏镀、漏铁等缺陷。涂层均匀光滑连续无肉眼可分辨的小孔、空间、孔隙、裂缝、脱皮及其他缺陷。

(3)混凝土立柱应密实平整、无裂缝、翘曲、蜂窝、麻面等缺陷。

(4)有框架的隔离网和防护网,网片应与网架焊接,网片拉紧。整网铺设的隔离栅、端柱应与网连接牢靠,网面平整绷紧。刺铁丝间距符合设计要求,刺线平直、绷紧。

(5)隔离栅安装位置应符合设计规定。安装线形整体流畅并与地形相协调。封闭严实,安装牢靠。

4.实测项目

隔离设施施工质量实测项目如表 7.9 所示。

表 7.9　　隔离栅和防落网实测项目

项次	检验项目	规定值或允许偏差	检查仪器和频率	权值
1	隔离栅防落网高度(mm)	±15	钢卷尺:每 100 根测 2 根	1
2	镀(涂)层厚度(μm)	符合设计	测厚仪:抽检 5%	2

续表

3	立柱埋深	符合设计	检查施工记录	2
4	网面平整度(mm)	±2	直尺、塞尺	2
5	立柱中距(mm)	±30	钢卷尺:每100根测2根	1
6	混凝土强度(MPa)	在合格标准范围内	检查施工记录	2
7	立柱竖直度(mm/m)	±8	垂线、尺量:每100根测2根	1

5.检验方法

(1)隔离栅、防落网高度检验

隔离栅、防落网高度是指从路面到隔离栅、防落网顶的总高度。用钢卷尺(精度0.5mm)测量从路面到网顶的高度,每处量取三次,取平均值。

(2)镀(涂)层厚度检验

用镀层测厚仪(量程为1200μm,精度1μm)分别测量金属立柱、斜撑的镀(涂)层厚度,各构件每处在不同断面测量四次,取平均值。

用涂层测厚仪(量程为400μm,精度0.1μm)测量网丝的涂层厚度,在不同断面测量四次,取平均值。

(3)混凝土柱埋深检验

立柱埋深检查施工记录,如有疑问,必要时可开挖,用皮尺测量,每处量取三次,计算平均值。

(4)网面平整度检验

用2m直尺紧靠在网面上,在网面上移动,检查网面凹陷处与直尺的最大间隙,用塞尺量取,取最大值。

(5)立柱中距检验

立柱距用皮尺测量,每100测2根,目测检查立柱纵向线形,不得出现参差不齐的现象。柱顶应平顺,不得出现高低不平的情况。

(6)混凝土强度的检验

混凝土柱和基础施工应同时做试件,每工作班做一组(3件),检查试件强度,抽检10%。

(7)立柱竖直度

用垂线和直尺测量立柱的竖直度,每100根测2根。

第六节　防眩设施质量检测

一、防眩设施构造与材料

防眩设施是指设置在道路中央分隔带上用于消除汽车前照灯夜间眩光影响的道路交通安全设施，一般在以下地段设置：

夜间交通量大，大型车混入率较高的路段。

平曲线半径小于最小半径路段。

设置竖曲线对驾驶人员有严重眩目影响的路段。

从互通立交、服务区、停车场的匝道或连接道进入主干线时，对向驾驶人员有严重眩目影响的路段。

无照明的大桥、高架桥上。

长直线路段。

地形起伏变化较大的路段。

通过防眩设施的设置可以降低交通事故的发生频率，提高行车安全性。

1. 防眩设施构造

防眩设施按构造可分为三类：防眩板、防眩网、植树（间距型、密集型）。

(1)防眩板的分类

就防眩板的设置方式来说，主要有防眩板单独设置；防眩板设置在波型梁护栏的横梁上；防眩板设置在混凝土护栏上这三种情况。

(2)防眩板的构造情况

防眩板既要能有效地遮挡对向车辆前照灯的眩光，也应能满足横向通视良好，能看到斜前方，并满足对驾驶员心理影响小的要求。

2. 防眩设施材料

防眩板各部件可采用钢材、塑料或其他不易变形的耐久材料加工制作。防眩板若采用薄钢板或钢带制造，其性能应符合国家现行普通碳素结构钢板或钢带的有关规定。其采用塑料制作防眩板构件时，应选用在自然条件下不易老化、不易褪色和不易变形的高分子合成材料。应满足相应的力学性能、耐溶剂性能、环境适应性能等要求。

防眩板纵向构件可采用方形型钢制造，应符合国家现行冷弯型钢的有关规定。非承重板条可选用在自然条件下不易老化、不易褪色和不易变形的塑料板加工制作。

钢制眩板构件其表面防腐可采用镀锌、镀铝、镀锌（铝）后涂塑、涂塑等方法处理。镀锌（铝）的处理方法和要求同波形梁护栏。

防眩板经热浸镀锌（铝）处理后，为改善视觉景观，不给人以单调感，可在防眩板锌（铝）层上进行涂塑处理，或直接将钢构件进行涂塑处理，具体要求同隔离设施镀锌（铝）后涂塑、涂塑处理。

二、防眩设施产品质量检测及施工质量检测

1. 防眩设施产品质量检测

防眩设施的产品质量和护栏及隔离设施一样，其检测项目也包括 4 个方面：外观质量、镀层质量、几何图形状与尺寸以及材料性能。

(1)防眩设施的材料性能

防眩设施的主体、支撑体和连接件若采用普通碳素结构钢、材料的力学性能应符合《碳素结构钢》(GB700-88)的规定，原材料的试样与护栏产品试样相同。

防眩设施的主体若采用铝板或铝合金材料，材料性能应符合《铝及铝合金加工产品化学成分》(GB3190)和《铝合金板材的尺寸允许偏差》(GB3194)的规定。化学成分的仲裁分析方法按《铝合金化学分析方法》(YB788-75)进行。试样的取样与交通标志产品试样类同。板材内部不允许有中心裂纹和分层。板材表面应清洁，不应有裂纹和氧化夹杂物，允许有压陷、碰伤、擦伤、轧辊压痕，但其深度不超过板材厚度允许负偏差，并保证最小厚度。

防眩设施的主体若采用其他合成材料，其材料性能应符合相应的标准与设计要求。

(2)防眩设施的防腐层质量与外观质量

防眩设施可以采用不同的材料制作，并且可以采取不同的方法进行防腐处理，对不同的材料及处理方法，其性能指标及检测方法不同。防眩设施若为钢构件，则防腐层质量与外观质量要求见护栏或隔离设施质量要求。若底材为非磁性材料，则需根据《非磁性金属基体上非导电覆盖层厚度测量》(GB4957)的方法进行检测。非磁性材料厚度的测量采用涡流仪器无损检测法，其原理是通过涡流测厚仪的测头所产生的高频电磁场，使置于测头下面的导体产生涡流，其振幅和相位是覆盖层厚度的倍数。为了减少测量误差，应对测量仪器进行校准，并且避免在试样的弯曲表面、内转角、边缘测试，且需满足测量次数的要求。

(3)防眩设施的外形尺寸

防眩设施的外形尺寸应以设计要求为准，用一般量具如卡尺、盒尺、角度尺来测量。

2. 防眩设施施工质量检测

(1)基本要求

防眩设施整体应与路线线形一致，美观大方，结构合理。

防眩板的材质、镀锌量、几何尺寸应符合《公路防眩设施技术条件》(JT/T333)及设计和施工规范要求。

防眩设施的几何尺寸及遮光角应符合设计要求。

平面弯曲度不得超过板长的 0.3%。

防眩设施安装牢固。

(2)外观鉴定

防眩板表面不得有气泡、裂纹、疤痕、面分层等缺陷。

防眩设施安装牢固。

(3)实测项目

防眩设施的实测项目如表 7.10 所示。

表 7.10 防眩设施实测项目

项次	检验项目	规定值或允许偏差	检查仪器和频率	权值
1	防眩设施安装相对高度	±10	尺量:抽检 5%	2
2	防眩设施镀(涂)层厚度	符合设计	涂层测厚仪:抽检 5%	1
3	防眩板宽度(mm)	±5	尺量:抽检 5%	1
4	板条设置间距(mm)	±10	尺量:抽检 10%	1
5	竖直度(mm/m)	±5	垂线、尺量:抽检 10%	1
6	顺直度(mm/m)	±8	拉线、尺量:抽检 10%	2

(4)检验方法

①防眩设施安装相对高度的检验

防眩设施安装相对高度是指从路面到防眩板面顶的总高度。每处量三次,取平均值。从基点用钢卷尺(量程 300mm,精度 0.5mm)量取总高度。每处量三次,取平均值。

②镀层厚度检验

防眩设施镀(涂)层厚度应满足设计要求,用涂层测厚仪(量程 1200mm,精度为 1μm)测量防眩金属构件各部分的镀锌(涂)层厚度,各构件每处在不同断面测三次,取平均值。

③防眩板宽度检验

用直尺(量程 500mm,精度为 0.5mm)在防眩板上、中、下部位,量取板宽,取平均值。

④防眩板设施间距检验

用钢卷尺(量程 500mm,精度 0.5mm)测量防眩板的竖直度。用垂线对照防眩板侧边,从防眩板顶面固定垂线,量取防眩板偏离垂线的距离。

⑤竖直度检验

用垂线和直尺(量程 5000mm,精度 0.5mm)测量防眩板的竖直度。用垂线对照防眩板侧边,从防眩板顶面固定垂线,量取防眩板偏离垂线的距离。

⑥防眩板安装顺直度检验

在道路直线段,先确定道路中线的位置和防眩板中心线的位置,用 10m 拉线分别固定在防眩板两端中心线位置,用直尺(精度 0.5mm)测量垂直防眩板偏离中心线的距离。在道路曲线段防眩板应与道路线形协调一致,防眩板线形应圆滑顺畅。

第七节 机电设施质量检测

一、监控设施质量检测

1. 监控系统构成

交通监控是对高速公路交通运行状态及交通设施和交通环境的监测和对交通流行为的控制。高速公路是一种现代化高速交通设施，具有高速、高效、安全、舒适的功能。为保障高速公路功能的实现，其监控系统是不可缺少的重要组成部分。由外场监控设备和各级监控中心组成的监控系统是实现高速公路运营管理的主要手段。监控系统的目标是保证行车安全和道路畅通，在此基础上再实现高速、环保等其他目标。

监控系统根据交通流、气候、路况及随时发生的意外情况，对车流进行适时指挥、及时检测、发现、疏导处理异常事故和缓解交通拥挤。这些作用是人工管理和手工操作难以实现的，所以现代化的监控系统是高速公路的指挥系统。

高速公路监控系统按信息的流程可分为三个子系统，即信息采集子系统、信息处理子系统和信息发布子系统。

(1)信息采信子系统

该子系统的功能是，通过车辆检测器(包括视频检测器、超声波检测器和环形线圈检测器等)、气象检测器、环境检测器和视频监控系统来获取交通住处及沿线路况信息的初始数据。

①车辆检测器

a. 环形线圈车辆检测器

由具有一定电感的金属环形线圈与电容器组成谐振回路，其谐振频率与线圈电感量的平方根成反比。当车辆进入线圈的电磁场范围时，线圈的电感量发生变化，使振荡电压频移，通过鉴别电路对频移信号进行处理，形成车辆存在信号，并到相关电路进行计算和控制。

检测信号的强度取决于环形线圈对车辆信息的传导性和车辆材料的可渗透性。环形线圈按驱动方式可分为有源式和无源式两类，按处理方式分为存在型和通过型两类。环形线圈车辆检测器尺寸的设计在宽度上应覆盖一个车道宽的50%～60%，在长度上(车辆行驶方向)以不超过2m为宜，主要考虑交通流的间隔和车队的检测，环形线圈导线要求绝缘性高，耐热，耐寒，耐拉及韧性好。一般选用异丁橡胶绝缘导线或铜芯聚氯乙烯绝缘软线。环型线圈的埋设工艺对其精度和寿命有很大的影响。一般要求路面坚固，在钢筋混凝土车道上埋设时，须保证一定的深度，且与钢筋保持一定的距离。

在实际使用中，因环境(如温度、湿度、噪音等)会影响线圈的阻抗，从而影响检测精度，故要求环形线圈在适当的温度范围内工作，且具有抗电磁干扰的能力。其次要排除相邻线圈之间的影响。最后要尽量缩短电缆的长度。

环形线圈车辆检测器用于交通量的检测，具有功能全面、性能稳定、数据准确、灵敏度高等优点。目前广泛应用于城市道路和高等级公路的交通量检测，如双环配合可用于测量车速，占有率及车型识别等。其布设在一定距离内也能准确地检测事故的发生，这个布设距离是300～500m。检测事故的发生一般在对隧道监控上应用比较广泛。

b. 超声波车辆检测器

超声波式车辆检测器是利用压电材料发射和接收超声波信号，根据检测方案的不同，可单独使用发射和接收探头，也可由一个探头兼作收、发两种功能，即同时应用正压电效应和逆压电效应。根据交通流检测的特点，压电元多做成喇叭形，以提高接收灵敏度。

c. 视频车辆检测器

视频检测器是近年来基于图像处理的原理新开发的车辆检测器。

d. 地磁式车辆检测器

地磁式检测器的探头由线圈和磁芯放入骨架内，骨架外绕上线圈后放入护筒内并用硅橡胶进行封口。

e. 红外式车辆检测器

光电检测器实际上是红外光电开关在交通量检测中的应用，常用对射式光电开光。

f. 雷达式车辆检测器

雷达式检测器是利用多普勒效应检测车辆的行驶速度，一般有手持式和固定式两种。

②气象检测器

根据对气象条件的分析可知，能见度、湿度、风速等气象参数对交通有较大的影响，因此，检测这些参数对高速公路交通管理具有积极的意义。

a. 温度检测器

大气温度测量常采用薄膜工艺制作的铂电阻，路面温度监测器常用绕线工艺制作的铂电阻。

b. 湿度检测器

湿度传感器常用聚合物湿敏电容，其结构是由两块下电极、湿敏材料和上电极组成的两个电容的串联电路，置于玻璃底衬上。

c. 风速、风向检测器

风速检测器的传感元件为安装在轴承上的三个风杯。

d. 雨量检测器

采用双翻斗式雨量传感器。

③环境测检测器

主要包括废气(HC、CO、CO_2、NO_x)检测器、能见度检测器、火灾检测器等。

④视频监控系统

在高速公路监控系统中，需要随时了解情况的重要地点，利用车辆检测器等设施往往难以获得完整信息，使用视频监控的手段能够将现场数据传送到监控室，使监控人员看到监控地点的全面情况，对交通事件进行确认。视频监控系统在桥梁、隧道、互通式立交桥等特殊路段有着广泛的应用。

(2)信息处理子系统

对于高速公路监控信息的处理基本都是在各级监控中心完成的，在此着重介绍监控中心的功能和结构。

监控中心的功能应具有数据采集与处理，事故自动检测，交通控制方案自动选择，显示，统计查询，图像监视，系统设备监测和协调处理交通管理业务的功通，为实现上述功能，需要有控制器、综合控制台、电视监视器、地图板或大屏幕投影。

(3)信息发布子系统

①可变信息标志

可变信息标志用来告示所在地及前方道路、交通和环境情况。

②匝道信号机

匝道控制包括入口匝道控制和出口匝道控制。入口匝道控制的方式有入口匝道关闭、定时调节、交通感应调节、汇合控制和集总匝道控制。出口匝道控制的方式有出口匝道调节和出口匝道关闭等。

③路旁无线电广播

路旁无线电是公路管理部门自有的一种小范围无线通信系统，可设计成以任何载频实现调幅广播，一般使用中波频率(如 530kHz 或 1610kHz)。在设有路旁无线电的路段，有标志告知驾驶员把车内收音机调谐到指定频率，以便接收有关事故、道路养护施工及路线引导等信息。在危险路段，该系统常播发限制车速的命令。

④电子引导信息系统

近年来随着广播、电视及计算机的普及，特别是互联网的迅猛发展，给交通的管理与控制带来了非常深刻的变革。基于上述媒介的车辆引导系统，或称为旅行前线路引导系统也越来越多地受到人们的青睐，已为工作、度假、购物等旅行提供了巨大便利。

⑤车载诱导信息系统

车载诱导信息系统是近年来西方发达国家争相研究开发的热门系统之一。日本、美国、欧洲等国均在该系统上投入了大量的人力、物力，争相研究新型的车载线路诱导信息系统，为未来智能运输系统的实施奠定了坚实的基础。车载线路诱导系统主要包括三个方面的内容：线路规划、导航、行驶中的再规划。

2. 监控设施质量检测的主要项目与方法

(1)主要检测项目

①产品外观及安装的检测

产品外观及安装的检测内容包括设备名称、型号、规格、合格证及产地的认可，设备安装数量、规格型号符合要求，部件完整，安装稳定、端正。

布线平直、整齐、固定可靠，且标志清楚、牢固。网络设备、网线线槽、信息插座布放整齐美观，安装牢固、标志清楚。信息模块双绞线接头的压接形式符合 EIA/TIA 586A 或 586B 的要求，且在一个系统中只能选择一种压接形式，不得混用。

主要技术指标的标定或检定，抽检关键设备做例行试验(高温、低温、湿度、过压、耐压、振动、电磁兼容性)等。

②智能设备的检测与诊断

智能设备的检测主要包括连续 72h 运行考核，信息处理能力的检测，系统主要功能的考核，平均无故障工作时间与平均修复时间的考核，接地电阻的测定，绝缘性测定等。

(2)常用的检测方法

由于监控系统设备种类的工作原理和功能相差较大,除上述检测项目外,下面分类说明常用的检测方法。

①信息采集子系统

a.车辆检测器的检测

交通信息检测设备主要用于检测车流量、速度、占有率。依据使用特点,由一定数量车辆组成的车流,在不同车速下,检测其功能和指标是否可达到设计要求。另一类检测方法是根据其检测原理,测定其技术指标,如环形线圈车辆检测器,可人为改变线圈的电感量,检测其信号处理能力和灵敏度。

用人工计数器与车辆检测器同步测量车辆数,要求车辆数检测精度大于98%。人工测试车速与车辆检测器测试车速的误差小于5%。

b.气象及环境检测器的检测

除废气检测可采用标准气体标定外,其他检测器多采用人工环境,对比检测。这类检测器的另一主要技术指标是反应时间,即当某事件发生时,检测器需多长时间才能检测出。

c.闭路电视系统设备的检测

检测电视信号拍摄系统在各种天气或气候条件下能否正常工作。摄像机镜头在5～10lx条件下应能清楚地摄入500m内所有物体细节,视距不低于1000m,分辨率不低于500像素,室外云台旋转角度水平10°～40°,垂直上仰15°、下俯60°,旋转速度水平6°/s、垂直3°/s。检测切换器的切换能力和切换质量,视频信号的记录和还原性,是否配有防雷装置。

d.紧急电话的检测

检测路侧紧急电话的按键,呼叫接通时间,送(受)话器的质量和声波。检测紧急电话供电系统的可靠性及停电后紧急电话的待机时间和通话时间检测话音的串扰,紧急电话及电缆的接地系统。

②信息处理子系统

用专用或通用测试软件对计算机(含工作站)系统设备进行检测与诊断。对地图显示板或大屏幕投影显示系统进行功能测试。对拥挤与事故检测的算法进行仿真试验,或组织车队进行模拟试验,以检测算法对事件检测的可靠性灵敏度。检测打印各类交通量报表和统计分析图的能力及历史资料保存能力(数据库管理系统)。

③信息发布子系统

对于磁翻板式可变限速标志和可变情报板,要检测翻转率和转换时间,要求转换时间小于1s,抵抗风力50m/s。对于发光二极管式或灯泡矩阵式设备要考核其视认性,即在不同照度下可清晰辨认的距离和发光强度,发光强度要大于3000mcd。对于无线电广播系统要测试发射信号的场强和信道的信噪比。

二、收费设施质量检测

收费系统作为一门应用于工程技术,具备应用科学的诸多特征。在理论上,收费系统与经济学、运筹学、心理学有着密切的联系。而在收费实施过程中则大量采用电子、通信、软件工程等学科发展的成果和设备，并在收费过程中发挥着巨大的作用。

目前收费系统的形式主要有两种：停车收费系统及不停车收费系统。停车收费系统是国内外广泛应用的一种形式。不停车收费系统亦称电子自动收费系统（Electric Toll Collection System），它是20世纪80年代末在国外兴起的一种先进的自动收费系统。与停车收费系统相比，它有着十分显著的优点，诸如节约能源、减少污染、防止作弊、减少车辆延误、提高交通设施的通行能力和服务水平、降低运营成本等。因而，电子自动收费统在国外的发展异常迅速，应用前景广阔。不停车收费系统就是利用车辆自动识别技术（Automatic Vehicle Identification，AVI）在不需要停车的状态下完成车辆与收费站之间的无线数据通信，进行车辆的识别及收费数据的交换，然后通过计算机网络进行数据处理，从而实现不停车电子收费。

1. 收费设施系统的构成

(1)车道设备

收费车道可以分为入口车道和出口车道，根据出入口性质的不同，其设备也不尽相同。入口车道负责对进入本站的车辆判别车型，将车辆信息和本站信息（包括车型、入口代码、车道代码、日期时间、收费员工号等）写入通行券中，然后放行车辆。入口车站设备主要有：车道控制计算机、收费终端、收费专用键盘、通行券读写机、自动栏杆、车辆检测器、信号灯、对讲设备、声光报警。

出口车道主要是检测车辆携带的通行券，校验车型并根据它们计算、收取通行费，打印收费票据，放行车辆。因此出口道在硬件上除具备与入口道相同的设施外，还配备金额显示器、收费票据打印机和字符叠加器。

(2)收费站设备

收费站设备包括收费服务器或计算机、管理计算机、计算机通信设备、服务管理系统、交通量统计、分析软件系统、报表统计、打印系统、收费站业务管理软件系统、收费站供电系统（UPS、备用电源等）、接地系统、信息传输系统。

(3)收费站监视系统

现有收费系统有两种不同的监控模式：以收费中心集中监控为主和以收费站监控为主。两种管理模式各具特点，一般认为短距离高速公路采用集中监控模式，其他采用以收费站为主的监控模式。

收费站监视系统由车道摄像机、收费亭摄像机、视频切换、系统控制设备、收费站与车道的对讲电视信号、光通信网络组成。

(4)收费中心、分中心设备

收费中心、分中心设备由服务器、管理计算机、交通量统计与分析、打印系统、收费报表统计与打印系统组成。其主要功能包括收集收费站计算机上报的各种信息，转发各种命令，整理、统计、存储、打印各种数据资料，并向监控计算机提供交通数据。

2. 收费设施质量检测项目与方法

(1)主要检测项目

①产品外观及安装的检测

设备名称、型号、规格、合格证及产地的认可，主要技术指标的标定或检定，抽检关键设备做例行试验(高温、低温、湿度、过压、耐压、振动、电磁兼容性等)，防雷接地线路的检测。

布线平直、整齐、固定可靠，且标志清楚、牢固。网络设备、网线线槽、信息插座布放整齐美观，安装牢固，标志清楚。信息模块双绞线接头的压接形式符合 EIA/TIA 586A 或 586B 的要求，且在一个系统中只能选择一种压接形式，不得混用。

②智能设备的检测与诊断

连续 72h 运行考核，信息处理能力的检测，系统主要功能的考核，平均无故障工作时间与平均修复时间的考核，接地电阻的测定，绝缘性测定。

(2)常用的检测方法

①使用具备自检或自诊断功能的设备进行自检试验

检测对各种类型车辆(小、中、大型车辆)的处理能力，对各种违章车辆的处理能力，对非法操作和错误操作的识别能力。合乎标准的打印纸应能正常打印出数据，收费显示器在各种光照条件下均应能正确辨认。自动栏机升起时能保持垂直，放下时能保持水平。发卡机/读卡机(磁卡、IC 卡)能正常无误地工作。车辆图像抓拍系统在设置上应保证在各种情况下均能抓拍到车辆的牌照。车辆分离器能有效地分离各种车辆，尤其在多车型分类时，不应把带挂车辆识别为两辆车。车型分类仪分类准确率应能达到规定的指标。上述内容可以进行实际车流试验，也可以组织由各类车辆组成的车流进行试验。

车道控制计算机与收费服务器应能通过软件的测试和电源拉偏试验，软件系统的各类功能模块应能通过测试和运行。收费站到车道控制机的通信信道误码率应能达到 10～9 级。

②附属设施的检测

车道及收费亭摄像机应能自动适应环境照度的变化，保证画面图像信息清晰，字符叠回信息应与收费车辆同步，对讲系统和报警装置应能达到设计要求。这些均可通过现场试验检测。

③不停车收费设施的检测

电子收费系统的检测除了应严格按照其性能指标进行各种考核外，还应特别注意系统是否具有完善的自诊断程序，这对于系统的高效运行与维护非常重要。所谓系统的自诊断就是系统的主控计算机通过运行自诊断程序，对其所控制的系统的其他设备的工作状况进行检查，并将结果以文字、图像、声音等形式在计算机上表现出来，及时发现故障并通知维修人员进行维修。系统自诊断的基本原理是信号反馈，主控计算机通过轮询方式依次向被检测设备发出一些“问诊”信号，信号的多少由检查项目的多少而定，可以是一个，也可以是多个，被检设备对主控机发出的问诊信号作出反应发出反馈信号给主控机。一旦没有得到反馈信号，主控机就认为该设备出现了某种故障，然后以文字、声音或图像的方式表现出来。

下面仅给出收费系统中常用的外围设备信号灯、电动栏杆、报警设备及摄像机的诊断原理。

信号灯的诊断：主控机向信号灯发出控制信号，用以打开信号灯，该信号灯通过隔离电路，将固定继电器闭合，则220V交流通过保险丝，变压器的初级信号灯点亮，若回路各元件正常，则变压器的次级有感应交流电压，该电压经速流变为直流压，再经隔离电路反送给主控计算机。若信号灯回路中元件至少有一个损坏，则回路中无电流，反馈电路也没有反馈信号，主控机接收不到反馈信号就认为信号灯回路故障。

电动栏杆的诊断：为了检测栏杆的功能是否正常，比较简单易行的方法是在栏杆的转轴上放置一个定位开关，当栏杆抬起时，开关处于断开状态，栏杆下落时，定位开关就会闭合。当定位开关接通时会产生一个高电瓶反馈信号，反之产生一个低电瓶信号。主控计算机根据反馈信号是否高低有变化，即可断定栏杆动作是否正常。

报警设备的诊断：对报警灯的诊断，可仿照对信号灯的诊断进行设计。对警笛和语音报警进行诊断，可利用小型拾音头从报警装置的发声处拾取报警音响作为反馈信号。

摄像机的诊断：由于摄像机或摄像镜头都是现成产品，加入诊断反馈电路比较困难。通常只利用它是否输出图像信号进行诊断。当主控机发出抓拍指令后，就开始对摄像机相连的图像接口电路进行检测，若对规定时间内没有检测到视频信号输入，就判断摄像机部分故障。

三、通信设施质量检测

高速公路通信系统是高速公路现代化管理的支持系统，它要实现监控系统和收费系统的数据、语音和图像等信息准确而及时的传输，要保持公路管理部门之间业务联络通信的畅通，并要为高速公路内部各部门与外界建立必要的联系。因此通信系统是实现高速公路现代化管理必不可少的基础设施。

随着大规模集成电路技术、计算机技术、光纤通信技术和程控交换技术的发展，信息服务已深入到各个领域。随着我国高速公路建设的发展，光纤通信技术应用到高速公路专用通信网中，使公路专用通信技术发展到新的水平。公路专用通信按通信业务可分为业务电话系统、指令电话系统、应急电话系统、数据传输系统、图像传输系统。按通信方式可划分为有线方式和无线方式，其中有线方式主要以电缆和光缆为主，无线方式主要采用微波和卫星通信。高速公路通信干线距离较远，属长途干线传输方式，国内处均已淘汰。卫星通信适用于长距离中继通信，但高速公路的道路设线有诸多信源点，局(站)间距离一般为20～50km，卫星通信作为干线传输不太适宜。光纤通信和微波通信是高速公路通信系统干线传输可供选择的方式。由于光纤通信已成为干线传输的选择形式，在此重点介绍光纤通信的检测。

1.高速公路光纤数字通信系统

光纤通信是20世纪70年代发展起来的一种新型通信方式。所谓光纤通信就是将需要传递的图像、数据信号先变成光信号，经由光纤进行传输。选择哪种传输技术是由其传输频带和传输数量、可靠性、经济性及可发展的潜力共同决定的。在通信网络中之所以采用光纤是因为它有着比铜线传输和无线传输更好的特性，这些特性包括传输频带宽、通信容量大、抗干扰强、中继距离长、可靠性高、安全性能以及无限的发展潜力。

在高速公路的中央分隔带建设通信管道在道路两侧中基坡道直埋电缆，为敷设光缆创造了得天独厚的条件。高速公路监控系统中闭路电视系统的视频信号传输也广泛采用光缆传输，干线光纤数字传输和光纤图像传输可采用光缆方式，综合利用光缆。我国许多已建高速公路大多采用光纤通信的方式。

(1)光纤通信系统的构成

光纤通信系统是以光波为载体，光纤为传输介质的通信系统。它主要由终端设备、光接收机、光缆、光纤连接器、光经行耦合器、光纤放大器、光衰减与隔离器、光再生中继器等光电网络和器件所组成。

(2)光纤和光缆

光纤(光导纤维)是光通信系统传输信号的介质。最基本最常用的是石英光纤，它由光纤芯和包层两部分组成，外面再加常涂覆层的保护光纤。纤芯位于光纤中心部分，成分是高纯度二氧化硅，并掺有少量锗，包层为含有少量掺杂剂的高纯二氧化硅，包层直径(包含纤芯在内)为 100～150μm，最外层是塑料保护层。

光缆一般由缆芯、加强元件、护套等组成。

(3)光纤通信系统的质量指标

为了保证通信网的正常工作和通信质量，光纤数字通信系统的质量指标必须达到合理要求，其主要指标有：误码、抖动、漂移特性及可靠性。

2.高速公路程控交换系统

综合业务交换系统主要由程控交换机、供电系统、接地系统、线缆系统、电传机、计费系统组成。

3.高速公路移动通信系统

移动通信技术源于路载通信系统。移动通信系统主要是由一个基台(BS)、若干移动台(MS)、移动业务交换中心(MSC)和与市话网(PSTN)相连接的中继线组成。

4.高速公路紧急电话系统

紧急电话是收集车辆故障及事故信息的主要手段之一。它是为道路使用者提供紧急呼救求援的专用通信手段，使用者按键便可直接与监控中心值班员通话。紧急电话系统具备两个主要功能：

使呼救者与救助部门取得联系。自动确定呼救者所在位置。

紧急电话系统主要由三部分组成：紧急电话控制台，紧急电话通话柱，传输线路。

5.通信设施质量检测项目与方法

通信设施的质量检测项目主要包括产品质量和安装质量的检测。产品质量检测主要包括设备名称、型号、规格、出厂合格证检查、设备及产品性能检测。安装质量检测主要检测其供电系统、接地电阻、绝缘性能及通信传输质量。由于现在高速公路的信息传输载体主要是光通信，因此这里着重介绍此类设备的检测项目与方法。

(1)光缆线路测试

①光缆测试

对于单光缆或综合光缆，应检测光纤的几何、光学、传输特性、机械特性等出厂测试记录。应对综合光缆的全部低频四线组及对绞线对的电特性进行测试，而对综合光缆或单光缆的光纤损耗及长度进行检查，并与出厂测试记录进行比较，若不相符则应进行全部测试。

对光缆的光纤损耗及长度进行测试时，一般采用背向散射法。

②光纤接续损耗测试

③光中继段测试

光中继段测试应包括两项内容，第一是光纤衰减测试，可用 OTDR 测试，也可用光源、光功率计测试。第二是对 DSH（同步数字系统）传输系统传递速率大于 622Mb/s 时测试 S 点回波损耗的测试。

④光缆故障测试

光缆故障测试主要是故障定位，这是光缆施工和日常维护中不可缺少的内容。故障定位通常采用背向散射法和移动法测试。

(2)光、电接口测试

PDH（准同数字系列）光纤数字通信设备可分为两大类：一类是光设备（如光端机等），一类是电设备（如电端机、复用设备等）。因此，设备接口也就分为两类接口，即光接口和电接口。

①PDH 光接口测试

光接口测试主要有四项内容，即平均发送光功率、消光比、光接收机灵敏度、光接收机动态范围。这四项指标中的很多指标无明确建议，需根据设备出厂指标及光纤数字通信系统设计确定。

②PDH 电接口测试

这里提及的电接口是指光机和电端机连接接口。光端机的电接口主要指标与测试方法与电端机基本相同。对于电接口一般要测试输入口允许连线衰减、输入口允许码速偏移，输入口反射衰减、输出口脉冲波形。

③SDH 网元接口测试

SDH 传输系统中，允许不同厂家的设备在光接口上互联，因此，应对网元的光接口进行测试。在工程中一般应对平均发送光功率、光接收机灵敏度、光接收机过载点进行测试。当传输速度超过 622Mb/s（含 622Mb/s）时，还应对光接收机 R 点反射系数进行测试。

(3)PDH 系统测试

①误码性能测试

误码率是指在一个相当长的时间间隔内，传输码流中出现误码的概率。

②抖动性能测试

数字信号单元脉冲的有效瞬间对其理想时间位置的短时非积累性偏离叫做抖动，偏离的时间范围叫做抖动幅度，偏离时间间隔对时间的变化率叫做抖动频率。

(4)SDH 系统测试

为使 SDH 系统投入运行后能稳定可靠地工作，投入运行前或在维修中需要对 SDH 系统进行测试。SDH 系统测试有误码性能测试、抖动性能测试及漂移性能测试。

(5)音频通路特性测试

常用话路特性测试仪表测试音频通路的特性，标称参考测试频率，一般为 1020Hz 正弦波信号。在进行音频通路特定性测试前，应根据被测试通路四线（二线）发和四线（二线)收的相对电平值,预先对仪表进行“设置”。

①通路电平测试

通路电平是音频通路特性的一项基础指标,它与其他指标有关联,因此,应先测试该指标。

②衰减频率特性测试

PCM 音频通路中有滤波器、放大器和变压器,它们对音频频带内的不同频率有不同的衰减,用衰减频率特性来表示其他频率接收电平与参考频率接收电平差值随频率变化的情况。

四、供配电照明设施质量检测

高速公路机电系统的运行,依靠供配电照明系统提供电能支持,随着机电系统建设的逐步完成,高速公路供配电照明已经发展成为电力供电系统的一个重要分支。因此对高速公路供配电照明的质量检测尤为重要。

高速公路供配电系统分为高压供电和低压供电系统,是高速公路机电系统不可少的支持系统,它的作用是保证 24h 不间断供电,保证正常供电的同时又能保证紧急供电。

照明系统的目的就是要将良好的视觉信息传递给道路使用者,改善夜间行车条件,以达到提高通行能力、预防交通事故的目的。

设置道路照明还可使车速提高,减少运行时间,并使昼夜交通流的分布发生变化,吸引大量的车流在夜间行驶,有效地减轻白天高峰期的拥挤程度,提高道路的使用效率。合理的照明设计,还具有美化环境和道路景观的作用。因此,在照明设计中,要充分发挥照明系统的效率,创造出最佳的视觉效果,才能达到良好的照明质量。

1. 供配电系统

高速公路供配电系统主要由输电线路和电气设备(包括变压器、高压隔离开关、高压负荷开关、高压柜、低压柜)组成。供配电系统是现代化管理系统的重要组成部分。交通管理系统对供电系统的基本要求是可靠、稳定、小型和高效率。供配电系统为通信、监控和收费等系统供电,其可靠性是确保上述系统正常运行的基本条件。为了保证可靠供电,必须对一些重要设备采用交流不停电供电系统。对直流供电系统中采用应急电源,系统各种设备都要求电压稳定,不能超过允许的电压范围。在对系统设施进行供电时,交流输入端必须接交流稳压电源。

交流供电系统主要包括变电站提供的交流电,柴油发电机供给的自备交流电源以及由整流器、蓄电和逆变器组成的交流不停电电源。为了提高供电的可靠性,高压输入一般由两个变电站供给,并采用专入线引入,一路主用,一路备用。为了不间断交流供电,柴油发电机应能自动起动,对某些重要设备中可以采用静止型交流不停电电源。

直流供电系统可分为集中直流供电系统和分散直流供电系统。对于设备容量较大、比较集中的系统可以采用集中直流供电。由于各设备的电源系统相互独立、互不干扰,相当于给设备配置了一台直流应急电源。

为了保证系统运行的安全性,系统电源的供电系统都必须有良好的接地装置。在交流接地系统中,为了避免因三相负载不平衡而使各相电压差别过大,三相电源都应直接接地，这种接地称作工作接地。接地装置与大地之间的电阻称为接地电阻。当变压器在100kW以下时，接地电阻不大于10Ω，当变压器的容量在100kW以上时，接地电阻应不大于4Ω。为了避免电源设备的金属外壳因绝缘损坏而带电，与带电部分绝缘的金属外壳必须直接接地，这种设备，在电源系统中安装的避雷器应设有防雷接地装置，其接地电阻一般应为10～20Ω，同时防雷接地线与工作接地线、保护接地线分开。在直流供电系统中，由于系统设备的需要，直流供电源及蓄电池组的正极(或负极)必须接地。

随着高速公路对硬件设备要求的逐步提高和电子技术的蓬勃发展，尤其是靠近城市的快速干道、大型桥梁、隧道、沿海地区交通量大的高速公路上应采用全景照明系统和灯箱广告，在主塔内部安装观光电梯等。这些都对配电系统提出了高的要求。由于现在几乎所有的高速公路都没有实现全段照明，所以本部分就针对高速公路的重点部分进行介绍。

(1)收费站供配电系统

由于高速公路沿线收费站、服务区、管理处所需功率一般不大于1000kW，因此通常设一个将10kV电压降为200V/380V的降压变电所，同时考虑交通机电设施对供电可靠性有较高的要求，为保证供电的可靠性和稳定性，目前变电站的典型配置为采用以一级电力部门提供的10kV电源做主电源，并在低压侧配备自启动柴油发电机级以满足一、二级负荷的供电。

(2)大型梁的供配电系统

长度在1000m左右的大型桥梁一般用的电设备较多。除交通机电三大系统外，还有航空灯、航标灯、主塔电梯、结构内部照明和斜拉塔的景观照明等用电设备。在钢结构大桥中，还可能有内部除湿系统。这些设备的功率、使用时间、使用系数各不相同，总负荷较大。在高低压侧均配设联系柜，正常运行时高、低压母线分段运行，并在低压侧配备自启动柴油发电机组。

(3)隧道供配电系统

隧道内设置有通风、消防、照明、监控等设施。为确保隧道安全、正常运营，要求供电系统无故障运行以保证高度的安全性。

隧道供电一般设有两路外电源和一套自备电源，以确保隧道供电安全可靠。在外电源发生故障的情况下，自备柴油发电机组运转发电。为使供电灵活、提高故障情况下的供电的可行性，系统采用分段母线供电，互为联络。通风、照明、监控和通信设备必须符合特殊使用条件，如必须满足湿度、废气、污物、防冻盐、高压水和雾等特定条件下的特定的要求。

为保证隧道照明有稳定的电源电压，有利于提高灯具的使用寿命和保证照度稳定，对全隧道照明要采用独立的电源供电，可避免因大容量电器启动时造成母线电压波动而影响照明。

2. 道路照明系统

(1)照明设计

①基本要求

车行道的宽度水平(照度标准)适宜。亮度均匀，路面不出现光斑。控制眩光，主要避免光源的直接眩光、反射光及光幕反射。良好的视觉诱导性。良好的光源光色及显色性。

节约电能。便于维护管理。与道路景观协调。

②道路照明设计的合理布局

公路照明一般设置在收费站广场、立体交叉、特大桥、平面交叉口、服务区、养护区、停车场、进出口以及需要设置照明的路段。照明可分为分散照明和集中照明两种类型,分散照明是指沿着公路走向设置灯杆照明,集中照明是在确定位置上,用高杆照明。

公路照明光源应采用高光效气体电灯,不应采用白炽灯。无显色性要求的部位及场所宜采用高压钠灯或其他新光源。对显色性有较高要求的部位或场所,可采用金属卤化物灯或高显色性高压钠灯。

高速公路和一级公路中需设有照明的路段其照明灯具必须采用截光型、半截光型灯具。截光型、半截光型灯具的性能应满足《灯具外壳防腐等级》(GB7001)的规定。根据公路横断面和照明器具的配光性,照明灯杆的布置可从单侧布置、双侧交错布置、双侧对称布置和中心对称布置中选择。

(2)照明技术要求

①照明技术指标

公路照明的技术指标通常为亮度、照度、眩光限制和诱导性四项指标。其中亮度、照度、眩光都与光通量、发光强度有关。

②照明标准

道路照明标准,通常用路面的水平照度值和不均匀度来表示。在道路照明中,人对物的感觉多数以面为背景,因而采用路面亮度值作为道路照明标准更为合理。对一定的路面材料来说,平均照度和平均亮度之间存在着一定的转换关系。

(3)照明设置

有照明设施且平均亮度高于 1.0cd/m^2 的公路的进出口,应设置照明过渡段。

平曲线半径大于或等于 1000m 的曲线路段,其照明灯杆可按直线路段设置。平曲线半径小于或等于 1000m 的路段照明灯杆的间距,宜为直线段的 0.5～0.75 倍。半径越小,间距也应越小。曲线中段发生视线障碍时,可在曲线外侧增设照明灯杆。曲线路段的照明灯杆不得安装在直线路段照明灯的延长线上。

小型收费站广场宜采用低杆、中杆照明,大型收费站广场和互通式立体交叉桥宜采用高杆照明。

立体交叉桥的照明设施,不应产生眩光,应提供良好的诱导性。

平面交叉口、分合流点附近照明灯杆的设置,应能充分显现周围环境,使驾驶员在接近交叉口时,能辨认交叉口及前方位置。

桥梁照明宜根据桥梁结构形式采用与之相适应的照明器具和设置方式。桥梁照明应防止眩光,必要时采用严格控光灯具,不得使用对船舶航行等水上交通及渔业活动造成不利影响的照明设施。

停车场宜采用高杆或中杆照明。照明灯杆应采用金属灯杆或钢筋混凝土灯杆。采用金属灯杆时,应采用热浸镀锌或铝喷涂,对灯杆表面进行防腐处理。灯杆内的电气接线应采用铜芯护套线,导线截面不低于 1.5mm^2。

3. 隧道照明系统

隧道照明系统主要包括入口照明、基本段照明、出口照明、接近段减光措施、应急照明和洞外引导照明。

4. 电源照明设施质量检测

(1)检测范围

电源设备主要检测电源线路情况，配电柜、直流供电系统和 UPS 电源系统以及各个部件的防雷接地情况。

道路照明设施的检测主要包括单项设备检测和照明效果检测。其具体检测范围如下所示：

单项设备：照明灯具、灯架、灯杆，照明供电系统应急照明系统，照明控制系统。

照明效果：特殊部位，相关场所的平均亮度，照明的色显、照度、防眩性及诱导性。

(2)检测项目与方法

根据电源照明设施的检测范围，其检测项目主要有产品外观质量检测，设备及使用性能参数检测，几何尺寸及安装检测和防腐性能检测。

①产品外观质量检测

任何产品必须附有质量证明书，包含产品的名称、型号、规格、生产厂家、本批数量、生产及检验日期、合格证及产地认可证明。通过目视和手感的方法，检测产品的外观缺陷。

②几何尺寸及安装检测

低压配电设施的安装高度，其底部宜高出地面 50～100mm。操作手柄转轴中心与地面的距离，宜为 1200～1500mm。侧面操作的手柄与建筑物或设备的距离不宜小于 200mm。设备抗震加固措施符合设计要求。

电杆直立的垂直度偏差不大于 0.50，线杆横向位置偏移不大于 50mm。

照明灯具的安装高度宜在 10mm 以上，其水平倾斜角度应控制在 0°～15°。应用水准仪、经纬仪(全站仪)测试。

照明灯杆的挑臂延伸长度，一般不宜超过灯杆高度的 1/4。

照明灯杆的间距应根据灯杆高(h)、道路宽度、灯具的配光性能以及对照明质量的要求确定，一般灯杆间距宜为 3～4.5h。采用泛光灯照明时，高杆灯的灯杆间距宜为 4～6h。采用高杆照明方式时，高杆灯的灯杆间距宜为 4～6h。

采用高杆照明方式时，宜优先选用升降式高杆设施，并符合《升降式高杆照明装置技术条件》(JT/T312)的要求。

公路照明杆内的电气接线采用铜芯护套线、导线截面积不得低于 1.5mm^2。

公路照明的灯具防护等级宜在 IP54 以上，带有散热器、并有足够的结构强度。

③设备及使用性能参数检测

照明供电宜由 10kV 配电线路上专用变压器供电或从公用三相变压器上引出单相(220V)或三相(380V/220V)电源低压供电。在特殊部位及相关场所可根据需要增设自发电设备及系统，条件许可时，可采用 10kV 电压等级线路供电，并应符合下列要求：三项负荷分配平衡。独立供电系统的供电线路应能互相连路。

低压照明线路的末端电压不应低于额定电压的 90%或不应低于始端电压的 95%。

设置专用变压器供电时,变压器应在经济负荷上运行。

照明供电网络设计应符合规定的要求并有余地,在技术经济条件许可时,宜采用地下电缆供电。

可触及的金属灯杆和配电箱等金属照明设备均需保护接地,接地电阻不大于10Ω。检测仪器采用接地电阻测量仪。

照明供电系统需达到良好的绝缘性能。

照明供电效率应大于60%。

照明效果的检测通过照度的检测测定路面平均照度,根据平均照度计算防眩指数,以判断其是否达到防眩限制标准。照明的色显效果可通过色差计测定。对诱导性能只能通过行车效果来定性检测。

④防腐性能检测

蓄电池组的连接条、螺栓、螺母进行了防腐处理,并且连接可靠。

照明灯具外壳防腐性能依据《灯具外壳防腐等级》(GB7001)的测定。

金属照明灯杆的镀锌层测定见前述内容。

第八章　公路工程质量评定方法

本章主要介绍公路工程质量检验评定方法，它适用于公路工程质量监督部门对工程质量的检查鉴定和监理工程师对工程质量的检查认定，同时亦适用施工单位自检和分项工程的交接验收。

第一节　概　述

一、工程项目的划分

现行交通部颁布的《公路工程质量检验评定标准》(JTJ071-2004)是对公路工程质量进行管理、监控和验收的法规性技术文件，是检验评定公路工程质量和等级的标准尺度。

该标准可用于公路工程质量监督部门和有资质的检测机构对工程质量的检查鉴定，监理工程师对工程质量的检查认定，施工单位自检和分项工程的交接验收。它是公路工程竣工验收的质量评定依据。

《公路工程质量检验评定标准》为交通部行业标准，其适用范围主要针对三级及三级以上公路的新建和改建工程。对于公路大、中修工程和四级公路，考虑到工程规模小、施工组织形式和技术设备条件等因素，难以实施严格的质量管理和控制，只规定参照使用。考虑建设任务、施工管理和质量控制需要，建设项目划分为单位工程、分部工程、分项工程三级。

在建设项目中，根据业主下达的任务和签订的合同，将具有独立施工条件，可以单独作为成本计算的对象作为单位工程。单位工程分为路基工程、路面工程、桥梁工程(大、中桥)、互通立交工程、隧道工程和交通安全设施等六类。

在单位工程中，按结构部位、路段长度及施工特点或施工任务将其划分若干个分部工程。

在分部工程中，按不同的施工方法、材料、工序及路段长度等将其划分若干个分项工程。

施工单位应按此种工程划分进行质量自检和资料汇总，质量监督部门按照此种工程划分逐级进行工程质量等级评定。路基、路面单位工程中分部工程和分项工程的划分内容详见表 8.1。桥梁工程单位工程中分部工程和分项工程的划分内容详见表 8.2。

表 8.1 路基路面单位工程、分部工程和分项工程的划分

单位工程	分部工程	分项工程
路基工程（每 10km 或每标段为单元）	路基土石方工程*（1～3km 路段）	土方路基*，石方路基*，软土地基*，土工合成材料处治层*等
	排水工程（1～3km 路段）	管道基础及管节安装*，检查（雨水）井砌筑*，土沟，浆砌排水沟*，盲沟，跌水，急流槽*，水簸箕，排水泵站等
	小桥（每座为单元）	基础及下部构造*，上部构造预制、安装或浇注*，桥面*，栏杆，人行道等
	涵洞（1～3km 路段）	管涵，盖板涵，箱涵*，拱涵，倒虹吸管，通道，顶入法施工的桥涵*等
	砌筑工程（1～3km 路段）	挡土墙*，锚喷支护*，护坡，丁坝*等
	大型挡土墙*（每处为单元）	基础*，墙身*，面板预制*，面板安装*，加筋土挡土墙总体*等
路面工程（每 10km 或每标段为单元）	路面工程*（1～3km 路段）	底基层、基层*，面层*，垫层，联结层，路缘石，人行道，路肩等

注：表内标注 * 号者为主要工程，评分时给予 2 的权值，不带 * 号者为一般工程，权值为 1。

表 8.2 桥梁工程单位工程、分部工程和分项工程的划分

单位工程	分部工程		分项工程
桥梁工程（大、中桥）	基础及下部构造*	以每墩、台为单位（每座桥汇总）	明挖基础，桩基*，管柱*，地下连续墙*，承台，沉井*，锚固系统安装*，锚碇*，桩的制作*，钢筋加工安装，柱及双臂墩*，墩台身，墩台安装，墩台帽*，组合桥台*，锥坡等
	上部结构	预制和安装*	主要构件预制*，其他构件预制，钢筋加工及安装，预应力筋的加工和张拉*，梁板安装，悬臂拼装*，顶推施工梁*，拱圈安装、转体施工*，钢管拱的制作与安装*，劲性估价拱肋的制作与安装*，吊杆的安装*，悬臂施工斜拉桥的梁*，索鞍安装*，主缆架设与防护*，加劲梁的安装*，钢梁安装及防护*等
		现场浇注	钢筋加工及安装，预应力筋的加工和张拉*，主要构件浇注*，其他构件浇注，钢管拱浇注*，劲性骨架混凝土拱浇注*，索塔*等
		总体及路面	桥梁总体*，桥面铺装*，钢桥面板上沥青混凝土铺装*，伸缩缝安装，大型伸缩缝安装*，栏杆、护栏安装，人行道铺设，灯柱安装等

续表

<table>
<tr><td rowspan="2"></td><td>防护工程</td><td>护坡,护岸*,导流工程*,石笼防护,砌石工程等</td></tr>
<tr><td>引道工程</td><td>路基*,路面*,挡土墙*,小桥*,涵洞*,护栏,标志,标线等</td></tr>
<tr><td rowspan="2">互通立交工程(每座为单元,全路汇总)</td><td>桥梁工程(每座为单元)</td><td>基础及下部构造*,上部构造预制、安装或浇筑*,桥面*,栏杆,人行道等</td></tr>
<tr><td>匝道工程(每条为单元)</td><td>路基*,路面*,挡土墙*,通道*,护坡,护栏,标志,标线等</td></tr>
<tr><td rowspan="2">路基工程</td><td>小桥(每座为单元)</td><td>基础及下部结构*,上部结构预制、安装或浇注*,桥面*,栏杆,人行道等</td></tr>
<tr><td>路段涵洞(1～3km)</td><td>管涵,盖板涵,箱涵*,拱涵,倒虹吸管,通道,顶人法施工的桥涵*等</td></tr>
</table>

注:表内标注*号者为主要工程,评分时给予2的权值;不带*号者为一般工程,权值为1。

二、工程质量评分方法

施工单位应在各分项工程完成后。按《公路工程质量检验评定标准》(JTJ071-2004)所列基本要求、实测项目和外观鉴定进行自查。按“分项工程质量检验评定表”提交真实、完整的自查资料,对工程质量进行自我评分。监理工程师应按规定要求对工程质量进行检查,对施工自查资料进行确认和评分。质量监督部门根据抽查资料和确认的施工自查资料以及监理工程师的质量管理资料对工程质量逐级进行评定,作为交工、竣工验收评定等级的依据。

公路工程质量检验评分以分项工程为评定单元,采用100分制评分方法进行评分。在分项工程评分的基础上,逐级计算各相应分部工程、单位工程和建设项目的单位工程优良率和评分值。

1. 分项工程评分方法

分项工程质量检验内容包括基本要求、实测项目、外观鉴定和质量保证资料四个部分,在其使用的材料、半成品、成品及施工工艺符合基本要求的规定且无严重外观缺陷和质量保证资料真实并基本齐全的条件下,才能对分项工程质量进行检验评定。

分项工程的实测项目分值之和为100分,外观缺陷或资料不全时,须予扣分。

分项工程评分=实测项目中各检查项目得分之和－外观缺陷扣分－资料不全扣分

(1)基本要求检查

各分项工程所列基本要求,包括了有关规范的主要点,对施工质量优劣具有关键作用,应按基本要求对工程进行认真检查。经检查不符合基本要求规定的,不得进行工程质量的检验和评定。

(2)实测项目评分

实测项目是对规定检查项目采用现场抽样方法,按照规定频率和下列计分方法对分项工程的施工质量直接进行检测评分。

①合格率评分方法

检查项目除按数理统计方法评定的项目以外,均应按单点(组)测定值进行评定,并按合格率计分。

检查项目评定分数＝检查项目规定分数合格率

②数理统计评分方法

对于路基路面压实度、弯沉值、路面结构层厚度、水泥混凝土抗压和抗弯拉强度、半刚性材料强度等检查项目，则分别采用有关数理统计方法进行评定计分。

(3)外观缺陷扣分

对工程外表状况进行检查评定时，如发现外观缺陷，应区分档次进行扣分。对于较严重的外观缺陷，施工单位须采取合适的措施进行整修处理。

(4)资料不全扣分

分项工程的施工资料和图表如有短缺，缺乏最基本的数据，或有伪造涂改资料情况，不予检验和评定。资料不全者应予扣分，视资料不全情况，每项扣 1～3 分。

2.分部工程和单位工程评分方法

表 8.1、表 8.2 所列分项工程和分部工程区分为一般工程和主要(主体)工程，分别给以 1 和 2 的权值。进行分部工程和单位工程评分时，采用加权平均值计算法确定相应的评分值。

$$\text{分部(单位)工程评分}=\frac{\sum[\text{分项(分部)工程评分}\times\text{相应权数}]}{\sum\text{分项(分部)工程权值}}$$

3.建设项目工程质量评分方法

建设项目工程质量的评分，采用单位工程优良率和建设项目工程质量评分值两个指标。

建设项目工程质量评分值按《公路工程竣工验收办法》计算。

4.施工单位应提交的质量保证资料

施工单位应有完整的施工原始记录、试验数据、分项工程自查数据等质量保证资料，并进行整理分析，负责提交齐全、真实和系统的施工资料和图表。监理工程师负责提交齐全、系统的监理资料。质量保证资料包括以下 6 个方面：

(1)所用原材料、半成品和成品材料质量检验结果。

(2)材料配比、拌和加工控制检验和试验数据。

(3)地基处理和隐蔽工程施工记录。

(4)各项质量控制指标的试验记录和质量检验汇总图表。

(5)施工过程中遇到的非正常情况记录及其对工程质量影响分析。

(6)施工中如发生质量事故，经处理补救后，达到设计要求的认可证明文件等。

三、工程质量等级评定办法

工程质量评定分为优良、合格和不合格，应按分项、分部、单位工程和建设项目逐级评定。

1.分项工程质量等级评定

分项工程评分在 85 分及以上者为优良；70 分及以上、85 分以下者为合格；70 分以下者为不合格。经质量监督部门检查评为不合格的分项工程，允许进行加固、补强、返工或进行整修，当满足设计要求和评定标准后，可以重新评定其质量等级，如果达标只可复评为合格，不能评定为优良。

2.分部工程质量等级评定

所属各分项工程全部合格，其加权平均分达 85 分及以上，且所含主要分项工程全部评为优良时，则该分部工程评为优良；如分项工程全部合格，但加权平均分为 85 分以下，或加权平均分虽在 85 分及以上，但主要分项工程未全部达到优良标准时，则该分部工程评为合格；如分项工程未全部达到合格标准时，则该分部工程为不合格。

3.单位工程质量等级评定

所属各分部工程全部合格，其加权平均分达 85 分及以上，且所含主要分部工程全部评为优良时，则该单位工程评为优良；如分部工程全部合格，但加权平均分为 85 分以下，或加权平均分虽在 85 分及以上，但主要分部工程未全部达到优良标准时，则该单位工程评为合格；如分部工程未全部达到合格标准时，则该单位工程为不合格。

4.建设项目（或标段）质量等级评定

建设项目（或标段）工程质量等级评定，采用单位工程优良率和建设项目（或标段）工程质量评分值双指标控制。建设项目（或标段）所含单位工程全部合格，其工程质量等级为合格。建设项目（或标段）所含单位工程全部合格，单位工程优良率不小于 80%，且建设项目（或标段）的工程质量评分值不小于 85 分时，其工程质量等级才可评为优良。所含任一单位工程不合格时，则建设项目（或标段）工程质量为不合格。

四、按数理统计方法进行评定的项目

1.路基、路面压实度评定

路基和路面基层、底基层的压实度以重型击实标准为准，沥青混凝土面层压实度以马歇尔稳定度击实成型标准或试验路密实度为准。对于特殊干旱、潮湿地区或湿土，以及铺筑中、低级路面的三、四级公路路基，则以路基设计施工规范规定的压实度标准进行评定。

标准密度应做平行试验，求其平均值作为现场检验的标准值。对于均匀性差的路基土质和路面结构层材料，应根据实际情况补做标准密度试验，求得相应的标准值，以控制和检验施工质量。

路基、路面压实度以 1～3km 长的路段为检验评定单元，按标准要求的检测频率进行现场压实度抽样检查，求算每一测点的压实度 K_i。细粒土现场压实度检查可以采用灌砂法或环刀法。粗粒土及路面结构层压实检查可以采用灌砂法、水袋法或钻孔取样蜡封法。

检验评定段的压实度代表值 K（算术平均值的下置信界限）的判定式如下：

$$K=\overline{K}-\frac{t_a S}{\sqrt{n}}\geqslant K_0 \tag{8.1}$$

式中：$\overline{K}$——检验评定段内各测点压实度的平均值（%）；

t_a——t 分布表中随测点数和保证率（或置信度）而变的系数（高速公路、一级公路采用的保证率：基层、底基层为 99%，路基、路面面层为 95%；其他公路采用的保证率：基层、底基层为 95%；路基路面面层为 90%）；

S——检测值的标准差（%）；

n——检测点数；

K_0——压实度标准值(%)；

$\frac{t_a S}{\sqrt{n}}$值见表 8.3。

表 8.3　$\frac{t_a S}{\sqrt{n}}$取值表

保证率 / n	99%	95%	90%	保证率 / n	99%	95%	90%
2	22.501	4.465	2.176	20	0.586	0.387	0.297
3	4.021	1.686	1.089	21	0.552	0.376	0.289
4	2.270	1.177	0.819	22	0.537	0.376	0.282
5	1.676	0.953	0.686	23	0.523	0.358	0.275
6	1.374	0.823	0.603	24	0.510	0.350	0.269
7	1.188	0.734	0.544	25	0.498	0.342	0.264
8	1.060	0.670	0.500	26	0.487	0.335	0.258
9	0.966	0.620	0.466	27	0.477	0.328	0.253
10	0.892	0.580	0.437	28	0.467	0.322	0.248
11	0.833	0.546	0.414	29	0.458	0.316	0.244
12	0.785	0.518	0.393	30	0.449	0.310	0.239
13	0.744	0.494	0.376	40	0.383	0.266	0.206
14	0.708	0.473	0.361	50	0.340	0.237	0.184
15	0.678	0.455	0.347	60	0.308	0.216	0.167
16	0.651	0.438	0.335	70	0.285	0.199	0.155
17	0.626	0.423	0.324	80	0.266	0.186	0.145
18	0.605	0.410	0.314	90	0.249	0.175	0.136
19	0.586	0.398	0.305	100	0.236	0.166	0.129

路基、基层和底基层：$K \geqslant K_0$，且单点压实度 K_i 全部大于等于规定值减 2 个百分点时，评定路段的压实度可得规定满分。当 $K \geqslant K_0$，单点压实度全部大于等于规定极值时，对于测定值低于规定值减 2 个百分点的测点，按其占总检查点数的百分率计算扣分值。$K < K_0$ 或某一单点压实度小于规定值时，该评定路段压实度为不合格，评为零分。

路堤施工段落短时，分层压实度控制要求点数符合要求，且实际样本数不少于 6 个。

沥青面层：当 $K \geqslant K_0$ 且全部测点大于等于规定值减 1 个百分点时，评定路段的压实度可得规定的满分。当 $K \geqslant K_0$ 时，对于测定值低于规定值减 1 个百分点的测点，按其占总检查点数的百分率计算扣分值。$K < K_0$ 时，评定路段的压实度为不合格，评为零分。

2. 水泥混凝土弯拉强度评定

混凝土弯拉强度试验方法可用小梁法或劈裂法，试件标准养护时间为 28 天，每工作班或每 200m^3 混合料制备试样 2 组，每组 3 个试件的平均值作为一个统计数据。

混凝土弯拉强度的合格标准：

(1)试件组数大于 10 组

平均强度计算公式如下：

$$\overline{R}=R_z+k\sigma \tag{8.2}$$

式中：$\overline{R}$——合格判断强度(MPa)；

R_z——设计弯拉强度(MPa)；

k——合格判断系数(见表 8.4)；

σ——强度标准差(MPa)。

表 8.4　合格判断系数

试件组数 n	11～14	15～19	≥20
k	0.75	0.70	0.65

(2)试件组数大于 20 组

允许有一组强度小于0.85R_z 但不小于 0.75R_z。高速公路和一级公路均不得小于 0.85R_z。

(3)试件组数等于或少于 10 组

试件平均强度不得小于 1.05R_z，任一组强度均不得小于 0.85R_z。

实测项目中，水泥混凝土弯拉强度评为合格时得满分，不合格时得零分。

3.水泥混凝土抗压强度评定

水泥混凝土抗压强度的合格标准

(1)试件不小于 10 组

应以数理统计方法按下述条件评定：

$$R_n-k_1S_n\geqslant 0.9R$$

$$R_{\min}\geqslant k_2R \tag{8.3}$$

式中：n——同批混凝土试件组数；

R_n——同批几组试件强度的平均值(MPa)；

R——混凝土设计强度等级(或标号)(MPa)；

S_n——同批几组试件强度的标准差(MPa)，当 $S_n<0.06R$ 时，取 0.06R；

$R_{\min}$——n 组试件中强度最低一组的强度值(MPa)；

k_1、k_2——合格判定系数(见表 8.5)。

表 8.5　合格判定系数 k_1，k_2 的值

试件组数 n	11～14	15～24	≥25
k_1	1.70	1.65	1.60
k_2	0.9	0.85	

(2)试件少于 10 组

可用非统计方法按下述条件进行评定：

$$R_n \geqslant 1.15R$$

$$R_{\min} \geqslant 0.95R \tag{8.4}$$

实测项目中，水泥混凝土抗压强度评为合格时得满分，不合格时得零分。

4.喷射混凝土抗压强度评定

喷射混凝土抗压强度指在喷射混凝土板件上，切割制取边长为10cm的立方体试件，在标准养护条件下养护28天，用标准试验方法测得的极限抗压强度，乘以0.95的系数所得到的值。双车道隧道每10m，至少在拱脚部和边墙各取1组(3个)试件。其他工程，每喷射50～100m³混合料或小于5m³混合料的独立工程，不得少于1组。材料或配合比变更时须重取试件。

喷射混凝土强度的合格标准：

同批试件组数$n \geqslant 10$时，试件抗压强度平均值不低于设计值，任一组试件抗压强度不低于0.85倍的设计值。

同批试件组数$n<10$时，试件抗压强度平均值不低于1.05倍的设计值，任一组试件抗压强度不低于0.9倍的设计值。

实测项目中，喷射混凝土抗压强度评为合格时得满分，不合格时得零分。

5.水泥砂浆强度评定

评定水泥砂浆的强度，应以标准养护28天的试件为准。试件为边长7.07cm的立方体。试件6件为一组，所取组数应符合下列规定：

不同强度等级及不同配合比的水泥砂浆应分别制取试件，试件应随机制取，不得挑选。

重要及主体砌筑物，每工作班制取二组。

一般及次要砌筑物，每工作班可制取一组。

拱圈砂浆应同时制取与砌体同条件养护试件，以检查各施工阶段强度。

水泥砂浆强度的合格标准为同标号试件的平均强度不低于设计强度等级。任意一组试件的强度最低值不低于设计强度等级的75%。实测项目中，水泥砂浆强度评为合格时得满分，不合格时得零分。

6.半刚性基层和底基层材料强度评定

半刚件基层和底基层材料强度，以规定温度下保湿养生6天，浸水1天后的无侧限抗压强度为准。在现场按规定频率取样，按工地预定达到的压实度制备试件。不论稳定细粒土、中粒土或粗粒土，试件数量每2000m³或每工作日：当多次试验结果的偏差系数$C_v \leqslant 10\%$时，可为6个试件；$C_v=10\%\sim15\%$时，可为9个试件；$C_v>15\%$时，则需13个试件。

评定路段试样的平均强度$\overline{R}$应满足下式要求：

$$\overline{R} \geqslant \frac{R_d}{(1-Z_a C_v)} \tag{8.5}$$

式中：R_d——设计抗压强度(MPa)；

C_v——试验结果的偏差系数(以小数计)；

Z_a——标准正态分布表中随保证率而变的系数，高速、一级公路：保证率为95%，$Z_a=1.645$，其他公路：保证率为90%，$Z_a=1.282$。

评定路段内半刚性材料强度评为合格时得满分，不合格时得零分。

7. 路面结构层厚度评定

评定路段内路面结构层厚度按代表值的允许偏差和单个测定值的允许偏差进行评定。按规定频率，采用挖验或钻取芯样方法测定厚度。

厚度代表值为厚度的算术平均值的下置信界限，如下式所示：

$$X_i=\overline{X}-\frac{t_a S}{\sqrt{n}} \tag{8.6}$$

式中：X_i——厚度代表值(算术平均值下置信界限)(cm)；

$\overline{X}$——厚度平均值(cm)；

S——标准差(%)；

n——检查数量；

t_a——分布表中随测点数和保证率(或置信度)而变的系数，可查表。

采用的保证率：高速、一级公路：基层、底基层为 99%，面层为 95%，其他公路：基层、底基层为 95%，面层为 90%。当厚度代表值大于等于设计厚度减去代表值允许偏差时，则按单个检查值的偏差是否超过极值来评定合格率和计算应得分数。当厚度代表值小于设计厚度减去代表值允许偏差时，则厚度指标评为零分。

沥青面层一般按沥青铺筑层总厚度进行评定，但高速公路和一级公路还应进行上面层厚度的检查和评定。

8. 路基路面弯沉值评定

弯沉值用贝克曼梁或自动弯沉仪测量。每一双车道评定路段不超过 1km。检查 80～100 个点，多车道公路必须按车道数与双车道之比，相应增加测点。

弯沉代表值为弯沉测量值的上波动界限，用下式计算：

$$l_r=\bar{l}+Z_a S \tag{8.7}$$

式中：l_r——弯沉代表值(0.01mm)；

l——测量弯沉的平均值(0.01mm)；

S——标准差(%)；

Z_a——与要求保证率有关的系数，沥青面层：高速公路、一级公路取 1.645，其他公路取 1.5，路基：高速公路、一级公路取 2.0，其他公路取 1.645。

计算平均值和标准差时，可将超出 $\bar{l}\pm(2\sim3)S$ 的弯沉值舍弃。对舍弃的弯沉值过大的点，应找出其周围界限，进行局部处理。用两台弯沉仪同时进行左右轮弯沉值测定时应按两个独立测点计，不能采用左右两点的平均值。

弯沉代表值不大于设计要求的弯沉值时得满分；大于时得零分，见表 8.6。

表 8.6　　弯沉值检测结果

序号	1	2	3	4	5	6	7	8	9	10	11	12	13	14	15	16	17	18	19	20	21	22
l(0.01mm)	30	29	31	28	27	26	33	32	30	30	30	29	27	26	32	31	33	31	30	29	28	28

测定时的路表温度对沥青面层的弯沉值有明显影响，测量时应进行温度修正。沥青层厚度小于或等于 5cm 时，或路表温度在 20℃＋2℃范围内，可不进行温度修正。

若在不利季节测定时，应考虑季节影响系数。

五、抽样检验的评定方法

抽样检验的目的，就是根据样本取得的质量数据来推测样本所属的一批产品或工序的质量状况，并判断该批产品或该工序是否合格。

抽样检验评定基本原理：N 为一批产品数量（即批量），n 为从批量中随机抽取的样本数，d 为抽出样本中不合格品数，c 为抽样中允许不合格品数（或称合格判定数）。若 $d \leqslant c$，则认为该批产品合格，可以接受，若 $d > c$，则说明该批产品不合格，应拒绝接收。

根据《公路工程质量检验评定标准》（JY07l-1998）的方法，也就是根据检测值是否符合质量标准进行评定，按合格率计分。

对于路基路面压实度、弯沉值，路面结构层厚度，半刚性基层材料强度，水泥混凝土抗折强度等检验项目，应采用数理统计的方法进行评定计分。具体的评定方法请参阅《公路工程质量检验评定标准》（JTJ071-1998）。

第二节　路基工程质量评定方法

一、路基土石方工程质量检查项目

1. 一般规定

土方路基和石方路基实测项目技术指标的规定值或允许偏差按高速公路、一级公路和其他公路（指二级及以下公路）两档设定。

土方路基和石方路基实测项目规定的检查频率为双车道公路每一检查段内的最低检查频率，多车道公路必须按车道数与双车道之比，相应增加检查数量。

路基压实度指标须分层检测，可只按上路床的检查数据计分。其他检查项目均在路基完成后对上路床顶面进行检查测定。

路肩工程应作为路面工程的一项分项工程进行检查评定。

2. 土方路基

(1)基本要求

在路基用地和取土坑范围内，认真清除地表植被、杂物、积水，处理坑塘，并对基底进行认真压实和处理，满足规范和设计要求。

不得采用设计或规范规定的不适用土料作为路基填料。路基填料强度（CBR）应符合规范和设计规定。

路基必须分层填筑压实，每层表面平整，路拱合适，排水良好。

施工临时排水系统应与设计排水系统结合，勿使路基附近积水冲刷边坡。

(2)实测项目

实测项目见表 8.7。

表 8.7　　**土方路基实测项目**

<table>
<tr><th rowspan="3">项次</th><th rowspan="3" colspan="4">检查项目</th><th colspan="3">规定值或允许值</th><th rowspan="3">检查方法和频率</th><th rowspan="3">规定分</th></tr>
<tr><th rowspan="2">高速、一级公路</th><th colspan="2">其他公路</th></tr>
<tr><th>二级公路</th><th>三、四级公路</th></tr>
<tr><td rowspan="5">1</td><td rowspan="5">压实度(%)</td><td rowspan="2" colspan="2">零填及挖方(cm)</td><td>0～30</td><td></td><td></td><td>94</td><td rowspan="5">按有关方法检查密度：每 2000m² 每压实层 4 处</td><td rowspan="5">30</td></tr>
<tr><td>0～80</td><td>96</td><td>95</td><td>—</td></tr>
<tr><td rowspan="3">填方(cm)</td><td>路床</td><td>0～80</td><td>96</td><td>95</td><td>94</td></tr>
<tr><td>上路堤</td><td>8～150</td><td>94</td><td>94</td><td>93</td></tr>
<tr><td>下路堤</td><td>>150</td><td>93</td><td>92</td><td>90</td></tr>
<tr><td>2</td><td colspan="4">弯沉(0.01mm)</td><td colspan="3">不大于设计计算值</td><td>按有关方法检查</td><td>15</td></tr>
<tr><td>3</td><td colspan="4">纵断高程(mm)</td><td>+10，−15</td><td colspan="2">+10，−20</td><td>水准仪：每 200m 4 个断面</td><td>10</td></tr>
<tr><td>4</td><td colspan="4">中线偏位(mm)</td><td>50</td><td colspan="2">100</td><td>经纬仪：每 200m 4 点弯道加 HY、YH 2 点</td><td>10</td></tr>
<tr><td>5</td><td colspan="4">宽度(mm)</td><td colspan="3">不小于设计值</td><td>米尺：每 200m 4 处</td><td>10</td></tr>
<tr><td>6</td><td colspan="4">平整度(mm)</td><td>15</td><td colspan="2">20</td><td>3m 直尺：每 200m 4 处，每处 3 尺</td><td>15</td></tr>
<tr><td>7</td><td colspan="4">横坡(%)</td><td>±0.5</td><td colspan="2">±0.5</td><td>水准仪：每 200m 4 个断面</td><td>5</td></tr>
<tr><td>8</td><td colspan="4">边坡</td><td colspan="3">不陡于设计值</td><td>抽查：每 200m 4 处</td><td>5</td></tr>
</table>

(3)外观鉴定

路基表面平整，边线直顺。不符合要求时，单向累计长度每 50m 减 1～2 分。

路基边坡坡面平顺稳定，不得亏坡，曲线圆滑。不符合要求时单向累计长度每 50m 减 1～2 分。

取土坑、弃土堆、护坡道、碎落台的位置适当，外形整齐美观，防止水土流失。不符合要求时，每处减 1～2 分。

3.石方路基

(1)基本要求

开炸石方的施工方法应能保证边坡稳定，清理险石，避免过量爆破损害自然环境。

修筑填石路堤应认真进行地表清理，逐层水平填筑石块，摆放平稳。填筑层厚度及石块尺寸应符合设计和施工规范规定，填石空隙用石渣或石屑嵌压稳定。采用振动压路机分层碾压，压至填筑层顶面石块稳定，振压两遍无明显标高差异。上下路床填料和石料最大尺寸应符合规范规定。

路基表面应整修平整。

(2)实测项目

实测项目见表 8.8。

表 8.8　　石方路基实测项目

项次	检查项目		规定值或允许偏差		检查方法和频率	规定分
			高速、一级公路	其他公路		
1	压实度(%)		层厚和碾压遍数符合要求		查施工记录	30
2	纵断高程(mm)		+10、-20	+10、-30	水准仪:每 200m 4 个断面	10
3	中线偏位(mm)		50	100	经纬仪:每 200m 4 点弯道加 HY、YH 2 点	10
4	宽度(mm)		不小于设计值		米尺:每 200m 4 处	10
5	平整度(mm)		20	30	3m 直尺:每 200m 4 处,每处 3 尺	15
6	横坡(%)		±0.5	±0.5	水准仪:每 200m 4 个断面	10
7	边坡	坡度	不陡于设计值		抽查:每 200m 4 处	15
		平顺度	符合设计			

(3)外观鉴定

上边坡不得有松石。不符合要求时,每处减 1～2 分。

路基边线直顺,曲线圆滑。不符合要求时,单向累计长度每 50m 减 1～2 分。

4. 软土地基

(1)基本要求

①换填地基

换填地基的填筑压实要求同土方路基。抛石挤淤应使用不易风化石料,石料尺寸一般不宜小于 30cm。抛填方向应根据软土下卧层横坡而定,横坡平坦时自地基中部渐次向两侧扩展。横坡陡于 1∶10 时,自高侧向低侧抛填。片石露出水面或软土面后,应用较小石块填塞垫平,压实后,再铺设反滤层。

②砂垫层

砂的规格和质量必须符合设计要求和规范规定。适当加水,分层压实。砂垫层宽度应宽出路基边脚 0.5～1.0cm,两侧端以片石护砌。砂垫层厚度及其上铺设的反滤层应符合设计要求。

③反压护道

填筑材料、护道高度、宽度应符合设计要求,压实度不低于 90%。

④袋装砂井、塑料排水板

砂的规格、质量、砂袋织物质量和塑料排水板质量必须符合设计要求。砂袋和塑料排水板下沉时不得出现扭结、断裂等现象。井(板)底标高必须符合设计要求,其顶端必须按规范要求伸入砂垫层。

⑤碎石桩

碎石材料应符合规范要求。设置碎石桩时,应严格按试桩结果控制水压、电流和振冲器的留振时间。分批加入碎石,切实注意振密挤实效果,防止发生“断桩”或“颈缩桩”。

⑥砂桩

砂料应符合规定。砂的含水量应根据成桩方法确定。桩体应确保连续、密实。

⑦粉喷桩

水泥标号应符合设计要求。根据成桩试验确定的技术参数进行施工。严格控制喷粉时间、停粉时间和水泥喷入量,确保喷粉桩长度。板身上部(1/3 桩身)范围内必须进行二次搅拌,确保桩身质量。发现喷粉量不足时,应整桩复打。喷粉中断时,复打重叠孔段应大于 1m。

(2)实测项目

略。

(3)外观鉴定

砂垫层表面坑洼不平时,每处减 1～2 分。

袋装砂井、塑料排水板间距应均匀,不符合要求时,每处减 1～2 分。

碎石桩(砂桩)、粉喷桩间距应均匀,不符合要求时,每处减 l～2 分。

5. 土工合成材料处治层

(1)基本要求

土工合成材料质量应符合设计要求,外观无破损、无老化、无污染现象。

在平整的下承层上按设计要求铺设、固定,土工合成材料应按设计要求张拉,紧贴下承层,锚固端施工应符合设计要求。

接缝搭接粘接强度符合要求,上下层土工合成材料搭接缝应交替错开。

(2)实测项目

略。

(3)外观鉴定

土工合成材料重叠、皱折不平顺,每处扣 1～2 分。

土工合成材料固定处松动,每处扣 1～2 分。

在土工合成材料中央向两侧填土,每次扣 1～2 分。

二、排水工程质量检查项目

1. 一般规定

排水工程应严格按设计及施工规范的要求施工。依照实际地形,选择合适的位置,将地面水和地下水排出路基以外。

土沟和浆砌排水沟均包括边沟、截水沟、排水沟等。

跌水、急流槽、水簸箕等其他排水工程可按照浆砌排水沟的标准进行评定。

沟槽回填土应符合设计要求及施工规范的规定。

排水泵站明开挖基础可按照砌体或混凝土浇筑标准进行评定。

2. 管道基础及管节安装

(1)基本要求

管材必须逐节检查,不合格的不得使用。

基础混凝土强度达到 5MPa 以上时,才可进行管节铺设。

管节铺设应平顺、稳固,管底坡度不得出现反坡,管节接头处流水面高差不得大于

5mm。管内不得有泥土、砖石、砂浆等杂物。

管道内的管口缝,当管径大于 1000mm 时,应在管内做整团勾缝。

管口内缝砂浆平整密实,不得有裂缝、空鼓现象。

抹带前管口必须洗刷干净,管口表面应平整密实,无裂缝现象。抹带后应及时覆盖养生。

设计中要求防渗漏的排水管须做渗漏试验,渗漏量应符合要求。

(2)实测项目

略。

(3)外观鉴定

管道基础混凝土表面平整密实,侧面蜂窝不得超过该表面积的 1%。深度不超过 10mm。不符合要求时,减 1～3 分。

管节铺设直顺,管口缝带圈平整密实,无开裂脱皮现象。不符合要求时,每处减 1～2 分。

3. 检查(雨水)井砌筑

(1)基本要求

井基混凝土强度达到 5MPa 时,方可砌筑井体。

砌筑砂浆配合比准确,井壁砂浆饱满,灰缝平整。圆形检查井内壁应圆顺,抹面光实,踏步安装牢固。

井框、井盖安装必须平稳,井口周围不得有积水。

(2)实测项目

实测项目见表 8.9。

表 8.9　检查(雨水)井砌筑实测项目

<table>
<tr><th>项次</th><th>检查项目</th><th colspan="2">规定值或允许偏差</th><th>检查方法和频率</th><th>规定分</th></tr>
<tr><td>1</td><td>砂浆强度(MPa)</td><td colspan="2">在合格标准内</td><td>按有关方法检查</td><td>30</td></tr>
<tr><td>2</td><td>轴线偏位(mm)</td><td colspan="2">50</td><td>经纬仪:每个井检查</td><td>20</td></tr>
<tr><td>3</td><td>圆井直径或方井长、宽(mm)</td><td colspan="2">±20</td><td>尺量:每个井检查</td><td>20</td></tr>
<tr><td rowspan="2">4</td><td rowspan="2">井盖与相邻路面高差(mm)</td><td>雨水井</td><td>0 ～ −4</td><td rowspan="2">水准仪、水平尺:每个井检查</td><td rowspan="2">30</td></tr>
<tr><td>检查井</td><td>0 ～ +4</td></tr>
</table>

(3)外观鉴定

井内砂浆抹面无裂缝。不符合要求时,减 1～2 分。

并内平整圆滑,收分均匀。不符合要求时,减 1～2 分。

4. 土沟

(1)基本要求

土沟边坡必须平整、稳定,严禁贴坡。

沟底应平顺整齐,不得有松散土和其他杂物,排水畅通。

(2)实测项目

实测项目见表 8.10。

表 8.10　土沟实测项目

项次	检查项目	规定值或允许偏差	检查方法和频率	规定分
1	沟底纵坡(%)	符合设计	水准仪:每 200m 测 4 点	30
2	断面尺寸(mm)	不小于设计	尺量:每 200m 测 4 点	30
3	边坡坡度	不陡于设计	每 200m 检查 2 处	20
4	边棱直顺度(mm)	50	尺量:20m 拉线,每 200m 检查 2 处	20

(3)外观鉴定

沟底无阻水现象。不符合要求时,每处减 1～2 分。

5.浆砌排水沟

(1)基本要求

砌体砂浆配合比准确,砌缝内砂浆均匀饱满,勾缝密实。

浆砌片(块)石、混凝土预制块的质量和规格应符合设计要求。

基础中缩缝应与墙身缩缝对齐。

砌体抹面应平整、压光、直顺,不得有裂缝、空鼓现象。

(2)实测项目

实测项目见表 8.11。

表 8.11　浆砌排水沟实测项目

项次	检查项目	规定值或允许偏差	检查方法和频率	规定分
1	砂浆强度(MPa)	在合格标准内	按有关方法检查	30
2	轴线偏位(mm)	50	经纬仪:每 200m 测 5 点	10
3	沟底高程(mm)	±50	水准仪:每 200m 测 5 点	15
4	墙面直顺度(或坡度)(mm)	30 或不陡于设计	坡度尺:20m 拉线,每 200m 查 2 点	10
5	断面尺寸(mm)	±30	尺量:每 200m 查 2 点	15
6	铺砌厚度(mm)	不小于设计	尺量:每 200m 查 2 点	10
7	基础垫层宽、厚度(mm)	不小于设计	尺量:每 200m 查 2 点	10

(3)外观鉴定

砌体内侧及沟底应平顺。不符合要求时,减 1～2 分。

沟底不得有杂物。不符合要求时,减 1～2 分。

6.盲沟

(1)基本要求

盲沟的设置及材料规格、质量等应符合设计要求和施工规范规定。

反滤层应用筛选过的中砂、粗砂、砾石等渗水性材料分层填筑。

排水层应采用石质坚硬的较大粒料填筑，以保证排水孔隙度。

(2)实测项目

实测项目见表 8.12。

表 8.12 盲沟实测项目

项次	检查项目	规定值或允许偏差	检查方法和频率	规定分
1	沟底纵坡(%)	±1	水准仪：每 10 ～ 20m 测 1 点	50
2	断面尺寸(mm)	不小于设计	尺量：每 20m 检查 1 处	50

(3)外观鉴定

反滤层应层次分明。不符合要求时，减 1～2 分。

进出水口应排水通畅。不符合要求时，减 1～2 分，并及时清理。

三、防护与支挡工程质量检查项目

1. 一般规定

当挡土墙平均墙高度 $h \geqslant 6$m，且墙身面积 $A \geqslant 1200\text{m}^2$ 时，为大型挡土墙，可作为分部工程进行评定 $h < 6$m 或 $A < 1200\text{m}^2$ 的为一般挡土墙，应作为分项工程进行评定。

大型挡土墙作为分部工程，可划分为几个分项工程：

大型砌体或混凝土挡土墙可划分为基础和墙身两个分项工程。基础可按照砌体和混凝土浇筑的标准进行评定，墙身应按本节有关标准进行评定。

大型加筋土挡土墙可划分为基础、面板预制、面板安装及加筋土挡土墙总体等四个分项工程。基础、面板预制可按混凝土浇筑的标准进行评定，面板安装及总体按本节标准进行评定。

一般挡土墙作为分项工程，按本节标准进行评定，其中一般加筋土挡土墙可仅按加筋土挡土墙总体的标准进行评定。

挡土墙路段的路基压实度可按一般路基要求评定。距加筋土挡土墙面板 1m 范围内的路基压实度，可采用现行《公路加筋土工程施工技术规范》的规定值。

砌石工程的标准，可用于桥梁工程及本节中未列出名称的其他砌石分项工程的评定。

2. 砌石、混凝土挡土墙

(1)基本要求

石料规格和质量应符合有关规定。

地基必须满足设计要求。

砂浆或混凝土的配合比符合试验规定。

砌石分层错缝。浆砌时坐浆挤紧，嵌填饱满密实时不得松动、叠砌和浮塞。

墙背填料符合设计和施工规范要求。

沉降缝、泄水孔数量应符合设计要求。

(2)实测项目

实测项目见表 8.13。

表 8.13　　砌体和混凝土实测项目

项次	检查项目		规定值或允许偏差	检查方法和频率	规定分
1	砂浆或混凝土强度(MPa)		在合格标准内	按有关方法	30
2	平面位置(mm)	砂浆挡土墙	50	经纬仪:每 20m 检查 3 点	15
		混凝土挡土墙	30		
3	顶面高程(mm)	砂浆挡土墙	＋20	水准仪:每 20m 检查 3 点	15
		混凝土挡土墙	＋10		
4	断面尺寸(mm)		不小于设计	尺量:每 20m 查 2 断面	20
5	底面高程(mm)		＋50	水准仪:每 20m 检查 1 点	10
6	表面平整度(mm)	块石	20	2m 直尺量:每 20m 查 3 处	10
		片石	30		
		混凝土	10		

(3)外观鉴定

砌体坚实牢固,勾缝平顺,无脱落现象。不符合要求时减 1～3 分。

混凝土表面的蜂窝麻面不得超过该面积的 0.5%,深度不超过 10mm。不符合要求时,每超过 0.5%减 2 分。

泄水孔坡度向外,无堵塞现象。不符合要求时减 3～5 分。

沉降缝整齐垂直,上下贯通。不符合要求时减 3～5 分。

3.加筋土挡土墙

(1)基本要求

地基应符合设计要求,基础应符合有关桥梁工程的要求。

预制面板的强度和质量,应符合有关混凝土工程的质量要求,合格后才可安装。

拉筋的强度和质量规格,应符合规范及设计的要求。

拉筋的长度、根数不得小于设计要求。拉筋需理顺、放平、拉直。拉筋与面板、拉筋与拉筋应牢固连接。

使用钢拉筋时,应进行防护处理。

填料的规格和压实度,必须严格按照规范及设计要求进行。

(2)实测项目

略。

(3)外观鉴定

墙面板光洁无破损,平顺美观,板缝均匀。不符合要求时减 1～3 分

墙面直顺,线形顺适。不符合要求时减 1～3 分。

沉降缝贯通、顺直。不符合要求时减 3～5 分。

4.锥坡、护坡

(1)基本要求

锥坡、护坡基础埋置深度及地基应符合设计要求。

浆砌时砂浆配合比应符合试验规定,砌体要咬扣紧密。

石料质量规格符合有关规定。

锥坡、护坡填土密实度达到设计要求。

(2)实测项目

实测项目见表8.14。

表8.14 锥坡、护坡实测项目

项次	检查项目	规定值或允许偏差	检查方法和频率	规定分
1	砂浆强度(MPa)	在合格标准内	按有关方法检查	30
2	表面平整度(mm)	30	用2m直尺检查:锥坡检查3处,护坡每50m至少检测三点	10
3	顶面高程(mm)	±50	水准仪:每50m检测3点,不足50m至少检测3点	15
4	坡度(%)	不陡于设计	坡度尺:每50m查3处	10
5	厚度(mm)	不小于设计	尺量:每100m查3处	25
6	底面高程(mm)	±50	水准仪:每50m检查3点	10

(3)外观鉴定

表面平整,无垂直通缝。不符合要求时减1～3分。

勾缝平顺,无脱落现象。不符合要求时减1～3分。

5.砌石工程

(1)基本要求

砂浆的配合比应符合试验规定。

砌筑时,砌块要错缝。浆砌时坐浆挤紧,干砌时不松动、叠砌和浮塞。

石料质量规格应符合要求。

(2)实测项目

实测项目见表8.15。

表8.15 浆砌砌体实测项目

项次	检查项目	规定值或允许偏差	检查方法和频率	规定分
1	砂浆强度(MPa)	在合格标准内	按有关方法检查	30
2	表面平整度(mm)	料石10,块石20,片石30	经纬仪:每200m测5点	10
3	顶面高程(mm)	料、块石±15,片石±20	水准仪:每200m测5点	20
4	竖直度或坡度(mm)	料、块石0.3%,片石0.5%	坡度尺:20m拉线,每200m查2点	20
5	断面尺寸(mm)	料石±20,块石±30,片石±50	尺量:每200m查2点	20

(3)外观鉴定

砌体牢固,边缘直顺。不符合要求时减 1～3 分。

勾缝平顺,缝宽均匀,无脱落现象。不符合要求时减 1～3 分。

第三节　路面基层质量评定方法

一、一般规定

路面基层和底基层的实测项目规定值或允许偏差按高速公路、一级公路和其他公路(指二级及其以下公路)两档设定。

路面基层和底基层实测项目规定的检查频率为双车道公路每一检查段内的检查频率,多车道公路须按其车道数与双车道之比,相应增加检查数量。

各类基层和底基层压实度平均值的代表值(下置信界限)和单点极值均不得超过规定值。小于代表值规定值 2 个百分点的测点,应按其占总检查点数的百分率计算扣分值。

垫层的质量要求同相同材料的其他公路的底基层结构要求。联结层的质量要求同相应的基层或面层结构。

基层和底基层厚度设定平均值的代表值偏差和极值两个指标。当代表值偏差超过标准值时,评为零分。当代表值偏差满足要求但存在超过极值偏差的测点时,按合格率计分。

材料要求和配比控制列入各节基本要求,通过检查施工单位提交的资料进行评定。

基层的类型主要有粒料类基层和半刚性基层。粒料类基层包括嵌挤式[填隙碎石(矿渣)基层]和密实式(级配碎石基层和级配砾石基层)。半刚性基层主要包括石灰稳定土、水泥稳定土、综合稳定土及石灰工业废渣稳定土基层等。

二、填隙碎石(矿渣)基层和底基层

1. 基本要求

粗粒料应为质坚、无杂质的轧制石料或分解稳定的轧制矿渣,填缝料为 5mm 以下的干燥筛余料或粗砂。应用振动压路机碾压,使填缝料填满粗粒料孔隙。

2. 实测项目

实测项目见表 8.16。

表 8.16　　填隙碎石(矿渣)基层和底基层实测项目

项次	检查项目		规定值或允许偏差				底基层检查方法和频率	规定分
			基层					
			高速、一级公路	其他公路	高速、一级公路	其他公路		
1	固体体积率%	代表值	—	85	85	83	灌砂法:每 200m 每车道 2 处	30
		极值	—	82	80	80		
2	平整度(mm)		—	12	12	15	3m 直尺:每 200m 4 处 3 尺	25
3	纵断高程(mm)		—	+5,−15	+5,−15	+5,−20	水准仪:每 200m 4 断面	5
4	宽度(mm)		不小于设计值				米尺:每 200m 4 处	5
5	厚度(mm)	代表值	—	−10	−10	−12	按有关方法检查:每 200m、每车道 1 点	30
		极值	—	−20	−25	−30		
6	横坡(%)		—	±0.5	±0.3	±0.5	水准仪:每 200m 4 断面	5

3. 外观鉴定

表面平整密实,边线整齐,无松散现象。不符合要求时,每处减 1~2 分。

三、级配碎(砾)石基层和底基层

1. 基本要求

选用质地坚韧,无杂质碎石、沙砾、石屑或砂,颗粒级配应符合要求。配料必须准确,塑性指数必须符合规定。混合料拌和均匀,无明显粗细颗粒离析现象。碾压应遵循先轻后重的原则,洒水碾压至要求的密实度。

2。实测项目

实测项目见表 8.17。

表 8.17　　级配碎(砾)石基层和底基层实测项目

项次	检查项目		规定值或允许偏差				底基层检查方法和频率	规定分
			基层					
			高速、一级公路	其他公路	高速、一级公路	其他公路		
1	压实度(%)	代表值	98	98	96	96	灌砂法:每 200m、每车道 2 处	30
		极值	94	94	92	92		
2	平整度(mm)		8	12	12	15	3m 直尺:每 200m 4 处 3 尺	25
3	纵断高程(mm)		+5,−10	+5,−15	+5,−15	+5,−20	水准仪:每 200m 4 断面	5

续表

4	宽度(mm)		不小于设计值				米尺:每 200m 4 处	5
5	厚度(mm)	代表值	−8	−10	−10	−12	按有关方法检查:每200m、每车道 1 点	30
		极值	−15	−20	−25	−30		
6	横坡(%)		±0.3	±0.5	±0.3	±0.5	水准仪:每 200m 4 断面	5

3.外观鉴定

表面平整密实,边线整齐,无松散现象。不符合要求时,每处减 1～2 分。

四、石灰土基层和底基层

1.基本要求

土的性质应符合设计要求,土块要经粉碎。石灰质量应符合设计要求,块灰须经充分消解才能使用。石灰和土的用量按设计要求控制准确,未消解生石灰块必须剔除。

(4)路拌深度要达到层底。

(5)混合料处于最佳含水量状况下,用重型压路机碾压至要求的压实度。

(6)保湿养生,养生期要符合规范要求。

2.实测项目

实测项目见表 8.18。

表 8.18　石灰土基层和底基层实测项目

项次	检查项目		规定值或允许偏差				底基层检查方法和频率	规定分
			基层					
			高速、一级公路	其他公路	高速、一级公路	其他公路		
1	压实度(%)	代表值	—	95	95	93	灌砂法:每 200m、每车道 2 处	30
		极值	—	91	91	89		
2	平整度(mm)		—	12	12	15	3m 直尺:每 200m 4 处 3 尺	15
3	纵断高程(mm)		—	+5,−15	+5,−15	+5,−20	水准仪:每 200m 4 断面	5
4	宽度(mm)		不小于设计值				米尺:每 200m 4 处	5
5	厚度(mm)	代表值	—	−10	−10	−12	按有关方法检查:每 200m、每车道 1 点	20
		极值	—	−20	−25	−30		
6	横坡(%)		—	±0.5	±0.3	±0.5	水准仪:每 200m 4 断面	5
7	强度		符合设计要求				按有关方法检查	20

3.外观鉴定

表面平整密实、无坑洼。不符合要求时,每处减 1～2 分。施工接茬平整、稳定。不符合要求时，每处减 1～2 分。

五、石灰稳定粒料(碎石、沙砾或矿渣等)基层和底基层

1. 基本要求

粒料应符合设计和施工规范要求，矿渣应分解稳定后才能使用。石灰质量应符合设计要求，块灰须经充分消解才能使用。石灰的用量按设计要求控制准确，未消解生石灰块必须剔除。路拌深度要达到层底。混合料处于最佳含水量状况下，用重型压路机碾压至要求的压实度。保湿养生，养生期要符合规范要求。

2. 实测项目

实测项目见表 8.19。

表 8.19　　石灰稳定粒料基层和底基层实测项目

项次	检查项目		规定值或允许偏差				底基层检查方法和频率	规定分
			基层					
			高速、一级公路	其他公路	高速、一级公路	其他公路		
1	压实度(%)	代表值	—	97	96	95	灌砂法：每 200m、每车道 2 处	30
		极值	—	93	92	91		
2	平整度(mm)		—	12	12	15	3m 直尺：每 200m 4 处 3 尺	15
3	纵断高程(mm)		—	+5，−15	+5，−15	+5，−20	水准仪：每 200m 4 断面	5
4	宽度(mm)		不小于设计值				米尺：每 200m 4 处	5
5	厚度(mm)	代表值	—	−10	−10	−12	按有关方法检查：每 200m、每车道 1 点	20
		极值	—	−20	−25	−30		
6	横坡(%)		—	±0.5	±0.3	±0.5	水准仪：每 200m 4 断面	5
7	强度		符合设计要求				按有关方法检查	20

3. 外观鉴定

表面平整密实、无坑洼。不符合要求时，每处减 1～2 分，施工接茬平整、稳定。不符合要求时，每处减 1～2 分。

六、水泥土基层和底基层

1. 基本要求

土的性能应符合设计要求，土块要经粉碎；水泥用量按设计要求控制准确；路拌深度要达到层底；混合料处于最佳含水量状况下，用重型压路机碾压至要求的压实度；碾压检查合格后立即覆盖或洒水养生，养生期要符合规范要求。

2. 实测项目

实测项目见表 8.20。

表 8.20　水泥土基层和底基层实测项目

<table>
<tr><th rowspan="3">项次</th><th rowspan="3" colspan="2">检查项目</th><th colspan="4">规定值或允许偏差</th><th rowspan="3">底基层检查方法和频率</th><th rowspan="3">规定分</th></tr>
<tr><th colspan="4">基层</th></tr>
<tr><th>高速、一级公路</th><th>其他公路</th><th>高速、一级公路</th><th>其他公路</th></tr>
<tr><td rowspan="2">1</td><td rowspan="2">压实度(%)</td><td>代表值</td><td>—</td><td>95</td><td>95</td><td>93</td><td rowspan="2">灌砂法：每 200m、每车道 2 处</td><td rowspan="2">30</td></tr>
<tr><td>极值</td><td>—</td><td>91</td><td>91</td><td>89</td></tr>
<tr><td>2</td><td colspan="2">平整度(mm)</td><td>—</td><td>12</td><td>12</td><td>15</td><td>3m 直尺：每 200m 4 处 3 尺</td><td>15</td></tr>
<tr><td>3</td><td colspan="2">纵断高程(mm)</td><td>—</td><td>+5，−15</td><td>+5，−15</td><td>+5，−20</td><td>水准仪：每 200m 4 断面</td><td>5</td></tr>
<tr><td>4</td><td colspan="2">宽度(mm)</td><td colspan="4">不小于设计值</td><td>米尺：每 200m 4 处</td><td>5</td></tr>
<tr><td rowspan="2">5</td><td rowspan="2">厚度(mm)</td><td>代表值</td><td>—</td><td>−10</td><td>−10</td><td>−12</td><td rowspan="2">按有关方法检查：每 200m、每车道 1 点</td><td rowspan="2">20</td></tr>
<tr><td>极值</td><td>—</td><td>−20</td><td>−25</td><td>−30</td></tr>
<tr><td>6</td><td colspan="2">横坡(%)</td><td>—</td><td>±0.5</td><td>±0.3</td><td>±0.5</td><td>水准仪：每 200m 4 断面</td><td>5</td></tr>
<tr><td>7</td><td colspan="2">强度</td><td colspan="4">符合设计要求</td><td>按有关方法检查</td><td>20</td></tr>
</table>

3. 外观鉴定

表面平整密实、无坑洼。不符合要求时，每处减 1～2 分；施工接茬平整、稳定。不符合要求时，每处减 1～2 分。

七、水泥稳定粒料(碎石、沙砾或矿渣等)基层和底基层

1. 基本要求

粒料应符合设计和施工规范要求，并应根据当地料源选择质坚干净的粒料，矿渣应分解稳定，发现未分解渣块应予剔除；水泥用量和矿料级配按设计要求控制准确；路拌深度要达到层底；摊铺时要注意消除粗细料离析现象；混合料处于最佳含水量状况下，用重型压路机碾压至要求的压实度；碾压检查合格后立即覆盖或洒水养生，养生期要符合规范要求。

2.实测项目

实测项目见表 8.21。

表 8.21　水泥稳定粒料基层和底基层实测项目

项次	检查项目		规定值或允许偏差				检查方法和频率	规定分
			基层		底基层			
			高速、一级公路	其他公路	高速、一级公路	其他公路		
1	压实度(%)	代表值	98	97	96	95	灌砂法:每 200m、每车道 2 处	30
		极值	94	93	92	91		
2	平整度(mm)		8	12	12	15	3m 直尺:每 200m 4 处 3 尺	15
3	纵断高程(mm)		+5,−10	+5,−15	+5,−15	+5,−20	水准仪:每 200m 4 断面	5
4	宽度(mm)		不小于设计值				米尺:每 200m 4 处	5
5	厚度(mm)	代表值	−8	−10	−10	−12	按有关方法检查:每 200m、每车道 1 点	20
		极值	−15	−20	−25	−30		
6	横坡(%)		±0.3	±0.5	±0.3	±0.5	水准仪:每 200m 4 断面	5
7	强度		符合设计要求				按有关方法检查	20

3.外观鉴定

表面平整密实、无坑洼、无明显离析。不符合要求时,每处减 1~2 分;施工接茬平整、稳定。不符合要求时,每处减 1~2 分。

八、石灰、粉煤灰土基层和底基层

1.基本要求

土的性质应符合设计要求,土块要经粉碎;石灰和粉煤灰质量应符合设计要求,石灰应经充分消解后才能使用;混合料配合比应准确,不得含有灰团和生石灰块;碾压时应先用轻型压路机稳定,再用重型压路机碾压至要求的压实度;保持一定湿度养生,养生期要符合规范要求。

2. 实测项目

实测项目见表 8.22。

表 8.22　石灰、粉煤灰土基层和底基层实测项目

<table>
<tr><th rowspan="4">项次</th><th rowspan="4" colspan="2">检查项目</th><th colspan="4">规定值或允许偏差</th><th rowspan="4">底基层检查方法和频率</th><th rowspan="4">规定分</th></tr>
<tr><th colspan="2">基层</th><th colspan="2"></th></tr>
<tr><th colspan="2"></th><th colspan="2"></th></tr>
<tr><th>高速、一级公路</th><th>其他公路</th><th>高速、一级公路</th><th>其他公路</th></tr>
<tr><td rowspan="2">1</td><td rowspan="2">压实度(%)</td><td>代表值</td><td>—</td><td>95</td><td>95</td><td>93</td><td rowspan="2">灌砂法：每 200m、每车道 2 处</td><td rowspan="2">30</td></tr>
<tr><td>极值</td><td>—</td><td>91</td><td>91</td><td>89</td></tr>
<tr><td>2</td><td colspan="2">平整度(mm)</td><td>—</td><td>12</td><td>12</td><td>15</td><td>3m 直尺：每 200m 4 处 2 尺</td><td>15</td></tr>
<tr><td>3</td><td colspan="2">纵断高程(mm)</td><td>—</td><td>+5，−15</td><td>+5，−15</td><td>+5，−20</td><td>水准仪：每 200m 4 断面</td><td>5</td></tr>
<tr><td>4</td><td colspan="2">宽度(mm)</td><td colspan="4">不小于设计值</td><td>米尺：每 200m 4 处</td><td>5</td></tr>
<tr><td rowspan="2">5</td><td rowspan="2">厚度(mm)</td><td>代表值</td><td>—</td><td>−10</td><td>−10</td><td>−12</td><td rowspan="2">按有关方法检查：每 200m、每车道 1 点</td><td rowspan="2">20</td></tr>
<tr><td>极值</td><td>—</td><td>−20</td><td>−25</td><td>−30</td></tr>
<tr><td>6</td><td colspan="2">横坡(%)</td><td>—</td><td>±0.5</td><td>±0.3</td><td>±0.5</td><td>水准仪：每 200m 4 断面</td><td>5</td></tr>
<tr><td>7</td><td colspan="2">强度</td><td colspan="4">符合设计要求</td><td>按有关方法检查</td><td>20</td></tr>
</table>

3. 外观鉴定

表面平整密实、无坑洼。不符合要求时，每处减 1～2 分；施工接茬平整、稳定。不符合要求时，每处减 1～2 分。

九、石灰、粉煤灰稳定粒料(碎石、沙砾或矿渣等)基层和底基层

1. 基本要求

粒料应符合设计和施工规范要求，并应根据当地料源选择质坚干净的矿料。矿渣应分解稳定，发现未分解渣块应予剔除；石灰和粉煤灰质量应符合设计要求，石灰应经充分消解后才能使用；混合料配合比应准确，不得含有灰团和生石灰块；摊铺时要注意消除粗细料离析现象；碾压时应先用轻型压路机稳定，后用重型压路机碾压至要求的压实度；保持一定湿度养生，养生期要符合规范要求。

2.实测项目

实测项目见表8.23。

表8.23　石灰、粉煤灰稳定粒料基层和底基层实测项目

项次	检查项目		规定值或允许偏差				底基层检查方法和频率	规定分
			基层					
			高速、一级公路	其他公路	高速、一级公路	其他公路		
1	压实度(%)	代表值	98	97	96	95	灌砂法:每200m、每车道2处	30
		极值	94	93	92	91		
2	平整度(mm)		8	12	12	15	3m直尺:每200m 4处3尺	15
3	纵断高程(mm)		+5,-10	+5,-15	+5,-15	+5,-20	水准仪:每200m 4断面	5
4	宽度(mm)		不小于设计值				米尺:每200m 4处	5
5	厚度(mm)	代表值	-8	-10	-10	-12	按有关方法检查:每200m、每车道1点	20
		极值	-15	-20	-25	-30		
6	横坡(%)		±0.3	±0.5	±0.3	±0.5	水准仪:每200m 4断面	5
7	强度		符合设计要求				按有关方法检查	20

3.外观鉴定

表面平整密实、无坑洼、无明显离析。不符合要求时,每处减1～2分;施工接茬平整、稳定。不符合要求时,每处减1～2分。

第四节　路面面层质量评定方法

一、一般规定

路面面层的实测项目规定值或允许偏差按高速公路、一级公路和其他公路(指二级及以下公路)两档设定。

路面面层实测项目规定的检查频率为双车道公路每一检查段内的检查频率,多车道公路的路面各结构层均须按其车道数与双车道之比相应增加检查数量。

表层平整度测定以自动或半自动平整度仪为主,全线每车道连续测定按每100m输出结果计算合格率。采用3m直尺测定路面各结构层平整度时,以最大间隙作为指标,按每尺结果计算合格率。合格率不小于95%时,可得规定分值的满分。合格率小于70%时,其平整度指标为零分。合格率小于95%且不小于70%时,则按内插扣分。

路面各结构层厚度设定平均值的代表值偏差和极值两个指标。代表值偏差超过标准

值时，评为零分；当代表值偏差满足要求但存在超过极值偏差的测点时，按合格率计分。

材料要求和配比控制列入各种路面基本要求，通过检查施工单位提交的资料进行评定。

水泥混凝土上加铺沥青面层的复合式路面，两种路面结构均需进行检查评定。水泥混凝土路面结构不检查抗滑构造，平整度可按相应等级公路的标准。沥青面层不检查弯沉。并相应调整各自的规定分值。

二、沥青表面处治面层

1. 基本要求

在新建或旧路的表层进行表面处治时，应将表面的泥沙及一切杂物清除干净，底层必须坚实、稳定、平整、保持干燥后才可施工。

沥青材料的各项指标和石料的质量、规格及用量应符合设计要求和施工规范的规定。

沥青浇洒应均匀，无露白，不得污染其他构筑物。

嵌缝料必须趁热撒铺，扫布均匀，不得有重叠现象，应压实平整。

2. 实测项目

实测项目见表 8.24。

表 8.24　沥青表面处治面层实测项目

项次	检查项目		规定值或允许偏差	检查方法和频率	规定分
1	平整度	σ(mm)	4.5	平整度仪：全线每车道连续按每 100m 计算 3m 直尺：每 200m 2 处 10 尺	20
		IRI(m/km)	7.5		
		h(mm)	10		
2	弯沉(0.01mm)		≤设计值	按有关方法检查	20
3	厚度(mm)	代表值	−5	按有关方法检查 200m 每车道 1 处	20
		极值	−10		
4	沥青总用量(kg · m²)		±10%	每工作日、每层洒布沥青检查 1 次	20
5	中线偏位(mm)		30	经纬仪：每 200m 4 点	5
6	纵断高程(mm)		±15	水准仪：每 200m 4 个断面	5
7	宽度(mm)	有侧石	±30	米尺：每 200m 4 处	5
		无侧石	不小于设计值		
8	横坡(%)		±0.5	水准仪：每 200m 4 个断面	5

3. 外观鉴定

表面应平整密实，不应有松散、油包、油丁、波浪、封面料明显散失等现象，有上述缺陷的面积之和不超过受检面积的 2%。不符合要求时每超过 0.2%减 2 分。无明显碾压轮迹。不符合要求时，每处减 1～2 分。面层与路缘石及其他构筑物应接顺，不得有积水现象。不符合要求时，每处减1～2分。

三、沥青贯入式面层(或上拌下贯式面层)

1. 基本要求

沥青材料的各项指标应符合设计和施工规范规定的要求。

各种材料的规格和用量应符合设计要求和施工规范的规定，热拌沥青混凝土混合料每日应做抽提试验(包括马歇尔稳定度试验)。

碎石层必须平整坚实，嵌挤稳定，沥青贯入应深透，不得污染其他构筑物。

嵌缝料必须趁热撒铺，扫料均匀，不得有重叠现象。

上层采用拌和料时，混合料应均匀一致，无花白和粗细分离现象，摊铺平整，接茬平顺，及时碾压密实。

沥青贯入式面层施工时，应先做好路面结构层和路肩的排水措施，使雨水及时排出路面结构层。

2. 实测项目

实测项目见表8.25。

表8.25　沥青贯入式面层实测项目

<table>
<tr><th>项次</th><th colspan="2">检查项目</th><th>规定值或允许偏差</th><th>检查方法和频率</th><th>规定分</th></tr>
<tr><td rowspan="3">1</td><td rowspan="3">平整度</td><td>σ(mm)</td><td>3.5</td><td rowspan="3">平整度仪：全线每车道连续按每100m计算
3m直尺：每200m 2处10尺</td><td rowspan="3">20</td></tr>
<tr><td>IRI(m/km)</td><td>5.8</td></tr>
<tr><td>h(mm)</td><td>8</td></tr>
<tr><td>2</td><td colspan="2">弯沉(0.01mm)</td><td>≤设计值</td><td>按有关方法检查</td><td>20</td></tr>
<tr><td rowspan="2">3</td><td rowspan="2">厚度(mm)</td><td>代表值</td><td>−8%H或−5</td><td rowspan="2">按有关方法检查
200m每车道1处</td><td rowspan="2">20</td></tr>
<tr><td>极值</td><td>−15%H或−10</td></tr>
<tr><td>4</td><td colspan="2">沥青总用量(kg·m²)</td><td>±10%</td><td>每工作日、每层洒布沥青检查1次</td><td>20</td></tr>
<tr><td>5</td><td colspan="2">中线偏位(mm)</td><td>30</td><td>经纬仪：每200m 4点</td><td>5</td></tr>
<tr><td>6</td><td colspan="2">纵断高程(mm)</td><td>±15</td><td>水准仪：每200m 4个断面</td><td>5</td></tr>
<tr><td rowspan="2">7</td><td rowspan="2">宽度(mm)</td><td>有侧石</td><td>±30</td><td rowspan="2">米尺：每200m 4处</td><td rowspan="2">5</td></tr>
<tr><td>无侧石</td><td>不小于设计值</td></tr>
<tr><td>8</td><td colspan="2">横坡(%)</td><td>±0.5</td><td>水准仪：每200m 4个断面</td><td>5</td></tr>
</table>

注：H为总厚度。

3. 外观鉴定

表面应平整密实，不应有松散、裂缝、油包、油丁、波浪、泛油等现象，有上述缺陷的面积之和不超过受检面积的0.2%。不符合要求时每超过0.2%减2分。表面无明显碾压轮迹。不符合要求时，每处减1～2分。

面层与路缘石及其他构筑物应接顺，无积水现象。不符合要求时，每处减1～2分。

四、沥青混凝土面层和沥青碎(砾)石面层

1. 基本要求

沥青混合料的矿料质量及矿料级配应符合设计要求和施工规范的规定。

沥青材料及混合料的各项指标应符合设计和施工规范要求，沥青混合料的生产，每日应做抽提试验(包括马歇尔稳定度试验)。

严格控制各种矿料和沥青用量及各种材料和沥青混合料的加热温度。

拌和后的沥青混合料应均匀一致，无花白、无粗细料分离和结团成块现象。

基层必须碾压密实，表面干燥、清洁、无浮土，其平整度和路拱度应符合要求。

摊铺时应严格掌握摊铺厚度和平整度，避免矿料离析。要注意控制摊铺和碾压温度，碾压至要求的密实度。

2. 实测项目

实测项目见表 8.26。

表 8.26　沥青混凝土面层和沥青碎(砾)石面层实测项目

<table>
<tr><th rowspan="2">项次</th><th rowspan="2" colspan="2">检查项目</th><th colspan="2">规定值或允许偏差</th><th rowspan="2">检查方法和频率</th><th colspan="2">规定分</th></tr>
<tr><th>高速、一级公路</th><th>其他公路</th><th>高速、一级公路</th><th>其他公路</th></tr>
<tr><td>1</td><td colspan="2">压实度(%)</td><td>95(98)</td><td>93(98)</td><td>按有关方法检查：200m 每车道 1 处</td><td>20</td><td>20</td></tr>
<tr><td rowspan="3">2</td><td rowspan="3">平整度</td><td>σ(mm)</td><td>1.2</td><td>2.5</td><td rowspan="3">平整度仪：全线每车道连续
3m 直尺：每 200m 4 处 3 尺</td><td rowspan="3">15</td><td rowspan="3">20</td></tr>
<tr><td>IRI(m/km)</td><td>2.0</td><td>4.2</td></tr>
<tr><td>h(mm)</td><td></td><td>5.0</td></tr>
<tr><td>3</td><td colspan="2">弯沉(0.01mm)</td><td colspan="2">≤设计值</td><td>按有关方法检查</td><td>15</td><td>20</td></tr>
<tr><td rowspan="2">4</td><td rowspan="2">抗滑</td><td>摩擦系数</td><td rowspan="2">符合设计</td><td rowspan="2"></td><td rowspan="2">摆式仪：每 200m 1 处
铺砂法：每 200m 1 处</td><td rowspan="2">10</td><td rowspan="2">20</td></tr>
<tr><td>构造深度</td></tr>
<tr><td rowspan="2">5</td><td rowspan="2">厚度(mm)</td><td>代表值</td><td>总厚度－8
上面层－4</td><td>总厚度
－5～－8H</td><td rowspan="2">按有关方法检查：200m 每车道 1 处</td><td rowspan="2">20</td><td rowspan="2">20</td></tr>
<tr><td>极值</td><td>总厚度－8
上面层－4</td><td>总厚度
－10～－15H</td></tr>
<tr><td>6</td><td colspan="2">中线偏位(mm)</td><td colspan="2">20</td><td>经纬仪：每 200m 4 点</td><td>5</td><td>5</td></tr>
<tr><td>7</td><td colspan="2">纵断高程(mm)</td><td>±10</td><td>±15</td><td>水准仪：每 200m 4 个断面</td><td>5</td><td>5</td></tr>
<tr><td rowspan="2">8</td><td rowspan="2">宽度(mm)</td><td>有侧石</td><td>±10</td><td>±10</td><td rowspan="2">米尺：每 200m 4 处</td><td rowspan="2">5</td><td rowspan="2">5</td></tr>
<tr><td>无侧石</td><td colspan="2">不小于设计值</td></tr>
<tr><td>9</td><td colspan="2">横坡(%)</td><td>＋0.5</td><td>＋0.5</td><td>水准仪：每 200m 4 个断面</td><td>5</td><td>5</td></tr>
</table>

注：H 为厚度。

3. 外观鉴定

表面平整密实，不应有泛油、松散、裂缝、粗细料明显离析等现象。对于高速公路和一级公路，有上述缺陷的面积（凡属单条的裂缝，则按其实际长度乘以 0.2m 宽度，折算成面积）之和不得超过受检测面积的 0.03％，其他公路不得超过 0.05％。不符合要求时每超过 0.03％或 0.05％减 2 分。半刚性基层的反射裂缝可不计作施工缺陷，但应及时进行灌缝处理。

搭接处应紧密、平顺，烫缝不应枯焦。不符合要求时，累计每 10m 长减 1 分。

面层与路缘石及其他构筑物应接顺，不得有积水现象。不符合要求时，每处减 1～2 分。

五、水泥混凝土面层

1. 基本要求

基层经检测，必须符合检验评定标准各项指标的要求。并应进行基层弯沉测定，验算的基层整体模量应满足设计要求。

采用的水泥，其物理性能和化学成分应符合国家有关标准的规定。

粗细骨料、水及接缝填缝料应符合施工规范要求。

施工配合比应根据现场测定水泥的实际标号进行计算，并经实验室试验，采用最佳配合比。

接缝的位置、规格、尺寸及传力杆、拉力杆的设置应符合设计文件要求。

路面横向采取的拉毛或机具压槽等抗滑措施，其构造深度应符合施工规范要求。

面层与其他构造物相接应平顺，检查井盖顶面高程应高于周边路面 1～3mm。雨水口标高按设计比路面低 5～8mm，路面边缘不积水。

混凝土铺筑后按施工规范要求养生。

2. 实测项目

实测项目见表 8.27。

表 8.27　水泥混凝土面层实测项目

项次	检查项目		规定值或允许偏差		检查方法和频率	规定分
			高速、一级公路	其他公路		
1	弯拉强度(MPa)		在合格标准之内		按有关方法检查	30
2	板厚度(mm)	代表值	−5		按有关方法检查：200m 每车道 1 处	20
		极值	−10			
3	平整度	σ(mm)	1.5	2.5	平整度仪：全线每车道连续 3m 直尺：每 200m 4 处 3 尺	15
		IRI(m/km)	2.5	4.2		
		h(mm)		5.0		

续表

4	抗滑	0.8	0.6	铺砂法每 200m 1 处	8
5	相邻板高差(mm)	2	3	每条胀缝 2 点,每 200m 抽纵横缝各 2 条,每条各 2 点	8
6	纵横缝顺直度(mm)	10		纵缝 20m 拉线,横缝沿板宽拉线;每 200m 4 处,每 200m 4 条	3
7	中线偏位(mm)	20		经纬仪:每 200m 4 点	3
8	纵断高程(mm)	±10	±15	水准仪:每 200m 4 个断面	3
9	路面宽度(mm)	±20		米尺:每 200m 4 处	5
10	横坡(%)	±0.5	±0.5	水准仪:每 200m 4 个断面	5

3.外观鉴定

混凝土板的断裂块数,高速公路和一级公路不得超过评定路段混凝土板总块数的 2‰,其他公路不得超过 4‰。不符合要求时每超过 1‰减 2 分。对于断裂板应采取适当措施予以处理。

混凝土板表面的脱皮、印痕、裂纹、石子外露和缺边掉角等病害现象。对于高速公路和一级公路,有上述缺陷的面积不得超过受检面积的 2‰,其他公路不得超过 3‰。不符合要求每超过 1‰减 2 分。对于连续配筋的混凝土路面和钢筋混凝土路面,因干缩、温缩产生的裂缝,可不减分。

路面侧石直顺、曲线圆滑,越位 2cm 以上者,每处减 1～2 分。

接缝填筑饱满密实。不符合要求时,累计长度每 100m 减 2 分。

胀缝有明显缺陷时,每条减 1～2 分。

第五节　桥梁工程质量评定方法

一、一般规定

互通立交的桥梁部分、分离式立交、高架桥应按标准进行评定。

本节中未列出的施工过程应用设施(如模板、支架、拱架、顶推台座、导梁、转动设施、猫道等)的质量标准,应根据施工技术主规范严格要求,以确保工程质量。

对工厂制造的钢梁,施工单位应参加厂内钢梁的试装及验收,按施工技术规范的标准进行评定。

基础及下部构造可为一个或几个分部工程。当分部工程有几个墩台时,评定时以每墩、台为一个统计单元(下有若干个分项工程),采用工程汇总表,将各墩、台的得分汇总,计算平均分值,作为基础及下部构造分部工程的得分值,并据此评定质量等级。但只有各墩、台均合格时,该分部工程才能评为合格;只有各墩、台均优良时,该分部工程才能评为优良。

大桥每座为一个单位工程。当有若干座中桥时，可合并为一个单位工程，先对每座中桥进行评定，然后用工程汇总表将各中桥的得分汇总，计算平均分值，作为该单位工程的得分值，并据此评定质量等级。但只有各中桥均合格时，该单位工程才能评为合格；只有各中桥均优良时，该单位工程才能评为优良。

特大桥的单位工程、分部工程，可根据具体情况另行划分。

二、桥梁总体

1. 基本要求

桥梁施工应严格按照设计图纸、施工规范和有关技术操作规程要求进行。中下承式桥净空，不得小于设计要求。

2. 实测项目

实测项目见表 8.28。

表 8.28　桥梁总体实测项目

项次	检查项目		规定值或允许偏差	检查方法和频率	规定分
1	桥面中心偏位(mm)		10	经纬仪：查 3～8 处	20
2	桥宽(mm)	车行道	±10	钢尺：每孔 3～5 处	25
		人行道			
3	桥长		+300，−100	量具仪检查	15
4	引道中心线与桥中线衔接(mm)		±20	两线延长至桥端部比较平面位置	20
5	桥头高程衔接(mm)		±3	水准仪测量	20

3. 外观鉴定

车辆通过桥头搭板时不存在跳车现象。不符合要求时减 3～5 分。踏步顺直，与边坡一致。不符合要求时减 1～2 分。桥梁的内外轮廓线条应顺滑清晰。不符合要求时减 3 分。

三、钻孔灌注桩

1. 基本要求

孔径和孔深必须符合设计要求。

成孔后必须清孔，测量孔径、孔深和沉淀层厚度，确认满足设计要求后，再灌注水下混凝土。

水下混凝土应连续灌注，严禁有夹层和断桩。

钢筋笼不得上浮。嵌入承台的锚固钢筋长度不得低于规范规定的最小锚固长度要求。

按施工规范的要求，对有代表性的桩，对质量有怀疑以及因灌注故障处理过的桩，应采用无破损法检测桩的质量。对质量有怀疑以及因灌注故障处理过的桩及重要工程或重要部位的桩进行无破损检测或钻取芯样。

桩的无破损检测结果须经设计单位确认。

凿除桩头混凝土后,无残余的松散混凝土。

2. 实测项目

实测项目见表 8.29。

表 8.29　钻孔灌注桩实测项目

<table>
<tr><th>项次</th><th colspan="2">检查项目</th><th>规定值或允许偏差</th><th>检查方法和频率</th><th>规定分</th></tr>
<tr><td>1</td><td colspan="2">混凝土强度(MPa)</td><td>在合格标准内</td><td>按有关方法检查</td><td>35</td></tr>
<tr><td rowspan="2">2</td><td rowspan="2">桩位
(mm)</td><td>群桩</td><td>100</td><td rowspan="2">经纬仪:检查纵横方向</td><td rowspan="2">15</td></tr>
<tr><td>排架桩</td><td>50</td></tr>
<tr><td>3</td><td colspan="2">钻孔倾斜度</td><td>1%</td><td>查灌注前记录</td><td>20</td></tr>
<tr><td rowspan="2">4</td><td rowspan="2">沉淀厚度
(mm)</td><td>摩擦桩</td><td>符合设计要求</td><td rowspan="2">查灌注前记录</td><td rowspan="2">20</td></tr>
<tr><td>支撑桩</td><td>不大于设计规定</td></tr>
<tr><td>5</td><td colspan="2">钢筋骨架底面
高程(mm)</td><td>±50</td><td>查灌注前记录</td><td>10</td></tr>
</table>

3. 外观鉴定

嵌入承台内的混凝土桩头及锚固钢筋长度应符合设计要求,不符合时减 1～3 分。无破损检测桩的质量有缺陷,但经设计单位确认仍可使用时,应减 3 分。

四、挖孔桩

1. 基本要求

孔径、孔深必须符合设计要求。

挖孔达到设计深度后,应及时进行孔底处理,必须做到无松渣、淤泥等扰动软土层,使孔底情况满足设计要求。

嵌入承台的锚固钢筋长度不得低于规范规定的最小锚固长度要求。

2. 实测项目

实测项目见表 8.30。

表 8.30　挖孔桩实测项目

<table>
<tr><th>项次</th><th colspan="2">检查项目</th><th>规定值或允许偏差</th><th>检查方法和频率</th><th>规定分</th></tr>
<tr><td>1</td><td colspan="2">混凝土强度(MPa)</td><td>在合格标准内</td><td>按有关方法检查</td><td>35</td></tr>
<tr><td rowspan="2">2</td><td rowspan="2">桩位
(mm)</td><td>群桩</td><td>100</td><td rowspan="2">经纬仪:检查纵横方向</td><td rowspan="2">25</td></tr>
<tr><td>排架桩</td><td>50</td></tr>
<tr><td>3</td><td colspan="2">钻孔倾斜度</td><td>0.5%</td><td>查灌注前记录</td><td>25</td></tr>
</table>

续表

4	钢筋骨架底面高程(mm)	+50	查灌注前记录	15

3. 外观鉴定

各组成部分接触面不平整者,减3～5分。如因沉陷不同造成各组成部分接近桥面的顶面有错台时减3～5分。错台大时必须整修。

五、混凝土浇筑

1. 基本要求

所用的水泥、砂、石、水、粉煤灰及添加剂的质量规格必须符合有关规范的要求。按规定的配合比施工。不得出现露筋和空洞现象。钢筋混凝土结构在自重荷载下,不允许出现受力裂缝。空心板采用胶囊施工时,胶囊上浮量应符合设计要求。寒冷地区混凝土骨料应按有关规定进行抗冻试验,结果应符合规范要求。混凝土基础的地基承载力必须满足设计要求,严禁超挖回填虚土。

2. 实测项目

实测项目见表8.31。

表8.31 混凝土基础实测项目

项次	检查项目		规定值或允许偏差	检查方法和频率	规定分
1	混凝土强度(MPa)		在合格标准内	按有关方法检查	35
2	基础地面标高(mm)	土质	+50	水准仪:测5～8处	10
		石质	±50,−200		
3	平面尺寸		±50	尺量:长、宽各3处	20
4	基础顶面标高(mm)		±30	水准仪:测5～8点	15
5	轴线偏位(mm)		25	经纬仪:检查纵横方向各2点	20

3. 外观鉴定

混凝土表面平整,施工缝平顺。不符合要求时每处减2分。

混凝土蜂窝麻面面积不得超过该面积的0.5%,深度不超过10mm,符合要求时每超过0.5%减5分。

混凝土表面出现非受力裂缝,减1～3分,缝宽超过0.15mm者必须处理。

小型构件外形轮廓清晰,线条直顺,不得有翘曲现象,不符合要求时每处减1～3分。

预制桩的桩顶和桩尖不得有蜂窝麻面现象。不符合要求时每处减3～5分。严重的要整修。

预制管的管壁蜂窝每处面积不得大于3cm×3cm,深度不超过1cm,总面积不得超过全面积的1%。不符合要求时,蜂窝每处减1分;蜂窝总面积每超过1%减5分。

封锚混凝土应密实、平整,不符合要求时减3～5分。

六、桥面铺装

1. 基本要求

桥面铺装应符合同级路面的要求。桥面泄水孔的进水口应略低于桥面面层,其数量低于设计要求。

2. 实测项目

实测项目见表 8.32。

表 8.32　　混凝土基础实测项目

<table>
<tr><th>项次</th><th colspan="3">检查项目</th><th colspan="2">规定值或允许偏差</th><th>检查方法和频率</th><th>规定分</th></tr>
<tr><td>1</td><td colspan="3">混凝土强度(MPa)或压实度</td><td colspan="2">在合格标准内</td><td>按有关要求检查</td><td>35</td></tr>
<tr><td>2</td><td colspan="3">厚度(mm)</td><td colspan="2">+10,−5</td><td>对比路面浇筑前后标高检查,每 100m 检查 5 处</td><td>20(25)</td></tr>
<tr><td rowspan="6">3</td><td rowspan="6">平整度</td><td rowspan="3">高速、一级公路</td><td></td><td>沥青混凝土</td><td>水泥混凝土</td><td rowspan="5">平整度仪:全桥每车道连续检测,每 100m 计算 IRI 或 σ</td><td rowspan="6">20(25)</td></tr>
<tr><td>σ(mm)</td><td>1.5</td><td>1.8</td></tr>
<tr><td>IRI(m/km)</td><td>2.5</td><td>3.0</td></tr>
<tr><td rowspan="3">其他公路</td><td>σ(mm)</td><td colspan="2">2.5</td></tr>
<tr><td>IRI(m/km)</td><td colspan="2">4.2</td></tr>
<tr><td>h(mm)</td><td colspan="2">5</td><td>3m 直尺:每 100m 3 处 3 尺</td></tr>
<tr><td rowspan="2">4</td><td rowspan="2">横坡</td><td colspan="2">水泥混凝土</td><td colspan="2">±0.15%</td><td rowspan="2">每 100m 查 3 个断面</td><td rowspan="2">15</td></tr>
<tr><td colspan="2">沥青面层</td><td colspan="2">±0.3%</td></tr>
<tr><td>5</td><td colspan="3">抗滑构造深度(mm)</td><td colspan="2">符合设计要求</td><td>铺砂法:每 200m 查 3 处</td><td>10(0)</td></tr>
</table>

3. 外观鉴定

其数量低于设计要求。桥面排水良好,不符合要求时减 3～5 分。

第九章 工程实例

案例一 大同市南三环御河大桥成桥检测

一、概述

1. 工程概况

南三环御河大桥位于大同市主城区南端的南环街延长段上，主桥采用五跨预应力混凝土连续梁＋三跨无背索斜拉拱塔结构，中间三跨为无背索斜拉拱塔结构，拱塔与主梁固结，跨径布置为：30＋60＋70＋80＋40＝280m，桥型布置如图 9.1 所示。

三拱塔的倾角均向一侧倾斜 35 度。三拱塔的断面形式均采用四边形钢箱结构，中间设置一道腹板，三拱塔钢箱的长宽尺寸随塔高按比例变化，钢箱壁厚沿塔高方向逐渐递减。拱塔内均设置竖向加劲肋、剪刀钉和横隔板。拱塔塔根部的结合段采用端承板式和埋入式相结合的混合式构造形式。

主梁采用变截面预应力钢筋砼箱梁结构，主梁为双箱六室截面形式，道路中心线处支点梁高 4.3 米，跨中梁高 2.2 米，梁高变化段端、底曲线采用抛物线形。单箱底板宽为 13.9米。主梁顶板厚 250mm，底板为变厚度 250～600mm，内边腹板和中腹板厚度为 450～750mm，外边腹板厚度 600～1700mm（塔梁固结处局部腹板加厚至 3.6m）。箱梁预应力钢束采用 15ϕs15.2 和 9ϕs15.2 的高强度低松弛预应力钢绞线（GB/T 5224-2003 技术标准）。

全桥共设 22 对塔梁斜拉索。梁上索距为 6m，塔上理论索距为 4.5m，采用PESFD7X-109、PESFD7X-121 镀锌平行钢丝斜拉索，标准强度 1670MPa。塔端采用锚管结构、梁端采用锚块结构进行锚固，塔梁间斜拉索张拉端设置在梁上。

三拱塔均在主梁处固结，通过支座将荷载传给下部桥墩与基础。桥墩采用双柱式门形钢筋混凝土结构。基础采用整体式群桩结构，承台下设置直径为 1.5m 的钻孔灌注摩擦桩。

2. 主要技术标准

(1)道路等级：

城市主干路。

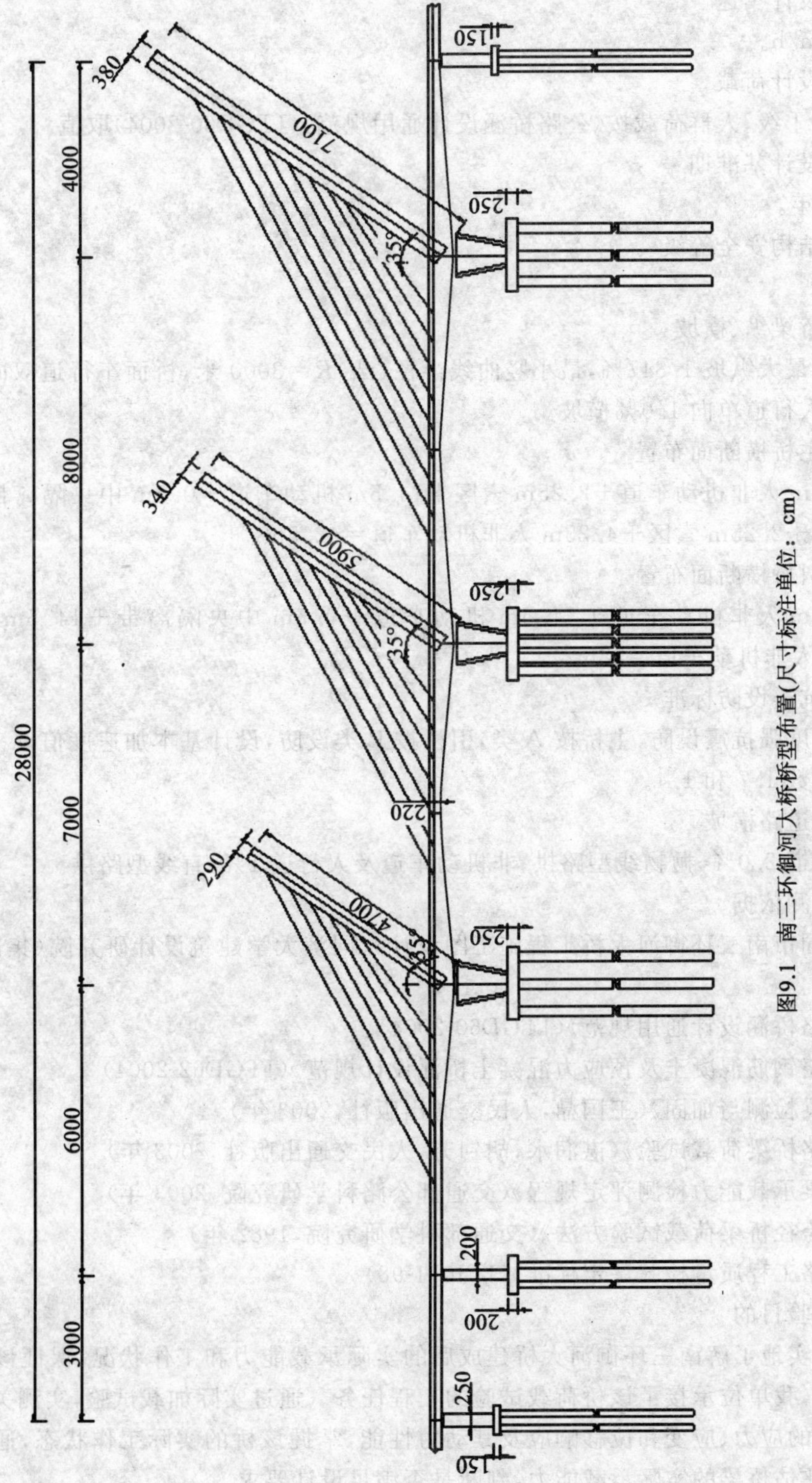

图9.1　南三环御河大桥桥型布置(尺寸标注单位：cm)

(2)设计车速

60km/h。

(3)设计荷载

公路Ⅰ级,人群荷载按《公路桥涵设计通用规范》(JTGD60-2004)取值。

(4)设计基准期

100 年。

(5)结构安全等级

一级。

(6)桥梁纵、横坡

桥面最大纵坡 1.847%,最小竖曲线半径(凸)R=3000 米,桥面车行道双向 2.0%横坡,桥面人行道单向 1.0%横坡。

(7)主桥横断面布置

4.25m 人非机动车道+2.25m 索区+14.5m 机动车道+0.5m 中央隔离带+14.5m 机动车道+2.25m 索区+4.25m 人非机动车道=42.5m。

(8)引桥横断面布置

4.25m 人非机动车道+14.5m 机动车道+0.5m 中央隔离带+14.5m 机动车道+4.25m人非机动车道=38m。

(9)抗震设防标准

按 7 度强抗震设防,主桥按 A 类,引桥按 B 类设防,设计基本加速度值 0.165g,重要性修正系数 1.7 和 1.4。

(10)道路横坡

车行道 2.0%,抛物线型路拱;非机动车道及人行道 1%,直线型路拱。

3.检测依据

《大同市南三环御河大桥工程施工图设计》(同济大学建筑设计研究院(集团)有限公司,2009)

《公路桥涵设计通用规范》(JTGD60-2004)。

《公路钢筋混凝土及预应力混凝土桥涵设计规范》(JTGD62-2004)

《桥梁检测与加固》(王国鼎,人民交通出版社,2003 年)

《公路桥梁荷载试验》(谌润水,胡钊芳,人民交通出版社,2003 年)

《桥梁承载能力检测评定规程》(交通部公路科学研究院,2003 年)

《大跨径桥梁荷载试验方法》(交通部科学研究院,1982 年)

《公路工程质量检验评定标准》(JTJ071-98)

4.试验目的

为真实地了解南三环御河大桥建成后的实际承载能力和工作状况,保证该桥的通车运营安全,我单位承接了该桥荷载试验的工程任务。通过实际加载试验,实测关键构件和关键断面的应力、应变和位移响应及其动力性能,掌握该桥的实际工作状态,通过荷载试验结果,评估桥梁的实际承载能力,判断是否满足设计要求。

(1)静载试验

通过静载试验,掌握桥梁重要部位在设计荷载以及试验荷载作用条件下的应变和位移情况。

实测控制截面的应变分布规律以及试验荷载作用下的桥梁变形情况,判断现阶段桥梁的实际承载能力是否满足设计要求,并进一步验证在现行活荷载条件下结构的承载能力是否能满足正常使用要求。

通过对比荷载试验和理论计算分析结果,对桥梁的实际承载能力和工作状况做出综合评价。

(2)动载试验

桥梁结构的动力性能是评价桥梁运营状态和承载能力的重要指标之一。判别桥梁结构是否处在安全振动工作状态,是桥梁动载试验的主要目的。

动载试验的主要内容包括自振特性测试和动力反应测试两部分内容。通过动载激励试验测试得到大桥的自振特性,包括固有频率、振型、衰减系数、阻尼比等。

依据动载试验结果综合分析和评价桥梁的动力性能。

5.试验内容

根据本次试验的目的和桥梁的结构参数,确定如下试验内容:

(1)静载试验

多个关键工况静力加载,实测关键截面的应力、应变及位移响应,检验大桥的工作状态,并基于试验结果评估桥梁承载能力。主要测试项目有:斜拉桥各斜拉索的恒载及活载索力。斜拉桥关键截面的挠度和塔顶水平位移。斜拉桥主梁关键控制截面主要部位的应变或应力。斜拉桥在试验荷载下,可能展开的裂缝和裂缝展开的宽度。

(2)动载试验主要测试项目

主梁的自振特性(自振频率和振型)。主梁在试验荷载下的动力特性(加速度时程、阻尼比)。

6.仪器设备

本试验所需仪器设备如表 9.1 所示。

表 9.1 仪器设备

编号	分项	子项	用量
1	数据存储和处理	笔记本电脑	2 台
2	综合应变测试仪	钢弦式应变数据采集仪	2 台
3	应变计	钢弦式应变计	36 支
4	动载试验测试装置	IMC 动态数据采集和处理系统	1 台
5	精密测量设备	精密水准仪	1 台
6	传感器	941B 拾振器	11 个
7	斜拉索索力测试	941B 拾振器	4 个
8	索塔位移测试	Imetrum 非接触式应变位移测量分析系统	1 套
9	现场试验记录	数码照相机	1 台

(1)加速度传感器

用于测量桥梁各个部分的加速度、速度和位移量,进而可估算出桥梁所受到的应力、应变、谐振频率、刚度等参数。选用了941B超低频传感器。

(2)振弦式应变传感器

表面粘贴智能弦式应变传感器。用于测量结构在载荷作用下该点的应变。据有可靠性高,稳定性好的特点。

(3)Imetrum非接触式应变位移测量分析系统(Leica TCA-2003)

该系统利用图像散斑识别技术,能够准确跟踪被测物上点与点之间的运动 动态实时测量二维的参数,如位移、应变、泊松比、速度、角位移、挠度、应力/应变曲线、模数等,能广泛应用于风洞、桥梁、建筑等结构的监测。

二、静载试验

桥梁静载试验是通过测量桥梁结构在静力试验荷载作用下的变形和内力来了解结构的实际承载能力和实际工作状态的一种试验。根据设计要求,按照关键截面结构相应等效的原则,在桥上布置一定数量的加载车辆,进行测量结构的响应,可直接了解与掌握结构的实际工作状态与结构性能,为桥梁的综合评估提供试验数据。

1.试验控制截面的选择

根据南环桥的结构特点和有限元计算结果,在公路Ⅰ级荷载作用下,该桥P9～P10墩之间的一跨主梁及高塔的结构反应最具有代表性,对该部分结构关键截面进行荷载试验得出的试验结果可达到了解全桥的目的。综合现场条件及各种因素,本次试验选择P9～P10和P10～P11为试验跨,Ⅰ—Ⅰ截面至Ⅳ—Ⅳ截面为荷载试验控制界面,如图9.3所示。

2.模型计算分析

根据斜拉桥的结构特点,全桥主要构件可分为拱塔、索、主梁等部分。为准确模拟结构实际受力情况,建立三维空间有限元模型,如图9.2所示。

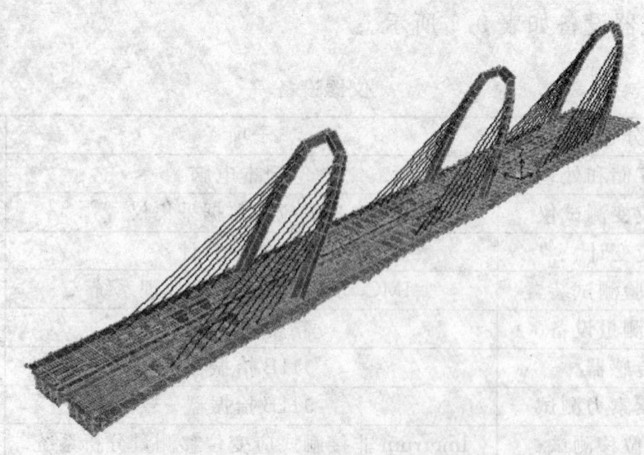

图9.2　南环桥三维空间模型

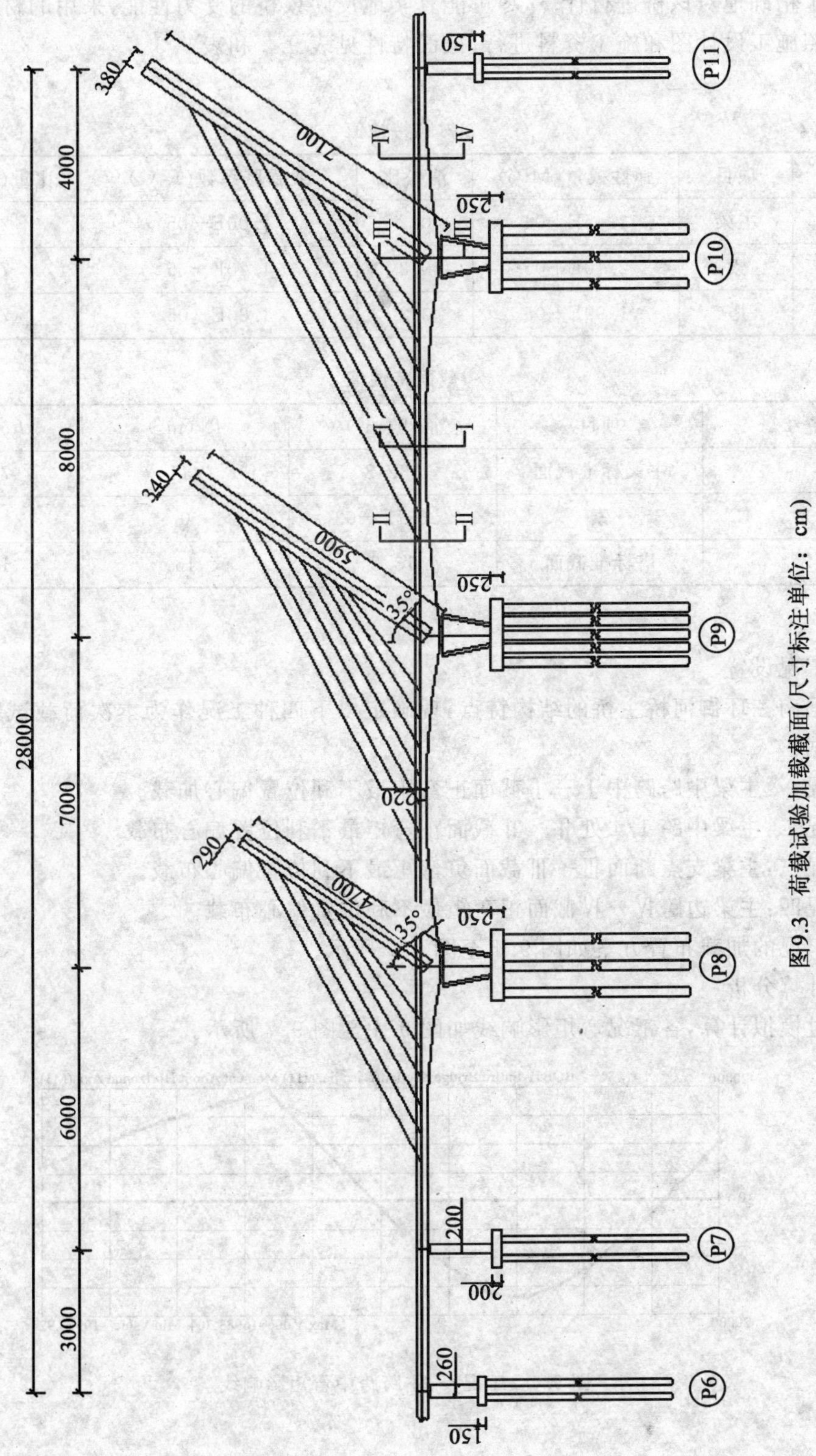

图9.3　荷载试验加载截面(尺寸标注单位：cm)

为了精确地对该桥进行计算，尽可能真实地反映该桥的受力性能，采用的材料特性值严格按照施工设计图和施工资料进行，截面特性见表 9.2 和表 9.3。

表 9.2　　材料特性值

序号	项目	弹性模量(MPa)	泊松比	线膨胀系数(1/℃)	比重(kN/m³)
1	主梁	3.45E+04	0.2	1.00E−05	26.0
2	索	2.10E+05	0.3	1.20E−05	78.5
3	塔	1.99E+05	0.3	1.20E−05	78.5

表 9.3　　截面特性值

序号	项目	面积(m^2)	I_{xx}(m^4)	I_{yy}(m^4)
1	主梁标准截面	13.48	411	7.61
2	索	4.657E−03	0	0
3	塔标准截面	13.3	16	13.5

3. 工况设置

根据南三环御河桥主桥的结构特点，现确定以下四种工况作为本次荷载试验的主要加载依据：

工况一：主梁中跨跨中Ⅰ—Ⅰ截面正弯矩最不利位置偏心加载。

工况二：主梁中跨 1/4 处Ⅱ—Ⅱ截面正弯矩最不利位置偏心布载。

工况三：主梁支点断面Ⅲ—Ⅲ截面负弯矩最不利位置偏心布载。

工况四：主梁边跨Ⅳ—Ⅳ截面正弯矩最不利位置偏心布载。

各工况的加载布置方案如图 9.4 至图 9.7 所示。

4. 计算分析

经过模拟计算，各工况弯矩影响线如图 9.4 至图 9.7 所示。

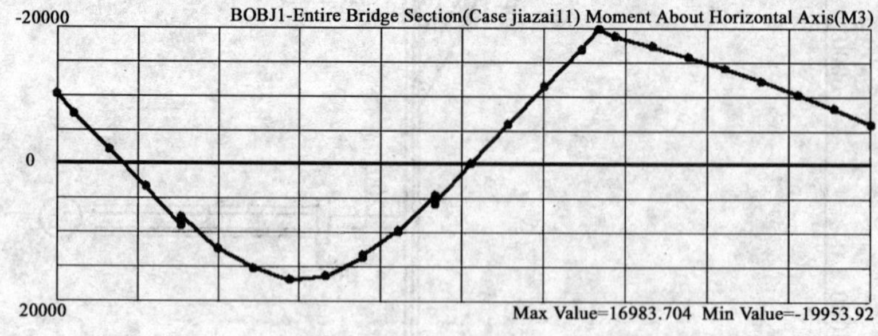

图 9.4　工况一：主跨跨中弯矩影响线

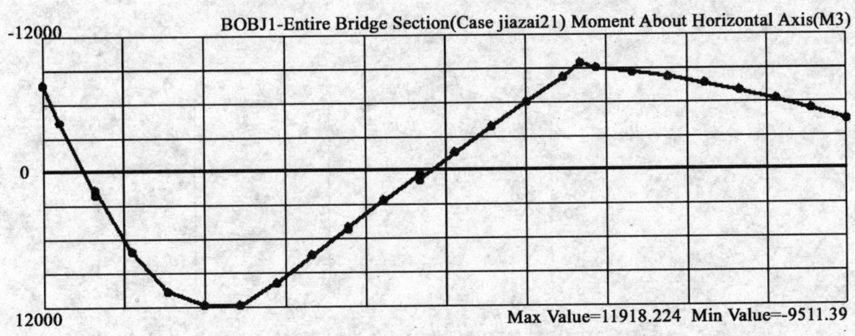

图 9.5　工况二:主跨 1/4 处弯矩影响线

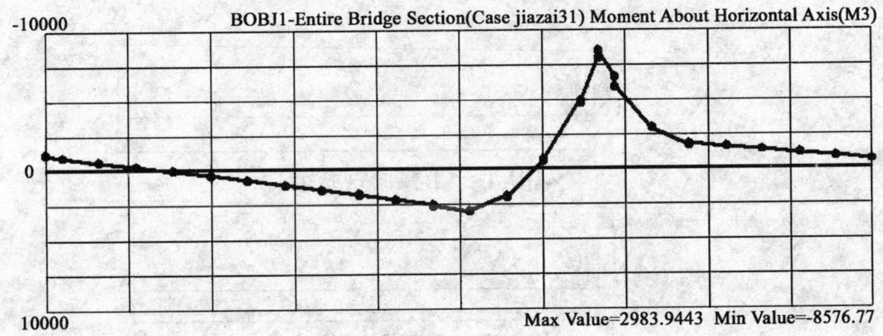

图 9.6　工况三:主梁支座负弯矩影响线

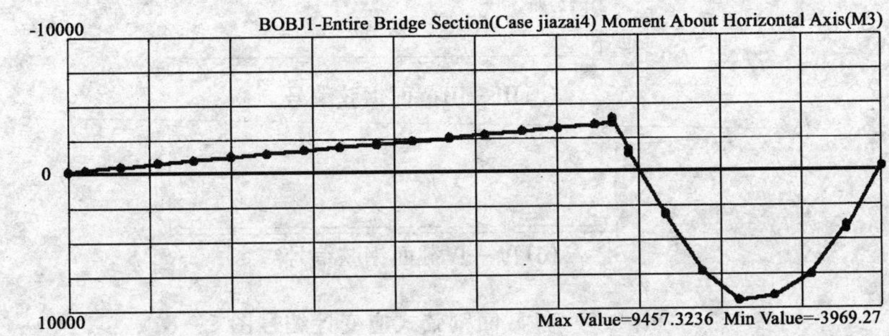

图 9.7　工况四:边跨跨中弯矩影响线

5. 测点布置

(1)应变测点布置

分别在各控制截面的上游幅、下游幅和下缘布置钢弦式,测试荷载作用下主梁产生的应力、应变,试验时桥下有大量的临时墩阻碍了应变计的布置,使得实际的荷载试验不能按照试验方案严格执行,只有根据现场的实际试验条件进行应变测点的布置。塔根应变测点布置如图 9.8 所示,主梁各试验控制截面的应变测点布置如图 9.9 所示。

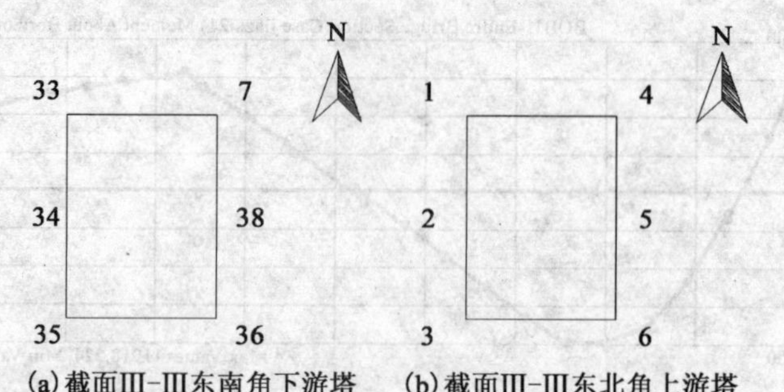

(a)截面Ⅲ-Ⅲ东南角下游塔　(b)截面Ⅲ-Ⅲ东北角上游塔

图 9.8　Ⅲ—Ⅲ截面塔根钢弦编号图

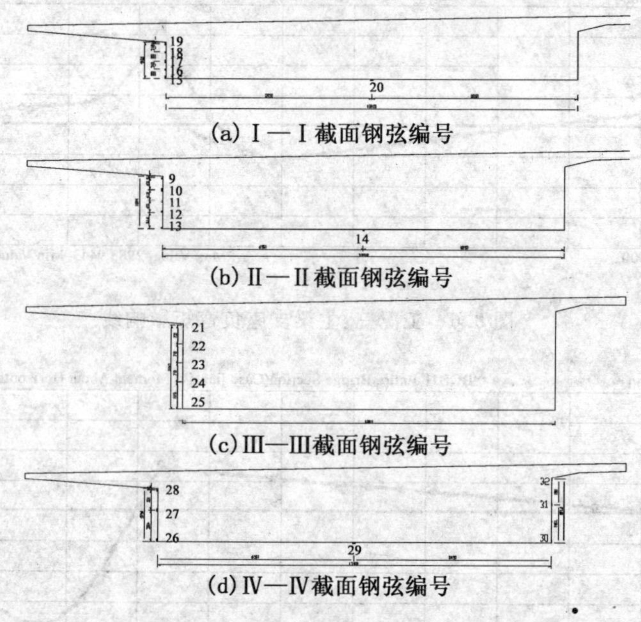

(a) Ⅰ—Ⅰ截面钢弦编号

(b) Ⅱ—Ⅱ截面钢弦编号

(c) Ⅲ—Ⅲ截面钢弦编号

(d) Ⅳ—Ⅳ截面钢弦编号

图 9.9　各截面钢弦式应变计编号图

(2)位移测点布置

塔顶纵向水平位移测定采用 Imetrum 非接触式应变位移测量分析系统,该系统利用图像散斑识别技术,能够准确跟踪被测物上点与点之间的运动动态。实时测量二维的参数,如位移、应变、泊松比、速度、角位移、挠度、应力/应变曲线、模数等。能广泛应用于风洞、桥梁、建筑等结构的监测。本次试验就是采用这种方法,塔顶设置纵向水平变位测点,主要测试索塔纵桥向偏位,拱塔位移测点如图 9.10 和图 9.11 所示。桥面及拱塔位移测点布置如图 9.11 所示。

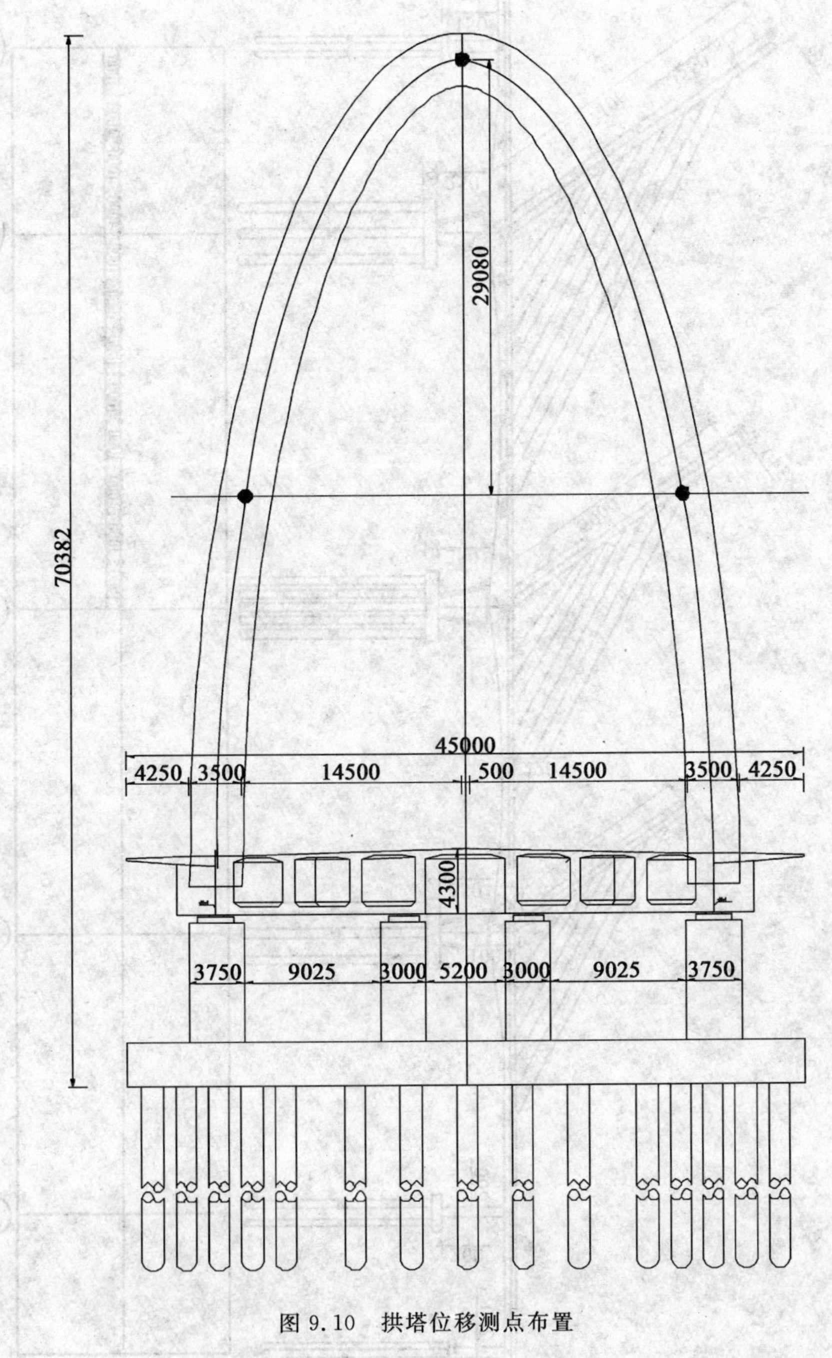

图 9.10　拱塔位移测点布置

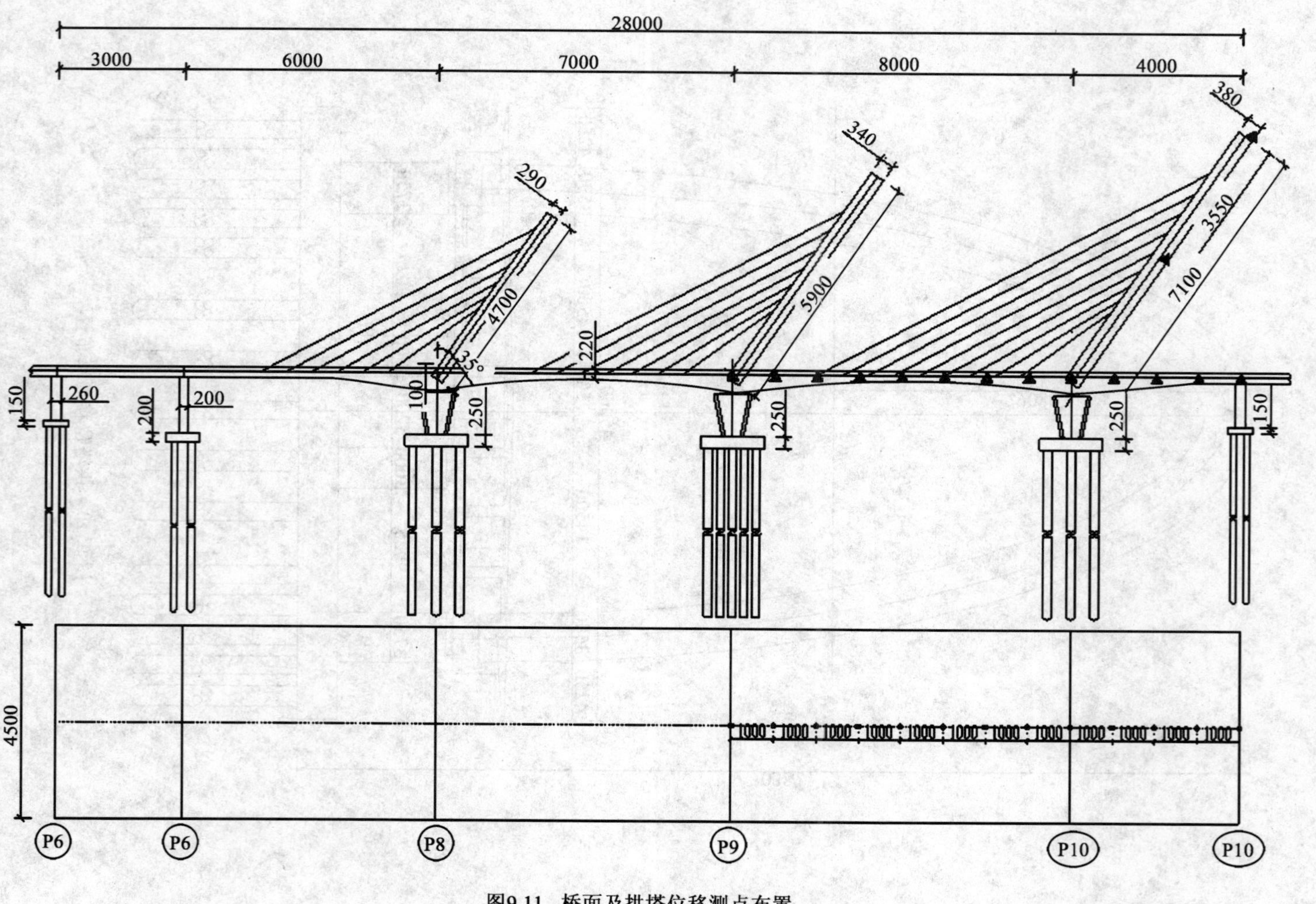

图9.11　桥面及拱塔位移测点布置

6.试验荷载的确定及加载车辆

试验荷载效应计算是在设计内力计算结果的基础上，来确定加载位置、加载等级以及在试验荷载作用下结构反应大小的过程，也是一个反复试算的过程。由于桥梁静荷载试验为鉴定荷载试验，试验荷载原则上应尽量采用与设计标准荷载相同的荷载，但由于客观条件的限制，实际采用的试验荷载往往很难与设计标准荷载一致。在不影响主要试验目的的前提下，一般采用内力或变形等效的加载方式，即计算出设计标准荷载对控制截面产生的最不利内力，以此作为控制值，然后在其影响线上按最不利位置布载，调整试验荷载使该截面内力逐级达到此控制值。为保证试验效果，根据《大跨径混凝土桥梁的试验方法》的要求，在选择试验荷载大小及加载位置时应采用静荷载试验效率 η 进行控制，即：

$$0.85<\eta=\frac{S_{stat}}{S(1+\mu)}\leqslant 1.05 \tag{9.1}$$

式中：η——静力试验荷载效率系数；

S_{stat}——试验荷载作用下，控制截面内力计算值(N)；

S——设计标准活荷载作用下，控制截面内力计算值(不计冲击作用时)(N)；

μ——设计取用的冲击系数。

本次荷载试验采用 8 辆重约 300kN 的三轴载重汽车加载。加载车辆示意图如图 9.12所示。每个工况所需车辆数按照“试验计算分析确定的数量”为准。在模型计算分析中，模型加载中将每辆车模拟为六个集中力的形式。试验前对每辆车都严格过磅，保证每车的重量误差在 1t 以内，记录每车的实际总重、轴重、轴距和轮距，如表 9.4 所示。在内力分析和截面应变计算的过程中，对荷载都是按表 9.4 中实际的轴距、轮距和轴重取值的。

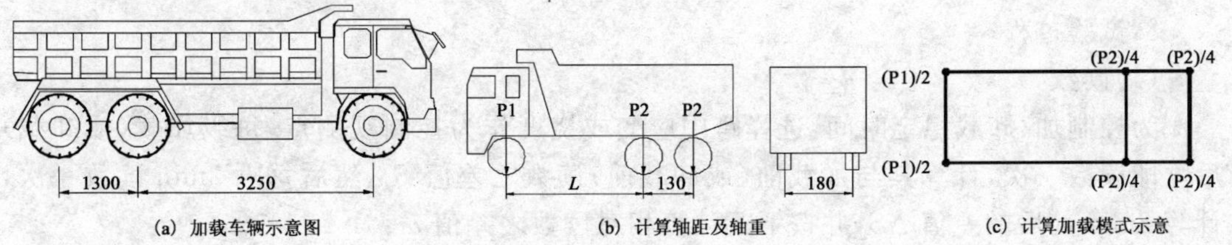

图 9.12　加载车辆及计算加载模式

表 9.4　加载车辆轴距及轴重汇总

序号	车牌号	轮距(m)	轴距(m)		轴重(t)		总重(t)
			前—中	中—后	前轴	中后轴	
1	蒙 J14533	1.8	3.25	1.3	10.18	19.26	29.44
2	蒙 L38658	1.8	3.25	1.3	6.72	24.64	31.36
3	蒙 J19489	1.8	3.25	1.3	9.22	24.12	33.34
4	蒙 J39386	1.8	3.25	1.3	6.1	24.22	30.32

续表

5	蒙 J38637	1.8	3.25	1.3	5.65	24.20	29.85
6	蒙 J38669	1.8	3.25	1.3	6.84	23.70	30.54
7	蒙 J38938	1.8	3.25	1.3	8.56	23.12	31.68
8	蒙 J34535	1.8	3.25	1.3	9.94	22.28	32.22

7. 加载效率

根据《大跨径混凝土桥梁的试验方法》的建议，取静力试验荷载的效率为 $1 \geq \eta \geq 0.85$。根据加载方案，各试验工况加载效率计算结果见表 9.5。

由表 9.5 可见，截面荷载效率为 85%～100%，说明每个工况加载都能够反映出结构设计的受力与变形状态。

表 9.5　各工况荷载效率系数汇总

工况	项目	试验荷载计算值①	标准荷载计算值②	试验荷载效率①/②(%)
工况一	Ⅰ—Ⅰ截面弯	6024	6336	95.08
工况二	Ⅱ—Ⅱ截面弯	4632	4716	98.22
工况三	Ⅲ—Ⅲ截面弯	16405	16611	98.76
工况四	Ⅳ—Ⅳ截面弯	5840	6012	97.14

8. 试验过程

(1)读数

为控制加、卸载稳定时间，选择跨中应变或挠度作为控制观测点，每级加载（或卸载）后立即读数一次，计算其与加载前（或卸载前）读数之差值 S_g，然后每隔 2min 读数一次，计算 2min 前后的差值 ΔS，并按下式计算相对读数之差值 m：

$$m = \Delta S / S_g \tag{9.2}$$

当 m 值小于 1% 或小于量测仪器的最小分辩值时即认为结构基本稳定，可进行各测点读数，但稳定时间不得少于 5min。

全部测点在加载开始前均进行零级荷载的读数，以后每次加载或卸载后立即读数一次。

(2)裂缝观测

在加载试验过程中，对该桥受力最不利区域进行观测，如主跨跨中、支座等部位，看是否有裂缝出现。

工况一至工况四最不利位置偏心布载示意图如图 9.13 至图 9.16 所示。

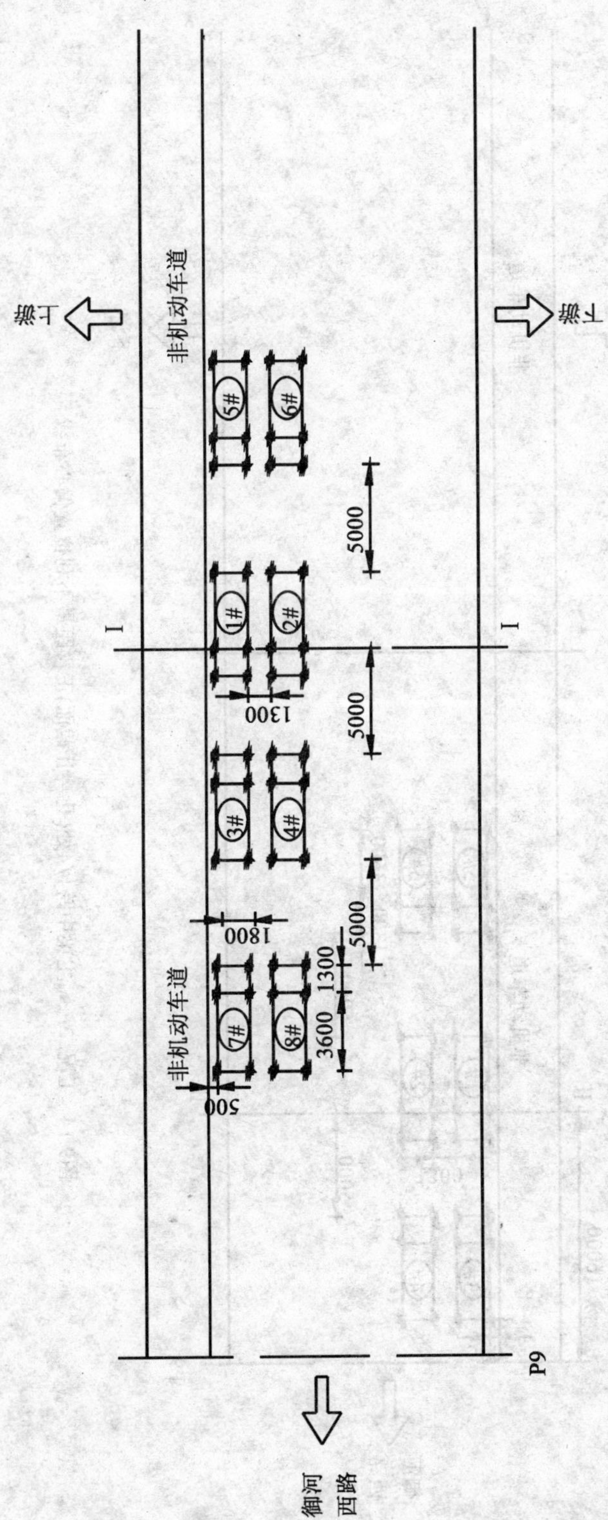

图9.13　工况一：　主梁中跨跨中(Ⅰ—Ⅰ截面)正弯距最不利位置偏心布载

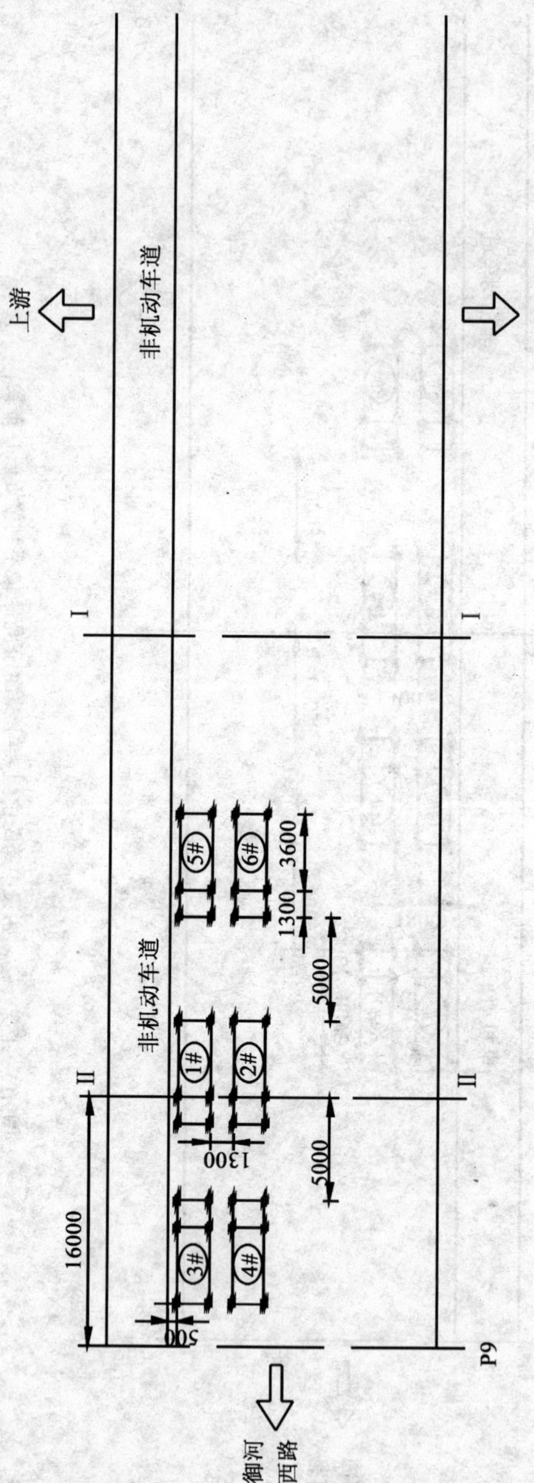

图9.14 工况二：主梁中跨1/4处(II—II截面)正弯距最不利位置偏心布载

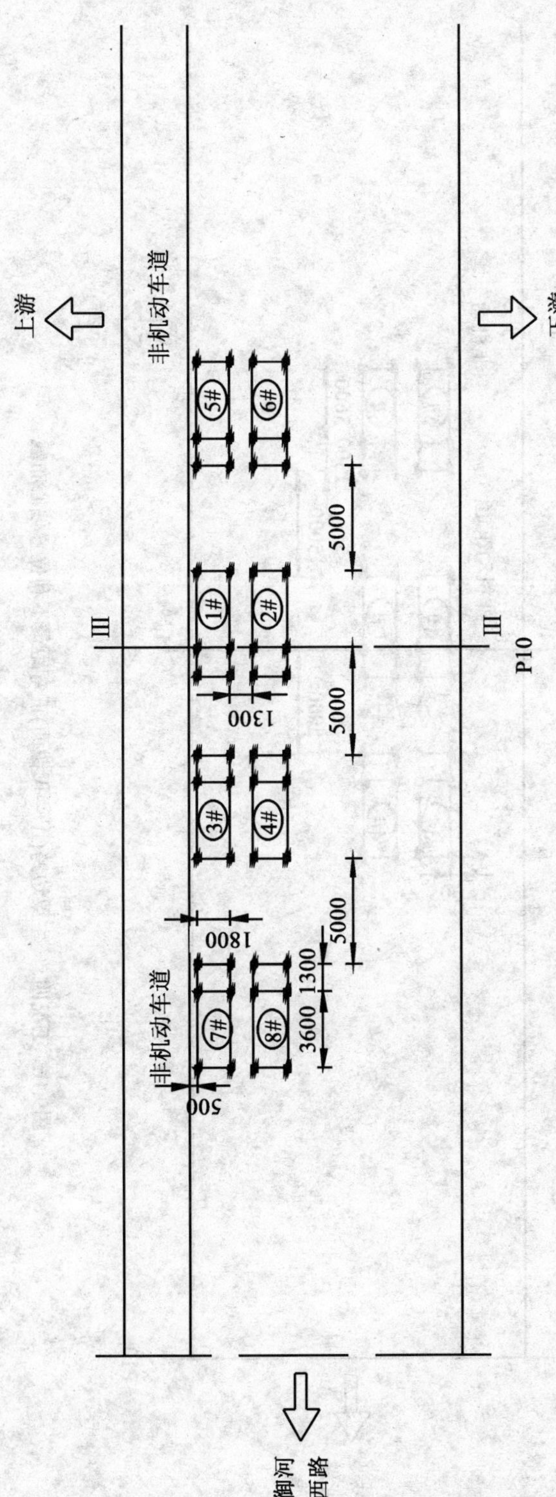

图9.15　工况三：主梁支点断面(III—III截面)负弯距最不利位置偏心布载

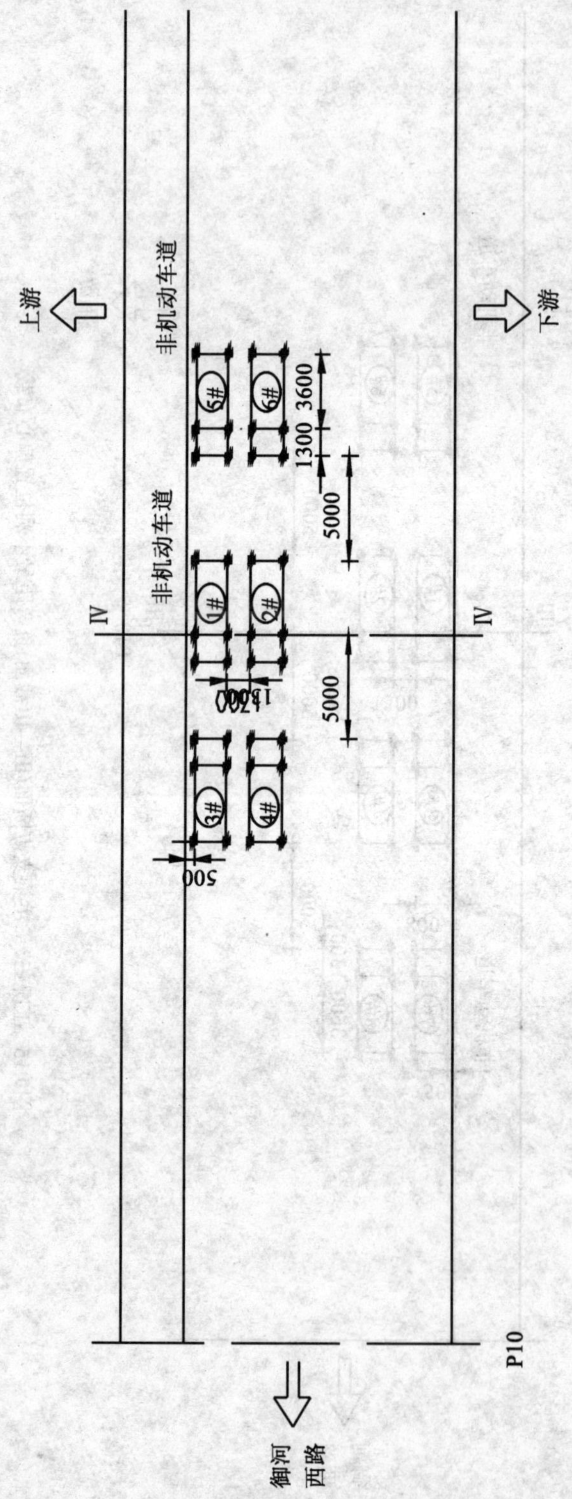

图9.16　工况四：主梁边跨(Ⅳ—Ⅳ截面)正弯距最不利位置偏心布载

三、静载试验结果分析

在桥梁试验中，结构校验系数 η 是评定桥梁结构工作状况，确定桥梁承载能力的一个重要指标。相对残余变形(或应变)是评价结构构件承载后弹性工作性能的指标，相对残余变形(或应变)越小，说明结构弹性工作状况越充分。

校验系数即指某一测点的实测值与相应理论值的比值，可用下式来表示：

$$\eta = (S_e/S_s) \times 100\ (\%) \tag{9.3}$$

式中：S_e—— 试验荷载作用下实测变形(或应变)(mm)；

S_s—— 试验荷载作用下理论计算变形(或应变)(mm)。

在同一荷载作用下实测值与分析值应接近，当 $\eta < 1$ 时，表明结构的工作性能较好，满足使用要求；当 $\eta > 1$ 时，表明结构工作性能较差，应根据实际情况降级使用，限速限载并进行加固或改建。

相对残余变形(或应变) S'_p 可用下式来表示：

$$S'_p = (S_p/S_t) \times 100\ (\%) \tag{9.4}$$

式中：S_p—— 测试截面残余变形(或应变)(mm)；

S_t—— 测试截面总的变形(或应变)(mm)。

根据《桥梁承载能力评定规程》中的相关规定，相对残余变形(或应变) S'_p 不应大于20%。

1. 试验荷载作用下挠度结果评定

(1) 桥面位移结果分析

根据桥面位移的测点布置，共有13个测点，编号为测点1至测点13，其中测点5为主跨跨中测点，测点11为边跨跨中测点。

试验荷载作用下各工况的桥面位移测试结果见表9.6，表中数据正值表示向上，负值表示向下。

根据表9.6可得，各工况下各测点的位移实测值都小于理论计算值，校验系数都小于1，并且实测值与理论计算值接近，说明实测数据真实可信，同时说明该桥的实际刚度较大，满足设计要求。根据挠度试验值，按除去恒载因素外的短期荷载组合计算的长期挠度的试验值与计算跨径的比值，均小于1/500，上述分析表明该桥主梁的竖向刚度能够满足公路Ⅰ级荷载的设计和使用要求，且有一定的安全储备。

表9.6　　桥面位移测试结果

工况	工况一			工况二			工况三			工况四		
测点编号	实测值	理论值	校验系数	实测值	理论值	校验系数	实测值	理论值	校验系数	实测值	理论值	校验系数
测点1	1.41	1.51	0.94	－0.76	－0.87	0.87	0.34	0.41	0.83	0.37	0.45	0.82
测点2	－2.99	－3.01	0.99	－2.37	－2.65	0.89	－0.78	－0.81	0.96	0.75	0.90	0.90
测点3	－4.12	－4.23	0.97	－2.51	－3.07	0.82	－0.52	－0.57	0.91	0.89	0.96	0.93

续表

测点 4	−6.25	−6.78	0.92	−4.4	−4.52	0.97	−0.73	−0.75	0.97	1.45	1.51	0.96
测点 5	−7.62	−7.89	0.97	−4.69	−5.17	0.91	−0.55	−0.64	0.86	2.12	2.35	0.90
测点 6	−6.64	−7.07	0.94	−3.64	−3.99	0.91	−1.16	−1.39	0.84	2.75	3.14	0.88
测点 7	−5.05	−6.12	0.83	−1.74	−1.87	0.93	−1.01	−1.23	0.82	1.94	2.49	0.78
测点 8	−2.28	−3.26	0.70	−0.97	−1.03	0.94	−0.41	−0.47	0.88	0.73	0.91	0.80
测点 9	−0.93	−1.24	0.75	−0.28	−0.34	0.82	−0.59	−0.62	0.95	0.54	0.73	0.74
测点 10	2.27	2.54	0.89	0.01	0.02	0.50	0.45	0.47	0.96	−1.34	−1.57	0.85
测点 11	2.5	2.61	0.96	0.41	0.52	0.78	0.28	0.29	0.96	−2.08	−2.84	0.73
测点 12	1.36	1.43	0.95	0.51	0.65	0.79	0.07	0.09	0.77	−1.87	−2.01	0.93
测点 13	0.78	0.83	0.94	0.22	0.32	0.69	0.42	0.52	0.8	0.54	0.83	0.65

(2) 桥面相对残余挠度结果分析

工况一为中跨跨中偏载作用，是全桥具有代表性的加载工况，测试数据能反映出该桥的结构性能。工况一下各测点相对残余挠度的计算具体见表 9.7。

表 9.7　工况一相对残余挠度计算

工况一	相对残余变形		
测点编号	残余变形(mm)	实测总变形(mm)	相对残余挠度
测点 1	0.28	1.41	0.20
测点 2	−0.54	−2.99	0.18
测点 3	−0.41	−4.12	0.10
测点 4	−0.38	−6.25	0.06
测点 5	−0.53	−7.62	0.07
测点 6	−0.27	−6.64	0.04
测点 7	−0.40	−5.05	0.08
测点 8	−0.43	−2.28	0.19
测点 9	−0.12	−0.93	0.13
测点 10	0.27	2.27	0.12
测点 11	0.50	2.5	0.20
测点 12	0.24	1.36	0.18
测点 13	0.15	0.78	0.19

根据表 9.7 可得，加载时主梁各测点挠度的相对残余变形均小于 0.2，表明桥跨结构处于良好的弹性工作状态，变形恢复能力较好。

由于数据较多，考虑到篇幅关系，工况二至工况四相对残余挠度仅列出测点 5 和测点 11 两个最关键的测点实测数据，具体情况见表 9.8。

表 9.8　　工况二至工况四相对残余挠度计算

工况	测点编号	残余变形(mm)	实测总变形(mm)	相对残余挠度
工况二	测点 5	−0.36	−4.50	0.08
	测点 11	0.08	0.67	0.12
工况三	测点 5	−0.28	−4.67	0.06
	测点 11	−0.32	−3.20	0.10
工况四	测点 5	0.14	0.93	0.15
	测点 11	−0.42	−3.23	0.13

从表 9.8 中的数据可以看出，工况二至工况四下主梁最关键的两个测点的相对残余挠度都小于 0.2，符合《桥梁承载能力检测评定规程》中关于相对残余变形(或应变)的规定，表明桥跨结构处于良好的弹性工作状态，变形恢复能力较好。

(3) 主塔水平方向位移结果评定

主塔水平方向位移采用 Imetrum 非接触式应变位移测量分析系统(Leica TCA-2003)进行测量，测试了全部 3 个测点在四种工况下的结果，具体结果见表 9.9。表中数据正值表示往西侧偏，负值表示往东侧偏。

表 9.9　　主塔水平方向位移结果

测点	测点 1			测点 2			测点 3		
工况	实测值(mm)	计算值(mm)	校验系数	实测值(mm)	计算值(mm)	校验系数	实测值(mm)	计算值(mm)	校验系数
工况一	−3.22	−3.59	0.90	−1.86	−1.97	0.95	−1.82	−1.89	0.96
工况二	−1.67	−1.71	0.98	−0.88	−0.91	0.97	−0.86	−0.96	0.89
工况三	−0.89	−0.94	0.94	−0.36	−0.41	0.88	−0.38	−0.42	0.90
工况四	1.25	1.32	0.95	0.78	0.80	0.97	0.69	0.72	0.96

根据表 9.9 可得，各工况下各测点的实测值都小于理论计算值，校验系数都小于 1，并且与理论计算值接近，说明实测数据真实可信，同时说明该桥主塔的实际刚度较大，满足设计要求。

2. 应变结果评定

由于荷载试验实际情况的不确定性，测试数据有一定的偏差，检测现场的环境对测试数据的影响不容忽视，特别是温度对应变的影响，因此需要对该试验数据进行修正。

由沿梁高分布的测点数据可见，混凝土应变沿梁高的分布规律基本符合受弯构件的平面假定。为了使数据规格化，减少环境对测试数据的影响，本文应用最小二乘法原理对各测点进行回归分析，确定一条误差最小的试验曲线，即沿梁高变化的直线方程，按照这种方法确定出的应变数据作为最终的实测应变数据，以此为基础进行分析。

(1) 各测试截面应变结果分析

各测试截面在各工况满载作用下的应变结果见表 9.10，表中数据正应变值表示拉应变，负应变值表示压应变。

根据表 9.10 可得，各截面上的应力校验系数均小于 1，可以说明结构工作性能良好，符合设计要求，且具有足够的安全储备。从表中可以看出，Ⅰ—Ⅰ 截面在各工况下所有应变全部为正值，全部受拉，说明在跨中处截面的中性轴靠上，最上面的 19 号应变计在中性轴的下面导致测试应变值为正。同时可以看出部分截面应变值过于集中，这是由于缺少了预压环节，导致混凝土不能连续变形，在进行数据拟合后该现象得到了很好的改善。

试验过程中也没有发现有裂缝和特殊情况出现，试验过程是安全的。

表 9.10　各测试截面在各工况下的应变结果(应变单位：$\mu\varepsilon$)

工况		工况一			工况二			工况三			工况四		
截面位置	应变计编号	实测值	理论值	校验系数	实测值	理论值	校验系数	实测值	理论值	校验系数	实测值	理论值	校验系数
Ⅲ—Ⅲ截面塔根	35	3	3.86	0.777	14	14.52	0.964	8	9.13	0.876	1	1.74	0.575
	33	8	9.18	0.871	14	14.97	0.935	17	19.28	0.882	17	23.09	0.736
	34	1	1.57	0.637	−6	−7.13	0.842	1	1.01	0.990	−6	−6.37	0.942
	38	−1	−1.12	0.893	−3	−3.23	0.929	−3	−3.45	0.870	−2	−2.93	0.683
	36	−1	−1.34	0.746	−1	−2.02	0.495	−1	−2.01	0.498	1	1.74	0.575
	7	−1	−1.61	0.621	−4	−4.39	0.911	−4	−5.23	0.765	−3	−3.23	0.929
	6	4	4.56	0.877	1	1.73	0.578	7	7.13	0.982	2	2.31	0.866
	5	1	1.34	0.746	5	6.48	0.772	17	19.24	0.884	12	13.34	0.900
	4	−1	−2.02	0.495	−2	−2.36	0.847	−3	−4.14	0.725	−2	−2.97	0.673
	3	5	6.72	0.744	8	9.18	0.871	5	5.28	0.947	13	14.72	0.883
	2	1	1.23	0.813	2	2.35	0.851	4	4.25	0.941	4	5.41	0.739
	1	4	4.43	0.903	5	5.19	0.963	1	1.32	0.758	1	2.02	0.495

续表

Ⅰ—Ⅰ截面	19	12	13.2	0.909	12	13.47	0.891	12	13.13	0.914	11	13.74	0.801
	18	13	14.32	0.908	11	12.71	0.865	11	12.15	0.905	10	11.52	0.868
	17	12	12.98	0.924	10	11.01	0.908	8	8.49	0.942	6	6.93	0.866
	16	12	13.21	0.908	10	10.19	0.981	8	9.17	0.872	8	8.87	0.902
	15	17	18.54	0.917	13	15.03	0.865	10	13.71	0.729	8	9.13	0.876
	20	10	12.32	0.812	1	1.28	0.781	−2	−2.36	0.847	−3	−3.54	0.847
Ⅱ—Ⅱ截面	9	8	9.13	0.876	−1	−1.29	0.776	11	11.19	0.983	11	13.42	0.820
	10	7	8.45	0.828	11	13.29	0.828	11	12.53	0.878	13	15.75	0.825
	11	9	9.87	0.912	12	13.21	0.908	11	12.76	0.862	12	12.56	0.955
	12	7	7.41	0.945	14	14.16	0.989	12	14.15	0.848	15	15.26	0.983
	13	7	7.56	0.926	7	7.81	0.896	5	6.09	0.821	3	3.65	0.822
	14	1	1.39	0.719	11	12.09	0.910	4	4.59	0.871	4	4.38	0.913
Ⅲ—Ⅲ截面	21	5	5.43	0.921	7	7.98	0.877	9	9.19	0.979	11	12.14	0.906
	22	−8	−9.8	0.816	−6	−6.31	0.956	−7	−7.32	0.956	−3	−3.17	0.946
	23	−10	−11.32	0.883	−8	−8.67	0.923	−6	−6.74	0.890	−5	−5.56	0.899
	24	−34	−36.39	0.934	−27	−32.18	0.839	−24	−26.73	0.898	−21	−23.47	0.895
	25	−17	−17.81	0.955	−28	−33.12	0.845	−27	−34.02	0.794	−7	−8.74	0.801
Ⅳ—Ⅳ截面	28	1	1.52	0.658	3	4.12	0.728	3	4.71	0.637	−4	−5.91	0.677
	27	9	9.99	0.901	11	11.23	0.980	13	13.29	0.978	15	15.55	0.965
	26	9	9.73	0.925	8	9.36	0.855	7	8.77	0.798	5	5.74	0.871
	29	−13	−13.64	0.953	−4	−4.15	0.964	−1	−1.36	0.735	15	17.18	0.873
	32	−5	−6.01	0.832	6	7.17	0.837	−3	−3.98	0.754	−4	−5.41	0.739
	31	2	2.91	0.687	3	4.01	0.748	4	4.92	0.813	5	6.35	0.787
	30	3	3.42	0.877	1	1.32	0.758	1	1.42	0.704	−1	−1.62	0.617

(2) 相对残余应变结果分析

相对残余应变也选择工况一作为代表进行分析，工况二至工况四选择各测试截面上的关键测点进行分析。在工况一下的各测试截面的各测点相对残余应变结果见表 9.11。

表 9.11　　工况一相对残余应变结果

工况一	相对残余变形		
测点编号	残余变形(mm)	实测总变形(mm)	相对残余应变
测点 35	2	3	0.2
测点 33	2	8	0.18
测点 34	2	1	0.14
测点 38	1	－1	0.14
测点 36	1	－1	0.13
测点 7	1	－1	0.1
测点 6	1	4	0.09
测点 5	1	1	0.20
测点 4	2	－1	0.11
测点 3	1	5	0.13
测点 2	1	1	0.11
测点 1	3	4	0.19
测点 19	0	12	0
测点 18	0	13	0
测点 17	2	12	0.14
测点 16	2	12	0.11
测点 15	1	17	0.08
测点 20	0	10	0
测点 9	2	8	0.17
测点 10	1	7	0.09
测点 11	1	9	0.13
测点 12	2	7	0.17
测点 13	2	7	0.18
测点 14	1	1	0.14
测点 21	1	5	0.2
测点 22	1	－8	0.17
测点 23	2	－10	0.12
测点 24	2	－34	0.1
测点 25	2	－17	0.09

续表

测点 28	2	1	0.14
测点 27	2	9	0.12
测点 26	0	9	0
测点 29	0	−13	0
测点 32	0	−5	0
测点 31	2	2	0.17
测点 30	1	3	0.08

根据表 9.11 可得，完全卸载后测点的相对残余应变基本都在 0.2 以下，仅有中性轴附近残余变形相对较大，说明结构性能满足要求，桥跨结构处于良好的弹性工作状态，变形恢复能力较好。

工况二至工况四残余应变的分析分别选择各工况对应的截面上下缘的测点作为分析测点，相对残余应变的计算见表 9.12。

表 9.12　相对残余应变计算

工况	测点	位置	残余应变	实测总应变	相对残余应变
工况二	测点 9	上缘	0	−1	0
	测点 14	下缘	1	11	0.09
工况三	测点 21	上缘	1	7	0.14
	测点 25	下缘	2	−27	0.07
工况四	测点 28	上缘	0	−4	0
	测点 29	下缘	1	15	0.07

根据表 9.12 可得，工况二至工况四对应的截面上关键测点的相对残余应变都小于 0.2，符合《桥梁承载能力检测评定规程》中关于相对残余应变的规定，表明桥跨结构处于良好的弹性工作状态，变形恢复能力较好。

3. 成桥索力测试

利用附着在拉索上的精密传感器，采集拉索在环境激励或人工激励下的自振信号，经过滤波、放大和频谱分析，再由频谱图确定拉索的自振频率，然后根据自振频率与索力的关系确定索力。这种测试索力的方法叫做频率法。

用频率法测试索力，设备可重复使用。以现有的仪器及分析手段，测试频率的精度可以达到 0.001Hz。只要准确建立索力和频率的对应关系，利用频率法测索力便可达到很高的精度。该法测试索力具有操作简单、费用低和设备可重复利用的优点，特别适用于对索力的复测和测试活载对索力的影响。

自振频率与索力的关系可用下式来表示：

$$T = K(\frac{F_n}{n})^2 \tag{9.5}$$

式中：K—— 比例系数；

F_n—— 索主振动频率(Hz)；

n—— 主振动频率的阶次；

T—— 索拉力(kN)。

比例系数 K 可用下式来计算：

$$K = 4WL^2/1000 \tag{9.6}$$

式中：W—— 钢索单位长质量(kg/m)；

L—— 钢索两嵌固点之间的长度(m)。

南三环桥在各试验工况下测得的索力结果见表 9.13。

表 9.13　索力测试结果

拉索编号	成桥索力设计值(kN)	工况一加载前索力(kN)	工况一加载索力(kN)	拉索编号	成桥索力设计值(kN)	工况二加载前索力(kN)	工况二加载索力(kN)
R3	2236	2195	2224	R7	2311	2321	2345
R5	2288	2376	2401	R9	2298	2432	2477
拉索编号	成桥索力设计值(kN)	工况三加载前索力(kN)	工况三加载索力(kN)	拉索编号	成桥索力设计值(kN)	工况四加载前索力(kN)	工况四加载索力(kN)
R1	2185	2235	2241	R1	2185	2157	2299
R3	2236	2186	2152	R3	2236	2189	2158

根据表 9.13 可得，实测的成桥索力与成桥设计索力相差无几，相差最大的是 R3 号索，在工况四加载前与设计索力相差了 47kN，可以说明测得的索力是真实可信的，并且实测的索力满足设计要求。

各试验工况下不同索的频谱图如图 9.17 至图 9.23 所示。

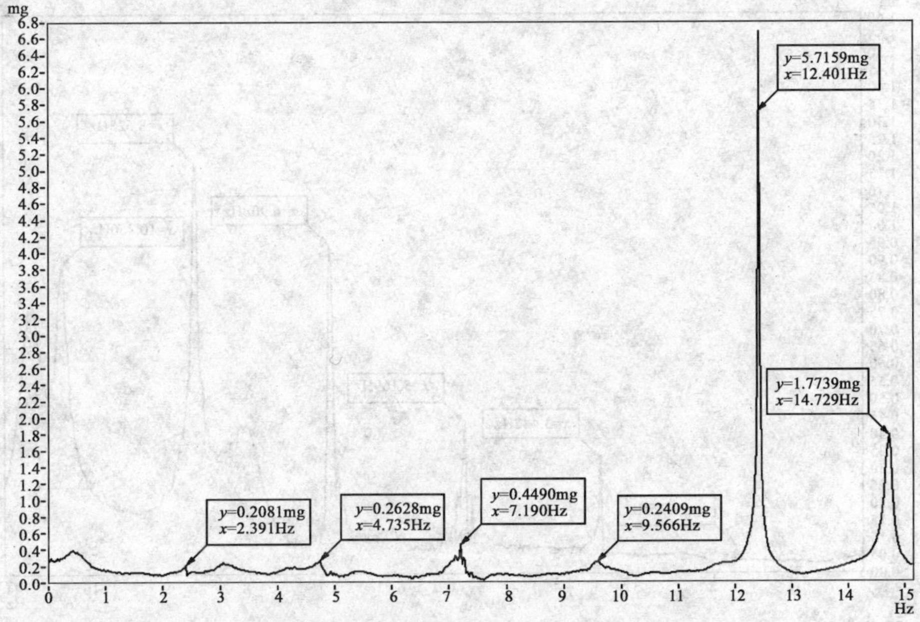

图 9.17　加载前下游 R3 索频谱曲线

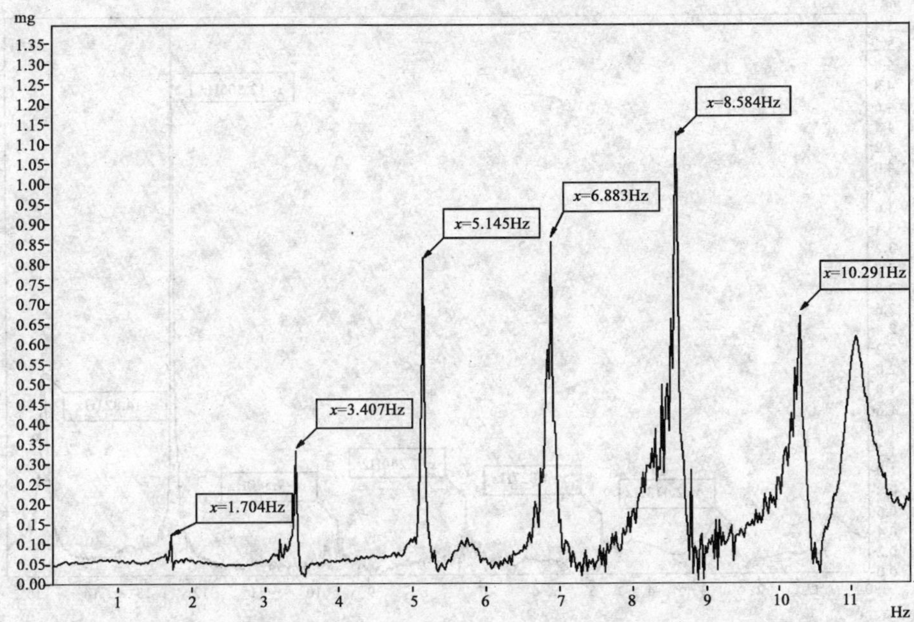

图 9.18　工况一下游 R5 索频谱曲线

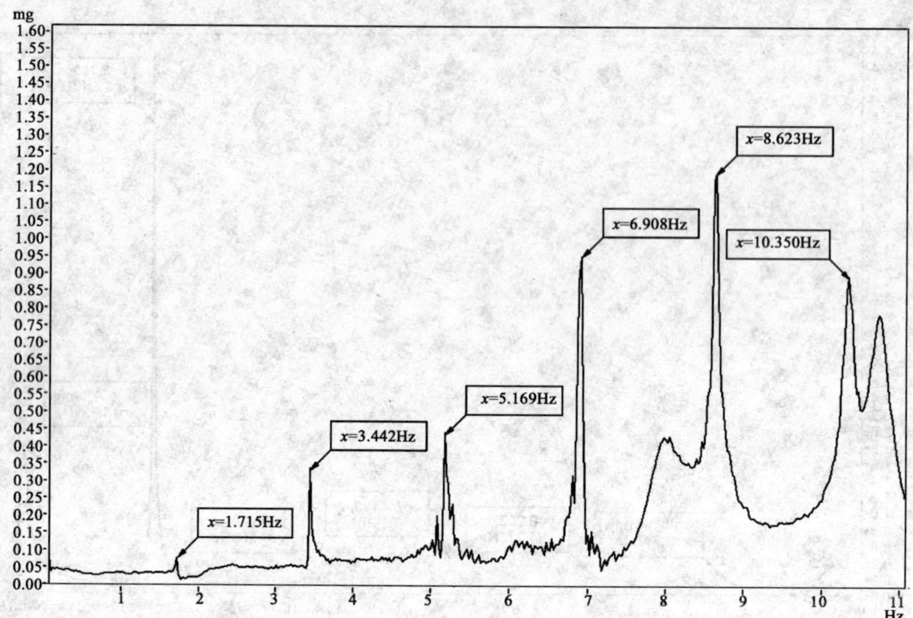

图 9.19　工况二下游 R3 索加速度时称曲线

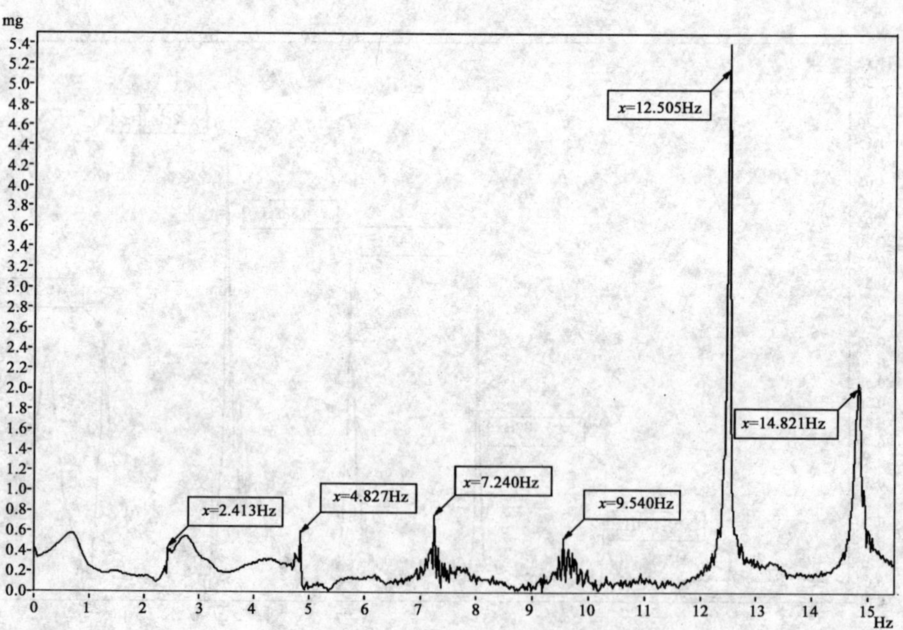

图 9.20　工况三下游 R3 索频谱曲线

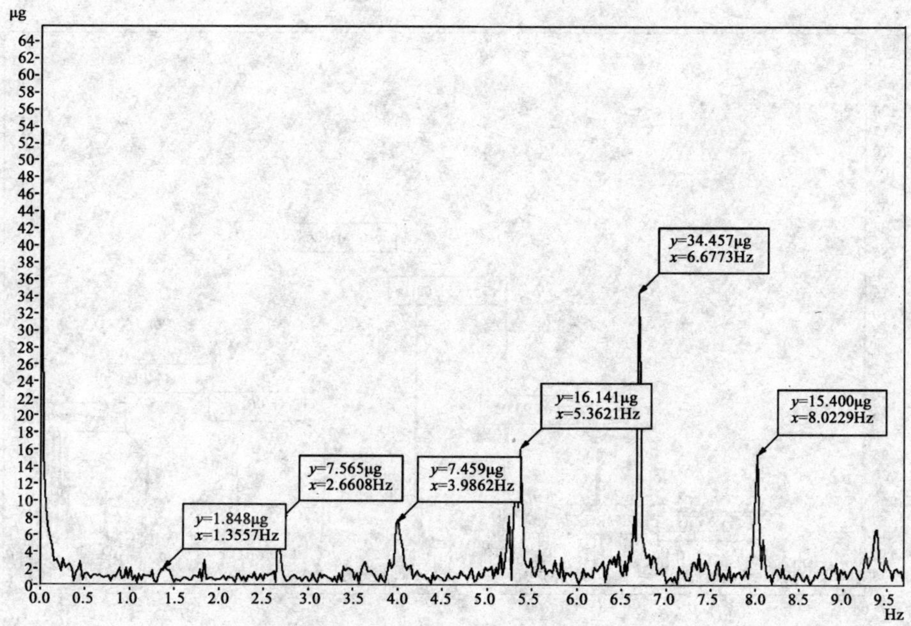

图 9.21　工况一下游 R7 索频谱曲线

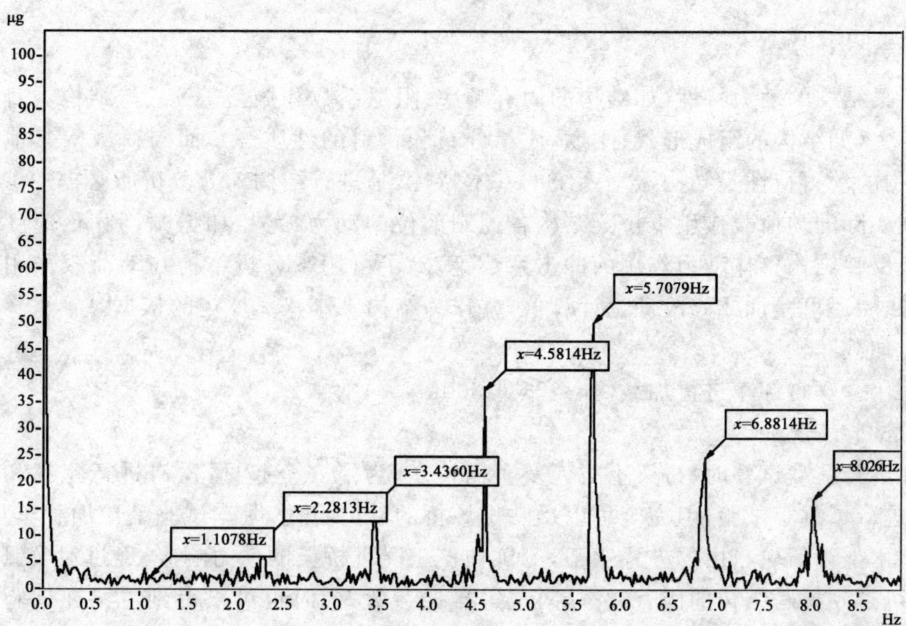

图 9.22　工况二下游 R9 索频谱曲线

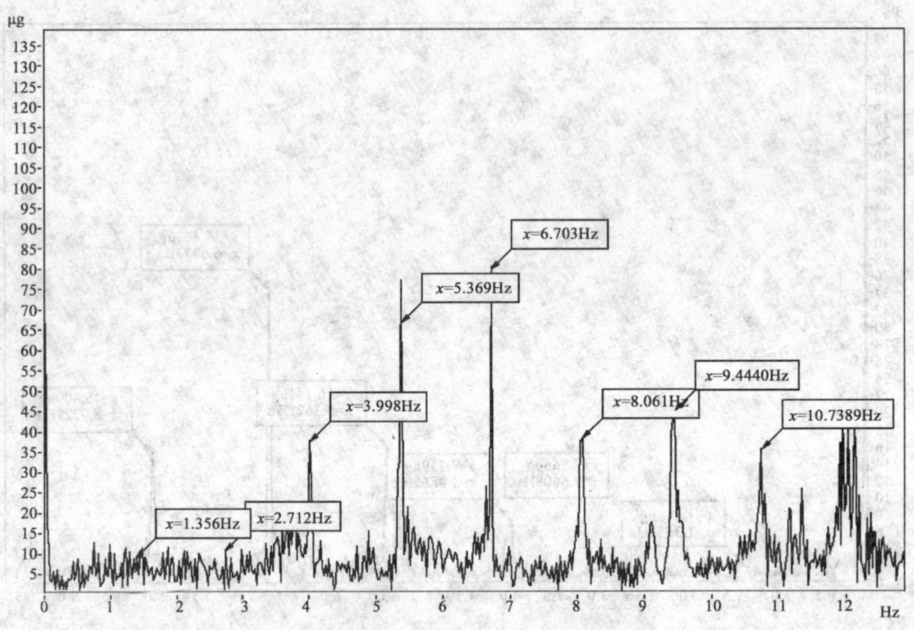

图 9.23 工况四下游 R9 索频谱曲线

四、动载试验

桥梁结构的动力特性(如结构的固有频率、阻尼系数和振型等)只与结构本身的固有性质有关(如结构的组成形式、刚度、质量分布和材料的性质等),而与荷载等其他因素无关。结构的动力特性是结构振动系统的基本特性,是进行结构动力分析所必需的参数。

在实际的动荷载作用下桥梁结构各控制部位的动力参数,如振幅、频率、速度和加速度以及反映结构整体动力作用的冲击系数等,除了可用来分析结构在动荷载作用下的受力状态外,还可验证或修改理论计算值,并作为结构工作状况评定的依据。

1. 加载车辆

采用一辆自卸车进行加载,加载车重 300kN。

2. 试验工况

在进行荷载试验时,桥梁上行人及车辆较多,为了安全起见,没有进行跑车和刹车试验,只进行了跳车试验,但完全可以反映出该桥的动力特性。跳车试验是让加载车从 15cm 高的垫木上以后轮自由的方式落下,测试在该工况下桥梁的动力响应。经过对实测信号的分析,可得到桥跨结构的固有频率、阻尼等自振参数,同时也可以得到主梁在试验荷载下的动力特性(加速度时程及振型等)。

3. 测点布置

为准确测量桥梁结构的动力参数,将传感器布置在响应较大的截面处。根据该桥的结构特点,把Ⅰ—Ⅰ截面作为测试断面,在试验跨中跨(P9 ~ P10)沿全长平均布置 7 个竖向加速度传感器,另外在靠近伸缩缝的桥面上布置一个竖向加速度传感器作为桥面结构的参考点,在跨中布置一个横桥向的水平加速度传感器。动载试验的测点布置如图 9.24 所示。

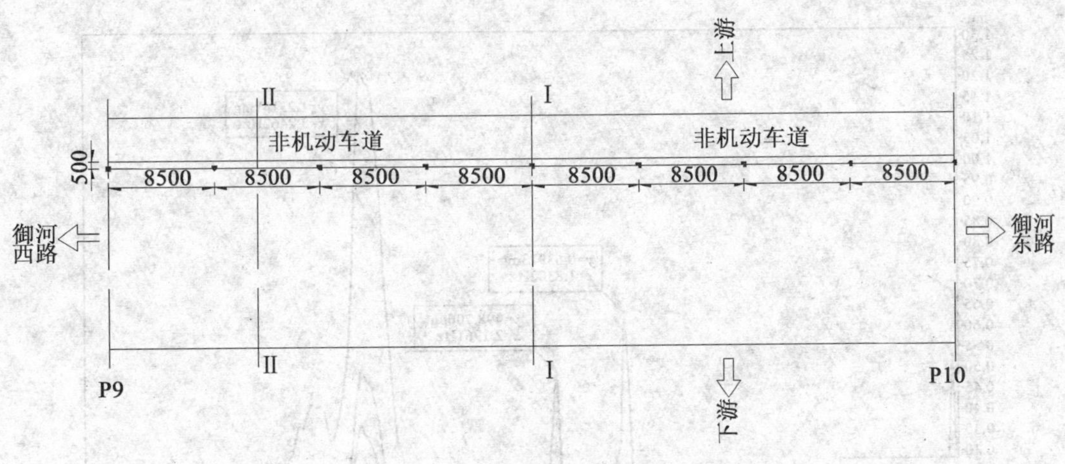

图 9.24　动载试验传感器测点布置

五、动载试验结果分析

本次动载试验共做了 2 次跳车试验，动载试验结果分析的数据全部来自于这两次跳车试验的实测数据，并经过信号处理后得到各种曲线。

1. 桥梁振动频谱图、阻尼比和振型

利用放置在试验孔桥面上的加速度传感器测得跳车试验下桥跨结构自由衰减振动的时域曲线，对波形进行频谱分析，经过信号处理及分析，得到该桥的自振频率及阻尼比。具体见表 9.14。

表 9.14　模态参数实测值及理论值

振动阶次	自振频率(Hz)		阻尼比(%)
第 1 阶	实测值	0.781	0.12
	理论值	0.625	

根据表 9.14 可得，实测自振频率与理论自振频率相接近，说明实测自振频率是真实可信的，并且实测自振频率大于理论自振频率，说明桥梁结构刚度较好，达到了设计要求。

两次跳车试验的频谱图如图 9.25 和图 9.26 所示。

根据两次跳车试验下测得的数据，经过变换和计算绘出两次跳车试验下的主跨实测振型曲线，如图 9.27 和图 9.28 所示。

2. 加速度时程曲线

通过两次跳车试验测得各测点的加速度时程曲线，如图 9.29 至图 9.31 所示。

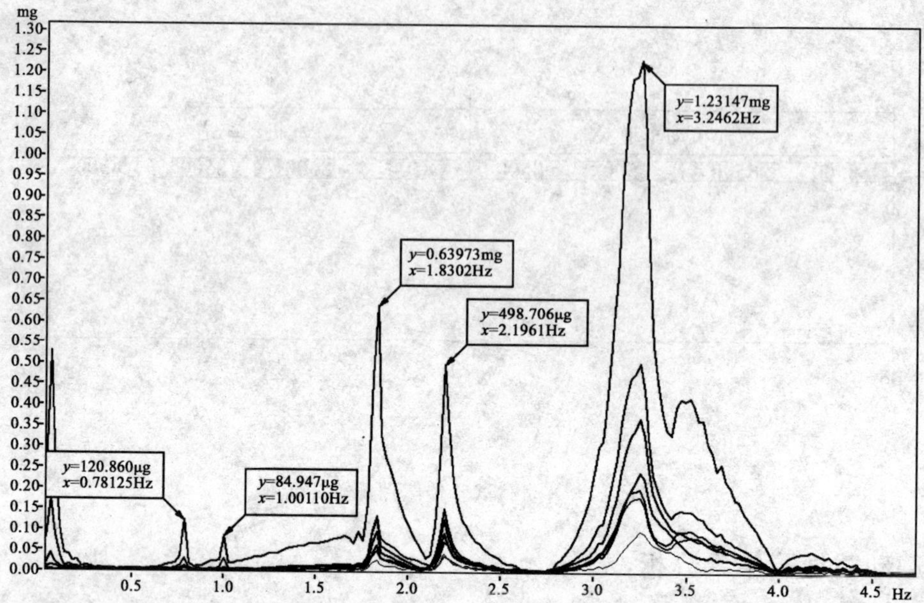

图 9.25　跨中跳车第一次频谱曲线

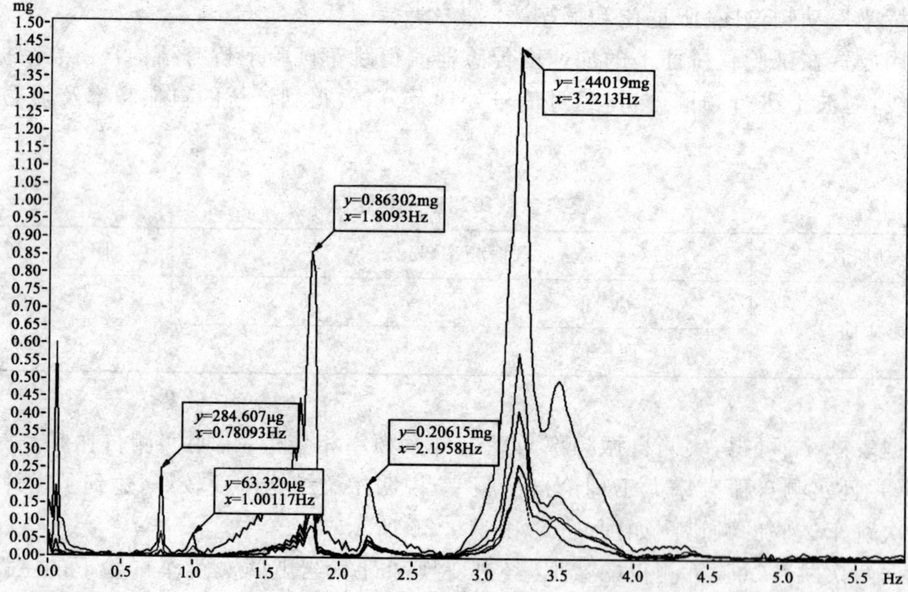

图 9.26　跨中跳车第二次频谱曲线

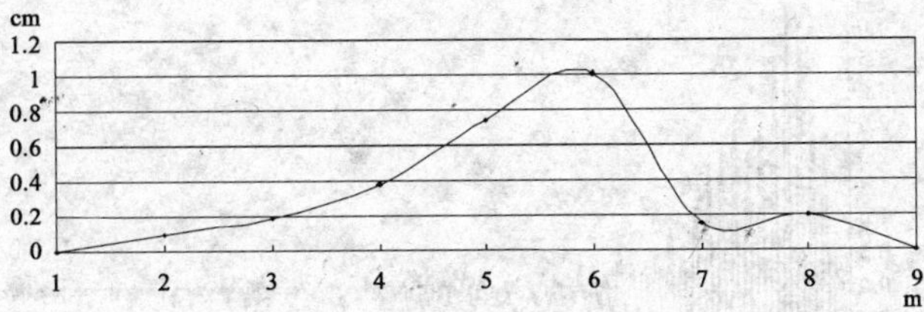

图 9.27　试验跨跨中第一次跳车主跨实测振型曲线

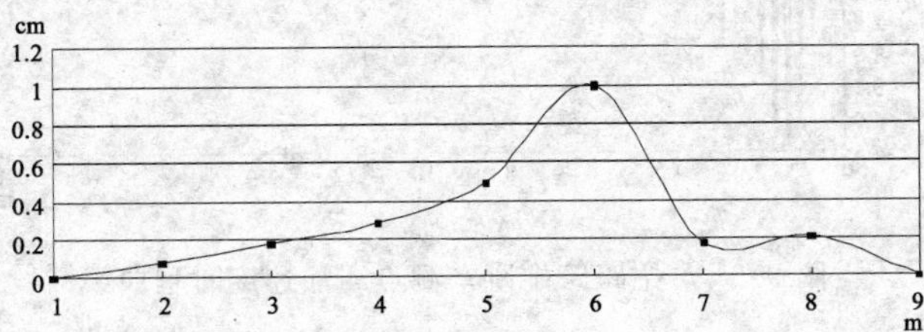

图 9.28　试验跨跨中第二次跳车主跨实测振型曲线

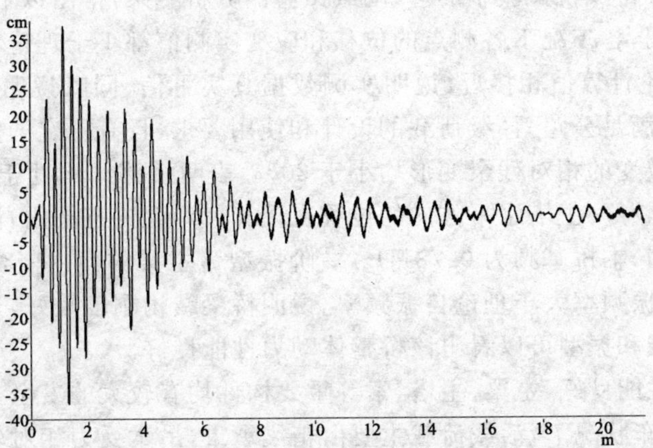

图 9.29　主跨跨中跳车测点 5 加速度时程曲线

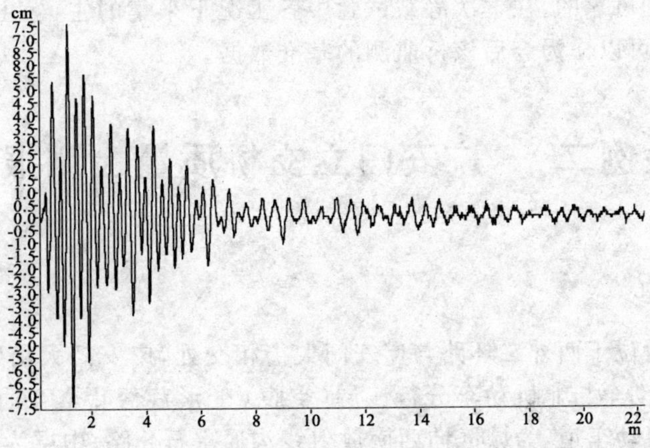

图 9.30　主跨跨中跳车测点 7 加速度时程曲线

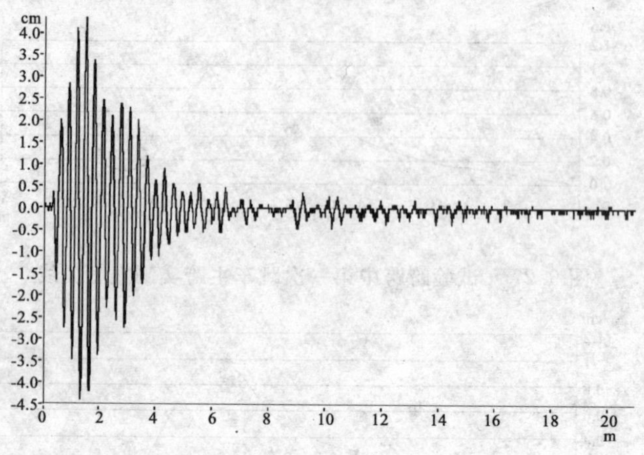

图 9.31 主跨跨中跳车测点 4 加速度时程曲线

3.检测结论

综合本次南环桥成桥试验中的静、动载试验的分析结果，得出以下结论：

静力试验表明，各工况下各测点的位移和应变实测值都小于理论计算值，校验系数都小于 1，并且与理论计算值相接近，说明实测数据真实可信，同时说明该桥的实际刚度较大，该桥主梁能够满足公路 Ⅰ 级荷载的设计和使用要求，且有一定的安全储备。加载时主梁各测点挠度和应变的相对残余变形均小于 20%，表明桥跨结构处于良好的弹性工作状态，变形恢复能力较好。主塔水平方向的位移在计算值和允许范围内，满足设计要求。

动力试验表明，本桥基频为 0.781Hz，一阶振型为主梁的面内竖弯，理论值与实测值符合较好，实测自振频率大于理论自振频率，说明桥梁结构刚度较好，达到了设计要求。根据加速度时程曲线和振型可以看出该桥整体动力性能良好。

南环桥结构性能良好，主梁、主塔、索等重要构件均有较大的安全富裕度。混凝土箱梁刚度较大，正常通车状况下，活载荷载主要由箱梁承重，吊索受力相对较小。

静载试验和动载试验监测数据与理论值之间均达到了比较好的相互验证，表明本桥实验的数据是合理可靠的，在本次静载试验中各工况下采集的主梁、主塔和索力数据，在考虑温度影响后，可以作为今后该桥监测的基准数据。

案例二　广安门立交桥质量检测报告

一、工程概况

广安门立交桥位于西外二环路与广安门大街相交处，广安门大街为进出城区的主要干道，该立交为机动车与非机动车分行三层（空腹）变形苜蓿叶全互通式立交。上层东西向为广安门大街机动车道，为城区向西南放射线沟通京石公路。中层为广安门大街及西外二环的辅路。下层南北向为西外二环路机动车道，为快速路。

该桥立交上、中层由 7 部分组成：主桥 1、主桥 2、主桥 3、西异形板桥、东异形板桥、西引桥、东引桥。

上层桥由东引桥、东异形板桥、主桥 1、西异形板桥和西引桥等五部分相接而成。桥梁全长为 310.01m。主桥 1 为七跨一联等截面预应力混凝土实体连续异形板结构，东西引桥均为二孔钢筋混凝土实体连续板。

中层桥梁由主桥 2、主桥 3 组成。分别跨越西外二环路与护城河，其结构分别为二跨与三跨桥面连续的预应力混凝土简支 T 梁。

图 9.32　桥梁现状照片

该桥下部结构均为基桩承台，上接 $D=1.0\text{m}$ 柱式墩，桥端用重力式桥台。除主桥 2 用 SW 型伸缩缝外，其余均用 TS8 型伸缩缝。上层桥除部分柱顶采用国产新型球型支座外，其余均采用圆形板式橡胶支座或条形四氟橡胶支座。中层桥均用 20cm × 30cm × 4.9cm 板式橡胶支座。桥梁现状照片如图 9.32 所示。

广安门立交桥由北京市市政设计研究院设计，北京市第四市政工程公司施工，管养单位为北京市城市道路养护管理中心。该桥于 1990 年 10 月 5 日开工，1991 年 11 月 30 日竣工。

设计荷载：上层桥：汽-超 20 级，挂-120 级。中层桥：汽-20 级，挂-100 级，人群：3.5kN/m^2。

地震烈度按 8 度设防。

2007 年 12 月 10 日上午 5 时 15 分，广安门立交桥主桥 2 桥下（跨径为 20m 的预应力钢筋混凝土简支 T 梁）主路一辆自卸翻斗车在过桥时车斗自动升起与桥边梁发生撞击，致使广安门立交桥 T 形边梁变形、开裂、挂板破损、露筋，桥梁被撞现状照片如图 9.33 所示。

图 9.33　桥梁被撞现状照片

为此，受北京市城市道路养护管理中心的委托，交通部公路科学研究院于 2008 年 1 月 25 日至 2008 年 1 月 28 日对该桥被撞部位进行了重点质量检测。

二、检测目的

通过对该桥被撞桥跨进行质量检测，拟达到以下目的：

对该桥被撞桥跨 T 梁混凝土表面破损、开裂状况进行详细检查，记录病害的大小、程度及分布特征，根据其缺损状况对构件进行技术状况评定。

对被撞T梁混凝土强度、碳化深度及普通钢筋保护层厚度进行检测，对梁体材质现状进行评价。

对该桥被撞T梁桥面等周边部位进行仔细检查，查找及分析撞击造成的影响范围。

通过对检查结果的综合分析，为该桥的维修、加固提供可靠的技术数据和设计依据。

三、检测依据

《城市桥梁养护技术规范》(CJJ99-2003)

《城市桥梁设计准则》(CJJ-93)

《城市桥梁设计荷载标准》(CJJ77-98)

《市政桥梁工程质量检验评定标准》(CJJ2-90)

《公路钢筋混凝土及预应力混凝土桥涵设计规范》(JTJ023-85)

《公路桥梁承载能力检测评定规程》

《超声回弹综合法检测混凝土强度技术规程》(JGJ/T23-2001)

《公路养护安全作业规程》(JTGH30-2004)

广安门桥的相关设计、施工文件等

四、检测内容及方法

1. 检测内容

基于以上目的和业主委托要求，本次质量检测拟实施以下几方面的项目内容：

(1) 桥梁结构历史与现状调查

(2) 几何尺寸复核

(3) 人行道表面缺损、栏杆变形检查

(4) 被撞T梁、横隔板混凝土表面破损、开裂情况检查

(5) 结构异常变形检查

(6) 支座检查

(7) 中层桥面伸缩缝检查

(8) 被撞T梁混凝土强度检测

(9) 被撞T梁混凝土碳化深度检测

(10) 被撞T梁钢筋分布及保护层厚度检测

2. 检测方法

根据有关技术标准的要求，结合桥梁结构的基本情况，为能够确切地对桥梁特别是被撞T梁的质量状况做出评价，本次质量检测主要从以下几个方面进行：

(1) 桥梁结构历史与现状调查

向业主、设计和施工单位详细了解与之有关的自然环境或自然灾害，桥梁建设和使用期间发生的特别事件和存在的问题及其处理情况，收集设计、施工、监理及养护等资料。

(2) 几何尺寸复核

采用钢尺丈量方法测定被撞T梁的长、宽、高尺寸。

(3) 结构各部件表面缺损状况的检查

① 检查范围

对人行道、被撞 T 梁及横隔板进行检查。

② 检查方法

以人工目力检查为主，辅以简单检查工具，如钢卷尺、游标卡尺、照相机等。

③ 检查要点

人行道主要检查开裂、破损等缺陷。被撞T梁、横隔板破损应着重检查混凝土剥落、露筋等。

(4)T 梁混凝土的裂缝检查

裂缝检查方法以人工目力检查为主，辅以钢尺测量确定裂缝位置坐标(相对参考坐标)和长度，采用文字描述并附有照片加以说明，反映出裂缝发生的部位、走向、测定位置处的宽度、分布和长度等，用详尽的文字描述裂缝的表面特征和性质以及成因判断。检查时应查出缝宽 0.05mm 以上，缝长大于 200mm 的裂缝。

(5) 结构异常变形检查

检查范围：主要针对被撞 T 梁及其连接构件以及上部结构桥面伸缩缝。

(6) 支座检查

对被撞桥梁支座进行检查，包括老化、变形、开裂、位移等状况。

(7) 构件混凝土强度检测

① 检测方法

采用超声回弹综合法检测被撞 T 梁混凝土强度。

② 检测范围

选择被撞 T 梁的腹板布置测区，共 20 个测区。

③ 测区处理

对测区混凝土表面进行清洁，采用砂轮机清除混凝土表面的疏松层、浮浆、涂层及蜂窝、麻面，并清洁。

④ 回弹值测量

采用瑞士生产的 N34 型回弹仪检测混凝土强度。测点在测区内均匀布置，测点应避开外露石子或气孔，同一测点只弹击一次，每个测区共记取 16 个回弹值，回弹值的读数估读至 1。

⑤ 超声声速值的测量

超声测点应布置在回弹测试的同一测区内。每个测区的测试面上，应布置三个测点，且发射和接收换能器的轴线应在同一轴线上，应保证换能器与混凝土耦合良好。

(8) 混凝土碳化深度检测

① 检测位置

选取被撞T梁进行超声—回弹综合法对2个具有代表性的测区布点进行碳化深度检测。

② 检查内容及方法

采用酚酞试剂法进行测试。采用 75% 的酒精溶液与白色酚酞粉末配置成酚酞浓度为

1% ～ 2% 的酚酞试剂，用装有直径 20mm 左右钻头的电钻在测点位置钻孔，要求露出新鲜破损面，用毛刷、皮老虎等工具清洁干净钻孔的粉末，然后将配置好的酚酞试剂喷到测孔壁上，待指示剂变色后，用数显测深卡尺测量混凝土表面至酚酞变色交界处的深度，酚酞试剂由无色变为紫色部分混凝土未碳化，酚酞指示剂未改变颜色的混凝土已经碳化。

对被撞 T 梁选取 6 个测点，每 3 个测点位于一个测区，每个测点在不同位置测量 3 个测值，准确至 0.02mm。

(9) 钢筋分布及保护层厚度检测

① 检测位置

被撞 T 梁的侧面。

② 检查内容及检测仪器

钢筋的分布（包括数量与定位）及混凝土保护层厚度检测，检测仪器采用 PROFOMETER 5S 型钢筋定位仪。

③ 检测方法

采用钢筋定位仪进行保护层厚度测读前，应先在测区内确定钢筋的大致位置和走向，做法如下：将保护层测试仪传感器在待检侧面表面平行移动，当仪器显示最小值时，传感器正下方即是所测钢筋的位置，同时仪器显示的数值即为保护层厚度。找到钢筋位置后，再将传感器在原处左右移动一定角度，仪器显示保护层最小值时传感器长轴方向即为钢筋的走向。在测区表面用记号笔画出钢筋位置与走向，并注明钢筋间距、钢筋位置坐标等。

五、一般质量检测结果

1. 结构历史与现状调查

(1) 收集的技术资料

在北京市公路桥梁管理局的大力协助下，收集到以下资料：

《广安门立交桥竣工图》，北京市市政工程设计研究院，1991.01。

《关于广安门桥被撞情况的调查报告》，城市道路审查大队，2007.12.10。

(2) 调查结果

从现场检查情况来看，边梁曾经被撞过。从西侧梁端起 2.6 ～ 16.6m 范围内马蹄底面、侧面已粘贴钢板，角钢型号为 L160×160×15，粘贴钢板长度为 14m，钢板安放位置如图 9.34 所示。

图 9.34　钢板安装情况示意图

广安门立交桥主桥 2 桥下大型货车出现频率较高，多为大型翻斗车及厢式运输车，桥下净空为 4.7m，大型车通过时车速较快且车顶离梁底净空极小，大型车辆的通行对该桥的安全运营存在较大隐患。

广安门立交桥主桥 2 中梁和边梁截面配筋形式相同。预应力钢筋及普通钢筋布置如图 9.35 和图 9.36 所示。

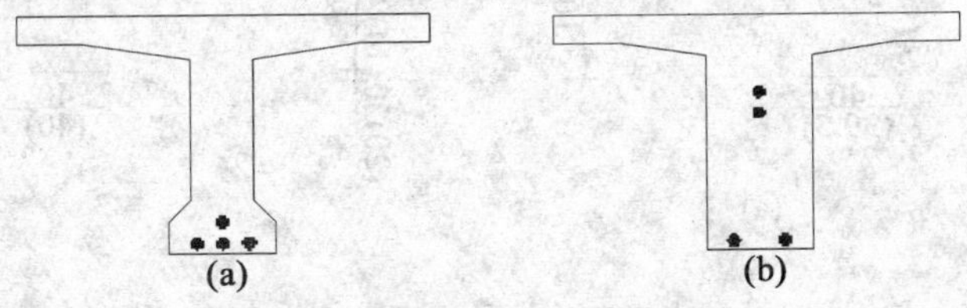

图 9.35　广安门立交桥主桥 2 主梁预应力钢筋布置示意图
(a) 跨中截面　(b) 端部截面

图 9.36　广安门立交桥主 2 桥主梁普通钢筋布置示意图
(a) 跨中截面　(b) 端部截面

2. 几何尺寸复核

从测量结果来看，T 梁几何尺寸实测值与设计值偏差为 $-20\sim20$mm。T 梁外形尺寸复核如图 9.37 所示，细部尺寸复合如图 9.38 和图 9.39 所示。

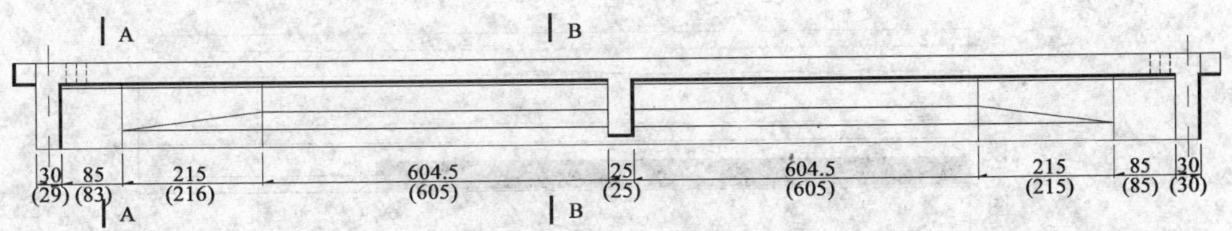

图 9.37　T 梁外形尺寸复核图

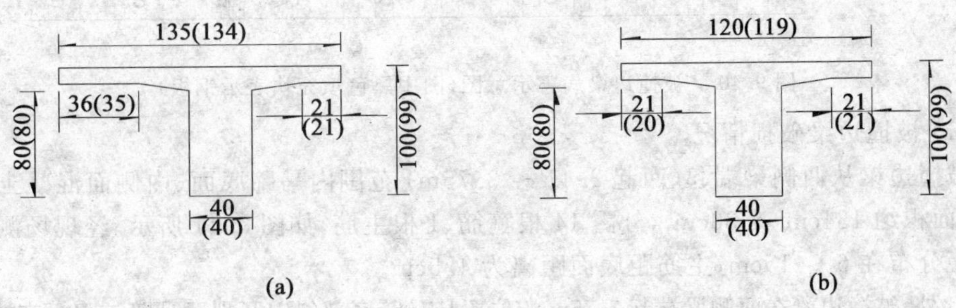

图 9.38　T 梁细部尺寸复核图(A—A 断面)

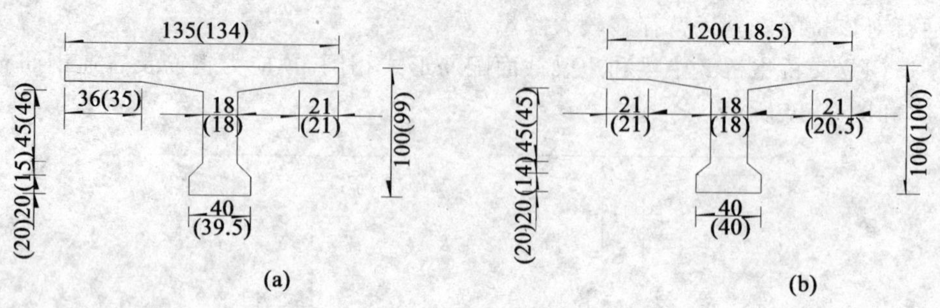

图 9.39 T 梁细部尺寸复核图(B—B 断面)

3. 被撞边梁破损、开裂状况的详细检查

被撞边梁在端横隔板与中横隔板间马蹄底面、腹板(靠近中梁侧面)有两处混凝土剥落、露筋,累计面积约 0.75m²。在端横隔板与中横隔板间、腹板两侧面有斜向裂缝出现,共计 57 条,累计长度 41.12m,最大缝宽 29.72mm,部分裂缝贯穿马蹄底面,被撞边梁病害示意如图 9.40 所示,病害详细情况见本章附图 1。

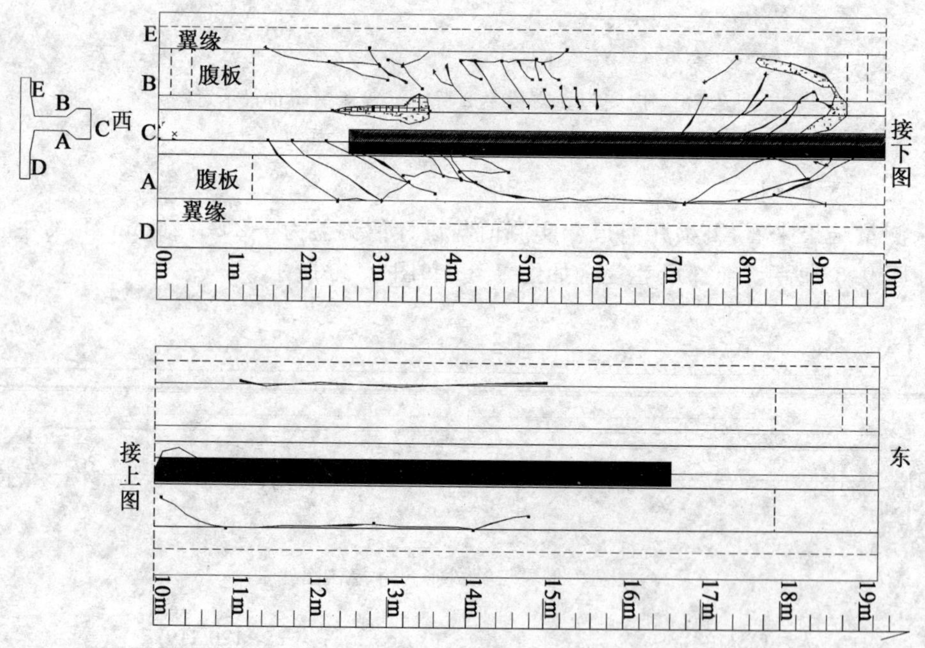

图 9.40 被撞边梁病害示意图(图中黑色填充块表示钢板)

(1) 被撞边梁破损情况

被撞边梁从西侧梁端起(西起 2.41 ～ 3.75m) 范围内马蹄底面、内侧面混凝土剥落、露筋,面积约 134cm² × 36cm²,外露 14 根箍筋、1 根主筋,如图 9.41 所示。经现场测量,箍筋间距分布在 6 ～ 15cm,主筋距底面距离为 4.5cm。

此外,被撞边梁在西侧梁端起 3.75m 的位置从马蹄底部斜向开裂至马蹄与腹板交接处,马蹄底部钢板上下错开 3.0mm[见图 9.42(a)],钢板与马蹄混凝土底面已剥离[见图 9.42(b)]。

(a)　　(b)

图 9.41　被撞 T 梁混凝土剥落、露筋照片

(a)　　(b)

图 9.42　被撞边梁马蹄底面钢板错开、剥离照片(西起 2.41 ～ 3.75m)

被撞边梁从西侧梁端起 8.20 ～ 9.45m 范围内马蹄内侧面混凝土剥落、露筋[见图 9.43(a)]，面积约 $40cm^2 \times 30cm^2$，马蹄外侧面、腹板呈条带形破碎[见图 9.43(b)]。

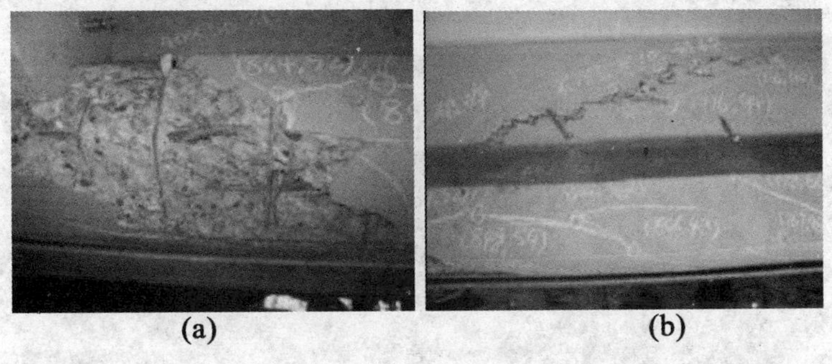

(a)　　(b)

图 9.43　被撞 T 梁混凝土剥落、露筋照片(西起 8.20 ～ 9.45m)

被撞边梁在 $X = 8.20 \sim 9.45$m 范围内马蹄底面钢板与马蹄底面已剥离[见图 9.44(a)]，马蹄底部钢板上下错开 10mm[见图 9.44(b)]，钢板失去效用。

(2) 被撞边梁开裂情况

外部撞击来自边梁南侧腹板处，作用方向由南向北。由于腹板与翼缘板刚接，并且边梁与其邻近梁间存在横向隔板，限制了腹板在外力作用下向北方向的移动。边梁腹板在外力及横隔板及翼缘板的共同作用下，产生了剪切破坏，边梁腹板受力示意如图 9.45 所示。

图 9.44　被撞边梁马蹄底面钢板错开、剥离照片（西起 8.20 ~ 9.45m）

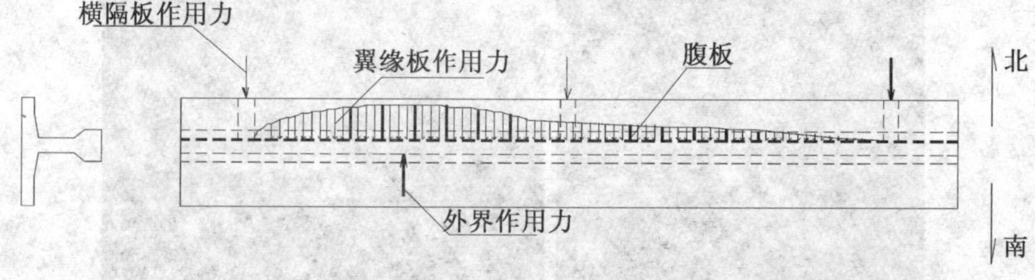

图 9.45　边梁腹板受力示意图

被撞 T 梁开裂严重，裂缝多分部在 T 梁腹板内外两侧，以腹板内侧居多，部分裂缝呈对称性分布，贯穿马蹄底面，裂缝多为斜向，下宽上窄，彼此错综相连。

检查共发现裂缝 57 条，缝宽大多超过限值，最大缝宽为 29.72mm。其中，缝宽大于 0.2mm 的有 19 条，占裂缝总数的 33.3%；缝宽大于 1mm 的有 7 条，占裂缝总数的 12.3%。内外侧腹板照片如图 9.46 所示，裂缝详细记录见表 9.15。

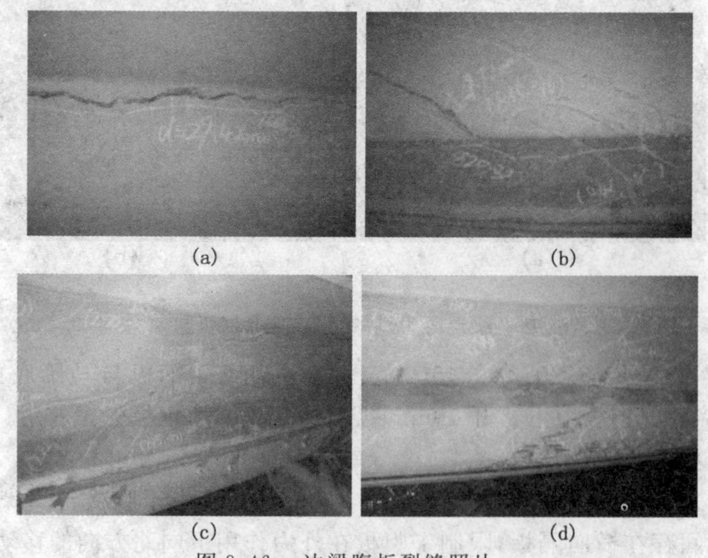

图 9.46　边梁腹板裂缝照片

表 9.15　　裂缝详细情况记录表

位置	序号	坐标(mm)				裂缝长度(m)	裂缝宽度(mm)			典型缝宽(mm)	裂缝走向	
		起点 A		终点 B								
		X	*Y*	*X*	*Y*		＜0.15	0.15～0.5	＞0.5		横向	斜向
边梁外侧面	1	152	0	250	－80	1.27		√		0.16		√
	2	185	0	310	－80	1.48		√		0.40		√
	3	150	－80	310	－80	1.60			√	1.00	√	
	4	232	0	347	－55	1.27			√	0.70		√
	5	310	－80	347	－55	0.45			√	3.30		√
	6	282	－17	347	－55	0.75			√	1.30		√
	7	347	－55	384	－70	0.40			√	4.10		√
	8	343	－17	339	－45	0.28	√				√	
	9	366	－17	395	－45	0.40	√					√
	10	395	－45	410	－48	0.15	√					√
	11	390	－17	410	－48	0.37	√					√
	12	405	－17	418	－40	0.26	√					√
	13	418	－40	484	－40	0.66	√				√	
	14	484	－40	420	－17	0.68	√					√
	15	496	－73	440	－55	0.59	√					√
	16	726	－80	496	－73	2.30	√				√	
	17	726	－80	845	－17	1.35	√					√
	18	726	－80	800	－76	0.74	√				√	
	19	845	－17	895	－46	0.58	√				√	
	20	800	－76	850	－68	0.51	√					√
	21	850	－68	920	－80	0.71	√					√
	22	850	－68	960	－17	1.21			√	1.98		√
	23	895	－46	927	－17	0.43			√	4.46		√
	24	1007	－39	1090	－80	0.93			√	0.50		√
	25	1030	－80	1350	－80	3.20			√	29.72		√
	26	1090	－80	1283	－72	1.93			√	0.50	√	
	27	1283	－72	1410	－80	1.27	√				√	
	28	1410	－80	1480	－60	0.73	√					√

续表

	29	147	124	236	106	0.91	√					√
	30	305	102	236	106	0.69		√		0.20		√
	31	316	82	236	106	0.84	√					√
	32	291	124	305	102	0.26			√	0.54		√
	33	305	102	343	79	0.44	√					√
	34	317	110	365	70	0.62			√	0.70		√
	35	417	109	446	84	0.38		√		0.22		√
	36	417	109	437	109	0.20	√				√	
	37	437	109	485	48	0.78		√		0.28		√
	38	437	109	473	110	0.36	√				√	
	39	473	110	511	48	0.73		√		0.20		√
	40	473	110	496	110	0.23	√				√	
	41	496	110	506	84	0.28	√					√
边梁内侧面	42	496	110	500	111	0.04	√				√	
	43	500	111	526	84	0.37	√					√
	44	530	107	553	84	0.33	√					√
	45	530	107	563	124	0.37	√					√
	46	532	72	543	48	0.26	√					√
	47	555	75	562	48	0.28	√					√
	48	575	73	581	48	0.26	√					√
	49	603	72	605	48	0.24	√					√
	50	722	15	753	66	0.60	√					√
	51	752	83	796	116	0.55	√					√
	52	768	15	836	94	1.04	√			0.14		√
	53	805	48	838	66	0.38		√		0.18		√
	54	808	15	882	58	0.86		√		0.16		√
	55	841	14	882	58	0.60	√					√
	56	1108	124	1500	124	3.92		√		0.30	√	
底面	57	1060	0	1000	0	0.60		√		0.20		
合计	57					41.12	35	9	12	0	13	43

注:以马蹄底面西南侧顶点作为坐标原点,往北为正(即 Y 轴方向),往东为正(即 X 轴方向)。

4.结构异常变形检查

(1) 主梁

被撞桥跨除被撞边梁外,未发现该跨其余主梁及横隔板有破损、开裂现象,如图 9.47 所示。

(2) 挂板

在对 T 梁及其连接构件的检查中发现,挂板在 $X=(4.0\text{m}、5.3\text{m}、11.8\text{m})$ 处混凝土剥落、露筋,$X=11.8\text{m}$ 处露筋情况如图 9.48 所示。累计长度约 4.2m,露筋 33 处。

图 9.47　被撞 T 梁相邻中梁照片

图 9.48　11.8m 处挂板混凝土破损照片

此外,由于挂板被撞局部变形,导致挂板与 T 梁翼缘连接处出现裂缝,如图 9.49 所示;同时挂板下缘出现向北的位移挤压桥台挡块,致使挡块局部混凝土剥落,如图 9.50 所示。

图 9.49　挂板与翼缘板连接处开裂照片

图 9.50　挡块被挤压局部破碎照片

(3) 人行道及伸缩缝

该桥边梁被撞后,为了安全起见,养护单位对被撞边梁对应桥面人行道位置进行了隔离。经检查,栏杆完好、清洁、直顺、坚固,人行道未发现破损、开裂现象,如图 9.51 所示。

被撞桥跨桥面伸缩缝全长范围内被泥沙堵塞,未发现橡胶条老化、开裂现象,锚固混凝土无开裂、破碎,型钢未见明显的变形、松动、断裂,如图 9.52 所示。

图 9.51 被撞 T 梁对应人行道、栏杆照片

图 9.52 被撞桥跨桥面伸缩缝照片

(4) 支座

经过对被撞桥梁支座进行了检查,未发现支座有老化、开裂现象,无明显的剪切变形和位移,如图 9.53 所示。

(5) 桥墩

对被撞桥跨墩台、盖梁进行了检查,未发现墩身、盖梁有破损、开裂现象,如图 9.54 所示。此外,用垂球法对桥墩竖向垂直度进行了测量,未发现桥墩存在明显倾斜。

图 9.53 典型支座照片

图 9.54 被撞桥跨桥墩照片

被撞桥跨桥台与上层桥的桥跨是分离式的,只是上层桥跨桥墩与中层桥跨系统的边梁基本靠近,对中层桥边梁的撞击未对此处桥墩造成损坏,如图 9.55 所示。

六、特殊质量检测结果

1. 被撞 T 梁混凝土强度检测

本次检测采用超声 — 回弹综合法检测被撞边梁混凝土强度,共布设 20 个回弹测区,测区布设在被撞 T 梁腹板北侧面,测区布置示意图如图 9.56 所示。

测点在测区内均匀布置,测点与测点之间距离不宜小于 20mm,测点应距离外露钢筋、预埋件不小于 30mm,测区离构件边缘距离不宜大于 0.4m。测点应避开外露石子或气孔,同一测点只弹击一次,每个测区共记取 16 个回弹值,回弹值的读数估读至 1。

超声测点布置在回弹测试的同一测区内，应保证换能器与混凝土耦合良好。测区的声时值应精确至 0.1μs，声速值应精确至 0.01km/s。在每个测区内的相同测试面上，应布置三个测点，且发射和接收换能器的轴线应在同一轴线上。

图 9.55　被撞桥跨上层立交桥墩照片

(1) 混凝土平均回弹值

混凝土平均回弹值采用下式计算：

$$R_m = \frac{\sum_{i=1}^{10} R_i}{10} \tag{9.7}$$

式中：R_m—— 测区平均回弹值，精确至 0.1；

R_i—— 第 i 个测点的回弹值。

(2) 混凝土换算强度值

由于 T 梁外表面涂有涂料，混凝土碳化深度值较小，修正时碳化深度按 0mm 查《回弹法检测混凝土强度技术规程》(JGJ/T23-2001) 附录 A 测区混凝土强度换算表，取修正后的混凝土强度平均值作为各测区修正后回弹值，按下式计算求出 T 梁混凝土强度平均值及均方差。

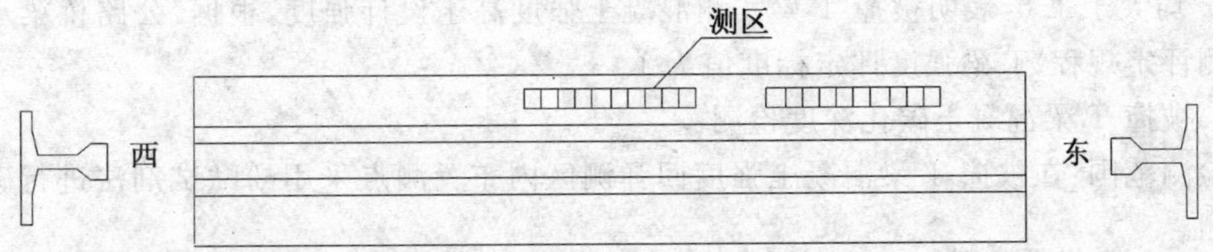

图 9.56　T 梁回弹测区分布示意图

粗骨料为碎石时，按下式计算换算强度值：

$$f^c_{cu,i} = 0.008 \cdot (v_{ai})^{1.72} \cdot (R_{ai})^{1.57} \tag{9.8}$$

式中：$f^c_{cu,i}$—— 第 i 个测区换算强度值，精确至 0.1MPa；

v_{ai}—— 第 i 个测区修正后声速值，精确至 0.01km/s；

R_{ai}—— 第 i 个测区修正后回弹值，精确至 0.01。

(3) 换算强度平均值及标准差

取测区混凝土强度平均值作为测区混凝土换算强度值，按下式计算求出 T 梁混凝土强度平均值及均方差。

$$m_{f^c_{cu}} = \frac{\sum_{i=1}^{n} f^c_{cu,i}}{n} \tag{9.9}$$

$$S_{f^c_{cu}} = \sqrt{\frac{\sum_{i=1}^{n} (f^c_{cu,i})^2 - n(m_{f^c_{cu}})^2}{n-1}} \tag{9.10}$$

式中：$m_{f_{cu}^c}$ —— 构件混凝土强度平均值(MPa)，精确至 0.1MPa；

n—— 被抽取构件测区数之和；

$S_{f_{cu}^c}$ —— 构件混凝土强度标准差，精确至 0.01MPa。

(4)T 梁混凝土强度推定值

T 梁混凝土强度推定值 $f_{cu,e}$ 计算如下式所示：

$$f_{cu,e} = m_{f_{cu}^c} - 1.645S_{f_{cu}^c} \tag{9.11}$$

被撞 T 梁混凝土强度推定值见表 9.16。测区回弹值及混凝土强度推定值详见本章附表 1。

表 9.16　广安门桥被撞 T 梁混凝土强度推定值

测试部位	测区数量	修正后回弹平均值	平均换算强度(MPa)	换算强度标准方差(MPa)	推定强度(MPa)	设计标号	推定强度匀质系数	平均强度匀质系数	强度评定标度值
T 梁腹板	20	60.00	57.65	2.55	53.45	45	1.19	1.28	1

注：推定强度匀质系数 = 实测强度推定值 / 极限抗压强度值，平均强度匀质系数 = 实测平均换算强度 / 极限抗压强度值。按《公路桥梁承载能力检测评定规程》规定，强度评定标度值 1 表示良好，2 表示较好，3 表示较差，4 表 示坏的，5 表示危险。

被撞 T 梁混凝土强度推定值为 53.45MPa，推定强度匀质系数 K_{bt} 和平均强度匀质系数 K_{bm} 均大于 1.0，表明被撞 T 梁实测混凝土强度高于设计强度，根据《公路桥梁承载能力检测评定规程》T 梁强度评定标度值为 1。

2. 被撞 T 梁混凝土碳化深度检测

检测范围：在被撞 T 梁混凝土强度回弹测区内布置测点采用酚酞试剂法进行碳化深度检测。

每 10 个回弹测区内布置 3 个测点，每个测点在不同位置测量 3 个测值，准确至 0.1mm，取其平均值，即为混凝土的碳化深度值。实测被撞 T 梁混凝土碳化深度值见表 9.17。

表 9.17　混凝土构件碳化深度测试

点号	T 梁腹板(东段) 碳化深度(mm)			测点平均深度(mm)
1	0.20	0.30	0.26	0.25
2	0.32	0.28	0.18	0.26
3	0.26	0.20	0.30	0.25
混凝土碳化深度平均值	0.25 mm			
T 梁腹板(西段)				
点号	碳化深度(mm)			测点平均深度(mm)
1	0.30	0.28	0.34	0.31
2	0.36	0.26	0.28	0.30
3	0.32	0.34	0.28	0.31
混凝土碳化深度平均值	0.31mm			

检测结果表明：T 梁混凝土碳化深度为 0.25 ～ 0.31mm，远小于结构钢筋保护层厚度。按《公路桥梁承载能力检测评定规程》的相关要求，被撞 T 梁混凝土碳化深度评定标度值为 1，即混凝土碳化影响程度为轻微。

3. 被撞 T 梁钢筋分布及保护层厚度检测

采用 PROFOMETER 5S 型钢筋定位仪对被撞 T 梁腹板钢筋位置及保护层厚度进行了探测。

混凝土保护层厚度对结构钢筋耐久性的影响根据测量部位实测保护层厚度特征值 D_{ne} 与其设计值 D_{nd} 的比值来确定，混凝土保护层厚度对结构耐久性影响按表 9.18 所示来评判。

表 9.18　混凝土保护层厚度对结构钢筋耐久性的评判标准

评定标度	D_{ne}/D_{nd}	对结构钢筋耐久性的影响
1	>0.95	影响不显著
2	0.85 ～ 0.95	有轻度影响
3	0.70 ～ 0.85	有影响
4	0.55 ～ 0.70	有较大影响
5	<0.55	钢筋易失去碱性保护，发生锈蚀

测量部位的混凝土保护层厚度特征值按下式来计算：

$$D_{ne} = \overline{D}_n - KS_D \tag{9.12}$$

式中：$\overline{D}_n$—— 混凝土保护层厚度平均值。

$$\overline{D}_n = \frac{\sum_{i=1}^{n} D_{ni}}{n} \tag{9.13}$$

式中：D_{ni}—— 结构或构件测量部位混凝土保护层厚度，n 为测点数。

$$S_D = \sqrt{\frac{\sum_{i=1}^{N} (D_{ni})^2 - n(\overline{D}_n)^2}{n-1}} \tag{9.14}$$

式中：S_D—— 测量部位测点保护层厚度的标准差；

K—— 为混凝土保护层厚度合格判定系数值，按表 9.19 取用。

表 9.19　混凝土保护层厚度合格判定系数值

n	10 ～ 15	16 ～ 24	$\geqslant 25$
K	1.695	1.645	1.595

本桥主要针对被撞 T 梁的钢筋保护层厚度进行抽样检测，检测部位及测试值汇总见表 9.20。混凝土保护层厚度及钢筋分布详见本章附图 2。

表 9.20 混凝土保护层厚度测量值及评判结果

测试部位		最大值（mm）	最小值（mm）	平均值（mm）	设计值（mm）	D_{ne}	D_{ne}/D_{nd}	评定标度
被撞T梁 $L/8$	纵筋	57	28	42.42	33	26.54	0.80	3
	箍筋	54	34	46.21	25	37.59	1.50	1
被撞T梁 $L/2$	纵筋	41	16	30.75	33	17.88	0.54	5
	箍筋	29	16	23.50	25	17.95	0.72	3

按《公路桥梁承载能力检测评定规程》，实测部位的混凝土保护层厚度大部分都不符合设计要求。T梁 $L/8$ 处纵筋的保护层厚度的评定标度为3，箍筋的保护层评定标度为1，对纵筋耐久性有较大影响。$L/2$ 处纵筋和箍筋的保护层厚度评定标度分别为5和3，纵筋容易失去碱性保护，发生锈蚀，对箍筋的耐久性有较大影响。

在检测混凝土保护层厚度的部位同时检测了钢筋的分布情况。与设计比较，受力钢筋分布的间距偏差为－5～10mm，箍筋间距偏差为－3～3mm，部分不满足《市政桥梁工程质量检验评定标准》的要求。

七、被撞桥梁技术状况等级评价

根据本次检测结果，根据《城市桥梁养护技术规范》(CJJ99-2003) 的要求对该桥被撞边梁的技术状况等级进行评定，桥梁上部结构各构件评定等级及扣分标准见表9.21。

表 9.21 桥梁上部结构各构件评定等级及扣分标准

<table>
<tr><th></th><th>破坏类型</th><th>定义</th><th colspan="4">损坏类型</th><th>说明</th></tr>
<tr><td rowspan="10">PC或RC梁式构件</td><td rowspan="2">表面网状裂缝</td><td rowspan="2">梁表面出现网状裂缝</td><td>程度</td><td>＜3%</td><td>3%～10%</td><td>＞10%</td><td rowspan="2">网状裂缝总面积占整个梁底面积的百分比</td></tr>
<tr><td>扣分值</td><td>10</td><td>25</td><td>40</td></tr>
<tr><td rowspan="2">混凝土剥离</td><td rowspan="2">梁表面混凝土破裂脱落</td><td>程度</td><td>＜1%</td><td>1%～2%</td><td>＞2%</td><td rowspan="2">混凝土剥离面积占整个梁底面积的百分比</td></tr>
<tr><td>扣分值</td><td>10</td><td>25</td><td>40</td></tr>
<tr><td rowspan="2">露筋锈蚀</td><td rowspan="2">梁表混凝土脱落后露出钢筋且钢筋产生锈蚀</td><td>程度</td><td>＜1%</td><td>1%～2%</td><td>＞2%</td><td rowspan="2">出现露筋锈蚀总面积占整个梁底表面积的百分比</td></tr>
<tr><td>扣分值</td><td>20</td><td>40</td><td>*</td></tr>
<tr><td rowspan="2">梁体下挠</td><td rowspan="2">梁体向下弯曲</td><td>程度</td><td>无</td><td>轻微</td><td>明显</td><td rowspan="2">“无”指无下挠；“轻微”指出现轻微下挠，未超过容许值；“明显”指下挠超过容许值</td></tr>
<tr><td>扣分值</td><td>0</td><td>40</td><td>*</td></tr>
<tr><td rowspan="2">结构裂缝</td><td rowspan="2">梁体由于受力而产生的裂缝</td><td>程度</td><td>无</td><td>明显</td><td>严重</td><td rowspan="2">“无”指未出现结构裂缝；“明显”指结构裂缝宽度未超过容许限值；“严重”指结构裂缝超过容许限值</td></tr>
<tr><td>扣分值</td><td>0</td><td>35</td><td>*</td></tr>
</table>

续表

<table>
<tr><td rowspan="4">PC或RC梁式构件</td><td rowspan="2">裂缝处渗水</td><td rowspan="2">梁体裂缝处有渗水痕迹</td><td>程度</td><td>无</td><td>轻微</td><td>严重</td><td rowspan="2">“无”指裂缝处无渗水痕迹；“轻微”指裂缝处轻微渗水，面积不大；“严重”指裂缝处严重渗水，且面积大</td></tr>
<tr><td>扣分值</td><td>0</td><td>15</td><td>40</td></tr>
<tr><td rowspan="2">桥面贯通横缝</td><td rowspan="2">与桥面通道中线大致垂直，有时伴有少量支缝</td><td>程度</td><td>无</td><td>非贯通</td><td>贯通</td><td rowspan="2">裂缝在垂直于桥面道路中线方向的贯通程度</td></tr>
<tr><td>扣分值</td><td>0</td><td>25</td><td>30</td></tr>
</table>

注：Ⅱ～Ⅴ类养护的城市桥梁不打分，达到该项损坏程度时，直接将该桥定为D级，Ⅰ类养护城市桥梁定为不合格桥。

被撞T梁开裂严重，按表9.21的要求，损坏程度达到了“严重”级别，直接将该桥定为D级，需要进行大修。

八、结论及建议

1. 结论

(1) 根据《城市桥梁养护技术规范》(CJJ99-2003) 的要求，该桥总体技术等级评定为D级。

(2) 被撞T梁腹板混凝土局部剥落、露筋，开裂严重，裂缝最大宽度达29.72mm。被撞桥跨其他主梁未发现破损、开裂现象，也无明显的变形。

(3) 挂板被撞混凝土局部剥落、露筋、局部变形，挂板与T梁翼缘连接处出现裂缝，同时挂板变形挤压桥台挡块，导致挡块混凝土局部剥落。

(4) 被撞桥跨伸缩缝除全长范围内被泥沙堵塞外，未发现其他病害。

(5) 全桥支座未发现老化、开裂现象，无明显的剪切变形和位移。

(6) 被撞桥跨桥墩、桥台未发现裂缝，无异常变形。被撞桥跨上层桥墩与中层桥台挡块、挂板交界处无可靠连接。中层桥被撞对上层桥墩影响较小，在交界处未发现破损，也证明了这一点。

(7) 被撞T梁混凝土强度推定值大于设计值。混凝土碳化深度小于钢筋的保护层厚度。混凝土保护层厚度特征值小于设计厚度，对结构的耐久性有影响，钢筋容易失去碱性保护，发生锈蚀。钢筋分布与设计相差不大。

2. 建议

(1) 被撞T梁破损、开裂严重，处于危险状态，建议更换此梁。

(2) 建议加强桥梁的养护和定期检查，以便发现问题及时处理，以保证桥梁始终处于良好的工作状态。

九、附表、附图

附表1　超声—回弹综合法测强记录表

附图1　T梁病害展开图

附图2　钢筋分布及混凝土保护层厚度图

附表 1 超声—回弹综合法测强记录表

工程名称:广安门立交桥质量检测

编号		回弹值 R_i																			
构件名称	测区	1	2	3	4	5	6	7	8	9	10	11	12	13	14	15	16	R_m	声速平均值(m/s)	换算强度值(MPa)	推定强度值(MPa)
T梁北侧腹板 $L/2$ 处	1	54	57	55	58	57	54	59	52	57	58	57	57	57	57	55	59	56.80	4280	60.35	53.45
	2	60	60	58	60	55	59	63	56	57	56	57	58	50	62	59	58	56.90	4180	57.96	
	3	61	53	57	56	58	58	60	65	57	57	58	59	58	57	58	58	57.60	4150	57.35	
	4	56	55	58	57	59	58	59	57	56	56	57	56	56	57	56	56	58.70	4210	58.58	
	5	56	57	58	60	55	57	56	58	55	55	58	54	57	53	57	57	57.70	4080	55.57	
	6	55	59	58	60	56	58	56	59	60	54	57	53	59	53	57	57	58.70	4120	56.45	
	7	50	56	57	54	57	55	57	59	57	55	58	53	61	55	57	56	59.20	3990	53.61	
	8	55	59	55	51	56	57	59	52	60	54	55	54	56	57	58	50	57.40	4060	55.14	
	9	56	58	54	56	58	56	54	57	58	57	56	53	59	56	58	59	58.60	4150	57.35	
	10	56	56	55	62	55	58	58	59	60	57	58	59	57	58	56	59	56.70	4230	59.22	
T梁北侧腹板 $L/4$ 处	1	58	57	58	57	60	56	56	56	58	53	56	57	53	54	57	60	56.70	3860	50.49	
	2	57	57	56	57	58	55	58	55	59	55	58	58	53	57	56	58	58.20	4300	60.85	
	3	58	55	57	57	57	56	59	59	58	59	58	61	61	55	50	57	57.80	4260	59.86	
	4	58	57	57	60	58	58	62	59	60	56	58	58	59	61	60	59	56.60	4250	59.54	
	5	57	59	56	57	56	60	56	57	59	59	53	58	57	58	62	59	56.50	4130	56.75	
	6	58	58	57	56	55	60	62	58	59	64	62	59	54	61	61	54	57.20	4230	59.22	
	7	56	56	58	61	61	58	62	59	60	62	62	59	57	58	58	60	56.20	4150	57.35	
	8	56	58	58	56	57	56	59	57	58	58	60	59	56	57	59	56	55.70	4190	58.27	
	9	58	59	59	60	58	60	58	62	59	59	58	59	59	57	57	58	56.80	4300	60.85	
	10	56	57	57	55	56	57	57	57	55	57	65	56	56	57	57	57	57.60	4190	58.27	

130 170 140 160 160 160 170 170 150
距横隔梁0.14m
20 23 22 24 24 24 24 25 29 27
36 29 27 40 32 25
150 120 100 150 130
40 30 30 41 23 16
170 120 70 170 115
距T梁底边缘0.05m
距T梁底边缘0.045m
16 23 20 19 20 19 22 18 17 24
130 180 140 150 155 160 190 150 140
被撞T梁北侧面L/2处钢筋分布及保护层厚度图
说明：
1.本图尺寸标注为钢筋间距，以毫米为单位。
2.尺寸标注附近数字为对应钢筋保护层厚度，单位以毫米计。
交通部公路科学研究院
广安门主桥2质量检测工程
被撞T梁腹板钢筋分布及保护层厚度图
检查 秦伟航
绘图 牛晓斐
复核 王润建
图号 G-2
日期 2008.1

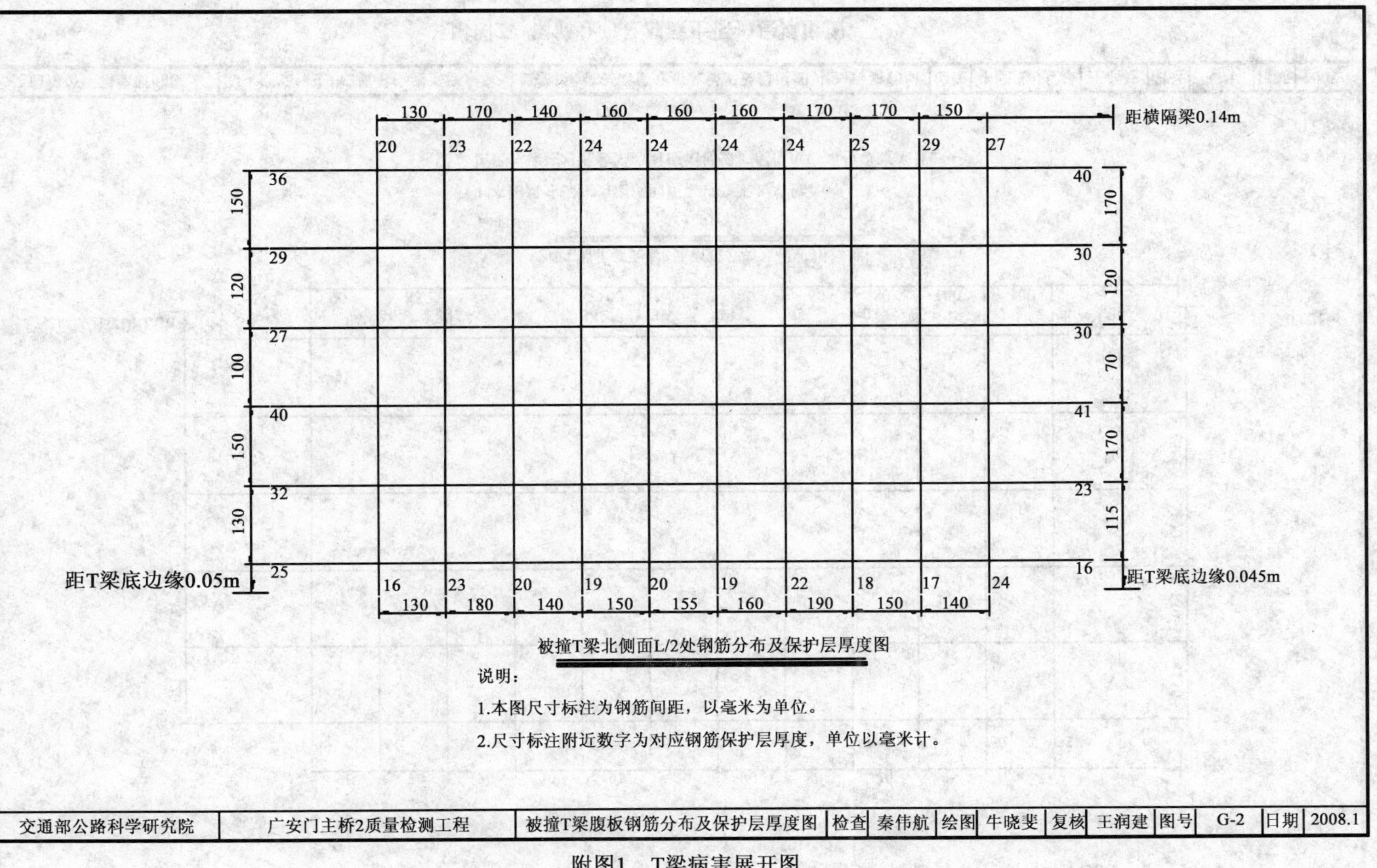

附图1　T梁病害展开图

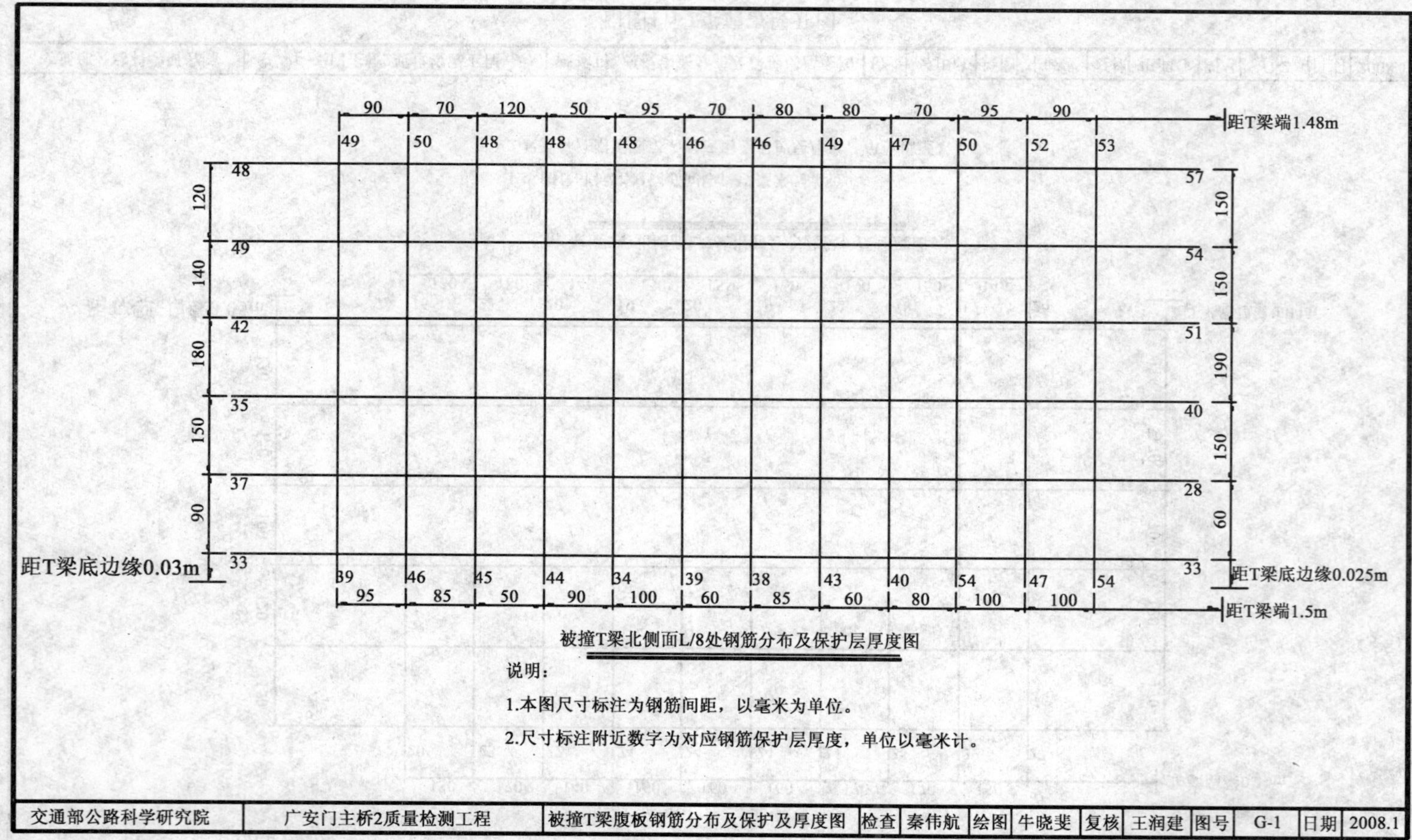

附图2　钢筋分布及混凝土保护层厚度图

参考文献

[1] 陈红.交通工程设施试验检测技术[M].北京:人民交通出自版社,2000.

[2] 中华人民共和国交通部.公路交通工程施工标准规范汇编[M].北京:人民交通出版社,2001.

[3] 中建标公路委员会交通部行业标准.公路工程技术标准(JTGB01-2003)[S].北京:人民交通出版社,2004.

[4] 交通部行业标准.公路勘测规范(JTJ061-99)[S].北京:人民交通出版社,1999.

[5] 交通部行业标准.公路路线设计规范(JTJ014-94)[S].北京:人民交通出版社,1995.

[6] 李立寒等.道路建筑材料[M].第4版.北京:人民交通出版社,2004.

[7] 聂让.高等级公路控制测量[M].北京:人民交通出版社,2001.

[8] 聂让.全站仪与高等级公路测量[M].北京:人民交通出版社,1997.

[9] 王文锐.公路几何线形检测技术[M].北京:人民交通出版社,2000.

[10] 徐培华等.路基路面试验检测技术[M].北京:人民交通出版社,2000.

[11] 许娅娅等.测量学[M].第2版.北京:人民交通出版社,2003.

[12] 严家伋.道路建筑材料[M].第3版.北京:人民交通出版社,1996.

[13] 杨久龄等.《道路交通标志和标线》应用指南[M].北京:中国标准出版社,1999.

[14] 杨少伟.道路勘测设计[M].第2版.北京:人民交通出版社,2004.

[15] 赵祥模等.高速公路监控系统理论及应用[M].北京:电子工业出版社,2003.

[16] 中华人民共和国国家标准.道路交通标志和标线(GB5768-1999)[S].北京:中国标准出版社,1999.

[17] 中华人民共和国国家标准.地下工程交通标志和规范(GBJ108-87)[S].北京:中国计划出版社,2000.

[18] 中华人民共和国国家标准.高速公路交通工程钢构件防腐技术条件(GB/T18226-2000)[S].北京:中国标准出版社,2001.

[19] 中华人民共和国国家标准.公路交通标志反光膜(GB/T18833-2002)[S].北京:中国标准出版社,2003.

[20] 中华人民共和国国家标准.混凝土结构工程质量验收规范(GB50504-2002)[S].

北京:中国计划出版社,2002.

[21] 中华人民共和国国家标准. 普通混凝土拌和物性能试验方法标准(GB/T50080-2002)[S]. 北京:中国建筑工业出版社,2002.

[22] 中华人民共和国国家标准. 普通混凝土力学性能试验方法标准(GB/T50081-2002)[S]. 北京:中国建筑工业出版社,2002.

[23] 中华人民共和国国家标准. 全球定位系统(GPS)测量规范(GB/T18314-2001)[S]. 北京:测绘出版社,2001.

[24] 中华人民共和国国家标准. 水泥标准稠度用水量、凝结时间、安定性检验方法(GB/T1346-2001)[S]. 北京:中国标准出版社,2001.

[25] 中华人民共和国国家标准. 水泥胶砂强度检测方法(ISO法)(GB/T17671-1999)[S]. 北京:中国标准出版社,1999.

[26] 中华人民共和国行业标准. 超声法检测混凝土缺陷技术规程(CECS21-2000)[S]. 北京:中国计划出版社,2001.

[27] 中华人民共和国行业标准. 超声回弹综合法检测混凝土强度技术规程(CECS02-88)[S]. 北京:中国计划出版社,2001.

[28] 中华人民共和国行业标准. 道路预成形标线带(JT/T493-2003)[S]. 北京:人民交通出版社,2003.

[29] 中华人民共和国行业标准. 公路工程常用金属试验规程(JTJ055-94)[S]. 北京:人民交通出版社,1994.

[30] 中华人民共和国行业标准. 公路工程集料试验规程(JTJ058-2000)[S]. 北京:人民交通出版社,1994.

[31] 中华人民共和国行业标准. 公路工程集料试验规程(JTJ058-2000)[S]. 北京:人民交通出版社,2000.

[32] 中华人民共和国行业标准. 公路工程技术标准(JTGB01-2003)[S]. 北京:人民交通出版社,2004.

[33] 中华人民共和国行业标准. 公路工程石料试验规程(JTJ054-94)[S]. 北京:人民交通出版社,1994.

[34] 中华人民共和国行业标准. 公路工程水泥混凝土试验规程(JTJ053-94)[S]. 北京:人民交通出版社,1996.

[35] 中华人民共和国行业标准. 公路工程质量检验评定标准(JTGF80-2004)[S]. 北京:人民交通出版社,2004.

[36] 中华人民共和国行业标准. 公路交通安全设施质量检验抽样及判定(JT/T495-2004)[S]. 北京:人民交通出版社,2004.

[37] 中华人民共和国行业标准. 公路交通标志板(JT/T279-2004)[S]. 北京:人民交通出版社,2004.

[38] 中华人民共和国行业标准. 公路工程沥青及沥青混合料试验规程(JTJ052-2000)[S]. 北京:人民交通出版社,2000.

[39] 中华人民共和国行业标准. 公路沥青路面施工技术规范(JTGF40-2004)[S]. 北